Daniela Schetar und Friedrich Köthe

Bulgarien

»Besser mit Klugen in die Hölle, als mit Narren ins Paradies.«

Bulgarisches Sprichwort

Impressum

Daniela Schetar, Friedrich Köthe
Reise Know-How Bulgarien

erschienen im
Reise Know-How Verlag Peter Rump GmbH
Osnabrücker Str. 79, 33649 Bielefeld

4., neu bearbeitete und aktualisierte Auflage 2024

ISBN 978-3-8317-3721-5

Gestaltung und Bearbeitung
Umschlag: P. Rump, der Verlag
Inhalt: G. Pawlak, W. Rump, der Verlag (Layout)
Andrea Hesse (Realisierung)
Fotonachweis: die Autoren (sk, fk),
https://stock.adobe.com (Nachweis direkt am Bild)
Karten: Thomas Buri
Lektorat: Andrea Hesse

Druck und Bindung
Druck- und Verlagshaus
Zarbock GmbH & Co. KG
Frankfurt am Main

Bibliografische Information der Deutschen Nationalbibliothek
Die Deutsche Nationalbibliothek verzeichnet diese Publikation in der Deutschen Nationalbibliografie; detaillierte bibliografische Daten sind im Internet über http://dnb.dnb.de abrufbar.

Anzeigenvertrieb
KV Kommunalverlag GmbH & Co. KG,
Alte Landstraße 23, 85521 Ottobrunn,
Tel. 089 928096-0, info@kommunal-verlag.de

Reise Know-How Bücher finden Sie in allen gut sortierten Buchhandlungen. Falls nicht, kann Ihre Buchhandlung unsere Bücher hier bestellen:
D: Prolit, prolit.de und alle Barsortimente
A: Freytag-Berndt und Artaria KG, freytagberndt.com
CH: AVA Verlagsauslieferung AG, ava.ch
B, LUX, NL: Willems Adventure, willemsadventure.nl
oder direkt über den Verlag: **www.reise-know-how.de**

Bildlegende Umschlag und Vorspann
Titelbild: Zarenfestung in Veliko Tărnovo
(https://stock.adobe.com © Todorov)
Vordere Umschlagklappe: Rila-Kloster (sk),
Bulgarische Trachten (fk)
S. 1: Pferdeherde bei Starosel (sk)
S. 2/3: Kathedrale Aleksandăr Nevski in Sofija (sk)

Daniela Schetar
Friedrich Köthe

BULGARIEN

Vorwort

Sonnige Strände und goldenen Sand, leckeres Bier und Gerichte vom Grill – all das hat Bulgarien und doch noch so viel mehr. Uralte Kulturlandschaften wechseln sich ab mit ursprünglichen Naturräumen, Kirchen und Klöster aus einer anderen Zeit verstecken sich hoch im Gebirge und in engen Tälern, Theater und Thermen lassen das alte Rom auferstehen, Jahrtausende alte, fantastisch geschmückte Grabstellen künden von den Thrakern, Felsen türmen sich auf 3000 m Höhe auf und locken Wanderer und Bergsteiger, an Lagunen und Seen brüten die seltensten Vögel, in den Wäldern brummen Bären und heulen Wölfe. Die Städte sind herausgeputzt, in den Straßen flanieren zuversichtliche Menschen, stolz auf das, was erreicht ist, und den Blick optimistisch in die Zukunft gerichtet. Bulgarien hat was, und immer mehr Besucher kommen, um das Land auch abseits der Strände kennenzulernen.

Dieses Buch soll Leitfaden sein für einen Badeurlaub und Entdeckungen am Schwarzen Meer, für eine Reise zwischen Donau und Balkan, in die Bergwelten

von Rila, Pirin und Rhodopen und in die quirligen Städte und Dörfer mit ihrer vielgestaltigen Kultur am Schnittpunkt von Orient und Okzident.

Sie finden in diesem Buch all das, was für die Planung einer Reise und die Fahrt mitten ins Herz des Landes notwendig und hilfreich ist. Sie erfahren, wo Sie Unterkunft finden, wo die beste Küche serviert wird, was Sie unbedingt und was Sie vielleicht auch noch sehen sollten.

Wer sich auf Bulgarien einlässt, dem steht ein aufregender und anregender Urlaub bevor. Denn so abwechslungsreich wie die Geschichte des Landes ist auch der Aufenthalt. Bulgarien bietet eben alles – Kultur und Natur, Aktivitäten und Relaxen, Sonne, Meer und Liegestuhl, schroffe Berge, grüne Hügel und idyllische Täler. Es ist das Land, das den rauen Spartakus hervorgebracht hat, aber auch Orpheus und seine betörenden Gesänge.

Daniela Schetar und Friedrich Köthe

Teufelsbrücke bei Ardino – über sie ging einst der Verkehr von der Ägäis in die Thrakische Tiefebene

Inhalt

5 Varna und der Nordosten 256

6 Burgas und der Südosten 336

⊡ Im Zentrum von Kazanlăk

10 Anhang 628

418bg fk

Wanderungen

Sandanski und der Südwesten

Vraca und der Nordwesten

Pleven und das nördliche Zentralbulgarien

Burgas und der Südosten

Plovdiv und das südliche Zentralbulgarien

Karten

Ortspläne

Übersichtskarten

Thematische Karten

Die Gebirge Bulgariens, hier eine Schlucht in den Rhodopen, sind Wanderparadiese

126bu sk

Hinweise zur Benutzung

Nicht verpassen!

Die Highlights der Region erkennt man an der **gelben Markierung.**

Unser Tipp ...

... steht für spezielle Empfehlungen der Autoren: abseits der Hauptpfade, ihrem persönlichen Geschmack entsprechend.

Kinder-Tipps

Das Symbol kennzeichnet Sehenswürdigkeiten und Aktivitäten, an denen auch kleine Bulgarien-Besucher ihre Freude haben.

GPS-Koordinaten

Die GPS-Koordinaten in diesem Buch sind als geografische Koordinaten (Breite und Länge, Lat./Lon.) in Dezimalgrad angegeben, also z.B. so: **GPS N 52.00017, E 8.49119.** Weitere Infos zum Thema unter www.reise-know-how.de/gps.

Verweise auf die Stadtpläne

1 Die farbigen Nummern in den „Praktischen Tipps" der Ortsbeschreibungen verweisen auf den jeweiligen **Karteneintrag.**

Preiskategorien Unterkünfte

Die Preisangaben in diesem Buch beziehen sich auf ein **vor Ort gebuchtes Doppelzimmer mit Frühstück.** Die Unterkünfte im Landesinneren sind günstiger als die an der Küste.

① bis 60 Lv
② 60–100 Lv
③ 100–150 Lv
④ 150–250 Lv
⑤ ab 250 Lv

Achtung: Die Hotels sind in der Hochsaison fast immer **ausgebucht** bzw. die Zimmerkontingente an Reiseveranstalter abgetreten. Eine Buchung an der Rezeption ist dann nicht möglich.

Orientierung vor Ort

Die beschriebenen **Sehenswürdigkeiten** finden sich in den Überschriften in deutscher, im Text darunter dann in bulgarischer Schreibweise in lateinischen und kyrillischen Buchstaben.

→ auch „Praktische Reisetipps A–Z/Sprache" und „Land und Leute/Sprache und Schrift".

Wichtige Abkürzungen

- **Sv.**/Св. = Sveti = heilig (Kirchen)
- **Pl.**/Пл. = Ploštad = Platz
- **Bul.**/Бул. = Bulevard = Boulevard
- **Ul.**/Ул = Ulica = Straße
- **Lv**/Лв = Lev = bulg. Währung

Updates nach Redaktionsschluss

Auf der Produktseite dieses Reiseführers in unserem Internetshop finden Sie zusätzliche Informationen und **wichtige Änderungen.**

Sonnenblumen blühen an vielen Orten in Bulgarien

Steckbrief Bulgarien

- **Politischer Status:** Republik mit parlamentarischer Regierungsform
- **Größe:** 110.993 km^2
- **Einwohner:** 6.838.000
- **Bevölkerungsdichte:** 61,6 Ew./km^2
- **Lebenserwartung:** 71 Jahre (Männer), 78 Jahre (Frauen)
- **Analphabetenrate:** 1,5 %
- **Hauptstadt:** Sofija (1,28 Mio. Ew.)
- **Wichtige Städte:** Plovdiv, Varna, Burgas, Ruse
- **Höchster Berg:** Musala (2925 m)
- **Wirtschaft:** Dienstleistungen 67 %, Industrie 26 %, Landwirtschaft 7 % Anteil am BIP
- **Währung:** Lev (Lv/BGN), 1 Lv = 100 Stotinki
- **Wechselkurs:** 1 € = 1,96 Lv (festgeschrieben)
- **Inflationsrate:** 2022 15 % (EU 9 %)
- **Arbeitslosenquote:** 2022 4,3 % (EU 6 %)
- **Bruttoinlandsprodukt:** ca. 12.000 €/Einw.
- **Wachstumsrate des BIP:** 2022 3,4 %
- **Telefonvorwahl:** 00359
- **Zeitzone:** MEZ +1

405bg fk

1 Sofija und Umgebung | 30

Die **Hauptstadt (S. 33)** ist der umtriebige Mittelpunkt des Landes und eine tiefeuropäische Metropole. Hier gibt es alles, was das Konsumentenherz begehrt – und die schönsten Museen, die prächtigsten Gebäude, die besten Restaurants, Kirchen, Moscheen und Synagogen. Doch auch die Natur wartet unmittelbar vor der Haustüre. Das **Vitoša-Gebirge (S. 58)** beginnt direkt am südlichen Stadtrand. Dort sollte man keinesfalls veräumen, der **Kirche von Bojana (S. 59)** aus dem 10. Jh. einen Besuch abzustatten.

2 Sandanski und der Südwesten | 64

Im **Rila-Gebirge (S. 77)** steht stolz das berühmteste (und gleichnamige) **Kloster des Landes (S. 69)**, das **Pirin-Gebirge (S. 97)** mit dem eine Nummer kleineren, dafür aber charmanteren, **Kloster von Rožen (S. 119)** ist ideal für Wanderungen in die Einsamkeit und für die Weinanbaugebiete an seinen Flanken wie **Melnik (S. 114).** Und wer Skifahren bevorzugt – **Bansko (S. 87)** ist ein Winterresort von hohem Niveau.

3 Vraca und der Nordwesten | 122

Kleine Klöster verstecken sich in den Bergen und zwischen Hügeln, wie **Čiprovci (S. 156), Lopušan (S. 155)** oder **Klisurski (S. 159)** – zu Zeiten der türkischen Herrschaft Jahrhunderte lang Rückzugsorte für die bulgarische Identität. Dass man Kulturlandschaft ist, beweisen auch die Goldschätze der Thraker im Museum von **Vraca (S. 162).** Die Felsen von **Belogradčik (S. 146)** locken Wanderer und Kletterer an.

4 Pleven und das nördliche Zentralbulgarien | 178

Der Hauptort **Ruse (S. 183)** zeugt mit Sezessionsstil von österreichischen Einflüssen, Höhlenkirchen im **Rusenski Lom (S. 190)** stehen unter UN-Schutz, die Klöster von **Arbanasi (S. 233)** sind weltberühmt, und **Veliko Tărnovo (S. 224)** verführt zu einem Bummel durch die in der bulgarischen Renaissance entstandenen Gassen.

5 Varna und der Nordosten | 256

Varna (S. 262) ist von berühmten Baderesorts umgeben: **Goldstrand (S. 289), Albena (S. 295), Riviera (S. 286)** oder **Konstatin i Elena (S. 284).** Das Schloss von **Balčik (S. 298)** aus dem 19. Jh., mittelalterliche Burganlagen im Hinterland **(Pliska, S. 329, Veliki Preslav, S. 331),** Vogelparadiese an der Donau wie **Srebărna (S. 319)** und das in den Fels gemeißelte Reiterrelief von **Madara (S. 330)** – Weltkultur- und Weltnaturerbestätten warten auf Besucher.

6 Burgas und der Südosten | 336

Burgas (S. 363) besitzt mit dem nahen **Resort Sonnenstrand (S. 348)** eine der heißesten Partyzonen Europas, die Städtchen **Nesebăr (S. 352)** und **Sozopol (S. 372)** laden mit pittoresken Stadtbildern ein. Die Natur gewinnt im Schutzgebiet **Strandža (S. 389)** die Oberhand. Und am Balkan wartet mit **Kotel (S. 403)** ein Kleinod an dörflicher Eleganz.

Ivajlovgrad

7 Plovdiv und das südliche Zentralbulgarien | 416

Das **thrakische Grabmal von Kazanlăk (S. 421)** ist ein absolutes Muss. Am besten kommt man Anfang Juni zum **Rosenfest (S. 430, 432).** Wer es ruhiger liebt, besucht die Rhodopen im Süden. Hier wartet auch das Grab des Orpheus – im **Heiligtum von Tatul (S. 495).**

Reiserouten und Touren

Auch wenn fast alle Landesteile mit öffentlichen Verkehrsmittel recht gut zu erreichen sind – um Bulgarien wirklich kennenlernen zu können, benötigt man ein **eigenes Fahrzeug.** Zu den Sehenswürdigkeiten abseits der Städte fahren keine Busse und Bahnen bzw. ist der zeitliche Aufwand gewaltig.

Wer zwei Wochen Zeit hat, wird schon einen ersten Überlick bekommen – und Lust auf einen weiteren Aufenthalt. Die vorgeschlagene Tour für zwei Wochen führt in die **wichtigsten Städte des Landesinneren,** und wenn eine Sehenswürdigkeit abseits der Orte am Wegesrand liegt, ist auch dafür Zeit. Wer verlängern will, kann eine Woche dranhängen und tiefer in die **Kultur der Thraker** eintauchen. Und wer dann noch Zeit hat, entdeckt in neun Tagen die **Küste Bulgariens** von Nord nach Süd.

Routenvorschläge

Route 1: Bulgariens Städte

Zwei Wochen sind nicht lange, insbesondere, wenn mehrere Großstädte im Landesinneren auf dem Weg liegen. Von der Hauptstadt geht es nach Süden und über das Kloster Zemen zum Rila-Kloster und anschließend durch die Rhodopen nach Plovdiv. Nach ausgiebiger Erkundung der in puncto Geschichte Sofija in nichts nachstehenden Stadt fährt man nach Kazanlăk und widmet sich dort Rosen und Thrakern. Über den Šipka-Pass führt die Route nach Veliko Tărnovo, dann hoch zur Donau nach Ruse und schließlich über Pleven und Loveč zurück nach Sofija.

☐ Asen-Denkmal: Zur Zeit der Asen war Veliko Tărnovo Hauptstadt Bulgariens

290bu sk

- **Start/Ende:** Sofija
- **Dauer:** 14 Tage mit 13 Übernachtungen
- **Transport:** Eigenes Fahrzeug bzw. Mietwagen
- **Reisezeit:** März bis Oktober

1. Tag: Anreise und Erkundung der Ausgehviertel, Nacht in Sofija

2. Tag: Museumstour durch die Stadt, Nacht in Sofija

3. Tag: Besuch von Bojana und Auffahrt in das Vitoša-Gebirge, Nacht in Sofija

4. Tag: Fahrt nach Zemen, Weiterfahrt zum Rila-Kloster, Nacht in Melnik bei Sandanski

5. Tag: Wanderung zum Rošen-Kloster, dann Fahrt nach Plovdiv, Nacht in Plovdiv

6. Tag: Entdeckung der Stadt, Nacht in Plovdiv

7. Tag: Entdeckung der Stadt, Nacht in Plovdiv

8. Tag: Fahrt nach Kazanlăk, Nacht in Kazanlăk

9. Tag: Vormittags zu den Thrakischen Gräbern, dann Fahrt nach und Nacht in Veliko Tărnovo

10. Tag: Entdeckung von Stadt und Umgebung (Arbanasi), Nacht in Veliko Tărnovo

11. Tag: In der Frühe Fahrt zur Donau nach Ruse, Nacht in Ruse

12. Tag: Besuch der Felsklöster, dann Fahrt nach Pleven und Besichtigung, Nacht in Pleven

13. Tag: Fahrt nach Loceč und Besichtigung, Nacht in Loveč

14. Tag: Fahrt nach Sofija und Rückflug

Rundtour durch die Umgebung von Loveč

Die Umgebung von Loveč lässt sich auf einer Rundtour entdecken. Zuvor sollte man aber die beiden Naturwunder, die **Devetaška-Höhle** und den **Krušuna-Wasserfall,** im Osten anschauen. Dann kehrt man zurück, fährt nach **Trojan** (Троян) und auf der landschaftlich schönen Strecke von 400 m üNN über den 1230 m hohen **Pass** nach **Ribarica** (Рибарица) und **Teteven** (Тетевен) und tourt die Sehenswürdigkeiten im Westen. Zwei Tage Zeit sollte man sich dafür schon nehmen (→ Kapitel 4 „Pleven und das nördliche Zentralbulgarien").

Route 2: Auf den Spuren der Thraker

Von Plovidiv (mit einem thrakischen Goldschatz im Museum) geht es zunächst in den tiefen Süden Bulgariens nach Kărdžali, wo die Thraker die Heiligtümer Perperikon und Tatul und die Utroba-Höhle hinterließen.

Dann geht es über das Thrakergrab von Mezek zu dem von Aleksandrovo und weiter zum Grab von Starosel bei Pazardžik. In und bei Kazanlăk (dort den Goldschatz im Museum nicht vergessen) gibt es dann Thrakergräber satt. Nun steht eine längere Strecke bevor – sie lohnt sich aber. Sie führt über Veliko Tărnovo und Razgrad (das Abritus-Museum zeigt Schmuck aus Thrakien) zum herrlichen Grabmal von Sveštari bei Isperih. Abschluss ist in Varna das Archäologische Museum mit seiner Sammlung zu den Thrakern.

- **Start:** Plovdiv
- **Ende:** Varna
- **Dauer:** 6 Tage mit 5 Übernachtungen
- **Transport:** Eigenes Fahrzeug bzw. Mietwagen
- **Reisezeit:** März bis Oktober

1. Tag: Fahrt von Plovdiv nach Kărdžali, Entdeckung der Umgebung, Nacht in Kărdžali
2. Tag: Entdeckung der Umgebung, Nacht in Kărdžali
3. Tag: Fahrt über Mezek und Aleksandrovo nach und Nacht in Kazanlăk
4. Tag: Entdeckung der Umgebung, Nacht in Kazanlăk
5. Tag: Fahrt nach und Nacht in Razgrad
6. Tag: Fahrt nach Sveštari bei Isperih, Weiterfahrt nach und Nacht in Varna

Die Kuppel des Thrakischen Grabmals in Kazanlăk

336bu sk

Route 3: Die Schwarzmeerküste

Die Straßen entlang der Küste sind gut, doch die vielen Kurven fordern ihren Zeittribut. Wer ganz im Süden ins Strandža-Gebirge will, muss mit schlechten Straßen rechnen. Die Reise beginnt in Varna und führt über Balčik erst einmal in den Norden. Vogelschutzgebiete und natürlich Nationaldenkmäler sind an der Klippenküste jenseits der Ferienresorts zu sehen. Über Dobrič fährt man zurück nach Varna und nimmt die Autobahn nach Šumen. Wieder zurück in Varna geht es entlang der Küste nach Süden und über das hübsche Nesebăr und Pomorie nach Burgas. Nächste Stationen sind das sehenswerte Sozopol, Carevo und schließlich Sinemorec, der letzte Ort vor der türkischen Grenze mit seinen Stränden. Wer hier ins Gebirge möchte, sollte die gute Straße von Carevo nach Malko Tărnovo wählen.

- **Start/Ende:** Varna
- **Dauer:** 9 Tage mit 8 Übernachtungen
- **Transport:** Eigenes Fahrzeug bzw. Mietwagen
- **Reisezeit:** Mai bis September

Weite Sicht am Kap Kaliakra

1. Tag: Von Varna Fahrt zum Schloss und Botanischen Garten von Balčik, Nacht an der Nordküste

2. Tag: Fahrt über Dobrič nach Šumen, Nacht in Šumen

3. Tag: Fahrt über Varna nach und Nacht in Nesebăr

4. Tag: Baden und Besichtigung von Nesebăr, Nacht in Nesebăr

5. Tag: Fahrt nach und Nacht in Burgas

6. Tag: Fahrt nach und Nacht in Sozopol

7. Tag: Baden und Besichtigung von Sozopol, Nacht in Sozopol

8. Tag: Fahrt über Carevo nach Malko Tărnovo, Weiterfahrt nach und Nacht in Sinemorec

9. Tag: Rückfahrt nach Varna

314bu sk

Wintersport
In Bulgariens Gebirgswelt (Rila, Pirin, Rhodopen und Vitoša) heißt es im Januar und Februar „Ski und Rodel gut!"

Martenica
Die am ersten März im ganzen Land ausgetauschten rot-weißen Quasten und Armbänder bringen Glück

Biennale des Humors
In Gabrovo wird es in ungeraden Jahren Mitte Mai besonders lustig, mit Theater, Film, Kabarett und Wettbewerben

Feuertanz
In Bălgari im Strandža-Gebirge tanzen am 3. Juni sogenannte Nestinari in Trance über glühende Kohlen – ein uraltes Ritual zu Ehren der Heiligen Elena und Konstantin

Maskenfeste
Von November bis Januar werden im ganzen Land werden die bösen Geister vertrieben

Kukeri-Feste
in Jambol und um Dobrič ziehen im Februar grausig vermummte Gestalten umher

Lasaruvane
Immer am letzten Samstag vor Ostern finden ländliche Frühlingsfeste mit Umzügen junger Mädchen in Trachten an vielen Orten statt

JAN | FEB | MÄR | APR | MAI | JUN

Tag des Winzers
Die Weinstöcke werden am 14. Februar beschnitten, und es wird eine Rebenkönigin in den Weinregionen gekürt

Nationalfeiertag
Der 3. März wird mit Veranstaltungen im ganzen Land begangen (besonders aufwendig am Šipka-Pass)

Rosenfeste
In Karlovo und Kazanlăk feiert man im Mai und Juni die alte Tradition des Rosenanbaus mit Konzerten, Ausstellungen, Paraden und vielen weiteren Aktivitäten. Natürlich wird auch eine Rosenkönigin gekürt.

Neujahrsmusikfestival
Im Nationalen Kulturpalast Sofijas trifft sich die musikalische Elite des Landes und stimmt harmonisch auf das neue Jahr ein

LEGENDE

- Winter
- Frühjahr/Herbst
- Sommer

Sommerfestivals
In Varna und Plovdiv wird im Juli und August ein buntes Programm geboten, Sommerkonzerte finden in Sofija in Boris' Garten statt

Puppentheater-Festival
Plovdiv lässt im September von geraden Jahren die Puppen tanzen, internationale Künstler begeistern Kinder und Erwachsene

Pirin Folk Festival
Sandanski zelebriert drei Tage lang Ende August oder Anfang September die bulgarische Kultur mit Tanz, Trachten und polyphonem Kehlkopfgesang

Apollonia-Fest
Das Festival Anfang September in Sozopol mit Literatur, Film, Theater und Musik gehört zu den bekanntesten Kulturveranstaltungen des Landes

Maskenfeste
Im ganzen Land werden von November bis Januar die bösen Geister vertrieben

JUL | AUG | SEP | OKT | NOV | DEZ

Joghurt-Messen
Drei Tage andauernde Folkoreveranstaltungen im Juli in Razgrad würdigen den Lactobacillus bulgaricus und seine wohltuende Wirkung

„Deutscher Weihnachtsmarkt"
Im Sofijoter Park vor dem Ivan-Vazov-Theater duftet es im November und Dezember nach Glühwein, Bratwurst und gebrannten Mandeln

Sandskulpturenfest
In Burgas kann man von Juli bis Oktober auf Sand gebaute Schönheit bestaunen, von der klassischen Skulptur bis zur Zeichentrickfigur ist alles dabei

kvARTal Kunstfest
In Sofija trifft sich Mitte September die Kunstszene – ein buntes Treiben mit Ständen, Straßenkunst und Installationen

Badesaison am Schwarzen Meer
Wer einen Strandurlaub verbringen will, kann sich Juni bis September relativ sicher sein, dass das Meer noch angenehme Temperaturen hat

Zehn Orte zum Staunen

310bu sk

Der große Tanz im Rila-Gebirge | 80

Jedes Jahr im August wandern weiß gekleidete Gestalten hoch ins Gebirge zum fünften der sieben Seen und tanzen die Paneurythmie an magischem Ort. *Petăr Danov,* der Gründer der weißen Bruderschaft, hat den Tanz entwickelt, in ihm gelangen die mentalen und physischen Ströme der Mitglieder durch die Rhythmik in Gleichklang und erlauben eine Verbindung zum Universum, zu Gott und Natur.

311bu sk

Das Thrakische Grabmal von Sveštari | 200

Dass die Thraker ein überaus kunstsinniges Volk waren, entdeckte die Neuzeit erst sehr spät – die antiken Grabräuber wussten es besser und plünderten nicht wenige der Begräbnisstätten. Dennoch sind einige im Originalzustand erhalten. Sie künden, wie Sveštari aus dem 3. Jh. v. Chr., von den Fertigkeiten dieses Volkes in der Malerei, der Bildhauerei und der Goldschmiedekunst.

312bu sk

Das Monument der Gründer Bulgariens in Šumen | 327

Monumentaler geht es fast nicht mehr: 1879–1981, zur Blütezeit des osteuropäischen Sozialismus, verbauten die Arbeiter über 50.000 m^3 Beton und 2400 t Eisen hoch über Šumen zum 1300-jährigen Gründungsjubiläum des ersten bulgarischen Reiches. 140 m wurde das Denkmal lang und bis zu 70 m hoch. Der einem Stealth-Bomber gleichende und die Anlage krönende Löwe wiegt 1000 Tonnen.

313bu sk

Der Versteinerte Wald bei Varna | 276

Die Natur hat sich ein eigenes Denkmal geschaffen, sagen die einen. Die anderen meinen, dass die Steinformationen künstlichen Ursprungs sind. So viele Säulen hier stehen, so viele Theorien scheint es zu geben. Überbleibsel griechischer Tempel sind es nicht, auch nicht steingewordene Titanen oder Symbole Außerirdischer. Aber warum ausgerechnet hier eine Heilquelle sprudelt, wer weiß?

314bu sk

Die mittelalterlichen Fresken der Kirche bei Kjustendil | 84

Von außen gänzlich unscheinbar, in seiner kubischen Form fast abweisend, birgt das nur neun auf neun Meter messende Kirchlein „Hl. Johannes der Theologe" schönste Freskenkunst aus dem 12. Jh. Mit Bedacht restauriert zeigt es u.a. eine Szene aus der Gabenabweisung Joachims im Tempel und das Porträt der Stifter *Dejan* und *Zoja,* des Feudalherren der Region und seiner Gemahlin.

Das Šipka-Denkmal in 1300 m Höhe | 429

Für Bulgaren gibt es fast keinen Ort, der mehr Schicksal atmet. Am Pass fand 1878 eine der Schlachten statt, die das türkische Joch brachen. Auf der Spitze steht seit den 1930er Jahren ein gewaltiger steinerner Turm, 31,50 m hoch, mit einem Bronzelöwen geschmückt. Er bewacht einen Marmorsarkophag mit Gebeinen russischer und bulgarischer Soldaten, die für die Befreiung ihr Leben ließen.

213bu sk

Das Refektorium des Bačkovo-Klosters | 484

1623 haben die Mönche den Speisesaal neugebaut, und bis 1643 waren die Fresken vollendet. Die Arbeiten sind ausgesprochen gut gelungen, und in den Themen könnte man sich verlieren – eine wahre Kunstgalerie mit der „Wurzel Jesse" im Gewölbe, Szenen aus der Bibel wie „Das jüngste Gericht" oder „Das Paradies". Seine Außenwand schmückt das größte Fresko eines bulgarischen Klosters.

214bu sk

Die Tropfsteinhöhlen von Veneca | 151

Höhlen gibt es im Land zuhauf, und eine ist schöner als die andere. Zu den allerschönsten aber gehört die Höhle von Veneca bei Belogradčik. Über Eisenleitern und niedrige Durchschlüpfe gelangt man in immer neue fantastische Räume mit Tropfsteinen, die in bizarren Formen dem Fels entwachsen – oben, unten und an allen Seiten, und in perfekter Ausleuchtung zur Wirkung gebracht.

215bu sk

Der Thrakische Goldschatz in Plovdiv | 475

Das Gold von Panagjurište glänzt nicht nur, die genialen Kunsthandwerker haben es in vollkommene Formen gebracht, Gefäße mit Tiergestalten geschaffen und sie mit Reliefs geschmückt, die feiner nicht gearbeitet sein könnten – und das Ganze vor über 2300 Jahren: Die thrakischen Künstler ließen für einen ihrer Fürsten aus 6 Kilo Gold Ritualbecher und -schalen für die Ewigkeit entstehen.

216bu sk

Die Pilgerstätte Sv. Petka bei Rupite | 108

Zur blinden Seherin *Baba Vanga* kamen nicht nur einfache Leute, auch kommunistische Parteiobere wagten einen Blick in die Zukunft. Eine ganzer Komplex mit Kirche und Versammlungsräumen ist ihr zu Ehren bei Sandanski entstanden. Und sie hat all ihr Wissen niedergeschrieben. Für 2020 sah sie u.a. die Entvölkerung Europas (allerdings durch Chemiewaffen, nicht Viren).

217bu sk

Zehn Orte zum Träumen

218bu sk

Das Mausoleum von Demir Baba Teke | 201

Abgestiegen in den Talgrund nahe Sveštari umfängt einen im Halbdunkel des grünen Waldes die würdevolle Besinnlichkeit einer Grabstätte und die Heiterkeit eines abgeschiedenen Zauberortes. Und die Quelle hier unten gilt den Alianen als heilig und heilend. Hatte *Demir Baba* im 16. Jh. selbst diesen verwunschenen Platz als seine letzte Ruhestätte ausgesucht? Wo schon die Thraker beteten?

219bu sk

Die Ruinen der Festung Červen | 192

Weitsicht im Rund, ein grünes Tal an allen Seiten, grauweiße Steine, die in langen Linien die Plätze der Kirchen, Wohnhäuser, Wirtschaftsgebäude und Paläste markieren, ein blauer Himmel als Kuppel – die Bulgaren hatten auf dem Plateau eine der bedeutendsten Stätte ihres zweiten Reiches erbaut. Ein Turm der Wehranlagen steht noch; mit ihm lassen Besucher das glorreiche 12. Jh. auferstehen.

220bu sk

Der Steinkreis von Dolni bei Harmanli | 489

Waren es Thraker, die die Steinblöcke im Kreis anordneten? In für uns heute unbekannten rituellen Handlungen? 15 Felsen stehen bei Dolni Glavanak im Wald, und niemand weiß, warum. Vielleicht kommt deshalb nur selten jemand her. Weitere Cromlechs haben die Thraker kaum hinterlassen. Aber genau das macht den Ort zum Mythos: also in die Mitte stellen und die Kraft des Kreises erspüren.

221bu sk

Der Botanische Garten von Varna | 276

An sich wäre ja auch der Botanische Garten von Balčik nicht schlecht, aber die Masse der Touristen lassen keine rechte Ruhe aufkommen. Varnas Park hingegen ist riesig, mit Beeten unter uralten Bäumen, Teichen und einem Rosengarten für Verliebte. Picknicken darf man auch, und die Besucherzahlen auf dem weitläufigen Gelände halten sich immer in Grenzen.

222bu sk

Die Strände von Sinemorec | 386

Viel südlicher geht es an der Küste nicht – und ganz ehrlich, im Hochsommer ist es voll. Doch den Rest des Jahres ist die Landzunge, die ins schwarzblaue Meer leckt, ein Sehnsuchtsort, wie er schöner nicht sein kann. Grüne Hügel im Hintergrund, das Wasser der Veleka, die sich in einem Bogen ins Meer ergießt und der weiße Sand, der zum Barfußlaufen einlädt – besser lässt sich der Tag nicht beginnen.

Das Grab des Orpheus bei Kardžali | 495

Das heilige Tatul war für die Thraker von höchster spiritueller Bedeutung. Hoch über der Landschaft hatten sie sich eine Kultstätte errichtet, die sie mehrere Jahrtausende nutzten. Und dass hier Orpheus seine letzte Ruhe fand, ist eine schöne Theorie. Setzt man sich früh am Morgen oder gegen Abend auf die Steine, ist man allein und die Gedanken fliehen in eine Zeit, als Helden noch Helden waren.

315bu sk

Die Küste nördlich von Balčik | 304

In strengen Linien sind die Schirme und Stühle aufgereiht an den Stränden des Schwarzen Meeres; doch nicht überall. Wer weiter nach Norden fährt und über Balčik hinaus kommt, wird zum Entdecker. Ab und an ein Campingplatz, der seine beste Zeit hinter sich hat, einige Seen, in denen sich nichts als Zugvögel tummeln, und endlos lange Strände mit feinem Sand, mit Treibgut und voll Einsamkeit.

316bu sk

Kotel, eine Stadt aus früherer Zeit | 403

Der Ort trägt den Ehrentitel „Wiege der bulgarischen Wiedergeburt" zu Recht. Die Häuschen der Altstadt laden zu einem Bummel entlang der Architektur des 19. Jh. ein, einer Zeit, zu der die Bulgaren das „türkische Joch" mit Hilfe der russischen Armee abgeschüttelt hatten. Es war eine Hochzeit, in der die Bulgaren voll Nationalstolz ihre Identität erneuerten und voll Optimismus die Zukunft neu dachten.

317bu sk

Am Donauufer angeln | 127

Schon früh am Morgen, wenn es noch nachtstill ist, sollte man sich mit seiner Ausrüstung aufmachen; dann hört man fast das Wasser fließen. Und es ist auch noch kühl (das Donaubecken ist im Sommer die heißeste, im Winter die kälteste Region Bulgariens). Behäbig streift hier der europäischste aller Flüsse die Kieselstrände und macht sich breit und blau auf seinen Weg zum Delta.

318bu sk

Nikopolis ad Istrum | 236

600 Jahre lebten hier die Menschen, vom 1. bis 7. Jh. 30 km von Ruse und der Donau entfernt am Flüsschen Jantra gelegen muss es eine blühende Stadt gewesen sein. Fundamente und das Pflaster rahmen Ginster, Sträucher und Blumen, Bienen summen, Schmetterlinge torkeln, Eidechsen dösen. Unter der Woche kommen selten Besucher, sodass man genug Muße hat, sich in die Vergangenheit zu denken.

319bu sk

201bu sk

1 Sofija und Umgebung

Die bulgarische Metropole präsentiert sich äußerst geschäftig, das kulturelle Angebot verführt interessierte Besucher nicht selten zu einem mehrtägigen Aufenthalt. Die Gastronomie ist zumeist vielfältig, jung und frisch, die Preise entsprechen dem europäischen Standard. Die Besichtigung der zahlreichen Sehenswürdigkeiten und kulturellen Highlights außerhalb der Stadt kann in Halb- oder Ganztagesausflügen organisiert werden.

Die Kathedrale von Sofija ist das spirituelle Zentrum des Landes

Sofija und Umgebung

SOFIJA UND UMGEBUNG

Mitten zwischen *Gebirgen* in einem weiten Kessel zeigt sich Bulgariens Hauptstadt (1,28 Mio. Ew.) als umtriebiges Zentrum mit erstklassigen Freizeitmöglichkeiten in der Umgebung. Zahlreiche wichtige Sehenswürdigkeiten aus Natur und Kultur außerhalb der Stadt sind auf Halb- und Ganztagesausflügen erreichbar.

→ Kapitel „Sandanski und der Südwesten"

Hauptstadt Sofija (София)

Sofija ist eine **aufstrebende Stadt,** der Beitritt zur EU und die Vorbereitungsphase haben viel Geld in die staatlichen und kommunalen Kassen gespült, und so ist der **Lebensstandard** in der Hauptstadt heute relativ **hoch** (was auch für die Preise gilt). Die Menschen in den Straßen vermitteln den Eindruck der Eiligen, der Beschäftigten. In den Geschäften liegt alles, was in jeder mitteleuropäischen Stadt auch zu finden ist, und die Sofijoter greifen gerne zu und können es sich leisten.

Doch gibt es auch **ruhige Inseln** im Gewühl und Gewimmel der Geschäftigkeit: Cafés im Schatten hoher Bäume, Parks mit Schachspielern, kühle Museumshallen und würdige Beträume in Kirchen, Moscheen und in der Synagoge.

Am Wochenende kehrt Ruhe ein auf den Boulevards, dafür quält sich der Verkehr hinaus in die **Naherholungsgebiete** von Sofija – und diese sind für ihre Nähe zu einer Stadt dieser Größe einzigartig – die Gebirge Vitoša im Süden und Balkan im Norden liegen praktisch im Vorgarten.

Anfahrt und Orientierung

Sternförmig führen die Straßen, aus dem ganzen Land kommend, auf Sofija zu, passieren den weitgefassten Ring der Umgehungsstraße und münden schließlich in die breiten städtischen Boulevards, die ins Zentrum führen – und chronisch verstopft sind. Wer diese Autofestung erobert hat, sollte schnellstmöglich seinen Wagen **parken** bzw. die Hotelgarage aufsuchen und weitere Unternehmungen **zu Fuß** durchführen. Sofija ist eine Stadt der sich bewegenden Autos.

Parkplätze am Straßenrand sind rar und heiß begehrt. Besser parkt man sein Auto z.B. am **Pl. Sv. Nedelja** (Пл. Света Неделя) in der 24-Std.-Tiefgarage bei der Katholischen Kirche (2 Lv/Std.).

Das **Zentrum** gruppiert sich um die Boulevards Todor Aleksandrov (Бул. Тодор Александров), Knjaz Aleksandăr Dondukov (Бул. Княз Александър Дондуков) und Car Osvoboditel (Бул. Цар Освободител), die ein liegendes „Y" bilden, das an seiner Verzweigung, dem Pl. Nezavisimost (Пл. Независимост), von der nord-südlich verlaufenden, verkehrsberuhigten Haupteinkaufsstraße Bul. Vitoša (Бул. Витоша) geschnitten wird. Die wichtigsten Sehenswürdigkeiten liegen hier oder in fußläufiger Entfernung.

NICHT VERPASSEN!

- **Ikonensammlung** in der Kathedrale Aleksandăr Nevski | 45
- **Nationalgalerie/Quadrat 500** in Sofija | 45
- **Nationalmuseum für Geschichte** in Bojana | 58
  und die **Kirche von Bojana** am Fuß des nahen Viroša-Gebirges | 59

Diese Tipps erkennt man an der gelben Markierung.

Geschichte

Sofija ist **eine der ältesten Städte Europas.** Im 6. Jt. v. Chr., in der Steinzeit, ließen sich hier die ersten Siedler nieder. Dokumentiert sind die Dörfer des thrakischen Stammes der **Serden,** die ziemlich genau dort siedelten, wo heute das Zentrum liegt. Der erste Name Sofijas – **Serdica** – geht auf sie zurück.

Im Jahr 339 v. Chr. kam der makedonische König *Philipp II.* während seines Kampfes gegen die hellenischen Stadtstaaten um die Vorherrschaft vorbei und eroberte die thrakische Siedlung. Mit der Schlacht von Chaironeia ein Jahr später war das **makedonische Reich** gefestigt, und *Philipps* Sohn *Alexander der Große* trat seinen Siegeszug um die Welt an.

Mit dem Niedergang der Griechen und dem Erstarken des alten **Rom** kamen 29 v. Chr. auch dessen Legionäre nach Serdica, übernahmen die Stadt und machten sie zum Verwaltungszentrum der Provinz Moesia bzw. Dacia Mediterranea. Ihre Blütezeit erlebte sie unter Kaiser *Trajan* in den Jahren 98 bis 117, als Serdica weitreichende Privilegien erhielt, darunter das Recht, Münzen zu prägen.

In den Jahren 342 und 343 tagte hier die **Reichssynode,** zu der über 300 Bischöfe aus ganz Europa zusammenkamen und erfolglos versuchten, eine gemeinsame theologische Position zu entwickeln.

Nach dem Einfall der **Hunnen** und der Zerstörung der Stadt 447 wurde sie bis 565 wieder aufgebaut und mit der Errichtung der **Kirche Sv. Sofija** im Jahr 537 der Grundstein für den zukünftigen Namen gelegt, der im Jahre 1329 erstmals in Dokumenten erwähnt wurde.

809 eroberten die Truppen von Kan *Krum* Serdica und verleibten es dem **Ersten Bulgarischen Reich** ein. In den andauernden Kriege mit Byzanz um die Vorherrschaft auf dem Balkan wurde die Stadt – nun **Triadica** genannt – mehrfach verwüstet.

1386 zogen die **Osmanen** nach einer langen Belagerung in die Stadt ein und machten sie zur **Residenzstadt Rumeliens** mit Sitz des Bejlerbej, des höchsten Statthalters der Türken.

Am 4. Januar 1878 kamen **russische Truppen** unter ihrem General *Gurko* und befreiten die künftige Hauptstadt Bulgariens. Zu diesem Zeitpunkt war sie kein Juwel, in ihr lebten gerade mal 20.000 Menschen unter eher ärmlichen Verhältnissen. Als Zentrum des Staates erlebte Sofija jedoch einen rasanten **Aufstieg,** und nach dem **Ersten Weltkrieg** wuchs die Einwohnerzahl der Stadt auf über 300.000 an. Während des Zweiten Weltkriegs fanden zahlreiche **Bombardierungen** durch alliierte Flugzeuge statt.

Im Sozialismus entstand schließlich der Gürtel aus gesichtslosen Wohnblöcken in den Vororten. Die Einwohnerzahl verdreifachte sich bis 1989, als schließlich *Todor Živkov* abdanken musste.

Enger Zeitplan

Wer von Sofija nur das Wichtigste anschauen will, sollte für die Besichtigung der **Sehenswürdigkeiten im Zentrum** einen ganzen Tag einplanen und einen weiteren Tag für die **Kirche** und das **Nationalmuseum** im Vorort **Bojana.**

Sehenswertes

In Sofija ist nichts zu sehen, was **architektonisch** an die Wiedergeburtszeit, die bulgarische Renaissance, erinnern würde. Man hat prächtig und großzügig gebaut, schon um die Wende zum 20. Jh. Die Paläste der Herrscher und die Prachtbauten der Behörden aus dieser Zeit dominieren an den breiten Avenuen der Innenstadt.

Rotunde St. Georgi

Das mitten im Herzen der Stadt gelegene **Sofija Hotel Balkan** aus den 1950er Jahren in neoklassizistischem Palast-Stil ist eine Oase des Friedens im tosenden Verkehr und umgibt einen Hof, in dem unscheinbar das **älteste Gebäude der Stadt** steht – die Rotunde Sv. Georgi. Sie entstand im 4. Jh. auf den Fundamenten einer römischen Thermenanlage als runder Kuppelbau mit einem Durchmesser von 10 m, einer Höhe von 14 m und einer Apsis, vier halbrunden Nischen und Vorbauten.

Besonders die **Kuppelausmalung** verdient Beachtung, sie besteht aus mehreren Schichten, die älteste aus dem 6. Jh. Im 10., 13. (nach einer Zerstörung) und 14. Jh. wurden weitere Fresken aufgebracht.

Im frühen 16. Jh. ließ *Selim I.* die Kirche in eine **Moschee** umwandeln und mit ornamentaler Ausmalung ausstatten, von der aber auch nur noch Reste erhalten sind.

Um die Kirche sind **Grabungen** der ursprünglichen **römischen Fundamente** zu sehen.

■ **Rotonda Sv. Georgi** (Ротонда Св. Георги), Pl. Nezavisimost (Пл. Независимост), Tel. 02-980 9216, www.svgeorgi-rotonda.com, geöffnet tgl. 8–17/19.30 Uhr, Liturgie 8 Uhr, Gottesdienst 9 und 17 Uhr, Fotografieren 10 Lv.

Kirche St. Nedelja

Verlässt man den Innenhof Richtung Westen, blickt man direkt auf die Kirche Sv. Nedelja (Св. Неделя) aus dunklem Stein auf dem gleichnamigen Platz. Sie entstand zwischen 1856 und 1863 an der Stelle eines mittelalterlichen Vorgängerbaus und musste 1930 komplett neu gestaltet werden, da in ihr am 16. April 1925 ein kommunistisches **Bombenattentat** auf Car *Boris III.* durchgeführt wurde. Da dieser den Besuch der Messen vorher abgesagt hatte, überlebte er – im Gegensatz zu 128 Kirchgängern.

Die mit reichem Schnitzwerk versehene **Ikonostase** stammt aus der Hand des Samokover Meisters *Nikola Dospevski*.

■ **Sv. Nedelja** (Св. Неделя), Pl. Sv. Nedelja (Пл. Света Неделя) 20, Tel. 02-9875748, www.sveta-nedelia.org, geöffnet 8–20, Winter bis 18 Uhr.

Säule der Heiligen Sofija

Rechter Hand am Pl. Nezavisimost (Пл. Независимост) überragt die **16 m hohe Säule** mit der vergoldeten Allegorie der Stadt Sofija die umgebenden Gebäude. Ursprünglich war die Figur als Abbild der hl. Sofia gedacht, doch die eher weltlichen Attribute führten zum Unmut der Kirche, und so ist Sofija nun „nur" **Symbol der Stadt.** Auf ihren Sockel kam sie 2001, ein Werk des Bildhauers *Georgi*

Sofija

Übernachtung
2 Hostel Mostel
3 Atlantic
4 Jagoda

Essen und trinken
1 Hadžidraganovite Kăšti

Nachtleben
5 Clubs im Kwartir Studenski Grad (Studentenviertel)
6 Plazza
7 Vrana Park

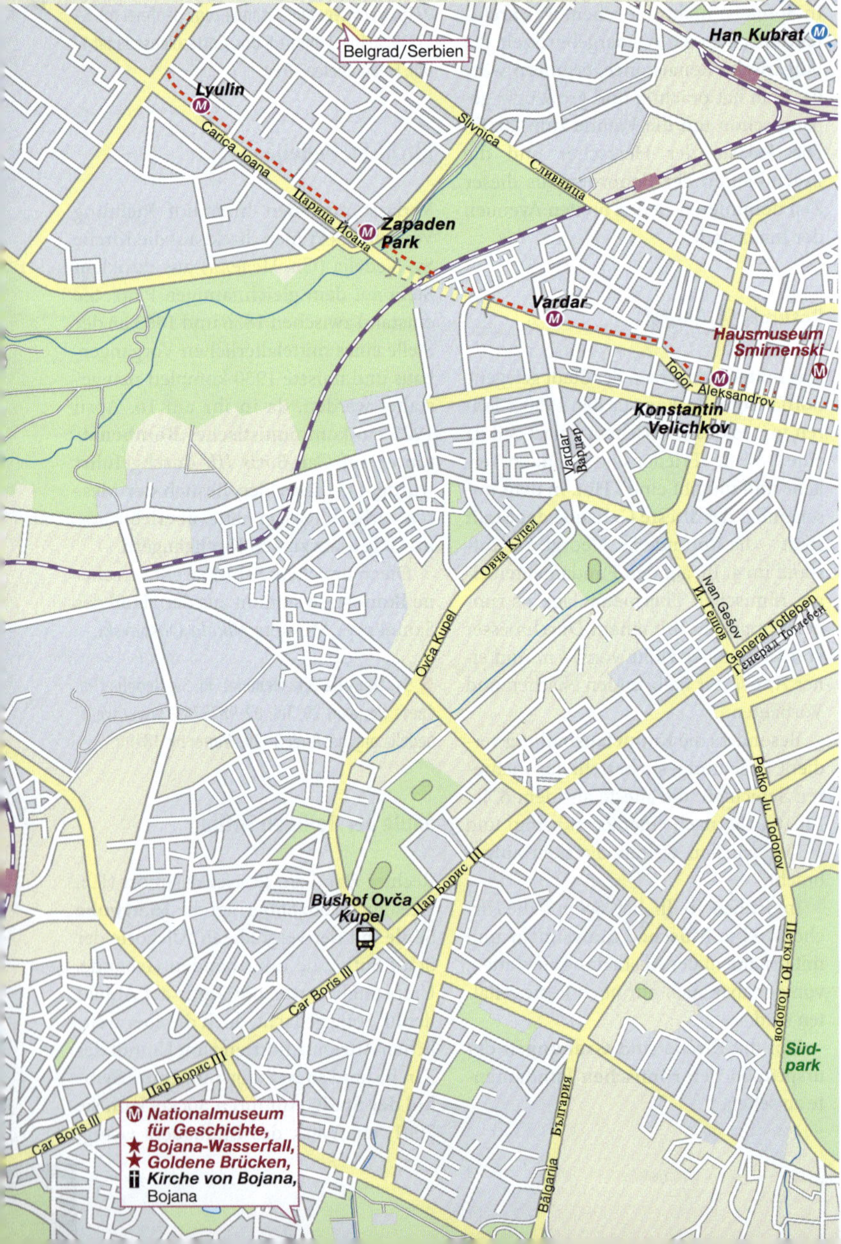

Ruse
Metro Linie 1
Linie 2
Knyaginya Maria Luiza
Marija-Luisa
Мария-Луиса
Hauptbahnhof
Bushof Trafik-Market
Hauptbahnhof
Zentraler Bushof
Kamenodelska
Каменоделска
Varna, Burgas
Lavov Most
1
Владимир Вазов
Vladimir Vazov
Opalchenska
Тодор Александров
Serdika
Knjaz A. Dondukov
Княз А. Дондуков
Botevgradsko Šose
Ботевградско Шосе
2
Bul. Makedonia
Бул. Македония
Vitoša
Витоша
Sv. Kliment Ohridski
Hospital Pirogov
Vasil Levski
Васил Левски
Sofiadental Clinic
Patriarh Evtimij
Патриарх Евтимий
Museum für Militärhistorie
NDK
Vasil Levski stadium
Umschlag vorne
Arsenal
European Union
Earth and Man National Museum
Hausmuseum Dimov
Пейо Яворов
Carigradsko Sose
Flughafen
Hausmuseum Vladigerov
Pejo Javorov
Царигадско Шосе
James Bourchier
Joliot-Curie
Süd-park
Черни Връх
Н. Вапцаров
Симеоновско Шосе
Bushof Jug
Museum für Sozialistische Kunst
Nikola Vapcarov
Димитров
7 Vrana Park, Plovdiv
G.M.Dimitrov
Dimitrov
Museum Muzeiko
Cerni Vrah
3 4 5
Kloster Dragalevci, Vitoša
Simeonovsko Šose
6

202bu sk

Čapkănov aus Kupfer und Bronze. Sie ersetzte *Lenin,* dessen Denkmal bis 1991 die Kreuzung schmückte. Die Krone der Statue stellt eine Festungsmauer dar (ein Symbol für die Wehrhaftigkeit), und die Eule auf dem Arm symbolisiert Weisheit. In Sofijas geschlossener Hand sind Münzen verborgen – was der Stadt Reichtum bringen soll.

Kirche St. Petka Samardžijska

Zu Sofijas Füßen in dem abgesenkten Fußgängerbereich und umgeben von einer Grabungsstätte duckt sich die kleine Kirche Sv. Petka Samardžijska – das **einstige Bethaus der Sattler-Zunft.** Es geht auf einen römischen Tempel zurück, der im 14. Jh. mit der kleinen, einschiffigen Kirche überbaut wurde. Im Inneren sind die Fresken aus dem 14., 15., 17. und 19. Jh. mit ihren biblischen Geschichten ein Kontrastprogramm zur ärmlich wirkenden Außenfassade.

▪ **Sv. Petka Samardžijska** (Света Петка Самарджийска), www.hramsvetapetka.org, geöffnet tgl. 7–19, Winter bis 18 Uhr, Messe 7 und 16/17 Uhr (Winter/Sommer).

Antikkomplex Serdika

In der **Fußgängerunterführung** verbirgt sich der frei zugängliche Antikkomplex Serdika (Antičen kompleks Serdika/Античен комплекс Сердика), die 9000 m^2 bedeckenden **Reste des antiken Sofija** mit den ergrabenen Fundamenten des Osttors der Stadt, von Häusern, einer frühchristlichen Basilika und einer mittelalterlichen Kirche – alles aus dem 1. bis 6. Jh.

Die Säule der Heiligen Sofija

Moschee Banja Baši

Hinter dem Kaufhaus CUM gegenüber dem Sofija Hotel Balkan, einer Einkaufsgalerie mit dem Besten, was die internationalen Marken zu bieten haben, steht die Moschee Banja Baši, auch **Moschee Kadi Sejfullah Effendi** genannt – eines der verbliebenen Bauwerke aus osmanischer Zeit. Sie entstand 1576 durch den Baumeister Hadši *Mimar Sinan* als Zentralbau aus Ziegeln und bearbeitetem Naturstein. Der Baukörper ist kubisch und trägt eine Kuppel, im Westen steht das schlanke Minarett.

Die Moschee ist heute noch der Betraum der Sofijoter Muslime, man darf sie aber **besichtigen,** sofern man sich seiner Schuhe entledigt und sie ins Regal stellt. Das helle, fast heitere Innere wird vorzüglich unterhalten und zeigt sich noch in der Architektur des 16. Jh. Bis zu 2000 Muslime kommen an den großen Festtagen des Islam.

■ **Banja Baši Džamija** (Баня Баши Джамия), geöffnet tgl. bei Tageslicht, während der Gebetszeiten kein Zugang.

Zentralbad/Geschichtsmuseum

Hinter der Moschee befindet sich das 1911 erbaute ehemalige Zentralbad (Centralna Banja/Централна Баня) mit seiner schönen, durch polychrome Keramik verzierten Fassade mit Anklängen an das Art déco. Noch heute kommen die Einwohner Sofijas und holen sich hier am Brunnen das Heilwasser ab. Im Inneren ist das **Geschichtsmuseum** von Sofija untergebracht und spannt – nett gemacht unter anderem mit einem von *Ferdinand I.* 1905 gekauften Mercedes – in acht Abteilungen einen Bogen von der Prähistorie (6000 Jahre vor der Zeitenwende) bis zum Jahr 1945, dem Ende des Zweiten Weltkriegs.

■ **Muzej za Istoria na Sofija** (Музей за Историа на София), Pl. Banski (Пл. Бански) 1, Tel. 02-985 4455, www.sofiahistorymuseum.bg, geöffnet Di–So 10–18 Uhr, Eintritt 6 Lv, Fotografieren 15 Lv.

Mineralquellen

Gleich nördlich des Zentralbades sind auf einer Verkehrsinsel die Mineralquellen (Mineralni Izvor/Минерален извор) gefasst, die einst das Zentralbad versorgten. Noch heute kommen die Einwohner Sofijas und holen sich an einer der zahlreichen **Zapfstellen** des Brunnens das **Heilwasser** ab.

Zentrale Markthalle

Gegenüber der Moschee, auf der westlichen Straßenseite, werden in der **weitläufigen Eisenkonstruktion** der Zentralen Markthalle (Centralni Hali/Централни Хали) auf **zwei Etagen** an Ständen fertige Gerichte, Obst, Fleisch, Gemüse, Fisch und Souvenirs verkauft. Der Bau in historisierendem Gewand entstand 1909–11. Wegen seiner Privatisierung kam es in den 2000er Jahren zum Skandal. Im Untergeschoss sind altrömische Fundamente erhalten. Die gleich südlich der Hallen vom Boulevard abgehende Ul. Pirocka (Ул. Пицоцка) lockt als baumbestandene Fußgängerzone mit Boutiquen und Filialen großer Ketten.

Sofija City Card

Die Karte erlaubt die **Nutzung des öffentlichen städtischen Verkehrs** auf allen Linien. Die Karte gibt es in den Sofia Urban Mobility Centres in den Metrostationen und auch zur Online-Bestellung und Abholung in einem der Zentren. Sie gilt drei Tage ab Ausstellung und kostet 10 Lv (für einen Tag 4 Lv, https://webportal.sofiatraffic.bg/en).

Synagoge

An der Ul. Knjaz Boris I (Ул. Княз Борис I) steht das Gotteshaus der Juden, vom österreichischen Architekten *Friedrich Grünanger* in Anlehnung an die zerstörte Große Synagoge in Wien im Sezessionsstil mit maurischen Zitaten geplant und 1909 fertiggestellt. Die Zentralkuppel endet in 30 m Höhe, damit ist die Synagoge **heute eine der größten Europas.** Ihr Inneres ist ausgesprochen prächtig und reich geschmückt. Das angeschlossene Museum bleibt bis auf Weiteres geschlossen.

■ **Sofijska Sinagoga** (Софийска Синагога), Ul. Ekzarh Josef (Ул. Екзарх Йосиф) 18, Tel. 02-983 1273, www.sofiasynagogue.com, geöffnet So–Fr 9–17, von Schmini Azeret bis Pessach Fr bis 15 Uhr, Eintritt 5 Lv.

Löwenbrücke

Das Gegenstück zur Adlerbrücke südöstlich der Universität (→ unten) ist die **Löwenbrücke** (Lavov Most/Лавов Мост) von 1891. Sie führt in der Verlägerung der Achse von Bul. Vitoša (Бул. Витоšа) und Bul. Marija-Luiza (Бул. Мария-Луиза) 500 m nördlich der Synagoge über die Slivnica und verbindet Zentrum und Bahnhof. Den Autoverkehr leitet ein als Park gestalteter Kreisel um die Brücke herum, die nur noch Fußgängern und der Tram offen steht.

Kirche St. Josef

Südlich der Synagoge ragt der Turm der modernen römisch-katholischen Konkathedrale des Bistums Sofija-Plovdiv in den Himmel, im Inneren ein kühler, würdevoller Bau (2002–6), der die 1944 bei einem Bombardement zerstörte Vorgängerkirche ersetzte. 23 m lang und 15 m breit, ist sie die **größte römisch-katholische Kirche des Landes.**

■ **Rimokatoličeska Enorija Sveti Josif** (Римокатолическа Енория Свети Йосиф), Ul. Knjaz Boris I (Ул. Княз Борис I) 146, https://sofia.capucini.bg, geöffnet tgl. 8.30–17 Uhr, So 12 Uhr Messe in Englisch.

Archäologische Zone Westtor

Die archäologische Zone **vor der Kirche** gehört zum antiken und mittelalterlichen Serdika, dem Westtor der Stadt mit Festungscharakter. Von ihm aus verlief der Decumanus Maximus nach Osten.

■ **Arch. Zone Westtor** (Zapadnata Porta/Западната Порта), geöffnet 9–21, Winter bis 19 Uhr.

Vitoša-Boulevard und Slavejkov-Platz

In den Gassen und an den Plätzen rund um die Einkaufsstraße und **Fußgängerzone Bul. Vitoša** (Бул. Витоша) haben in den letzten Jahren eine Menge Läden, Bars, Cafés und Restaurants aufgemacht und sorgen für eine bohèmeartige Stimmung in bestem Sinne. Besonderen Charme strahlen der **Slavejkov-Platz** (Пл. Славейков) und die nach Südosten anschließende Fußgängerzone aus – auch wenn das wilde Biotop der Nachwendezeit mit Hunderten an Buchverkäufern und ebensovielen Leseratten der Vergangenheit angehört. Einigen **Buchhändlern** ist nach wie vor erlaubt, ihre Stände aufzustellen, und Studenten stöbern wie eh und je in neuen und antiquarischen Büchern, sitzen in den Cafés am Straßenrand und gucken den Straßenbahnen und Passanten zu.

Der massige, durch zahlreiche Anbauten und Kuppeln aber stark gegliederte und deshalb gefällige Baukörper der **Kirche der Sieben Heiligen** (Hram Sveti Sedmočislenici/Храм Свети Седмочисленици) war ehemals Moschee, wurde nach dem Ende des „Türkischen Jochs“ umgewidmet, neobyzantinisch verändert und des Minaretts entledigt.

Kunstgalerien findet man im oberen Abschnitt der Ul. Car Samuil (Ул. Цар Самуил), der dritten westlichen Parallelstraße zum Bul. Vitoša.

Nationaler Kulturpalast

Ginge man den Bul. Vitoša (Бул. Витоша) nach Süden, käme man zum **Kulturpalast** (Nacionalen Dvorec na Kulturata/Национален Дворец на Културата), kurz NDK/НДК. Den architektonischen Wahnsinn in seinem 15 ha großen Park hatte sich die bulgarische Kulturministerin gewünscht. 1,7 Mio. t Erde mussten abtransportiert werden, damit sich 10.000 t Stahl und 350.000 t Beton 51 m hoch türmen konnten. Die Gebäudegrundfläche betrug am Ende fast 2 ha und die Geschossfläche über 12 ha. 1981 wurde der **Mittelpunkt des beaufsichtigten sozialistischen Kulturbetriebs** eröffnet (die Fertigstellung dauerte aber bis 1985). Nach der Wende mieteten sich Restaurants und Cafés, Fitnessklub, Tanzschule, Kneipen und Lounges ein. Die eingebauten **Theater** sind noch tätig – allerdings mit einem modernisierten Programm und anderem Namen – und das **Programmkino Lumière** (Кино Люмиер) im Nebengebäude spielt Anspruchsvolles.

■ **Neues Theater** (Nov Teatăr/Нов Театър), www.facebook.com/NewTheatreND.

Präsidentenpalast

Nun kehrt man zur Sofija-Säule zurück und hält sich nach Südosten. Das Gebäude-Geviert mit der Rotundenkirche besteht an seiner Rückseite aus dem **Amtssitz des Präsidenten** (Prezident na Republika Bălgarija/Президент на Република България), den Soldaten in weißen Uniformjacken schützen und mit Paraden und Wachwechseln ein beliebtes Fotomotiv abgeben.

■ **Kleiner Wachwechsel:** 8–18 Uhr 5–10 Min. vor jeder vollen Stunde; **großer Wachwechsel** mit 40 Mann um 12 Uhr an folgenden Terminen:

3. März, 6. und 24. Mai, 6. Juni, 12. Juli, 6. und 22. Sept., 1. Nov. und jeden 1. Mi im Monat (außer Dez.–Feb.).

Archäologisches Nationalmuseum/ Stadtpark

Das Gebäude am Ende des Pl. Nezavisimost (Пл. Независимост) an der Straßengabelung war einst die Zentrale der Kommunistischen Partei Bulgariens. Rechts von ihm, am Beginn des Parks, steht das **Archäologische Nationalmuseum** – die frühere Große Moschee (Bujuk Džamija/Буюк Джамия) aus dem 15. Jh. Die Sammlung umfasst Fundstücke von der Prähistorie bis zum späten Mittelalter: thrakische Votivsteine, römische Statuen, Stelen und Basreliefs, Fresken aus Melnik, eine Kopie des Reiters von Madara und als Highlight Teile der in Bulgarien gefundenen **thrakischen Schätze** aus dem 15. Jh. v. Chr. Cafés und Lounges laden rund um das Museum zu einer Verschnaufpause ein.

■ **Nacionalen Arheologičeski Muzej** (Национален Археологически Музей), Ul. Săborna (Ул. Съборна) 2, Tel. 02-9882406, www.naim.bg, geöffnet tgl. 10–18, Winter Di–So 10–17 Uhr, Eintritt 12 Lv (letzter So/Monat frei).

Wachablösung am Amtssitz des Präsidenten

Nationaltheater Ivan Vazov

Hinter dem Archäologischen Museum, tiefer im Park an den Fontänen, liegt das **neoklassizistische Theater** (Naroden Teatăr Ivan Vazov/Народен Театър Иван Вазов), eine Arbeit der Wiener Architekten *Hermann Helmer* und *Ferdinand Fellner*, die zur Gestaltung der Fassade Stilmittel aus dem Barock verwendeten. Sie erlangten im 19. Jh. als Theaterbauer Berühmtheit und planten unter anderem die Oper in Zagreb, das Theater Unter den Linden in Berlin und das Deutsche Schauspielhaus in Hamburg.

■ **www.new.nationaltheatre.bg**

Städtische Kunstgalerie

Spannend kuratierte Sonderausstellungen sind in der Stadtgalerie zu sehen – zeitgenössische Kunst, die immer in einen aktuellen Kontext gestellt ist. Das Gebäude ist das 1908 erbaute ehemalige Kasino, das ein eigenes Orchester besaß (eines seiner Mitglieder spielte beim Untergang auf der „Titanic“ bis zum bitteren Ende). Am 14. Februar 1915 riss bei einem Maskenball eine Bombe zwei Jugendliche in den Tod. Das Attentat sollte wohl den König treffen (und sei – so die Bulgaren – von der Türkei initiiert gewesen).

■ **Sofijska Gradska Hudožestvena Galerija** (Софийска Градска Художествена Галерия), Ul. General Gurko (Ул. Генерал Гурко) 1, Tel. 02-987 2181, www.sghg.bg, geöffnet Di–Sa 10–19, So 11–18 Uhr, Eintritt 4 Lv.

Nationalgalerie/ Ethnografisches Museum

Schräg gegenüber des Archäologischen Museums, auf der anderen Seite am Bul. Car Osvoboditel (Бул. Цар Освободител), kann man sich nun in der **Nationalgalerie** im neobarocken Battenberg-Palais von 1888 (Architekt *Grünanger*) über das **modernere bulgarische Kunstschaffen** informieren. Gezeigt werden in einem Flügel unten temporäre Ausstellungen und in der ersten Etage Werke u.a. von *Zahari Zograf, Canko Lavrenov, Vladimir Dimitrov, Dimităr Kazakov-Neron* und *Zlatju Bojadžiev.*

Das **Ethnografische Museum** (in der ersten Etage des östlichen Flügels) besteht aus einer landeskundliche Ausstellung mit hübsch arrangiertem Hausrat, mit Kostümen, Werkzeugen, Fotos und Plakaten.

■ **Nacionalna Galerija Dvoreca/Nacionalen Etnografski Muzej** (Национална Галерия Двореца/Национален Етнографски Музей), Pl. Aleksandăr Batenberg (Пл. Александър Батенберг) 1, Tel. 02-9800093, www.nationalgallery.bg, http://iefem.bas.bg, geöffnet Di–So 10–18 Uhr, Eintritt Galerie 6 Lv, Museum 6 Lv.

Naturwissenschaftliches Museum

Geht man den Bul. Car Osvoboditel weiter stadtauswärts, gelangt man zum Naturwissenschaftlichen Museum. Es wurde 1889 von Knjaz *Ferdinand I.* gegründet, der selbst ein fanatischer Schmetterlingssammler war. Das Museum ist riesig, das **größte seiner Art auf dem Balkan,** und deckt große Bereiche der Naturkunde ab, von der Mineralogie über Paläontologie, historische Geologie, Pflanzenwelt und besonders die Welt der Lebewesen mit ausgedehnten Sammlungen an Insekten, Vögeln, Fischen, Amphibien, Reptilien und Säugetieren.

■ **Nacionalen Prirodonaučen Muzej** (Национален Природонаучен Музей), Bul. Car Osvoboditel (Бул. Цар Освободител) 1, Tel. 02-9874195, www.nmnhs.com, geöffnet Di–Fr 9–17, Sa 9–16 Uhr, Eintritt 6 Lv.

Russische Kirche Nikolaj Čudotvorec

Die nächste Straße nach links führt zur **Russischen Kirche** (Ruska Cărkva Sv. Nikolaj/Руска Църква Св. Николай). Sie entstand 1912 im Stil einer russischen Kirche des 17. Jh. für das Diplomatenkorps des Bruderlandes und folgt der Konzeption der Šatjor-Kirchen mit einer von vier kleineren Zwiebelkuppeln flankierten Zentralkuppel. So hell und freundlich sie sich außen gibt, ihr Inneres ist dunkel-erhaben und wachsschwadendurchzogen.

Seitlich des Haupteingangs geht es einige Stufen hinunter in die **Krypta** mit den sterblichen Überresten des am 26. Februar 2016 heiliggesprochenen russischen Erzbischofs *Sv. Serafim.* Er gilt als wundertätig, und so stehen Tisch, Stühle und Schreibzeug bereit, um Wünsche niederzuschreiben und an seinem Grab niederzulegen.

■ **Russische Kirche Hl. Nikolaus** (Ruska Cărkva Sv. Nikolaj/Руска Църква Св. Николай), Bul. Car Osvoboditel (Бул. Цар Освободител) 3, geöffnet tgl. 7.45–18.30 Uhr.

Sophienkirche

Nun geht man nach Norden und an der nächsten Ecke nach rechts und gelangt zum Gotteshaus. Es ist nach der Georgsrotunde die **älteste Kirche** der Stadt. In römischer Zeit stand sie außerhalb der Stadtmauern am Begräbnisplatz, doch ist sie letztlich nicht so alt. Auf **vier Vorgängerbauten** hat man nacheinander neue Kirchen errichtet. Die älteste geht auf den Beginn des 4. Jh. zurück und war wahrscheinlich eine Grabkapelle mit einem Schiff in den Maßen 14 mal 6 m und einer Apsis. Von ihr fand man neben den Grundmauern ein Mosaik mit der Darstellung des Lebensbaumes. Sie wurde Ende des 4. Jh. mit einer dreischiffigen Basilika überbaut, die bald nach Fertigstellung von den Goten zerstört und durch eine weitere dreischiffige, diesmal größere Basilika ersetzt wurde. Der letzte Vorgängerbau entstand nach dem Hunneneinfall 447. Das heutige Bauwerk entstammt dem Beginn des 6. Jh., unterlag aber im Laufe der Zeit einigen Veränderungen. So wurde es zeitweise als Moschee und gar als Waffenlager genutzt. Dem Betrachter zeigt sich die Sophienkirche nun als dreischiffige Kuppelbasilika aus Backsteinen mit zwei Türmen und Zentralkuppel, Querschiff, drei Altären und einer Apsis.

Auf einer Treppe steigt man ab in die weitläufigen **Katakomben** der Kirche zu einer Nekropole und Fundamenten der christlichen Vorgängerbauten und den mit Mosaiken und Wandbemalungen geschmückten Grabstätten, eine sehr empfehlenswerte Besichtigung.

■ **Hram Sv. Sofija** (Храм Св. София), Ul. Pariž (Ул. Париж) 2, Kirche geöffnet tgl. 9–19, Winter bis 18 Uhr, Katakomben Sommer tgl., sonst Di–So 10–17.30 Uhr, Eintritt Kirche frei, Katakomben 6 Lv.

Kathedrale Aleksandăr Nevski

Über den weiten Platz gelangt man zur nicht minder wichtigen Kathedrale – obwohl sie weit jüngeren Datums als die Sophienkirche ist.

Mit dem Bau der Kathedrale am landschaftlich höchsten Punkt des Zentrums wurde **1878** begonnen. Es kam allerdings immer wieder zu Unterbrechungen, sodass sie erst **1924 geweiht** werden konnte. Geplant hatten das Bauwerk zu Ehren des russischen Fürsten *Nevski* (1220–1263) die russischen Architekten *Georgi Bogomilov* und *A.N. Pomerancev* in **neobyzantinischem Stil** mit zahlreichen Nebenkuppeln, die zur blattgoldbelegten Zentralkuppel vermitteln und die Fassade stark gliedern.

Sie ist eine der **größten Kirchen** des orthodoxen Christentums und **Sitz des Patriarchen** von Sofija. Der kuppelbekrönte Turm überragt mit 50 m die Hauptkuppel nur um 5 m. 12 Glocken läuten zum Gebet, die schwerste wiegt 12 t. Das Innere der Kreuzkuppelkirche ist mit Alabaster, Onyx und Marmor in den unterschiedlichsten Farbtönen ausgekleidet. **5000 Menschen** kommen in ihr beim Gottesdienst unter. Vier mächtige Hauptsäulen tragen die Zentralkuppel der drei 73 m langen Längsschiffe.

Aus **ganz Europa** kamen Künstler und Handwerker für den Innenausbau, und zahlreiche Aufträge gingen außer Landes. So stammen die metallenen Tragelemente aus Berlin, die Tore aus Wien, der Marmor wurde in München in Form gebracht und die Mosaike in Venedig zusammengestellt.

■ **Katedrala Aleksandăr Nevski** (Катедрала Александър Невски), Pl. Aleksandăr Nevski (Пл. Александър Невски), www.cathedral.bg, geöffnet tgl. 7–19 Uhr.

Ikonenmuseum

Der separate Eingang zur Krypta der Kirche führt hinunter zum **Museum für christliche Kunst** mit der **wertvollsten Ikonensammlung des Landes.** Unter den weiß gestrichenen, weitläufigen Gewölben erlaubt die Ausstellung eine fantastische Übersicht über die religiöse Kunst. Perfekt ausgeleuchtet, sind die Malereien und Schnitzwerke, die aus dem ganzen Land zusammengetragen wurden, bis in die kleinsten Details zu bewundern: darunter eine der ältesten Ikonen – der hl. Nikolaus von Nesebăr aus dem 12. Jh. – und die Ikonostase aus dem Kloster von Rila, die dem 19. Jh. entstammt.

☒ Wertvollste Ikonen in den Katakomben der Kathedrale und weniger wertvolle auf dem Platz davor

204bu sk

■ **Muzej za Hristijansko Izkustvo** (Музей за Християнско Изкуство), Pl. Aleksandăr Nevski (Пл. Александър Невски), Tel. 02-9815775, geöffnet Di–So 10–18, Eintritt 6 Lv.

Nationalgalerie/Quadrat 500

Bringen Sie Zeit mit – mindestens einen halben Tag. Der 2015 direkt gegenüber der Kathedrale eröffnete **hochmoderne, extrem weitläufige Ableger der Nationalgalerie** befindet sich an der Ostseite des Platzes der Aleksander Nevski-Kathedrale im ehemaligen Gebäude der Staatsdruckerei. Auf vier Etagen und in 28 Sälen fächert sich **das Wichtigste an bulgarischem Kunstschaffen** auf, und

205bu sk

es ist auch noch Platz für Werke europäischer und außereuropäischer Künstler.

■ **Kvadtrat 500** (Квадрат 500), Ul. 19 Fevruari (Ул. 19 Февруари) 1, Tel. 02-9884922, www.nationalartgallerybg.org, geöffnet Di–So 10–18 Uhr, Eintritt 10 Lv.

Botanischer Garten

Gleich nördlich der Galerie Quadrat 500 breitet sich der **kleine, aber feine Garten der Uni** über 0,5 ha aus und zeigt u.a. ein Rosarium mit 50 Sorten, „Großmutters Garten", Alpinbereich, tropische Teichpflanzen, Kakteen und in einem Pavillon Schmetterlinge.

■ **Universitetska Botaničeska Gradina** (Университетска ботаническа Градина), Ul. Moskovska (Ул. Московска) 49, Tel. 02-9881797, www.ubg-bg.com, geöffnet Mi–Fr 9–17, Sa/So 9–18 Uhr, Eintritt 5 Lv.

⌃ Die gerundete Fassade der Universität von Sofija stammt aus den 1930er Jahren

Zur Adlerbrücke

Geht man vom Botanischen Garten die Straße Vasil Levski gen Süden und am Bul. Car Osvoboditel (Бул. Цар Освободител) rechts, gelangt man zum **Platz der Nationalversammlung** (Pl. Narodno Săbranie/Пл. Народно Събрание). Das **Monumentaldenkmal** auf dem Halbrund des Platzes zeigt den russischen Kaiser *Alexander II.*, wie er gegen die Türken reitet.

Im Osten riegelt das massive, bogenförmige Gebäude der Universität die Sichtachse ab. Die **Universitet Sv. Kliment Ohridski** (Университет Св. Климент Охридски) geht auf das Jahr 1888 zurück. Das heutige Gebäude wurde 1934 begonnen und bis 1985 stetig erweitert.

Nördlich der Uni steht vor der Nationalbibliothek ein **Denkmal für Kyril und Metodij** – die Begründer der kyrillischen Schrift – und westlich eines für den Namensgeber der Uni und Schüler der beiden: **Kliment Ohridski** in schönstem sozialistisch-verherrlichenden Skulpturenstil.

400 m nach Südosten sind es von der Uni zur 1891 über einen Kanal geschlagenen **Adlerbrücke** (Orlov Most/Орлов Мост) mit vier wachenden Adlern auf Pfeilern, die Entgegenkommende mit strengem Blick beäugen. Ihr Gegenstück aus dem selben Jahr, die Löwenbrücke (Lavov Most/Лавов Мост), führt im Norden des Zentrums über die Slivnica.

Boris' Garten

An der Adlerbrücke beginnt der 1882 von einem Schweizer Landschaftsplaner angelegte, **weitläufige Garten** (Borisova Gradina/Борисова Градина) mit über 400 ha Wald. Auf dem zentrumsnächsten, etwa 80 ha großen und gestalteten Teil finden sich mehrere Stadien, Denkmäler, Tennisplätze, ein Teich, ein Rosarium und ein gut ausgestatteter Kinderspielplatz. Rund um den künstlichen Ariana-See (mit Insel) liegen mehrere gastronomische Einrichtungen. Im Sommer ist der Park für sonntägliche **Familienspaziergänge** bestens geeignet.

Denkmal zu Ehren der Sowjetarmee

Dem Garten gegenüber, jenseits des Kanals Richtung Stadtmitte, steht in einer eigenen Parkanlage, dem **Prinzengarten** (Knjaževska Gradina/Княжеска Градина), das 41 m hohe **Monumentaldenkmal** (Pametnik na Savetskata Armija/Паметник на Съветската Армия). Ein 7 m großer Sowjetsoldat führt eine bulgarische Familie in die rotgoldene Zukunft. In den 1990er Jahre erwog man den Abriss, der Angriffskrieg Russlands von 2022 hat den Rückbau nun besiegelt.

Mausoleum Aleksandăr I. Batenberg

Westlich des Prinzengartens liegt in einem Garten das Mausoleum im neobarocken Stil. In ihm kamen die sterblichen Überreste *Battenbergs* 1893 zur Ruhe; die Inschriften an den Seiten seines Grabes verherrlichen ihn als Sieger des Serbisch-Bulgarischen Krieges von 1885.

■ **Mavzolej-Grobnica Knjaz Aleksandăr Batenberg** (Мавзолей-Гробница Княз Александър Батенберг), Bul. Vasil Levski (Бул. Васил Левски) 81, Tel. 089-8203954, geöffnet Mo–Fr 10–17 Uhr.

Kristallmuseum

1,5 km westlich von Boris' Garten glänzen im **Earth and Man National Museum** Kristalle und Halbedelsteine in allen erdenklichen Größen und Farben in einem Gebäude des 19. Jh., das einst zum Arsenal der Stadt gehörte. Die Ausstellung ist in erster Linie für die Wissenschaft zusammengetragen worden. Beeindruckend ist die Sektion mit den **Kristallriesen** aus aller Welt: 53 Stück und bis zu 550 kg schwer.

■ **Earth and Man National Museum,** Bul. Černi Vrah (Бул. Черни Врах) 4, www.earthandman.org, geöffnet tgl. 10–18 Uhr, Eintritt 10 Lv.

Arsenal

Gleich nebend dem Earth and Men Museum finden im Sofija-Arsenal **Sonderaustellungen des Museums für Zeitgenössische Kunst** statt. Das Gebäude entstand 1916 als Teil des Munitionslagers und war später Militärschule.

■ **Sofijski Arsenal** (Софийски Арсенал), Bul. Černi Vrah (Бул. Черни Врах) 2, www.sofiaarsenal-mca.org, geöffnet Di–So 10–18 Uhr, Eintritt 3 Lv.

Museum für Militärhistorie

Einen knappen Kilometer östlich von Boris' Garten gehen **Waffenbegeisterten** die Augen über. Das Militärmuseum hat Panzer, Geschütze, Flugzeuge, Lkw, Raketen, Pioniergerät, Kleinwaffen und Uniformen in seiner Sammlung und teilt die Ausstellung nach den Kriegen, von der Antike bis 1945. Auch die Entwicklungen der bulgarischen Armee in der Neuzeit ist Thema.

■ **Nacionalnija Voennoistoričeski Muzej** (Националния Военноисторически Музей), Ul. Čerkovna (Ул. Черковна) 92, Tel. 02-9461805, www.militarymuseum.bg, geöffnet Mi–So 10–18 Uhr, Eintritt 10 Lv.

206bu sk

Museum für Sozialistische Kunst

Außerhalb des Zentrums im Südosten (etwa 2 km von Boris' Garten) liegt der **Park mit der Kunst der letzten Jahrzehnte.** Man achte auf den Komplex der Sopharma Business Towers und betrete daneben das **Areal des Kulturministeriums** (Ministerstvo na Kulturata/Министерство на културата). Vom überlebensgroßen *Lenin* bis zum Roten Stern, der einst das Parteigebäude verzierte, summieren sich die **Exponate auf der Freifläche** auf über 70 Stück. In der Halle finden Wechselausstellungen zum Thema „Ideologie in der Kunst" statt. Im Souvenirshop erhält man die passenden Erinnerungsstücke als T-Shirt oder Tasse – Väterchen *Stalin* beispielsweise.

■ **Muzej na Socialističeskoto Izkustvo** (Музей на социалистическото изкуство), Ul. Lăčezar Stančev (Ул. Лъчезар Станчев) 7, www.nationalgallery.bg, geöffnet Di–So 10–17 Uhr, Eintritt 6 Lv.

Museum Muzeiko

Ein Stück Weges von den Monumenten nach Südwesten führt zum **Kindermuseum.** Quietschbunt ist hier alles, womit man die Naturwissenschaften und die Welt entdecken kann. Anfassen

Das Freiluftmuseum für Sozialistische Kunst zeigt vornehmlich Skulpturen

ist gewünscht, und die Kinder haben bei den Experimenten ihren Spaß. Und wer sich bequem setzen will: Im **Planetarium** haben die Erwachsenen etwas Ruhe.

■ **Muzeiko** (Музеико), Ul. Prof. Bojan Kamenov (Ул. Проф. Боян Каменов) 3, Tel. 02-9020000, www.muzeiko.bg, Di–So 10–18 Uhr, Eintritt 12 Lv, Kind ab 2 Jahre 12 Lv; Planetarium 2 Lv extra.

Zurück ins Zentrum

Zum **Stadtgarten** mit dem Theater kehrt man über den Bul. Dragan Cankov (Бул. Драган Цанков) und die Ul. General Gurko (Ул. Генерал Гурко) zurück.

Weitere Museen

Über Sofija sind mehrere kleine Ausstellungen verteilt, die als **Hausmuseen** an Dichter, Denker und Musiker erinnern. Im **Kăšta-Muzej Ivan Vazov** lebte der bulgarische Schriftsteller von 1895 bis zu seinem Tod 1921. Die Einrichtung ist original erhalten, sogar sein ausgestopfter Hund ist zu sehen. Das **Kăšta-Muzej Pančo Vladigerov** widmet sich dem Komponisten *Vladigerov* (1899–1978), der u.a. am Deutschen Theater Berlin unter Max Reinhardt wirkte. Im **Kăšta-Muzej Dimităr Dimov** erfährt man alles über den Schriftsteller (1909–1966), der mit dem Freiheitskämpfer **Jane Sandanski** verwandt war. Das **Kăšta-Muzej Hristo Smirnenski** erinnert an den Dichter und Schriftsteller (1898–1923), der trotz seines frühen Todes mehrere Tausend Gedichte hinterließ. Das **Kăšta-Muzej Nikola Y. Vapcarov** beschreibt das wilde Leben des Dichters (1909–1942), der als Kommunist und Widerstandskämpfer gegen die Deutsche Wehrmacht den Tod fand.

■ **Hausmuseum Vazov** (Къща-Музей Иван Вазов), Ul. Ivan Vazov (Ул. Иван Вазов) 10, www.nlmuseum.bg, geöffnet Mo–Sa 10–17.30 Uhr, Eintritt 5 Lv.

■ **Hausmuseum Vladigerov** (Къща-Музей Панчо Владигеров), Ul. Jakubica (Ул. Якубица) 10, www.vcadigerov.org, geöffnet Di, Mi, Fr, Sa 10–17, Do 13–17 Uhr, Eintritt 5 Lv.

■ **Hausmuseum Dimov** (Къща-Музей Димитър Димов), Ul. Krăstbo Sarafov (Ул. Кръстьо Сарафов) 26, www.facebook.com/muzeidimov, geöffnet Mo–Fr 10–17.30 Uhr, Eintritt 5 Lv.

■ **Hausmuseum Smirnenski** (Къща-Музей Христо Смирненски), Ul. Ovče Pole (Ул. Овче Поле) 116, Tel. 02-9873414, www.nlmuseum.bg, geöffnet Di–Sa 10–17.30 Uhr, Eintritt 5 Lv.

■ **Hausmuseum Vapcarov** (Къща-Музей Никола Й. Вапцаров), Ul. Angel Kănčev (Ул. Ангел Кънчев) 37, www.facebook.com/N.Vaptzarov1956, geöffnet Mo–Sa 10–17.30 Uhr, Eintritt 5 Lv.

Am Stadtrand

12 km südöstlich des Zentrums liegt der **Vrana Park,** ein großes Gelände mit dem Charakter eines botanischen Gartens, mit der Grabstätte des Zaren *Boris III.*, einem Alpineum und dem immer noch von den Zarennachkommen bewohnten Vrana-Palast. Der Park mit Seen, mäandrierenden Wegen und über 400 Blumenarten ist an Wochenenden und bei Veranstaltungen zugänglich.

■ **Park Vrana** (Парк Врана), Bul. Carigradsko Šose (Царигрдаско Шосе), https://park-vrana.com, Anfahrt mit Bus 505 ab Adlerbrücke, geöffnet Sa/So 10–16 Uhr, Eintritt 5 Lv, Kind 2 Lv.

Praktische Tipps

Information

■ **Tourist Information Centre Largo,** in der Unterführung Metrostation Serdika Zwei (Сердика две) am Pl. Sv. Nedelja (Пл. Св. Неделя), Tel. 02-4949315, geöffnet Mo–Fr 9.30–18 Uhr.

■ **Tourist Information Centre Sofija,** Bul. Car Osvoboditel (Бул. Цар Освободител) 22, in der Unterführung Metrostation Sv. Kliment Ohridski (Св. Климент Охридски) bei der Universität, Tel. 02-4918344, geöffnet Mo–Fr 9.30–18 Uhr. Sehr hilfreiches und kompetentes Büro; auch Veranstaltungsbuchungen.

■ **Tourist Information Centre Stadtpark** (Gradskata Gradina/Градската Градина), Ul. Knyaz Aleksandăr I (Ул. княз Александър I), Glaskiosk an der Westseite des Parks, Tel. 0885-921620, geöffnet tgl. 10–20 Uhr.

■ **Odysseia-In,** Bul. Aleksandăr Stambolijski (Бул. Александър Стамболийски) 20B, Eingang von der Ul. Lavele (Ул. Лавеле), Tel. 02-69890538, www.hiking-bulgaria.com. Incoming-Reisebüro mit hilfsbereitem Personal, das Individualaufenthalte im Land und Aktivitäten bucht (Mountainbiking, Wandern, Kulturausflüge etc.) und auch für Sofija so einige Tipps auf Lager hat.

■ **Bulgarischer Kletter- und Bergsteigerverband BFKA** (Българсдка Федерация по Катерене и Алпинизъм), Bul. Vasil Levski (бул. Васил Левски) 75, Tel. 02-9300532, www.bfka.org.

■ **Direktion Naturpark Vitoša** (Дирекцията на Природен парк Витоша), Ul. Antim I (Ул. Антим I) 17, Tel. 02-9895377, www.park-vitosha.org. Naturpark → „Sofija Umgebung“.

■ **Websites auf Englisch:** www.sofia.bg (offizielles Stadtportal mit Nachrichten und praktischen Infos zu Verkehr), www.visitsofia.bg (touristische Stadtinformationen), www.programata.bg (Veranstaltungsinformationen für Sofija), www.inyourpocket.com/sofia (das Wichtigste und mehr über die Hauptstadt).

Gepäckaufbewahrung

■ **Gifted Urban Culture Hub,** Ul. Ivan Denkoglu (Ул. Иван Денкоглу) 24, Tel. 0988-252032, https://giftedsofia.com. Gepäckaufbewahrung und Shop für alternative Kunst und Souvenirs, geöffnet tgl. 10.30–13, 14–19.30 Uhr, je nach Gepäckgröße 5–25 Lv/8 Std.

Geführte Touren

■ **Stadtführungen** (www.freesofiatour.com) finden kostenlos im Sommer um 10, 11, 14 und 18, im Winter um 11, 14 und 18 (Fr/Sa auch 10) Uhr statt, Treffpunkt ist der **Justizpalast** (Ecke am Anfang des Bul. Vitoša/Бул. Витоша), keine Reservierung notwendig; auch spezielle Thementouren: Kultur Mo, Mi, Fr, Sa 11 Uhr, 2–3 Std., 24 Lv; Kommunismus Mo, Do, Fr, Sa, So 16 Uhr, 3–4 Std., 28 Lv; Alternatives Mo, Fr, Sa 15 Uhr, 3 Std., ab 18 Lv.

Unterkunft

Karte Umschlag vorn

9 **Sofija Hotel Balkan**④-⑤, Pl. Sv. Nedelja (Пл. Св. Неделя) 5, Tel. 02-9816541, www.sofiabalkanpalace.com. Zentraler geht's nicht, man fällt aus dem Marmorfoyer ins Herz der Stadt. Luxushotel mit allen Annehmlichkeiten, vorzügliches Restaurant mit Pianist, Bar und Snackbar auf dem Hauptplatz mit Blick auf die Promenierenden. 185 edle Zimmer und Suiten, Business-Etage, Nichtraucher-Zimmer, Kasino, Fitnesseinrichtungen und Sauna.

4 **Best Western Bristol**③-④, Ul. Hristo Botev (Ул. Христо Ботев) 69, Tel. 02-9804444, www.bristolhotel.bg. Luxushotel im Art-Nouveau-Stil im Zentrum. Restaurant, Bar und Garten, Tiefgarage, freies WLAN.

34 **Art'Otel**④, Ul. Viljam Gladston (Ул. Вилям Гладстон) 44, Tel. 02-9806000, www.artotel.bg. Zentral gelegen in einem großbürgerlichen Haus

aus den 1930er Jahren, das zu einem hochklassigen Hotel mit Kaminen und modernen Gemälden umgebaut wurde. 22 elegant und individuell eingerichtete Zimmer mit allem Komfort.

16 **Sense**④-⑤, Bul. Car Osvoboditel (Бул. Цар Освободител) 16, Tel. 02-4462500, www.sensehotel.com. Sehr angesagtes und exklusives Hotel mit 71 Zimmern und hochklassigem Glas-Metall-Holz-Design, Spa, Restaurant und einer überaus beliebten (und keinesfalls günstigen) Rooftopbar.

11 **Arte**③, Bul. Dondukov (Бул. Дондуков) 5, Tel. 02-4027100, www.artehotelbg.com. 25 Zimmer im zentrumsnahen, modernen Hotel mit Kabel-TV, Internet-Anschluss und Restaurant.

31 **Diter**②-③, Ul. Kan Asparuh (Ул. Кан Аспарух) 65, Tel. 02-9898998, www.facebook.com/diterhotel. Unweit des Pl. Slavejkov in einem gut sanierten, lichtblauen Haus von 1895, in dem einst der Schriftsteller *Todor Vlaikov* lebte. 21 komfortable Zimmer und Suiten, mit Gartenrestaurant.

36 **Niky**②-③, Ul. Neofit Rilski (Ул. Неофит Рилски) 16, Tel. 02-9523058, www.hotel-niky.com. Niky war eines der ersten Hotels in Privatbesitz, und die Eigner sind darauf zu Recht stolz. Modernes Gebäude mit 23 Zimmern und Suiten, TV, Telefon, Minibar, Internet, Gartenrestaurant.

22 **Les Fleurs**③, Bul. Vitoša (Бул. Витоша) 21, Tel. 02-8100800, https://lesfleurshotel.com. Elegantes Boutique-Hotel mit 31 Design-Zimmern und ausgezeichnetem Restaurant.

7 **Hotel 36**④, Bul. Aleksandăr Stambolijski (Бул. Александър Стамболийски) 36, Tel. 884-683536, www.hotel36.bg. Schickes Design-Hotel in zentraler Lage mit 19 aufwendig gestalteten Zimmern (Rezeption ist nachts nicht besetzt).

5 **Central**④, Bul. Hristo Botev (Бул. Христо Ботев) 52, Tel. 894-590004, www.central-hotel.com. Modernes Geschäftshotel mit 70 Zimmern und Restaurant in zentraler Lage; Parkgarage.

1A **N1 Hostel**①, Ul. Serdika (Ул. Сердика) 28, Tel. 0887-153079, www.facebook.com/hostel1sofia. Sauberes und sympathisches Hostel mit engagiertem Personal (Hilfe bei Buchungen), gut eingerichteter Küche, heißen Duschen und strengen Regeln bzgl. Lärm/Partys/Nachtruhe.

Umgebungskarte Sofija, S. 36

2 **Hostel Mostel**②, Bul. Makedonija (Бул. Македония) 2A, Tel. 0889-223296, www.hostelmostel.com. Möglichkeit, ein Essen zu bestellen, auch Küchennutzung, Schließfächer und Parkplatz.

☐ Das Tourist Information Centre Sofija

207bu sk

3 **Atlantic**②, 19. Straße/Simeonovo-Viertel (Ул. 19-та/Кв. Симеоново) 2, Tel. 02-9613400, www.atlantic-bg.com. 20 Zimmer und Suiten mit TV und Telefon, gediegen eingerichtet, Restaurant mit Garten, Schwimmbad, Fitnesseinrichtungen.

UNSER TIPP: 4 **Jagoda**②, Ul. Akad. Dimităr Angelov (Ул. Акад. Димитър Ангелов) 4, Tel. 02-9612012, www.hoteljagoda88.com. 15 komfortable Zimmer in einer Villa am Stadtrand nahe der Gondelbahn. Schwimmbad und Gartenrestaurant am Pool, freundliches Personal und guter Service unter familiärer Leitung.

Essen und Trinken

Karte Umschlag vorn

23 **Kráčmarnica Vitoška,** Bul. Vitoša (Бул. Витоша) 21, Tel. 02-8100800, www.facebook.com/krachmarnitsa.vitoshka. Modern, elegant und frische bulgarische Küche mit dem gewissen Kick.

13 **Kăštata s Časovnika,** Ul. Moskovska (Ул. Московска) 15, Tel. 02-9327595, https://clockhouse.bg, geöffnet tgl. 12–24 Uhr. Im „Haus mit der Uhr" wird internationale und bulgarische Küche, natürlich auch vom Grill, in eleganter Atmosphäre serviert. Viele Gäste kommen auch wegen des Gartens. Leicht gehobene Preise.

39 **Pod Lipite,** Ul. Elin Pelin (Ул. Елин Пелин) 1, Tel. 02-8665053, www.podlipitebg.com, geöffnet tgl. 12–1 Uhr. In einer der ältesten Gaststätten Sofijas wird in der Atmosphäre einer dörflichen Taverne Nationalkost hoher Qualität auf den Tisch gebracht, und am Wochenende spielen Folkloregruppen auf. Ein beliebter Platz der Sofijoter, sodass die Stimmung immer lebhaft ist, worunter der freundliche Service aber nicht leidet.

25 **Pri Orlite,** Ul. Djakon Ignatij (Ул. Дякон Игнатий) 11, Tel. 02-9815000, www.priorlite.com, geöffnet tgl. 12–24 Uhr. In der 18. Etage eines Ministeriums mit entsprechender Sicht über Sofija gibt es mediterran inspiriertes Essen zu leicht erhöhten Preisen und abends Begleitung vom Pianospieler.

Vegetarisches und Veganes (Karte Umschlag vorn)

35 **Edgy Veggy,** Ul. Uiljam Gladston (Ул. Уилям Гладстон) 18B, Tel. 877-333397, https://edgyveggy-sofia.com, tgl. 10.30–20.30 Uhr. Kleines Lokal mit toller veganer Küche – hoch gelobt: der Veggie-Burger und die Desserts; auch Takeaway.

29 **Sluince i Luna 5 Corners,** Ul. 6-ti Septemvri (Ул. 6-ти Септември) 39, Tel. 897-094139, www.facebook.com/slunceluna, geöffnet tgl. 8.30–22 Uhr. Gemütliches Bäckerei-Café mit Laden, kleinem Freisitz und gutem vegan-vegetarischen Speisenangebot.

19 **Dream House,** Ul. Alabin (Ул. Алабин) 50A, in der ersten Etage, Tel. 02-9808163, www.dreamhouse-bg.com, geöffnet tgl. 11–22 Uhr. Sehr nettes und einfaches vegetarisches Restaurant mit sehr günstigen Preisen und freundlichem Personal in der Stadtmitte.

8 **Capo,** Ul. Săborna (Ул. Съборна) 14, Tel. 882-506050, www.capo.bg, geöffnet 11–24 Uhr. Mitten im Zentrum kommt man ans Mittelmeer: gute, leichte Küche mit Pasta, Risotto und Fisch in elegant-gediegener Atmosphäre mit einem Touch Balkan-Venedig.

33 **Annette,** Ul. Angel Kănčev (Ул. Ангел Кънчев) 27, www.annette.bg, Tel. 02-9804098, ab 12 Uhr. Nettes und stylisches kleines Lokal mit einer Terrasse nach hinten und original marokkanischer Küche.

26 **Checkpoint Charlie,** Ul. Ivan Vasov (Ул. Иван Вазов) 12, Tel. 02-9880370, www.checkpointcharlybg.com, ab 12 Uhr. Gutes, meist von jungen Leuten besuchtes Lokal mit Innenhof, in dem manchmal auch Jazz-Sessions stattfinden.

12 **Skara Bar,** Ul. G. Benkovski (Ул. Г. Бенковски) 12, Tel. 02-4834431, www.skarabar.com, tgl. 12–24 Uhr. Ausgezeichnete Hackfleischwürstchen vom Grill (*skara* = Gegrilltes) in Imbissstubenambiente: schnell und sehr günstig.

UNSER TIPP: 1 In der **Zentralen Markthalle (Centralni Hali)** kann man im Untergeschoss in der Kantine günstig und lecker, im Obergeschoss an den Ständen zu gehobeneren Preisen speisen.

Umgebungskarte Sofija, S. 36

UNSER TIPP: 1 **Hadžidraganovite Kăšti,** Ul. Kozloduj (Ул. Козлодуй) 75, Tel. 02-9313148, www.kashtite.com, geöffnet 11.30–2 Uhr. Auf halbem Weg Richtung Bahnhof. Vier Gasträume, die jeweils im Stil einer bestimmten Region Bulgariens eingerichtet sind, und vier Männer, die die Gäste mit Folklore-Musik unterhalten. Auf den Tisch kommt ehrliche Spezialitätenküche aus dem ganzen Land, und nach dem Essen hat man das Problem, sich aus der langen Liste an Schnäpsen für einen zu entscheiden.

Cafés/Eisdielen (Karte Umschlag vorn)

21 **Confetti,** Ul. Graf Ignatiev (Ул. Граф Игнатиев) 4, Tel. 02-9884444, www.facebook.com/italianfoodconfetti, geöffnet ab 8 Uhr. Eiscafé, Restaurant und Bar mit einer immensen Terrasse und einem ebenso großen Gastraum; ausgezeichnetes Eis und kunterbunte Torten, Snacks und Cocktails.

18 **Rainbow Factory,** Ul. Šejnovo (Ул. Шейново) 13B, Tel. 02-4400056, www.facebook.com/fabrikadaga2, geöffnet tgl. 8–22 Uhr. Farbenfohes Studentencafé mit ausgezeichnetem Frühstücksangebot.

37 **Café-Restaurant Vienna,** Bul. Vitoša (бул. Витоша) 89B, Tel. 888-655535, www.grandhotelmillenniumsofia.bg, geöffnet Di–So 12–23 Uhr. Hierher kommt man wegen der fantastischen Sicht über die Stadt (und die Wiener Melange oder der Franziskaner sind auch gut).

Nachtleben

Unzählige Bars, Cafés und Discos stehen im Angebot; unter der Woche geht man in Sofija allerdings nicht zum Tanzen aus, Freitag und Samstag sind die Tage. Ab Mitternacht geht dann die Post ab.

Karte Umschlag vorn

14 **Tobacco Garden Bar,** Rückseite Ul. Moskovska (Ул. Московска) 6, Tel. 0884-600044, www.facebook.com/TobaccoGardenBar. Im Garten der Nationalgalerie trifft man sich zum Chillen unter freiem Himmel. Wenn's zu heiß wird: Die Säle sind klimatisiert.

28 **Hambara,** Ul. 6-ti Septemvri (Ул. 6-ти Септември) 22. Die „Scheune" hat keinen Garten, keinen Kaffee, keinen Tee, dafür aber kaltes Bier, Säfte, Cocktails und ab und an Live-Jazz.

27 **Bilkova Bar,** Ul. Ivan Šišman (УУл. Иван Шишман) 22, Tel. 02-9864905,www.facebook.com/bilkova.bar. Hier nimmt man einen Aperitif, trinkt Cocktails, Bier, Wein und sitzt im kleinen Garten.

38 **Swingin'Hall,** Bul. Dragan Cankov (Бул. Драган Цанков) 8, Tel. 02-9461377, www.facebook.com/swinginhall. Auf zwei Dancefloors dröhnt Blues, Jazz, Hardrock und R'n'B aus den Boxen der Livebands.

Weinbar Balaban

Wer Neuland betritt und sich mit bulgarischen Weinen anfreunden will, muss das Ladenlokal der Familie *Balaban* besuchen. Auch diejenigen, die sich schon mit bulgarischem Wein auskennen, sind bei *Kalin, Maja* und *Kalojan* goldrichtig. Zu den Weinproben gibt's köstliche Käse- und Wurstplatten (für Gäste, die keinen Wein mögen, gibt es auch Craft Beer). Es ist gemütlich, die Beratung erstklassig und der Überblick über die Rebsorten und Winzer des Landes unbezahlbar. Und mit dem neu gewonnenen Wissen macht man was? Am nächsten Abend wiederkommen!

Karte Umschlag vorn

17 **Balaban Wine,** Ul. Krakra (Ул. Кракра) 22, Tel. 0889-453356, www.balaban.wine, geöffnet Di–Sa 10–22 Uhr.

208bu sk

30 Apartamenta, Ul. Neofit Rilski (Ул. Неофит Рилски) 68, Tel. 0878-787123, www.facebook.com/apartamenta. War eine als Alternativkneipe dekorierte Wohnung und ist nun eine als Alternativwohnung dekorierte Kneipe mit recht hohen Preisen – dennoch ein Unikum und gut, um einmal vorbeizuschauen.

32 Cocktailbar Pavillon, Ul. Angel Kănčev (Ул. Ангел Кънчев) 9A, Tel. 0877-151152, www.facebook.com/The.Cocktail.Bar.Sofia. Pavillon am Park mit den – wie manche meinen – besten Drinks der Stadt; entspannt unter coolen Leuten.

20 Crafter Beer, Ul. Hristo Belčev (Ул. Христо Белчев) 6, Tel. 0888-501826, www.crafter.bg, geöffnet 16–24 Uhr. Coole Bar mit dem Besten, was die Biermanufakturen hergeben (einiges stammt aus Bulgarien) und Namen wie „Cohones" oder „Family Jewels" – der Beer Flight umfasst 10x150 ml, dazu Bratwurst oder Burger.

11A Sofijska Opera i Balet (Софийска Опера и Балет), Ul. Vrabča (Ул. Врабча) 1, Tel. 02-8006266, www.operasofia.bg. Die Oper besitzt auch international eine gute Reputation, und viele Werke sind englisch untertitelt; die Gastspiele im Sommer entführen außerdem zu extravaganten Orten wie der Magura-Höhle bei Belogradčik, in der *Wagner* zur Aufführung kommt.

Umgebungskarte Sofija, S. 36

Wer einen Zug durch die Gemeinde machen will, geht auch in die **5 Studentenstadt (Studenski Grad/Студенски Град)** zwischen den Plattenwohnheimen liegen zahlreiche Kneipen, Bars und Klubs; während der Semesterferien im Sommer ist aber nichts los.

Stattdessen kann man in den Sommermonaten in den Vrana Park gehen und bei klassischen Konzerten den Abend genießen: **7 Vrana Park** (Парк Врана), Bul. Carigradsko Shose (Бул. Цариградско Шосе) 387, https://sofiaphilharmonic.com, Termine im Juli/August meist um 20 Uhr, Eintritt etwa 15 Lv.

^ In der Tobacco Garden Bar

> In der zentralen Markthalle

6 **Plazza,** Ul. Atanas Mančev (Ул. Атанас Манчев) 6, Tel. 0895-888888, www.facebook.com/Plazza.Dance.Sofia. House und Retro auf drei Dancefloors; einer der größten Klubs der Stadt, der zweimal die Woche Live-Čalga auf die Bühne bringt – gewöhnungsbedürftiger bulgarischer Popfolk.

Einkaufen

Karte Umschlag vorn

Die Haupteinkaufsstraße für **Mode** ist der Bul. Vitoša (Бул. Витоша), auch in der Ul. Graf Ignatiev (Ул. Граф Игнатиев) finden sich Geschäfte bekannterer Marken und in den Seitengassen der eine und andere interessante **Scondhand-Shop** und Boutiquen. **Ikonen** kann man auf dem Open-Air-Markt an der Kathedrale kaufen; generell gilt: Richtig alte Ikonen kann man nicht erwarten, gekauft wird, was gefällt, und auf einer Ausfuhrurkunde sollte man bestehen.

■ **Pl. Slavejkov** (Пл. Славейков). Schmuck, Schals etc. (nicht unbedingt bester Qualität) erhält man an den Ständen auf dem Platz, Bücher und Karten in den Buchläden der Umgebung.

1 **Zentrale Markthalle (Centralni Hali,** Централни Хали), die Markthalle ist eine ausgezeichnete Adresse, um Lebensmittel einzukaufen.

2 **Kaufhaus CUM** (ЦУМ), hier gibt es jeglichen Luxus, von Kosmetik bis zu Kleidung.

3 **Frauenbasar,** (Ženski Pazar, Женски Пазар), Ecke Ul. Car Simeon/Bul. Stefan Stambolov (Ул. Цар Симеон/Бул. Стефан Стамболов), www.zhenski-pazar.com. Der Frauenbasar ist seit 140 Jahren ein Platz, um Gemüse, Obst, Fisch und Fleisch (und mehr) an den Ständen zu kaufen, aber auch ein Büschlein Kräuter von der Bäuerin direkt aus der Holzkiste – authentisch und wild.

24 **Bălgarski Kompozitor,** Ul. Ivan Vazov (Ул. Иван Вазов) 2, https://bookstore.ubc-bg.com. Hier erhält man Bücher und fast jede klassische CD, die jemals im Land veröffentlicht wurde.

10 **Sklada,** Ul. Car Kalojan (Ул. Цар Калоян) 10, Tel. 02-9816988, www.sklada.bg. High-end Design für die Wohnung, vornehmlich aus Italien, aber auch das eine oder andere aus Bulgarien.

6 **Stenata,** Ul. Bratja Miladinovi (Ул. Братя Миладинови) 5, Tel. 02-9805491, www.stenata.com. Kleidung und Ausrüstung für Wanderungen und Klettertouren.

209bu sk

15 **Bulgarian Rose Company,** Bul. Car Osvoboditel (Бул. Цар Освободител) 12, www.bulgarianrose.bg, Tel. 0892-249359. Der Kauf von Rosenöl und -wasser ist Vertrauenssache. Bulgarian Rose hat seinen Sitz im Rosental (Karlovo) und garantiert Qualität. Günstig ist es nie, pro Milliliter schwanken die Preise zwischen 35 und 50 Lv.

Feste und Festivals

- **Neujahrsmusikfestival:** Im Nationalen Kulturpalast Sofijas trifft sich Anfang Januar die musikalische Elite des Landes und stimmt harmonisch auf das neue Jahr ein.
- **Jazzfestival A to JazZ,** an drei Tagen im Juli Livebands im Südpark (Južen Park/Южен Парк) II, www.facebook.com/atojazzfestival.
- **Sommerkonzerte und -kino** in Boris' Garten (Borisova Gradina/Борисова Градина), Open-Air-Bühne, freier Zugang.
- **Sofia International Filmfest,** an zehn Tagen im März kommen in mehreren Kinos über 100 bulgarische und internationale Produktionen auf die Leinwand, www.siff.bg.
- **kvARTal Festival,** an einem Wochenende im September trifft sich die Kunstszene im Viertel zwischen Bul. Marja Luiza im Westen, Bul. Vasil Levski im Osten, Bul. Slivnica im Norden und Bul. Dondukov im Süden – ein buntes Treiben mit Ständen, Straßenkunst und Installationen; www.facebook.com/kvARTal.festival.
- **„Deutscher Weihnachtsmarkt":** Im Sofijoter Park vor dem Ivan-Vazov-Theater duftet es im November und Dezember nach Glühwein, Bratwurst und gebrannten Mandeln.

Verkehr

- **Flughafen,** Tel. 02-9372211, https://sofia-airport.eu, 10 km außerhalb im Osten der Stadt. Die Terminals 1 (Linie) und 2 (Bedarfsflieger) verbindet der Bus Nr. 84 (Ticket 1,60 Lv) zwischen 5 und 23 Uhr miteinander und fährt weiter in die Stadt zur Adlerbrücke (Orlov Most/Орлов Мост). Terminal 2 ist auch per Metro an das Zentrum angeschlossen (Ticket 1,60 Lv). Ein Taxi sollte nicht mehr als 20 Lv kosten (man achte auf den am Wagen angegebenen Kilometerpreis, der max. 1 Lv betragen sollte).

  Lufthansa, Ul. Kapitan Andreev (Ул. Капитан Андреев) 29, Tel. 02-9515262, www.lufthansa.com; **Austrian,** www.austrian.com; **Bulgaria Air,** Tel. 02-4020400, www.air.bg; **Tarom,** Tel. 02-9331055, www.tarom.ro.
- **Hauptbahnhof** (Centralna Gara/Централна Гара), Bul. Marija-Luiza (Бул. Мария-Луиза), Tel. 0700-10200, www.bdz.bg/en. 20 Min. Fußmarsch nördlich des Zentrums (Anschluss mit Straßenbahnen Nr. 1 und Nr. 7 und Metro). Nationale Fahrkarten sind auch online erhältlich (https://bileti.bdz.bg, auch englisch), Tickets für grenzüberschreitende Strecken erhält man an den Schaltern für internationale Reisen (Kassen 21–23, 9–23 Uhr).
- **Zentraler Bushof** (Centralna Avtogara/Централна Автогара), direkt am Bahnhof, Tel. 0900-63099, www.centralnaavtogara.bg (auch deutsch). Hier und am Ableger direkt daneben halten fast alle nationalen und internationalen Linien.
- **Bushof Ovča Kupel** (Овча Купел), Bul. Ovča Kupel (Бул. Овча Купел) 1, Tel. 02-9555362, https://avtogarazapad.wixsite.com/avtogarazapad (auch englisch); 5 km südwestlich des Zentrums, per Straßenbahn Nr. 5 mit dem Zentrum verbunden. Regionalbusse in die Orte südlich von Sofija (u.a. Bansko, Blagoevgrad, Pernik, Kjustendil und Goce Delčev) und ein Direktbus zum Rila-Kloster.
- **Bushof Jug** (Юг), Bul. Dragan Cankov (Бул. Драган Цанков) 23, Tel. 02-872 2345, www.avtogara-sofiayug.eu; per Metro mit dem Zentrum verbunden. Busse in den Südosten, u.a. nach Devin, Dospat, Velingrad, Samokov und Panagjurište.

> Tschechische Tatra-Straßenbahnen (hier Baureihe T4) fahren noch heute in ganz Osteuropa

■ **Stadtverkehr** wird zwischen 5 und 23.30 Uhr von Bussen, Straßenbahnen und einer ostwestlich, einer nordsüdlich und einer vom Nordosten über das Zentrum nach Ovča Kupel verlaufenden Metrostrecke bewältigt. Ein Ticket kostet am Kiosk und am Automaten 1,60 Lv (30 Min. ohne Umsteigen) oder 2,20 Lv (60 Min. mit Umsteigen), beim Fahrer für 30 Min. und ohne Umsteigen 2 Lv. Das Ticket ist bei Fahrtantritt im Fahrzeug zu entwerten (bei der Metro beim Zugang), es sei denn, man kauft es in einer Tram oder im Bus an einem Automaten. Tagespässe gibt's für 4 Lv (mit Nachtfahrt 6 Lv), Drei-Tages-Pässe kosten 15 Lv (mit Nachtfahrten); alle Tagespässe sind nur an Kiosken erhältlich.

■ **Nachtlinien** (N1–N4) verbinden die Vororte zwischen 24 und 4 Uhr im 40-Minuten-Takt mit dem Zentrum (Pl. Knjaz Aleksandăr I/Пл. Княз Александăр I); das Ticket kostet 2 Lv.

■ **Nahverkehrsinformationen** über den öffentlichen Nahverkehr auch auf englisch auf www.sofiatraffic.bg bzw. www.metrosofia.com.

■ **Taxis:** Benutzt man eines der über 15.000 Taxis von Sofija, sollte man sich genau über den Kilometerpreis informieren; er muss am Fahrzeug angeschlagen sein (und besitzt auch bei Wucherhöhe Gültigkeit).

Post

■ **Hauptpostamt** (Centralna Poštenska Stancija/Централна Пощенска Станция), Ul. General Gurko (Ул. Генерал Гурко) 22, geöffnet Mo–Sa 7–20.30 Uhr, So 8–13 Uhr. Gleich nebenan kann man telefonieren (Mo–Sa 10–22 Uhr, So 12–22 Uhr).

Gesundheit

■ **Hospital Pirogov** (Bolnica/Болница Пирогов), Bul. Totleben (Бул. Тотлебен) 21, Tel. 02-9154411, www.pirogov.eu. Die Hauptadresse für Notfälle.

■ **Zahnklinik** (Sofiadental Clinic/Дентален Център), Ul. Ivan Asen II (Ул. Иван Асен II) 34, Tel. 0878-941948, www.sofiadental.bg; Privatklinik mit Schmerzbehandlung (Mo–Fr 8–20 Uhr).

210bu sk

107bu fk

Das Vitoša-Gebirge

Der **Gebirgszug Vitoša Planina** (Витоша Планина) ist nah, gerade mal 10 km sind es auf den Ausfallstraßen bis zu seinem Fuß. Und dort liegen **zwei der wichtigsten Sehenswürdigkeiten** des ganzen Landes: Das **Nationalmuseum für Geschichte** und die als **Weltkulturerbe** gelistete **Kirche von Bojana.**

Bojana (Бояна)

Mit dem **Wagen** oder dem Taxi fährt man 20 Min. zum Museum, der **Trolley-Bus Nr. 2** startet Ecke Bul. Patriarh Evtimij/Bul. Vasil Levski (Бул. Патриарх Евтимий/Бул. Васил Левски) und hält unterhalb des Nationalmuseums vor der Ringstraße, die man 200 m nach links geht, um an die Zufahrt zum Museum zu gelangen. An der Zufahrt befindet sich die Haltestelle des **Busses Nr. 63,** der fast bis zur oberhalb des Museums liegenden Kirche von Bojana fährt.

Bojana Nationalmuseum für Geschichte

Das Museum ist in einer der ehemaligen Residenzen von *Todor Živkov* untergebracht. Sie steht in ausgezeichneter Lage an den Hängen des Vitoša-Gebirges inmitten eines ausgedehnten Parks. In ihr erhält man einen **vollständigen Überblick über die Vergangenheit des Landes,** dokumentiert mit den schönsten Artefakten, die gefunden wurden – aus der Prähistorie bis zum Ende des Dritten Bulgarischen Reiches 1946.

Die Fresken in der Kirche von Bojana sind außergewöhnlich gut erhalten

Auf drei Etagen geht es auf eine Reise über 8000 Jahre. Im **Vestibül** sind die Kassen, Läden, in denen Replikate und Bücher verkauft werden, und die Cafeteria untergebracht. Hier findet sich auch die dem Museum gestiftete Sammlung Bojan Radev mit zeitgenössischer Kunst, Antiquitäten aus der Renaissance und antiken Stücken.

Über eine breite Treppe gelangt man in die **erste Etage.** Der erste Saal widmet sich der prähistorischen Geschichte mit Steinwerkzeugen, Keramik und einfachen Kultgegenständen. Höhepunkt sind der **Goldschatz von Hotnica** und der **Schmuck** aus der Nekropole von **Durankulak.** Im zweiten Saal befindet sich der 1949 entdeckte Goldschatz von Panagjurište, bis ins kleinste Detail herrlich ausgeführte Arbeiten thrakischer Künstler aus dem 4. Jh. v. Chr. mit einem Gesamtgewicht von 6 kg. Nicht immer sind die Goldschätze im Original zu sehen, da sie des Öfteren als Leihgaben durch europäische Museen touren. Die steinernen Zeugen aus griechischer und römischer Zeit verblassen neben dem Gold aus der Vergangenheit. Der dritte Saal ist dem mittelalterlichen Bulgarien bis ins 14. Jh. vorbehalten, darunter protobulgarische Goldschmiedearbeiten und Freskenreste, teilweise nur als Fotografie oder auch als Kopie. In Saal Vier wird Bulgarien unter der ottomanischen Herrschaft gedacht, mit Ikonen, Fresken und zahlreichen religiösen Gegenständen, da die Kirche über Jahrhunderte einziger Rückzugsort für ein bulgarisches Bewusstsein war. Natürlich wird auch an die Wiedergeburt und den Freiheitskampf gedacht.

Die **zweite Etage** zeigt Ethnografie wie bulgarische Innenarchitektur, traditionelle Festriten, eine Münzsammlung und temporäre Ausstellungen.

■ **Nacionalen Istoričeski Muzej** (Национален Исторически Музей), Ul. Vitoško Lale/Bojana (Ул. Витошко Лале/Бояна) 16, Tel. 02-9554290, www.historymuseum.org, geöffnet im Sommer 9.30–19, im Winter 9–18 Uhr, Eintritt 12 Lv (Kombiticket mit der Kirche von Bojana 15 Lv, mit den Kirchen von Bojana und Zemen 18 Lv).

Kirche von Bojana

Die Kirche ist auch auf einer kleinen, ausgeschilderten Wanderung (20 Min.) vom Museum aus zu erreichen. Das von außen unscheinbare Gotteshaus steht in einem Garten mit hohen Bäumen. Warum es **Weltkulturerbe** ist, erschließt sich in seinem Inneren.

Ein **Besuch** ist zur Erhaltung des Raumklimas und damit der Fresken nur **unter Führung** und in kleinen Gruppen gestattet, die Zeit des Aufenthaltes in der Kirche ist jeweils limitiert (Gruppen von 8–10 Personen für 10 Min.). Bei starkem Andrang ist mit längeren Wartezeiten zu rechnen.

Die Kirche entstand in drei Bauetappen: 10./Beginn des 11. Jh., Mitte des 13. Jh. und 19. Jh. Der älteste Teil (östlich) ist als Kreuzkuppelkirche mit einer Apsis ausgeführt. 1259 stifteten der Regent *Kalojan* und seine Frau *Desislava* den Anbau in Form einer zweistöckigen Grabkirche mit einer Begräbnisstätte für die Stifter und einer Familienkapelle. Er ist außen mit Keramik verziert. 1882 kamen der flachgedeckte zweistöckige Anbau und der Glockenturm hinzu.

Man betritt die Kirche durch den Anbau aus dem 19. Jh. und gelangt in den

Narthex – den von *Kalojan* gestifteten Anbau. Von der Bemalung aus dem 10. Jh. ist praktisch nichts übriggeblieben, dafür zeigen sich die Grabkirche und der ursprüngliche Bau mit außergewöhnlich gut erhaltenen **Fresken** aus dem 13. Jh. Ein Zyklus von 18 Bildern berichtet über das Leben des Heiligen Nikolai mit Elementen aus dem Alltag und Gesichtern, die ganz unüblich Mimik zeigen. In der Lünette über dem Eingang ist die Gottesmutter mit Kind und Heiligen und der segnenden Hand Gottes zu sehen. Auch der Begründer des Rila-Klosters, der Eremit *Ivan,* ist abgebildet, und Bilder der Stifter *Kalojan* und *Desislava* mit realistisch-individualisierten Gesichtszügen. Die Kuppel beherrscht ein Bildnis des Christus Pantokrator. Die Schöpfer der Fresken sind unbekannt, sie sind aber mit ihrem Stil der **Malschule von Tărnovo** zuzurechnen und haben nicht nur die bulgarische Wandmalerei, sondern die Malerei in ganz Europa beeinflusst.

■ **Bojanskata Cărkva** (Боянската Църква), Bojana (Бояна), Ul. Bojansko Ezero (Ул. Боянско Езеро) 1–3, Anfahrt mit Bussen Nr. 64 und 107, Tel. 02-9590939, www.boyanachurch.org, geöffnet im Sommer 9.30–19, im Winter 9–18 Uhr, Eintritt 12 Lv (Kombiticket mit dem Hist. Museum 15 Lv, mit dem Hist. Museum und Kloster Zemen 18 Lv).

Bojana-Wasserfall

Zum Wasserfall (Bojanski Vodopad/Боянски Водопад) gelangt man auf einer **einstündigen Wanderung** (auf teilweise steilem Pfad parallel zum Bach) bzw. auf besserem Weg etwas abseits in 90 Min. (dafür an der Gabelung links halten). Der Weg beginnt 400 m von der Kirche von Bojana (über die Ul. Bojansko Ezero/Ул. Боянско Езеро). Aus 35–40 m Höhe ergießt sich das Wasser in mehreren Kaskaden in eine enge Schlucht, der **höchste Fall von Vitoša.**

Kloster von Dragalevci

Das Kloster, **Sommerresidenz des Patriarchen,** im dichten, kühlen Wald von **Dragalevci** (Драгалевци) unweit der Sessellift-Talstation, wurde im 14. Jh. unter dem orthodoxen Namen „Hl. Jungfrau von Vitoša" gegründet und ist heute ein beliebter Ort, um sich trauen zu lassen. Als einziges Bauwerk aus der Gründungszeit hat die Kirche überlebt.

■ **Dragalevski Manastir** (Драгалевски Манастир), Anfahrt mit dem eigenen Wagen oder Bus Nr. 93, Haltestelle Sessellift/Lifta Dragalevci/Лифта Драгалевци.

Die Goldenen Brücken

Die Goldenen Brücken auf etwa 1400 m Höhe sind **in der Eiszeit rundgeschliffene Granitkugeln,** die ihren Namen dem **goldgelben Flechtenbewuchs** verdanken. Das schmale Geröllband zieht sich durch den Wald, und am Wochenende ist es von Sofijotern umlagert, ausgerüstet mit Picknickkörben und Grill. Wegen der empfindlichen Flechten sollte man die Felsen nicht besteigen – woran sich aber leider kein Mensch hält. Die Goldene Brücke ist ein beliebter Ausgangspunkt für diverse Wanderungen, u.a. in 2½ Std. hoch zum Černi Vrăh (Черни Връх).

■ **Zlatni Mostove** (Златни Мостове), Anfahrt mit eigenem Wagen von Bojana (12 km) oder mit Bus Nr. 63.

Praktische Tipps

Essen und Trinken/Unterkunft

■ **Vodenicata** (Воденицата), Tel. 02-9671058, www.vodenitzata.com, geöffnet 12–24 Uhr. Im Ort Dragalevci (Драгалевци) der Ausschilderung folgen. Seit Langem ein Standard für alle, die bulgarische Atmosphäre und Speisen erleben möchten. Im Winter wärmen Kamine, im Sommer sitzt man im Garten. Hier verbringt man den ganzen Abend und erfreut sich an Tänzen und Musik.

■ **Bistro Zlatni Mostove,** direkt an den Goldenen Brücken, Tel. 0889-746786. Sommerrestaurant mit Berghüttencharakter im Wald; einfache Gerichte vom Grill.

■ **Casa Bojana**③, Ul. Ivanica Dančev (Ул. Иваница Данчев) 23, Tel. 02-8050800, www.casaboyana.com. 16 luxuriöse Zimmer und Apartments in einem Boutique-Hotel mitten in Bojana in fußläufiger Entfernung zum Nationalmuseum und der Bojana-Kirche. Mit Restaurant, Sauna und Fitnesseinrichtungen.

■ **All Seasons Residence**④, Pl. Sborište (Пл. Сборище) 4, Tel. 0883-960009, www.allseasonsresidence.com. Fünf-Sterne-Luxus mit 16 Zimmern und Restaurant direkt bei der Bojana-Kirche.

211bu sk

⊡ Relikte der Eiszeit: Die rundgeschliffenen Felsmurmeln der „Goldenen Brücken"

Nationalpark Vitoša

Mit dem **Černi Vrăh** (Черни Връх), dem „Schwarzen Gipfel", erhebt sich das Vitoša-Gebirge/Planina (Витоша Планина) auf stolze 2290 m, mehr als 1700 m Höhendifferenz zur Hauptstadt. Es bestimmt das Panorama von Sofija und ist wochenends das beliebteste **Aus-**

flugsziel für dessen Bewohner. Die waldigen Hänge, über die kleine Bäche springen, laden zum Picknick ein, die Felslandschaften über der Baumgrenze locken die Wanderer und die Klöster Pilger. **Naturphänomene** wie die Goldenen Brücken (→ oben) sind bei Groß und Klein als Ausflugsziel überaus beliebt.

Die **Grundfläche** des Gebirgsstockes ist fast kreisrund mit einem Durchmesser von 17 bis 19 km, Teile davon sind seit 1934 als **Naturschutzgebiet** ausgewiesen.

Für die **Wasserversorgung** der Hauptstadt spielt das Gebirge eine wichtige Rolle: Von seiner Südflanke, wo die Struma entspringt, wird Sofija mit Trinkwasser versorgt.

Eine **Gondelbahn** (hoch zum Skizentrum **Aleko**) und ein Sessellift (in zwei Abschnitten weiter hoch, Laleto 1+2) erschließen den Nationalpark, Wanderwege sind markiert, und Hütten sorgen für das leibliche Wohl und einen sicheren Schlafplatz. Mit dem Wagen kommt man im Sommer über das Kloster von Dragalevci ebenfalls hoch nach Aleko (14,5 km ab Dragalevci/Драгалевци).

Vom 1810 m hohen Aleko führt der **Wanderweg hoch zum Gipfel Černi Vrăh** (Черни Връх) mit der 1935 errichteten Wetterstation/Schutzhütte (im Sommer am Wochenende bewirtschaftet). Die schöne und schattenlose Wanderung (weiß-rote Markierung) dauert 90 Min. (480 Höhenmeter). Für die Wanderung von Aleko über den Gipfel und die Kumata Hütte zu den Goldenen Brücken muss man mit etwa 4–5 Std. rechnen.

Vitoša ist durch vulkanische Aktivität und anschließende Faltung der Granitschichten **entstanden** und besteht heute aus aufeinandergetürmten konzentrischen Plateaus. Fast 1500 höhere **Pflanzenarten** wachsen im Gebirge und decken die Hälfte aller in Bulgarien vorkommenden Arten ab. Auch die **Fauna** ist vielfältig: Wölfe und Bären leben in den Wäldern, Füchse, Wildkatzen, Rotwild, Wiesel, Hasen und Eichhörnchen. Über 40 Ameisenarten wurden gezählt und 200 Vogelarten, von denen 120 hier brüten.

Praktische Tipps

Information

- **Direktion Naturpark Vitoša** (Дирекцията на Природен парк Витоша), Ul. Antim I (Ул. Антим I) 17, Sofija, Tel. 02-9885841, www.park-vitosha.org.
- **Bulgarischer Kletter- und Bergsteigerverband BFKA** (Българсдка Федерация по Катерене и Алпинизъм), Bul. Vasil Levski (бул. Васил Левски) 75, Sofija, Tel. 02-9300532, www.bfka.org.

Bergbahnen

- **Simeonovski Lift** (Симеоновски Лифт), Tel. 0882-111480, www.vitoshaski.com. Gondelbahn vom Viertel Simeonovo (Busse Nr. 122 und Nr. 123) auf 6 km mit einer Zwischenstation hoch auf 1800 m zum Skizentrum Aleko (Алеко), Fahrtdauer 25 Min., häufig wechselnde Betriebszeiten, im Sommer nur an den Wochenenden, Hin- und Rückfahrt 20 Lv.
- **Laleto Lift** (Лалето Лифт), Tel. 0882-111480, www.skivitosha.com. Sessellift von 1530 m in zwei Segmenten auf 2256 m, Fahrtdauer 20 Min., im Sommer Sa/So 9–16.30 Uhr, Hin- und Rückfahrt 13 Lv.

212bu sk

Aleko ist der Startpunkt für die Besteigung des „Schwarzen Gipfels"

Berghütten

- **Aleko** (Алеко), 1840 m, Tel. 02-9671113, www.motensport.com. 100 Schlafplätze, Restaurant, Anmarsch von Bergstation Simeonovski Lift (5 Min.).
- **Borova Gora** (Борова Гора), 1695 m, Tel. 0897-293980. 24 Schlafplätze, keine Versorgungsmöglichkeit, Anmarsch von Zlatinite Mostove (1 Std.).
- **Edelvais** (Еделвайс), 1670 m, Tel. 0888-512 381, www.facebook.com/Hizha.Edelvais. 15 Schlafplätze, Kiosk, Anmarsch von Zlatinite Mostove (1 Std.)
- **Kamen Del** (Камен Дел), 1460 m, Tel. 0897-209797, https://kamendelhut.com. 35 Schlafplätze, Kantine, Anmarsch von Bojana (2 Std.).
- **Kumata** (Кумата), 1725 m, Tel. 0889-866100, www.kumata.bg. 34 Schlafplätze, Kantine, Anmarsch von Zlatinite Mostove (25 Min.).
- **Momina Skala** (Момина Скала), 1495 m, Tel. 0889-276647. 35 Schlafplätze, Kantine, Anmarsch von Zlatnite Mostove (25 Min.).
- **Planinarska Pesen** (Планинарска Песен), 1700 m, Tel. 0889-770759, www.planinarska-pesen.com. 28 Schlafplätze, Kiosk, Anmarsch von Zlatnite Mostove (1 Std.).
- **Planinec** (Планинец), 1355 m, Tel. 0882-966393, www.facebook.com/planinec1. 52 Schlafplätze, Kantine, Anmarsch von Zlatnite Mostove (40 Min.).
- **Selimica** (Селимица), 1305 m, Tel. 0889-207339, www.hija.selimica.com. 20 Schlafplätze, Restaurant, Anmarsch von Zlatnite Mostove (1½ Std.).
- **Septemvri** (Септември), 1485 m, Tel.0878-214867, www.facebook.com/septemvrihut. 30 Schlafplätze, Kantine, Anmarsch von Zlatnite Mostove (20 Min.).

226bu sk

2

Sandanski und der Südwesten

» Das Rila-Kloster gilt als spirituelles Zentrum des Landes, lockt alljährlich Tausende von Besuchern an und gehört zum Höhepunkt eines Bulgarien-Urlaubs. Der Rila-Nationalpark bietet zahllose Naturschönheiten und lädt zum Wandern ein.

< Sanfte Hügel vor dem massiven Rila-Gebirgsstock

Sandanski und der Südwesten

2

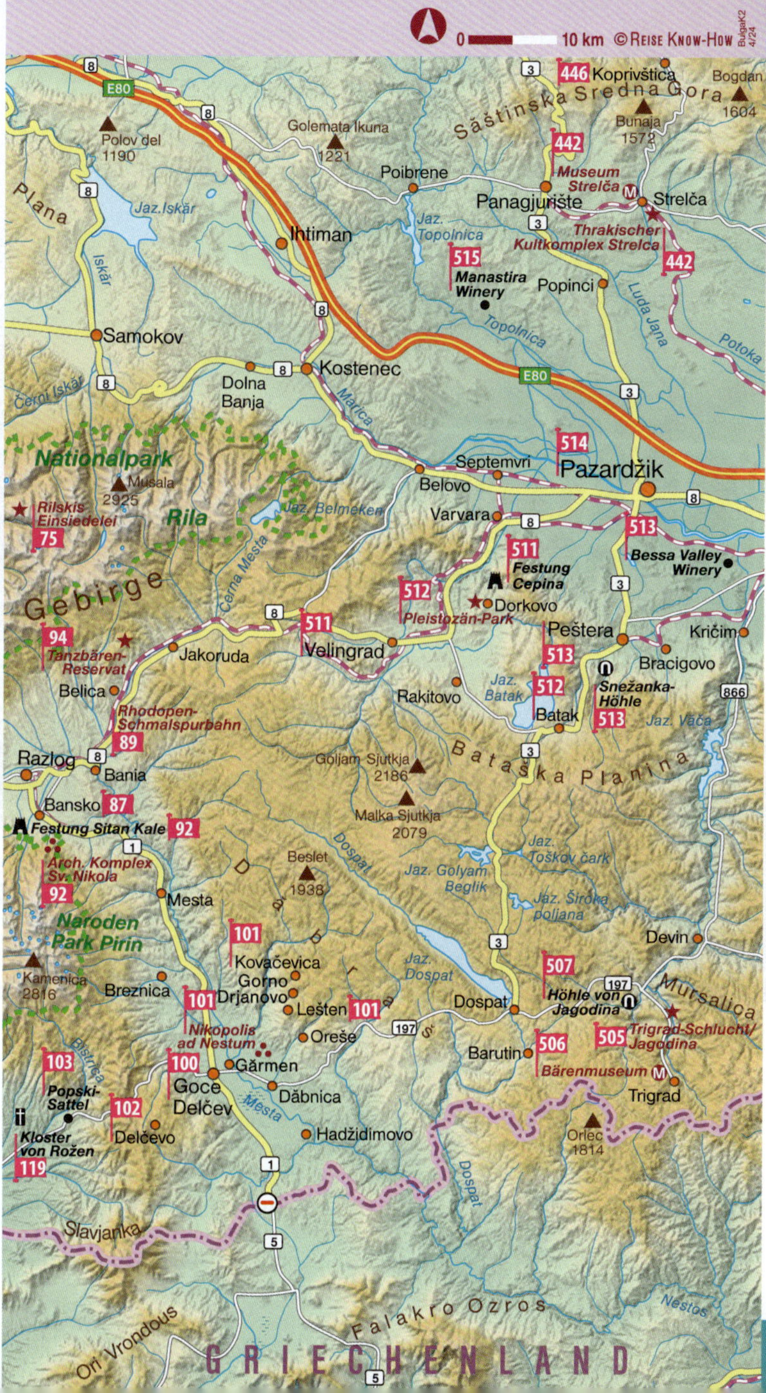
0 10 km ©Reise Know-How
BulgaK2 4/24
E80
Polov del 1190
Golemata Ikuna 1221
446 Koprivštica
Bogdan 1604
Săštinska Sredna Gora
Bunaja 1572
442
Museum Strelča
Poibrene
Panagjurište
Strelča
Plana
Jaz. Iskăr
Iskăr
Ihtiman
Jaz. Topolnica
Thrakischer Kultkomplex Strelca
442
515
Manastira Winery
Popinci
Luda Jana
Topolnica
Potoka
Samokov
Kostenec
Dolna Banja
Černi Iskăr
Marica
514
Nationalpark
Musala 2925
Rila
Septemvri
Belovo
Pazardžik
Rilskis Einsiedelei
75
Jaz. Belmeken
Varvara
513
Bessa Valley Winery
511
Festung Cepina
Gebirge
Cerna Mesta
512
Dorkovo
Pleistozän-Park
94
511
Velingrad
Peštera
Kričim
Tanzbären-Reservat
Jakoruda
513
Bracigovo
Belica
Rakitovo
Jaz. Batak
512
Snežanka-Höhle
866
Rhodopen-Schmalspurbahn
89
Batak
513
Jaz. Vača
Razlog
Bania
Goljam Sjutkja 2186
Batăška Planina
Bansko 87
Malka Sjutkja 2079
Festung Sitan Kale 92
Arch. Komplex Sv. Nikola
92
Beslet 1938
Dospat
Jaz. Toškov čark
Jaz. Golyam Beglik
Mesta
Jaz. Široka poljana
Naroden Park Pirin
Dăbrava
101
Devin
Kovačevica
Kamenica 2816
Breznica
Gorno Drjanovo
101
Jaz. Dospat
507
Mursalica
Leštem 101
Dospat
Höhle von Jagodina
Nikopolis ad Nestum
Oreše
Trigrad-Schlucht/Jagodina
505
Barutin
506
103
Gărmen
Bärenmuseum
100
Bistrica
Popski-Sattel
Goce Delčev
Dăbnica
Trigrad
102
Mesta
Kloster von Rožen
Delčevo
Hadžidimovo
Orlec 1814
119
Dospat
Slavjanka
Nestos
Ori Vrondous
Falakro Ozros
GRIECHENLAND

SANDANSKI UND DER SÜDWESTEN

Zahlreiche wichtige Sehenswürdigkeiten aus Natur und Kultur erreicht man von der Hauptstadt Sofija aus auf Halb- und Ganztagesausflügen, etwa die Gebirgswelt des *Rila-Nationalparks* oder die bedeutendste spirituelle Stätte der Bulgaren, das *Rila-Kloster.*

223bu sk

Das größte und bedeutendste Kloster des Landes geht auf das 10. Jh. zurück

Rila-Kloster (Рилски Манастир)

Das Rila-Kloster, auf 1150 m Höhe und 30 km abseits der A3 von Sofija nach Blagoevgrad gelegen, ist das **bekannteste, größte und spirituell wichtigste** des Landes und steht seit 1983 auf der Liste des **Weltkulturerbes.** Es ist **einer der absoluten Höhepunkte** einer Reise durch Bulgarien, allerdings muss man sich das Vergnügen mit Tausenden anderer Besucher teilen, an Wochenenden und hohen Feiertagen kommen schon mal 7000 pro Tag.

Erreicht man nach der Fahrt durch den dichten Wald des Rila-Gebirges das

NICHT VERPASSEN!

- Weltkulturerbe und Besuchermagnet: das **Rila-Kloster** | 69
- Das **Kloster Zemen** kann auf eine lange Geschichte zurückblicken | 83
- Die sehenswerte **Altstadt** von Bansko wird umrahmt von gewaltigen Bergwänden des Pirin-Gebirges | 87
- Eine ganze Stadt unter Denkmalschutz: **Melnik** | 114

Diese Tipps erkennt man an der gelben Markierung.

Kloster, wirkt es mit seinen hohen Außenmauern fast abweisend. Die Gebäude um das Kloster dienen der Beherbergung der **Pilger,** hier finden sie Schlaf, Speis und Trank.

Durch das Dupnica-Tor gelangt man in den **Klosterhof** mit seinen Farben Weiß, Rot und Schwarz, und wie seit Jahrhunderten fängt die Atmosphäre zwischen den vierstöckigen Galerien mit Arkaden, Terrassen und Treppen, die die Kirche umgeben, den Besucher ein und lässt ihn verstehen, warum Rila das wichtigste Ziel für die orthodoxe Kirche Bulgariens ist.

Geschichte

Das Rila-Kloster wurde vom bei Kjustendil geborenen **Eremiten Johannes (Ivan) von Rila** (876–946) zur Zeit der Herrschaft des Caren *Petăr* gegründet. *Ivan* lebte zunächst in einer Höhlen-Einsiedelei 4 km östlich des heutigen Klosterstandortes – zurückgezogen, weil er das ihm sinnlos erscheinende weltliche Leben der Menschen nicht ertragen konnte. Immer mehr Mönche schlossen sich ihm mit der Zeit an, sodass er schließlich das Kloster gründete und dessen Vorsteher wurde.

Einer seiner Hauptgedanken war, dass die Mönche nicht von Spenden leben, sondern ihren **Unterhalt selbst bestreiten** sollten. So abgeneigt war er der Außenwelt, dass er sogar Car *Petăr* einen Besuch des Klosters verweigerte, damit dieses nicht in Kontakt mit der weltlichen Herrschaft gelange.

Als *Ivan* starb, wurden seine als wunderwirkend erachteten **Gebeine** erst nach Sofija, dann nach der Eroberung der Stadt durch den Ungarn *Bela III.* kurz nach Ungarn und 1187 wieder zurückgebracht. 1194 ließ sie Car *Ivan Asen I.* in seine Hauptstadt Tărnovo bringen, von wo sie erst 1496 mit der Erlaubnis des Sultans *Murad II.* wieder nach Rila zurückkehren konnten.

Ivan ist der **wichtigste Heilige Bulgariens;** sein Todestag wird am 18. August begangen. Das Fest des heiligen Ivan wird im Kloster am 19. Oktober gefeiert, dem Tag, an dem seine Gebeine aus Tărnovo wieder nach Rila gelangten.

Unter den Caren *Ivan Asen II.* und *Ivan Šišman* wurde das Kloster reich und groß, unter dem Feudalherrscher *Hreljo Dragovol* hatte es seine eigentliche **Blütezeit.** Damals entstanden der nach ihm benannte Turm und die Kirche, auf deren Fundamenten das heutige Gotteshaus steht.

Besichtigung

Das Kloster mit seinen über 300 Mönchszellen bedeckt eine **Fläche von 8800 m².**

Der **Hreljo-Turm** in der Mitte des Klosterhofs ist das älteste erhaltene Bauwerk des Ensembles. Errichtet wurde der Turm aus behauenem Stein mit einer Kunststeinverzierung. Er entstand 1335 als Verteidigungswerk, 23 m hoch und mit 1,80 m dickem Mauerwerk. Fünf Stockwerke erheben sich über dem Erdgeschoss, das oberste ist eine mit Fresken ausgemalte **Kapelle** (Christi Verklärung) mit Bildern aus der Bauzeit (in der Kuppel das Fresko „Die Weisheit Gottes") –

▷ Der Hreljo-Turm ist das älteste Klosterbauwerk

224bu sk

Die Rolle der Klöster in der bulgarischen Kultur

Die Geschichte Bulgariens ist nichts ohne seine Klöster. Das tiefgläubige Volk hatte in ihnen während der **türkischen Besetzung** seinen Fluchtpunkt, hier bewahrte sich seine Kultur, in ihnen lebten die Traditionen fort. Wenn die Osmanen die Klöster zerstörten, bauten die Bulgaren sie wieder auf.

Wer die Bulgaren verstehen will, muss begreifen, dass die Klöster seit der Einführung des Christentums als Staatsreligion im 9. Jh. Brennpunkte des kulturellen Lebens waren, nicht nur religiös-spirituell, sondern auch in der Malerei, Bau- und Dichtkunst und Musik. Chorgesang, Ikonenmalerei und Architektur schwangen sich durch die in den Klöstern tätigen Denker zu höchster Qualität auf. Die Grundlagen für das Kyrillische wurden von Mönchen entwickelt, und man kann sagen, dass die Ausbildung eines ganzen Volkes auf ihren Schultern lastete.

Bereits während der andauernden Reibereien mit **Byzanz** nahmen die Klöster eine kulturelle Vorreiterrolle ein. Mit dem Kloster Sv. Pantelejmon entstand im 9. Jh. die erste literarische Schule, die **Schule von Pliska-Preslav.** In ihr wurden die wichtigsten liturgischen und theologischen Werke ins Kyrillische transliteriert und damit einer breiteren Schicht zugänglich. Im namensgleichen Kloster bei Ohrid wurden um das Jahr 900 in nur sieben Jahren mehr als 3500 Schüler in der Literatur ausgebildet.

Im Laufe der Jahrhunderte gediehen die Klöster von staatlich subventionierten Einrichtungen zu **selbstständigen wirtschaftlichen Einheiten.** Es entwickelte sich eine ganz eigenständige **Baukultur,** die zwar byzantinische Einflüsse nicht leugnete, sie aber weiterentwickelte, so mit verschiedenfarbigen Steinen und Keramikverzierungen.

Aus der **Ikonenmalkunst** der Klöster entwickelte sich im 13. Jh. die **Schule von Tărnovo,** deren wegweisende Arbeiten heute in der Kirche von Bojana oder in den Höhlenklöstern von Ivanovo zu sehen sind.

Im 14. Jh. zogen zwei Klostergründungen in der damaligen Hauptstadt Veliko Tărnovo die besten Köpfe des Reiches an, die **Schule von Kilifarevo** wurde zur Keimzelle der bulgarischen Literatur und entwickelte sich zu einer Art Universität. *Theodosius von Tărnovo* und sein Schüler *Eftimij* reformierten und vereinheitlichten die Rechtschreibung. Die Kalligrafie-Arbeiten aus dieser Zeit finden sich heute als wertvolle Stücke in den Museen der ganzen Welt.

Doch die **Schulen** waren nicht nur den Mönchen vorbehalten. Im ganzen Land gab es in den Klöstern Schulen, die auch Wissbegierigen, die sich nicht dem religiösen Leben verschrieben hatten, zumindest eine **Grundausbildung** ermöglichten.

Mit der **türkischen Eroberung** wurde diesem Geistesleben erst einmal ein abruptes Ende gesetzt. Viele Kirchen und Klöster wurden in der Folgezeit niedergebrannt. Mit Neubauten begann man nun in unwegsamem Gelände, im Gebirge. Langsam erholte sich das bulgarische Kulturleben wieder, die Lehrtätigkeit wurde erneut aufgenommen, und über Jahrhunderte waren die Klöster nun auch Horte eines **patriotischen Nationalbewusstseins,** Bewahrer der

[>] Das Kloster Bačkovo

Freiheitsidee und Kern, um den sich die mit der Fremdherrschaft Unzufriedenen sammelten. Nach und nach entstanden dann im 18. Jh. auch **weltliche Schulen,** die Zeit der **Wiedergeburt** kündigte sich an. Während der andauernden Aufstände im 19. Jh. waren die Klöster wieder im Mittelpunkt, heiß umkämpft und für viele die einzige Möglichkeit, sich vor den türkischen Häschern zu verstecken.

In der Zeit des **Sozialismus** wurde der Einfluss der Kirche zurückgedrängt, nur bei Klöstern von nationaler Bedeutung griff der Staat unter die Arme, viele der kleinen Klöster verfielen. Nach der **Wende** änderte sich dies. Ganz Bulgarien besann sich wieder auf die Klöster und ihre Bedeutung für die Nation. Die verfallenen Gebäude wurden und werden nach und nach **renoviert,** zu nicht kleinem Teil durch private Spenden. Auch die **Religion** spielt wieder eine **größere Rolle** für die Menschen, man besucht die Messen und heiratet kirchlich.

406bg fk

derzeit nicht zu besichtigen. Der **Glockenturm** wurde im Jahr 1844 angefügt, im Zuge des Klosterneubaus, da 1833 ein Großbrand weite Teile des Komplexes zerstört hatte. Schon 1834 wurde mit der Neuerrichtung des Klosters in seiner heutigen Erscheinungsform begonnen.

Neben den Mönchszellen enthalten die vier Flügel die Gästezimmer, Magazine und vier Kapellen.

Wegen seiner architektonischen Lösung ist die landwirtschaftliche Ausstellung im **Küchentrakt** des Nordflügels interessant – der Kamin ist ein 22 m hoher, sich verjüngender, pyramidenförmiger Turm.

Beim Tor des Nordflügels gelangt man hinauf zur dritten Etage und zum **Ethnografischen Museum,** das das **mönchische Leben** auferstehen lässt, dessen Tagesablauf immer auch vom Kochen und Essen mitbestimmt wurde. Daneben gibt es Kostüme und Schmuck zu sehen, Stiftungen reicher Förderer. Hier befinden sich auch die reich geschmückten **Gästezimmer** verschiedener bulgarischer Gemeinden, in denen ihre Noblen beim Klosterbesuch residieren durften (Koprivštica, Gabrovo, Teteven, Čirpan und Samokov). Besonders wertvoll sind das Koprivštica- und das Čirpan-Zimmer mit ihrer typischen feudalen Einrichtung des 19. Jh.

Im Ostflügel befindet sich das unbedingt sehenswerte **Historische Museum** mit seiner Sammlung religiöser Gegenstände. Das **Kreuz des Rafail** gehört zu den wertvollsten Exponaten. Es wurde 1790–1812 vom Mönch *Rafail* geschnitzt. Er erblindete danach – eine Folge der jahrelangen Arbeit mit dem Vergrößerungsglas bei schlechtem Licht –, und so war das Kreuz das letzte Werk des künstlerisch hochbegabten Gottesmannes. Das Meisterwerk der Miniaturschnitzerei besteht aus sechs Paneelen, auf denen insgesamt 104 Bibelszenen mit über **650 Gestalten dargestellt** sind. Das Kreuz ist aus einem Holzstück mit den Maßen 43 mal 81 cm geschnitzt. **Manuskripte** aus der Frühzeit des Klosters (darunter das Testament des *Ivan Rilski* und eine Bulle von Car *Šišman*, in der er dem Kloster Ländereien zuspricht) sind hinter Glas geschützt. Besonders zwei **Ikonen** sollte man sich anschauen, die mit den Bildnissen *Ivan Rilskis* aus dem 14. Jh. und *Arsenijs* aus dem 15. Jh. Die ebenfalls sehenswerte **Ikonengalerie** liegt im Südflügel des Klosters.

Die **Klosterkirche der Gottesmutter** (Sveta Bogorodica/Света Богородица) mit ihren fünf Kuppeln stammt von 1834. Der Vorgängerbau hatte den Brand überstanden, doch die Mönche entschieden sich für den Abriss und Neubau. Mit ihrem bunt ausgemalten Arkadenumgang zeigt sie sich in einem ausgesprochen heiteren Gewand. Baumeister war *Pavel Ivanovič*. Von dem Vorgängerbau aus der Zeit *Hreljos* sind noch die Altartüren und der Thron erhalten – meisterliche Holzschnitzereien, im Historischen Museum (→ oben) zu besichtigen. Die **Fresken** an den Außen- und Innenwänden wurden bis 1861 fertiggestellt, ihr Stil ist den Malschulen von Bansko und Samokov verpflichtet. Als einziger Künstler hat *Zahari Zograf* seine Werke signiert. Im Inneren ruhen die **Gebeine** *Ivan Rilskis* neben dem Herzen Car *Boris' III.* (1894–1943). Die Kuppeln der dreischiffigen Hallenkirche stehen auf schlanken Säulen und lassen den Raum sehr **leicht** wirken, was durch den Lichteinfall noch unterstützt wird.

Rila-Kloster Umgebung

Die **Fahrt zum Rila-Kloster** ist selbst schon beeindruckend. Tief im Gebirge verborgen, fährt man durch eine Schlucht am Talgrund entlang, der, dicht bewachsen und grün, immer wieder Ausblicke auf Felsformationen freigibt. Gute 30 km sind es von der Fernstraße Sofija–Sandanski, von der aus man bei Kočerinovo (Кочериново) abbiegt.

Die Pyramiden von Stob

Nach 5 km passiert man das verschlafene Dorf **Stob** (Стоб). Am Parkplatz, an seinem östlichen Rand 2,5 km abseits der Rila-Straße, beginnt die Wanderung zu den Pyramiden von Stob, einer außergewöhnlichen **Erosionsformation,** die in der **Nachmittagssonne** rot aufglüht. In 30–45 Min. erreicht man auf zum Ende hin steilem und holprigem Pfad mehrere mit Geländern gesicherte Aussichtspunkte oberhalb der stark ausgewaschenen Hänge aus Sedimentgestein, das – wild zerklüftet – eben an Pyramiden erinnert. Auch ranken sich viele **Legenden** um die Säulen, meist über unglücklich Liebende oder untreue Ehepartner, die zu Stein erstarrten.

■ **Stobski Piramidi** (Стобски Пирамиди), Parkplatz GPS N 42.09656, E 23.11294, frei zugänglich (kein Tor), Eintritt 2 Lv.

⊡ Die Pyramiden von Stob umranken zahlreiche Legenden

225bu sk

Rilskis Einsiedelei

4 km hinter dem Kloster weiter ins Tal hinein kommt im Wald an der ersten S-Kurve ein kleiner Parkplatz mit Hinweisschildern. In 10–15 Min. geht es auf einem Pfad zwischen den Bäumen den Hang hoch zur **Höhle,** in der *Ivan Rilski* die Abgeschiedenheit fand, die er suchte. In der Höhle öffnet sich nach oben ein **schmaler Durchschlupf.** Nicht jeder kann auf der kurzen Leiter und die Felsen zu ihm hoch- und durchklettern; nur dem, der ohne Schuld ist, gelingt es – alle anderen müssen den Tod fürchten und wagen es vorsichtshalber nicht.

Die **Kapelle** direkt vor der Höhle stammt aus dem 14. Jh. und war der erste Begräbnisort von *Rilski.* Die der Legende nach nie versiegende und nie zufrierende **Quelle** gilt als wundertätig und fast jeder Pilger nimmt eine Flasche Wasser mit.

■ **Peštera na Ivan Rilski** (Пещера на Иван Рилски), Parkplatz GPS N 42.15061, E 23.37453, frei zugänglich.

Praktische Tipps

Information

■ **https://rilskimanastir.org**
■ **Eintritt:** Der Zugang zum Kloster (7–21 Uhr) und in die Hauptkirche ist frei, der Eintritt in die Museen und Ausstellungen ist kostenpflichtig (geöffnet jeweils 8.30–16.30 Uhr): Historisches Museum 8 Lv, Ethnografisches Museum/Gästezimmer 5 Lv, Ikonengalerie 2 Lv, Hreylo-Turm 5 Lv, Küchentrakt 3 Lv, Sammelticket 20 Lv, englischsprachige Führung 25 Lv.

Essen und Trinken/Unterkunft

■ **Klosterbäckerei,** dem hinteren Klostereingang gegenüber, 9.30–16.30 Uhr. Die Spezialitäten sind schmalzgebackene Krapfen (Mekici Мекици) und Banica (Баница), mit Käse gefüllte Blätterteigtaschen.
■ **Rila-Kloster,** Rezeption (14–16, 18–19 Uhr) in der Südostecke des Klostergeviertes, Tel. 0896-872 010, www.rilamonastery.info. Zehn einfache Gästezimmer mit jeweils eigenem Bad (Einzel 30 Lv, Doppel 50 Lv) im Klosterhof, wo nur die Atmosphäre

Wanderung zu den Sieben Seen

Die **Ausrüstung** für die Tour ins Hochgebirge sollte an Höhe und mögliche Wettereinbrüche angepasst sein. 10 km Bergstraße von Sapareva Banya (Сапарева баня) sind es zum Ferienort **Paničište** (Паничище) auf 1425 m. Von ihm geht man in 3 Std. zur sanierten **„Berglodge" Rila-Seen-Hütte** (Hiža Rilski Ezera/Хища Рилски Езера) auf 2135 m mit Doppelzimmern mit eigenem Bad und Restaurant nahe der Seen.

Wer den Aufstieg scheut fährt vom Ferienort noch 5 km weiter zur **Talstation des Sesselliftes** bei der Schutzhütte **Hiža Pionerska** (Хижа Пионерска) und ist mit ihm in 20 Min. oben bei der Rila-Seen-Hütte.

In einer guten Stunde ist von ihr die **Sieben-Seen-Hütte** (Hiža Sedemte Ezera/Хижа Седемте Езера) erreicht, die am Fischsee (Ribnoto Ezero/Рибното Езеро) liegt. Nochmals eine Stunde dauert es bis zum schönsten **Aussichtspunkt** (GPS N 42.19839, E 23.31103) über das Seenpanorama am Ufer des kleinsten der Seen, dem **Tränensee** (Sălzata Ezera/Сълзата Езера). Auf dem Weg passiert man erst rechter Hand den **Kleeblattsee** (Trilistnika Ezero/Трилистника Езеро), dann linker Hand den langgestreckten **Zwillingssee** (Bliznaka Ezera/Близнака Езера). Am Ufer des Nierensees (Băbreka Ezera/Бъбрека Езера) wendet sich der Weg nach Süden und führt am **Augensee** (Okoto Ezero/Окото Езеро) auf 2440 m Höhe vorbei.

Vom Tränensee sind es nur noch wenige Schritte zu den aufgetürmten **Steinmandln** auf 2559 m Höhe, die den **Aussichtspunkt** markieren: Alle sieben Gewässer blitzen bei besten Wetter unter der Sonne tiefblau oder sind bei schlechterem Wetter nur grau hinter Nebelschleiern zu erahnen.

zählt, wenn im Sommer um 20 Uhr, im Winter um 17 Uhr die Tore schließen und die Ruhe nach dem Touristensturm einkehrt.

- **Pčelina**②, 4 km vor dem Kloster, Tel. 0888-393058, www.pchelina.com. Kleine Pension mit sieben einfacheren Zimmern und einem netten Gartenrestaurant mit bulgarischen Spezialitäten direkt an der Straße.
- **Gorski Kăt**②, 6 km vor dem Kloster, Tel. 07054-2170, www.gorski-kut.eu. Komfortable Zimmer in einem Motel direkt an der Straße nach Rila, gutes Restaurant mit Landesküche.
- **Valdis,** 15 km vor dem Kloster, Tel. 0898- 920 353, http://valdiscomplex.com. Gute Spezialitätenküche an der Straße vom Dorf Rila zum Kloster, empfehlenswert sind die frisch gefangenen Forellen vom Grill; auch Hotel② (20 zu Bungalows zusammengefasste Komfortzimmer am Fluss).
- **Camping Bor,** 1,5 km hinter dem Kloster, Tel. 0887-497181. Einfacher Platz mit rudimentären Einrichtungen in schöner Waldlage am Flüsschen; Restaurant.

Verkehr

- **Bus/Bahn von Sofija nach Dupnica/Rila Kloster:** Mo–Fr 12.20 Uhr von Sofija/Bushof Ovča Kupel (Овча Купел) nach Dupnica (Дупница), von Dupnica tgl. 14.15 Uhr weiter nach Rila Kloster; von Rila-Kloster nach Dupnica tgl. 9 und 17 Uhr, weiter nach Sofija um 20.13 Uhr mit dem Zug; Fahrtdauer ca. 120 Min.
- **Bus von Blagoevgrad** (Благоевград) nach Rila-Kloster tgl. 7 und 15 Uhr; von Rila-Kloster nach Blagoevgrad tgl. 8 und 16.50 Uhr; Fahrtdauer ca. 1 Std.
- **Parken:** 5 Lv/Pkw, 7 Lv/Camper.

Das Rila-Gebirge

Das Gebirge ist als in neun Sektionen geteilter **Nationalpark Rila** (Nacionalen Park/Национален Парк) geschützt. Hinzu kommen 300 km² des Gebirges als Schutzgebiet **Naturpark Rila-Kloster** (Priroden Park Rilski Manastir/Природен Парк Рилски Манастир). Insgesamt bedeckt das Gebirge eine Fläche von 2400 km², davon gehören 810 km² zum Nationalpark. Damit ist dieser der größte des Landes.

Der **höchste Gipfel, Musala,** steht mit 2925 m Höhe über den Ebenen bei Blagoevgrad. Über 40 Gipfel sind höher als 2000 m, und zwischen ihnen verstecken sich mehr als **200 Seen.** Die Eiszeit ist mit verantwortlich für die Oberflächengestaltung mit den zahlreichen Gewässern.

Das Rila-Gebirge ist sehr wasserreich, **drei Hauptflüsse** des Landes entspringen aus dem hydrografischen Knotenpunkt, der zur Wasserscheide der Balkan-Halbinsel gehört (Iskăr, Marica und Mesta). Es besteht vornehmlich aus **Granit,** aber auch Marmorgestein kommt vor. An der Scheide zwischen Kontinental- und Mittelmeerklima gelegen, wird es von beiden beeinflusst.

Die dichten **Wälder** aus Fichten, Kiefern und Tannen wachsen bis zur Baumgrenze auf 2100 m, darüber finden sich seltene Pflanzen, darunter endemische, die also nur hier wachsen. In den Wäldern leben Wölfe, Füchse, Rotwild, im Fels turnen Gämsen herum. Ab und an wird wohl auch der eine oder andere Bär durch die Region streifen. Zahlreiche Greifvogelarten sind zu beobachten, darunter Steinadler und Bartgeier.

Praktische Tipps

Information

Wildes Zelten und Baden in den Seen des Nationalparks ist verboten und wird mit Platzverweis geahndet. Bei Wanderungen ist auf entsprechende Ausrüstung und ausreichend Proviant und Wasser zu achten, ein Mückenschutzmittel ist hilfreich.

- **Nationalpark Rila,** Informationszentrum PIC in Paničište (Паничище), an der Nordseite des Gebirges 10 km von Sapareva Banya (Сапарева баня) in den Bergen, Tel. 07015-6757, www.rilanationalpark.bg.
- **Naturpark Rila, Direktorat,** Ul. Benkovski (Ул. Бенковски) 2, Rila/Рила, Tel. 07054-2293, www.parkrilski-manastir.eu.

Medi Valley Winery

- **Smočevo** – 30 km vom Rila-Kloster, Tel. 0884-068660, www.medivalleywinery.com.
- **Weinregion Struma-Tal,** Rebfläche 42 ha, Kellermeister *Stojčo Stoev.*
- **Rote Rebsorten:** Rubin, Melnik 55, Cab. Sauvignon, Merlot, Syrah, Pinot Noir, Mavrud, Gamza.
- **Weiße Rebsorten:** Chardonnay, Traminer, Viognier, Sauvignon Blanc.
- **Herausragende Weine:** Incanto Black Cuvée rot, Great Bulgaria Cuvée rot, Excentric Incanto Melnik 55.
- **Touristisches Angebot:** Führung und Weinverkostung nach Voranmeldung werktags 9–17 Uhr, jeweils mit Führung: 2 Weine 5 Lv (15 Min.), 5 Weine mit Häppchen (60 Min.) 15 Lv, 5 Premium-Weine mit Häppchen (60–90 Min.) 25 Lv.

Verkehr

- **Sessellift Hiža Pionerska** (Хижа Пионерска), www.rilskiezera.bg, Sommer tgl. 8.30–18.30 Uhr, Hin- und Rückfahrt 25 Lv.
- **Rila Shuttle,** www.rilashuttle.com. Im Sommerhalbjahr ab Sofja (Haltestelle hinter der Aleksandăr-Nevski-Kathedrale) tgl. 7.30 Uhr mit dem Bus zur Talstation des Sesselliftes hoch zu den Sieben Seen, Rückfahrt um 15 Uhr über das Rila-Kloster (Aufenthalt 90 Min.); Ankunft in Sofija 20 Uhr, Hin- und Rückfahrt ab 90 Lv.

Hotels

- **Rilski Ezera** (Хижа Рилски Езера), Nordwest-Rila, 2150 m, Tel. 0886-509409, www.rilskiezera.bg. Hotelhütte an der Bergstation des Sesselliftes mit Restaurant und komfortablen Zimmern en-suite; Anmarsch von Paničiste (3 Std.) oder Auffahrt mit dem Lift.
- **Hristo Smirnenski** (Хижа Христо Смирненски), Ost-Rila, 1758 m, Tel. 0879-055002, www.facebook.com/hijaHristoSmirnenski. 60 Schlafplätze in Doppelzimmern mit Bad und Schlafsälen, Sauna, Bar, Restaurant; Anmarsch von Jundola (3 Std.).
- **Musala Chalet** (Хижа Мусала), Ost-Rila, 2389 m, Tel. 0885-500595, www.musala-hija.com. Traditionelle Hütte; die moderne „Neue Masala-Hütte" nebenan, ein Großbau, war 2023 geschlossen; rund 50 Schlafplätze, Restaurant, Anmarsch von der Bergstation Borovec-Lift (1 Std.).
- **Hotel Malyovica** (Хотел Мальовица), Nordwest-Rila, 1736 m, Tel. 0885-553000, https://hotelmalyovitsa.com. Doppelzimmer und Suiten für 150 Personen, Restaurant, Sauna, Fitness und Nachtklub, Anfahrt von Govedarci (12 km).

Berghütten

- **Čakalica** (Хижа Чакалица), Südwest-Rila, 1726 m, Tel. 0889-077229, www.ajgidik.com. 20 Schlafplätze, Kantine, Anmarsch von der Forststation Slavova (2½ Std.).
- **Čakar Vojvoda** (Хижа Чакър Войвода), Ost-Rila, 1932 m, Tel. 0896-715926, http://chakarvoivoda.hiji.eu. 40 Schlafplätze, Kantine, Anmarsch von Borovec (2½ Std.).

092bu fk

■ **Dobarsko** (Хижа Добърско), Südwest-Rila, 1651 m, Tel. 0888-708838,www.facebook.com/hijadobarsko. 45 Schlafplätze, Kantine, Anmarsch von Dobarsko (1½ Std.).

■ **Grančar** (Хижа Грančар), Ost-Rila, 2180 m, Tel. 0889-152225, granchar.chalet@gmail.com. 120 Schlafplätze, Kantine, Anmarsch von Jakoruda (5½ Std.).

■ **Ivan Vazov** (Хижа Иван Вазов), Nordwest-Rila, 2300 m, Tel. 887-727772, www.facebook.com/IvanVazovHut. 98 Schlafplätze, Kantine, Anmarsch vom Rila-Kloster (6 Std.).

■ **Lovna** (Хижа Ловна), Nordwest-Rila, 1670 m, Tel. 0888-059172, www.facebook.com/Lovnahut. 40 Schlafplätze, Kantine, Anmarsch von Sapareva Banja (4 Std.).

■ **Makedonia** (Хижа Македониа), Südwest-Rila, 2157 m, Tel. 0889-077228, http://makedonia.hiji.eu. 40 Schlafplätze, Kantine, Anmarsch vom Rila-Kloster (6 Std.).

■ **Malyovica** (Хижа Мальовица), Nordwest-Rila, 1976 m, Tel. 885-232325, www.facebook.com/hijamalyovitsa. 70 Schlafplätze, Restaurant, Anmarsch von Hotel Maljovica (1 Std.).

■ **Marica** (Хижа Марица), Ost-Rila, 1818 m, Tel. 0896-715292. 48 Schlafplätze, Kantine, Anmarsch von Borovec (4 Std.).

■ **Otovica** (Хижа Отовица), Nordwest-Rila, 1420 m, Tel. 0898-755497, www.facebook.com/otovica. 44 Schlafplätze in Vierbettzimmern, Restaurant, Anmarsch von Samoranovo (3½ Std.).

■ **Sedemte Ezera** (Хижа Седемте Езера), Nordwest-Rila, 2194 m, Tel. 0882-506060, http://sedemteezera.hiji.eu. 92 Schlafplätze, Kantine, Anmarsch von Govedarci (5 Std.), Anmarsch vom Sessellift (1 Std.).

■ **Skakavica** (Хижа Скакавица), Nordwest-Rila, 1869 m, Tel. 0877-388305, https://skakavitsa.hiji.eu. 95 Schlafplätze, Kantine, Anmarsch von Paničište (2 Std.).

◁ Meditation hoch über den Sieben Seen

Wanderung auf den Maljovica

Die **Ausrüstung** für die Tour sollte an Höhe und möglich Wettereinbrüche angepasst sein. Ausgangspunkt der **hochalpinen Wanderung** ist das **Resort Maljovica** (Мальовица) mit Unterkünften, Gaststätte und Skischule auf 1736 m. Man erreicht es mit dem Wagen von Govedarci (Говедарци) nach 12 km.

Die erste Etappe führt über einen relativ guten Weg und steigt sanft und gleichmäßig an, sie endet nach 45 Min. an der **Maljovica-Hütte** (Хижа Мальовица) auf 1976 m. Von der Hütte geht es vom Gebirgspanorama begleitet durch das Tal und entlang der mückenreichen **Maljoviška Reka** (Мальовишка Река), die man mehrmals kreuzen muss (am besten einen Stock zur Balance zu Hilfe nehmen). Leicht ansteigend und über zwei flachere Abschnitte (am zweiten ein Denkmal für verunglückte Bergsteiger) gelangt man nach 1 Std. zum steilen Anstieg hoch zum **Elensno Ezero** (Еленсно Езеро). Nach 45 Min. steht man an seinem Ufer.

Abschließend geht es weiter recht steil bergan und einen Bergkamm entlang mit Blick auf das Rila-Kloster unten im Tal in 45 Min. zum **Gipfel des Maljovica** auf 2729 m.

Für den **Rückweg** sollte man 2½ Std. rechnen, sodass man ohne Pausen etwa 6 Std. unterwegs ist.

■ **Vada** (Хижа Вада), Nordwest-Rila, 1470 m, Tel. 0882-966319. 40 Schlafplätze, Kantine, Anmarsch von Govedarci (9 km schlechte Straße, 2 Std.).

■ **Zavračica** (Хижа Завраčица), Ost-Rila, 2162 m, Tel. 0896-715292. 60 Schlafplätze, Kantine, Anmarsch von Borovec (5½ Std.).

Die Weiße Bruderschaft

Immer wieder treffen sich **Hunderte weiß gekleideter Menschen** und **tanzen zu riesigen Kreisen angeordnet** mit streng rhythmischen Bewegungen und Gesängen im Rila-Gebirge, da von ihm eine besondere spirituelle Kraft ausgehen soll – ein visuell eindrückliches Erlebnis, insbesondere wenn man von weit oben auf die weißen Schemen hinunterschaut.

Petăr Konstantinov Dănov (1864–1944) hatte die okkulte spätere Universelle Weiße Bruderschaft 1897 als „Gesellschaft zur Erhebung des religiösen Geistes des bulgarischen Volkes" gegründet. Als ihr Herr und Meister entwickelte der studierte Theologe eine **eigene Religion,** welche die Bibel als Grundlage nimmt, aber den Menschen u.a. das Einssein mit der Natur und eine vegetarische Ernährung empfiehlt, die Sonne als Symbol des Universellen verehrt und mit dem eigens entwickelten **Tanz der Paneurhythmie** die Menschen in Harmonie versetzt – ein fest vorgegebenes und kompliziertes Bewegungs- und Sprachmuster. Bei der Sommerschule der Bruderschaft finden die Tänze ab Anfang August für drei Wochen am Nierensee statt, die meisten Teilnehmer kommen zum Ende und Höhepunkt am 19.–21. August.

■ **Weiße Bruderschaft** (Vsemirno Bjalo Bratstvo), www.bialobratstvo.info, www.aivanhov.de.

Kjustendil (Кюстендил)

Die 20 km von der mazedonischen Grenze entfernte Stadt (47.000 Ew.) gehört zu den **ältesten** des Landes.

Breite Boulevards mit Schatten spendenden Bäumen bestimmen heute das Stadtbild, die Plätze sind großzügig gestaltet, und zahlreiche Cafés locken nachmittags die Städter an.

Geschichte

Von den heißen **Mineralquellen** der Gegend suchten bereits Thraker und Römer zu profitieren. Im 1. Jh. wurde die Stadt römische Festung und als **Pautalia** Heilbad. Ihren heutigen Namen erhielt sie vom Feudalherrscher *Konstantin Drăgaš:* „Konstantins Land" – Kjustendil.

Unter der **osmanischen Herrschaft** lebten hier vornehmlich Türken, wovon noch mehrere Moscheen zeugen, doch mit der Befreiung nahm der bulgarische Bevölkerungsanteil stark zu, Türken zogen weg und Bulgaren kamen aus Ostrumelien, das noch beim Osmanischen Reich verblieben war. Und so verfallen die islamischen Bethäuser zum Teil. Die eigentlich eindrucksvolle Hauptmoschee **Fatih Mehmed Džamija** (Фатих Мехмед Джамия) an der Ul. Pautalia (Ул. Пауталиа) gleich südlich des Hauptplatzes Pl. Velbăžd (Пл. Велбъжд) ist in einem beklagenswerten Zustand und nur notdürftig gesichert.

Sehenswertes

Historisches Museum

Das Museum in einem **Gebäudekomplex der Stadtverwaltung** (mit Parkplatz) etwas abseits des Zentrums und in Bahnhofsnähe zeigt Funde aus dem Neolithikum, aus thrakischer und aus römischer Zeit, eine kleine numismatische Sammlung und Ethnografisches. Kinder haben ihre eigene Ausstellung.

■ **Istoričeski Muzej** (Исторически Музей), Bul. Bălgarija (Бул. България) 55, Tel. 078-550095, www.kyustendilmuseum.primasoft.bg, geöffnet tgl. 9.30–12, 12.30–18, Winter bis 17 Uhr, Eintritt 5 Lv, Sammelticket 12 Lv.

Kunstgalerie

Gleich nördlich des Hauptplatzes, an einer vom Bul. Bălgarija (Бул. България) abgehenden Straße, befindet sich die Kunstgalerie mit mehr als 1300 Werken im Fundus. Ein Schwerpunkt der hier gezeigten Ausstellung liegt auf dem Werk von **Majstora** (*Vladimir Dimitrov*, 1882–1960), dem Meister des **Post-Impressionismus,** der sich auf bäuerliche Motive und Gesichter spezialisiert hatte. Er lebte und arbeitete etwa 5 km außerhalb in seinem Atelier in einem kleinen Dorf.

Mit zahlreichen **temporären Ausstellungen** werden aber auch andere Künstler in dem ersten Galerie-Neubau des Landes (1972) vorgestellt.

■ **Hudožestvena Galerija** (Художествена Галерия), Ul. Patriarh Evtimij (Ул. Патриарх Евтимий) 20, Tel. 078-550029, https://artgallery-maystora.org, geöffnet tgl. Sommer 10–18, Winter 9–17 Uhr, Eintritt 6 Lv.

Hausmuseum Dimităr Pešev

An der Rückseite der Galerie steht das Wohnhaus eines **ehemaligen Vizepräsidenten** Bulgariens, einer derjenigen, die sich während des Zweiten Weltkrieges gegen die Rassengesetze wehrten. Die Ausstellung beleuchtet sein Leben; die Texte sind teilweise in englische Sprache übersetzt.

■ **Kăšta-Muzej Dimităr Pešev** (Къщта-Музей Димитър Пешев), Ul. Car Simeon I (Ул. Цар Симеон I) 11, Tel. 078-551811, geöffnet tgl. Sommer 9.30–12, 12.30–18, Winter bis 17 Uhr, Eintritt 5 Lv, Sammelticket 12 Lv.

Moschee Ahmed Bej

Geht man nun die Ul. Car Simeon I (Ул. Цар Симеон I) nach Osten und biegt die übernächste Straße nach rechts ein, gelangt man an einen Platz mit einem der islamischen Bethäuser der Stadt neben und auf der alten römischen Thermenanlage. Die **Moschee** wurde 1575 errichtet und zeigt sich recht gut er- und unterhalten. In ihr finden temporäre Ausstellungen statt.

■ **Ahmed Bej Džamija** (Ахмед бей Джамия), Ul. Stefan Karadža (Ул. Стефан Караджа), Tel. 078-550124, geöffnet Di–Sa 9–12, 13–18, Winter bis 17 Uhr, Eintritt 6 Lv.

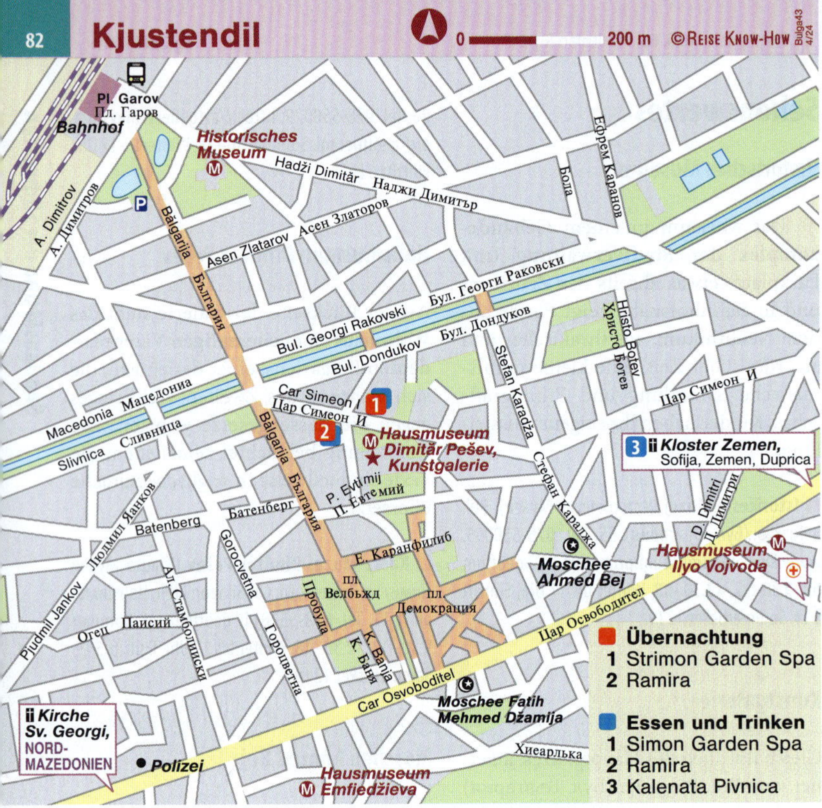

Hausmuseum Ilyo Vojvoda

Östlich der Moschee beschäftigt sich die Ausstellung im Wohnhaus einer der **Freiheitskämpfer** des 19. Jh. mit den Aufständen gegen die Türken in der Region Kjustendil.

■ **Kăšta-Muzej Ilyo Vojvoda** (Къщта-Музей Ильо Войвода), Ul. Car Osvoboditel (Ул. Цар Освободител) 189, geöffnet tgl. Sommer 9.30–12, 12.30–18, Winter bis 17 Uhr, Eintritt 5 Lv, Sammelticket 12 Lv.

Hausmuseum Emfiedžieva

Südwestlich des Hauptplatzes ist das Gebäude von 1874 ein kleines **Juwel der Inneneinrichtung.** Es zeigt den Wohlstand einer bürgerlichen Familie im ausgehenden 19. Jh. mit einer ausgesucht eleganten Möblierung.

■ **Kăšta-Muzej Emfiedžieva** (Къщта-Музей Емфиеджиева), Ul. Gorocvetna (Ул. Гороцветна) 24A, geöffnet tgl. Sommer 9.30–12, 12.30–18, Winter bis 17 Uhr, Eintritt 5 Lv, Sammelticket 12 Lv.

Kirche Sv. Georgi

Highlight von Kjustendil ist das wunderschön in einem Garten gelegene mittelalterliche Kirchlein. Es entstand als Kreuzkuppelkirche auf einem 10 mal 10 m großen Grundriss im 10. Jh. und einige der erhaltenen Fresken sind auf das auslaufende 11. und beginnende 12. Jh. datiert. Die Fresken des 19. Jh, die die alten Gemälde abdeckten, sind abgenommen und in einem eigenen Gebäude ausgestellt. In der Kirche soll 1330 Car *Aleksandăr Šišman* beerdigt worden sein, der bei der Schlacht von Velbăžd vor den Toren der Stadt sein Leben verlor. Die siegreichen Serben übernahmen ab da die Vorherrschaft auf dem Balkan.

■ **Muzeen Kompleks Sv. Georgi** (Музеен Комплекс Св. Георги), Ul. Koluša (Ул. Колуша) 56, Tel. 078-552083, geöffnet tgl. Sommer 9.30–12, 12.30–18, Winter bis 17 Uhr, Eintritt 5 Lv, Sammelticket 12 Lv.

☒ Die Mauern des Zemen-Kirchleins entstammen dem 13. Jh., seine Fundamente dem 9. Jh.

Kjustendil Umgebung

Kloster Zemen

Die wichtigste Sehenswürdigkeit in der Umgebung von Kjustendil ist das Kloster Zemen, 35 km nördlich der Stadt. Von der Fernstraße nach Sofija biegt man beim Dorf **Dragomirovo** (Драгомирово) nach Westen ab und fährt noch 16 km auf einer Straße mit sehr unebenem Belag. Im Dorf **Zemen** (Земен) folgt man den Schildern, es geht 2 km hoch zu einem Hang, an dem das Kloster liegt.

227bu sk

Hinter der Mauer, die den Komplex umgibt, betritt man, aus dem Wald kommend, die große Fläche des Klosters, in deren Mitte ein wirklich kleines, unscheinbares Gebäude steht – die **Kirche Sv. Ivan Bogoslov** (Св. Иван Богослов). Sie wurde 865 erbaut und das erste Mal ausgemalt, im 11. Jh. weitgehend zerstört und Ende des 13. Jh. in der heutigen Erscheinungsform, vom Feudalherren *Dejan* gestiftet, neu errichtet. Sie zeigt sich nun als Kreuzkirche mit drei Apsiden und vier massiven Pfeilern, die die Kuppel tragen. Der Grundriss misst lediglich 9 mal 9 m, doch beherbergt der kubische Bau einige der wichtigsten **Fresken** der westbulgarischen Schule des Mittelalters. Die Kunstwerke wurden ab dem Jahr 1934 freigelegt. Die Fest- und Passionszyklen und die Figuren des Stifterehepaares *Dejan* und *Doja* sind sehr ausdrucksvoll gestaltet und stehen mit ihrem monumental-archaischen Charakter in der lokalen Tradition.

■ **Zemenski Manastir** (Земенски Манастир), Tel. 077-412029, geöffnet Mo–So 9–17.30 Uhr, Eintritt 5 Lv; jeden letzten Mo im Monat Eintritt frei, Kombiticket mit der Kirche und dem Historischen Museum von Bojana (→ „Sofija, Umgebung") 18 Lv.

Praktische Tipps

Unterkunft/Essen und Trinken

1 1 **Strimon Garden Spa**③, Ul. Car Simeon I (Ул. Цар Симеон I) 24, Tel. 078-559000. 75 Zimmer und Suiten in einem modernen Komplex, der sich der Wellness verschrieben hat. Alle nur erdenklichen Spa-Einrichtungen und ein ausgezeichnetes Restaurant.

228bu sk

2 **2** **Ramira**②, Ul. Han Krum (Ул. Хан Крум) 12, Tel. 078-525525, www.hotelramira.bg. Kleines modernes Hotel mit 24 komfortablen Zimmern und einem guten Restaurant.

3 **Kalenata Pivnica,** Kališče (Калище), 12 km östlich von Zemen bei Pernik, Tel. 0886-422020, www.kalenatapivnica.com, geöffnet 12–24 Uhr. Uriges Restaurant mit bulgarischen Spezialitäten aus dem Tontopf, Fleisch vom Grill und viel guter Stimmung.

Verkehr

■ **Bahnhof,** Pl. Garov (Пл. Гаров), Tel. 078-550 623, und **Bushof,** Tel. 078-550141, liegen nebeneinander im Norden des Zentrums (15 Min. zu Fuß). Verbindungen nach Sofija und Blagoevgrad. Nach Zemen fährt der Zug fünf- bis siebenmal am Tag, 45 Min.

Gesundheit

■ **Hospital Nikola Vasiliev** (Болница Никола Василиев), Pl. 17 Januari (Пл. 17 Януари) 1, im Südosten des Zentrums, Tel. 078-550241, www.mbalkn.com.

☒ Farbenfrohe Fresken in Kjustendils Kirche Sv. Georgi

Blagoevgrad (Благоевград)

Auf halbem Weg von Sofija nach Sandanski, an der griechischen Grenze und nur 25 km vom Grenzübergang nach Nordmazedonien, ist die größte Stadt Südwestbulgariens (68.000 Einwohner) ein **kleines Handels- und Logistikzentrum.** Die moderne Stadtmitte folgt dem üblichen architektonischen Muster mit Betonburgen und immenser Fußgängerzone mit Fontänen. Auch ist ein kleines **Wiedergeburtsviertel** erhalten.

Als Standort der **American University in Bulgaria (AUBG)** zieht die Stadt rund 1000 Studenten aus Bulgarien und den Nachbarländern an, die an dieser Uni eine „Eliteausbildung" erhalten wollen. Aber mehr noch die **Südwest-Universität** (Jugozapaden Universitet/Югозападен Университет) mit ihren 14.000 Studenten trägt zum „leichtgängigen" Stadtbild bei.

Geschichte

Die Stadt am **Fluss Struma** (Струма) und an den Ausläufern des Rila-Gebirges war schon immer ein begehrtes **Siedlungsgebiet.** Die Thraker hatten hier im 4. Jh. v. Chr. ihre Stadt Skaptopara, die dann die Römer übernahmen. Im 16. Jh. kam Blagoevgrad als Gorna Džumaja (Горна Джумая) unter türkische Herrschaft und blieb es bis zur Zeit der Wiedergeburt. Noch weit darüber hinaus war es weitgehend von Türkischstämmigen bewohnt. Kurz vor Beginn des Ersten Weltkriegs flohen dann die meisten. Der Name blieb aber noch erhalten, erst 1950 wurde der Sozialistenführer *Dimităr Blagoev* (1856–1924) Namenspatron der Stadt.

Sehenswertes

Hauptplatz

Der **Pl. Georgi Izmirliev Makedončeto** (Пл. Георги Измирлиев Македончето) ist eine Sache für sich. Er ist riesig, teils bepflastert, teils begrünt, auf unterschiedlichen Ebenen anglegt, überall blubbern Fontänen, und im Rund stehen die **Solitäre sozialistischer Protzbauten** mit weißem Marmor verkleidet. Das „Ensemble" ist erst 1987 fertiggestellt worden. Dennoch: Im Sommer am Abend füllt der Platz sich mit Spaziergängern und Studenten, und die **Stimmung** in den Cafés und auf den Balustraden rund um die Springbrunnen ist ausgelassen.

229bu sk

Altstadtviertel

Das kleine **Wiedergeburtsviertel Varoša** (Вароша) liegt im Osten des Zentrums jenseits der Bistrica, eines Struma-Zuflusses, an der Ul. Aleksandăr Stambolijski (Ул. Александър Стамболийски). Auch wenn man in zehn Minuten durchgelaufen ist, in der Mehana kann man gut zu Abend essen und die **Kirche Jungfrau Maria** (Sv. Bogorodična/Св. Богородична) ist mit ihrer – durch die Verwendung kontrastierenden Materials gegliederten – Fassade und der Loggia attraktiv und ein Leckerbissen der Kirchenarchitektur. Die Basilika wurde von den 200 einst im Viertel lebenden Familien in freiwilliger Arbeit 1844 errichtet und im Inneren mit einer beeindruckenden holzgeschnitzten Ikonostase und kunstvollen Fresken ausgestaltet.

< Sozialistische Architektur für heiße Sommernachmittage im Zentrum Blagoevgrads

Geschichtsmuseum

Neben dem Altstadtviertel präsentiert das **Museum für Regionalgeschichte** in seinem 1952 errichteten Ausstellungsgebäude Exponate zu Ethnografie, Archäologie, Geschichte und zum Unabhängigkeitskampf. Besonders wertvoll sind die Grabungsfunde aus thrakischer Zeit, darunter Tonwaren und eine Rüstung.

- **Regionalen Istoričeski Muzej** (Регионален Исторически Музей), Ul. Rila (Ул. Рила) 1, Tel. 073-885373, www.museumbld.com, geöffnet Mo–Fr 9–18. Sa/So 9.30–18 Uhr, Eintritt 4 Lv.

Praktische Tipps

Information

- **Information Center,** Pl. Georgi Izmirliev Makedončeto (Пл. Георги Измирлиев Македончето) 7, Tel. 0884-115150, www.facebook.com/infocentre blg, geöffnet tgl. 8.30–19 Uhr.

Unterkunft/Essen und Trinken

- **Hotel Monte Kristo**②, Ul. Ivan Mihajlov (Ул. Иван Михайлов) 36, Tel. 0887-603530, www.hotel montekristobg.com. Modernes Haus mit 54 Zimmern und Suiten, einem großzügigen Spa-Bereich und dem anspruchsvollen Restaurant Dantes.
- **City Hotel**①-②, Ul. Dojran (Ул. Дойран) 28, Tel. 0878-389951, www.cityhotelbg.com. Modernes Hotel im Norden über der Stadt mit nettem kleinen Restaurant und komfortablen, sehr sauberen und günstigen Zimmern.
- **Carski Klub Varoša,** Ul. Bistrica (Ул. Бистрица) 2, Tel. 0879-900105, www.facebook.com/carski clubvarosha. Gemütliche Kneipe mit den typischen Spezialitäten.

Bansko (Банско)

Bansko (12.000 Ew.) brilliert mit seiner **Altstadt,** hübsche Wiedergeburtshäuser am Fuß einer gewaltigen Bergwand des Pirin-Gebirges. An Sommerabenden schlendern die Wanderer durch die Gassen, im Winter begeben sich die **Skifahrer** auf die Suche nach dem Après-Ski-Hype. Die Lifte schaufeln winters wie sommers die Erholung Suchenden in die Berge, Restaurants, Tavernen und Hotels nehmen ein Vielfaches der Bewohnerzahl auf. Ach ja, die **Hotels und Apartmentburgen** liegen außerhalb.

Das **Zentrum** aber lohnt definitiv den Besuch und Aufenthalt, und die ursprüngliche Natur des Piriner Nationalparks (→ „Das Pirin-Gebirge") ist ja nicht weit.

Geschichte

Die **Ursprünge** der Stadt liegen im Dunklen; eine erste Siedlung geht wohl auf die **Thraker** zurück, und im 10. Jh. oder 11. Jh. sollen sich Neusiedler niedergelassen haben (eine der Legenden spricht von den geblendeten Soldaten der verlorenen Schlacht bei Samuils Festung, → dort). Im 15./16. Jh. schlossen sich dann mehrere Dörfer zusammen. In den türkischen Registern taucht Bansko als größere Siedlung von Schafzüchtern erstmals 1576 auf. Bis zum frühen 18. Jh. passierte nicht viel, doch dann boomte der Handel mit Tabak, Baumwolle und Leder aus der Region, und die Waren gelangten über die Karawanenstraßen bis tief in den Süden und an die Ägäis. Die (Kunst-)Handwerker Banskos wurden im ganzen Land berühmt und *Toma Višanov* (1750–Anfang 19. Jh.) begründete eine eigene **Lehranstalt für Malerei** – die **Bansko-Schule.**

Mit dem Wohlstand stieg allerdings auch die Unzufriedenheit, und es begann die Loslösung von der türkischen Kultur mit dem **Aufbau bulgarischer Schulen.** Zwei Protagonisten der nationalen Wiedergeburt sind in Bansko geboren: *Neofit Rilski* (1793–1881), der 1835 die erste bulgarische Grammatik veröffentlichte, und *Paisij Hilendarski* (1722–1773), der mit seinem Werk „Slawobulgarische Geschichte" die Wiedergeburt einläutete.

Sehenwertes

Museum Nikola Vapcarov

Das Museum am attraktiven und aufgeräumten Hauptplatz widmet sich dem Leben des **Dichters und Revolutionärs** (*1909), den die Faschisten am 23. Juli 1942 hinrichteten. Er ist neben *Hilendarski* und *Rilski* der dritte große Sohn der Stadt.

Im Parterre sind die wichtigsten Bücher für das bulgarische Nationalbewusstsein ausgestellt und eine Monumental-Collage mit allen bulgarischen Freiheitskämpfern zu sehen, in der ersten Etage ist der Wohnraum von *Vapcarov* original erhalten.

■ **Muzej Nikola Vapcarov** (Музей Никола Вапцаров), Pl. Nikola Vapcarov (Пл. Никола Вапцаров) 3, Tel. 0749-88303, geöffnet Mo–Fr 8.30–13, 14–18, Sa/So 9–13, 14–17.30, Winter bis 17.30/17 Uhr, Eintritt 3 Lv.

Hilendarski-Denkmal

Mitten auf dem Pl. Văzraždane (Пл. Възраждане), 200 m südwestlich des Pl.

230bu sk

Nikola Vapcarov (Пл. Никола Вапцаров), symbolisiert das mächtige Beton-Bronze-Ensemble ein aufgeschlagenes Buch, auf den Seiten **bedeutende Ereignisse der bulgarischen Geschichte.** Davor steht eine Statue des Mönchs *Hilendarski* (→ Museum unten).

Ikonenausstellung

Die Ausstellung an der Nordwestecke des Platzes versammelt im **ältesten erhaltenen Hauskomplex** der Stadt (1749) – einem ehemaligen Kloster – **Ikonen** des 19. Jh. von Meistern aus Bansko. Die **Bansko-Schule** wurde wesentlich durch den in Wien ausgebildeten *Toma Višanov* inspiriert, der der Ikonenmalerei westliche Einflüsse zufügte – so sind die Gesichter der Heiligen realistischer ausgeführt als bis dahin üblich.

■ **Postojannata Ikonna Izložba** (Постоянната Иконна Изложба), Ul. Jane Sandanski (Ул. Яне Сандански) 3, geöffnet Di–Sa 9–12 und 13–17.30, Winter 11–15 Uhr, Eintritt 3 Lv.

Dreifaltigkeitskirche

An der **Südseite des Platzes** steht seit 1850 die Kirche mit ihrem 30 m hohen Glockenturm, Baubeginn war um 1830. Die Türken hatten wie immer Auflagen gemacht, und man versuchte sich durchzumogeln, indem man den ottomanischen Gouverneur der Stadt schmierte und dann ein Gebäude errichtete, das in den Ausmaßen nicht den Regeln entsprach. Für fünf Jahre musste der bulgarische Bürgermeister daraufhin in den Kerker. Die Ausmalung und das Schnitzwerk der Kirche sind außergewöhnlich prächtig.

■ **Sv. Troica** (Св. Троица), Pl. Văzraždane (Пл. Възраждане), geöffnet tgl. 7.30–12, 14–17 Uhr, Eintritt frei.

Das Hilendarski-Denkmal

Die Rhodopen-Schmalspurbahn

Der Zug vom **Bahnhof Bansko** (5 Min. nördlich des Zentrums) fährt in 3 Std. nach **Velingrad** (Велинград) im Nordosten (und mit dem normalen Zug geht es weiter nach Sofija); zurück geht es mit dem Bus oder wieder mit der Bahn. Die gesamte Strecke der Schmalspurbahn (Spurweite 760 mm) verbindet **Dobrinište** (Добринище), 6 km südlich von Bansko, mit dem nationalen Schienennetz bei Septemvri (Септември).

Die **124,7 km lange Strecke** durch das Gebirge, vorbei an den **für die Rhodopen typischen Dörfern** und hinauf zum **höchsten Bahnhof des ganzen Balkans** (Avramovo/Аврамово auf 1267 m üNN), wurde zwischen 1922 und 1945 gebaut und ist **spektakulär.** Ursprünglich mit Dampflokomotiven befahren, stellte man sie 1965 auf Dieseltraktion um; gekauft wurden die Loks bei *Henschel* in Kassel und in Bukarest.

■ **Rhodopen-Schmalspurbahn** (Железопътната теснолинейка), www.tesnolineikata.wixsite.com, viermal täglich (ab Bansko 6.40, 10.36, 14.52, 18.20 Uhr; ab Velingrad 4.06, 10.13, 14.06, 17.44 Uhr), Hin- und Rückfahrt 7,60 Lv.

Bansko

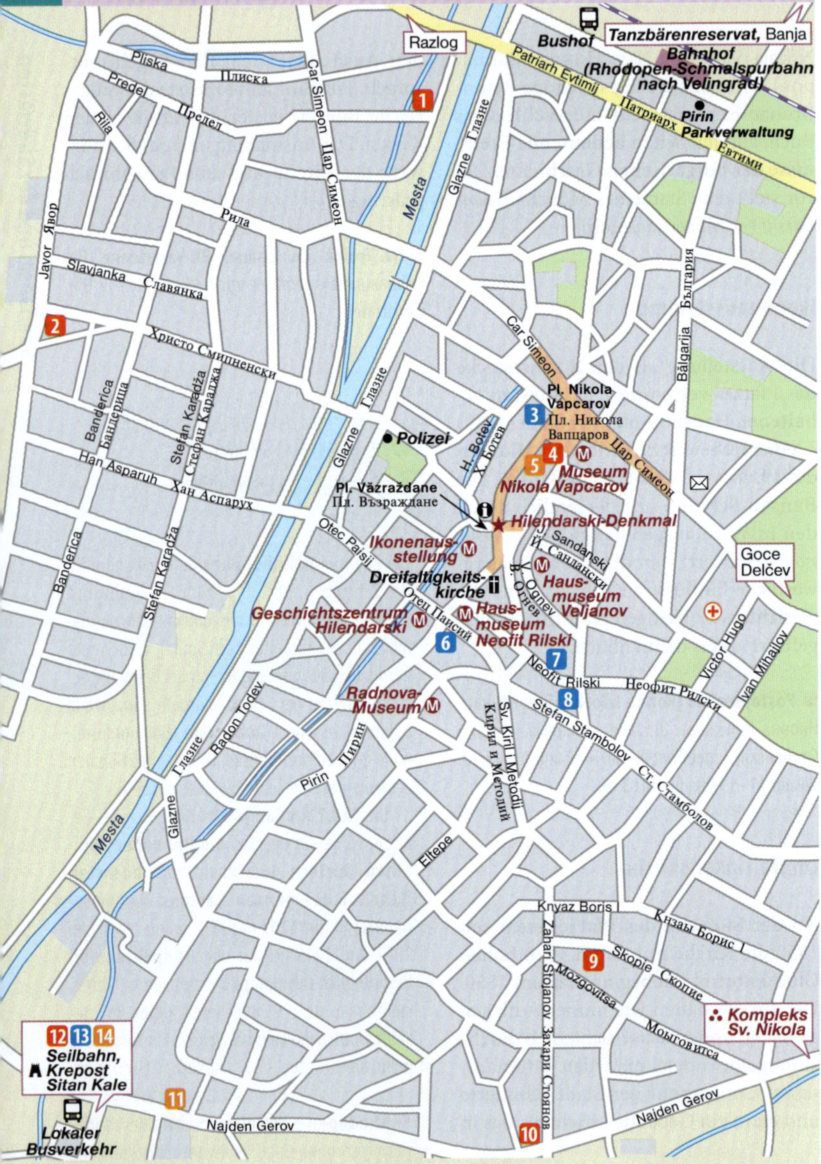

Übernachtung
1 Lucky Bansko
2 Bansko Spa & Holiday
4 Momini Dvori
9 Sevda
10 Mountain Romance
12 Kempinski Grand Arena

Essen und Trinken
3 Vodenicata
6 Macurev Han
7 Todeva House
8 Picina
13 Banski Han

Nachtleben
5 The Club
11 Flash Club
14 Piano Bar Sing Sing

Hausmuseum Neofit Rilski

Das Hausmuseum hinter der Kirche gedenkt des **Mönchs, Sprachwissenschaftlers** und **Künstlers.** Als Ikonenmaler ausgebildet, verschrieb sich *Rilski* nach einem Besuch im Kloster Rila der Religion und der Lehrtätigkeit. Er schrieb eine Grammatik, Wörterbücher und übersetzte das Neue Testament ins Bulgarische. Der Gebäudekomplex ist typisch für das 18. Jh. und diente zu seiner Zeit auch als Schule.

■ **Kăšta-Muzej Neofit Rilski** (Къща-Музей Неофит Рилски), Ul. Pirin (Ул. Пирин) 17, Tel. 0749-83132, geöffnet Mi–Mo 9–12 und 13–17.30, Winter bis 17 Uhr, Eintritt 3 Lv.

Geschichtszentrum Hilendarski

Der **Mönch Hilendarski** zeichnete in den Athos-Klöstern in Griechenland die **bulgarische Historie** auf. Sie erschien 1762 als erstes Geschichtsbuch Bulgariens. Das moderne Zentrum um die Ecke des Rilski-Museums beleuchtet *Hilendarskis* Leben im Hinblick auf die bulgarische Wiedergeburt und zeigt einen Nachbau der Zelle, in der er sein Werk verfasste.

■ **Istoričeski Centăr Sv. Hilendarski** (Исторически Център Св. Паисий Хилендарски), Ul. Otec Paisij (Ул. Отец Паисий), Tel. 0749-88303, geöffnet Di–Sa 9–13 und 14–17.30 Uhr, Eintritt 1 Lv.

Hausmuseum Veljanov

Vom Platz führen einige Schritte in Richtung Osten zum Hausmuseum Veljanov. Es gilt aus herausragendes Beispiel für die Banskoer **Baukunst** des beginnenden 19. Jh. Schon die Fassade ist reich mit Ornamenten geschmückt, was sich im Inneren fortsetzt. Die **Holzschnitzereien** stammen vom Besitzer des Hauses, *Veljan Ognev* – auch er ein Vertreter der Bansko-Schule. Wie üblich sind die Lagerräume des Parterres gemauert, die Wohnräume im ersten Stock aus Holz errichtet.

■ **Kăšta-Muzej Veljan Ognev** (Къща-Музей Велян Огнев), Ul. Veljan Ognev (Ул. Велян Огнев) 5, Tel. 0749-88274, geöffnet Di–Sa 9–13 und 14–17.30, Winter bis 17 Uhr, Eintritt 3 Lv.

Radnova-Museum

Das **historisch-ethnografische Museum** 400 m südwestlich des Platzes stellte die archäologischen Grabungsfunde der Region aus und dokumentiert mit einer schönen Sammlung das Leben in und um Bansko bis Ende des 19. Jh.

■ **Radonova Kăšta** (Радонова Къща), Ul. Aton (Ул. Атон) 3, geöffnet Sommer Di–Sa 9–12, 13-17 Uhr, Winter nach Anforderung im Vapcarov-Museum, Eintritt 3 Lv.

Weitere Unternehmung

Wer noch spazieren gehen möchte, nimmt am besten die Gassen östlich der beiden großen Plätze und sieht sich dort die **Renaissance-Architektur** an. Anschließend kann man in einer der **urigen Tavernen** in der Ul. Veljan Ognev (Ул. Велян Огнев) einkehren.

Bombenalarm

2007 wollten **militante Naturschützer** der Zerstörung des Pirin Einhalt gebieten, der durch den **Skitourismus** stark in Mitleidenschaft gezogen wird. Ein anonymer Brief drohte die **Lawinenauslösung** durch Sprengstoff und damit die Zerstörung der Liftanlagen an. Veranstaltungen wurden abgesagt, ein Bombenräumkommando rückte an. Gefunden wurde nichts, doch die Aufmerksamkeit war geweckt, und die dubiosen Machenschaften von Tourismusindustrie und Politik gerieten für einige Jahre stärker ins Blickfeld der Öffentlichkeit. Doch „Zeit heilt alle Wunden", und der Profit ist den Investoren und mit ihnen befreundeten Politikern wie eh und je wichtiger als der Naturschutz. Und so werden für die Skifahrer immer weiter breite Schneisen in das Schutzgebiet des Pirin-Gebirges geschlagen – illegal und ungestraft.

Bansko Umgebung

Archäologischer Komplex Sv. Nikola

Die **Grabungsstätte tief im Wald** zwischen Bansko (Банско) und Dobrinište (Добринище) brachte die **Fundamente einer Siedlung** zutage, die wohl zwischen dem 3. und 17. Jh. bewohnt war. Außerdem fand man eine **Nekropole,** von der heute 28 Gräber freigelegt sind. Entdeckt wurde das Ganze, als man 2003 das verfallene Kirchlein herrichtete. Es stand auf den Mauerresten einer frühchristlichen Basilika.

Die Gräber geben bis heute **Rätsel** auf, da für die Datierung wichtige Beigaben fehlen. Die Grabstätten allerdings waren für Menschen von 1,80 bis 2 m Körpergröße ausgelegt, was für einen thrakischen Stamm spricht, der in der Antike für seine riesenhaften Männer berühmt war: die **Dai.**

■ **Arheologičeski Kompleks Sv. Nikola** (Археологически Комплекс Св. Никола), Parkplatz GPS N 41.81597, E 23.52222, dann 1 km durch den Wald, frei zugänglich.

Festung Sitan Kale

Die Festung liegt südwestlich im Wald oberhalb von Bansko (Банско). Geparkt wird gleich südlich des Hoteldorfes Orivače. Die **Ruinen der spätantiken Festung** wurden 2013 ergraben und sind heute auf relativ gutem Fußweg erreichbar. Die Mauern umfassten einmal 10 Morgen und sicherten zwischen dem 3. und 14. Jh. das Razlog-Tal. Da sich fast kein Mensch hierher verirrt, ist man **meist alleine** mit den aufgetürmten Steinen unter hohen Bäumen.

■ **Krepost Sitan Kale** (Крепост Ситан Кале), 4 km südwestlich von Bansko (Parkplatz GPS N 41.81081, E 23.45972), dann 1 km durch den Wald, frei zugänglich.

☒ Prächtige Wiedergeburtsarchitektur in Banskos Gassen

231bu sk

Praktische Tipps

Information

- **Visitor Info Center,** Pl. Văzraždane (Пл. Възраждане) 4, Tel. 0749-88580, www.banskocity.bg, Mo–Fr 9–18, Sa 10–18, So 10–14 Uhr.
- **Führungen:** Wer tiefer in die Geschichte Banskos einsteigen möchte, bucht im Vapcarov-Museum für die einzelnen Häuser individuelle Führungen auf Englisch (15 Lv/Museum). Juli bis Anfang Sept. Mo–Fr 10 Uhr Tagesausflüge zu den Grabungsstätten der Umgebung (10 Lv) und 10.30 Uhr Museenführung (15 Lv)

Unterkunft

Unser Tipp: **12** **Kempinski Grand Arena**④-⑤, Ul. Pirin (Ул. Пирин) 96, Tel. 0749-88888, www.kempinski.com. Flaggschiff der Hotels nicht nur in Bansko, sondern in ganz Bulgarien. 132 Zimmer und 27 Suiten an der Liftstation mit jedem nur erdenklichen Luxus, inklusive des spektakulären Blicks auf die Berge des Pirin. Auf 1200 m² werden im Spa- und Wellness-Bereich alle Arten von kosmetischen Behandlungen und Wohlfühltherapien verabreicht, mit Schwergewicht auf Ayurveda (mit indischem Personal). Planschen kann man in drei beheizten Außen- und einem Innenpool. Mehrere Restaurants, darunter ein italienisches und eine Sushi-Bar mit thailändischen Köchen, lassen beim Essen keine Wünsche offen.

1 **Lucky Bansko**④, im Glazne-Viertel, Tel. 02-8066178, www.luckybansko.com. Apartmenthotel mit 102 Einheiten, alle stylisch und mit klaren Linien eingerichtet. Wellness-Bereich mit Saunen und Dampfbädern, Restaurant.

2 **Bansko Spa & Holiday**③, Ul. Javor (Ул. Явор) 29, Tel. 0877-000780, www.banskospa.net. 92 Zimmer im Westen der Stadt. Auf die Spa-Einrichtungen wurde besonderer Wert gelegt. Mit Restaurant, Taverne und Piano-Bar.

10 **Mountain Romance**②, Ul. Zahari Stojanov (Ул. Захари Стоянов) 54, Tel. 0885-761411, www.mountainromancebansko.com. Familienhotel mit

Das Tanzbärenreservat

Die österreichische **Stiftung Vier Pfoten** hat sich zusammen mit *Brigitte Bardot* dem Kampf gegen die **grausame Haltung** der Tanzbären in Rumänien und Bulgarien verschrieben.

Bis in jüngste Zeit wurden die Babys mit sechs Monaten den Muttertieren weggenommen und auf schreckliche Art **„erzogen".** Durch Nase und Lippen zog man **Eisenringe,** die Füße der kleinen Bären beschmierte man mit Vaseline und zwang sie auf **heiße Eisenplatten,** wo sie, um dem Schmerz zu entgehen, auf zwei Beinen herumsprangen. Jedesmal, wenn sie auf das Eisen kamen, ertönte **Musik,** und so konditionierte man sie. Immer, wenn sie die Musik hörten, begannen sie in Erwartung der Tortur zu „tanzen".

Diese Bären sind **nicht mehr in der freien Wildbahn** auszusetzen, da sie nie gelernt haben, dort zu überleben. Im **Tanzbärenpark** (Park za Tancuvašti Mečki/Парк за Танцуващи Мечки) haben sie nun ein **Refugium** gefunden, wo sie in Ruhe, geschützt und unbeschadet, in einer halbwegs natürlichen Umwelt ihren Lebensabend beschließen können. Die Bären leben in dem umzäunten Areal von 12 ha mit allem Drum und Dran, einem Wald, kleinen Seen und Höhlen, betreut von Pflegern und Tierärzten. 10.000 Euro kostet der Unterhalt eines Bären im Jahr, so sind Spenden hochwillkommen.

Der Park ist von April bis November geöffnet, danach halten die Bären ihren Winterschlaf. Die **Anfahrt** erfolgt mit dem eigenen Fahrzeug von Bansko aus; man fährt nach Bania/Баниа (6 km), weiter nach Belica/Беница (20 km), dann auf guter, aber schmaler Straße 11 km ins Gebirge hinein und abschließend auf 2,5 km guter Piste. Alternativ kann man mit der **Schmalspurbahn** von Bansko bis Belica fahren und mit einem vorbestellten Transfer weiter zum Park.

Vier Pfoten (Četiri Lapi/Четири лапи), Belica (Беница), Tel. 0887-866189, www.fourpaws.bg, geöffnet Juli/Aug. 10–12, 13–18 Uhr, April–Juni/Sept.–Nov. 12–18 Uhr, Führungen halbstündlich (Dauer 30–40 Min., Video 10 Min.), Eintritt 10 Lv, Kind 3 Lv.

232bu sk

24 Zimmern und Apartments sowie kleinem Wellness-Bereich. Das Restaurant ist bei Einheimischen sehr beliebt, die schwören, dass der Besitzer und Küchenchef *Stančo* die beste bulgarische Küche in der Stadt auf die Teller bringt.

9 **Sevda**①, Ul. Skopje (Ул. Скопэ) 18, Tel. 0749-83647, www.sevda-bansko.com. 13 Zimmer mit Bad und Kabel-TV in einem kleinen Familienhotel, 500 m von der Liftstation entfernt. Herzliche Gastgeber, Minibus für Transfers.

4 **Momini Dvori**③, Pl. Nikola Vapcarov (Пл. Никола Вапцаров) 2, Tel. 074-988076, www.facebook.com/Momini.Dvori. Kleines und gemütliches Hotel mit elf Zimmern direkt im Zentrum; urige Taverne mit hübschem Freisitz, Sauna.

Essen und Trinken

13 **Banski Han,** Ul. Vasil Kančev (Ул. Васил Канчев) 2, Tel. 0888-990663, geöffnet 12–24 Uhr. Leckere, traditionelle Küche, urige Einrichtung mit Holz und Stein, gute Weinauswahl, kein Garten.

6 **Macurev Han,** Ul. Otec Paisij (Ул. Отец Паисий) 15, Tel. 0899-142341, www.matsurevhan-bansko.com, geöffnet 12–23 Uhr. Angenehme Gaststätte mit Lokalkolorit; gute Küche mit den Standards des Landes.

UNSER TIPP: 3 **Vodenicata,** Ul. Hristo Botev (Ул. Христо Ботев) 1, Tel. 0888-551110, geöffnet 10–24 Uhr. Das Lokal, vom Hauptplatz um die Ecke, ist bei Einheimischen beliebt, besonders der hübsche Innenhof. Gute bulgarische Gerichte, aufmerksamer Service, im Sommer am Wochenende, im Winter in den Gasträumen tgl. traditionelle Musik.

8 **Picina,** Ul. Rilski (Ул. Рилски) 18, Tel. 0879-406128, geöffnet 10–24 Uhr. Kleines Lokal mit gemütlicher Wohnzimmeratmosphäre und Spezialitäten aus Bansko.

☒ Im Tanzbärenreservat gibt's keine Tierquälerei mehr

7 **Todeva House,** Ul. Rilski (Ул. Рилски) 7, Tel. 0892-470707, www.todevahouse.net, ab 12 Uhr. Bulgarisch-ukrainische Gerichte, vorzüglich die Palmeni und die Forelle mit Speck und Kräutern in Weinblättern gegrillt; auch sehr angenehme Hotelzimmer.

Nachtleben

Im Winter geht beim Après-Ski die Post ab, im Sommer ist das Angebot eingeschränkt.

14 **Sing Sing,** Pianobar im Kempinski Hotel ist der gehobene Treffpunkt nach dem Abendessen für Cocktails und leichte Musik für einen entspannten Ausklang (nur während der Skisaison).

5 **The Club,** Pl. Vazrašdane (Пл. Възраждане), www.facebook.com/theclubbansko, Dauerbrenner des Nachtlebens in der Stadt, zum Tanzen und Gesehenwerden.

11 **Flash Club,** Ul. Najden Gerov (Ул. Найден Геров) 13, www.facebook.com/FlashClubBansko. Tanztempel südwestlich des Zentrums.

Aktivitäten

- **Kultursommer:** Von Anfang Juli bis Anfang September gibt es im Visitor Information Center ein buntes Programm, teils zum Mitmachen: Demonstrationen der Holzschnitzerei, Wollspinnerei, Klöppeln, Weben usw. oder Unterricht im Folkloretanz und Tambura spielen.
- **Skifahren:** Sage und schreibe fast 200 Schneekanonen sorgen im Winter für die Sicherheit, dass die Skifahrer ihre Bretter benutzen können – auch wenn in den letzten Jahren der natürliche Schneefall nachgelassen hat. Damit die Investition sich lohnt, wird mit einer Flutlichtanlage die Pistenzeit erheblich verlängert. Eine Gondelbahn, sieben Sessel- und sechs Schlepplifte transportieren die Skifahrer bergan, die auf 70 km nach unten wedeln. Eine **Snowboard-Arena** mit allem Drum und Dran

ist selbstverständlich. Zahlreiche Fachgeschäfte vermieten Bretter und Boards und die dazugehörige Ausrüstung. Alle Informationen zur Skidestination Bansko findet man auf www.banskoski.com.

■ **Wandern:** Die Wanderungen in den Nationalparks von Rila und Pirin sind ein ganz eigenes Naturerlebnis, die auf 3000 m anwachsenden Gipfel locken auch ambitionierte Bergsteiger. Viele der Wanderwege sind gut markiert, und die Hütten – wenngleich im Standard teilweise verbesserungswürdig – bieten Schutz vor den Unbilden des Wetters, das wie in jedem Hochgebirge schnell umschlagen kann.

Sommerrodelbahn: Im Funpark Rila bei Belica (Белица) unterhalb des Tanzbärenparks (→ Kasten S. 94 für die Anfahrt) kann man sommers wie winters auf Schienen in wilden Kurven 1400 m Strecke mit 40 km/h bergab düsen, für Kinder ein netter Zeitvertreib nach dem Besuch des Tanzbärenprojektes; www.rilafunpark.com, geöffnet tgl. 11–17 Uhr, Fahrt 15 Lv, Kinder bis 12 Jahre 10 Lv, Rabatte bei mehreren Fahrten.

■ **MTB:** Mountainbiker finden ebenfalls speziell markierte Wege, Räder lassen sich in Bansko bei Inter Bansko mieten, Ul. Pirin (beim Hotel Panorama), Tel. 0899-933343, www.interbansko.com, MTB 20–30 Lv/Tag, eMTB 80–120 Lv/Tag.

■ **Rafting/Kayaking:** 7 km südlich von der Einmündung der Straße von Bansko in die Hauptverbindung Sandanski–Sofija bietet das Adventure Net Wildwasserfahrten mit dem Gummifloß oder dem Kayak auf der Struma an; Tel. 0888-889371, www.adventurenetbg.com, Touren: Kayak (11 km, 3 Std.) ab 90 Lv, Rafting (3 Abfahrten/Tag in der Saison, 3 Std., davon 1 Std. Rafting) ab 60 Lv.

■ **Weitere Sportmöglichkeiten:** Quadbiking, Reiten, Tennis und Felsklettern. Alle Aktivitäten können auch bei einem der Veranstalter vor Ort als organisierte Touren gebucht werden.

407bg fk

▷ Der Turm der Dreifaltigkeitskirche in Bansko

Verkehr

■ **Gondelbahn:** Wer den Anstieg von Bansko aus scheut, nimmt die Gondelbahn hinauf in die Berge, www.banskoski.com, Juli–Mitte Sept. 8.30–17 Uhr, Hin- und Rückfahrt 40 Lv.

■ **Bahnhof,** Ul. Jordan Ivanov (Ул. Йордан Иванов), 5 bis 10 Gehminuten nördlich des Zentrums. Mit der Schmalspurbahn mehrmals am Tag Anschluss zur Hauptstrecke bei Septemvri (→ Kasten S. 89).

■ **Bushof,** Ul. Patriarh Evtimij (Ул. Патриарх Евтимий) 4, direkt gegenüber dem Bahnhof; Verbindungen u.a. nach Sofija (София), Blagoevgrad (Благоевград), Plovdiv (Пловдив) und Goce Delčev (Гоце Делчев).

Gesundheit

■ **Medizinzentrum MC Sveto Blagoveštenie** (МЦ Свето Благовещение), Ul. Louis Pasteur (Ул. Лоуи Пастоур) 1, Tel. 074-988333.

Das Pirin-Gebirge

Seit 1983 steht das Pirin-Gebirge auf der Liste des **Weltnaturerbes.** Nicht von ungefähr: Die Berglandschaft gehört **zum Schönsten, was Bulgarien zu bieten hat.** Marmor- und Granitgipfel spiegeln sich in 160 Hochgebirgsseen, bunte Blumen übersäen die Bergweiden, durch dichte Wälder und weite Wiesen führen die Wanderpfade. Zwischen den Flüssen Struma (Струма) und Mesta (Места) recken sich mehr als 100 Gipfel über 2500 m hoch in den Himmel, der höchste, **Vihren** (Вихрен), ragt mit 2914 m aus dem Steinmeer, das 40 mal 25 km bedeckt. Mit 265 km² ist der **Pirin-Nationalpark** der größte des Landes. Sein Name geht auf die slawische Gottheit **Perun** zurück, Herrscher über alle anderen Götter und über Blitz und Donner, der Zeus der slawischen Mythologie.

Forellen tummeln sich in den Seen, Bären, Wölfe, Luchse und Füchse, Dachse und Marder durchstreifen die Wälder, Gämsen springen über die Felsen, und über allem schweben Steinadler.

60 % des Pirin bestehen aus **Wald,** die unteren Lagen bestehen zum größten Teil aus Buchenmischwald und Tannen, zwischen 1500 und 2000 m findet man Fichten und Tannen und darüber Kiefern, Föhren und Fichten.

Der **Zugang zum Nationalpark** ist von Bansko (Банско), Goce Delčev (Гоце Делчев) und Sandanski (Сандански) aus möglich. Und auch wenn Letzteres im Südwesten der Bergwelt die sonnenreichste Stadt des Landes ist, hat auch das Pirin seinen Namen nicht umsonst vom Gott des Donners und des Blitzes.

Im Hochgebirge ziehen schnell **Gewitter** auf, und man sollte dann umgehend eine der über zehn Berghütten oder eine der Schutzhütten aufsuchen.

Zahlreiche **Wanderwege** durchziehen das Pirin, viele von ihnen sind markiert. Die **Hütten** erlauben mehrtägige Wanderungen ohne abzusteigen, wenn der Zustand der Bergchalets auch nicht dem hohen mitteleuropäischem Standard entspricht. Eine **Gondelbahn** gibt es von Bansko in die Berge (→ dort).

Wanderungen im Pirin

Alle **Hochgebirgswanderungen** verlaufen **schattenlos;** entsprechende Ausrüstung, ausreichend Wasser und Proviant sind mitzuführen. Ins Pirin-Gebirge kommt man mit der Gondelbahn von Bansko auf 1600 m Höhe. Mit dem Wagen geht es von Bansko an der Bergstation der Gondelbahn vorbei noch weiter zur **Berghütte Vihren** (Hiža Vihren/Хижа Вихрен) auf 1951 m, ein ausgezeichneter Ausgangspunkt für mehrere Unternehmungen, wie die herausfordernde Besteigung des dritthöchsten Gipfels des Balkans, den Vihren, oder eine entspanntere Rundwanderung rund um die Seen des Pirin (→ Kasten nächste Seite).

Praktische Tipps

Information

- **Pirin Parkverwaltung** (Nacionalen Park Pirin/Национален Парк Пирин), Ul. Bălgarija (Ул. България) 4, Bansko (Банско), Tel.0749-88204, www.pirin.bg.

Übergangswanderung von der Vihren-Hütte zur Demjanica-Hütte

Der Übergang zur Demjanica-Hütte (Hiža Demjanica/Хижа Демяница) ist **landschaftlich überaus reizvoll.** Dazu folgt man ab der mit dem Auto erreichbaren Vihren-Hütte (Hiža Vihren/Хижа Вихрен) dem rot markierten Aufstiegsweg der Rundwanderung zu den Seen. Gleich bei der Hütte ignoriert man die Brücke und bleibt am westlichen Ufer des Baches. Über eine kurze Felsstufe und ein Brücklein passiert man nach 15 Min. den in einer Senke und hinter Latschen verborgenen **Okoto-See** (Езеро Окото). Hinter ihm hält man sich weiter Richtung Süden.

Nach einer weiteren halben Stunde auf latschenbefreitem, aber steinigen Pfad markiert ein Pfahl auf 2180 m Höhe den Abzeig nach links (grüne Markierungen) Richtung Südost (rechts und geradeaus ginge es zum Fischsee Ribno Ezero/Рибно Езеро). Nun steigt der Weg das Tal verlassend an; wieder abflachend, passiert man nach weiteren 45 Min. das südliche Ufer des malerischen kleinen **Froschsees** (Žabeško Ezero/Жабешко Езеро) und muss sich an seinem Ende bei einem Pfahl links nach Ost Nordost orientieren und der grünen Markierung folgen (der rechte, klarere und rot markier-

232bu sk

te Weg führt zum 250 m entfernten Dălgo Ezero/Дълго Езеро).

Es wird steiler, und der Pfad windet sich schließlich in Serpentinen hoch zum **Sattel Todorinata Porta** (Тодорината Порта) auf 2560 m, hinter dem nach 1 Std. Anstieg ganz unvermutet und bei schönem Wetter sehr idyllisch der **Obere Todorino-See** (Тодорини Езера) den Himmel spiegelt. Auch der Blick zurück zu den unten liegenden Seen ist eindrucksvoll. Der **Untere Todorino-See** liegt nur wenige Höhenmeter niedriger. An ihm wendet sich der Weg wieder nach Südwesten und folgt nun dem Lauf seines Abflusses. Von nun an geht's bergab über die Wiesen.

Nach 1 Std. ist auf 2200 m der **Obere Vasilaško-See** (Горното Василашко Езеро) erreicht. Der Blick über die vorausliegenden Seen und die Hochgebirgskulisse ist fantastisch. Am letzten der Seen, dem **Ribno Vasilaško Ezero** (Рибно Василашко Езеро), geht der Weg in den Wald und führt in einem weiten Bogen hinunter zur **Demjanica-Hütte auf 1875 m, 4½ Std. nach Wanderungsbeginn.** Man kehrt auf demselben Weg zurück oder steigt in 3 bis 4 Std. direkt nach Bansko ab.

◁ Das Pirin ist ein alpines Hochgebirge mit allen Herrlichkeiten und Gefahren

■ **Info Center Bansko,** Ul. Pirin (Ул. Пирин) 4, Tel. 0884-323245.

■ **Info Center Sandanski,** Ul. Nikola Vapcarov (Ул. Никола Вапцаров) 22, Tel. 0884-484846.

Berghütten

■ **Hiža Banderica** (Хижа Бандерица), 1798 m, Tel. 0889-553505, https://banderitsa.hiji.eu. 115 Schlafplätze, Kantine, Anmarsch von Bansko (4 Std.).

■ **Hiža Begovica/Kamenica** (Хижа Беговица/Каменица), Tel. 0882-966464, www.facebook.com/hija.begovica, 1799 m, 90 Schlafplätze und drei Bungalows mit Bad, Restaurant, Anmarsch von Hiža Jane Sandanski (1,5 Std.).

■ **Hiža Bezbog** (Хижа Безбог), 2240 m, Tel. 074-472120, www.www.hoteldobrinishte.com. Komfortables Berghotel mit allen notwendigen Einrichtungen, Apartments und Zimmer mit Bad, Anfahrt von Bansko auf 20 km.

■ **Hiža Demijanica** (Хижа Демяница), 1875 m, Tel. 0878-688135, http://demyanitsa.hiji.eu. 120 Schlafplätze im Haupthaus und in Bungalows, Kantine, Anmarsch von Bansko (4 Std.) oder 8 km mit 4x4.

■ **Hiža Jane Sandanski** (Хижа Яне Сандански), 1230 m, Tel. 0896-766174, www.hutyanesandanski.com. 76 Schlafplätze in 2/4-Bett-Zimmern mit eigenem Bad, Kantine, Anfahrt von Sandanski auf 17 km Straße.

■ **Hiža Pejo Javorov** (Хижа Пейо Яворов), 1718 m, Tel. 0747-80356, http://yavorov.hiji.eu. 70 Schlafplätze, Restaurant, Anmarsch von Razlog bei Bansko auf Straße (4 Std.), mit 4x4 16 km.

■ **Hiža Vihren** (Хижа Вихрен), 1951 m, Tel. 0884-464692, www.facebook.com/hijavihren. 150 Schlafplätze, Kantine, Anmarsch von Bansko (5 Std.) oder Anfahrt auf 16 km Asphalt.

■ **Hiža Pirin** (Хижа Пирин), Tel. 0876-681205, 1640 m, 78 Schlafplätze, Kantine, Anfahrt vom Dorf Pirin auf 13 km Asphalt und 5 km Feldweg (4x4).

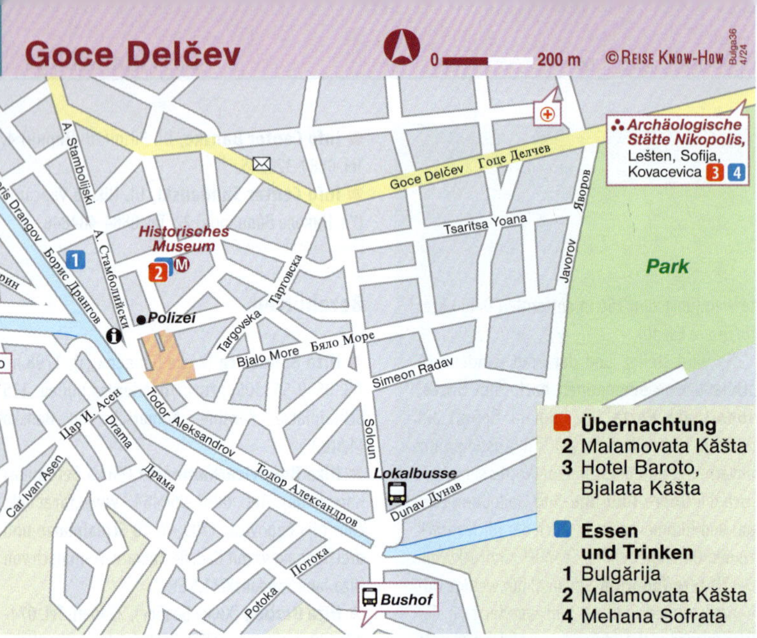

Goce Delčev (Гоце Делчев)

Ihren Namen erhielt die Stadt im Tal der Mesta 1950 zur Erinnerung an den **Revolutionär** *Goce Delčev,* dessen Traum sich erst über 100 Jahre nach seinem Tod erfüllen sollte. Sein Leben war dem Kampf gegen Serbien und Griechenland gewidmet, die Gebietsansprüche an die heute unabhängige Republik Mazedonien hatten.

Goce Delčev (18.500 Ew.), das bis zu seiner Umbenennung als Nevrokop in den Karten stand, liegt an den südlichen Ausläufern des Pirin-Gebirges und zeigt sich mit seinen schmalen Straßen und den niedrigen Stadthäusern recht schmuck.

Geschichte

Im Jahr 1625 wurde Nevrokop als Stadt in die Annalen eingetragen, und unter den **Türken** war sie im ganzen Land für die Lederarbeiten aus ihren Werkstätten und die Glockengießerei bekannt. Dass sie **Zentrum der Wiedergeburt** im Südwesten Bulgariens war, nützte ihr nichts: Der Berliner Frieden beließ Nevrokop im türkischen Herrschaftsbereich, und erst nach dem **Balkankrieg von 1912** wurde es an Bulgarien angeschlossen. Der späte Anschluss ist ein Grund dafür, dass die Bevölkerung heute bunt gemischt ist: sie ist griechischen, türkischen, mazedonischen und bulgarischen Ursprungs.

Sehenswertes

Historisches Museum

Das Museum befindet sich im Zentrum in einem Gebäude aus dem Jahr 1877, das sich prächtig in bulgarischem **Barock** zeigt. Mit seinen herrlichen geschnitzten Holzdecken im Inneren – Werke lokaler Meister – gehört es zum Kulturerbe von nationaler Bedeutung. Die archäologische **Sammlung** umfasst Stücke aus thrakischer Zeit und aus der römischen Epoche, die bei den Grabungen im nahen Nikopolis ad Nestum (→ unten) gefunden wurden. Die ethnografische Abteilung beschreibt das städtische und ländliche Leben der Region (darunter eine schöne Kostümsammlung).

■ **Istoričeski Muzej** (Исторически Музей), Ul. Hristo Botev (Ул. Христо Ботев) 26, Tel. 0887-739 765, www.gotsedelchevmuseum.bg, geöffnet Di–So 8.30–12 und 13–17.30 Uhr, Eintritt 2 Lv.

Goce Delčev Umgebung

Archäologische Stätte Nikopolis

Die Grabung befindet sich 7 km außerhalb im Nordosten bei **Gărmen** (Гърмен). Nikopolis entstand im Jahr 106 unter Kaiser *Trajan* und wurde anlässlich des Sieges der Römer über den Stamm der Daker **Anfang des 2. Jh.** gestiftet. Am Weg von der Ägäis nach Norden gelegen, prosperierte die Siedlung, und die Ausdehnung der Ruinen dokumentiert dies heute noch. Über 3 ha groß war das ursprüngliche Siedlungsgebiet und die Stadtmauerreste, die Thermen und die ergrabenen Fundamente einer frühchristlichen Basilika stammen wohl aus dem 4. Jh.

■ **Nikopolis ad Nestum** (Никополис ад Нестум), www.facebook.com/nikopolisadnestumGarmen, geöffnet tgl. 8–12, 13–21, Winter bis 17 Uhr, Eintritt 2 Lv.

Lešten und Kovačevica

Wer ein bisschen Zeit hat, fährt von Gărmen (Гърмен) 15 km in die Ausläufer des Pirin-Gebirge hinein zum malerischen **Kovačevica** (Ковачевица). Auf dem Weg passiert man das ebenfalls idyllische **Lešten** (Лещен) – beide Dörfer sind heute **keine Wohnorte mehr,** die Häuschen der Wiedergeburtszeit sind adrett hergerichtet und dienen nur der Wochenenderholung bzw. haben sich in Hotel oder Mehana gewandelt.

Interessanterweise stand Kovačevica wegen seiner abgeschiedenen Lage nie

Big Business

Das „große" Geschäft in der armen Region ist der **Bruch von Steinen im Gebirge** und der **Verkauf in großen Gebinden.** Zwischen Goce Delčev (Гоце Делчев) und Dospat (Доспат) reiht sich am Straßenrand ein Verkäufer an den anderen und verkauft palettenweise Steinplatten für Gehwege und zur Hausverkleidung. Die meisten handeln illegal, zahlen keine Steuern, und ihre Arbeiter müssen als Tagelöhner ohne Sozialabsicherung für Handgeld schuften. Alle Versuche, das Geschäft zu ordnen, sind bislang gescheitert – zu arm ist die Region, und Arbeit gibt es nur auf den Tabakfeldern oder eben im Steinbruch.

unter türkischer Herrschaft. Als **Dorfdenkmal** von nationaler Bedeutung wurde ihm – ab Mitte des 20. Jh. verlassen und ziemlich verfallen – ab 1977 neues Leben eingehaucht.

Zwischen den beiden Dörfern ist **Gorno Drjanovo** (Горно Дряново) Kontrastprogramm. Der vornehmlich von türkischstämmigen Bulgaren bewohnte Ort wirkt **lebhaft,** wenngleich mit ganz schön heruntergekommenen Fassaden, Wellblechdächern und Plastikplanen.

Delčevo

Ein Ausflug nach Delčevo (Делчево) – auf 10 km kurvenreicher Straße in den Südwesten von Goce Delčev – entführt ebenso in die ländliche Welt des Pirin mit ihren hübschen, typischerweise an einen Hang gebauten Häuschen.

Beachtenswert ist die **Kirche Mutter Gottes** (Uspenie Bogorodično/Успение Богородично) von 1838 im Ortskern, ein dreischiffiges Steingebäude mit Kuppel über dem Zentralschiff und einer beeindruckenden Ikonostase.

Mehrere Familien im Ort bieten **einfache Unterkünfte** an.

Das in den Bergen versteckte Kovačevica stand nie unter türkischer Herrschaft

234bu sk

Praktische Tipps

Unterkunft

2 2 **Malamovata Kăšta**①, Ul. Hristo Botev (Ул. Христо Ботев) 25, Tel. 0751-21408, www.malamovhouse.com. Große, gemütlich möblierte Zimmer, rustikales Restaurant mit bulgarischer Küche und schöner Innenhof.

3 **Hotel Baroto**②, 2 km außerhalb an der Straße nach Dospat (Доспат), Tel. 0751-61221, www.complex-baroto.com. Ein Neubau am Stadtrand mit 34 komfortabel-eleganten Zimmern. Schwimmbad, Fitnessraum und ein Restaurant, das etwas plüschig eingerichtet ist; schön sitzt man im Garten; bulgarische und internationale Küche.

3 **Bjalata Kăšta**②, in Kovačevica (Ковачевица) 20 km in den Bergen, Tel. 0899-886342, www.kovachevica.net. Ruhig gelegenes und schönes Hotel im Wiedergeburtsstil mit zehn Zimmern und einer modern-gemütlichen Mehana mit Kamin und leckeren Gerichten.

Essen und Trinken

1 **Bulgărija,** Ul. Aleksandăr Stamboliski (Ул. Александър Стамболиски) 13, Tel. 0899-885488, geöffnet 7–24 Uhr. Modernes, beliebtes Lokal mit den üblichen bulgarischen Gerichten und Freisitz.

4 **Mehana Sofrata,** Lešten (Лещен) 9 km in den Bergen, Tel. 0897-298299, geöffnet Di–So 11–24 Uhr. Landgasthof mit gemütlichem Speiseraum mit Kamin, Terrasse und handfester Hausmannskost vom Grill; auch Zimmervermietung.

Verkehr

- **Bushof:** Fernbusse fahren südlich des Zentrums bei der Ul. Drama (Ул. Драма) ab, Tel. 0751-21311.

Panoramastrecke über den Popski-Sattel

Die schöne Fahrt auf guter Straße von Goce Delčev (Гоце Делчев) nach Melnik und Sandanski (Мелник/Сандански) führt über den **Popski-Sattel** (Popski Preslap/Попски преслап) auf 1420 m Höhe etwa 13 km hinter Goce Delčev (mit einem Denkmal für den „Bulgarischen Heroen“ und einem Kirchlein). In **engen Kurven** und in **Serpentinen** verläuft die Straße an den Abhängen des Pirin mit seinem dichten Wald entlang und erlaubt immer wieder weite Ausblicke auf die Ebenen um Sandanski.

Sandanski (Сандански)

Die Schnellstraße von Griechenland in den Norden führt haarscharf am **Kurort** Sandanski (25.000 Ew.) vorbei. Verlässt man sie Richtung Zentrum, sticht zuallererst das Denkmal zu Ehren des berühmtesten Sohnes der Stadt ins Auge – **Spartakus,** der den größten Sklavenaufstand gegen Rom anführte und dabei 74 v. Chr. die Weltherrscher in Italien an den Rand des Abgrundes drängte.

Der **Bul. Svoboda** (Бул. Свобода) führt in die Stadt hinein und endet am Hauptplatz **Pl. Bălgarija** (Пл. България). Von ihm aus durchteilt parallel zum Flüsschen Sandanska Bistrica (Сандданска Бистрица) der baumbestandene, verkehrsfreie **Bul. Makedonija** (Бул. Македония) das Zentrum. Cafés im Schatten der hohen Bäume locken die Bewohner einer der heißesten und sonnenreichsten Städte des Landes an, die promenieren, zum nächsten Termin eilen oder auch den Kindern beim Spielen zuschauen und faulenzen.

Sandanski könnte auch in **Griechenland** stehen, nur 20 km sind es zur Grenze bei Kulata (Кулата). Ein Vorteil, den die griechischen Firmen nutzen – sie profitieren (noch) vom günstigen Lohnniveau in Bulgarien und haben eine Menge investiert.

In sozialistischen Zeiten war die Stadt **eines der beliebtesten Kurbäder** des Landes, und mehrere Großhotels der Komfort- und Luxusklasse haben überlebt und knüpfen an die Traditionen des Heilbades an.

Doch Sandanski ist auch eines der Einfallstore ins **Pirin-Gebirge,** eine Straße führt hoch bis zur Berghütte Jane Sandanski und der von Kamenica, wo es auf diversen Wanderwegen in die Märchenwelt des Hochgebirges geht (→ „Pirin-Gebirge“).

Geschichte

Ab dem 3. Jt. v. Chr. war die Region von **Thrakern** besiedelt. Die **Römer** erkannten, als sie in die Gegend kamen, schnell die Heilkraft der örtlichen **Thermalquellen;** mit bis zu 83 °C sprudelt das Wasser aus dem Boden. Sie errichteten das Heilbad Asklepion und legten damit den Grundstein für die Kureinrichtungen der heutigen Zeit.

Die Siedlung wuchs stetig und wurde mit einer Festungsmauer umgeben. Im 7. Jh. verschwand die Stadt, doch dann kamen die **Slawen** und gründeten sie als **Sv. Vrač** („Heiliger Doktor“) erneut. Ihren Namen erhielt sie zu Ehren der Brüder *Kosma* und *Damijan,* berühmte Wunderheiler, die ohne Bezahlung ihren Mitmenschen unter Zuhilfenahme der Heilkräfte des Wassers Gesundheit brachten.

Unter der **türkischen Herrschaft** verfiel die Stadt zusehends. 1912, als sie zu Bulgarien kam, lebten in ihr nur noch 500 Menschen, das benachbarte Melnik hatte dagegen 12.000 Einwohner.

Sandanski

Übernachtung

1 Hotel Apostolite
3 Villa Sintica Wine Estate
5 Avis
6 Pirin Park
7 Panorama

Essen und Trinken

2 Restorant Golčev
4 Sandanski Han
8 Rest. Mehana Raj
9 Mehana Edelvejs-Rumi

★ *Vanga-Komplex Rupite,*
★ *Mineralquelle Rupite,*
∴ *Grabungsstätte Herakleia Sintike,*
Ⓜ *Museum Baba Vanga,*
★ *Mahnmal Samuils Festung,*
Petrič, Melnik

Helden der Stadt

Der Thraker **Spartakus** war Legionär und wurde, nachdem er desertierte, gefangen genommen und als **Gladiator** eingesetzt. Seine Tapferkeit führte zur Freilassung und seiner Anstellung als Lehrer in einer Gladiatorenschule in Capua. Dort zettelte er mit 200 Mitkämpfern den berühmten **Aufstand** an – erst einmal wenig erfolgreich, 130 Gladiatoren wurden von regulären Truppen getötet, der Rest floh an die Hänge des Vesuvs und verschanzte sich. Immer mehr Sklaven schlossen sich ihnen an, Versuche, ihrem Heer beizukommen, blieben erfolglos. 3000 Mann römischer Truppen wurden im Winter 74/73 geschlagen, *Spartakus* konnte nun über 10.000 Mann befehlen, und im Frühjahr war seine Streitmacht auf über 100.000 Kämpfer angewachsen. Erst 71 v. Chr. gelang es dem Prätor **Crassus,** die Streitmacht von *Spartakus* an der Südwestspitze des Stiefels einzukesseln und ihr schwere Verluste beizubringen. Das Heer der Sklaven war zerschlagen, *Spartakus* konnte zwar noch fliehen, bei einer letzten Schlacht aber wurde das Heer endgültig vernichtet, **Spartakus starb,** und mit ihm 60.000 Mann. Die verbliebenen 6000 Sklaven wurden gefangen genommen und an der Via Appia zwischen Capua und Rom allesamt gekreuzigt.

Jane Sandanski (1872–1915), der Namensgeber der Stadt, erlangte als **Revolutionär gegen das türkische Regime** Bekanntheit. Der „Car vom Pirin" unterwies die Bewohner in Verteidigung und sorgte für eine lokale bulgarische Rechtsprechung. Und er war Mitorganisator der „Ellen-Stone-Affäre", die zu Beginn des 20. Jh. in die internationalen Zeitungen geriet. Die US-amerikanische Missionarin *Ellen Stone* wurde am 3. September 1901 von einer Gruppe von Freiheitskämpfern als Geisel genommen. Für ihre Freilassung und die einer weiteren weiblichen Geisel forderte man über 100.000 US$. Nach sechs Monaten kamen sie frei.

Sehenswertes

Spartakus-Denkmal

Am Stadteingang kämpft Spartakus noch heute seinen aussichtslosen Kampf gegen die Römer – aus Marmor geschlagen, 7 m hoch und als beliebtes Fotomotiv.

☒ Die Bischöfliche Basilika stammt zu Teilen aus dem 4. Jh.

Archäologisches Museum

Hat man sein Fahrzeug in der Nähe des **Pl. Bălgarija** (Пл. България) mit seinen modernen Betonstrukturen abgestellt, geht man den Bul. Makedonija (Бул. Македония) an der Tourist-Info vorbei nach Norden, bis man linker Hand die **frühchristliche Grabungsstätte** erreicht. Das Archäologische Museum teilt sich seinen Platz mit dem Gericht; es wurde über den Ruinen einer altrömischen Villa errichtet. Im Basement sind die Reste ihrer Mosaike noch zu sehen. In Vitrinen sind Töpferwaren ausgestellt, und natürlich hat man auch einiges zu *Spartakus* zu zeigen.

Die benachbarte, von außen zu besichtigende Grabung **Frühchristlicher Komplex** hatte 1967 begonnen und brachte u.a. die Fundamente einer **Basilika** aus dem 4. Jh. und den **Kardo Maximus** – die nordsüdliche Hauptstraße in der römischen Stadtplanung – zutage.

Gefälliger ist die teilrestaurierte Anlage der **Bischöflichen Basilika** hinter dem Gerichtsgebäude mit gut erhaltenen Mosaiken, der Grabkirche eines Märtyrers und der Taufkapelle mit Quelle aus dem 4. Jh. Unüblich ist die Aufteilung der Kirche in zwei Bereiche, Männer und Frauen haben vermutlich getrennt gebetet.

■ **Arheologičeski Park** (Археологически Парк), Bul. Makedonija (Бул. Македония) 55, Tel. 0892-253177, www.achaeosand.com, Museum geöffnet tgl. 9–12, 13–18, Eintritt 5 Lv, Basilika geöffnet Juli/Aug. 9–12, 16–20, März–Juni/Sept.–Nov. Di–So 9–18, Dez.–Feb. Di–Sa 9–18 Uhr, Eintritt 4 Lv.

Park Sv. Vrač

100 m nördlich des Museums führt eine Brücke über den Fluss zum Park Sv. Vrač (Парк Свети Врач), ein **Botanischer Garten** unterhalb des Hotels Sandanski mit über 200 Pflanzenarten aus aller Welt. Auch zwei **Thermal-Schwimmbäder** (Mai bis Sept. 9–20 Uhr), ein **Freilufttheater** mit 2000 Sitzplätzen, in dem Konzerte stattfinden, und einen See gibt es hier.

Die **Akropola** östlich des Parks auf dem Hügelrücken in Höhe des Sees ist ein wunderbarer Ort für den Sonnenuntergang (auf schmalem Pfad geht es hoch).

235bu sk

Sandanski Umgebung

Vanga-Komplex Rupite

Ein Ausflug auf den Spuren der **Hellseherin und Heilerin Baba Vanga** führt zum Rupite-Komplex mit der Kirche Sv. Petka (Св. Петка). 1,5 km abseits der Straße Melnik (Мелник) – Petrič (Петрич) 12 km vor Petrič, ein von Bulgaren viel besuchter **Pilger- und Begräbnisort.** Der große Parkplatz ist besonders an den Wochenenden häufig voll, wenn die Besucher an den Messen teilnehmen. Die **Kirche** ist in einem postmodernen Stil errichtet, expressionistisch ausgemalt und wirklich eindrucksvoll.

Die mit sechs Jahren erblindete Hellseherin **Baba Vanga** war zu Lebzeiten für ihre Orakelsprüche berühmt, und sogar hochrangige Parteimitglieder kamen in sozialistischer Zeit, um sich den rechten Weg weisen zu lassen, zumindest aber, um in Erfahrung zu bringen, was die Zukunft so bringe. Der Legende nach erschien ihr im Alter von sechs Jahren ein Engel, der sie vor die Alternative stellte, die Realität oder die Zukunft zu erblicken, und sie wählte die Zukunft.

■ **Kompleks Vanga Rupite** (Комплекс Ванга Рупите), Tel. 0887-667670, tgl. 8–19 Uhr.

Mineralquelle Rupite

Direkt westlich schließt an den Vanga-Komplex ein **natürlicher See** an, dessen Quelle an ihrem Austritt über 70 °C heiß ist. In den See darf man sich kostenlos hineinsetzen und den Körper mit **heilendem Schlamm** salben. Wer es komfortabler liebt, steigt in die gemauerten Becken des Mineralbads gleich nebenan.

■ **Mineralni Izvori Rupite** (Минерални Извори Рупите), direkt am Vanga-Komplex, geöffnet tgl. 9–18 Uhr, Eintritt 7 Lv.

236bu sk

Grabungsstätte Herakleia Sintike

Griechische Siedlungsreste sind in Bulgarien eher rar, und so besitzt die **„Stadt der mazedonischen Könige“** 1,5 km südlich des Vanga-Komplexes eine ganz besondere Bedeutung. Im **4. Jh. v. Chr.** hatte sie *Philip II.* – der Vater *Alexanders des Großen* – gegründet, als **größte griechische Stadt auf bulgarischem Boden.** Die Grabungen haben 2007 begonnen und sind wahrscheinlich erst 2025 beendet, da die Mittel nur spärlich fließen. Dennoch darf man vorbeischauen.

■ **Anticen Grad Herakleja Sintica** (Античен Град Хераклея Синтица), frei zugängl., Eintritt 5 Lv.

Museum Baba Vanga

Das **Wohnhaus von Baba Vanga** in **Petrič** (Петрич) ist als kleines Museum in einer Seitenstraße am Markt zu besuchen, und man erkennt dort, dass *Baba Vanga* aus ihrer Popularität nie Kapital schlagen wollte; bis zu ihrem Ende 1996 mit 85 Jahren lebte sie bescheiden. Im Vorgarten pflanzte sie Küchenkräuter an, und die kleinen Zimmerchen sind sehr genügsam eingerichtet.

■ **Muzej Baba Vanga** (Музей Баба Ванга), Ul. Vanga (Ул. Ванга) 10, https://petrichhistorymuseum.bg, Tel. 0879-819514, geöffnet 10–17 Uhr, Eintritt 5 Lv.

Historisches Museum

Ebenfalls in Petrič (Петрич) wurde 2022 das **regionale Geschichtsmuseum** im Stadtpark eröffnet. Es führt mit Hologrammen und Videos in die Geschichte des südlichen Bulgarien ein.

■ **Istoričeski Muzej** (Исторически музей), Ul. Rokfeler (Ул. Рокфелер) 80, https://petrichhistorymuseum.bg, Tel. 0879-819509, geöffnet 10–17 Uhr, Eintritt 5 Lv.

Orbelus Bio-Kellerei

■ **Kromidovo** – 16 km östlich von Petrič, Tel. 0887452214, www.orbelus.bg.

■ **Weinregion Struma-Tal,** Rebfläche 25 ha, Kellermeister *Kiril Miladinov.*

■ **Rote Rebsorten:** Melnik 55, Breiter Melnik, Rubin, Cab. Sauvignon, Merlot, Syrah, Pinot Noir, Grenache Noir, Mourvedre, Petit Verdot, Marselan, Primitivo.

■ **Weiße Rebsorten:** Chardonnay, Sandanski Misket, Pinot Gris, Assirtiko.

■ **Herausragende Weine:** Orbelus Single Melnik 55, Orbelus Prima Cuvée rot, Orbelus Mourvedre Single Barrel.

■ **Touristisches Angebot:** Führung und Weinverkostung nach Voranmeldung werktags 9–17 Uhr, Führung mit 3 Weinen 14 Lv, mit 4 Weinen und Brot 18 Lv, mit 5 Weinen, und Brot 22 Lv und mit 5 Premiumweinen, Brot, Käse, Wurst und Spaziergang in den Weinbergen 45 Lv.

☐ In der modernen Kirche Sv. Petka des Rupite-Komplexes

Mahnmal Samuils Festung

16 km westlich von Petrič (Петрич) Richtung Nordmazedonien steht **eines der für die bulgarische Nationalidentität wichtigsten Mahnmale: Samuils Festung.** 1014 kam es hier zur alles entscheidenden **Schlacht** zwischen den Bulgaren unter Car *Samuil* und den Byzantinern unter *Basileios,* welcher gewann. 15.000 bulgarische Soldaten gerieten in Gefangenschaft, 99 von je 100 ließ *Basileios* beide Augen ausstechen, jeweils einem nur eines. Byzanz hatte seine Vorherrschaft zurückgewonnen.

Über eine eiserne Brücke gelangt man zum Denkmal auf einem Hügel jenseits des Flusses mit einer Bronzefigur von Car *Samuil.* Die großflächige Anlage wird von einer gläsernen Tunnelhalle dominiert, die ein Erdloch schützt, vier Stelen sind mit einem Rundgang verbunden, zu dem eine Treppe hochführt. Der Blick von oben geht über die Bäume und endet an den Gebirgswänden des Tales.

■ **Park-Muzej Samuilova Krepost** (Парк-Музей Самуилова Крепост), https://petrichhistorymuseum.bg, geöffnet tgl. 9–17 Uhr, Eintritt 5 Lv.

☒ Mahnmal Samuils Festung

Raubtierzentrum

Das **Rehabilitationszentrum für große Raubtiere** entstand 2007 in der Abgeschiedenheit des Dorfes **Vlahi,** das zu Anfang der 2000er Jahre mehr oder weniger verlassen war, dann aber einigen „Zivilisationsaussteigern" als gute Ortswahl für ein naturverbundeneres Leben erschien. So haben einige von ihnen sich der **Bewahrung seltener Tiere** verschrieben: Karakačan-Hütehunde, -Pferde, -Schafe und Kalofer-Ziegen. Letztere gelten als eigenständige Rassen wohl thrakischen Ursprungs und als besonders widerstandsfähig – und sie sind vom Aussterben bedroht. **Milchprodukte und Käse** der Zuchtstation sind im Raubtierzentrum erhältlich. Dieses kümmert sich um Karnivoren, die aus unterschiedlichsten Gründen nicht mehr in die Freiheit versetzt werden können bzw. dafür rehabilitiert werden müssen.

Bei einem Besuch wird mit der **interaktiven Ausstellung** in die Problematik der Akzeptanz von Raubtieren wie Bären und Wölfe bei der Bevölkerung eingeführt. In einem Gehege leben nicht mehr auswilderbare Wölfe, und bei einer **geführten Wanderung** begibt man sich auf die Spuren der Raubtiere. Im **Gästehaus** kann man übernachten.

■ **Obrazovatelen Centăr za Edri Hištnitsi** (Образователен Център за Едри Хищници), bei Kresna (Кресна) 20 km nördlich von Sandanski geht es auf 9 km nach Osten zum Dorf Vlahi (Влахи) an den Hängen des Pirin-Gebirges, Tel. 0888-268414, www.facebook.com/LargeCarnivoreEducationCentreBulgaria, Besuche nach Voranmeldung, Eintritt 5 Lv, geführte Wanderung 90 Lv/Person, Unterkunft 40 Lv/Person.

237bu sk

Praktische Tipps

Information

- **TIC,** Bul. Makedonija (Бул. Македония) 28, Tel. 0882-050176, www.sandanskicrossborder.com, tgl. 10–20, Winter 9–19 Uhr.

Unterkunft

7 Panorama②, Šose Okolovrastno (Шосе Околовръстно) 1, Tel. 0889-598839, www.panorama-sandanski.com. Kleineres, modernes Hotel mit 66 Zimmern etwas außerhalb auf dem Weg ins Gebirge. Spa-Einrichtungen, Buchungsadresse für dt. Reiseveranstalter mit geführten Wandertouren.

6 Pirin Park④, Ul. Hidrostroi (Ул. Хидрострои) 27, Tel. 0746-35600, www.parkhotelpirin.com. 84 Zimmer und Apartments in einem Spa-Hotel mit professionellen Kureinrichtungen, Sauna-Park, Pool, Behandlungen u.a. mit Kräutern aus den umliegenden Bergen.

5 Avis①-②, Ul. Stojo Hadšiev (Ул. Стойо Хаджиев) 5, Tel. 0885-405520, www.hotel-avis.com. 14 komfortable Zimmer mit TV, Minibar und WiFi in einem modernen Gebäude im Zentrum. Dachterrasse, Wintergarten, Restaurant.

3 Villa Sintica Wine Estate③, 3 km südlich des Zentrums an der Hauptstraße, Tel. 0888-809333, www.villasintica.com. 26 Zimmer auf einem Weingut in mediterran-leichtem Einrichtungsstil, luxuriös und elegant; ausgezeichnetes Restaurant „Sinti" jenseits von Kebabče zu sehr vernünftigen Preisen.

1 Apostolite③, 13 km von Sandanski in den Bergen (4 km vor der Berghütte Jane Sandanski), Tel. 0887-003030, www.hotelapostolite.com. Schönes und modernes Berghotel mit 13 mit viel Holz attraktiv gestalteten Zimmern und gutem Restaurant.

Berghütten im Bereich Sandanski

- **Hiža Jane Sandanski** (Хижа Яне Сандански), Popina Laka/Попина Лака auf 1230 m, Tel. 0896-766174, www.hutyanesandanski.com. 76 Schlafplätze in 2/4-Bett-Zimmern mit eigenem Bad, Kantine, Anfahrt von Sandanski auf 17 km Straße.
- **Hiža Begovica/Kamenica** (Хижа Беговица/Каменица), Tel. 0882-966464, www.facebook.com/hija.begovica, 1799 m, 90 Schlafplätze und drei Bungalows mit Bad, Restaurant, Anmarsch von Hiža Jane Sandanski (1½ Std.).
- **Hiža Pirin** (Хижа Пирин), Tel. 0876-681205, 1640 m, 78 Schlafplätze, Kantine, Anfahrt vom Dorf Pirin auf 13 km Asphalt und 5 km Feldweg (4x4).

Essen und Trinken

UNSER TIPP: **8 Mehana Raj,** Bul. Makedonija (Бул. Македония) 49, Tel. 0878-934717, geöffnet ab 11 Uhr. Ganz kleines Lokal mit einem Freisitz, authentische bulgarische Landküche, sehr günstig.

4 Sandanski Han, Ul. Stefan Stambolov (Ул. Стефан Стамболов) 64, Tel. 0896-959909, www.sandanskihan.com, geöffnet tgl. 12–23 Uhr. Typisches Lokal mit Grillgerichten, Eintöpfen und manchmal auch Folklore-Begleitung.

9 Mehana Edelvejs-Rumi, Pl. Bălgarija (Пл. България) 8, Tel. 0895-722254, geöffnet 12–14 Uhr. Einfache Straßentaverne mit Hausmannskost vom Grillfleisch bis zur Forelle – günstig, effektiv und nicht schlecht.

2 Restorant Golčev, Sv. Sv. Kozma I Damjan (св.св.Козма и Дамян) 59, Tel. 0885-346656, www.facebook.com/RestaurantGolchev, geöffnet ab 12 Uhr. Bulgarische Küche in gehobenem Ambiente unter Bäumen, teilweise Live-Musik; Familienrestaurant für die Feier.

Aktivitäten

- **Hamam Sv. Vrač,** Bul. Makedonija (Бул. Македония) 60, Tel. 0741-59975, www.facebook.com/HamamSt.Vrach, geöffnet tgl. 7–23 Uhr. Ein luxuriöses Hamam für die völlige Entspannung mit Massage/Peeling (40 Min. für 60 Lv) und – für danach – einer eleganten Weinbar.
- **Rafting und mehr:** Der Fluss Struma (Струма) ist in der Talverengung nördlich von Kresna (Кресна) 20 km von Sandanski reißender und zieht im Sommer zahlreiche Rafter an. Reflip, Tel. 0877-505991, www.reflipteam.com, 10 km nördlich von Kresna, bietet vierstündige Aktivitäten (10 und 14 Uhr) mit Gummifloß (60 Lv) oder Kayak (70 Lv) an; außerdem Zipline (10 Lv), Canyoning (30 Lv) und Whitewater-Kayaking für Anfänger (150 Lv).

Veranstaltungen

- **Pirin Folk,** an drei Tagen Ende Aug./Anfang Sept. trifft sich die Crème de la Crème der Volkslied- und Čalga-Sänger(innen) und Tänzer(innen) des Balkans zu Konzerten und Darbietungen in Stadt und Park; Infos unter www.pirinfolk.com.

Verkehr

- **Bahnhof:** 4 km außerhalb des Zentrums, jenseits der Fernstraße von Sofija nach Thessaloniki in Griechenland, Tel. 0746-32235, Anschluss mit Bus Nr. 2.
- **Bushof:** im Zentrum östlich des Pl. Bălgarija (Пл. България), Tel. 0749-90901, www.facebook.com/8avtogara.sandanski.8. Verbindungen nach Sofija über Blagoevgrad, nach Petrič und Goce Delčev, dreimal täglich nach Melnik (30 Min. Fahrt).

Wanderungen von der Jane-Sandanski-Hütte

Von der Ferienhaussiedlung **Popina Laka** (Попина Лака) auf 1200 m Höhe führen mehrere Wanderwege tiefer ins Gebirge. Ein Katzensprung von 5 Min. sind es zum **Popina-Wasserfall** (Popinoläškijat Vodopad/Попинолъшкият Водопад), wo sich die **Bašlijca** (Башлийца) idyllisch in zwei Stufen aus 13 m Höhe in ein Becken ergießt und schließlich die Sandanska Bistrica speist.

Häufig begangen ist der **Weg zur Begovica/ Kamenica-Hütte (1½–2 Std., 550 m Anstieg).** Dazu nimmt man von der Sandanski-Hütte den Fahrweg nach Norden, ignoriert nach knapp 15 Min. die erste Brücke, wechselt nach weiteren 10 Min. an der zweiten auf die andere Bachseite, hält sich rechts und nimmt nach 5 Min. an der Wegkreuzung bei der dritten Brücke den Pfad nach Osten auf. Er folgt dem Lauf der Begovica zügig bergan; nach 45–60 Min. geht es kurz hintereinander durch zwei Furten und weiter bergan, bis man nach etwa 20 Min. an einen Fahrweg gelangt, dem man für 3 Min. nach links zur Hütte folgt.

Ab der Begovica/Kamenica-Hütte kann man die **Pirin-Hütte in 4 Std. (800 m Aufstieg, 1000 m Abstieg)** erreichen. Dazu nimmt man den Weg auf der Bärenwiese hinter der Hütte Richtung Nordosten auf (nicht den Weg, der sich nach Norden wendend die Begovica kreuzt) und folgt der blau-gelben Markierung bergan durch den Wald, bis man nach 30 Min. die Dakov-Brücke auf 1900 m ereicht und auf die andere Seite der Begovica wechselt. Ein **Gedenkstein** errinnert an den Hirten *Dakov,* der hier einmal lebte und ausgesprochen hilfsbereit gewesen sein soll – ein landschaftlich reizvoller und beliebter Picknickplatz. Für gut 30 Min. geht es nun durch mehrere Furten bergan. An einer Gabelung hält man sich rechts (ignoriert nun die blaue Markierung), wechselt – der gelben Markierung folgend – wieder auf die gegenüberliegene Bachseite und wandert südlich von der Begovica weg. Nun geht es durch die Latschen steil bergan und nach 40 Min. passiert man den zwischen Steinrinnen und Wiesen liegenden **Begoviško/Kuklenso Ezero** (Беговишко/Кукленско Езеро) auf 2350 m, ein weiterer schöner Rastplatz. Es geht weiter steil bergauf zum Sattel auf 2560 m, den man nach gut 30 Min. erreicht, die höchste Stelle der Wanderung. Nach rechts käme man am Kamm entlang in knapp 30 Min. hoch zum Gipfel des Kuklite auf 2693 m. Nun geht es steil bergab in den **Felsenkessel von Bašmandra** (Башмандра), in dem sich mehrere Rinnsale zur Bašmandrenska Reka (Башмандренска Река) verbinden. Ihr folgend ist nach 2 Std. und etlichen Höhenmetern tiefer die **Pirin-Hütte** erreicht.

Der Übergang zur **Vihren-Hütte** in der Bansko-Region schlägt mit 6 Std. reiner Wanderzeit zu Buche und sollte nur von erfahrenen Bergwanderern unternommen werden.

- **Taxi:** Liter Taxi, Tel. 0888-701701, www.litertaxi.com, um 1 Lv/km; die Strecke Sandanski–Melnik und zurück kostet etwa 80 Lv mit Wartezeit.

Gesundheit

- **Hospital** (Bolnica/Болница), Parkova Zona (Паркова Зона), Tel. 0746-30608, www.mbalsandanski.com.

Melnik (Мелник)

Im 19. Jh. hatte Melnik, 20 km südöstlich von Sandanski, 12.000 Einwohner (heute sind es nur noch 250). Fast unvorstellbar, dass diese Menschen in dem engen Talband zwischen kahlen Sandsteinpyramiden der südlichen Ausläufer des Pirin-Gebirges Platz gefunden haben.

Heute steht das Städtchen unter **Denkmalschutz,** entlang der „Hauptstraße“ parallel zum Bachbett der Melniška (Мелнишка) reihen sich die Wiedergeburtshäuser aneinander und staffeln sich die Hänge hinauf. Steile Gassen und Trampelpfade zweigen vom Talgrund ab. Am Stadtplatz mit seinen hohen Bäumen sind die Auslagen der Souvenirläden prall gefüllt, fast jedes Haus ist auch Speiselokal oder Herberge. Melnik hat seinen ganz eigenen **Charme** mit den staubigen Straßen, holprigem Pflaster und den in der Abendsonne leuchtenden Hügeln, wenn die Tageshitze nachlässt und der berühmte Melniker Wein erst kühl in die Gläser und dann die Kehlen hinunter fließt.

Geschichte

Die Siedlungsgeschichte von Melnik folgt dem üblichen Muster. Erst ließen sich die Thraker hier nieder, diesen folgten die Römer und schließlich die Slawen. Letztere haben der Stadt ihren heutigen **Namen** gegeben, abgeleitet vom slawischen Wort *mel* („Kreide“), in Anspielung auf die helle Farbe des **Sandsteins,** der die Stadt umgibt. Dieser bildet die Grundlage für den ausgezeichneten **Wein,** wovon bereits die Thraker profitierten. In der ganzen hellenischen Welt wurde der Tropfen aus Melnik getrunken, *Homer* spielte sowohl in der „Ilias“ als auch in der „Odyssee“ auf den exzellenten Rebensaft an.

Im 17. und 18. Jh. **boomte** die Stadt, und die prächtigen Bürgerhäuser mit tief in den Sandstein gehauenen Stollen zur Weinlagerung entstanden. Auf seinem Höhepunkt besaß Melnik sage und schreibe **72 Kirchen.**

Melnik war Teil **Ostrumeliens** und verblieb nach der Neugründung des Bulgarischen Staates im 19. Jh. in der türkischen Hemisphäre. Erst 1912, mit dem Balkankrieg, konnte *Jane Sandanski* einmarschieren und die Stadt wieder Bulgarien zuführen – zumindest das, was von ihr übrig geblieben war. Die Türken legten bei ihrem Rückzug **Feuer,** und der Großteil der Bürgerpaläste und Kirchen wurde ein Opfer der Flammen.

Davon erholte sich Melnik nie wieder, **Sandanski** lief ihm als Regionalzentrum den Rang ab. Wohl wurde die Gegend um Melnik weiter für den **Weinbau** genutzt, doch die Verstaatlichung der Weingüter nach dem Zweiten Weltkrieg und die Geschmacksverirrung der 1950er und 1960er Jahre mit ihrer Vorliebe für Süßes führte zu einer eklatanten Qualitätseinbuße bei den Kellereiprodukten. Erst ab 1990 konnten die Winzer wieder an den Aufbau gehen, und heute hat der Wein aus Melnik seinen guten Ruf zurückgewonnen.

Sehenswertes

Eigentlich kann man bei einem Tagesaufenthalt in Melnik all das sehen, was es zu sehen gibt. Doch sollte man unbedingt mindestens einmal **nächtigen,** um die abendliche Atmosphäre zu genießen, wenn die Touristengruppen wieder ihre Busse bestiegen haben und die wenigen Einheimischen und die Übernachtungsgäste das Städtchen für sich haben. Dann kann man sehr schön an den Tischen am Ufer der Melniška sitzen und den Spaziergängern zusehen.

Haus des Kordopulov

Wichtigste Sehenswürdigkeit ist dieses Haus, das sich am östlichen Ende von Melnik nördlich des Talweges befindet, über einen kurzen, steilen Pfad erreichbar. Es wurde 1754 errichtet und stand in Besitz des wohlhabenden griechischen **Weinhändlers** *Manolis Kordopoulos,* der seinen Wein mit Kamel-Karawanen nach Griechenland bringen ließ und von Thessaloniki bis Italien und Spanien verschiffte. Die Kăšta gilt als **größtes städtisches Wiedergeburts-**

haus in ganz Bulgarien und besitzt vier Stockwerke, zwei von ihnen aus Stein, die oberen beiden aus Holz. Sieben Treppenhäuser verbinden die Etagen untereinander.

Kordopoulos war ein gastfreundlicher Mann, und so ist sein **Salon,** wo er die befreundeten Händler empfing, besonders prächtig in orientalischem Stil ausgestattet. 24 Fenster brachten Licht, die Holzschnitzereien sind von erlesener Qualität.

Berühmt ist auch das **Geheimverlies,** durch das man das Haus verlassen konnte und auf einem versteckten Pfad bis zum Kloster von Rožen gelangte. Einst soll diesen Weg *Jane Sandanski* für die Vorbereitung der Revolte in der Stadt benutzt haben.

239bu sk

Beeindruckend ist auch der weitläufige **Weinkeller** mit seinen 100 m langen Stollen, in dem bis zu 40.000 l gelagert werden können. Am Ende des Besuches darf man in ihm ein Gläschen Wein verkosten.

■ **Kǎšta Kordopulov** (Къщта Кордопулов), Tel. 0877-576120, www.kordopulova-house.com, geöffnet Sommer tägl. 9.30–18.30, Winter Di–Sa 9–16.30 Uhr, Eintritt 4 Lv.

Sechsfinger-Mehana

Oberhalb des Kordopulov-Hauses versteckt sich die **Weinschänke Izba Šestaka** (Изба за вино Шестака), die „Sechsfinger-Mehana", vor und in einem Weinkeller in den Sandsteinen mit 25 m langen Stollen.

■ **Weinschänke Izba Šestaka** (Изба за вино Шестака), Ul. Melnik (Ул. Мелник) 42, Tel. 0887-545795, Eintritt Weinkeller 5 Lv mit Verkostung.

Historisches Museum

Geht man nun Richtung Hauptplatz zurück, kommt man rechter Hand an einem kleinen Schild vorbei, das in eine enge Gasse zum Historischen Museum

[>] Weinschänke Izba Šestaka

[<] Die Korridore des Weinkellers im Haus des Kordopulov führen tief in den Berg

238bu sk

der Stadt weist. Hier gibt es Völkerkundliches zu sehen mit Kostümen aus dem 19. Jh. und Keramik, für deren Herstellung Melnik einmal berühmt war.

■ **Istoričeski Muzej** (Исторически Музей), Ul. Melnik (Ул. Мелник) 62, Tel. 0897-019480, geöffnet tgl. 9–18 Uhr, Eintritt 3 Lv.

Weinmuseum

Das **private Weinmuseum** im Ort erzählt ein wenig über die Geschichte des Weinbaus und über Melnik und lädt abschließend natürlich zu einer Weinverkostung ein.

■ **Muzej na Vinoto** (Музей на Виното), Ul. Melnik (Ул. Мелник) 115, Tel. 0878-661109, geöffnet tgl. 10–19 Uhr, Eintritt mit Verkostung 5 Lv.

Kirche des wundertätigen Nikolaj

Im Süden des Ortes, an den Hängen etwa gegenüber dem Hotel Bălgari, stehen die wenig eindrucksvollen Überreste des **Türkischen Bades,** und hier geht es hoch zur Kirche Sv. Nikolaj Čudotvorec (Св. Николай Чудотворец). 1756 auf den Fundamenten einer mittelalterlichen Klosteranlage errichtet, gilt sie als eines der ersten Gotteshäuser der **Renaissance** im Stil einer dreischiffigen Hallenkirche und Metropolitenkirche (Sitz des Oberbischofs). Das Mittelschiff mit einem halbelliptischen Gewölbe tragen sechs Säulenpaare, die Seitenschiffe sind mit einer Flachdeckung überbaut. Der Glockenturm wirkt fast wie ein Minarett. Das Innere des Gotteshauses brannte 2014 wegen eines Kurzschlusses aus, seitdem ist die Kirche gesperrt.

Die Vermählungen im Hause Slav

Aleksij Slav (unbekanntes Geburtsjahr) aus der Dynastie der Asen wurde 1207 aktenkundig, als er Car *Boril* die Treue verweigerte und mit den Kreuzrittern paktierte. Diese hatten drei Jahre zuvor unter **Heinrich von Flandern** Konstantinopel eingenommen und das „Lateinische Kaiserreich" (1204–1261) gegründet. *Heinrich* ernannte ihn zum Despoten und *Slav* war damit formal direkt und nur noch ihm verantwortlich. Durch seine Unterstützung und die **Heirat seiner minderjährigen Tochter** stieg *Slav* zum Herrscher über die Rhodopen auf. Car *Boril* konnte allerdings Melnik 1208 erobern, verlor es aber endgültig 1211 an *Slav*. Faktisch war dieser nun unumschränkter Herrscher seiner Gebiete und Konstantinopel weit weg. Nach dem Tod von *Heinrichs* Tochter heiratete *Slav* in die Familie des Despoten von Thessaloniki ein und sicherte sich so die weitere Unabhängigkeit. Etwa 1228 endete seine Ära, sein Herrschaftsgebiet fiel zurück an Bulgarien unter Car *Ivan Asen II.*

Kirche Sv. Petka

Ganz im Osten am Ende Melniks leicht erhöht und auf 300 m Fußweg erreichbar steht abseits im Wald unterhalb der Ruinen des Klosters Jungfrau Maria das **sauber restaurierte Ensemble** der Kirche Sveta Petka (Света Петка). Mehrfach haben Erdbeben es zerstört – das letzte Mal im Jahr 1904. Es dauerte über 100 Jahre, bis die Kirche neues Leben erhielt, und seit 2016 dient sie wieder für Messen.

Panoramaweg

An der Kirche Sv. Nikolaj vorbei geht es hoch zum Melniker Panoramaweg auf dem Plateau von Sv. Nikola 70 m über der Stadt – mit fantastischen Aussichten auf die Häuser und die Felswand gegenüber. Auch mehrere Ruinen lassen sich auf dem Hügelrücken bestaunen. Die **Wegzeit** beträgt eine knappe Stunde, mit den Besichtigungen sollte man 2 Std. rechnen.

Oben hält man sich einfach nach rechts und gelangt in gut 5 Min. zu den **Ruinen der Kirche Sv. Nikola** (Cărkva Sv.Nikola/Църква Св. Никола). Nur der Chor ist erhalten, ansonsten zeigen Fundamente den Umriss des Baukörpers der 1913 abgebrannten ehemaligen Bischofskirche aus dem 12. Jh. an der Stelle eines einst der thrakischen Jagdgöttin Bendis geweihten Heiligtums.

Dahinter geht es nach rechts in 3 Min. zu einem Aussichtspunkt, nach links und kurzem Abstieg zur **Festung Despot Slav** (Krepost Despot Slav/Крепост Деспот Слав) am westlichen Plateauabfall. Sie entstand im frühen 11. Jh. Despot *Slav* (→ Exkurs links) ließ sie nach der Eroberung Melniks 1211 ausbauen und machte sie im Jahre 1215 zu seiner Residenz.

Zurück bei Sv. Nikola, hält man sich an den folgenden beiden Gabelungen jeweils rechts und gelangt nach gut 5 Min. zu den **Ruinen des Klosters Sv. Arhangeli** (Manastir/Манастир Св.Архангели) und seiner **Kirche Hl. Haralampos** (Cărkva Sveti Haralampij/ЦъркваСвети Харалампийb). Erhalten ist nur ein Fundamentstreifen, sodass man sich mit der Aussicht vom Südende des Plateaus begnügen muss.

10 Min. sind es nun zum östlichen Ende des Plateaus mit den Ruinen des von Despot *Slav* gestifteten **Klosters „Unserer Allreinen Herrin Gottesgebärerin“** (Manastir Sveta Bogorodica/Манастир Света Богородица). Nach der Aufgabe des Klosters 1913 und dem anschließenden Verfall wurde 1946 die **Wallfahrtskapelle Sv. Zona** (Света Зона) errichtet.

Melnik Umgebung

Kloster von Rožen

Das Kloster liegt 6 km von Melnik entfernt. Im 13. Jh. auf dem Hochplateau gegründet, erlangte es **im 14. Jh. landesweite Bedeutung:** Die Mönche waren als Kalligrafen ausgebildet und stellten im Skriptorium des Klosters **bedeutende Handschriften** her, von denen eine sogar 1674 bis nach Jerusalem und in die Grabeskirche gelangte.

Die heutige Anlage des Klosters entstand durch Umbauten und Erweiterungen im 18. Jh. als unregelmäßiges Vieleck mit einer Ummauerung aus **Naturstein.** Das Erdgeschoss mit den Wirtschaftsräumen, das den Innenbereich umgibt, besteht ebenfalls aus Naturstein, die ein- und zweigeschossigen Aufbauten mit Galeriegängen sind aus Holz. In ihnen befinden sich noch heute die Mönchszellen, das Refektorium und die Gemächer des Abtes. Das weiße Gemäuer, das dunkle Holz und der dicht bewachsene Innenhof machen einen äußerst gepflegten Eindruck und strahlen **Ruhe und Beschaulichkeit** aus.

Die großflächige **Kirche Geburt der Heiligen Jungfrau** (Roždestvo Bogorodično/Рождество Богородично) im Klosterhof beherbergt in einer Seitenkapelle eine **wundertätige Ikone** der Jungfrau Maria, Zielpunkt vieler Pilger, die sich hier um Fürbitte bemühen. Im Hauptschiff der dreischiffigen Hallenkirche mit fünf Säulenpaaren aus Holz steht eine beachtenswerte Ikonostase, die Fresken im Naos stammen von 1730 und zeigen mehrere Zyklen (darunter den Passions- und den Wunderzyklus).

Die **Beinkirche Johannes des Täufers** (Sv. Joan Krăstitel/Св. Йоан Кръстител) 50 m nördlich des Klosters entstand 1597, der Freskenschmuck 1622. An der **Kirche/Cărkva Sv. Sv. Kiril i Metodij** (Църква Св. Св. Кирил и Методий) 200 m vor dem Kloster (1914) fand der Revolutionär *Jane Sandanski* unter einigen Bäumen seine letzte Ruhestätte; das **Grabmal** (Grob na Jane Sandanski/Гроб на Яне Сандански) trägt die Inschrift: „Leben heißt Kampf – der Sklave will Freiheit und der Freie die Perfektion.“

■ **Roženski Manastir** (Роженски Манастир), geöffnet tgl. 8–19 Uhr, Eintritt frei.

Wanderung nach Rožen/ Melniker Pyramiden

In 1½ Std. erreicht man auf dem 3,5 km langen, attraktiven Wanderweg (250 m Anstieg, 70 m Abstieg) das **Kloster von Rožen** (Рожен) und kann anschließend im gleichnamigen Ort in einer Mehana einkehren. Der vielbegangene, meist schattenlose Kammweg führt durch eine bizarre, unberührte Landschaft voll mit Insektensummen und Vogelgezwitscher. Die **Melniker Pyramiden** (Melniški Piramidi/Мелнишки Пирамиди) sind Sandsteinpfeiler, deren weiches Material Wind und Wetter stark erodiert haben.

Praktische Tipps

Information

- **www.sandanskicrossborder.com**

Unterkunft

10 **Despot Slav**②, Ul. Melnik (Ул. Мелник) 58, 0889-71100, www.despotslav.com. 20 komfortable Zimmer und vier Apartments in einem neuen Haus im Stil der Renaissance; Terrassenrestaurant in der ersten Etage.

8 **Uzunova Kăšta**①, Ul. Melnik (Ул. Мелник) 27, Tel. 0889-450849, www.uzunovata.com. Familienhotel in einem für Melnik typischen Haus, das um einen engen Innenhof gebaut ist. Von der Galerie gehen die zehn einfachen Gästezimmer mit Bad ab; herzliche Gastgeber und Mehana.

4 **Slavova Krepost**②, Ul. Melnik (Ул. Мелник) 102, Tel. 0896-762002, www.facebook.com/slavovakreposthotel. Neubau in Wiedergeburtsarchitektur mit 16 Zimmern und Studios mitten im Ort, Taverne und gut sortierter Weinkeller.

1 **Hotel Zlaten Rožen**②, Dorf Rožen (Рожен), Tel. 0879-801300, www.hotelzlatenrozhen.com. 12 sehr komfortable Zimmer und ein Apartment 1 km vom Kloster entfernt; auch gutes Restaurant.

2 **Roženski Han**②, Dorf Rožen (Рожен), Tel. 0898-272757. Landhotel mit acht Zimmern an der Hauptstraße und Restaurant 1300 m vom Kloster.

Camping

13 **Camping Kromidovo,** 12 km südlich von Melnik bei Kapatovo (Капатово), Tel. 0886-648714, www.campingbulgaria.eu. Zelten und Glamping auf einem Platz unter englischer Leitung mit ökologischem Anspruch, ausgezeichnete Infrastuktur, auch B&B.

2 **Kamping Rekata,** 3 km von Melnik Richtung Rožen (Рожен), Tel. 0895-680828, www.camping-rekata.business.site. Schöner Platz bei den Steinpyramiden von Melnik mit sauberen Sanitäreinrichtungen.

Essen und Trinken

5 **Mehana Aleksova Kăšta,** Ul. Melnik (Ул. Мелник) 17, Tel. 0889-588733, geöffnet 9–23 Uhr. Gegenüber dem Hauptplatz am anderen Ufer des Flüsschens sitzt es sich auf der beschirmten Terrasse angenehm, und die bulgarischen Spezialitäten sind günstig und gut.

9 **Menčeva Kăšta,** Ul. Melnik (Ул. Мелник) 46, Tel. 0889-406861, geöffnet 12–24 Uhr. Seit 200 Jahren besteht diese Taverne schon; auf der schmalen, gemütlichen Holzveranda sitzt man unterhalb des Kordopulov-Hauses exklusiv erhöht über der Straße. Seit Jahren kommt gleichbleibend gute Qualität auf den Tisch. An kälteren Abenden lockt der folkloristisch ausgestattete Gastraum.

7 **Mehana Lozničite,** Ul. Melnik (Ул. Мелник) 20, Tel. 0898-705515, geöffnet 9–23.30 Uhr. Schnelle, freundliche Bedienung, auf der Karte steht bulgarische Landküche. Gute Weinkarte und angenehmes Sitzen auf der Terrasse.

6 **Hubava Krăčma,** Ul. Melnik (Ул. Мелник), Tel. 074-372318, geöffnet 12–24 Uhr. Auf der Terrasse an der Hauptstraße treffen sich abends die Einheimischen auf ein Glas Wein.

11 **Mehana Sv. Varvara,** Ul. Melnik (Ул. Мелник) 50, Tel. 0878-707109, geöffnet 10–24 Uhr. Terrassenrestaurant mit lokalen Spezialitäten direkt unter dem Kordopulov-Haus.

⊡ Blick über Melnik

3 Dinčova Kǎšta, Dorf **Rožen** (Рожен), Tel. 0879-543737, https://dinchovakushta.com, geöffnet 12–22 Uhr. Angenehmes Lokal im Wiedergeburtsstil mit Terrasse nahe dem Kloster; auch Zimmervermietung.

Weinverkostung

12 Villa Melnik, Harsovo (Харсово), 9 km südlich von Melnik, Tel. 0884-840320, www.villamelnik.com, geöffnet tgl. 10–18 Uhr, Tour durch die Kellerei und Lagerstollen mit Glas Wein 5 Lv, mit vier Weinen und Snacks 20 Lv, mit sechs Edelweinen und ausgewählten Snacks 30 Lv.

14 Zlaten Rožen, Selo Kapatovo (Село Капатово), 11 km südlich von Melnik, Tel. 0899-409464, www.zlatenrozhen.bg, geöffnet tgl. 10–18 Uhr. Weingut mit Laden, in dem die Weine verkostet und gekauft werden können.

Verkehr

- **Bushaltestelle,** am Stadteingang von Melnik, bis zu fünfmal täglich nach Sandanski.

Villa Melnik Wine Cellar

- **Harsovo** – 9 km südlich von Melnik, Tel. 0898-578153, www.villamelnik.com.
- **Weinregion Struma-Tal,** Rebfläche 30 ha, Kellermeister *Momčil Mikov*.
- **Rote Rebsorten:** Breiter Melnik, Frühreifer Melnik, Cab. Sauvignon, Merlot, Mavrud, Syrah, Ruen, Pinot Noir, Melnik 1300.
- **Weiße Rebsorten:** Chardonnay, Viognier, Sauvignon Blanc, Sandanski Misket.
- **Herausragende Weine:** Aplauz Reserve Melnik 55, Aplauz Reserve Cabernet Sauvignon, Orange Wine Sauvignon Blanc.
- **Touristisches Angebot:** Führung und Weinverkostung nach Voranmeldung siehe links unter „Weinverkostung“; ein Restaurant ist angeschlossen.

240bu sk

241bu sk

3

Vraca und der Nordwesten

» Schroffes Gebirge, imposante Tropfsteinhöhlen, trutzige Festungen, versteckte Klöster: Die weitgehend untouristische Region bietet fantastische Naturschönheiten sowie einsame, kaum besuchte Landschaften – und eine Kostbarkeit, die man unbedingt gesehen haben muss: den Goldschatz im Historischen Museum von Vraca!

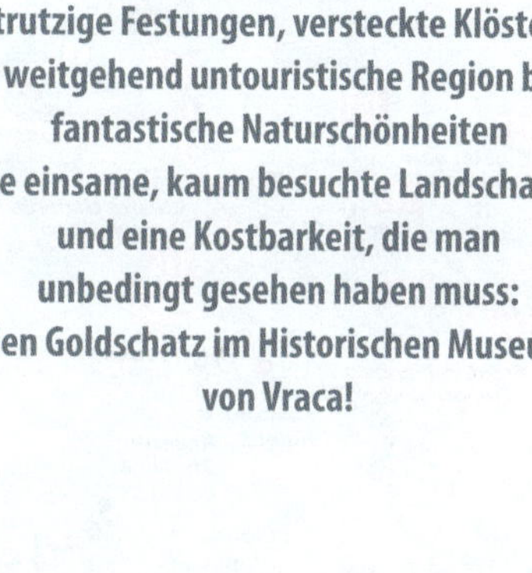

◁ Die Felsen von Belogradčik (im Hintergrund das Astronomische Observatorium)

Vraca und der Nordwesten

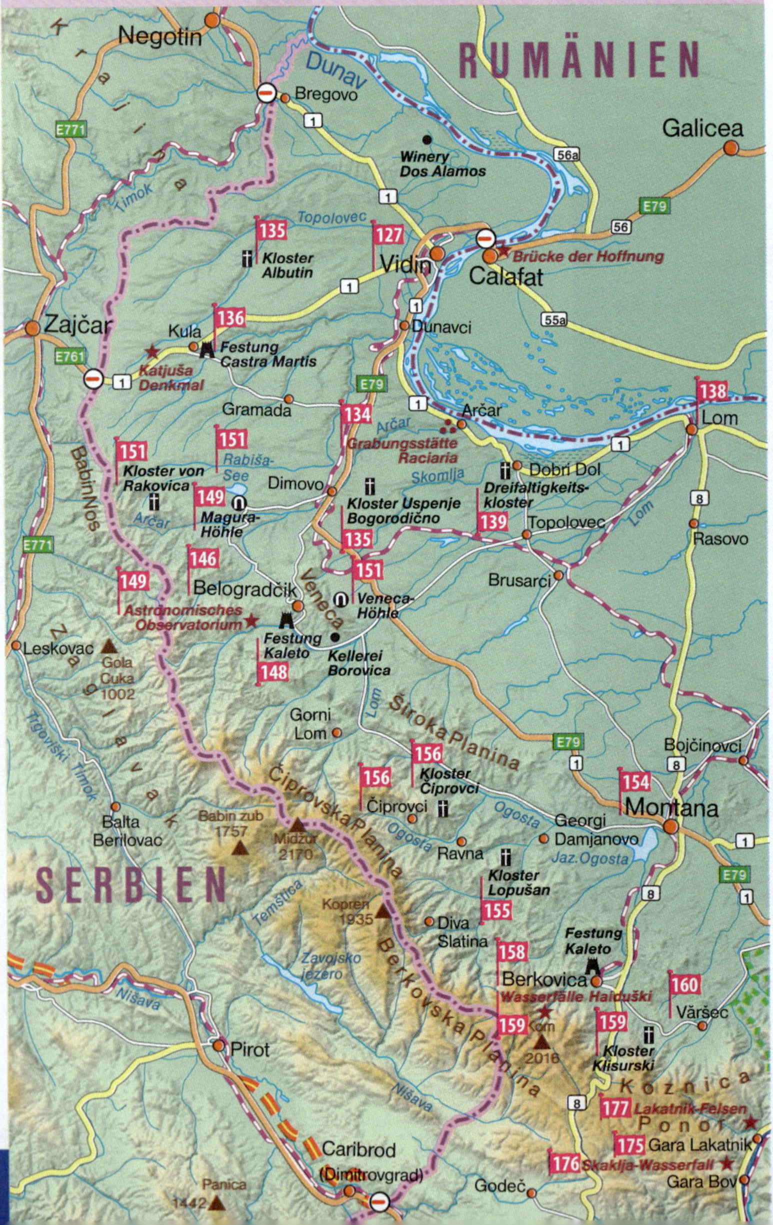

0 10 km ©Reise Know-How
BulgaK3 4/24
RUMÄNIEN
Caracal
Dunav
Lunca Dunării
Dampfer Radetzky
Wehrwall
Gorni Cibăr
Kozloduj
141
Jiu
Bechet
Orjahovo
143
Dăbuleni
Château Burgozone
Ostrov
Krušovene
Iskăr
Mizija
Gložene
Vălčedrăm
Cibrica
Zlatijata
Hajredin
Ogosta
Mihajlovo
Altimir
Trăstenik
Kneža
Iskar
Bjala Slatina
Borovan
Dolni Dăbnik
Jaz. Gorni Dăbnik
Kojnare
Krivodol
Botunja
167 Gottesbrücke
169 Kloster Sv. Ivan Pusti
1 Ledenika-Höhle und Abenteuerpark 166
2 Schlucht von Vraca 165
3 Skaklja-Wasserfall 167
4 Borov Kamăk-Wasserfall 170
Červen brjag
Vit
E83
221 Höhle Prohodna
Lukovit
Vraca 162
166
Zgorigrad
Vracanska Planina
Čelopek
Okolčica
166
171 Burg von Mezdra
Mezdra
Roman
Iskăr
Ritlite-Felsen 172
Kamenica
Dermanci
Ugărčin
Opletnja
171 Ljutibrod
Rebărkovo
Kloster von Čerepiš 172
Zlatna Panega
Iskar-Schlucht
Gabrovnica
Zverino 173
Brestnica
220 Höhle Saeva Dupka
Malki Iskăr
Kloster der Sieben Throne 173
E79
Jablanica
E83
E772

VRACA UND DER NORDWESTEN

Die schroffen *Berge* des Nordwestens stehen im Gegensatz zu den lieblichen Gestaden der *Donau*. Festungen an deren Ufer, in Bergtälern versteckte Klöster, Tropfsteinhöhlen und beeindruckende Felsformationen zwingen geradezu dazu, eine Reise durch die touristisch noch unentdeckte Region zu unternehmen. Ein Muss: Die *Höhle von Vraca*. Und noch eins: die *Felsen von Belogradčik*.

Baumschatten reicht nicht: Vidins Stadtpark an der Donau

247bu sk

Vidin (Видин)

Frühmorgens schon stehen die Angler an den Ufern der **Donau** und warten darauf, dass sich der Sonnenaufgang im Wasser spiegelt, während die Lastkähne auf ihrem Weg zum Schwarzen Meer gemächlich vorbeiziehen. Auch wenn Vidin an der Uferpromenade tagsüber verschlafen wirkt, tatsächlich ist es ein **wichtiger Verkehrsknoten.** Mit seinem rumänischen Pendant Calafat gegenüber verbindet es eine **Brücke,** einer von nur zwei Donauübergängen – die „Brücke der Freundschaft" eint die Länder erst wieder bei Ruse (Pyce) 350 Straßenkilometer östlich. Bis 2013 haben den Grenzverkehr bei Vidin Fähren bewältigt, dann ist die **„Brücke Neues Europa"** über die Donau fertig geworden. Über 300 Mio. Euro sind als Teil des „Paneuropäischen Transportkorridors Nr. 4" zwischen Westeuropa und der Türkei in das Bauwerk geflossen.

Das **Stadtbild** von Vidin (44.000 Ew.) wirkt immer noch etwas desolat, ist aber nicht mehr so schlimm wie in den 1990er Jahren, als die Reifenfirma Vida,

NICHT VERPASSEN!

Diese Tipps erkennt man an der gelben Markierung.

der Hauptarbeitgeber der Stadt, schloss und man 14.000 Beschäftigte entließ. So manche Firma hat sich seitdem angesiedelt, dennoch leben die meisten Menschen noch immer verarmt in den **Plattenbausiedlungen** der Peripherie.

Geschichte

Als Kolonie der antiken Stadt Raciaria (→ „Umgebung") haben die Römer Vidin unter dem Namen **Bononia** um die Zeitenwende am Platz einer keltischen Siedlung gegründet. Während des „Zweiten Goldenen Zeitalters" im 14. Jh. war es der Sitz des **Königreichs Vidin,** das nach der Befreiung Bulgariens unter Car *Ivan Alexander* und dem Zerfall seines Reiches in mehrere Kleinstaaten entstand und von einem seiner Söhne – *Ivan Stracimir* – regiert wurde.

Bis 1396 hat Vidin als letzte Bastion noch gegen die Osmanen gekämpft, dann konnte auch die Hilfe ungarischer Kreuzfahrer nichts mehr ausrichten – es geriet unter türkische Herrschaft und wurde zur Festungsstadt. Und prosperierte: Im 17. Jh. gelangte Vidin als wichtigste Stadt Bulgariens in die Bücher der Geschichtsschreiber.

Ein ganz besonderer Türke sollte dann für einige Jahre die Geschicke der Stadt leiten und für weiteren **Wohlstand** sorgen: *Osman Pasvantoglu,* ein der türkischen Zentralmacht abtrünnig gewordener Feudalherr, der sich 1794–1807 die Regentschaft über ganz Nordwestbulgarien unter den Nagel riss und in Vidin residierte. Moscheen und Medresen (Koranschulen) entstanden und gaben der Stadt ein **orientalisches Flair,** das teilweise noch heute zu spüren ist.

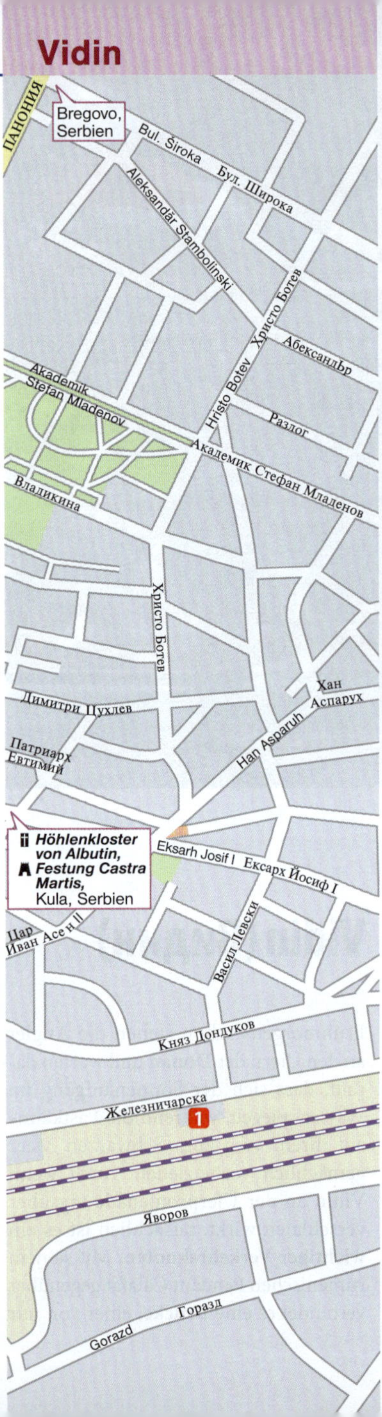

0 200 m
© Reise Know-How
Bulga34 4/24
Hospital Sveta Petka, Brücke Neues Europa, Rumänien
Polizei
Car Simeon Цар Симеон
Станболински
Vidin Видин
Anton Strasimirov
Gladston Гладстон
Epigrafisches Zentrum
Festung Baba Vida und Museum
Pl. Baba Vida пл. Баба Вида
Synagoge
St. Petka
Антон Страшимиров
Княз Борис I
Kniaz Boris I
Ethnografisches Museum in der Kreuzkaserne
Krajdunavska Gradina
Баба Вида
Rajna Knjaginja Райна Княгиня
Цар Симеон
Car Simeon
Historisches Museum/Konak
Ul. Targovska Ул. Търговска
Bdin Бдин
Sv. Nikolaj und Mausoleum des Exarchen Antim I.
Baba Vida
Moschee Pasvantoglu
6 Септември
Витоша
Stadttor Stambol Kapija
Donau
Pl. Bdinci Пл. Бдинци
Bushof
Theater
Pl. Evropa
Bahnhof
Stadthafen
Ul. Car Alexander II
Дунавска
Grabungsstätte Raciaria, Kloster Uspenje Bogorodično, Sofija, Montana, Lom
Übernachtung
1 Hotel Impuls
4 Hotel & Spa Neptun
5 Hotel Dunav
8 Hotel Anna-Kristina
Essen und Trinken
2 Classic Pizzeria
6 Dunava Fish Grill (Schiffsrestaurant)
10 Classic Pizzeria (nur im Sommer)
11 Riviera
Nachtleben
3 Lounge Café Vision
7 Infinity Dance Club
9 Paradise Bistro
12 Baba Vida Strand

246bu sk

Der **Bürgeraufstand von Vidin 1850** läutete das Ende der osmanischen Herrschaft in der Region ein. Es entstand schließlich die von der Türkei teilautonome Provinz **Ostrumelien** als eines der Ergebnisse des Berliner Kongresses 1878. Man orientierte sich verstärkt nach Westen, und der Hafen entwickelte sich zu einem wichtigen Handelsfaktor. Erst mit dem Bau der Verbindungsstraße von Sofija zum benachbarten Lom und dessen Hafenausbau verlor die Flussschifffahrt für Vidin an Bedeutung.

1885 wurde der Anschluss Ostrumeliens an das bulgarische Reich beschlossen. **Serbien,** westlicher Nachbar des neuen Staates, sah seine Felle davonschwimmen und seinen Einfluss begrenzt; es marschierte ein und belagerte Vidin. Der Angriff konnte aber abgeschlagen werden, Bulgarien war endgültig vereinigt.

Sehenswertes

Die Sehenswürdigkeiten Vidins reihen sich mehr oder weniger **entlang des Donauufers** auf. Am nördlichsten liegt die Festung, zu ihr gelangt man am schönsten auf einem Spaziergang durch den Donaupark Krajdunavska Gradina (Крайдунавска Градина) und kehrt von dort wieder ins Zentrum zurück

Festung Baba Vida

Die **Festung und Museum** stehen oberhalb des breiten Kieselstrandes – in Teilen **über 1000 Jahre alt.** Mit ihren kompakten Abmessungen war sie nicht für den Rückzug gedacht, sondern als **Sperrfort** gegen etwaige Eindringlinge per Schiff.

Die heutige Form geht auf **Umbauten** durch die **Türken** zu Anfang des 19. Jh. zurück. Mit wuchtigen Türmen und mächtigen Kanonendurchlässen wirkt Baba Vida nach außen, verwinkelte Durchgänge, Kasematten und Gewölbe bestimmen sein Inneres.

Trotz der osmanischen Umbauten findet man immer noch Zeugnisse der ursprünglich von bulgarischen Baumeistern erstellten Burg, wie Ziegelgürtel und geometrische Figuren. Ihr Bau begann im 10. Jh. an der Stelle eines ehemaligen römischen Wachturmes. *Ivan*

[>] Vidins Synagogen-Ruine

[<] Blick von der Festung Baba Vida über die Donau nach Rumänien

Stracimir ließ die Festung nach Zerstörung durch die Byzantiner neu errichten. Die Ottomanen nutzten den Komplex zuletzt als Zeughaus und als Gefängnis (die Häftlinge hinterließen an den Wänden der Zellen teils kryptische Ritzungen). Über mehrere Räume verteilt fächert sich die Geschichte der Festung vor den Besuchern auf.

Wer frühmorgens herkommt, sieht **weiß gewandete Tänzer** auf den Festungsmauern über dem Wasser – ein sehr unwirkliches Bild. Für die Sekte der Weißen Bruderschaft (→ Kasten bei „Rila-Gebirge", S. 80) ist der Ort spirituell aufgeladen.

■ **Krepost/Muzej Baba Vida** (Крепост/Музей Баба Вида), Ul. Baba Vida (Ул. Баба Вида), am Ufer am nördlichen Ende des Stadtparks, Tel. 094-601 705, www.museum-vidin.domino.bg, geöffnet Sommer tgl. 9–18, Winter 9–17, Sa/So 10–17 Uhr, Eintritt 7 Lv (mit zwei weiteren Museen 12 Lv).

Epigrafisches Zentrum

In der schön restaurierten ehemaligen türkischen Schießpulverfabrik gleich nordwestlich und gegenüber der Festung stehen heute **Grabsteine aus allen Epochen** – aus dem 1. Jh. über das frühe Mittelalter bis zur Zeit der türkischen Herrschaft. Mehrere Sarkophage sind auch im Park davor zu sehen.

■ **Epigrafski Centăr** (Епиграфски Център), Ul. Baba Vida (Ул. Баба Вида) 37, geöffnet Mo–Fr 9–12, 13–17, Sa/So 9.30–17, Winter am Wochenende ab 10 Uhr, Eintritt frei (Spende erbeten).

Synagoge

Entlang der Ul. Baba Vida (Ул. Баба Вида) Richtung Zentrum gehend, steht nach 300 m rechter Hand hinter einem Zaun in der Mitte eines überwucherten

248bu sk

Grundstücks die Synagoge. 1894 stifteten jüdische Händler der lokalen Gemeinde die – nach Sofija – **zweitgrößte Synagoge** im Land – als Bethaus im Stil einer dreischiffigen Basilika mit Galeriegängen und vier Türmen. Die Schiffe tragen gusseiserne Säulen, den Eingang zieren Marmorplatten mit hebräischen Inschriften.

Das beeindruckende Bauwerk wurde 1950–1967 als Lagerhaus verwendet und erhielt dann **Denkmalstatus.** Der heutige Zustand ist erbarmenswert, ein Blick in das Innere (wenn das Tor gerade offen steht) lohnt dennoch.

■ **Evrejska Sinagoga** (Еврейска Синагога), Ul. Baba Vida (Ул. Баба Вида) 29, nur beschränkt zugänglich.

Ethnografisches Museum

Weiter und an der übernächsten Straße (Ul. Hadzhi Dimităr/Ул. Хаджи Димитър) nach rechts abbiegend kommt man zum **Museum in der Kreuzkaserne** (Krăstata Kasarma/Кръстата Касарма). Es zeigt auf viel Fläche im Parterre eine Ausstellung zur Donaufischerei, in einem Flügel der ersten Etage Kostüme, in einem zweiten Militärausrüstung. Das Gebäude entstand im Jahr 1801 für die türkischen Truppen und wurde von polnischen und französischen Baumeistern in der namensstiftenden Kreuzform errichtet.

■ **Etnografski Muzej** (Етнографски Музей), Ul. Knjaz Boris I. (Ул. Княз Борис I) 26, Tel. 094-601 713, geöffnet Mo–Fr 9–12, 13–17, Sa/So 9.30–17, Winter am Wochenende ab 10 Uhr, Eintritt 5 Lv (mit zwei weiteren Museen 12 Lv).

Kirche Sv. Petka

Nächste Station ist die kleine und mit ihrem Natursteinmauerwerk eher unscheinbare Kirche Sv. Petka (Св. Петка) aus dem 17. Jh.; sie duckt sich 50 m nordwestlich der Kaserne hinter einem massiven Zaun zwischen den Plattenbauten. In das tiefergelegte Innere gelangt man über eine Treppe (der Boden liegt 2 m unterhalb des Straßenniveaus). Die Türken ließen im 18. Jh. die Fresken kalken und nutzten das Gotteshaus als Kohlenkeller; erst 1882 konnte man die Fresken freilegen, und ab 1915 las man wieder die Messe.

Komplex Sv. Nikolaj

Zurück an der Ul. Baba Vida (Ул. Баба Вида) und dort rechts geht es zum Komplex der **Kirche Sv. Nikolaj.** Sie wurde als Metropolitenkirche 1930 geweiht und ihr Inneres ist prächtig ausgestaltet.

Ein geschichtliches Juwel ist das in den Boden gesenkte Kirchlein **Hram Sv. Pantaleimon** (Храм Св. Пантелеймон). Das Entstehungsdatum ist unbekannt, jedoch konnte man die Fresken auf 1636 datieren und vom 15. bis zum 18. Jh. war es die Kathedrale der Metropole Vidin; auch die zwei zentral aufgestellten Ikonen (um 1830) gelten als besonders wertvoll. Sollte die Kirche abgeschlossen sein, kann man um Öffnung bitten.

Das aus weißem Stein errichtete **Mausoleum des Exarchen Antim I.** (Mavsoleja na Ekzarh Ahtim I./Мавсолея на Екзарх Ахтим I) mit dem niedrigen, quadratischen Turm stammt von 1935. Am Eingang ist der Exarch – der orthodoxe Bischof – in einem Mosaik verewigt. Tritt man ein, begegnet man ihm erneut als sitzende Skulptur. Seine Gebeine ruhen in einem Sarkophag im Fundament des Bauwerkes.

Moschee Pasvantoglu

Die Moschee Pasvantoglu (Džamijata na Osman/Джамията на Осман) direkt gegenüber zur Donau hin trägt auf der Spitze des **Minaretts** keinen Halbmond, sondern – einzigartig – ein **Herz.** Damit wollte der türkische Statthalter *Osman Pasvantoglu* zeigen, dass er einerseits mit seinen Untertanen verbunden, andererseits Konstantinopel weit weg und man hier sein eigener Herr war. Er hatte sich 1794 von der türkischen Zentralgewalt losgesagt. Im Garten steht ein kleiner Bau, früher die **Bibliothek** (библиотека) von *Osman Pasvantoglu.*

Stadttor

Von der Moschee nimmt man die Ul. Osman Pazvantoglu (Ул. Осман Пазвантоглу) nach Südwesten und betritt durch das wehrhaft-wuchtige Stadttor **Stambol Kapija** (Стамбол Капия) den Hauptplatz der Stadt. Das Tor war Teil der massiven Verteidigungsanlagen, die die Türken von französischen und polnischen Ingenieuren 1690 bis 1720 errichten ließen.

Die weite **Ploštad Bdinci** (Площад Бдинци) rahmen jene Prachtbauten, die die Regierungen des Vorwende-Bulgarien für attraktiv hielten. Das Ehrenmal in der Mitte des Platzes gedenkt mit einem Bronze-Stoßtrupp des 3. Vidiner Infantrieregiments der Kriegstoten. Die **zentrale Fußgängerzone** entlang der Ul. Targovska (Ул. Тарговска) verbindet den Platz nach Norden hin mit dem Geschichtsmuseum.

Historisches Museum/Konak

Das Historische Museum im ehemaligen türkischen Amtsgebäude, dem Konak (Конак), zeigt neben seinen Sammlungen aus der Prähistorie auch die Wandmalereien der Magura-Höhle in Kopie und beleuchtet die Landesgeschichte von den Römern (Fundstücke der Grabung bei Raciaria mit Lampen, Bronzefiguren und Reliefs) bis zur Renaissance Bulgariens.

■ **Istoričeski Muzej** (Исторически Музей), Ul. Obstinska (Ул. Обстинска) 2, Tel. 094-601713, geöffnet Mo–Fr 9–12, 13–17, Sa/So 9.30–17, Winter am Wochenende ab 10 Uhr, Eintritt 5 Lv (mit zwei weiteren Museen 12 Lv).

Stadthafen

Von der Ploštad Bdinci (Площад Бдинци) geht es verkehrsberuhigt auch nach Süden zur Donau und zur Pl. Evropa (Пл. Европа) mit dem hübschen Stadttheater und der Anlegestelle der **Kreuzfahrtschiffe,** die in Passau starten und an Wien und Budapest vorbei bis zum Schwarzen Meer fahren. Das **Theater** nahm 1892 seinen Spielplan auf. Eine Gedenkkapelle etwas südwestlich des Platzes erinnert an die **Opfer des Kommunismus.**

Vidin Umgebung

Grabungsstätte Raciaria

Die **Reste der antiken römischen Stadt Raciarija** (Рациария) liegen 20 km südöstlich von Vidin an der Donau. Beim Dorf Arčar (Арчар) fährt man – unmittelbar nach dem Ortsschild dem Wegweiser folgend – nach rechts Richtung Dăržanica (Държаница). Nach 500 m geht es wieder rechts auf einen Feldweg, der nach 200 m am Grabungsfeld endet.

Wild überwuchern heute Unkraut und Blumen kleine Hügel und römische Mauern, ein überaus **friedvoller Ort,** den man meist für sich alleine hat. Bis zum Zusammenbruch des Ostblocks waren hier **Archäologen** zugange und legten zwischen den Fundamenten vorsichtig Marmorstatuen, Goldschmuck und Begräbnisstätten frei. 1991 kamen dann die Bagger der **Grabräuber,** durchfurchten (trotz Strafanzeigen unbehelligt von der Justiz) den Boden und fügten einer der wichtigsten Grabungsstätten schweren Schaden zu: Bis zu 3 m tief hoben sie das Gelände auf der Suche nach Verwertbarem aus.

Die **Geschichte der Siedlung** geht zurück bis zu den Thrakern, die hier eine Goldmine betrieben. Im 1. Jh. sicherten dann die Römer unter Kaiser *Vespasian* mit der Verlegung einer Garnison aus zwei Legionen die Via Militaria und gründeten so Raciaria als einen der wichtigsten Häfen ihrer Donauflotte. Zum Ende des 1. Jh. erhob Kaiser *Trajan*

249bu sk

die Siedlung in den Rang einer römischen Kolonie, ein Privileg, das sich nur 150 Städte außerhalb Roms teilen durften. Vom 2. bis zum 4. Jh. war Raciaria das unbestrittene Zentrum des römischen Nordbulgarien, und seine Eisenschmiede gehörte zu den größten Waffenproduzenten des Römischen Reiches. 441 zerstörten die Hunnen unter *Attila* die Stadt, was übrig blieb, erhielt bei den Eroberungszügen der Awaren 586 endgültig den Gnadenstoß. Nur Vidin – als Kolonie von Raciaria gegründet – bestand weiter.

Auf der Donau

Kloster Uspenje Bogorodično

Wer in einem heißen Sommer Abkühlung sucht, fährt zum Kloster (Manastir Uspenje Bogorodično/Манастир Успение Богородично), das in den Karten auch als **Kloster Izvor** auftaucht. Zurück im Dorf Arčar (Арчар) nimmt man am Hauptplatz die nach Südwesten führende Straße nach Izvor (Извор) und folgt nach 12 km am Dorfplatz der Straße nach Süden. Holprig und eng geht es den Hang hinunter, wieder hinauf und nochmals in ein mit dichtem Eichenwald bestandenes Tal hinab. Eine verblüffende Luftabkühlung ist wahrzunehmen. Noch einmal geht es hinauf, und nach insgesamt 3 km ist man beim Kloster.

Es ist für seine **Heilquellen** bekannt, die bei den unterschiedlichsten Leiden Linderung versprechen. Der Charme des im 12. Jh. gegründeten Klosters verdankt sich seiner **Lage** in dem dichten Wald, nicht den Gebäuden. Die Ikonostase stammt von 1864, die malerischen Grabstätten im Klosterhof gehören den Mönchen, die sie geschaffen haben.

■ **Izvorski Manastir** (Изворски Манастир), Tel. 0898-330027, geöffnet tgl. 8–20 Uhr.

Höhlenkloster von Albutin

Bei der Fahrt zur Festung von Kula kann man das ehemalige **Höhlenkloster von Albutin** (Albutinski Manastir/Албутински Манастир) bei Gradec (Градец) 12 km westlich von Vidin besuchen. Auch wenn praktisch nichts mehr zu sehen ist – die Lichtung unterhalb ist ein netter Rastplatz. Man fährt auf der Hauptstraße durch Gradec und nach

8 km nach rechts Richtung Rabrovo (Раброво). Nach 4 km sieht man in einem Talkessel mit gefasster Quelle rechter Hand in 50 m Höhe die Höhlen, zu denen ein kurzer, steiler Pfad führt.

Festung Castra Martis

Fährt man 4 km zurück und folgt der Straße nach Bojnica (Бойница), erreicht man nach weiteren 21 km Kula (Кула) an der Hauptstrecke nach Serbien. Die immer noch imposanten Überreste der spätantiken **Festung Castra Martis** (Krepost Kastra Martis/Крепост Кастра Мартис) aus dem 3./4. Jh. liegen mitten in der verschlafenen Stadt und sind frei zugänglich – ein regelmäßiges Festungsquadrat mit vier wuchtigen Rundtürmen an den Ecken. Es sicherte einst die wichtige Handelsstraße von Vidin nach Belgrad, dem damaligen Singidunum. Das kleine, charmante **Stadtmuseum** besitzt eine ethnografische Ausstellung.

Wer 6 km Richtung serbischer Grenze fährt, sieht rechter Hand das **Katjuša Denkmal** (Memorialen Pametnik Katjuša/Мемориален Паметник Катюша). Auf einer Rampe steht ein fahrbarer Raketenwerfer, eine Stalinorgel. Im September 1944 kamen hier bei Kämpfen mit der sich zurückziehenden deutschen Wehrmacht 164 russische und 19 bulgarische Soldaten ums Leben.

- **Etnografksi Kăšta** (Етнографкси Къща), Ul. Hadži Dimităr (Ул. Хаджи Димитър) 6, geöffnet Di–Fr 8–12, 13–17, Sa 8–12 Uhr, Eintritt 2 Lv.

⊡ Die Reste der einst stattlichen Festung Castra Martis in Kula

Praktische Tipps

Information

- **TIC,** Pl. Evropa (Пл. Европа), Tel. 094-990739, www.vidin.bg, geöffnet Mo–Fr 9–12, 12.30–16.30 Uhr.
- **Website:** https://vidin.bg – Anklicken „За общината – Забележителности".

Unterkunft

8 **Hotel Anna-Kristina**③, Ul. Baba Vida (Ул. Баба Вида) 2, Tel. 094-606038, www.annakristinahotel.com. Direkt an der Donau-Promenade, praktisch im Park gelegen. Sehr gutes Restaurant, großer Swimmingpool, 21 Zimmer mit Fernsehen und Klimaanlage.

4 **Hotel & Spa Neptun**②, Ul Dunavska (Ул. Дунавска) 8, Tel. 094-680039, www.hotelneptunvidin.com. Haus mit 23 Zimmern an der Donaupromenade, modernes Gebäude mit kleinem Spa-Zentrum.

5 **Hotel Dunav**②, Ul. Edelvajs (Ул. Еделвайс) 3, Tel. 94-600174, www.hoteldunav.eu. Modernes Geschäftshotel mit engagiertem Personal und Restaurant in einer Seitenstraße beim Europaplatz.

1 **Hotel Impuls**②, Ul. Železničarska(Ул. Железничарска) 5, Tel. 0896-121412, www.facebook.com/impulsRestoandBar, DZ ab 80 Lv. Topmodernes gestyltes Hotel beim Bahnhof, das auch Honeymooner gerne aufsuchen; gutes Restaurant.

Essen und Trinken

11 **Restaurant Riviera,** Ul. Baba Vida (Ул. Баба Вида) 17, Tel. 0888-400209, www.facebook.com/restaurant.riviera.vidin, geöffnet 10–2 Uhr. Im Stadtpark gemütlich drinnen oder luftig auf den Terrassen mit Blick auf die Donau speist man bulgarische Nationalgerichte.

6 Dunava Fish Grill, Ul. Dunavska (Ул. Дунавска) beim Theater, Tel. 0889-088673, www.facebook.com/DunavaRestorant, geöffnet 11–24 Uhr. Über die Gangway geht es hinüber auf's Schiff. Platz nimmt man an Deck, die Karte entspricht dem Landesstandard, man kommt vornehmlich her, um die Atmosphäre (und die Kühle) auf dem Wasser zu genießen.

2 Classic Pizzeria, Ul. Car Aleksandăr II (Ул. Цар Александър II) 25, Tel. 0898-658598, www.facebook.com/classicpizzeriavidin, 12–23 Uhr. *Die* Pizzeria in der Stadt mit Sommerableger im Stadtpark.

10 Classic Pizzeria, Ul. Baba Vida (Ул. Баба Вида), im Sommer tgl. ab 10 Uhr. Beliebte Sommerpizzeria auf der großen Terrasse neben dem Telegraf Kabir im Stadtpark.

Nachtleben

9 Paradise Bistro, Ul. Baba Vida (Ул. Баба Вида), Tel. 0876-639363, www.facebook.com/cafeparadisevidin, geöffnet im Sommer tgl. 10–24 Uhr. Im Stadtpark mit Pizza, Fritten und Lounge-Atmosphäre zum Vorglühen, Abhängen und Ausklingen.

3 Lounge Café Vision, Ul. Car Aleksandăr II (Ул. Цар Александър II) 20A, www.facebook.com/cafevision, geöffnet 8–22 Uhr. Für Drinks und um gesehen zu werden.

7 Infinity Dance Club, Ul. Car Aleksandăr II (Ул. Цар Александър II) 20A, Tel. 0894-640497, www.facebook.com/danceclubinfinity, geöffnet Fr/Sa 24–5 Uhr. Tanzklub mit erstklassigen DJs.

Am Strand

12 Baba Vida Strand (Plaž Baba Vida/Плаж Баба Вида), unterhalb der Festung gelegen, beliebter Strand mit Liegestühlen und dem Riverside Café oberhalb.

Verkehr

- **Stadthafen** (Rečna Gara/Речна Гара), Ul. Dunavska (Ул. Дунавска), Tel. 094-600604, www.portvidin-center.com. Anlegestelle der Kreuzfahrtschiffe mit Abfertigungsgebäude.
- **Bahnhof,** Ul. Železničarska (Ул. Железничарска), Tel. 0884-405819. Züge über Vraca nach Sofija fahren zwei- bis viermal täglich.

250bu sk

- **Bushof,** Ul. Železničarska (Ул. Железничарска), Tel. 094-923377. Neben dem Bahnhof, lokale Busse in die Umgebung (Belogradčik zweimal täglich), entlang der Donau nach Osten, nach Sofija (über Montana und Vraca) und Pleven.
- **Donaubrücke „Neues Europa“,** nordöstlich des Zentrums (die Donau macht einen Bogen, und Calafat liegt am südlichen Brückenende), www.vidincalafatbridge.bg. Maut für Pkw 6 €.

Gesundheit

- **Hospital Sveta Petka** (Bolnica Sv. Petka/Болница Св. Петка), Ul. Car Simeon Veliki (Ул. Цар Симеон Велики) 119, Tel. 094-606615, www.mbal-vidin.com. Modernes Regionalkrankenhaus.

Weingut Dos Alamos (Zwei Linden)

- **Negovanovzi** – 12 km nördlich von Vidin, Tel. 0879-611155, https://dosalamos.eu.
- **Weinregion Donauebene,** Rebfläche 25 ha, Kellermeister *Petăr Iliev.*
- **Rote Rebsorten:** Gamza, Rubin, Cab. Sauvignon, Merlot.
- **Weiße Rebsorten:** Sauvignon Blanc, Pinot Gris.
- **Herausragende Weine:** Dos Alamos Reserve Rubin, Bačovoto Vineyard Gamza, La Vie Bohème Rosé.
- **Touristisches Angebot:** Führung und Weinverkostung werktags 9–17 Uhr nach Voranmeldung; Führung mit mit 3 Weinen, Brot und Käse 20 Lv, mit erweiterter Tour, 4 Weinen und lokalen Spezialitäten 30 Lv, mit Weinbergbesuch 40 Lv.

Lom (Лом)

Die 60 km lange Fahrt von Vidin am **Donauufer** entlang auf relativ intakter Straße durch die dichte Vegetation nach Lom verläuft ruhig; nur ab und an kann man einen Blick auf die Donau erhaschen. Mit dem nach Ruse **zweitgrößten Donauhafen** des Landes ist das Städtchen (25.000 Ew.) auch von Bedeutung für die Versorgung des Landeszentrums und Sofijas.

Geschichte

Die von den **Thrakern** als Artanes gegründete Siedlung gehörte seit dem Jahr 29, als sie ein Kastell und von den Römern den Namen Almus erhielt, zum altrömischen Befestigungsgürtel **Donau-Limes** entlang der Straße an der Donau. Diese Römerstraße, **Via Militaris** genannt, war Teil des Wegesystems auf dem Balkan vom Bosporus nach Nordwesten. Unter Kan *Tervel* erhielt die Siedlung zu Beginn des 8. Jh. ihren heutigen Namen. 1356 wurde Lom dem **Königreich Vidin** zugeschlagen.

Nach dem Rückzug von den Toren Wiens 1683 flößten versprengte **türkische Truppenteile** die Donau abwärts und siedelten sich bei Lom an. Das Städtchen gewann mehr und mehr an Bedeutung.

Der Bau der Straße nach Sofija und der verstärkte Handel auf der Donau machten es schließlich im 19. Jh. zum wichtigsten **Handelshafen** für den Warenverkehr mit dem habsburgischen Reich. 1837 öffnete eine Agentur der

„K&K Donaudampfschiffahrtsgesellschaft" ihre Türen, 1869 gab es zahlreiche Niederlassungen europäischer Handelshäuser, und die Lomer Händler gründeten im Gegenzug Kontore in wichtigen Städten Europas.

Auch wenn man mit der türkischen Herrschaft einigermaßen gut zurechtkam, in Lom regte sich Widerstand und bulgarischer **Nationalstolz.** Hier entstand eines der ersten Lesehäuser als Kern nationalen Selbstbewusstseins, und die Damen der Stadt gründeten den ersten Frauenverein des zukünftigen Bulgarien.

Mit dem Russisch-Türkischen Krieg von 1877/78, der türkischen Niederlage und der Entstehung des neuen Bulgarien waren aber die **Türken** nicht plötzlich verschwunden. Soldaten der geschlagenen osmanischen Armee ließen sich in und um Lom nieder. 7000 Seelen zählte der Ort nun, der Handel sorgte für weiteren Wohlstand, und in dessen Folge wurden die Gebäude errichtet, die im Zentrum teilweise noch heute das Stadtbild bestimmen. Der **Wiener Sezessionsstil** ist in der Hauptstraße allgegenwärtig.

Der berühmteste Sohn der Stadt ist der ehemalige Innenminister **Parvan Draganov** (1890–1945), der auch als Militärattaché an der bulgarischen Botschaft im Berlin des Dritten Reiches tätig war; gegen Ende des Zweiten Weltkrieges wurde er erschossen. Mit dem **Niedergang des Ostblocks** hatte Lom wie ganz Bulgarien zu kämpfen; marode Industrie, hohe Arbeitslosigkeit und ein unverhältnismäßig hoher Anteil (fast 60 %) an Roma sorgten für einen erheblichen Bevölkerungsrückgang.

Sehenswertes

Das Zentrum zeigt sich in typisch bulgarischem Gewand mit Jugendstilhäusern, moderner Plattenarchitektur und der üblichen Fußgängerzonenplanung. Die verkehrsberuhigte Straße zieht sich endlos lang mit Wegeplatten, Bänken, Springbrunnen und Cafés mit Stühlen im Schatten der Stoffbaldachine vom Hauptplatz **Pl. Svoboda** (Пл. Свобода) hinunter zum Hafen.

Historisches Museum

Das neu gestaltete städtische Geschichtsmuseum im ehemaligen Gemeindehaus aus den 1880ern (angeblich auch eines der beiden ersten Theater des Landes) teilt sich in die Ausstellungen „Archäologie", „Bulgarien des 15.–19. Jahrhunderts", „Jüngste Geschichte", „Ethnografie" und „Kunst".

■ **Istoričeski Muzej** (Исторически Музей), Ul. Eremija Bălgarov (Ул. Еремия Българов) 6, Tel. 0971-66069, www.muzei-lom.com, Mo–Fr 8.30–12.30, 13–17 Uhr.

Lom Umgebung

Dreifaltigkeitskloster bei Dobri Dol

Das Kloster liegt 30 km westlich von Lom beim Dorf Dobri Dol (Добри Дол). Von Lom kommend, fährt man fast bis ans Ende des Dorfes und dann nach links in ein kleines Sträßchen. Nach 4 km Kurvenfahrt auf enger, teils überwucherter Straße voller Schlaglöcher durch dichten Wald ist man am Ziel. Die verlassenen Klostergebäude liegen mitten in einem überwucherten Park, wo blau gestrichene Bänke unter hohen Bäumen zum Verweilen an dem verwunschenen Ort einladen. **1150** wurde das Kloster **gegründet,** mehrfach niedergebrannt und immer wieder aufgebaut, jetzt aber ist das Ende der Klause wohl gekommen: Es finden sich keine Priester mehr.

■ **Dobridolski Manastir Sveta Trojca** (Добридолски Манастир Света Троица).

251bu sk

Praktische Tipps

Unterkunft/Essen und Trinken

■ **Hotel Kaleto**②, Ul. Dunavska (Ул. Дунавска) 36, Tel. 0887-468221. An der Donau gelegen, ist das Hotel erste (und einzige) Wahl in Lom; ins Zentrum geht man einfach die breite Fußgängerzone jenseits der Durchgangsstraße bergan.

UNSER TIPP: **Gästehaus Pomodiana**②, Stanevo (Станево), 20 km östlich von Lom, Tel. 0988-883406, www.facebook.com/pomodiana.stanevo, Juni–Sept. In absoluter Ruhe am Donauufer (2 km guter Feldweg von Stanevo), sieben einfache und sehr saubere Zimmer mit Bad, Außenpool, Grill-Restaurant, Weinkeller und sehr herzlichen Gastgebern.

■ **Motel Werner**①, 22 km westlich von Lom an der Straße nach Vidin in Höhe des Klosters Dobri Dol, Tel. 0897-370710, www.motel-werner-ertl.business.site. Das *Motel Вернер* liegt direkt an der Straße, Restaurant mit deutscher und bulgarischer Küche.

■ **Café Palma,** Ul. Dunvaska (Ул. Дунваска) 27, Tel. 0887-855699, www.facebook.com/pizariaPalma, geöffnet tgl. 10–23 Uhr. Bei den Einheimischen beliebte Pizzeria mit Sandwiches, Grillgerichten und Freisitz am Hauptplatz.

Am Strand

■ **Čaika Beach,** an der Durchgangsstraße 2 km westlich der Fußgängerzone, Tel. 0888-196886, geöffnet im Sommer 10–24 Uhr. Strandbad mit Bar und einigen Kleinigkeiten zum Essen, Kaffee und Drinks.

< Im Dreifaltigkeitskloster bei Dobri Dol

Kozloduj (Козлодуй)

Kozloduj (15.000 Einwohner) liegt 40 km (auf schrecklich kaputter Straße) östlich von Lom am Ufer der Donau. Entschädigung für die Schlaglöcher sind die immer wieder schönen Ausblicke auf das Ufer des Flusses. In Kozloduj wurde neubulgarische Geschichte geschrieben und so ist es eine Art **Wallfahrtsort** für die Landesbewohner.

Geschichte

Nahe der ehemaligen altrömischen Siedlung Regianum gingen am 17. Mai 1876 200 bulgarische **Freiheitskämpfer** unter dem Kommando von *Hristo Botev* an Land. Sie hatten sich entlang der rumänischen Grenze in kleinen Gruppen als normale Passagiere an Bord des österreichisch-ungarischen Dampfers „Radetzky" geschlichen, zwangen, als sie vollständig waren, den Kapitän, bei Kozloduj anzulegen, und begannen gegen die Türken zu kämpfen. Der Feldzug endete am 2. Juni bei Vraca auf dem Berg Okolčica. Gegen eine zehnfache Übermacht konnte die Truppe nicht bestehen: *Botev* fiel, so wie 130 seiner Gefolgsleute, 68 gerieten in Gefangenschaft, und nur acht entkamen.

Kozloduj wurde auch über die Landesgrenzen hinaus als Standort des ersten **Kernkraftwerks** auf dem Balkan bekannt (5 km außerhalb Richtung Orjahovo. Als Auflage für den bulgarischen EU-Beitritt mussten vier der sechs Reaktorblöcke des 1974 errichteten Werks dauerhaft abgestellt werden (2004 und 2007), der fünfte moderner Bauart darf bis 2027 Strom liefern, der sechste vorerst bis 2029 – beide zusammen decken etwa ein Drittel des bulgarischen Strombedarfs.

Sehenswertes

Botev-Park

Zum Botev-Park (Парк Ботев) 5 km westlich des Zentrums gelangt man über eine ebenso lange Allee vorbei an kleinen Wohnhäusern – die einen in Ruinen, die anderen bereits adrett hergerichtet. An der Landestelle der Revolutionäre trägt ein **Obelisk** zur Erinnerung an *Botev* die Inschrift „Er ist unsterblich". Zypressen am gegenüberliegenden Hang bilden seine Initialen, und eine 120 km lange, von 68 steinernen Wegzeichen begleitete **Allee** führt von hier bis zum Berg Okolčica.

Jedes Jahr begeben sich am 27. Mai rund Tausend Nationalisten auf der **„Botev-Straße"** in fünf Tagen zu Fuß zum Berg, um dort am 2. Juni zu feiern (→ „Geschichte").

Dampfer „Radetzky"

Eine **Replika des Dampfers** liegt im Wasser vor dem Obelisken. Sie ist vorzüglich unterhalten und als interessantes Museum zu besuchen, dessen Personal – charmant Sprachbarrieren überwindend – die Geschichte erzählt und die Steuerkabine aufsperrt, damit Besucher sich als Kapitän fühlen können. Das Schiff wurde 1966 unter Verwendung von Teilen eines russischen Schleppers nach den Originalplänen der 1918 abgewrackten „Radetzky" zusammengebaut – Juni bis Oktober gibt's einmal täglich einstündige Rundfahrten (wenn es der Wasserstand erlaubt).

■ **Parahod Radecki** (Параход Радецки), Ul. Hristo Botev (Ул. Христо Ботев) 82, Tel. 0879-456183, www.historymuseum.org/en/filial, geöffnet tgl. 10–18 Uhr, Eintritt 7 Lv, Rundfahrt 10 Lv.

Botev-Lesestube

Ein kleines Museum mit **Buchhandlung/Bibliothek** beim Obelisken widmet sich *Hristo Botev* und seinem Unabhängigkeitskampf.

252bu sk

■ **Botevata Četa** (Ботевата Чета), Ul. Hristo Botev (Ул. Христо Ботев) 75, geöffnet Mi–So 9–17 Uhr, Eintritt frei.

Wehrwall

Westlich des Hafens beginnt einer der **altbulgarischen Wehrwälle,** die im 7. Jh. Can *Asparuh* errichten ließ. Bei Kozloduj ist er 32 km lang, teils bis 2,60 m hoch und zieht sich südlich des Hafens mit der „Radetzky" bis zum Dorf **Hajredin** hin. Allerdings ist die Anlage derzeit touristisch nicht aufbereitet, ein Gedenkstein steht gleich südlich der Straße nach Lom beim Hinweisschild „Motel" 5 km außerhalb (das Motel ist übrigens keins, sondern eine private Einrichtung).

Praktische Tipps

Unterkunft/Essen und Trinken

■ **Road Camp,** Ul. Knjaz Dondukov (Ул. Княз Дондуков) 36, Tel. 0878-905805, DZ 45 Lv. Ein Plattenbauhotel für Fernfahrer, nur als Notunterkunft empfohlen.

■ **Restaurant The River,** Ul. Hristo Botev (Ул. Христо Ботев), im Botev-Park 2,5 km vor dem Museumsschiff, Tel. 0878-898184, www.facebook.com/River.complex.Kozloduy, geöffnet Mai–Sept. 9–1 Uhr. Elegantes Pool-Bar/Restaurant am Donauufer mit gutem Angebot der bulgarischen Standards mit leicht mediterranem Einschlag.

< Auf dem Dampfer „Radetzky"

Orjahovo (Оряхово)

Die Straße von Kozloduj, vorbei am Kernkraftwerk, ist in gutem Zustand, schließlich sollen die Passierenden schnell vorbeifahren – ohne Anhaltemöglichkeit und mit Fotografierverbot.

Das malerische Städtchen (6000 Ew.) in den grünen Hügeln des Donauufers, 30 km östlich von Kozloduj, war im Zweiten Bulgarischen Reich Standort der Festung Kamăka, von der nur noch ein zweistöckiger, 9 m hoher Turmstumpf aus bröckelndem Mauerwerk übrigblieb (1,5 km westlich des Zentrums).

Die in einigen Bereichen hübsche **Altstadt** lädt zu einem kurzen Spaziergang über das Kopfsteinpflaster ein, und das Geschichtsmuseum ist ein Muss.

Geschichte

An der höchsten Stelle des bulgarischen Donauufers (226 m) lebten bereits zur **Bronzezeit** Menschen. Ihnen folgten Thraker und schließlich Römer, welche die Festungen Variana beim Dorf Leskovec (Лесковец) – 5 km südöstlich – und Veleriana nahe dem Dorf Dolni Vadin (Долни Вадин) – 40 km östlich – an der Römerstraße zwischen Belgrad und Konstantinopel errichteten.

Die **Festung Kamăka** (Камъка) entstand im Altbulgarien des 10. Jh. als Schutz gegen die Einfälle der Awaren und Ungarn. Letztere fochten hier 1396 bei einem Kreuzzug unter ihrem König *Sigismund* eine Schlacht gegen die Türken, in der die Stadt die französischen Teilnehmer fast vollständig zerstört haben. Sie blieb unter **türkischer Herrschaft,** was auch ein weiterer Kreuzzug unter dem polnischen Fürsten *Władysław Jagelo (Vladislav Varnenčik)* nicht ändern konnte. Erst im Russisch-Türkischen Krieg wurde Orjahovo befreit – am 20. November 1877, nach drei Tagen blutiger Schlacht.

Sehenswertes

Historisches Museum

Das Museum hat nur eine kleine Ausstellung mit den **archäologischen Funden** der Region – aber was für eine! Als **einzigartig in der Welt** gilt das von einer Pflanze umrankte Kreuz aus Stein

Weingut Château Burgozone

- **Leskovec,** Orjahovsko Šose 1, 5 km östl. von Orjahovo, Tel. 0885-338034, www.burgozone.bg.
- **Weinregion Donauebene,** Rebfläche 100 ha, Kellermeister *Krasimir* und *Valentin Bambalov.*
- **Rote Rebsorten:** Cab. Franc, Cab. Sauvignon, Syrah, Marselan, Merlot, Pinot Noir, Gamza.
- **Weiße Rebsorten:** Chardonnay, Sauvignon Blanc, Viognier.
- **Herausragende Weine:** Chardonnay Barrique, Iris Creation Cuvée rot, Château Burgozone Esperanto Cuvée rot.
- **Touristisches Angebot:** Führung und Weinverkostung werktags nach Voranmeldung (mind. 2 Personen), 4 Premium-Weine mit Käse- und Wurstbegleitung, Nüssen und Kuchen 37 Lv (Dauer 1 Std.).

aus dem späten 4. Jh. Und nur 15 ähnliche Statuen sind auf der Welt erhalten, die Jesus als „guten Hirten" zeigen, mit einem Schaf über der Schulter (frühes 4. Jh. und bestens erhalten). Ein weiterer Saal widmet sich der Wiedergeburt.

■ **Istoričeski Muzej** (Исторически Музей), Ul. Vasil Levski (Ул. Васил Левски), Tel. 09171-2467, https://im-oriahovo.bg, geöffnet Mo–Fr 9–18 Uhr, Eintritt 3 Lv.

Ethnografisches Museum

Die nett arrangierte ethnografische Sammlung der Stadt mit **Kostümen** ist in einem separaten Gebäude untergebracht. Es steht in der Straße, in der die vermögenden türkischen Händler ihren Geschäften nachgingen.

■ **Etnografska Kăšta** (Етнографска Къща), Ul. Kiril i Metodii (Ул. Кирил и Методии) 13, geöffnet Mo–Fr 9–18 Uhr, Eintritt 3 Lv.

Hausmuseum Diko Iliev

Das Hausmuseum widmet sich dem Leben des **Musikers Diko Iliev** (1898–1985), der Märsche und volkstümliche Tanzmusik komponierte. An den Kettentänzen, **Horo** genannt, nahm eine unbeschränkte Anzahl an Tänzern teil. Fast jedes Dorf beging früher einmal im Jahr ein Fest, an dem die Bewohner gemeinsam den Horo tanzten. Das bekannteste Beispiel für diese Tanzmusik ist *Ilievs* „Dunavska Horo", der an Silvester um Mitternacht gespielt wird.

In einem Raum wird bürgerliches Leben beschrieben, in einem weiteren das Leben *Ilievs*. Über eine Wendeltreppe gelangt man zu seiner Instrumentensammlung, und im Keller sind Kunstausstellungen zu sehen.

■ **Kăštata-Muzej Diko Iliev** (Къщата-Музей Дико Илиев), Pl. Diko Iliev (Пл. Дико Илиев), geöffnet tgl. 8–12, 13–17 Uhr, Eintritt frei.

Parks

Im Zentrum an der höchsten Stelle der Ortschaft liegt der Park **Loven Dom** (Jagdhauspark) mit einer herrlichen Sicht über die Donau. Im 1960 angelegten **Park der Bulgarisch-Rumänischen Freundschaft,** östlich vom Zentrum am Fluss, steht ein **Denkmal** des italienischen Bildhauers *Arnoldo Zocchi* (1862–1940) aus dem Jahr 1882, das der rumänischen Soldaten gedenkt, die im Russisch-Türkischen Krieg an der Befreiung von der osmanischen Herrschaft mitwirkten.

Insel Esperanto

Die **Donauinsel Esperanto** (Ostrov/Остров Есперанто) 5 km außerhalb im Osten verdankt ihren Namen einer 1937 dort abgehaltenen Versammlung der Verfechter der Universalsprache. Heute dient sie als Anbaugebiet des Weingutes Château Burgozone (→ Kasten S. 143).

☒ Die türkischen Händlerhäuser von Orjahovo

253bu sk

Wehrwall

Der altbulgarische Wehrwall von **Ostrov** (Остров) beginnt südlich des gleichnamigen Dorfes und erstreckt sich 60 km nach Süden, ist aber touristisch nicht aufbereitet.

Praktische Tipps

Unterkunft/Essen und Trinken

- **The Old House/Starata Kăšta**②, Ul. Petăr Beron (Ул. Петър Берон) 9, Tel. 0888-236173, www.theoldhouse.bg. Modernes kleines Hotel mit vier Zimmern direkt im Zentrum; Bar und freundliches Personal, das auch gerne für eine Ortsbesichtigung Tipps gibt.
- **Motel Raj**②, 7 km außerhalb im Westen, Tel. 0887-462432, www.kosanya.com. Sympathisches Restaurant und Hotel (neun Zimmer) am Ufer des Flüsschens Ogosta in einem kleinen Park mit Pool.
- **Restaurant Ribkata,** Pl. Diko Iliev (Пл. Дико Илиев), Tel. 091-713589, geöffnet Mo–Fr 9–16 Uhr. Beim Essen ist Orjahovo immer noch Diaspora, also bleiben nur der Speisesaal des Ribkata oder das Olimp.
- **Bar Olimp,** Ul. Vasil Levski (Ул. Васил Левски), Tel. 0885-615000, geöffnet Mo–Sa 7–24 Uhr. Suppen und Pizza sind die kulinarischen Highlights der Bar am Hauptplatz.
- **Château/Šato Burgozone** (Шато Бургозоне), Leskovec (Лесковец), 5 km östlich von Orjahovo, Tel. 097-358844, www.burgozone.com. Weiße Schlossmauern und Söller mit Fahne inmitten der Weinberge beherbergen einen eleganten Degustationsraum; Verkostung (mindestens vier Teilnehmer) nach Voranmeldung mit Kellerführung, Snacks und drei Weinen 10 Lv/Person.

Verkehr

- **Bushof,** im Zentrum bei der Kirche Sv. Georgi, Verbindungen nach Vraca und Pleven.
- **Orjahovo Fähre** (Оряхово ферибот), 2 km östlich des Zentrums, www.ferryboat.bg, Tel. 091-714202. Zweistündliche Abfahrten 6–24 Uhr (Einschränkungen bei Niedrig- und Hochwasser), Pkw 20 €.

Belogradčik (Белоградчик)

Schon lange vor der Einfahrt in das Städtchen (6000 Ew.) genießt man den Blick auf ihr wichtigstes touristisches Kapital – die fantastischen **roten Gesteinsformationen.** Wie Skulpturen ragen sie spitz, gebogen und zerklüftet empor, sagenumwoben und mit Namen versehen. Unzählige Legenden ranken sich um die Steine, Geschichten von Schäfern und schönen Mädchen, von Freiheitskämpfern, guten und bösen Menschen.

Vor 200 Mio. Jahren zog sich das die Gegend bedeckende Meer zurück und überließ seinen sandigen (wegen seines Eisenoxidgehalts roten) Grund, mit Silikatmineralen und Lehm zu **Buntsandstein** zusammengebacken, der **Erosion,** die in der Folge die bizarren Felsformationen auf einer Länge von 30 km und einer Breite von 4 km formte. Ob schneeüberzuckert oder in sattgrünem Frühlingskleid, die Landschaft befördert die Fantasie jedes Betrachters: Adam und Eva, Bär, Kamel, Derwisch, Pilz, Kuckuck, der Rote Wall, der Reiter, die Mönche oder der Mädchenfels sind zu entdecken. Wind, Regen und Temperaturunterschiede schufen aber nicht nur die sichtbaren Felsen, auch riesige **Höhlensysteme** entstanden, die sich zu Dutzenden in der Umgebung finden.

Geschichte

Überragt wird die **„Weiße Stadt“** Belogradčik von der **Festung Kaleto.** Sie entstand unter Sultan *Mahmud II.* durch die

Fronarbeit der bulgarischen Bevölkerung. Sie ist Namensgeber der Stadt (*belija gradej* – Weiße Burg) und geht auf das römische 1. Jh. zurück, sah aber in ihrer Geschichte mehrfach Zerstörung und Wiederaufbau mit Erweiterungen.

Erst 1837 erhielt die Festung ihr heutiges Gesicht. 12 m hoch sind die 2,50 m starken Wälle. Sie umschließen drei Innenhöfe, die einst fünf mächtige Eisentore sicherten, vier davon an den Haupteingängen. Die zinnenbekrönten Mauern umfassen ein über 10.000 m^2 großes Areal, auf dem lange Zeit Lagerhäuser, eine Mühle, Kasernen und ein Gefängnis standen. 1850 war die Festung Schauplatz eines **Bauernaufstandes** gegen die Türken, welche die Revolte blutig niederschlugen und die Besatzung der Festung töteten. Am 25. Februar 1878 marschierte die russische Armee ein und befreite die Stadt.

Sehenswertes

Für **Panoramablicke** nimmt man vom Hauptplatz den Weg am Hotel Skalite rechts vorbei zur Mehana Mizlen Kamăk und weiter zum Stadtpark. Nach 1 km endet der Weg beim ehemaligen Naturkundemuseum.

Historisches Museum Panova-Haus

Das Museum residiert in einem prächtigen Gebäude aus dem Jahr 1810 und zeigt eine wertvolle Sammlung an Arbeiten hiesiger Gold- und Silberschmiede, Ikonen und Volkskunst und beleuchtet die Geschehnisse bei der Befreiung vom türkischen Joch 1878.

- **Istoričeski Muzej Panovata Kăšta** (Исторически Музей Пановата Къща), Pl. 1850 Leto (Пл. 1850 Лето), Tel. 0936-53469, www.muzeibelogradchik.com, geöffnet tgl. 9–12, 13–18, Winter 8.30–12, 12.30–17 Uhr, Eintritt 3 Lv.

Kunstgalerie

Die kleine Ausstellung zeigt in einem Raum Werke u.a. von *Vladimir Dimitrov/Maystora, Stojan Venev* und *Ivan Hristov*, die anlässlich einer alljährlichen Kunstmesse bis 1989 entstanden. In zwei weiteren Räume finden Sonderveranstaltungen statt.

- **Hudožestvenata Galerija** (Художествената Галерия), Ul. Knjaz Boris I. (Ул. Княз Борис I) 41, geöffnet tgl. 9–12, 13–18, Winter 8.30–12, 12.30–17 Uhr, Eintritt 3 Lv.

Kellerei Borovica

- **Borovica** – 13 km südöstlich von Belogradčik, Tel. 0887-806200, www.winwines.net.
- **Weinregion Donauebene,** Rebfläche ca. 10 ha, Kellermeister *Adriana Srebrinova.*
- **Rote Rebsorten:** Gamay Noir, Pinot Noir, Evmolpia, Gamza, Bouquet, Cab. Sauvignon, Cab. Franc, Merlot, Syrah.
- **Weiße Rebsorten:** Sauvignon Blanc, Viognier, Marsanne, Roussanne, Chardonnay.
- **Herausragende Weine:** Borovica DUX Great Terroir, Bouquet Blush Rose, Borovica Blanc de Noir.
- **Touristisches Angebot:** Führung und Weinverkostung werktags nach Voranmeldung, 3 Weine 20 Lv, 5 Weine 25 Lv, 5 Top-Weine 30 Lv, jeweils mit Käse- und Wurstbegleitung.

254bu sk

Auf der Aussichtsplattform der Festung Kaleto

Naturkundemuseum

Die überschaubare Sammlung im Verwaltungsgebäude der Festung informiert über die Flora und Fauna der Region. Sie zeigt einige Vogelbälger, mehrere ausgestopfte Säuger der umgebenden Wälder (Bär, Wildschwein, Wildschaf) und **endemische Pflanzen** wie den Elfenkrokus *(Crocus tommasinianus)*, die Flockenblume *(Centaurea atropurpurea)* oder den Serbischen Felsenteller *(Ramonda serbica)*.

■ **Prirodonaučen Muzej** (Природонаучен Музей), Tel. 0931-49168, www.muzeibelogradchik.com, geöffnet tgl. 9–12, 13–18, Winter Mo–Fr 8–12, 13–17 Uhr, Eintritt 3 Lv.

Festung Kaleto

Die Festung über der Stadt gehört zu den **besterhaltenen Wehrbauten Bulgariens.** Gegen Abend ist es auf den Mauern am schönsten, wenn die Sonne die umliegenden Felsen blutrot aufleuchten lässt. Weit in die Bergwelt Serbiens reicht der Blick von hier.

Ab und an wird die Festung für **Veranstaltungen** genutzt, häufig finden auch **Filmaufnahmen** statt. Eindrucksvoll sind die Aufführungen der **Oper von Sofija** im Sommer.

Wer hoch hinaus will, um die **fantastische Aussicht** zu genießen, muss Treppen mögen. Bis zum Burginneren sind es 123 Stufen, zum höchsten Punkt nochmal 88 Stufen.

■ **Krepost Kaleto** (Крепост Калето), Tel. 0936-53022, www.muzeibelogradchik.com, geöffnet tgl. 9–17/20 Uhr (je nach Saison), Kassenschluss 1 Std. vorher, Eintritt 6 Lv, Parken 2,40 Lv.

Astronomisches Observatorium

Das Observatorium von Belogradčik westlich der Festung besitzt eines der **größten Teleskope** auf dem Balkan (Durchmesser von 60 cm). Ab und an sind (bei wolkenlosem Himmel) auch Besucher willkommen. Da die Luft besonders klar ist, sieht man Sterne und Details, die man in Mitteleuropa nicht zu Gesicht bekommt.

■ **Astronomičeska Observatorija** (Астрономическа Обсерватория), Tel. 0936-53372, www.astro.bas.bg. Besuch nach Voranmeldung (am besten über die Touristinformation).

Belogradčik Umgebung

Magura-Höhle

Die Magura-Höhle (12 °C Innentemperatur, Luftfeuchtigkeit über 90 %) befindet sich 25 km nordwestlich von Belogradčik, nahe dem 40 m tiefen See von Rabiša, und ist über kleine Landstraßen erreichbar. Die Höhle ist nicht nur für ihre **bizarren Auswaschungen** im Kalkstein bekannt, wichtiger sind die **prähistorischen Felsmalereien** im Inneren.

Bislang wurde eine Länge von 2000 m erforscht, aufgeteilt in einen Hauptgang und drei Nebengänge. Die größte Halle der Höhle misst 200 mal 50 m und hat eine Höhe von 20 m. Es gibt fantastische Tropfsteinvorhänge, **Stalaktiten** (von der Decke), **Stalagmiten** (am Boden) und **Stalagnate** (durchgehende Tropfsteinsäulen) zu sehen. Der größte Stalagnat ist 20 m hoch und hat einen Durchmesser von 4 m, der größte Stalagmit Bulgariens misst 11 x 6 m.

Rundwanderung Festung Kaleto

Die **einfache Wanderung (Länge 3 km, Dauer 1–1½ Std., An- und Abstieg 150 m)** auf relativ guten Wegen beginnt gegenüber dem Hotel Skalite mit dem Plattenweg vom Hauptplatz parallel zur Straße hinunter. Er wendet sich bald nach rechts von der Straße weg und wird zum breiten und gut begehbaren Wanderweg über die Wiesen zwischen den Felsen. Nach 7 Min. biegt man an einer Holzhütte nach rechts ab und wandert in den malerischen Zauberwald mit bemoosten Felsen und wild verdrehten Baumwurzeln.

Nach 15 Min. ab Start und gleich hinter den schluchtartigen Felsen achte man auf die Wegweiser: Man verlässt den Weg geradeaus und wendet sich stattdessen nach rechts Richtung Nordwest. Auf schmalem Pfad an der Felswand entlang geht es leicht bergan. Nach 5 Min. und hinter der Lichtung mit Blick auf die **drei markanten Felssäulen** („Kamel") wendet sich der Weg nach Süden und wird wieder zum gut begehbaren Waldweg. Nach weiteren 3 Min. kann man linker Hand die **Felsformation** der „Mönche" bestaunen.

Der Weg führt nun an den Felsen entlang weiter bergauf und endet nach nochmals 5 Min. unterhalb der Festung an Pflaster und einer Treppe. Um die Festungsmauern herum gelangt man zum Eingang. Über das Sträßlein rechts des Hotels Fort o Bel hinunter und am Panova-Haus vorbei geht es wieder zum Hauptplatz zurück.

Die prähistorischen Bewohner haben in ihrem Tempel mit Fledermauskot **Tänzer, Jäger, Tiere, Sterne** und **Artefakte** in großer Zahl auf die Wände gemalt. Ein Sonnenkalender entstand im Äneolithikum, 4000–2200 v. Chr.

Die **Führung** (nur auf Bulgarisch) dauert etwa 2 Std. und geht über 2 km; vom unteren Ausgang zurück zum Parkplatz sind es weitere 3 km. Ist man Ende Juli hier, tönt beim Wagner-Festival schweres Schicksal durch die Höhle.

■ **Peštera Magura** (Пещтера Магура), Tel. 09329-6677, www.muzeibelogradchik.com, geöffnet Sommer tgl. 10–16.30 (letzter Einlass), Winter bis 16 Uhr, Führungen Sommer stündlich, Winter zweistündlich, Eintritt 12 Lv (Familienticket 20 Lv).

Ein Seitengang der Höhle wird von der **Magura-Kellerei** (www.magurawinery.bg, 1 km vom Eingang) für die Herstellung von **Schaumwein** verwendet. Die klimatischen Bedingungen ähneln stark denen der **Champagne,** wenn auch dieser Begriff für den Sekt aus Magura nicht verwendet werden darf. Gleichwohl ist die angewandte Methode traditionell und entspricht der Herstellung des Champagners.

Die Kellerei stellt neben Sekt auch ausgezeichneten roten und weißen **Wein** und **Brandy** her. Bei den Trauben ist besonders die Gamza-Traube interessant, die nur im Norden Bulgariens kultiviert wird.

■ **Magura Winery,** Rabiša (Рабиша), Tel. 093-296230, www.magurawinery.bg. Kellereiführung und Weinprobe in der Höhle tgl. 10–18 Uhr nach Voranmeldung (2–3 Tage), 25–45 Lv.

☐ Die Ikonostase des Klosters Rakovica

255bu sk

Kloster von Rakovica

Das Kloster erreicht man von der Höhle aus nach einer 21 km langen Fahrt über die Landstraßen im Hinterland durch dichte Wälder. Es geht durch das Dorf Rakovica (Раковица) hindurch und nach 3 km eine 2 km lange Stichstraße hoch. Sofort umfängt Besucher die Idylle mit Rosengarten, hohen Nadelbäumen und Vogelgezwitscher.

Die nur 8x8 m große **Kreuzkuppelkirche** aus dem 10. Jh. mit ihren Fresken von 1825 ist mehr als einen Blick wert. 1848 begann im Kloster die **erste weltliche Schule** im Nordwesten des Landes mit dem Unterricht. Sie wurde schnell zu einem **Zentrum der Unabhängigkeitsbewegung,** und das Kloster nahm dann auch bei den Vidiner Aufständen in den 1850ern gegen die Türken eine Schlüsselrolle ein.

■ **Rakoviški Manastir Sv. Troica** (Раковишки Манастир Св. Троица), geöffnet tgl. 8–18, Winter bis 16 Uhr, Eintritt frei (Spende erbeten).

Rabiša-See

Nach dem Besuch der Magura-Höhle lädt der **größte Binnensee Bulgariens,** der **Rabiško Ezero** (Рабишко Езеро), zu einem kühlenden Bad ein. Der knapp 4 km² große See ist natürlichen Ursprungs, heute aber mit einem Damm gestaut. An die Ufer kommen am Wochenende die Ausflügler und erfrischen sich im Wasser, während andere grillen oder angeln (im See leben bis zu 300 kg schwere Welse).

Veneca-Höhle

Veneca (Венеца) liegt 3 km südlich des Bahnhofs Gara Orešec (Гара Орешец) 12 km von Belogradčik. Vom Parkplatz sind es 250 m bis zum Eingang der Höhle (10 °C Innentemperatur, Luftfeuchtigkeit 100 %).

Die **geführte Tour** auf rutschsicheren Metallplanken mit Geländer dauert 40–50 Min. und entführt in eine **Märchenwelt der Tropfsteine,** die mit Lichtorgeln bestrahlt in allen erdenklichen Farben leuchten. Obwohl die Wegstrecke in der Grotte kaum über 200 m lang ist, fordern enge Passagen, steile Treppen und niedrige Durchlässe (Helmpflicht!) ihre Zeit.

Wanderung Lepenica-Höhle

Für die **einfache Wanderung (Länge einfach 4 km, Dauer hin und zurück 2½–3 Std., An- und Abstieg 140 m)** folgt man der Straße am **Hotel Skalite** rechts vorbei zur Mehana Mizlen Kamăk und weiter zum ehemaligen Naturkundemuseum (15 Min.). Hier nimmt man den Pfad geradeaus weiter in den Wald hinein, passiert auf eindeutigem und schmalen Weg mehrere Lichtungen und Aussichtspunkte und gelangt nach 60 Min. hinter dem Museumsgebäude im leichten kontinuierlichen Abstieg und die letzten Minuten auf etwas steilerem Weg an eine kleine Hütte unterhalb der Höhle.

Den gewaltigen und erstaunlich gleichmäßig als Bogen geformten Schlund teilt eine natürliche Steinbrücke, die **Aussicht** auf ihr über die gegenüberliegenden Felsformationen ist fantastisch. In der Höhle leben **Fledermäuse** (Hufeisennasen).

256bu sk

Unter anderem zu sehen ist der **größte Stalagnat Bulgariens** mit 25 m Durchmesser. Auch **Fledermäuse** leben noch in der Höhle. Veneca ist gerade wegen ihrer überschaubaren Größe, der perfekten Aufbereitung, des verschlungenen Wegs und des engagierten Personals **eine der schönsten Höhlen des Landes.** Wartezeiten kann man an der Bar mit weitem Blick über die Donauebene verkürzen.

- **Peštera Veneca** (Пещера Венеца), Tel. 0884-572372, geöffnet Di–So 9–17 Uhr, letzte Führung um 16 Uhr, Entritt 8 Lv, Kind 4 Lv.

Praktische Tipps

Information

- **TIC,** Ul. Poručik Dvorjanov (Ул. Поручик Дворянов) 1, Tel. 0877-881283, www.belogradchik.bg, geöffnet tgl. 8–12.30, 13–17 Uhr.

Unterkunft

1 Hotel Fort o Bel②, Ul. Colo Todorov (Ул. Цоло Тодоров) 41, Tel. 0896-585955, www.fortobel.com. 12 Zimmer mit Aussicht auf Felsen oder Burg direkt am Eingang der Festung Kaleto, gutes Restaurant.
2 Hotel Skalite③, Hauptplatz, Tel. 094-691210, https://skalite.bg. Luxusherberge mit 60 Zimmern, Restaurant, Nachtklub/Bar, Wiener Kaffeehaus und Spa. Blick auf Stadt und die Umgebung.
UNSER TIPP: **5 Han Madona**②, 15 km im Osten beim Dorf Falkovec (Фалковец), an der Straße nach Sofija, 6 km vor der Einmündung in die E79, Tel. 0936-55646, www.hanmadona.com. 20 Zim-

Spezialitäten der Region

Bel Muj ist ein **Frischkäse** aus Schafs-, aber auch aus Kuhmilch, der 12 Std. trocknet, dann noch einmal 12 Std. abgedeckt ruhen muss. Anschließend wird er in einer Pfanne bei niedriger Temperatur gebacken, es wird Mehl hinzugefügt, gesalzen, weiter bei niedriger Temperatur warm gehalten und noch einige Zeit gerührt – aber immer in der gleichen Richtung. Warm servieren!

Kiselica sind **getrocknete Paprika,** die in lauwarmem Wasser eingeweicht werden. Anschließend werden sie mit kleingeschnittener Gurke, reichlich Knoblauch, geröstetem Chili, Essig, Salz und Zucker (nimmt die Schärfe!) eingelegt.

⌃ Illuminierte Tropfsteine der Veneca-Hohle

mer und Apartments in toller Lage und mit erstklassigem Standard, ausgezeichnetes Restaurant; Garten.

Essen und Trinken

3 Mehana Markašnica, Ul. Vasil Levski (Ул. Васил Левски) 1, Tel. 0879-830206, geöffnet 8–24 Uhr. Traditionelle Gerichte im Zentrum am Hauptplatz mit kleinem Innenhof und gemütlichen Gasträumen.

4 Mislen Kamăk, Tel. 0879-830207, geöffnet 10–2 Uhr. Nur fünf Gehminuten vom Hauptplatz hat man von der Terrasse die beste Aussicht der ganzen Stadt – und das mitten im Grünen. Sehr gute bulgarische Landkost, zweisprachige Menükarte.

Veranstaltungen

- **Opera of the Peaks – Belogradčik Rocks,** www.operasofia.bg. Festival der Oper Sofija Ende Juli/Anfang August in der Festung Kaleto; Spielplan u.a. Kameliendame, Troubadour, Carmen und Carmina Burana; Eintritt 20–50 Lv.

Aktivitäten

- **Klettern:** Die bis zu 200 m hohen Felsen um Belogradčik laden geradezu zum Klettern ein. „Paules Kletterbibel Belogradtschik" (Auflage 2017, zu bestellen über *Klaus Paul,* Neue Hauptstraße 110, 01814 Bad Schandau, https://belogradtschik.kletterbibel.de) listet zahlreiche Klettertouren unterschiedlichen Schwierigkeitsgrades und mit Namen wie „Wachsamer Teufel", „Morsche Nadel" oder „Elektrisches Schwein" auf.
- **Weitere Wanderungen:** In der Umgebung gibt es mehrere markierte Ökotrails. **Belogradčik Rocks** von der Touristeninformation über das Historische Museum und die Festung in die Felsen (Länge 4 km, Dauer 1–2 Std., Höhenunterschied 150 m, Markierung gelb). **Planinica** von der Informationsstelle durch die Felsenwelt (Länge 8 km, Dauer 3–3½ Std., Höhenunterschied 260 m, grüne Markierung). **Zbegove** von der Informationsstelle über das Historische Museum und die Festung zu den Felsen Reduta, Raskrusie und zur Felsengruppe Zbegove (Länge 13 km, Dauer 4–5 Std., Höhenunterschied 170 m, Markierung schwarz). **Vedernik** verläuft im Beginn wie der Zbegove-Weg, führt aber gegen Ende auf den Gipfel des Vedernik (Länge 12 km, Dauer 4–5 Std., Höhenunterschied 600 m, Markierung rot).

Verkehr

- **Bus,** Haltestelle im Zentrum, Tel. 0936-4521, 2x täglich nach Sofija (frühmorgens und nachmittags) und Vidin.
- **Bahnhof,** 10 km nordöstlich an der Bahnstrecke Sofija – Vidin im Dorf Gara Orešec (Гара Орешец); je ein Bus fährt morgens und nachmittags, ansonsten stehen bei Zugankunft Taxis am Bahnhof.

Gesundheit

- **Hospital/Bolnica Belogradčik** (Болница Белоградчик), Ul. Hristo Botev (Ул. Христо Ботев) 34, Tel. 0936-54074.

Von Belogradčik nach Montana

Schöner als die Strecke auf der Staatsstraße Nr. 1 zwischen Belogradčik (Белоградчик) und Montana (Монтана) ist die Fahrt auf der südlich des Gebirgszuges Široka Planina (Широка Планина) verlaufenden guten Straße Nr. 102 mit Abstechern zu den Klöstern und dem berühmten Weberdorf Čiprovci (Чипровци).

Montana (Монтана)

Das Interessanteste an der gesichtslosen Industriestadt mit 39.000 Einwohnern ist ihre lange Geschichte – und der direkt im Westen an die Stadt anschließende **Stausee,** ein beliebtes Angelrevier und Standort von Fischzuchtfirmen.

Geschichte

Montana wurde von den Römern als Festung **Kastra ad Montanesium** („Festung im Gebirge") gegründet. Diese bewachte an einer Karstquelle die Militär- und Handelsstraßen, die sich hier kreuzten, und wurde zur zweitwichtigsten Siedlung hinter Raciaria.

Von den Barbaren zerstört, gewann Montana im 16. Jh. als Kutlovica wieder an Bedeutung. 1891 erhielt der Ort den Namen Ferdinand, nach dem gleichnamigen Caren, und 1945 stand sie als Mihailovgrad in den Landkarten. 1993 erhielt die Stadt wieder ihren ursprünglichen Namen und ist noch heute wie vor 2000 Jahren der **wichtigste Verkehrsknoten** in Nordwestbulgarien.

Sehenswertes

Historisches Museum

Das Museum, an einem kleinen Park gelegen, blickt auf eine fast hundertjährige Sammelgeschichte zurück. Zusammengetragen sind in den zwei Sälen Gegenstände der Archäologie, der bulgarischen Geschichte (darunter Waffen und Uniformen), Ethnografisches und Silberschmiedearbeiten.

Im Freien neben dem Museum zeigt das **Lapidarium** (Лапидариум) um Montana herum gefundene Grabstelen, Statuen und Marmortafeln aus der römischen Zeit des 2. und 3. Jh.

■ **Istoričeski Muzej** (Исторически Музей), Ul. Graf Ignatiev (Ул. Граф Игнатиев) 3, Tel. 0963-05589, www.montana-museum.weebly.com, geöffnet Mo–Sa 8.30–12, 12.30–17 Uhr, Eintritt Museum und Lapidarium je 1 Lv.

Mihailovs Haus

Im einzigen **Wiedergeburtshaus** der Stadt lässt sich das Leben der Urgroßeltern nachvollziehen. Es zeigt die Lebensumstände einer reichen bulgarischen Familie am Ausgang des 19. Jh.

■ **Mihajlovata Kăšta** (Михайловата Къща), Ul. Čerkovna (Ул. Черковна), Tel. 096-305589, www.montana-museum.weebly.com, geöffnet Mo–Sa 8.30–12, 12.30–17 Uhr, Eintritt 1 Lv.

Römische Festung

Die langgestreckte Alte Festung staffelt sich südwestlich des Zentrums am Hügel **Gradišteto** (Градището) bis auf 40 m Höhe. Die Fundamente des Befestigungswerkes und eines klobigen Turmes aus dem 3./4.Jh. sind zu sehen, ebenso die einer Basilika. Die Burg wurde von den Awaren im 7. Jh. erstürmt und geschleift. Von ganz oben blickt man weit über die Stadt.

257bu sk

■ **Antičnata Krepost** (Античната Крепост), Aufgang am Bul. Hristo Botev Ecke Ul. Icvora (Бул. Христо Ботев/Ул. Ицвора), frei zugänglich.

Stausee Ogosta

Der Stausee von Montana (Jazovir Ogosta/Язовир Огоста) besitzt einen Sandstrand, Schwimmbad, Rutschen, Kioske sowie das Hotel und Restaurant des **Augusta-Komplexes,** wenn auch das schattenlose Ufer in der Tageshitze nicht unbedingt zum Verweilen einlädt.

■ **Kompleks Augusta** (Комплекс Аугуста), Tel. 0888-615858, www.evropa-augusta.com.

☐ Das Kloster Lopušan wirkt sehr aufgeräumt

Montana Umgebung

Kloster Lopušan

Das Kloster Lopušan 20 km von Montana (Монтана) und 15 km vor Čiprovci (Чипровци) – 5 km südwestlich des Dorfes Gavril Genovo (Гаврил Гeново) am Ortsausgang des Dorfes **Georgi Damjanovo** (Георги Дамяново) – wurde wegen seiner herrlich gearbeiteten Ikonostase zum **Nationalmonument** erklärt. Sie entstand unter den Händen der Meister *Nikolai* und *Stanislav Dospevski,* die der Kunstschule von Samokov verpflichtet waren und deren Stil pflegten. Die Kirche stammt aus den Jahren 1850–1853.

Das Kloster vermittelt auch **einfache Unterkünfte** mit eigenem Bad.

■ **Lopušanski Manastir** (Лопушански Манастир), Tel. 0885-533494, www.lopushanski-manastir.bg, geöffnet 8–19, Winter bis 17 Uhr, DZ 35 Lv.

Kloster Čiprovci

25 km westlich von Montana, kurz nach dem Ort **Belimel** (Белимел), zweigt die Stichstraße nach Süden ab. Obstbaumspaliere, Felder und Pferdeweiden begleiten sie, und immer wieder verengt sich das Tal zur Schlucht. Das Kloster auf einer Anhöhe ist ein bekannter **Wallfahrtsort.**

Sechsmal wurde das Kloster unter den Türken niedergebrannt und immer wieder aufgebaut. Das älteste Gebäude ist heute die Kirche von 1830 mit einer geschnitzten Ikonostase (1879) eines unbekannten Meisters; die Ikonen malte *Hristo Enčev.* Der dreistöckige Turm (das obere Geschoss wurde nach der Wiedergeburt aufgesetzt) ist ein Beinhaus für die Gefallenen im Widerstand gegen die Türken.

Das Kloster vermietet einige **einfache Pilgerzimmer,** bietet aber kein Essen an; geplant sind komfortable Gästezimmer mit Bad.

■ **Čiprovski Manastir** (Чипровски Манастир), Tel. 0878-189931, www.facebook.com/chiprovtsimonastery, Zimmer für 15 Lv/Person.

Čiprovci

Fährt man vom Kloster 6 km weiter nach Südwesten, gelangt man in die ehemalige Kupferbergbaustadt Čiprovci (Чипровци). Hier arbeiteten u.a. aus Sachsen zugewanderte Kumpel; einer wurde im Stil des sozialistischen Realismus als Denkmal am Ortseingang verewigt.

Čiprovci ist seit dem 17. Jh. auch ein über die Region hinaus bekanntes Zentrum für **Teppichwebkunst.** Mehrere Geschäfte bieten die Webwaren an, die Ateliers sind aber meist nicht zu besuchen. Eine Ausnahme macht **Torlacite**

☐ Ländliche Idylle im Kloster Čiprovci

258bu sk

(→ „Unterkunft“), die nicht nur einen kleinen Laden betreiben, sondern auch bei Voranmeldung das Weben demonstrieren, Bestellungen von Wunschdesigns annehmen und Webkurse anbieten.

Besonders durch die teils geometrischen und abstrakten **Muster** und die verwendeten **Pflanzenfarben** unterschieden sich die Teppiche einst von denen der anderen Landesteile, wenn auch heute wohl ab und an Chemie beim Färben zum Einsatz kommt. Standen zu Beginn Dreiecke und Rhomben bei der Gestaltung im Vordergrund, sind es seit dem 19. Jh. **alle Arten von Dessins,** von Tieren bis zu Blumen. Die **Farben** sind traditionell vornehmlich gedeckt: Beige, Braun, Oliv und Hellblau, für den Kontrast Schwarz und Weiß.

Sogar bis nach London, Berlin und Brüssel und in die Museen Europas gelangten die Teppiche. Im **Historischen Museum,** dem höchstgelegenen Gebäude der Stadt, sind eine Sammlung an Teppichen, Ikonen und wertvoller Schmuck ausgestellt. Das kleine **Ethnografische Museum** in der Katerinina Kăšta (Катеринина Къщта) unterhalb des Historischen Museums zeigt im ersten Stock liebevoll möblierte Zimmer einer gutbürgerlichen Familie der vorletzten Jahrhundertwende und schöne Trachten.

- **Istoričeski Muzej** (Исторически Музей), Ul Vitoša (Ул. Витоша) 2, am Hauptplatz hinter dem Rathaus die Treppe hoch, Tel. 09554-2168, www.facebook.com/historicalmuseumchiprovtsi, geöffnet Mo–Fr 8–12, 13–17 Uhr, Sa/So 9–17 Uhr, Eintritt 3 Lv.
- **Etnografski Kăšta** (Етнографски Къща), Ul. Pavleto (Ул. Павлето) 27, geöffnet Mo–Fr 8–12 und 13–17 Uhr, Sa/So 9–17 Uhr, Eintritt 2 Lv.

Praktische Tipps

Unterkunft/Essen und Trinken

- **Zhitomir**②, Pl. Žeravica (Пл. Жеравица) 1, Montana, Tel. 096-306176, https://hoteljitomir.com. Hochhaushotel direkt am Hauptplatz mit komfortablen Zimmern für die Geschäftsleute, so, wie Luxus im Sozialismus eben aussah; Disco, Bar und Restaurant.
- **Hotel/Mehana Pavlova**②, Ul. Pavleto (Ул. Павлето) 17, Čiprovci, Tel. 0882-729737. Einfaches Hotel in traditionellem Stil im Zentrum mit Restaurant und aufmerksamem Personal.
- **Hotel Torlacite**②, Ul. Pavleto (Ул. Павлето) 31, Čiprovci, Tel. 0887-892790, www.torlacite.com. Herberge mit acht Zimmern (privates Bad), angenehme Gastgeber, Gaststätte mit traditioneller Küche im Innenhof (Halbpension möglich).

Veranstaltungen

- **Festival des Teppichs** (Фестивал на Килим), www.facebook.com/festivalcarpets. Ende April/Anfang Mai steht der Ort im Zeichen des Teppichs.

Teppichkauf

- **Torlacite,** Ul. Pavleto (Ул. Павлето) 31/Čiprovci, Tel. 0887-892790.
- **Čuškarčeto,** Ul. Dimitrov (Ул. Димитров) 2/Čiprovci, Tel. 0888-968874, www.tchukilim.com.

Aktivitäten

- **Webkurse:** Das Hotel Torlacite (→ oben) organisiert bei Voranmeldung Schnupperkurse (6 Std.), aber auch komplette Webkurse, die bis zu 20 Tage dauern können und das Färben beinhalten.

Berkovica (Берковица)

Berkovica (12.000 Einw.) liegt malerisch mitten in der Hügelwelt zu Füßen des gleichnamigen Gebirges auf 370 m. Bulgaren besuchen es gerne, um im gesunden Klima der ausgedehnten **Kastanienwälder** und im **Heilwasser** des 18 km östlich liegenden **Văršec** (Вършец) zu kuren.

Geschichte

Die Ruinen zweier Kirchen aus dem 4. Jh. und einer römischen Festung auf dem Hügel Kaleto im Nordwesten der Stadt verweisen auf die lange Geschichte. Im 15. Jh. stand laut den Annalen von 1491 in Berkovica eine **Festung** des **Königreiches von Vidin.** Mehrfach stand man gegen die türkische Herrschaft auf, lebte aber unter ihr recht gut; Töpfer und Holzschnitzer lieferten ihre Waren nach Konstantinopel. Mit der Unabhängigkeit war der **wirtschaftliche Niedergang** eingeläutet, die Absatzmärkte in der Türkei verloren.

Sehenswertes

Hausmuseum Ivan Vazov

Wichtigste Sehenswürdigkeit ist das im Wiedergeburtsstil reich mit Schnitzwerk versehene Wohnhaus des berühmtesten **bulgarischen Dichters** (→ Exkurs „Ivan Vazov", S. 161). Hier lebte *Vazov* als Richter knapp zwei Jahre bis 1880, und er selbst hielt die Zeit seines Aufenthalts in Berkovica für eine der fruchtbarsten seines Schaffens. Fotografien und Manuskripte dokumentieren seine Arbeit.

■ **Kăšta-Muzej Ivan Vazov** (Къща-Музей Иван Вазов), Ul. Berkovska Reka (Ул. Берковска Река), Tel. 0953-88045, geöffnet Mo–Fr 8–12, 12.30–17, Sa/So ab 9 Uhr, Eintritt 5 Lv (mit Ethnografischem Museum).

Ethnografisches Museum

Gleich nebenan befindet sich in der **Sarbinskata Kăšta** (Сарбинската Къща) das Stadtmuseum mit Teppichen aus Čiprovci, Keramik aus Berkovica und Kostümen aus dem 19. Jh. Interessant ist auch der städtische Luxus um 1900. Der Küchenofen sorgte für warmes Wasser im Bad und die Keramikkanalisation nahm das Abwasser auf.

■ **Etnografski Muzej** (Етнографски Музей), Ul. Poručik Grosdanov (Ул. Поручик Грозданов) 11, Tel. 0953-88045, geöffnet Mo–Fr 9–17 Uhr, Eintritt 5 Lv (mit Vazov-Haus).

Uhrturm

Am Hauptplatz erhebt sich der 21 m hohe **Uhrturm** (Časovnikova Kula/Часовникова Кула). Er entstand in den 1760er Jahren, und das schwere Uhrwerk kam auf Ochsenschlitten aus Bukarest. Auf dem steinernen Baukörper mit quadratischem Grundriss ist das hölzerne Türmchen aufgesetzt, dessen Glocke die Zeit verkündete – eine optische Anzeige war nie vorgesehen.

Gottesmutterkirche

Die Kirche Sv. Bogorodica (Св. Богородица) mit ihrem weiß strahlenden Turm liegt am Ende einer Straße rechts vom Uhrenturm inmitten eines blühenden Gartens. Ihr Schiff ist halb in die Erde gesetzt. Beeindruckend sind der Bischofsstuhl und die Ikonostase aus der Schule von Samokov.

Festung Kaleto

Vom Ivan-Vazov-Haus geht es auf der Ul. Berkovska Reka (Ул. Берковска Река) nach Osten, gleich über die Brücke und die Ul. Pirotski Păt (Ул. Пиротски Път) nach Westen. Zu Fuß kann man eine Abkürzung auf dem Waldpfad 300 m hinter der Brücke rechts hoch nehmen. Die Fahrstraße wendet sich nach Norden und rechts führt dann die Ul. Kaleto (Ул. Калето) zur Festung **Krepost Kaleto** (Крепост Калето), 110 m über dem Hauptplatz (15–20 Min. Fußweg).

Innerhalb der im 4. Jh. an einem thrakischen Siedlungsplatz entstandenen Festung sind die Fundamente zweier frühchristlicher Basiliken zu sehen. Hierher kommt man aber in erster Linie wegen der **fantastischen Aussicht.**

Berkovica Umgebung

Kloster Klisurski

Das Kloster 10 km südöstlich von Berkovica an der Straße nach Văršec (Вършец) liegt inmitten üppiger Natur an den Ausläufern des 1785 m hohen Berges **Todorini Kukli** (Тодорини Кукли).

Zu den Wasserfällen von Haiduški

Einfache Wanderung (einfache Länge vom Parkplatz 4 km, hin und zurück 2½–3 Std.) zum Picknickplatz oberhalb der Wasserfälle (Hajduški Vodopadi/Хайдушки Водопади), die in einem lauschigen Tal als kurze Kaskade herabspringen und einen kleinen Tümpel speisen. Anfahrt vom Vazov-Haus vorbei dem Bach und der Ul. Berkovska Reka (Ул. Берковска Река) nach Westen folgen und nach 3 km bei einem aufgelassenen Marmorbruch parken (Parkplatz GPS N 43.23594, E 23.09381). Auf einer schmalen und schlechten Fahrstraße geht es zu Fuß beidseits von Büschen begleitet weiter und an einem Weiler vorbei schattenlos in das Barcia-Tal hinein, das sich schließlich verengt. Schattig zieht das Sträßlein durch den Wald und wird zum ruppigen Forstweg, auf dem es dann noch 10 Min. bis zum kurzen Abstieg bei den Kaskaden sind.

Besteigung des Kom

Lange Bergtour von Berkovica, kürzer von der Berghütte Kom unterhalb der Drillingsgipfel des Kom. Die Hütte erreicht man nach gut 1000 Höhenmetern in 3½ Std., sie ist aber auch mit dem Wagen auf einer Asphaltstraße anzufahren (15 km). Von der Hütte geht es dann in 2½ Std. und über 550 Höhenmeter, den Nebengipfel Sreden Kom (1944 m) passierend, auf den Kom (2016 m). Eine Variante ist die Besteigung des östlich liegenden Nebengipfels Malăk Kom (1959 m, 2 Std.).

■ **Berghütte/Hiša Kom** (хижа Ком) auf 1515 m, Tel. 0882-611151, http://komnova.hiji.eu, Wasser, Strom, Küche und Kantine, 100 Schlafplätze.

Das in den 1990er Jahren renovierte Kloster zeigt sich mit weiß gekalkten Wänden und den typischen vorgebauten Holzgalerien um einen weitläufigen Innenhof, in dessen Mitte auf einem Hügel die prächtige Hauptkirche steht. Entstanden ist das Kloster als **Lebenswerk des Klerikers** *Arhim Andrite Antim* zwischen 1867 und 1922. Es hat also 55 Jahre gedauert, bis das Kloster seine heutige Form hatte. Die **Fresken** der Kirche stammen aus den Jahren 1936/37, die schönsten sind „Kiril und Metodij mit ihren Jüngern", „Car Boris bekehrt sich zum Christentum", „Weihnacht" und „Die Verkündigung". Die Ikonostase, in Teilen von 1936 und 1990 (mit Ikonen von 1890/91), wurde von Bürgern aus der Umgebung gespendet.

Vermietet werden zweckmäßig eingerichtete **Zimmer** (mit Bad am Gang) in einem der Gebäude, die den weiten Klosterhof umspannen (sehr gepflegte Anlage, auch Abendessen wird hier angeboten).

■ **Klisurskija Manastir**① (Клисурския Манастир), Tel. 0886-560612, www.klisurskimanastir.com.

Văršec

Der **Kurort Văršec** (Вършец) liegt auf 400 m üNN (5500 Einw.), 20 km von Berkovica am Fluss/Reka Butunja (Река Ботуня) und ist auf einer guten Straße erreichbar. Die Hotels unterschiedlicher

Kategorie haben **Gesundheitsangebote** im Programm – Wellness, Spa oder Anwendungen unter ärztlicher Kontrolle. Pensionen und Privatzimmer erlauben auch weniger Begüterten einen Kuraufenthalt in den Thermen. Zwei Quellen mit unerschiedlicher Temperatur (32 und 36 °C) speisen die balneologischen Einrichtungen des **Neuen Mineralbades** aus dem Jahr 1930.

■ **Novata Mineralna Banja** (Новата минерална баня), geöffnet Mai–Sept. 8.30–16.30, Kosten je nach Behandlung.

Praktische Tipps

Informationen

■ **TIC Văršec,** Ul. Republika (Ул. Република) 90, **Văršec** (Вършец), Tel. 095-273156, geöffnet tgl. 8.30–12.30, 13–17 Uhr.

Unterkunft

3 **Gelov**①-②, Ul. Aleksandrovska (Ул. Александровска) 28, Berkovica, Tel. 0953-95008, www.hotelgelov.com. Modernes Hotel mit Öko-Anspruch, gutes Restaurant mit kühler Atmosphäre.

4 **Green Hill Boutique Hotel**②, Ul. Dobrudža (Ул. Добруджа) 15, Berkovica, Tel. 0886-898164, www.green-hill.bg. Fünf elegante, modern eingerichtete Zimmer und ein Apartment in der Stadt, dazu noch ein separater luxuriöser Bungalow mitten im Grünen und in Hochlage.

Essen und Trinken

2 **Krăsteva Kăšta,** Ul. Šeinovo (Ул. Шеиново) 5, Berkovica, Tel. 0889-516044, www.facebook.com/krasteva.kushta, geöffnet 9–24 Uhr. Der kleine Garten des Hotelrestaurants ist hübsch angelegt, serviert werden diverse Fleischsorten vom Grill.

2A **Mehana Adašite,** Ul. Zdravčenica (Ул. Здравченица) 5, Berkovica, Tel. 0953-88899, geöffnet ab 11 Uhr. Gute lokale Küche auf gehobenem Niveau, von Einheimischen gerne für Festlichkeiten aufgesucht.

1 **Vodenicata,** Ul. Pirotski Păt (Ул. Пиротски път) 1, Berkovica, Tel. 0897-992118, www.facebook.com/vodenicaberk, geöffnet 12–2 Uhr. Auf den Terrassen des „Mühlen"-Hotels zu Füßen der Festung sitzt man angenehm und speist landestypische Gerichte.

5 **Mehana Pod Manastira,** beim Klisurski-Kloster kurz vor dem Eingangstor, Tel. 0889-798306, www.facebook.com/MehanaPodManastirskiteOrehi, geöffnet 11–22 Uhr. Das Lokal versorgt die Pilger und Besucher des Klosters mit guter Küche, man sitzt gemütlich drinnen oder schattig im Hof.

6 **Relax,** Ul. Republika (Ул. Република) 81, Văršec, Tel. 0884-884073, geöffnet tgl. 9–1 Uhr. Standards der Landesküche, aber auch Pizza und guter Kuchen – moderne Gaststätte mit Freisitz.

Ivan Vazov

Der Politiker (Bildungsminister) und Schriftsteller *Ivan Vazov* (1850–1921), in Sopot im Rosental geboren, ist der **Stammvater der bulgarischen Dichter;** nach ihm wurde das Nationaltheater in Sofija benannt. Der hochgebildete *Vazov* gehörte diversen Vereinigungen an, die die **Wiedergeburt** Bulgariens betrieben und gegen die türkische Herrschaft kämpften. Sein wichtigstes Werk, „Unter dem Joch", reflektiert diesen Kampf. Zahlreiche Gedichte, Novellen und Dramen stammen aus seiner Feder, nicht zuletzt aber auch **Reisebeschreibungen,** die das Leben der Bulgaren im 19. Jh. für die Nachwelt festhielten.

Vraca (Враца)

Die Stadt mit 52.000 Einwohnern liegt auf 350 m üNN zu Füßen des Balkanhöhenzuges, der fast 1500 m erreicht, und zu beiden Seiten des Flusses Leva (Лева) am Schluchteingang zum Hausgebirge Vračanska Planina (Врачанска Планина). Vraca ist ein beliebtes Ziel für **Wanderer, Höhlenforscher,** aber auch für **kulturell Interessierte.** Allerdings sollte man bei der Stadteinfahrt die ausgedehnten Industrieanlagen und wenig malerischen Wohnblöcke übersehen und sich schnell ins **Zentrum** aufmachen.

Geschichte

Vraca entstand wahrscheinlich im **13. Jh.,** wenn auch schon vorher Menschen in der Umgebung lebten (im Historischen Museum sind entprechende Artefakte ausgestellt). Mehrfach brannte Vraca ab, zuletzt im 19. Jh. Dennoch sind noch einige Gebäude aus dem 17. Jh. erhalten.

Sehenswertes

Hat man seinen Wagen geparkt und sich in die Fußgängerzone aufgemacht, erinnert am Hauptplatz das monumentale **Denkmal für Hristo Botev** an die bulgarischen Befreiungsbemühungen und den in die Annalen eingegangenen Kampf mit den Türken im nahen Gebirge, auf dessen Gipfel Okolčica (Околчица) ein weiteres Monument zu sehen ist (→ „Vraca Umgebung" weiter unten).

259bu sk

Historisches Museum

Am Hauptplatz befindet sich im Kulturpalast aus sozialistischer Zeit das Historische Museum. Die chronologisch organisierte Ausstellung beginnt mit Artefakten aus der Jungsteinzeit und leitet mit Funden aus Bronze- und Eisenzeit über zu den **bedeutendsten Exponaten** des Museums: dem Silberschatz von Rogošen und dem Goldschatz von Vraca, der sich aus Funden von drei Stellen in der Region zusammensetzt, alle in einem schwer gesicherten Tresorbereich untergebracht.

⌃ Das überlebensgroße Denkmal für den Volkshelden Hristo Botev

› Das moderne Vraca zu Füßen des Balkan-Gebirges

Der **Schatz von Rogošen** stammt aus dem 6. bis 4. Jh. v. Chr. und wurde 1985 per Zufall von einem Traktorfahrer bei der Feldarbeit entdeckt. Die 165 präzis gearbeiteten, fein ziselierten Gefäße sind teilweise vergoldet und wiegen zusammen 20 kg. Hergestellt wurden sie für die Herrscher des thrakischen Stammes der Triballen; vor *Philipp II.* und *Alexander dem Großen* versteckte man sie im Boden. Die Gefäße zeigen Abbildungen aus der Mythologie der Thraker und Inschriften mit Namen der Herrscher. Der Fund erlaubte einen ganz neuen Blick auf die fast in Vergessenheit geratene Hochkultur.

Der **Goldschatz von Vraca** stammt aus drei Grabungen am Mogilan-Hügel mitten in der Stadt. Die Grabbeigaben aus dem 4. Jh. v. Chr., 600 bestens erhaltene Einzelstücke wie Becher, Pferdegeschirr und Schmuck, sind vorzüglich gearbeitet und reich mit Ziselierungen verziert. Sie entstammen den Werkstätten verschiedener Meister und illustrieren unter anderem den persischen und griechischen Einfluss auf die Kunst der Thraker.

Weitere Abteilungen sind der moderneren bulgarischen **Geschichte** gewidmet – natürlich auch dem Befreiungskampf gegen die Türken.

■ **Istoričeski Muzej** (Исторически Музей), Pl. Hristo Botev (Пл. Христо Ботев), Tel. 092-620220, www.vratsamuseum.com, geöffnet Di–Fr 9–17.30 Uhr, Sa/So 9–12, 13–17.30 Uhr, Eintritt 5 Lv (mit Ethnografischem Komplex 6 Lv).

Ethnografischer Komplex

Der Komplex setzt sich aus mehreren Häusern unweit des Hauptplatzes zusammen. Vom Hotel Hemus geht man nach Norden und dann in die kleine

260bu sk

Vraca

0 200 m

Übernachtung
- **2** Rade 1
- **5** Hemus
- **6** Hăšove, Kiparis, Hotel Čajka

Essen und Trinken
- **1** Pintata
- **3** Taverne Našenci
- **4** Starata Kăšta

Straße Ul. Tărgovska (Ул. Търговска) nach rechts bis zu ihrem Ende am Eingang des Komplexes.

Die ehemalige **Schule** im Wiedergeburtsstil aus Mauerwerk und Holz stellt in zwei Stockwerken eine der besten Sammlungen traditioneller **Kostüme** aus.

In einem Nebengebäude gibt es eine kleine **Ausstellung zum Kutschenbau** mit Ochsenwagen, Schlitten und Kaleschen.

Das **Haus des Dimitrăki Hadžitošev** aus dem Jahr 1812 zeigt das Leben im 19. Jh. und im Besonderen das patriotische Wirken der einst das Gebäude bewohnenden Familie.

Im **Haus des Ivan Sambin** geht es um den Weinbau, die Seidenraupenzucht und die Goldschmiedekunst. Der Namensgeber war bulgarischer Diplomat und 1804 Mitglied der ersten Mission, die nach Russland ging.

Die anschließende **Kirche Sv. Văznesenie** von 1848 besitzt eine beachtenswerte Ikonostase des Meisters *Anton Staišev* aus der Schule von Debăr und eine Ikonen-Ausstellung mit Werken, die aus der Umgebung Vracas stammen.

■ **Etnografski Kompleks** (Етнографски Комплекс), Ul. David Todorov (Ул. Давид Тодоров) 2, Tel. 092-665094, geöffnet Di–Fr 9–17.30 Uhr, Sa/So 9–12, 13–17.30 Uhr, 4 Lv (mit Museum 6 Lv).

Kartpašov-Turm

Weiterhin gilt es zwei Wohn- und Wehrtürme zu besichtigen. Der quadratische, dreigeschossige **Kartpašov-Turm** (Kartpašova Kula/Картпашова Кула) beim Historischen Museum mit einer Grundfläche von 5,80 mal 6 m stammt aus der Mitte des 17. Jh. Er ist 10 m hoch. Im Parterre kann man in einer Boutique stöbern, in der ersten und zweiten Etage finden Ausstellungen statt.

Meščijte-Turm

Wuchtiger ist der nordöstlich vom Hauptplatz zwischen Rathaus und Hotel Hemus gelegene Turm **Meščijte** (Kulata Meščijte/Кулата Мешчийте) vom Ende des 17. Jh.: 10 mal 10 m in der Grundfläche und 13,40 m hoch, ist er wie der erste pro Etage mit einer Wohnung versehen. Das Holztürmchen kam im 19. Jh. hinzu. Die Schießscharten und schmalen Fenster dokumentieren die Nutzung der Türme in früherer Zeit als Rückzugspunkt bei Angriffen.

Vraca Umgebung

Schlucht von Vraca

Unmittelbar am westlichen Stadtrand von Vraca, 2 km vom Zentrum, beginnt die 200 m breite und bis zu 300 m tiefe Schlucht (Vračata Prolom/Врачата Пролом), die in das Tal von Zgorigrad führt. Hier gabelt sich die Straße, führt durchs Dorf **Zgorigrad** (Згориград) nach Süden zum Ausgangspunkt markierter Wanderwege im Naturpark von Vraca oder in Serpentinen hinauf zur Höhle von Ledenika und weiter ins Gebirge.

261bu sk

Ledenika-Höhle

Die Höhle liegt etwa 18 km vom Zentrum Vracas entfernt auf Höhe von 830 Metern. Im Winter beträgt die Temperatur dort im Durchschnitt -7 °C, im Sommer um 8 °C, die Luftfeuchtigkeit liegt bei 92 %. Bei der Führung (Dauer etwa 1 Std., Wegstrecke 400 m hin und zurück, unbedingt rutschsichere Schuhe und eine Jacke anziehen) sieht man (teilweise über steile Treppen kletternd) bunt beleuchtete **Tropfsteinformationen** und einen **Sintersee** (wer seine Oberfläche berührt, hat angeblich einen Wunsch frei).

Die Schlucht von Vraca

Höhepunkt ist der „Konzertsaal" – 60 mal 46 m in der Grundfläche und 23 m hoch – mit Lightshow und Musik. Die **zweitgrößte begehbare Höhle Bulgariens** verdankt ihren Namen („Gletscher") den tiefen Temperaturen.

■ **Peštera Ledenika** (Пещера Леденика), Tel. 0877-419253, geöffnet 9–19 Uhr, Führung jede volle Stunde, letzter Einlass 18 Uhr, Eintritt 15 Lv, Kind 12 Lv mit Abenteuerpark.

Abenteuerpark Ledenika

Direkt bei der Höhle begegnen die **Kinder** Figuren aus der Märchenwelt, können eine nachgebaute Grotte entdecken oder auf dem Spielplatz mit Seilen und Geräten toben.

■ **Razvlekatelen Park** (Развлекателен парк), bei der Ledenika-Höhle, www.parkledenika.com, Eintritt 15 Lv, Kind 12 Lv mit Höhle.

Čelopek

11 km südlich von Vraca steht im Dorf Čelopek (Челопек) das **Hausmuseum Kăšta na Baba Ilijca.** In ihm ist die Einrichtung eines gutbürgerlichen Hauses aus dem 19. Jh. rekonstruiert.

■ **Kăštata na Baba Ilijca** (Къщата на Баба Илийца), Tel. 0886-964793, geöffnet tgl. 9–12, 13–18,Winter 8–12, 13–17 Uhr, Eintritt 2 Lv.

Gipfel Okolčica

Eine Asphaltstraße führt über 20 km hinauf (von Vraca nach Celopek/Челопек und dort hoch in die Berge) zum 35 m hohen, orthodoxen **Monumentalkreuz auf 1058 m Höhe** unterhalb des Gipfels Okolčica (Околчица) auf 1113 m. Weit reicht von hier der Blick über den Balkan und hinunter auf Vraca. Das 1938 aufgestellte Kreuz erinnert an den Tod des Freiheitskämpfers *Hristo Botev.* Am 17. Mai 1876 landeten er und seine 200 Mitkämpfer in Kozloduj und zogen im Kampf gegen die Türken nach Vraca. Jedes Jahr marschieren Patrioten von Kozloduj los (→ auch dort), um nach langen 120 km am 2. Juni hier seiner zu gedenken.

Spaziergang zu Botevs Sterbeort

Den Gedenkstein erreicht man vom **Parkplatz des Gipfelkreuzes an der Okolčica,** indem man 700 m dem Auffahrtsweg bergab folgt und dann rechts nach Nordwesten in den Forstweg einbiegt. Nach 10 Min. leichtem Bergab biegt man nach links und südlich in den schmalen Pfad ein und folgt ihm für weitere knappe 10 Min. zum **Denkmal** mit einer Inschrift in einem Naturstein und einer Informationstafel. An dieser Stelle hauchte der Nationalheld sein Leben aus – niedergestreckt von einer türkischen Gewehrkugel.

Gottesbrücke

Das **Naturphänomen Gottesbrücke** (Božijat Most/Божият Мост) liegt im Norden. Man fährt von Vraca Richtung Orjahovo (Оряхово) und biegt nach 7 km links Richtung Čiren (Чирен) ab – und ignoriert die (falsche) Kilometrie-

Wanderung zum Skaklja-Wasserfall und auf die Okolčica

Die teils **recht steile Wanderung** (Dauer 3 Std. einfach, Anstieg 650 Höhenmeter) beginnt auf 450 m Höhe beim Seniorenheim Zora (Зора) am Ende der Ul. Belasica (Ул. Беласица) südlich des Hospitals, 1 km vom Hauptplatz entfernt. Es geht in einem kleinen Bogen um einen aufgelassenen Steinbruch herum und dann in leichtem Anstieg durch den Wald nach Süden. Nach der Querung des Baches Skaklja nach 20 Min. wird es sehr steil, bis man nach weiteren 30–40 Min. auf 850 m Höhe unterhalb des gleichnamigen Wasserfalls steht – der höchste Bulgariens. Der **Vodopad Skaklja** (Водопад Скакля) stürzt nach gutem Regen eindrucksvoll die 140 m hohe Felswand herunter, im Sommer ist er aber nur – wenn überhaupt – ein dünnes Rinnsal.

Der Weg wendet sich unterhalb des Falls nach Osten, steigt weiter stark an und folgt der Wand. Nach 5 Min. passiert man eine große, aber nicht besonders tiefe Höhle, und nach weiteren 10 Min. ist man schließlich auf dem Plateau angelangt: **Picknick** auf Bänken mit Wiese und Aussicht – der **Karst von Vraca** mit seinen Weiden und Bienenstöcken liegt in 950 m. Die Höhe haltend geht es nun über die Wiesen in guten 5 Min. nach Südwesten und zur Einmündung in einen Forstweg. Kurz dahinter und nach der Querung des Baches kann man sich an einer Quelle mit Tischen für den „Gipfelsturm" vorbereiten. Etwa 90 Min. sind es nun noch über das sanft hügelige Gelände in leichtem Auf und Ab bis zur **Okolčica** (die letzten 700 m auf Asphalt).

262bu sk

rung auf den Schildern. Nach genau 5,7 km biegt man erneut nach links in einen Feldweg ein und hält sich nach 1,4 km an der Gabelung rechts. Nach 200 m endet der Asphalt, nach 500 m Feldweg wird geparkt und auf Pfaden und Treppen durch den Wald in den idyllischen Talkessel hinabgestiegen. Picknickplätze und Grillstellen laden zu einer Pause an dem abgeschiedenen Fleck ein. Der durch den Kollaps einer Karsthöhle entstandene **Felsbogen im Talkessel** ist 20 m hoch, 25 m breit und 125 m lang.

Vraca ist ein beliebtes Ziel für Kletterer

Kloster St. Ivan Pusti

Nach 7 km Richtung Vidin (Видин) weist ein Schild zum Kloster, das schon von Weitem sichtbar erhöht am Fuß des Balkans liegt. Ein 2 km langes und steiles Asphaltsträßlein führt hinauf. Das **Ein-Mann-Kloster** ist ein überaus charmanter Platz, die Ikonostase des Kirchleins in ihrer Einfachheit betörend – und man blickt weit in den Norden Richtung Donau. Hinter dem Kloster versteckt sich eine Grotte. Unter dem gewaltigen Felsüberhang entspringt eine Quelle, und an den Wänden sind noch Freskenreste erhalten, ein Hinweis, dass hier einst ein Gotteshaus stand.

■ **Manastir Sv. Ivan Pusti** (Манастир Св. Иван Пусти), geöffnet tgl. 8–20 Uhr.

Praktische Tipps

Information

■ **Informationszentrum Natura,** Ul. Pop Sava Katrafilov (Ул. Поп Сава Катрафилов) 27, auf dem Weg in die Schlucht 400 m vom Hauptplatz, Tel. 092-660318, www.vr-balkan.net, tgl. 9–17 Uhr.

Unterkunft

UNSER TIPP: 6 **Hotel Čajka**③, Ul. Vratica (Ул. Вратица), Tel. 092-621369, www.chaikahotel.bg. In der Vraca-Schlucht mit 50 Zimmern mit einem beliebten Restaurant mit Terrasse; am Wochenende häufig Feiern mit überbordender Stimmung, unter der Woche ruhig und beschaulich.

5 **Hotel Hemus**②, Pl. Hristo Botev (Пл. Христо Ботев) 1, Tel. 092-624150, www.hotelhemus.com. 140 Betten in einem Plattenbau direkt am Hauptplatz, komfortabel ausgestattet, luxuriös und modern eingerichtete Zimmer, Restaurant.

6 **Hotel Kiparis**②, 5 km vor der Ledenika-Höhle, Tel. 092-660900, www.hotel-kiparis.eu, nur Do–So geöffnet. Herrliche Lage auf 1000 m; 20 komfortable Zimmer mit Balkon, Restaurant mit Nationalgerichten, Bar; Relax-Center mit Dampfbad und Whirlpool, Massagenangebot.

6 **Hotel Hăšove**②, am Beginn der Straße hoch zum Gipfel Okolčica, Tel. 092-661349, www.hashovevraca.com. 30 Zimmer ausreichenden Komforts, Restaurant und als Leckerbissen ein riesiger Pool mit Liegen zum Entspannen.

2 **Hotel Rade 1**①-②, Ul. General Leonov (Ул. Генерал Леонов) 9, Tel. 092-661470. Einfacheres Hotel mit neun Zimmern.

Berghütten

■ **Gorski Dom** (Горски Дом) auf 1180 m, Tel. 0886-332033, http://gorskidom-vr.com. Berghütte mit Hotelcharakter, 40 Schlafplätze in Doppel- und Mehrbettzimmern mit eigenem Bad, Restaurant.

■ **Hiša Parševica** (Хижа Пършевица) auf 1280 m Höhe, Tel. 0878-103870, 50 Schlafplätze, Kantine.

Essen und Trinken

3 **Taverne Našenci,** Ul. 2. Juni (Ул. 2. Юни), Tel. 0878-562677, www.facebook.com/prigitsata, geöffnet Mo–Fr 10–24, Sa 17–24 Uhr. Im Sommer speist man unter den Markisen des Freisitzes bulgarische Spezialitäten, wird es kälter, wechselt man in die rustikalen Gasträume, mit einer Einrichtung aus Bauernwagen und viel Holz.

1 **Restaurant Pintata,** Ul. Sofronij Vračanski (Ул. Софроний Врачански) 17, Tel. 092-621873, geöffnet Mo–Fr 11–24, Sa 18–24 Uhr. Modern und hell eingerichtetes Lokal mit Terrasse, Freisitz und bulgarischer und internationaler Küche.

4 **Starata Kăšta,** Ul. Targovska (Ул. Тарговска) 18, Tel. 0893-010129, www.facebook.com/Starata

Wanderung zum Borov-Kamăk-Wasserfall

Startpunkt ist der **Wanderparkplatz** (GPS N 43.16569, E 23.50358) am südlichen Ortsende von **Zgorigrad** (Згориград) 6 km von der Touristeninformation von Vraca. Die **mittelschwere Wanderung (Dauer einfach ca. 1½ Std., Anstieg 400 Höhenmeter)** auf dem eindeutig und im Schatten verlaufenden Ecotrail führt über mehrere Holzbrücken und auf schmalen, meist gesicherten Wegen durch die **Klamm des Leva-Bachs** (Река Лева). Sie endet beim 63 m hohen **Wasserfall von Borov Kamăk** (Боров Камък) auf 1000 m Höhe.

Vom Parkplatz geht es auf breitem Weg in 15 Min. zu einer Furt. Im Folgenden passiert man mehrere malerische Wasserfälle bzw. Kaskaden und wechselt auf Brücken von einer Seite zur anderen. Zwischendurch muss man immer wieder steile Holztreppen hochklettern und und auf Holzgalerien Felswände passieren. Da nach Regenfällen die Bohlen glitschig sind, sollte man **Vorsicht** walten lassen! Erst die letzten 15–20 Min. ist der Weg recht steil und anstrengend. Dann steht man am Wasserfall und kann über eine Holzstiege hinter ihm auf die andere Seite wechseln und dort am Tisch unter dem Felsüberhang pausieren.

Weiterwandern: Wer möchte, steigt in einem Bogen in etwa 15 Min. um die Felswand herum auf zur Lichtung oberhalb des Falls, wo ein weiterer Picknickplatz und ein Unterstand warten. Nach Süden und entlang des Baches erreicht man Höhe haltend nach gut 5 Min. wieder einen Rastplatz. Von ihm nach Westen sind es zwei Minuten zu einem Forstweg (nördlich davon steht auf einer Lichtung ein vergessenes Denkmal aus kommunistischer Zeit. Auf dem Forstweg sind es dann etwas bergan 15 Min. zur Asphaltstraße, auf der (bzw. im späteren Verlauf auf einem parallel verlaufenden Waldpfad) es entweder in 1 Std. zur **Hütte Gorski Dom** (Горски Дом) geht, oder in 45 Min. zur **Hütte Hiša Parševica** (Хижа Първевица) – zu ihr die letzten 15 Min. den Asphalt nach links verlassend auf einer Abkürzung durch den Wald.

Okyshta, geöffnet 9–23 Uhr. Mitten im Zentrum kommen Salate und Grillgerichte auf die Tische des angenehm und unaufdringlich eingerichteten Lokals; es bietet auch einen Freisitz auf der verkehrsberuhigten Straße.

Aktivitäten

- **Wanderungen:** Der Naturpark von Vraca (Vračanska Planina/Врачанска Планина) besteht vornehmlich aus einem 1300 m hohen, mächtigen Karstmassiv und bedeckt fast 29.000 ha. 500 Höhlen wurden auf dem Gebiet entdeckt, seltene Pflanzen wachsen in den abgelegenen Bereichen und hoch im Himmel schweben Geier, Falken und Adler. Zahlreiche Wanderwege in der Gebirgswelt des Balkan sind ausgeschildert, sowohl von Vraca aus als auch von den Orten ringsum. Man kann auch dem Iskăr-Durchbruch auf dem Weg nach Sofija folgen.
- **Klettern:** Die schroffen Felsen der Schlucht von Vraca sind ein gern besuchtes Ziel für Kletterer. Bis zum Grad VIII nach UIAA-Regeln kann man sich hier an den Kalkfelsen messen. Über 120 Routen sind beschrieben (1–13 Seillängen), aber jeder darf sich auf die Suche nach seinem ganz eigenen Weg hinaufbegeben – mit oder ohne Hilfsmittel. Besonders beliebt ist die fast senkrechte Zentralwand mit 400 m Höhe. Auf dem Weg zur Ledenika-Höhle schon außerhalb der Schlucht gibt es ein Klettergebiet, das mit dem Grad X- die Herausforderung schlechthin ist.

Verkehr

- **Bahnhof,** Bul. Vasil Kančov (Бул. Васил Канчов) nördlich des Zentrums, Tel. 0884-403742, Verbindungen mehrmals täglich nach Vidin und Sofija.
- **Bushof,** beim Bahnhof, Busse in die Region (u.a. Orjahovo, Kozloduj, Montana und Belogradčik) und Expressbusse nach Sofija und Vidin.

Gesundheit

- **Hospital/Bolnica** (Болница Христо Ботев), Ul. 2. Juni (Ул. 2. Юни) 66, südöstlich des Zentrums, Tel. 092-923039, www.mbalvratsa.org.

Iskăr-Durchbruch (Искърско Дефиле)

Die **Iskăr** (Искър) entspringt an den Nordhängen des Rila-Gebirges an den Sieben Seen auf 2500 m Höhe. Sie fließt östlich an Sofija vorbei, kämpft sich in einer tiefen Schlucht wild mäandernd nach Nordosten durch das Balkan-Gebirge und strömt dann über die Ebenen der Donau entgegen, wo ihre Reise nach 370 km endet. Eine der **landschaftlich schönsten Strecken** des Landes folgt auf etwa 70 km dem Lauf der Iskăr stromaufwärts vom Städtchen **Mezdra** (Мездра) bis **Novi Iskăr** (Нови Искър) 20 km nördlich von Sofija am Schluchtausgang. Bei der kurvenreichen Fahrt begegnet man fantastischen Felsgebilden und einem hübsch im Tal gelegenen sowie einem in den Bergen versteckten Kloster. Man kann die eine oder andere Wanderung unternehmen oder im Gummiboot den Fluss entlangstürzen.

Burg von Mezdra

Die Stadt **Mezdra** (Мездра) mit seinen 9000 Einwohnern **am Eingang der Iskăr-Schlucht** 15 km südöstlich von Vraca (Враца) verdient wegen der schön hergerichteten **Festungsruine** einen Besuch. Die Festung an der Iskăr-Brücke von Mezdra wacht etwas erhöht auf einem Felsen und berichtet von einer 7000-jährigen Siedlungsgeschichte. An der Kreuzung `zweier Handelsstraßen nahm die Burg immer eine wichtige Rolle ein – die gefundenen Artekfakte stammen aus der Kupferzeit über die Bronzezeit bis zum Mittelalter. Im Archäologischen Park setzt sich die Ausstellung aus den Räumen des typischen Viergestirns lokaler Museen zusammen: Ethnografie mit Trachten und Teppichen, moderne Gemälde ortsanässiger Künstler, archäologische Fundstücke und Wiedergeburt mit Uniformen und Waffen. Attraktiver ist es, über die von den Römern im 2. Jh. errichteten **Mauern** zu spazieren.

- **Kaleto (Калето),** Tel. 091-093059, www.kaleto-mezdra.bg, geöffnet tgl. 9–18 Uhr, Eintritt 3 Lv.

Ljutibrod

Nächste Station ist **Ljutibrod** (Лютиброд) 10 km weiter. Die Fahrt hierher war noch relativ unspektakulär, doch im Dorf – auf der anderen Seite des Flusses

– stehen die **beeindruckenden Felswände von Ritlite** (Ритлите). Von hier kann man über Čelopek (→ S. 166) mit dem Auto zur Okolšica hochfahren (15 km). Informationen über Spaziergänge und Picknickplätze im Bereich der Felsplatten gibt das Besucherzentrum den Ritlite-Felsen direkt gegenüber.

Ritlite-Felsen

Vier schmale **Platten aus massivem Kalkstein,** um 80 m hoch, 400 m lang und 3–7 m dick, stehen in Ljutibrod parallel zueinander in engem Abstand – vor 120 Mio. Jahren aufgefaltet und Anfang des 20. Jh. beim Bau der Eisenbahn schnöde von einem Tunnel durchbohrt. Hinter Ljutibrod wird die Schlucht eng.

263bu sk

Kloster von Čerepiš

3 km von Ljutibrod geht es rechts runter zum **Kloster von Čerepiš** (Čerepiški Manastir/Черепишки Манастир) am Ufer der Iskăr; doch drehen Sie erst noch einmal um und fahren Sie 600 m zurück zu einem kleinen Parkplatz. Von ihm sind es 100 m zu Fuß zum **Aussichtspunkt** über dem Kloster. Sie werden das Panorama nicht missen mögen.

Das Kloster geht auf das 14. Jh. zurück, als der Sage nach hier die Soldaten von Car *Ivan Šišman* eine Schlacht gewonnen und anschließend die Schädel der Gefallenen aufgetürmt hatten – Čerepiš bedeutet „Schädelstätte". Beachtenswert sind die Ikonostase und der Bischofsthron in der einschiffigen Klosterkirche von 1612. Das Beinhaus mit dem Giebeltürmchen steht oberhalb des Klosters. Die Mehana am Klostereingang ist an Wochenenden geöffnet.

◁ Die Ritlite-Felsen

▷ Das Kloster von Čerepiš

264bu sk

Zverino

Die Straße wechselt hinter dem Kloster auf die nördliche Seite des Flusses, und das Tal wird wieder weiter. Beim Dorf **Zverino** (Зверино), das sich beidseits der Iskăr erstreckt, kann man auf einer markierten **Wanderung** in 3 Std. den Gipfel der Okolčica (→ bei Vraca Umgebung) mit Kreuz und Denkmal für *Hristo Botev* erklimmen.

Kloster der Sieben Throne

10 km schöne Fahrt auf relativ guter Straße sind es von der Brücke bei Elisejna **entlang des Baches Reka Gabrovnica** (Река Габровница) hoch zum **Kloster der Sieben Throne.** Alternativ wandert man von der Bahnstation Gara Lakatnik (Гара Лакатник) in 3½ Std. auf markierten Weg hoch.

Der Legende nach soll das Kloster auf das 12. Jh. zurückgehen – als gesichert gilt seine Existenz jedoch für das 16. Jh. 1737 wurde es geplündert, 1770 baute man es wieder auf. Freischärler machten es zu einem Fluchtpunkt im Kampf gegen das Türkische Joch. Berühmte Gäste waren *Vasil Levski* und *Ivan Vazov.* Die große und heitere Anlage zwischen den bewaldeten Bergen ist besonders für seine 1815 errichtete ziemlich **einzigartige Kirche** berühmt. Sieben Bojaren der Umgebung sollen sie gestiftet haben, und jeder durfte in der Kirche einen Sitz einnehmen. So kam es zu sieben Ikonostasen in jeweils eigenen, voneinander abgetrennten Kapellen: vier in den

266bu sk

Ecken des – wie eine Kreuzkuppelkirche gestalteten – Hauptraums, eine unter der Kuppel und zwei im Vorraum.

Das Kloster vermietet **einfache Zimmer** ohne Bad. In Osenovlag (Осеновлаг) – 7 km weiter im Gebirge – gibt es als Alternative ein Hotel.

- **Manastir Sedemte Prestola** (Манастир Седемте Престола), Tel. 0879-995035, geöffnet tgl. 8–20 Uhr, Zimmer mit Gemeinschaftsbad 12 Lv/ Person (kein Essen).

Lakatnik

Hinter Elisejna beginnt ein **beliebtes Angelgebiet** mit breiten Wiesenufern, und ab dem Weiler **Opletnja** (Оплетня) wird das Tal dann wieder enger und Felswände treten heran. Nächste Station ist der Bahnhof des in den Bergen versteckten Dorfes Lakatnik – **Gara Lakatnik** (Гара Лакатник). Hier sind die **Felswände mächtig,** erreichen abseits der Straße eine Höhe von bis zu 300 m und bilden einen der besten Plätze für Freeclimber und Boulder. Das Karstgestein ist von zahlreichen Höhlen durchzogen, die aber touristisch nicht aufbereitet und deshalb nicht zu besuchen sind. **Wanderwege** führen aber in alle Richtungen, u.a. zum Kloster der Sieben Throne (→ S. 173).

[<] Bahnhof von Lakatnik

Pyramiden von Kătina

In **Novi Iskăr** (Нови Искър) – am Ausgang der Schlucht und 33 km von Bov (Бов) – hat man noch die Möglichkeit, die **Sandsteinerosionen der Pyramiden von Kătina** (Kătinski Piramidi/Кътински Пирамиди) anzuschauen.

In Novi Iskăr nimmt man die Ul. Temenuga (Ул. Теменуга) und fährt 3 km ins Gebirge nach Kătina, an der Gabelung die Ul. Ezero (Ул. Езеро) schräg zurück, biegt nach 400 m in die Ul. Piramidite (Ул. Пирамидите) ein, fährt sie fast bis zum Ende durch und parkt beim Hinweisschild. Zu Fuß sind es dann holprige 10 Min. durch den Wald zu der – einem bewaldeten Hügel „vorgeblendeten" – Hauptgruppe der zu Spitzkegeln erodierten Sandsteinformationen.

Praktische Tipps

Information

- **Besucherzentrum Ritlite,** Ljutibrod, Tel. 0885-367784, www.vr-balkan.net, geöffnet Sa/So 9–17 Uhr.

Unterkunft/Essen und Trinken

- **Hotel Čiflikă Nenkovi,** 7 km vom Kloster der Sieben Throne im Dorf Osenovlag (Осеновлаг) gelegen, Tel. 0886-318288, www.nenkovi.bg, Zimmer mit Frühstück ab 30 Lv/Person. Gemütliche Familienherberge mit 13 Zimmern und Mehana.
- **Mehana Peštera,** Gara Lakatnik (Гара Лакатник), Tel. 0878-129388, www.facebook.com/peshteratalakatnik, geöffnet tgl. 9–24 Uhr. Ausflugsgaststätte mit Freisitz an der Straße, die am Wochenende aus den Nähten platzt, aber gut kocht.

Wanderung zum Skaklja-Wasserfall

Unweit des Bahnhofs des Dorfes Bov – **Gara Bov** (Гара Бов) – geht es auf dem **markiertem Wanderweg Vazova Eckopăteka**/Вазова Екопътека **(Dauer Wasserfall hin und zurück 1–1½ Std.)** zu einem der höchsten Wasserfälle des Landes. Die Hauptkaskade des Skaklja-Wasserfalls (Vodopad Skaklja/Водопад Скакля) hat eine **Fallhöhe von 85 m,** mit den beiden weiteren Stufen sind es sogar 120 m.

Die Straße zum Ausgangpunkt verlässt die Iskăr 500 m nördlich von Gara Bov und man fährt 1,2 km Richtung Skaklja (Скакля) und parkt an der Straßengabelung unten bei der Brücke. In 5 Min. geht es die Straße hoch zum Startpunkt der schattigen, teils etwas steilen, ansonsten aber einfachen Wanderung durch den Wald. An der Gabelung nach weiteren 5 Min. hält man sich rechts und wechselt auf der Brücke auf die andere Seite der Skaklja. In erst engeren, dann weiteren Serpentinen und über Treppen geht es durch den üppigen Wald hoch zum Wasserfall, an dem man nach ca. 35 Min ab Start angekommen ist.

Auf der anderen Seite des Falls kann man den Weg zum Plateau und dem Dorf **Zasele** (Заселе) aufnehmen (vom Fall sind es etwa 40 Min.). Erst geht es um 80 Höhenmeter abwärts, dann in Serpentinen hoch (200 Höhenmeter), aber die Aussicht auf dem Weg entlang der Abbruchkante zum Dorf ist fantastisch.

Rast auf dem Weg zum Skaklja-Wasserfall

265bu sk

Wanderung zu den Lakatnik-Felsen

Links neben der beliebten Ausflugsgaststätte Peštera 1 km nördlich des Bahnhofs Gara Lakatnik am gegenüberliegenden Ufer (Fußgängerbrücken beim Bahnhof und bei der Mehana) beginnt die **einfache,** meist schattenlose, manchmal etwas ausgesetzte **Rundwanderung (Dauer 1–1½ Std., An- und Abstieg 100 m, Länge 3 km)** zu den Felsen von Lakatnik (Lakatniški Skali/Лакатнишки Скали).

Auf schmalem, mittelprächtigem Pfad geht es in zwei Kehren hoch und dann schräg und geländergesichert an der Felswand entlang in knapp 10 Min. zu einer Gabelung, an der man sich rechts hält und in weiteren 5 Min. die **Dunkle Höhle** (Temnata Dupka/Темната Дупка) erreicht. Sie gilt mit einer bislang erforschten Länge von mehreren Kilometern als tiefste Höhle Bulgariens, ist mit der Karstquelle unten bei der Mehana verbunden und für Touristen verschlossen.

An der Gabelung zurück folgt man den Pfad nach rechts leicht bergan und wandert dann entlang der Felswand in etwa Höhe haltend bzw. leicht und über einige Felsstufen ansteigend. In der Saison herrscht hier ein dauerndes Auf und Ab der Kletterer. 15 Min. nach der Gabelung ist die steinerne **Schutzhütte auf der Alpenwiese** (Alpijska Poljana/Алпийска Поляна) erreicht. Blickt man zurück und hoch sieht man eine weitere Schutzhütte: das in der Felswand hängende Adlernest. In 10 Min. gelangt man zum **Aussichtspunkt** oberhalb dieser irren Konstruktion.

Zurück geht es nun durch den Wald gemächlich bergab Richtung Süden in 15 Min. zur Straße und über die Brücke zum Bahnhof bzw. auf der Straße zum Ausgangspunkt.

Aktivitäten

- **Rafting/Kayaking:** Im Iskăr-Durchbruch bieten mehrere Firmen Rafting an, die Preise unterscheiden sich nicht oder nur minimal, und auch bei der Sicherheit werden alle nötigen Standards eingehalten:

  Defileto, Gara Lakatnik (Гара Лакатник), Tel. 0878-159781, www.defileto.com (Rafting tgl. 10 und 13 Uhr, Dauer 2½ Std., 55 Lv – Kayak auf Anfrage, Dauer 2 St., 70 Lv);

  Adventure Bulgaria, Gara Bov (Гара Бов), Tel. 0878-104669, www.adventure-bulgaria.org (Rafting 4 Std. 60 Lv, Kayak für Gruppen bis 6 Personen 400 Lv).

Verkehr

- **Bahnverbindung:** Zwischen Sofija (София) und Mezdra (Мездра) verkehren die Züge stündlich, aber nur vier bis fünf Lokalzüge halten an allen Bahnhöfen (Gesamtstrecke Dauer ca. 2 Std.). Die Schnellzüge halten (meist, aber nicht immer) nur in Gara Lakatnik (Гара Лакатник).

4 Pleven und das nördliche Zentralbulgarien

» Entspannung pur bietet die liebliche Landschaft fernab großstädtischer Betriebsamkeit. Tiefe Täler, versteckte Klöster, schmucke Dörfer und kulturträchtige Städte laden zum Verweilen ein.

273bu sk

◁ Am frühen Morgen bei Pleven

Pleven und das nördliche Zentralbulgarien

Giurgiu
Brücke der Freundschaft
183
RUSE
Tetovo
Kubrat
Basarbovo
Felskloster Basarbovo
191
Božičen
Felskloster Ivanovo
191
Ivanovo
Schlucht von Košov
Vetovo
Senovo
Ostrovo
Beli Lom
Nisovo
190
Naturpark Rusenski Lom
Car Kalojan
Vedea
Jantra
Novgrad
Dve Mogili
Höhle von Orlova
193
Festung Červen
192
197
Razgrad
Razgradski Vis
Černi Lom
Malki Lom
203
Borovo
Bjala
Krepča
Opaka
Polski Trămbeš
Loznica
Popovo
Jaz. Săedinenie
Tărgovište
236
Nikopolis ad Istrum
Rosica
236
Stražica
Jantra
Preslavsko Planina
Frauenkloster der Dreifaltigkeit
236
Kloster der Verklärung
Gorna Orjahovica
233
Jaz. Jastrebino
Moravka
Antonovo
Omurtag
Veliko Tărnovo
224
Arbanasi
252
Debelec
Drjanovo
237
Klöster Kăpinovo/ Plakovo
Zlatarica
Stara reka
Gerlovo
Kilifarevo
237
Kloster/ Geschichtsmuseum Kilifarevo
Marjan Winery
Höhle Bačo Kiro
252
Drjanovo-Kloster
251
246
Jaz. Jovkovci
Elena
238
Majsko
Kotlenska Planina
403
Kotel
Voneštа voda
Trjavna
243
Razbojna 1128
406
Žeravna
238
Republik-Pass
Pločkovci
Slivenska Planina
Gradec
Ičera
428
Tempel von Helvecia/ Tempel von Šušmanec/ Grifonite-Tempel
Eleno-Tvărdiška Planina
400
Sinite Kamani Naturpark
Futula-Wasserfall
400
Stidovska Planina
Tvărdica
Šivačevo
396
SLIVEN
Terzijski Bair
Gurkovo
Nikolaevo
Jaz. Žrebčevo
Măgliž
Tundža

PLEVEN UND DAS NÖRDLICHE ZENTRAL-BULGARIEN

Sonnenblumen bis zum Horizont im Hügelland an der Donau, tiefe, sattgrüne Täler, Kirchen und Klöster und schließlich der *Balkan* mit seinen allmählich ansteigenden Flanken und wild gewundenen Pass-Straßen. Und immer wieder schmucke Dörfer und Städtchen, abseits der Rennstrecken versteckt.

NICHT VERPASSEN!

- Jahrhunderte alte Wandmalereien im **Ivanovo-Kloster** | 191
- Auf den Spuren der Römer: **Ausgrabungsstätte Abritus** | 199
- **Thrakisches Grabmal** bei **Sveštari** | 200
- **Panorama der Schlacht von 1877** in Pleven | 208
- Beste Lage und kulturelle Highlights bietet **Veliko Tărnovo** | 224
- Sommerresidenz der Zaren: **Arbanasi** | 233
- **Freilichtmuseum Etăra** | 251

Diese Tipps erkennt man an der gelben Markierung.

271bu sk

Von der Donau an den Balkan

Das nördliche Zentralbulgarien ist mit Geschichte und Geschichten ideal für einen Besuch auf eigene Faust. Unbedingt anschauen sollte man sich die Welterbestätten Ivanovo-Kloster, Sveštari und Arbanasi.

Sommernachmittag in Ruse

Ruse (Pyce)

Die Geburtsstadt von *Elias Canetti* war zu sozialistischer Zeit **Industriezentrum** und ein **wichtiger Verkehrsknoten.** Die 1954 fertiggestellte „Brücke der Freundschaft" verbindet Bulgarien mit der Stadt Giurgiu in Rumänien, über sie fuhr der Schwerlastverkehr aus den nördlichen Ostblockländern an die Häfen der Küste. Als Binnenhafen war Ruse bereits zu Zeiten der **k. u. k.-Monarchie** bedeutend, und diese Zeit hat sich in der

0 200 m
©Reise Know-How Bulga26 4/24
Übernachtung
2 Lodkata
4 The English Guesthouse
7 Anna Palace
10 Dunav Plaza
11 Bistra & Galina
12 Cosmopolitan
15 Plaza Hotel Čarlino
17 Rusenski Lom Hotel
Nachtleben
1 Showroom XS
9 Art Café
13 Plan B
16 Play Club
Essen und Trinken
3 The River Bar and Dinner
5 Oppium
6 Pontona
8 New House
14 Mehana Čiflika
18 Seven Generations Winery, Snek Bar Červen
19 Leventa
RUMÄNIEN
Donau
Transport-museum
Silistra, Tutrakan
Stadtpark
Bratja Obretenovi
Братя Обретенови
Nezavisimost
Независимост
Pridunavski
Придунавски
Bogdan woiwoda
Alexandrovska
Плиска
Museum für Stadtleben
Car Ferdinand
Цар Фердинанд
Hausmusem Baba Tonka
Hausmuseum Zahari Stojanov
Boljarska
Park
Car Osvoboditel
Pantheon der Befreier
Tetowo
Stadttheater/ Österreich-Bibliothek
Knjažeska
Княжеска
Pl. Svoboda
Пл. Свобода
Handelshaus Canetti
Sim. Veliki
Dreifaltigkeits-kathedrale
Synagoge
Festung Sexaginta Prista
Александровска
Pl. Oborište
Lipnik
Липник
Brücke der Freundschaft, Bushof Ost
Ekomuseum
Aleksandrovska
Pl. Batenberg
Пл. Батенберг
Borisova
Gen. Skobelev
Rusenski Lom Forstverwaltung
Historisches Museum
Ген. Скобелев
Canetti Geburtshaus
Rila
Рила
Oborište
Panajot Hitov
Бул. Цар Освободител
Boul. Pridunavski
Flotska
Gurko
Гурко
Борисова
Панайот Хитов
P. Totju
Nikolaevska
Николаевска
Zar Sisman
Pristanistna
Silistra
Bălgarija
България
Bushof Süd
Kloster Basarbovo,
Kloster Ivanovo,
Höhle Orlova,
Naturpark Rusenski Lom,
Ivanovo, Červen
Bahnhof
Šumen, Varna
Sofija

☐ Übersichtskarte S. 180

Architektur der Stadt verewigt: Bester Jugendstil ist heute noch zu sehen – und verantwortlich dafür, dass Ruse einst als „Kleines Wien“ bekannt war.

Vom **Zusammenbruch der Industrie** in der postsozialistischen Ära erholt sich die Stadt (146.000 Ew.) nur langsam, doch trotzdem: Das Zentrum von Ruse **sprudelt vor Leben,** die Jugend, im Hochsommer bei 40 °C nur leicht bekleidet, sucht in den Cafés unter Baldachinen bei einem Eis Abkühlung. Abends stehen dann Defilee und ein Konzert- oder Theaterbesuch am Donau-Ufer auf dem Programm. Gespeist wird draußen auf einem der vielen Freisitze und in den Gartenlokalen.

Im Winter allerdings müssen die Menschen mit dicken Mänteln den Temperaturen um teilweise -30 °C trotzen. Das **Klima** von Ruse präsentiert sich ganzjährig im **Extrem.**

Geschichte

Die Besiedlung der Gegend reicht 5000 Jahre zurück, die eigentliche Stadtgründung nahmen aber die **Römer** vor, die den Thrakern nachfolgten. Kaiser *Vespasian* soll Ruse als Sexaginta Prista – als „Stadt der 60 Schiffe“ – im 1. Jh. errichtet haben. Die Militärschiffe sicherten von hier aus die Grenzen des römischen Reiches gegen die Überfälle der Barbaren aus dem Norden. Das nützte aber auf Dauer nichts: Im 6. Jh. zerstörten die Awaren Sexaginta Prista.

Die Stadt wurde nicht neu besiedelt, die Menschen ließen sich bei **Červen** (Червен) nieder, im heutigen Naturpark Rusenski Lom (Русенски Лом), wo eine Festung entstand. Erst im 14. Jh. kam Ruse als **Rosi** wieder in die Akten – diesmal unter **türkischer Herrschaft.**

1595 wollte der walachische Fürst **Mihai Viteazul** („Michael der Tapfere“, 1593–1601), nachdem er die Türken aus Siebenbürgen verdrängt hatte, auch südlich der Donau Ordnung schaffen. Ruse wurde ein weiteres Mal **niedergebrannt.**

Die **Türken** erklärten die Stadt im 19. Jh. als Rustschuk zum **Verwaltungszentrum** der Donauregion des osmanischen Reiches und darüber hinaus zur Residenz des *Midhat* Paša. Der gebildete Großwesir zeigte sich den westlichen Kulturen gegenüber aufgeschlossen und beförderte die Entwicklung der Stadt zum Handelsplatz. Die **Donauschifffahrt** und die Eröffnung der **Eisenbahnlinie** Ruse–Varna sorgten für weiteren Schub. Man orientierte sich zunehmend in Richtung Westen.

1878 war die osmanische Herrschaft zu Ende, der Boom ging weiter. Die bulgarische **Schifffahrt** nahm in Ruse ihren Anfang, auch wenn die 1881 hier eröffnete Seemannsschule schon bald nach Varna verlegt wurde. Die erste bulgarische Bank öffnete in der Donaustadt ihre Tore, zahlreiche Architekten aus Österreich-Ungarn erhielten von den Handelsherren Aufträge für den Bau von Villen und Palästen, und die Stadtverwaltung stand ihnen in nichts nach.

Kombiticket

Der Eintritt für alle städtischen **Museen** zusammen kostet 15 Lv. Nicht enthalten sind Pantheon, Transportmuseum und Baba-Tonka-Haus.

Elias Canetti in Ruse

Wenige Spuren hat der bedeutendste Sohn der Stadt und **Nobelpreisträger für Literatur** in Ruse hinterlassen. Sein Geburtshaus (Ul. General Gurko/Ул. Генерал Гурко 13) ist mehr oder weniger eine Ruine in einem Hinterhof, das Handelshaus der Familie (Bul. Slavjanski/Бул. Славянски 12), in den letzten Jahren für Veranstaltungen genutzt, bedürfte ebenso einer unfassenden Renovierung. Die 1868 errichtete Synagoge, die er mutmaßlich besuchte, steht am Pl. Doktor Mustakov/Пл. Доцтор Мустаков 4 und ist heute eine Begegnungsstätte jüdischen Lebens (www.shalom.bg). In der zweiten Etage des Stadttheaters am Hauptplatz ist die **Elias-Canetti-Gesellschaft** untergekommen, organisiert Veranstaltungen und betreibt die – von der Alpenrepublik getragene – **Österreich-Bibliothek** als Brücke zur deutschen Sprache, die der Literat so geliebt hat.

■ **Österreich-Bibliothek,** Pl. Svoboda (Пл. Свобода) 4, Eingang über das Art-Café, Tel. 082-828699, www.eliascanetti.org, www.oesterreich-bibliotheken.at, geöffnet Mo 14–17, Di–Do 10–12, 14–17, Fr 10–12 Uhr, der Eintritt ist frei.

Sehenswertes

Gleich vorab: Das **Geburtshaus des Literaturnobelpreisträgers Elias Canetti** von 1981 steht noch an der Ul. General Gurko (Ул. Генерал Гурко) 13 – jeder Besucher ist aber zutiefst **enttäuscht.** In einem Hinterhof gelegen, ist es lediglich mit einer ärmlichen Plakette gekennzeichnet und insgesamt in miserablem Zustand (→ auch Kasten oben).

Hauptplatz

Das weite, gepflasterte, zentrale Herz der Stadt ist der **Pl. Svoboda** (Пл. Свобода), eine Fußgängerzone mit Springbrunnen, Bäumen, Bänken und zahlreichen Cafés. Das 18 m hohe **Monumentaldenkmal** „Pametnika na Svobodata“ (Паметника на Свободата) in der Mitte des Platzes ehrt seit 1909 mit Löwen und Kanonen die Freiheit. Geschaffen hat es der Italiener *Arnoldo Zocchi.*

Von hier aus führt die ebenfalls zur verkehrsberuhigten Zone erklärte **Ul. Aleksandrovska** (Ул. Александровска) nach Nordosten zum großen **Stadtpark.** Nach Südwesten reicht sie bis zum **Pl. Aleksandăr Batenberg** (Пл. Александър Батенберг) und läuft im Abstand von etwa 300 m zum Donauufer, von dem sie dicht bebaute Wohnquartiere – teils mit im Sezessionsstil errichteten Villen – trennt.

Historisches Museum

Das Museum im **Battenberg-Palais** aus dem Jahr 1882 (Architekt *Friedrich Grünanger*) zeigt im Parterre die archäologische Abteilung mit Funden aus der Prähistorie, aus römischer und byzantinischer Zeit und dem frühen Mittelalter. Neben der wertvollen Goldmünzensammlung ist besonders eine **Kupferplatte** beachtenswert, die mit 26 kg Gewicht den Gegenwert eines Rindes darstellte.

Dem 19. und 20. Jh. ist die erste Etage mit Kostümen und Möbeln gewidmet. Hier findet sich aber auch der wertvollste Besitz des Museums, der thrakische **Schatz von Borovo** – 40 km südlich von

267bu sk

Ruse entdeckt wurde. Er besteht aus drei wie Hörner geformten Trinkgefäßen, einer Schüssel und einer Vase aus Silber und Gold. Die Sammlung ist auch auf Englisch beschriftet.

Istoričeski Muzej (Исторически Музей), Pl. Aleksandăr Batenberg (Пл. Александър Батенберг) 3, Tel. 082-825002, www.museumruse.com, geöffnet tgl. 9–18 Uhr (Winter nur Mo–Fr), Eintritt 10 Lv.

Ekomuseum

Das Ökologiemuseum direkt nebenan hat sich dem **Verhältnis des Menschen zur Natur,** insbesondere der Donaugebiete, verschrieben. In Schaukästen sind Tierbälger in ihrer Umwelt drapiert, in Terrarien leben giftige Schlangen, im Aquarium Fische, und die Mineraliensammlung ist ausgesprochen umfangreich. Glanzstück ist ein nachempfundenes Mammut in seinem dichten Wollkleid.

Ekomuzej (Екомузей), Pl. Aleksandăr Batenberg (Пл. Александър Батенберг), Tel. 082-821 915, www.museumruse.com, geöffnet tgl. 9–18 Uhr (Winter nur Mo–Fr), Eintritt 10 Lv.

Battenbergplatz

In der Mitte des Platzes erinnert seit 1901 ein **Denkmal** mit einem Kämpfer vor einer Stele an die bulgarischen Gefallenen im Serbo-Bulgarischen Krieg von 1885. An der Südseite steht das imposante Eckhaus Ljuben Karavelov von 1910 im Sezessionsstil mit einer markanten Kuppel, heute die **Regionalbibliothek** mit 800.000 Büchern in verschiede-

Das Historische Museum in Ruse

098bu sk

nen Sprachen. Im Nordosten des Platzes geht die Ul. Otec Paisij (Ул. Отец Паисий) ab. Folgt man ihr und biegt am Bul. Slavjanski (Бул. Славянски) rechts ein, steht man am zweiten Haus rechts (Nr. 12) mit dem seitlichen Türmchen vor dem ehemaligen **Handelshaus des Großvaters von Elias Canetti** (1898) – einem Großhändler für Lebensmittel.

Festung Sexaginta Prista

Weiter geradeaus Richtung Donau liegen die römischen Ruinen. Die unscheinbare Ausgrabungsstätte der Festung Sexaginta Prista besteht aus den Fundamenten des Kastells, einem Teil der Nordmauer, einem Sarkophag und Stelen.

■ **Rimska Krepost Seksaginta Prista** (Римска Крепост Сексагинта Приста), Tel. 082-825002, geöffnet Di–Sa 9–18 Uhr (Winter nach Voranmeldung im Geschichtsmuseum), Eintritt 6 Lv.

Pantheon der Befreier

Hausmuseum Zahari Stojanov

In dem Gebäude mit Garten oberhalb der Donaupromenade im Nordosten der römischen Ausgrabung wohnte einst der namensgebende **Politiker, Journalist und Historiker** (1850–1889) und widmete sich dem Kampf gegen die osmanische Herrschaft. Als wäre er gerade eben gegangen, hängt noch seine Jacke über dem Schreibtischstuhl. Fotos, Uniformen und Waffen dokumentieren den Willen zur Unabhängigkeit, eiserne Fesseln symbolisieren das Türkische Joch.

■ **Kăšta-Muzej Zahari Stojanov** (Къща-Музей Захари Стоянов), Bul. Pridunavski (Бул. Придунавски) 14, Tel. 082-820996, geöffnet Di–Sa 9–17 Uhr, Eintritt 6 Lv.

Hausmusem Baba Tonka

Die Ausstellung widmet sich vornehmlich dem **Befreiungskampf und der Wiedergeburt.** Die Familie *Obretenovi* – einst Besitzer des Gebäudes – war in die Aufstände gegen die Türken verwickelt, und *Baba Tonka* hieß bürgerlich *Tonka Obretenovi* und erblickte 1812 in Ruse das Licht der Welt. Ihre Söhne wurden von den Türken ins Verlies gesteckt. Im Keller des Museums ist ein Gefängnisnachbau zu sehen. Vor dem Haus steht das Denkmal für *Baba Tonka*.

■ **Kăšta-Muzej Baba Tonka** (Къща-Музей Баба Тонка), Ul. Baba Tonka (Ул. Баба Тонка) 38, Tel. 082-831913, geöffnet tgl. 9.30–18 Uhr (Winter nur Di–Sa), Eintritt 8 Lv.

Museum für Stadtleben

Im östlich anschließenden Straßengeviert entstand das Wiedergeburtshaus im Jahr 1878 auf Anweisung des *Midhat* Paša als **Wohnhaus** für die Frau seines Freundes, des preußischen Gesandten in Ruse. Es erhielt deren Namen, „Kăsta na Kaliopa Klapiš" (Haus der Katharina Klapisch). Die Inneneinrichtung zeigt den luxuriösen Lebensstil der Adligen im ausgehenden 19. Jh. mit Holztäfelungen, Flügel und edlen Vorhängen.

■ **Muzej na Gradskija Bit** (Музей на Градския Бит), Bul. Car Ferdinand (Бул. Цар Фердинанд) 36, Tel. 082-820997, geöffnet tgl. 9–18 Uhr (Winter nur Mo–Fr), Eintritt 8 Lv.

Transportmuseum

Folgt man nun der Donaupromenade nach Nordosten, gelangt man nach etwa 500 m zum Transportmuseum im stillgelegten Bahnhof von 1866. Lokomotiven und Salonwagen erinnern an die große Zeit der Eisenbahn. **Wertvolle Stücke** sind hier zu finden: Mit den Waggons reisten der Sultan *Abdul Aziz*, Car *Boris III.* und nicht zuletzt der Sieger von Stalingrad, *Fjodor Ivanovič Tolbučin*, der vom Waggon aus seine Operationen in Bulgarien gegen die deutsche Heersgruppe Süd leitete und anschließend über Belgrad bis Wien vorstieß.

■ **Muzej na Transporta** (Музей на Транспорта), Ul. Bratja Obretenovi (Ул. Братя Обретенови) 5, Tel. 082-222012, Di–Sa 9–17 Uhr, Eintritt 5 Lv.

Pantheon der Befreier

Der Bul. Car Ferdinand (Бул. Цар Фердинанд) geht in den Bul. Osvoboditel (Бул. Освободител) über, der zum Pantheon am Eingang des Befreiungsparks führt. Das Pantheon der Befreier zeigt sich mit wuchtigem Äußeren, als kubische Festung mit angedeuteten Türmen und einer goldglänzenden, kreuzbekrönten Kuppel. Unter ihr ruhen die Gebeine von mehr als 450 Befreiungskämpfern, die sich in der Wiedergeburt des 19. Jh. hervorgetan haben. So pompös wie das Äußere ist auch das Innere mit Marmor und Granit und mit abstrakt-heroischen Skulpturen. 1979 weihte man das Erinnerungswerk ein.

■ **Panteon na Văzroždencite** (Пантеон на Възрожденците), Tel. 082-820998, geöffnet tgl. 9–12, 13–18 Uhr (Winter nur Mo–Fr), Eintritt 8 Lv.

Dreifaltigkeitskathedrale

Folgt man nun der Umgehungsstraße Car Osvoboditel (Цар Освободител) nach Süden und nimmt die Ul. General Parnesov (Ул. Генерал Парнесов) Rich-

269bu sk

tung Westen, sieht man schon die Kathedrale Sv. Troica (Катедралата Св. Троица). Sie entstand 1632 an der Stelle einer kleinen Kapelle. In ihr ist eine bemerkenswerte **Ikonenausstellung** zu sehen.

Wie es die türkischen Gesetze vorsahen, musste man das Gotteshaus **abgesenkt** in den Boden errichten, damit es nur nicht die Minarette der Moscheen überragte. So gelangt man über eine Treppe hinab in den durchaus geräumigen Saal.

⌃ Das Felskloster Basarbovo

› Das Felskloster Ivanovo

Ruse Umgebung

Naturpark Rusenski Lom

Der Priroden Park Rusenski Lom/ Природен Парк Русенски Лом beginnt 20 km südlich von Ruse am Zusammenfluss von Beli Lom (Бели Лом) und Černi Lom (Черни Лом), die dann als Rusenski Lom in die Donau münden. Seit 1970 ist das Gebiet geschützt.

Die schluchtartigen, baumbestandenen **Täler** des Naturparks entstanden durch die Einschnitte des Wassers, das sich bis heute 100 m tief in die 2500 m mächtigen Kalksteinschichten eingegraben hat. 3200 ha groß ist das Gebiet um den Weißen und Schwarzen Lom. Der Mischwald ist von Schlingpflanzen umwoben, die Sträucher an den Hängen der Schluchten sind submediterran, die Gräser sind teils von Steppeneinwanderern geprägt.

Auf den Felsen kreucht und fleucht es, Skorpione, Gottesanbeterinnen, Nashornkäfer und Salamander geben sich ein Stelldichein – und auch Giftschlangen wie die Hornviper sind zu beobachten. In der Luft verfolgen Stein- und Schlangenadler, Schmutzgeier und Würgfalken die Szenerie.

Neben schönen Spaziergängen und Wanderungen gilt es vier **Sehenswürdigkeiten** zu besuchen: Das zum Weltkulturerbe erklärte Felsenkloster von Ivanovo, das Felskloster Basarbovo, die Festung von Červen sowie die Höhle von Orlova.

Felskloster Basarbovo

Das Kloster auf dem Weg zur Felskirche von Ivanovo (Иваново) erreicht man nach etwa einem Drittel der Strecke (8 km) beim Dorf **Basarbovo** (Басарбово), 500 m vom Ortsausgang. Es kündigt sich als bunter Punkt an der Felswand an, oberhalb eines kleinen und sehr adretten Parks. Über steinerne Stufen erreicht man den Betraum und das **Museum** mit u.a. einer dreidimensionalen Ikone, die die Dreieinigkeit abbildet.

■ **Basarbovski Skalen Manastir** (Басарбовски Скален Манастир), Tel. 082-800765, www.rusenska-mitropolia.bg, geöffnet Sommer 8–19, Winter 8–17 Uhr.

Felskloster Ivanovo

Das Kloster ist wegen seiner **Gottesmutterkirche** (Sv. Bogorodica/Св. Богородица) 1979 auf die UNESCO-Liste des **Welterbes** gesetzt worden. Die Kirche gehört zu einem ganzen Verbund von Felsklöstern in den Tälern des Lom. Nach einer kurzen Fahrt durch das be-

270bu sk

Wanderungen im Rusenski Lom

Zahlreiche Wege sind ausgewiesen (und recht und schlecht markiert). Man kann sich tagelang in der üppigen Natur an den Flussufern ergehen. Eine etwa 6 km (1½–2 Std.) lange Wanderung beginnt am **Bahnhof von Ivanovo** (Иваново) und führt über die Felder und Ebenen zu den **Felsenkirchen von Ivanovo.**

Fährt man mit dem Wagen nach Rusenski Lom, kann man im Dorf **Božičen** (Божичен) parken und 7 km (2–2½ Std.) an der Nord- und Ostseite des Flusses zu den **Felsenkirchen von Ivanovo** wandern. Dieser Weg ist als **Ökotrail** ausgewiesen und führt noch etwa 2 km an der Flussschleife entlang flussaufwärts.

Eine weitere Wanderung (7 km, 2½–3 Std.) beginnt beim Dorf Košov (Кошов) 3 km südwestlich von Ivanovo, führt auf ihrer Ostseite durch die **Schlucht von Košov** (Košovskijat Kanjon/Кошовският Канйон) und endet bei der **Festung/Krepost Červen** (Крепост Червен). Es geht durch den üppig bewachsenen Talgrund vorbei an Felsklöstern, einer Mühle und an einem romantischen Wasserfall.

waldete Tal (4,5 km vom Ortseingang des Dorfes Ivanovo nach Westen auf schmaler, asphaltierter Straße) steigt man 46 m auf einem Pfad und 120 in die Felsen gehauenen Stufen von der Straße hinauf und gelangt in das in drei Räume aufgeteilte Gotteshaus. Die Malereien an den Wänden gehen auf das 14. Jh. zurück, der Kirchenkomplex stammt aus dem 12. Jh., geschaffen von zahlreichen Mönchen, Anhängern des **Hesychasmus,** einer Ordensrichtung der ostorthodoxen Kirche, der auch die Mönche des Berges Athos in Griechenland angehörten. Beim Türkeneinfall mussten die Mönche aber bereits 1388 aus ihren Klöstern flüchten.

Die wunderschönen und fein gearbeiteten **Fresken** erzählen Geschichten aus der Passion wie den Judaskuss und die Fußwaschung und zeigen die Stifter der Kapelle, Car *Ivan Aleksandăr* und seine Frau *Teodora*. Wer auf den Balkon hinaustritt, genießt einen **tollen Blick** über das Tal.

■ **Ivanovski Skalni Cărkvi** (Ивановски Скални Църкви), Tel. 082-825002, geöffnet 9–18 Uhr, Eintritt 10 Lv.

Festung von Červen

Die Festung erreicht man 8 km hinter dem Dorf Ivanovo (Иваново) auf dem Weg zum Dorf Červen (Червен). Sie liegt innerhalb einer Schleife des Černi Lom in 60 m Höhe. An der Stelle einer byzantinischen Festung siedelten sich im 6. Jh. Flüchtlinge aus Ruse an. Die Festung entstand im 12. bis 14. Jh. als **Schutz des Verbindungsweges** nach Veliko Tărnovo (Велико Търново), und in seinem Endausbau umschloss das Gemäuer u.a. elf Kirchen, drei Paläste und zahlreiche Wohnhäuser, deren Grundmauern noch zu sehen sind. 235 Stufen führen hinauf zur Festung, von der aus man weit über den Naturpark blickt.

■ **Srednovekoven Grad Červen** (Средновековен Град Червен), Tel. 082-825002, geöffnet tgl. 9–18 Uhr (frei zugänglich), Eintritt 10 Lv.

☒ Festung von Červen

268bu sk

Höhle von Orlova

Die Höhle (14 °C, 95 % Luftfeuchtigkeit) liegt südwestlich der Festung Červen (Червен). Man fährt zurück in Richtung Ivanovo (Иваново), an der Hauptstraße aber nicht nach Norden zum Dorf, sondern nach Süden. Nach etwa 5 km zweigt eine schmale Straße nach links hangabwärts ab, der man 4 km bis zur Höhle folgt.

Am Restaurant gehen die Führungen los (125 Stufen abwärts zum Höhleneingang). Man wählt zwischen einer halbstündigen und – für Höhlenfreaks – einer sechsstündigen Tour (13 km). Die kurze Tour (1,5 km) gibt aber schon einen recht guten Eindruck. Auf 35 km summieren sich die labyrinthischen Wege des Höhlensystems. Weniger die Tropfsteine sind hier interessant als die mannigfaltigen Formen der **Auswaschungen** mit schmalen Durchgängen, parallel laufenden Röhren und kleinen und großen Hallen.

Das 240 bis 310 m über dem Talboden liegende System wurde **1941 entdeckt,** und 1959 durften die ersten Touristen hinein. **Bewohnt** wurde die Höhle bereits vor 10.000 Jahren im Paläolithikum und später von den Thrakern. Heute leben in ihr **Fledermäuse;** 25 der 29 in Europa bekannten Arten sollen hier zu finden sein.

■ **Peštera Orlova Čuka** (Пещера Орлова Чука), geöffnet April–Okt. tgl. 9–17 Uhr, Eintritt 10 Lv.

Tutrakan

In die Weltöffentlichkeit gerückt ist Tutrakan (Тутракан) an der Donau 60 km nordöstlich von Ruse im **Ersten Weltkrieg,** als die Bulgaren mit Unterstützung deutscher Artillerie 1916 bei einer großen Belagerungsschlacht die von Rumänen besetzte Stadt einnahmen. Kaiser *Wilhelm II.* feierte es mit Champagner. Heute ist Tutrakan einer jener Orte, in denen sich begüterte Bulgaren neue Häuschen für das Wochenende ans Donauufer stellen bzw. Substanz der Wiedergeburtszeit adrett herrichten.

Das besuchenswerte **Ethnografische Museum** im Zentrum widmet sich im ehemaligen osmanischen Badehaus dem Leben an der Donau, zeigt die Fauna des Flusses, die Werkzeuge der Fischer und die Entwicklung und Technik des Bootsbaus. Die Sammlung des **Geschichtsmuseums** zwei Häuser weiter besteht u.a. aus den ergrabenen Artefakten der römischen Festung Transmariska, dem Lapidarium und zum Meer hin den vorzüglich konservierten Fundamenten des bis ins 3. Jh. besetzten Kastells. Der **Gedenkkomplex** an die Opfer der großen Schlacht mit den Gräbern von über 8000 Soldaten liegt 10 km außerhalb an der Straße nach Isperih (Исперих).

■ **Etnografski Muzej** (Етнографски Музей), Ul. Transmariska (Ул. Трансмариска) 5 – Istoričeski Muzej (Исторически Музей), Pl. Suvorov (Пл. Суворов) 1, Tel. 086-661235, www.museumtutrakan.com, April–Sept. Mo–Fr 8–12, 13–17, Sa/So 9–16 Uhr, Eintritt je Museum 5 Lv.

☒ Am Hauptplatz in Ruse

Praktische Tipps

Information

■ **TIC,** Ul. Alexandrovska (Ул. Александровска) 61, Tel. 082-824704, www.eng.visitruse.info, Mo–Sa 9.30–18 Uhr.

■ **Forstverwaltung Naturpark Rusenski Lom** (Priroden Park/Природен парк Русенски Лом), Bul. General Skobelev (Бул. Генерал Скобелев) 7, Tel. 082-872397, www.parks.bg, www.rusenski-lom.bg.

Unterkunft

12 Cosmopolitan③-④, Ul. Dobri Nemirov (Ул. Добри Немиров) 1–3, Ruse, Tel. 082-805050, www.cosmopolitanhotelbg.com. Mitten im Zentrum, aber an einer ruhigen Ecke. Luxus in herabgekühlter Atmosphäre, 60 elegant eingerichtete, lärmgeschützte Zimmer u.a. mit High-Speed-WLAN, Sat-TV und Klimaanlage, Wellnessbereich; eine der ersten Restaurantadressen.

11 Bistra & Galina③, Ul. Kan Asparuh (Ул. Кан Аспарух) 8, Ruse, Tel. 082-7823344, www.bghotel.bg. Standardhotel mit 40 Zimmern, das seine beste Zeit gesehen hat, Restaurant und Pool, 600 m vom Hauptplatz.

15 Plaza Hotel Čarlino③, Ul. Car Kalojan (Цар Калоян) 24, Ruse, Tel. 082-825707, www.charlino-plaza.com. Nächtigen im Wiener Sezessionsstil mit Komfort; 21 Zimmer, Restaurant, Taverne und Freisitz im Herzen der Stadt.

10 Dunav Plaza③, Pl. Svoboda (Пл. Свобода) 5, Ruse, Tel. 082-586666, www.dunavplaza.bg. Am Hauptplatz, mit 90 Zimmern um einen Innenhof; der Platzhirsch mit Restaurant, Bar und Nachtklub.

7 Anna Palace③, Ul. Knjaševska (Ул. Княжеска) 4, Ruse, Tel. 082-825005, www.annapalace.com. In einer Villa im Sezessionsstil, 25 komfortable Zi. und eine schöne Terrasse in unmittelbarer Nähe zum Zentrum und zur Donaupromenade.

4 The English Guesthouse②, Ul. Rajko Daskalov (Ул. Райко Даскалов) 34, Ruse, Tel. 0888-3263 13. Adrett-elegant eingerichtete sieben Zimmer im Zentrum, Bäder teilweise am Gang. Der Besitzer kommt aus England.

2 Hotel Lodkata①-②, Ul. Ribarska (Ул. Рибарска) 82, Tutrakan, Tel. 0886-403669. Familienhotel „Das Boot" am Ufer mit sechs Zimmern und gutem Terrassenrestaurant (Fischsuppe!).

17 Rusenski Lom Hotel②, im Dorf Košov (Кошов) 30 km südlich von Ruse im Rusenski Lom Park, Tel. 0879-067385, www.hotelrusenskilom.com. Modernes Komforthotel in einem Weiler beim Naturschutzgebiet, Restaurant; in der Nebensaison nur am Wochenende.

Essen und Trinken

UNSER TIPP: **5 Oppium,** Ul. Baba Tonka (Ул. Баба Тонка) 9, Ruse, Tel. 0879-990555, www.facebook.com/oppiumrestaurantgardenruse, geöffnet 11–24 Uhr. Modernes Lokal mit sehr guter und anspruchsvoller internationaler Küche und äußerst bequemer Bestuhlung, auch kleiner Garten und Hotelzimmer.

8 New House, Ul. Hristo Danov (Ул. Христо Данов) 5, Ruse, Tel. 0892-000627, www.facebook.com/NewHouseRuse, geöffnet tgl. 11–24 Uhr. Mediterran verfeinerte bulgarische Traditionen in unaufgeregt angenehmem, klaren Ambiente; köstliche Fischgerichte, die zudem noch äußerst lecker angerichtet sind.

14 Mehana Čiflika, Ul. Otec Pajsi (Ул. Отец Пайси) 2, Ruse, Tel. 082-828222, www.facebook.com/mehanachiflikaruse, geöffnet ab 12 Uhr. Großgaststätte, die aber über viele kleine Räume verteilt ist, bulgarische Küche in gemütlicher Atmosphäre; die Adresse für authentisches Essen in Ruse.

6 Restaurant Pontona, Ul. Pristaništna (Ул. Пристанищна), Ruse, Tel. 0885-502646, www.facebook.com/restaurantpontona, geöffnet tgl. 11–24 Uhr. Fischgerichte auf einem am Ufer festgebundenen Ponton, recht angenehme Qualität der Gerichte, wenn auch der Service Luft nach oben hat.

3 The River Bar and Dinner, Ul. Čavdar Vojvoda (Ул. Чавдар Войвода) 33, Ruse, Tel. 0883-368833, www.facebook.com/TheRiverRestaurantRuse, geöffnet tgl. 12–23 Uhr. Mediterranes Essen im angesagten Öko-Bistro-Stil mit Blick auf den Fluss.

18 Snek Bar Červen, am Eingang der Festung Červen, geöffnet April–Sept. 10–20 Uhr. Snackbar mit Grillgerichten unterhalb der Festung im Grünen gelegen.

Weinprobe

19 Leventa, Tel. 082-862880, Kompleks Leventa (Комплекс Левента), geöffnet tgl. 11–23 Uhr. Feines Restaurant direkt beim Fernsehturm in den – vom Preußen *Helmut von Moltke* entworfenen – Kasematten der ehemaligen türkischen Festung Levent Tabija: mediterran-französischer Gourmetküche und eigenes Weingut (Levant).

272bu sk

18 **Seven Generations Winery,** im Dorf Mečka (Мечка) 25 km süwestlich von Ruse, Tel. 082-595 050, www.sevengenerationscomplex.com, geöffnet tgl. 11–21 Uhr. Hotel (DZ ab 100 Lv) und empfehlenswertes, informelles Terrassenrestaurant mit exklusiver Fernsichtlage in der Nähe der Donau. Ebenfalls im Angebot: Abendessen mit fünf Gängen und exklusiver Weinverkostung oder Weinprobe mit Tapas (hierfür ist eine Voranmeldung zwei Tage vorher obligatorisch).

Nachtleben

9 **Art Café,** Pl. Svoboda (Пл. Свобода) 4, Ruse, Tel. 082-824535, geöffnet 10–24 Uhr. Beliebtes Tages- und Abendcafé im Theatergebäude mit großer Terrasse – perfekt für den Cocktail.

13 **Plan B,** Ul. Daskal Nikola (Ул. Даскал Никола) 1, Ruse, Tel. 0888-070888. Bar, Lounge, Restaurant und immer wieder sorgen DJs oder Stand-up-Comedians für Unterhaltung.

1 **Showroom XS,** Ul. Mihail Arnaudov (Ул. Михаил Арнаудов) 3, www.facebook.com/Showroom XS.Ruse, geöffnet Fr/Sa 23–6 Uhr. Die Achtziger lassen grüßen: Lightshow, Lautstärke und Wodka sorgen für Nostalgie.

16 **Play Club,** Pl. Alexsandär Batenberg (Пл. Александър Батенберг) 1, Tel. 0888-209888, geöffnet 8–2 Uhr. Vom Frühstück über Lunch und Abendessen bis zur Tanzparty – im alten Postgebäude wird drinnen und auf der großzügigen Terrasse fast immer gefeiert.

Veranstaltungen

- **March Music Days,** Festival für klassische und populäre Musik in zwei Märzwoche, www.march musicdays.eu.
- **Karneval,** am 23. Juni (ein Tag vor der Sommersonnenwende) mit drei Umzügen, die sich in der Stadtmitte treffen.
- **Zlatnata Gadulka,** Folklorefestival mit der „Goldenen Rebek" (einem violinartigen Instrument) an einem Sonntag im Juni.
- **Green Rock Fest Ruse,** Rockmusik an drei Tagen Mitte Sept., www.greenrockfestruse.com.

Verkehr

- **Bahnhof,** Bul. Car Osvoboditel (Бул. Цар Освободител), südlich des Zentrums (15 Min. zu Fuß), Tel. 082-820202. Nach Ivanovo und Rusenski Lom nimmt man am besten die Bahn (30 Min. Fahrt).
- **Bushof Süd** (Avtogara Jug/Автогра Юг), gegenüber dem Bahnhof, Tel. 082-828151, www.avto gararuse.org. Busse mit Fernstrecken (u.a. nach Bukarest, Sofija und Varna).
- **Bushof Ost** (Avtogara Iztok/Автогара Изток) Ul. Ivan Vedar (Ул. Иван Ведар) 10, am nordöstlichen Stadtrand, Tel. 082-845064, http://avtogaraiz tok.com. Lokale Buslinien in die Vororte und ins Rusenski Lom.
- **Donaubrücke:** Die 2,8 km lange „Brücke der Freundschaft" verbindet seit 1954 Ruse mit Giurgiu auf rumänischer Seite; für Pkw sind 2 € Maut fällig.

Gesundheit

- **Hospital** (Bolnica/Болница), Ul. Nezavisimost (Ул. Независимост) 2, Tel. 082-887215, www.um bal.ruse.bg.

Moschee Ibrahim Paša

Razgrad (Разград)

Zwischen Ruse (Русе) und Šumen (Шумен) an der E70 gelegen, breitet sich Razgrad an beiden Ufern des Flusses Beli Lom (Бели Лом) aus. Die Stadt mit 30.500 Einwohnern ist nicht unbedingt eines der Haupttouristenziele, doch hat sie mit ihrem modernen Zentrum durchaus Charme, und das Wiedergeburtsviertel ist schon weitgehend saniert.

Geschichte

Mit dem auf thrakischen Fundamenten gebauten **römischen Abritus** hat Razgrad seinen Anfang genommen, ihm folgte **Byzanz,** und nach der Zerstörung der byzantinischen Bauwerke wurde **Hrasgrad** als **slawische Siedlung** neu gegründet. 1388 kam es unter türkische Herrschaft und erlebte als eines der Zentren für die **Seidenraupenzucht** einen wirtschaftlichen Boom. Heute ist Razgrad eine Industriestadt, in der besonders die **Pharmazeutik** eine Rolle spielt.

Sehenswertes

Moschee Ibrahim Paša

Hat man den Hauptplatz Pl. Nezavisimost (Пл. Независимост) erreicht, gilt es als Erstes die Moschee Džamina Ibrahim Paša (Джамина Ибрахим Паша) von außen zu besichtigen. Der Bau begann 1530 auf Geheiß des namensgebenden Großwesirs, und etwa 100 Jahre später war das quadratische, pompöse Gebäude mit seiner hohen Minarett-

274bu sk

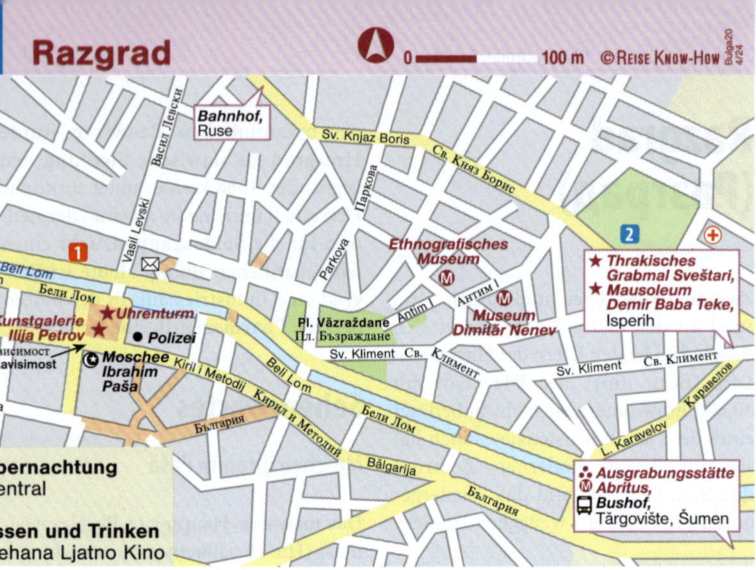

nadel in der heutigen Gestalt fertiggestellt. Es dominiert den ganzen Platz, allerdings hat der Zahn der Zeit recht stark an der zweitgrößten Moschee des Landes (nach der Tombul-Moschee in Šumen) genagt.

Uhrenturm

Nördlich der Moschee, am selben Platz mit seinen Verwaltungsgebäuden, steht der Uhrenturm (Časovnikova Kula/ Часовникова Кула). Sein unüblicher Grundriss und der Holzaufbau nehmen Einflüsse aus dem Kirchenbau auf. Er wurde 1864 an der Stelle eines Vorgängerturms von *Tondor Tončev* aus Trjavna errichtet.

Kunstgalerie Ilija Petrov

Die Kunstgalerie gegenüber der Moschee zeigt 2800 Werke berühmter bulgarischer Künstler aus den Bereichen Malerei, Skulptur und Grafik. Ihr Schwerpunkt liegt auf den Werken von *Ilija Petrov* (1903–1983), der seine Ausbildung unter anderem in München erhielt und als Begründer des bulgarischen **Realismus** gilt.

■ **Galerija Ilija Petrov** (Галерия Илия Петров), Ul. Kiril i Metodij (Ул. Кирил и Методий) 17, Tel. 084-662735, http://rzgallery.org, geöffnet Mo–Fr 9–12, 14–17 Uhr, Eintritt frei.

Ethnografisches Museum

Das Museum befindet sich östlich des Hauptplatzes im noch relativ gut erhaltenen **Wiedergeburtsviertel Varoša** (Квартал Вароша). In den Bauten aus dem 19. Jh. sind die Trachten liebevoll arrangiert, es zeigt zahlreiche Gegenstände des täglichen Gebrauchs sowie Kunsthandwerk. Ein Hauptthema des Museums sind die Sitten und Bräuche der als **„Kapantsi"** bezeichneten Volksgruppe der Region.

■ **Etnografski Muzej** (Етнографски Музей), Ul. G. S. Rakovski (Ул. Г. С. Раковски) 13, Tel. 0878-901436, http://abritvs.atspace.com, geöffnet Mo–Fr 9–12, 13–17 Uhr, Eintritt 2,50 Lv.

Museum Dimităr Nenev

In unmittelbarer Nähe steht das Museum, das an den **Komponisten und Musiker** erinnert. Die lange Musiktradition der Stadt wird auch auf diversen Festivals gepflegt.

■ **Muzej Dimităr Nenov** (Музей Димитър Ненов), Ul. Antim I. (Ул. Антим I.) 20, Tel. 0878-901437, geöffnet Mo–Fr 9–17 Uhr, Eintritt 1 Lv.

Ausgrabungsstätte Abritus

Die **archäologische Grabungsstätte** mit Besucherzentrum, Interaktivem und Historischem Museum befindet sich unmittelbar am Stadtausgang Richtung Šumen (Шумен) in einem Industrieviertel auf der rechten Seite der Straße. Die Museen zeigen die Grabungsfunde, und den Spaziergang über das Areal sollte man morgens oder abends unternehmen, wenn es noch nicht so heiß ist.

Abritus wurde von den Römern im 1. und im 4. Jh. erheblich erweitert. Hier war eine Kohorte der Legion Claudia stationiert. Im Jahr 251 fand die **Schlacht gegen die Goten** statt, bei der Kaiser *Trajan Decius* den Tod fand. Die Festung Abritus bedeckte eine Fläche von 14 ha, die Mauern waren 12 m hoch, 3 m dick und mit 35 Wehrtürmen gespickt.

Das **Lapidarium** ist in drei Abschnitte gegliedert: Votiv-, Grab- und Bauinschriften. Besondere Beachtung verdienen drei **Opferaltäre,** einer von ihnen war Herkules, die anderen Jupiter geweiht.

Im **Historischen Museum** sind Münzen aus römischer Zeit zu sehen, doch die Ausstellung reicht noch weiter zurück, bis ins Paläolithikum, das mit Feuersteinwaffen und -werkzeug dokumentiert ist. Das Neolithikum hat Steinäxte hinterlassen, die Thraker Gegenstände aus Bronze. Auch aus der Eisenzeit sind Funde ausgestellt.

275bu sk

☒ Ausgrabungsstätte Abritus

070bu sk

Das **Interaktive Museum** ist greifbarer und lässt die römische Zeit mit Kostümen und Bildtafeln auferstehen. Es bewahrt auch die wertvollsten Artefakte, darunter goldenen Ohrringe mit Löwenkopf (3. Jh. v. Chr.) aus Sveštari und erstaunlich bunte Polychromkeramik für die Herstellung von Schmuck.

■ **Grabungsstätte Abritus** (Абритус), Bul. Aprilsko Văstanie (Бул. Априлско Въстание) 70, Tel. 084-660851, www.abritus.bg, geöffnet tgl. 9.30–18, Winter Mo–Fr 9–17 Uhr, Grabungsareal frei zugänglich, Eintritt Interaktives Museum 3,50 Lv, Historisches Museum 2,50 Lv.

Im Grabmal von Sveštari

Razgrad Umgebung

Archäologisches Reservat Sborjanovo

Das Thrakische Grabmal von Sveštari (Свещари) nahe der Stadt **Isperih** (Исперих) ist eines der Highlights des Landes. Es befindet sich im zum Schutzgebiet erklärten archäologischen Reservat/ Rezervat Sborjanovo (Резерват Сборяново), welches das Historische Museum in Isperih verwaltet. Es zeigt eine **Sammlung aus thrakischer und römischer Zeit** – die wertvollsten Stücke sind allerdings im Razgrader Museum ausgestellt.

■ **Istoričeski Muzej** (Исторически Музей), Ul. Car Osvoboditel (Ул. Цар Освободител) 6, Tel. 084-313660, www.museumisperih.com, geöffnet Mo–Fr 9.30–16.30 Uhr, Eintritt 4 Lv.

Grabmal von Sveštari

Von Isperih nimmt man zum Grabmal die Straße in Richtung **Dragomăž** (Драгомъж), fährt nach 3,5 km nach rechts ins Dorf **Sveštari** und nimmt die kleine Straße nach links zu den Thrakischen Gräbern.

Das Königsgrab ist seit 1985 – drei Jahre nach der Entdeckung – **Weltkulturerbe,** und schon der Eintritt ins teils halbdunkle, teils dramatisch ausgeleuchtete Innere des modernen Schutzbaus des Hauptgrab ist hoch beeindruckend. Vorbei an zwei Säulen, betritt man den 4 m langen, 1,85 m breiten und 2,15 m hohen Gang, der vorbei an einer Nebenkammer durch die Vorkammer zum eigentlichen **Begräbnisraum** führt. Dessen Gewölbe ist 4,55 m hoch und überspannt den quadratischen Grundriss.

Zehn 1,20 m hohe Skulpturen von Frauengestalten – als **Kanephoren** bezeichnet – sind als Hochrelief und Säulen im Fries ausgeführt. Das **Bogenfeld** ist mit einer Malerei versehen, das den hier beerdigten König auf einem Pferd zeigt, um ihn herum huldigen die Menschen dem Herrscher.

Um die **Luftfeuchtigkeit** niedrig zu halten, ist der Besuch bei starkem Andrang zeitlich limitiert. Auch kann den Besuchern eine Art Overall verordnet werden.

Nach dem Königsgrab kann man mit derselben Eintrittskarte noch zwei **weitere Gräber** des archäologischen Komplexes besuchen, die einen ähnlichen Aufbau zeigen und als Gräber Nr. 12 und Nr. 13 bezeichnet sind. Die ganze Nekropole stammt aus dem 3. Jh. v. Chr.

■ **Trakijskata Grobnica v Sveštari** (Тракийската Гробница в Свещари), Tel. 084-735279, www.museumisperih.com, Besuch nur im Rahmen einer Führung, Dauer für alle drei Gräber 45 Min., für Königsgrab 20 Min., geöffnet Mitte März–Nov. Mi–So 9.30–16.30 Uhr, Eintritt Königsgrab 16 Lv, Gräber 12 und 13 je 6 Lv.

Mausoleum Demir Baba Teke

2,2 km südwestlich der Archäologischen Zone (in den Feldweg einbiegen, nach 100 m parken und die tuchgeschmückte Treppe über 220 Stufen absteigen) steht das Mausoleum des „Eisernen Vaters" Demir Baba Teke (Демир Баба Теке) im üppig grünen, feuchten Talgrund. Er war einer der spirituellen Köpfe der **Alianen,** die Ali, den Schwiegersohn Mohammeds, verehren und die ihre Wurzeln im Iran haben.

Das Mausoleum wurde im 17. Jh. als sechseckiger Bau mit einer Kuppel errichtet, das Innere ist mit Fresken und Inschriften versehen. Fast ständig sind hier Mitglieder der Glaubensgemeinschaft dabei, ihre Suren zu singen. Auch hinterlassen sie kleine Gegenstände wie Tücher mit der Bitte um Erhörung eines Wunsches, zumeist in Zusammenhang mit einem männlichen Nachkommen. Wenn es oben heiß ist, lässt es sich hier unten an der Quelle gut aushalten, und der Wächter zeigt gerne die Schuhe von *Baba Teke* (wenn es auch nur Nachbildungen sind).

Praktische Tipps

Unterkunft/Essen und Trinken

1 **Central**②, Bul. Beli Lom (Бул. Бели Лом) 40, Tel. 084-612121, www.hotelrazgrad.com. Von außen wenig ansprechendes Haus, die Zimmer sind allerdings renoviert, mit Klimaanlage und Kabelfernsehen ausgestattet; in unmittelbarer Zentrumsnähe auf der anderen Seite des Flusses.

2 **Mehana Ljatno Kino,** Ul. Gavrail Krastevič (Ул.Гавраил Кръстевич) 48, Tel. 0899-910997, geöffnet 10–23 Uhr. Im „Sommerkino" am Stadtpark kommt gehobene bulgarische Küche mit Fisch und Fleisch auf die Teller, und man sitzt schön auf der Terrasse oder unter Bäumen.

Veranstaltungen

■ **Joghurt-Messe** (Панаирът на киселото мляко); im Juli treffen sich Folkloregruppen aus aller Welt für drei Tage und feiern die handwerkliche Herstellung von Joghurt und weiteres Brauchtum mit Wettbewerben, Tänzen und Gesang.

Verkehr

- **Bushof,** Ul. Aprilsko Văctanie (Ул. Априлско Въцтание) 5, an der Ausfallstraße östlich des Zentrums, Tel. 084-660811.

Gesundheit

- **Hospital/Bolnica** (Болница), Ul. Kosta Petrov (Ул. Коста Петров) 2, Tel. 084-624321, https://mbalrazgrad.com.

Svištov (Свищов)

Svištov (25.000 Ew., 45 km nordwestlich von Bjala), dem **drittgrößten Donauhafen** des Landes und Übergangsstelle der Russen im Krieg von 1877, geben die Ausläufer des Balkans mit ihren Hügeln eine bevorzugte Lage. Terrassenförmig erheben sich die Wohnviertel über dem südlichsten Bogen des Flusses. Von hier kann man nach **Zimnicea** (Rumänien) übersetzen (die Fähre ist eine wichtige Verbindung des Schwerlastverkehrs zwischen der Türkei und Mitteleuropa).

Geschichte

Die Gründung der Stadt erfolgte 45 v. Chr. als römisches Novae, das sich schnell entwickelte. Am 4. August 1791 wurde hier der **Frieden von Svištov** geschlossen, das Ende der Abfolge der acht österreichisch-türkischen Kriege, die 1526 begann. Unter der türkischen Herrschaft war Svištov Privateigentum der Sultanin mit einer autonomen Regierung, die den Handel beförderte. Mitte des 19. Jh. lagen bis zu 150 Schiffe gleichzeitig im drittgrößten Binnenhafen des Landes.

Sehenswertes

Dreifaltigkeitskirche

Wichtigstes Gebäude ist die vom Erbauer der Belenski-Brücke 1867 errichtete **Kirche Sv. Troica** mit 73 Ikonen vom in der Stadt geborenen Meister *Nikolaj Pavlovič*, einem Schüler der Werkstatt von Samokov. Die dreischiffige Hallenkirche gilt als ein Meisterwerk der Wiedergeburtsarchitektur. Die Hauptkuppel tragen vier Säulen, drei weitere, kleinere Kuppeln sind um sie herum gruppiert. Die schlanken Säulen tragen beträchtlich dazu bei, dass der Kirchenraum weit und luftig wirkt. Ein Erdbeben von 1977 fügte der Kirche schweren Schaden zu, den man allerdings weitgehend behob.

- **Cărkva Sv. Troica** (Църква Св. Троица), Pl. Scoboda (Пл. Свобода), geöffnet Mo–Sa 8–18, So 8–14 Uhr.

Hausmuseum Aleko Konstantinov

Das Museum widmet sich der Stadtgeschichte und ist im Geburtshaus des **Schriftstellers** *Konstantinov* untergebracht. In seiner bekanntesten Novelle „Bai Ganio" brachte er ironisierend die bulgarische Mentalität aufs Papier: Seine Hauptfigur „Onkel Ganio" schuf er als taktlosen Hausierer, was ihm so viele Feinde einbrachte, dass man ihn schließlich 1897 als Nestbeschmutzer erschoss

– obwohl er als Kosmopolit und Stammvater des Tourismus in Bulgarien galt.

Das Gebäude zeigt sich zur Straße hin einstöckig, auf der Gartenseite hin auf abfallendem Grund zur Donau als zweistöckiges Haus mit einem Halbgeschoss unter dem Dach.

■ **Kăšta-Muzej Aleko Konstantinov** (Къща-Музей Алеко Константинов), Ul. Klokotnica (Ул. Клокотница) 6, Tel. 0631-60467, http://istoricheskimuzei-svishtov.com, geöffnet Mo–Fr 9–17, Sa/So 9–16 Uhr, Eintritt 3 Lv.

Ethnografische Ausstellung

Die hübsch arrangierte Sammlung zwei Häuser weiter südlich präsentiert Schmuck aus Silber und Gold und beleuchtet das einfache Arbeitsleben ebenso wie das einer Bürgerfamilie, und legt einen Schwerpunkt auf die Fischerei.

■ **Etnografska Ekspozicija** (Етнографска Експозиция), Ul. Georgi Vladikin (Ул. Георги Владикин) 14, geöffnet Mo–Fr 8.30–12, 12.30–17, im Sommer auch Sa/So 9–16 Uhr, Eintritt 3 Lv.

Römisches Lager Novae

Die **Archäologische Stätte** und das **Besucherzentrum** liegen 4 km außerhalb im Osten Richtung Razgrad am Straßenrand. 1960 begannen die bis heute nicht abgeschlossenen Grabungen. Das Legionslager für die gesamte Legio VIII Augusta mit 4000–5000 Mann maß etwa 500 auf 350 m (18 ha), war Teil der Grenzbefestigungen des Limes Moesicus und umgeben von einem mit Holztürmen gesicherten Wall. Militärhospital, Tempel, Offiziersvillen, Aquädukt und Bäder – alles war vorhanden. Das Hauptquartier allein maß 105 auf 50 m. Später wandelte sich das Lager zu einer byzantinischen Stadt mit Bischofssitz, dessen Basilika-Fundamente auch zu sehen sind.

■ **Rimski Lager Nove** (Римски Лагер Нове), Kasse im Besucherzentrum (100 m stadteinwärts), Tel. 0882-508936, geöffnet tgl. 9–13, 14–18 Uhr, frei zugänglich, Eintritt 4 Lv.

Svištov Umgebung

Bjala (Бяла)

Das verschlafene Bjala (Бяла) mit seinen 9000 Einwohnern liegt 50 km südöstlich von Svištov und 50 km südwestlich von Ruse (Русе) an der Kreuzung der Haupt-

Svištov Winery

■ **Svištov,** Ul. Car Osvoboditel (Ул. Цар Освободител) 114, Tel. 0893-321117, www.svishtov-winery.com.

■ **Weinregion Donauebene,** Rebfläche 360 ha, Kellermeister *Tihomir Petrov*.

■ **Rote Rebsorten:** Cab. Sauvignon, Cab. Franc, Merlot, Pinot Noir.

■ **Weiße Rebsorten:** Chardonnay, Sauvignon Blanc, Muskat Ottonel, Traminer.

■ **Herausragende Weine:** Imperium Cuvée rot, Imperium Chardonnay & Sauvignon Blanc, Gorčivka Cabernet Sauvignon.

■ **Touristisches Angebot:** Führung durch die Kellerei werktags nach Voranmeldung, Verkostung im Restaurant des Weinguts in der Stadt im Rahmen eines Essens.

straßen von der Donau nach Veliko Tărnovo und von Šumen nach Sofija. Seine Geschichte ist eng mit dem **Kampf gegen die türkische Herrschaft** verwoben. Hier ertranken 1876 die Freiheitskämpfer *Panajot Volov, Georgi Ikonomov* und *Stojan Angelov*, verfolgt von den osmanischen Truppen, als sie die türkisch bewachte **Belenski-Brücke** (Belenski Most/Беленски Мост) über die Jantra (Янтра) zu umgehen versuchten. Direkt neben der Hauptstraße gelegen, gilt sie als schönes Beispiel für die türkische Baukunst. 1867 unter *Midhat* Paša vom Baumeister *Koljo Fičeto* errichtet, zeigt sie sich auf 276 m Länge mit eleganten Bögen (obwohl ein Hochwasser im 19. Jh. einiges zerstört hat).

Zwei **Denkmäler** lassen die Geschichte aufleben: eines für den Baumeister, ein realistisches Kopfporträt auf einem abstrahierten, sitzenden Körper in sozialistischem Stil, und eines für die ertrunkenen Revolutionäre; das Ehrenmal besteht aus einem Treppengeviert, das bei einem weißen Obelisken endet.

Im Zentrum des Städtchens gibt der 15 m hohe **Uhrenturm** am Hauptplatz seit dem Jahr 1872 die Zeit an. Dem quaderartigen, abweisenden Unterbau entwächst ein zierliches Türmchen.

Das **Militärhistorische Museum „Befreiungskrieg"** zeigt im ehemaligen russischen Stabsquartier und im umgebenden Park schwere Waffen und Teile einer Pontonbrücke, mit der die russische Armee bei Svištov am 27. Juni 1877 die Donau überquerte.

■ **Muzej Osvoboditelna Vojna** (Музей Освободителна Война), Ul. Vreska (Ул. Вреска) 2, Tel. 081-772466, geöffnet tgl. 9–12, 13–17 Uhr, Eintritt 4 Lv.

Praktische Tipps

Information

■ **Touristeninformation,** Besucherzentrum bei der Grabungsstätte Novae (→ oben), Tel. 0882-508936, www.svishtov.bg.

Unterkunft/Essen und Trinken

■ **Hotel Nove**②, Ul. Todor Hrulev (Ул. Тодор Хрулев) 2, Tel. 0895-561097, www.hotelnove.bg. Modernes und komfortables Hotel in der Stadt mit 20 unaufdringlich-elegant gestalteten Zimmern und einem guten Restaurant.

UNSER TIPP: **Hotel Prestige**②, Ul. Hisarlaka/Belene (Ул. Хисарлака/Белене), Tel. 065-836831, https://hotelprestige-bg.com. Hervorragende Lage an der Donau 30 km westlich von Svištov mit gutem Restaurant, 22 Zimmern und zehn Apartments.

■ **Mehana Svištov,** Tel. 0899-877887, Ul. Dimităr Šišmanov (Ул. Димитър Шишманов) 10, geöffnet tgl. 11–24 Uhr. Bei der Ethnografischen Ausstellung isst man in Wiedergeburtsarchitektur von 1836 mit Innenhof und Traditionsgaststube Landestypisches.

Weinprobe

■ **Vinprom/Vinarna Svištov,** Ul. Car Osvoboditel (Ул. Цар Освободител) 114, Tel. 063-160470, www.svishtov-winery.com, geöffnet tgl. 10–1 Uhr. Mehana des Svištov-Weingutes mit Garten und guter Traditionsküche.

Im Park Kajlăka in Pleven

Veranstaltungen

Eagle on the Danube, dreitägiges Festival im Juni mit Reenactments wie Kämpfe der Legion und der Gladiatoren, buntem Rahmenprogramm mit Essen, Trinken und Musik – ein Spektakel für die ganze Familie; Infos: www.facebook.com/eagleonthe danube.

Verkehr

- **Bahnhof,** Ul. Otec Paisij (Ул. Отец Паисий) 2 (am nordwestlichen Stadtrand), Tel. 0884-405729. Stichstrecke nach Levski (Левски) 45 km im Süden zur Hauptverbindung zwischen Pleven (Плевен) und Veliko Tărnovo (Велико Търново).
- **Bushof,** dem Bahnhof gegenüber, Tel. 063-160725, www.avtogara-svishtov.com. Lokale Linien, aber auch nach einmal am Tag nach Varna (Варна), zweimal nach Sofija (София) und sechsmal nach Ruse (Русе).
- **Fähre Svištov/Zimnič** (Ферибот Свищов Зимнич) Tel. 0882-661555, www.ferry.bg. Überfahrt 8.30–19 Uhr im 90-Minuten-Takt, Pkw ab 4 €.

408bg fk

Pleven (Плевен)

Die Industriestadt in der Donauebene (95.000 Ew.) ist aus mehreren Gründen besuchenswert. Einmal hat sie sich einen fast ländlichen Charakter im Zentrum bewahrt, und dann ist es die Stadt mit der größten Dichte an Erinnerungen an den **Unabhängigkeitskampf.** Nicht von ungefähr! In Pleven fand neben dem Kampf um den Šipka-Pass die größte Schlacht der russischen Befreier gegen die Türken statt. Abschreckend mag auf manche Besucher das **extreme Klima** der Stadt wirken: In ganz Bulgarien hat Pleven im Winter die tiefsten und im Sommer die höchsten Temperaturen.

Geschichte

Als thrakische Siedlung wurde **Storgosia** an einer bereits in der Stein- und Bronzezeit bewohnten Stelle gegründet, übernahmen die Römern den Namen und schickten eine Abteilung der in Svištov (Свищов) stationierten Legion nach Storgosia. Die zunehmenden Barbareneinfälle zwangen die Römer zur Befestigung, und im 4. Jh. waren 3 ha von einem 2,20 m dicken Wall umgeben. Die Festung wurde im 6. Jh. zerstört. Wohl im 7. Jh. erhielt die Siedlung durch den Zuzug von **Slawen** den Namen Pleven, erstmals schriftlich erwähnt wurde er im Jahr 1266.

Während des Russisch-Türkischen Krieges verschanzten sich die **Türken** 1877 in der von ihnen stark befestigten Stadt und trotzten mit 43.000 Mann und 58 Geschützen dem wiederholten An-

Pleven

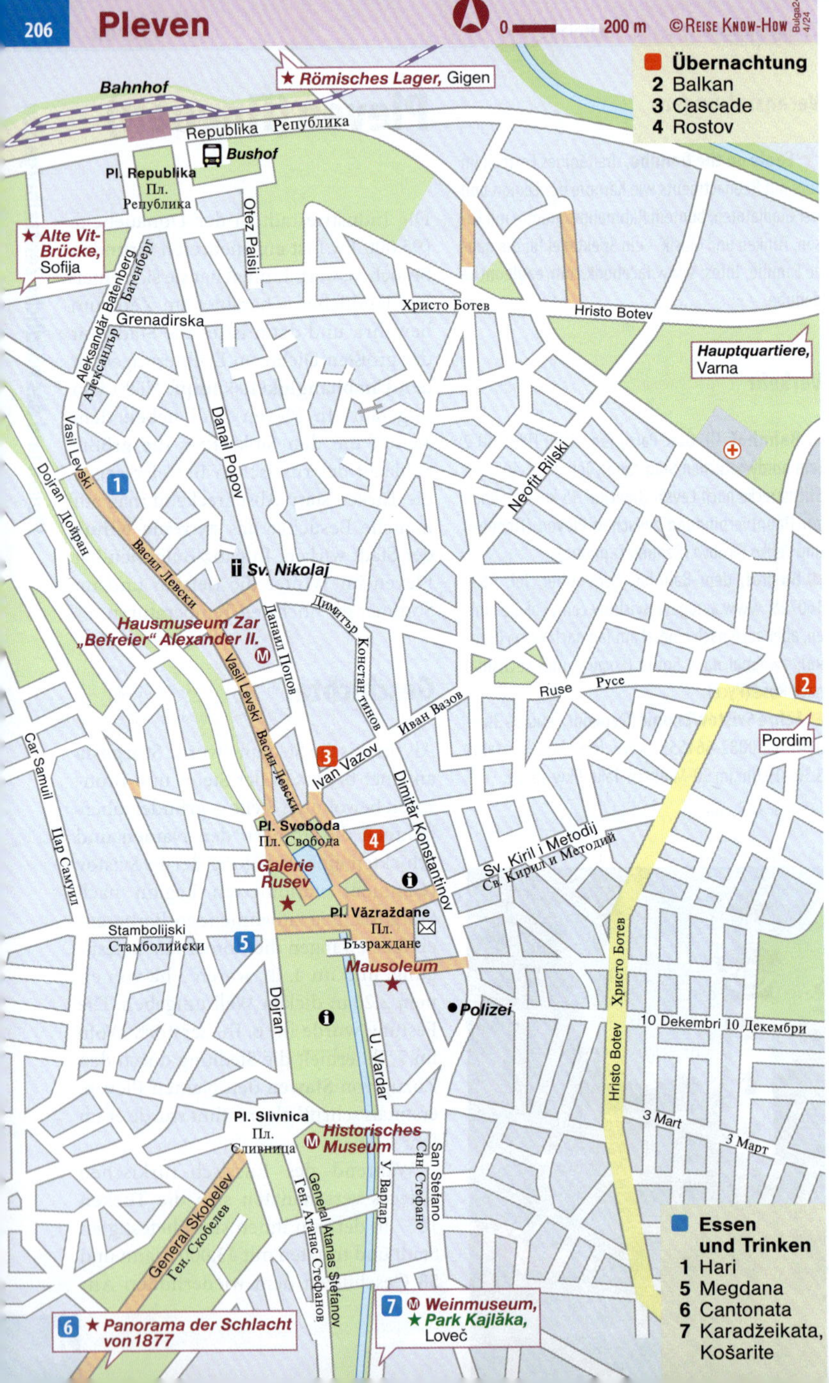

0 200 m
© Reise Know-How Bulga24 4/24
Übernachtung
2 Balkan
3 Cascade
4 Rostov
Essen und Trinken
1 Hari
5 Megdana
6 Cantonata
7 Karadžeikata, Košarite
★ Römisches Lager, Gigen
Bahnhof
Republika Република
Bushof
Pl. Republika
Пл. Република
★ Alte Vit-Brücke, Sofija
Otez Paisii
Христо Ботев
Hristo Botev
Hauptquartiere, Varna
Aleksandăr Batenberg
Александър Батенберг
Grenadirska
Vasil Levski
Dojran Дойран
Danail Popov
Neofit Rilski
Sv. Nikolaj
Васил Левски
Hausmuseum Zar „Befreier“ Alexander II.
Данаил Попов
Димитър Констан тинов
Иван Вазов
Ruse Русе
Car Samuil
Цар Самуил
Ivan Vazov
Dimităr Konstantinov
Pordim
Pl. Svoboda
Пл. Свобода
Galerie Rusev
Sv. Kiril i Metodij
Св. Кирил и Методий
Pl. Văzraždane
Пл. Възраждане
Stambolijski
Стамболийски
Mausoleum
Polizei
Dojran
Христо Ботев
10 Dekembri 10 Декември
Hristo Botev
U. Vardar
3 Mart
3 Март
Pl. Slivnica
Пл. Сливница
Historisches Museum
San Stefano
Сан Стефано
У. Вардар
General Atanas Stefanov
Ген. Атанас Стефанов
General Skobelev
Ген. Скобелев
★ Panorama der Schlacht von 1877
Weinmuseum, ★ Park Kajlăka, Loveč

sturm von 100.000 russische Soldaten unter Zar *Alexander II.*, die mit 232 Kanonen in die Stadt schossen. Der türkische Befehlshaber *Osman* Paša widerstand der Belagerung ein halbes Jahr, dann zog er mit 10.000 Überlebenden ab, die Russen, Bulgaren und Rumänen hatten über 30.000 Tote zu beklagen.

Sehenswertes

Das Zentrum von Pleven bilden die benachbarten Plätze **Pl. Văzraždane** (Пл. Възраждане) und **Pl. Svoboda** (Пл. Свобода) mit ausgedehnten Blumenrabatten und Springbrunnen.

Mausoleum

Das neobyzantinische, 24 m hohe Mausoleum am südlichen Ende des erstgenannten Platzes wurde im Jahr 1903 errichtet und in Anwesenheit des Prinzen *Ferdinand I. von Sachsen-Coburg-Gotha* 1907 eingeweiht. Hier, vor der Ewigen Flamme für den Unbekannten Soldaten, finden die großen Feierlichkeiten der **Befreiungsjubiläen** statt.

Der Hauptsaal ist als **orthodoxes Kreuz** konzipiert, an einer Wand wacht eine **Ikonostase** mit wertvollen Werken bulgarischer Meister. In der über eine Treppe erreichbaren **Krypta** liegen in drei Sarkophagen die sterblichen Überreste russischer und rumänischer Soldaten.

■ **Paraklis-Mavzolej Sv. Georgi Pobedonosec** (Параклис-Мавзолей Св. Георги Победоносец), Pl. Văzraždane (Пл. Възраждане) 5, Tel. 064-830 033, http://panorama-pleven.com, geöffnet April–Okt. Di–Sa 9–12 und 13–18, sonst 8.30–12 und 12.30–17 Uhr, Eintritt frei.

Galerie Rusev

Westlich des Platzes steht ein weiteres neobyzantinisches Bauwerk. Das im türkischen Stil errichtete **Stadtbad** dient heute als **Galerie.** Der in Pleven geborene **Maler Svetlin Rusev** (1933–2018) war einer der bekanntesten zeitgenössischen Künstler des Landes. Die bedeutende und überzeugend arrangierte Ausstellung zeigt seine Bilder, aber auch von Rusev der Stadt gespendete Werke zahlreicher weiterer Künstler (u.a. von *Eugène Delacroix, Francisco Goya, Marc Chagall, Salvador Dali, Pablo Picasso, Edgar Degas* und *Auguste Renoir*).

■ **Galerija Rusev** (Галерия Русев), Ul. Dojran (Ул. Дойран) 75, Tel. 064-838342, geöffnet Di–Sa 10–17.30 Uhr, Eintritt frei.

Hausmuseum Zar „Befreier" Alexander II.

In dem Wiedergeburtshaus 250 m nördlich des Pl. Svoboda (Пл. Свобода) in einem Park nahm der Zar die **Kapitulation von Osman Paša** entgegen. Karten zeichnen den Verlauf der Schlacht nach, ein Gemälde zeigt den stolzen Herrscher aller Reußen in Husarenuniform.

■ **Kăšta-Muzej Car „Osvoboditel" Aleksandăr II.** (Къща-Музей Цар Освободител Александър II), Ul. Vasil Levski (Ул. Васил Левски) 157, Tel. 064-834558, http://panorama-pleven. com, geöffnet Mo–Fr 9–12, 12.30–17.30, Winter 8.30–12, 12.30–17 Uhr, Eintritt 5 Lv.

Kirche Sv. Nikolaj

Die nach den türkischen Regeln vertieft gebaute Kirche 100 m nördlich des Alexander-Museums entstand 1834 auf den Fundamenten eines Vorgängerbaus. Das **dreischiffige Gotteshaus** ist nicht mit Fresken geschmückt, dafür hängt an den Seitenwänden je eine Reihe wertvoller Ikonen aus dem 18. und 19. Jh., darunter einige aus der Samokov-Schule. Beachtenswert sind auch die über die gesamte Breite verlaufende Ikonostase und die Holzkanzel mit ihrem ausladenden Adler, beide von Trjavna-Meistern.

■ **Cărkva Sveti Nikola** (Църква Свети Никола), Ul. Zamenhof (Ул. Заменхоф), geöffnet tgl. 7–18.30 Uhr.

Historisches Museum

Das Historische Museum südlich des Mausoleums beim Pl. Slivnica (Пл. Сливница) ist das **zweitgrößte Bulgariens** und unbedingt einen Besuch wert. 1888 wurde der mit einer prachtvollen Fassade ausgestattete Bau als Kaserne errichtet.

200.000 Stücke gehören zum Fundus, 5000 sind in der ständigen Ausstellung zu sehen. Die Sammlung ist in die Abteilungen Geschichte, Archäologie, Ethnografie, Wiedergeburt, Russisch-Türkischer Krieg 1877, Neugeschichte, Oper, Naturgeschichte und Wissenschaft (entsprechend des vorgeschlagenen Tourverlaufs) gegliedert, und beim Besuch leitet das Personal durch die Treppenhäuser der beiden endlos langen Flügel und schließt die Türen auf und zu. Unbedingt anschauen sollte man sich den **thrakischen Goldschatz von Vălcitrăn** aus dem 8. Jh. v. Chr. und die **Ikonensammlung.** Operninteressierte besuchen auch die Abteilung zur **Sängerin Gena Dimitrova** (1941–2005), die internationale Erfolge feiern konnte.

■ **Istoričeski Muzej** (Историčески Музей), Ul. Stojan Zaimov (Ул. Стоян Заимов) 3, Tel. 064-823 502, www.rim-pleven.com, geöffnet Di–Sa 9.30–12, 12.30–17, Winter 9–12, 12.30–17.30 Uhr, Eintritt 8 Lv.

Panorama der Schlacht von 1877

Das Panorama steht auf einem Hügel im Park Skobelev südwestlich des Zentrums. Mit dem Auto sind es 2,5 km, zu Fuß nimmt man vom Historischen Museum beim Denkmal für den russischen General *Skobelev* (der 1877 die Schlacht entschied) die Fußgängerzone Ul. General Skobelev (Ул. Генерал Скобелев). Am Ende wacht erhöht das **Denkmal Mutter Bulgarien** (Maika Bulgarija/Майка България) – eine Frauengestalt zerreißt vor einer monumentalen Betonstele ihre Kette. Durch den Park geht es dann hoch zum Panorama (15 Min. ab Museum).

Es wurde im Jahr 1977 zum hundertjährigen **Gedenken der Belagerung von Pleven** errichtet und zeigt eine Momentaufnahme des Schlachtgetümmels auf einer riesigen Rundumleinwand, 15 m hoch und 115 m lang. Der umgebende Park wurde 1907 zum **Skobelev Park Museum** (Скобелев Парк Мусей) erklärt und widmet sich wie das Panorama der Schlacht. Kanonen stehen blankgeputzt in der Landschaft, mehrere Massengräber bergen die sterblichen Über-

276bu sk

reste Tausender Soldaten: Hier befand sich eines der heiß umkämpften Bollwerke des *Osman* Paša, die **Issa-Aga-Schanze.** Wer die ganze Geschichte dieses Krieges erfahren möchte, muss im Historischen Museum die Abteilung Plevenska Epopeja 1877 (Плевенска Епопея 1877) besuchen.

■ **Panorama Plevenska Epopeja 1877** (Панорама Плевенска Епопея 1877), Park Skobelev (Парк Скобелев), Tel. 064-830251, http://panorama-pleven.com, geöffnet Mai–Okt. tgl. 9–17.30 Uhr, sonst bis 17 Uhr, Eintritt 10 Lv.

Panorama der Schlacht von 1877

Park Kajlăka/Weinmuseum

Im ausgedehnten Park Kajlăka (Парк Кайлъка) im südlichen Stadtrandgebiet verlustieren sich die Bewohner Plevens am Wochenende an kleinen Seen, unter Bäumen und in einem Schwimmbad. Mitten im Park ist in eine Höhle ein Weinmuseum gebaut, eine Felsengalerie von 650 m². Über 6000 unterschiedliche Etikette aus ganz Bulgarien werden vorgestellt, man darf sie probieren und auch kaufen. Auch über 90 Jahre alte Weine gehören zum Sortiment.

■ **Muzej na Vinoto** (Музей на виното), im Park Kajlăka (Парк Кайлъка), Tel. 0887-731537, Sommer Mi–So 11–18 Uhr (Winter auf Anfrage), Führung und Weinprobe mit einem Glas 15 Lv, mit acht Weinen 25 Lv; 2023 wg. Renovierung geschlossen.

Pleven Umgebung

Alte Vit-Brücke

6 km westlich des Zentrums (in Richtung des Dorfes Jasen (Ясен) liegt die alte Brücke über den Fluss Vit (Вит). Sie war am 10. Dezember 1877 **Schauplatz des Sieges der alliierten Truppen über die Türken.** *Osman* Paša hatte noch einen verzweifelten Versuch gewagt, den Belagerungsring zu durchbrechen und musste hier kapitulieren.

Hauptquartiere

20 km östlich von Pleven steht im Städtchen **Pordim** (Пордим) das 1865 errichtete Haus von *Ivan Stojkov,* welches vom 26. Oktober bis 10. Dezember 1877 das **Hauptquartier der russischen Armee** mit Zar *Alexander,* dem Großfürsten *Nikolaj Nikolaevič* und ihren Generälen war. 300 m westlich steht ein kleiner Museumskomplex, der an das **rumänische Hauptquartier** mit Prinz *Karol I.* erinnert. Beide Museen beschreiben die Entscheidungen der Generalstäbe mit Dokumenten und zeigen Waffen und Uniformen.

■ **Kăšta-Muzej Velik Knjaz Nikolaj Nikolaevič** (Къща-Музей Велик княз Николай Николаевич), Ul. Slaveikov (Ул. Славеиков), Tel. 064-834558, www.panorama-pleven.com, geöffnet Mo–Fr 8–12, 13.30–17.30 Uhr, Eintritt frei.

■ **Kăšta Muzej Negovo Kralsko Velichestvo Karol I.** (Къща Музей Негово Кралско Величество Карол I), Ul. Ivan Bozinov (Ул. Иван Бозинов), wie oben.

Römisches Lager

35 km nördlich von Pleven liegt die ehemalige römische Garnisonsstadt **Colonia Ulpia Oescensium** (Ulpia Escus/Улпия Ескус) am nördlichen Rand des heutigen Dorfs Gigen (Гиген) 3 km von der Mündung der Iskar in die Donau entfernt (Parkplatz GPS N 43.70725, E 24.46594). Das Lager war Standort der Legio V Macedonia und wie Svištov (Свищов) **Teil des Bollwerks Limes Moesicus.**

Erstmals wurden römische Soldaten im 1. Jh. hier in einem – natürlichen Schutz verprechenden – Sumpfgebiet stationiert. Zu jener Zeit gab es wohl auch einen Flussarm der Iskar, auf dem Boote die Donau erreichen konnten. Das Legionslager, die Stadt und die entstandene Veteranensiedlung bedeckten schließlich eine Fläche von fast 30 ha. Im 6. Jh. zerstörten Awaren die Anlage, sie wurde nicht mehr aufgebaut.

Heute ist das **Grabungsgelände** frei zugänglich, die Natur holt es sich zurück: Pflanzen überwuchern die Mauern, nur noch vereinzelt sind Schilder mit Erklärungen vorhanden. Doch die Einsamkeit, das Summen und Gezirpe, die Blumen und Gräser machen gerade den Reiz dieses Ortes aus.

☒ Das Römische Lager Colonia Ulpia Oescensium

277bu sk

Praktische Tipps

Information

■ **Touristeninformation,** Ul. Vardar (Пл. Вардар) 2A, 5800 Pleven, Tel. 064-824004, https://visitpleven.com (auch auf Englisch), geöffnet Mo–Sa Sommer 10–18.30, Winter 9–17.30 Uhr.

Unterkunft

2 Balkan②, Bul. Ruse (Бул. Русе) 85, Tel. 064-803700, www.hotel-balkan.com. 225 Zimmer in einem Hochhaus im Zentrum, die erste Adresse der Stadt mit allem Komfort; mehrere Restaurants (auch ganz oben bei den Wolken). Einfacher ausgestattete Zimmer sind auch verfügbar.

4 Rostov②, Car Boris III. (Цар Борис III) 2, Tel. 064-805005, www.rostov.bg. 100 komfortable Zimmer, drei Restaurants, Kasino und Nachtklub in einem Hochhaus in zentraler Lage.

3 Cascade②, Pl. Svoboda (Пл. Свобода), Tel. 0876-323201. Topzentrale Lage und moderne Zimmer mit Komfort, aber nichts für Lärmempfindliche.

Essen und Trinken

5 Megdana, Ul. Dojran (Ул. Дойран) 158, Tel. 0878-797974, geöffnet tgl. 10–24 Uhr. Beim Stadtpark gibt's gute bulgarische Küche im kleinen Hof oder im Gastraum aus den 1970er Jahren.

1 Hari, Ul. Najčo Canov (Ул. Найчо Цанов) 4, am nördl. Ende der Ul. Vasil Levski (Ул. Васил Левски), Tel. 0898-722872, www.facebook.com/HarryRestaurantPleven, geöffnet tgl. 11–24 Uhr. Beim Wiedergeburtskomplex mit Springbrunnen im Hof, bulgarische Spezialitätenküche.

6 Cantonata, Ul. Emil Dimitrov (Ул. Емил Димитров) 54, Tel. 064-820320, www.cantonata.net, geöffnet tgl. 10.30–11 Uhr. Restaurant und Lounge mit Pizza und mehr auf dem Weg zum Panorama, schönes luftiges Sitzen auf dem Balkon.

7 Karadžeikata, im Park Kajlăka (Парк Кайлъка) 1, 200 m südlich des Wendeplatzes für die Trolleybusse, Tel. 0988-904888, www.facebook.com/

karajeikata; geöffnet 12–24 Uhr. Geboten wird sehr gute bulgarische Küche in einem Wiedergeburtshaus mit Garten; angenehme Atmosphäre.

7 **Košarite,** im Park Kajlăka (Парк Кайлъка), Tel. 0879-310121, geöffnet Mo–Fr 16–23, Sa/So 11–23 Uhr. Waldrestaurant im Park mit guten Grillgerichten und am Wochenende (fast) immer ausgelassener Stimmung und Musik.

Verkehr

- **Bahnhof,** Ul. Danail Popov (Ул. Данаил Попов), nördlich des Zentrums (10–15 Min. zu Fuß), Tel. 064-831133. Verbindungen nach Sofija (София), Varna (Варна), Veliko Tărnovo (Велико Търново) und Ruse (Русе).
- **Bushof,** direkt gegenüber, Tel. 064-888666. Lokale Linien und Fernbusverbindungen zu den Zugzielen.

Gesundheit

- **Hospital/Bolnica** (Болница), Bul. Georgi Kočev (Бул. Георги Кочев) 8A, Tel. 064-886100, www.umbalpleven.com.

Loveč (Ловеч)

35 km südlich von Pleven liegt beidseits des Flusses **Osăm** (Осъм) die Stadt **Loveč** (43.000 Ew.) mit der **einzigen bedachten Brücke Bulgariens.** Sie verbindet die Neustadt mit der verwinkelten Altstadt Varoša. Ein Spaziergang durch deren Gassen führt an **über 100 Wiedergeburtshäusern** vorbei. Die Treppen aus dem Viertel hoch auf den Hügel Hisarja enden am Monumentaldenkmal für *Vasil Levski* und bei den Ruinen der mittelalterlichen Festung Hisarja.

In Loveč überspannt die einzige überdachte Brücke Bulgariens den Fluss Osăm

278bu sk

Sehenswertes

Bedachte Brücke

Am Standort der einstigen römischen Festung Melta errichtete der Baumeister *Koljo Fičeto* im Jahr 1874 an Stelle der von einem Hochwasser zerstörten alten Brücke eine **gedeckte, hölzerne Konstruktion mit 24 Werkstätten** über dem Fluss, die **Pokritijat Most** (Покритият Мост). Auch wenn sie 1925 abbrannte und in den statisch wesentlichen Teilen in Beton rekonstruiert und dem Original nachempfunden werden musste, ist sie auf jeden Fall einen Blick wert. In den Läden kann man Handwerkern zusehen, Souvenirs kaufen und bei einem Kaffee in der Mitte der Brücke ausruhen.

Ethnografisches Museum

Das Museum zeigt im Drasova-Haus von 1850 und im Rašova-Haus von 1836 **Stadtgeschichte und -leben.** Im **Drasova-Haus** lebte ein vermögener Jäger recht luxuriös, im Erdgeschoss ist die Weinherstellung im 19. Jh. dokumentiert (u.a. mit schweren Keramikflaschen).

Im **Rašova-Haus** taucht man in die Welt eines bulgarischen Intellektuellen der 1930er Jahre ein. Das Personal führt engagiert durch die Gebäude und erklärt kleinste Details.

■ **Etnografski Muzej** (Етнографски Музей), Ul. Hristo Ivanov-Golemi (Ул. Христо Иванов-Големи) 16, Tel. 068-601399, http://lovech-museum.bg, geöffnet tgl. 9–13, 14.30–18, Winter 9–12, 13–17 Uhr, Eintritt 3 Lv.

Museum Vasil Levski

Das **Leben des Revolutionärs** ist im modernen Museumsbau mit Fotos und Waffen beleuchtet, die Herberge, in der sich die Widerständler trafen, wurde rekonstruiert. Der Fundus gilt als größte Sammlung von *Levskis* persönlichem Besitz. Loveč war nicht zuletzt seinetwegen ein **Zentrum des Widerstands** gegen die Türken. *Levski* gründete 1870 das landesweit tätige Revolutionskomitee. 1873 hängte man ihn in Sofija.

■ **Muzej Vasil Levski** (Музей Васил Левски), Ul. Marin Pop Lukanov (Ул. Марин Поп Луканов) 14, Tel. 068-601407, geöffnet tgl. 9–13 und 14.30–18, Winter 9–12, 13–17 Uhr, Eintritt 3 Lv.

Hisarja-Hügel

Vom Museum spaziert man durch die Gassen mit den fein hergerichteten Häusern des Viertels weiter und steigt dann über die Treppen hoch auf den Hisarja-Hügel. Oben empfängt der Freiheitsheld die Besucher als 9 m hohe Gestalt auf einem 5 m hohen Sockel. Das **Denkmal Vasil Levski** (Pametnik/Паметник на Васил Левски) stammt von 1964, es wurden dafür 10 t Bronze verbraucht.

Dahinter geht es in die **mittelalterliche Festung Hisarja,** von der noch einige Mauern in beeindruckender Größe existitieren. Erste Besiedelungen sind hier oben für das 4. Jh. v. Chr. nachgewiesen. Die Burg entstand wohl erstmals im 9. Jh. 1187 war sie Schauplatz einer Belagerung, die der Friedensschluss zwischen dem byzantinischen Kaiser *Isaak II. Angelos* und den Asen-Brüdern *Ivan Asen I.* und *Peter IV.* nach drei Monaten beendete. Der Vertrag begründete das Zweite Bulgarische Reich.

■ **Krepost Hisarja** (Крепост Хисаря), geöffnet tgl. 9–20, Winter bis 17 Uhr, Eintritt 4 Lv.

Öffentliches Bad

Wieder unten orientiert man sich an der modernen Brücke nach links und gelangt nach 100 m zum **Deli Hamam.** Es hat seine Ursprünge im 17. Jh. und soll das türkische Bad sein, welches in Bulgarien am längsten als öffentliche Anstalt betrieben wurde.

Heute zeigt es einen in die Kuppel projizierten Film (7 Min.), und im Keller verbirgt sich die – erstaunlicherweise fahrbare – Dampfmaschine, die das Bad versorgte.

■ **Deli Hamam** (Дели Хамам), Ul. Ivan Drasov (Ул. Иван Драсов), geöffnet So/Mi–Fr 10–13, 14–18, Sa 10–14, 15–19 Uhr, Eintritt 5 Lv.

Zoo

Im **Park Strateš** (Парк Стратеш) im Norden der Stadt auf einem Höhenzug befindet sich der **zweitgrößte Zoo Bulgariens.** Etwa 400 auch exotische Tierarten leben schlecht und recht in den Käfigen, und immer wieder waren Stimmen zu hören, ihn endlich zu schließen. In letzter Zeit sind allerdings Verbesserungen erfolgt, und er erhielt eine internationale Lizenz.

■ **Loveški Zoopark** (Ловешки Зоопарк), Tel. 068-601386, tgl. 9–18.30, Winter 8.30–16.30 Uhr, Eintritt 3 Lv.

Loveč Umgebung

Die bewaldeten **Berge des Zentralbalkan** sind zum **Schutzgebiet** erklärt und stellen ein Habitat für eine vielfälige Tierwelt dar, darunter Wildkatzen, Wölfe und Bären.

Die **Karstlandschaft des Vorbalkan** leitet dann zur Donauebene über und punktet mit einer **Unzahl an Höhlen** – tief in die Berge führend oder als Karsteinbrüche Brücken, Tunnel und Überhänge bildend. Hier leben u.a. Rotwild, Rehwild, Wildschweine und Dachse. Eulen wachen in den Buchen- und Eichenwäldern, Adler äugen nach Beute und Krähen streiten um Feldmäuse.

Rundtour Umgebung von Loveč

Die Umgebung von Loveč lässt sich auf einer Rundtour entdecken. Zuvor sollte man aber die beiden Naturwunder im Osten anschauen (→ unten). Dann kehrt man zurück, fährt nach **Trojan** (Троян) und auf der landschaftlich schönen Strecke von 400 m üNN über den 1230 m hohen Pass nach **Ribarica** (Рибарица) und **Teteven** (Тетевен) und tourt die Sehenswürdigkeiten im Westen. **Zwei Tage Zeit** sollte man sich dafür schon nehmen.

Östlich von Loveč

Devetaška-Höhle

Die Höhle liegt 20 km nordöstlich von Loveč direkt an der **Straße nach Levski** (Левски). Vom Parkplatz (300 m Feldweg) führt ein kurzer Spaziergang über die **Brücke über die Osăm** (Осъм) zum Höhleneingang – sie entstand anlässlich der Dreharbeiten in der Höhle für *Sylvester Stallones* „The Expendables 2".

Der **fantastische Weg durch den Höhlenkorridor** geht unter mehreren Felsbrücken hindurch. Die Räume sind riesig, und das bulgarische Militär nutzte sie über Jahrzehnte als Lagerplatz für Öl – teils sind die Einbauten noch vorhanden. Nach 600 m ist der Weg blockiert: Eintritt verboten, die Welt der **30.000 Fledermäuse** beginnt. Bei der Erkundung der insgesamt 2400 m langen Höhle hatte man Spuren einer Besiedelung vor 70.000 Jahren entdeckt.

■ **Devetaška Peštera** (Деветашка Пещера), www.facebook.com/DevetashkataPeshtera, vom Parkplatz (GPS N 43.23636, E 24.88275) 400 m Fußweg, geöffnet 8–20, Winter 9–16 Uhr, Eintritt 3 Lv.

Krušuna-Wasserfall

15 km östlich der Devetaška-Höhle (nach 6 km beim Dorf Aleksandrovo/ Александрово rechts abbiegen) wartet beim Dorf **Krušuna** das nächste Naturwunder: die **Wasserfälle und Kaskaden des Maarata-Baches** (Маарата). Am schönsten ist der Besuch im Frühjahr, wenn viel Wasser aus den Bergen kommt und die Märchenlandschaft rund um die Maarata zu Klein-Plitwitze wird, mit

kristallklarem Wasser, Travertinschwellen und Moos auf den Felsen.

Vom Parkplatz sind es 10–15 Min. auf gut ausgebautem Fuß- und Plankenweg durch den Wald und entlang des smaragdfarbenen Flüsschens zum 15 m hohen Hauptfall – immer wieder springt es dabei über Sinterterrassen, allerorten gurgelt und rauscht es. Über Treppen geht es dann in 10 Min. hoch zur Quellhöhle. Im 13. und 14. Jh. unterhielten Mönche in den benachbarten Höhlen und Nischen ein Kloster. Wer möchte, nimmt von dort den etwas östlich verlaufenden Weg zurück (50–60 Min.).

■ **Krušunski Vodopadi** (Крушунски Водопади), www.facebook.com/KrushunaWaterfalls, geöffnet 8–20 Uhr, frei zugänglich, Eintritt 5 Lv, Parken 3 Lv.

Südlich von Loveč

Festung Sostra/Wasserfall Skoka

25 km hinter Loveč liegen die frei zugänglichen **Ruinen der Festung Sostra** (Krepostta Sostra/крепостта Сострa) direkt rechts der Straße. Die immer noch beeindruckenden Mauern sollten im 2. Jh. die Kohorte II Mattiacorum mit 1000 Mann schützen und diese die Straße nach Süden.

7 km weiter kann man noch einen Abstecher zum frei zugänglichen **Wasserfall Skoka** (Vodopad Skoka/Водопад Скока) unternehmen. Man fährt ab und durch das Dorf Kalejca (Калейца). Nach 5,2 km und direkt hinter der Brücke geht der Pfad weg zum Wasserfall (400 m); Markierungen weisen die Richtung (an der Gabelung links halten). Aus 12 m Höhe speist er einen kleinen See.

Trojan

Trojan (Троян) mit 19.000 Einwohnern am Oberlauf des **Osăm** (Осъм) liegt 35 km von Loveč am Beginn des Passes von Trojan (Троянски Проход) über den Balkan nach Süden Richtung Karlovo (Карлово) – die römische Militärstraße Via Traiana zwischen Novae und Escus an der Donau (→ dort) nach Philippopolis, dem heutigen Plovdiv. Breite Straßen und eine heitere Stimmung zeichnen das Örtchen im Zentrum aus.

Bekannt ist es – neben Pflaumenschnaps und einer Hartwurstsorte – für seine Töpferkunst, die das sehenswerte und vorzüglich arrangierte **Museum für Volkskunst** im einstigen Amtssitz des türkischen Verwalters von 1868 präsentiert. Außerdem: komplett eingerichtete Stuben mit wertvollem Schnitzwerk und Teile historischer Werkstätten.

■ **Muzej na Narodite Hudožestveni** (Музей на Народите Художествени), Ul. Văzraždane (Ул. Възраждане), Tel. 0670-62062, www.troyan-museum.com, geöffnet tgl. 9–17 Uhr, Winter Mo–Fr 9–17, Sa 10–15 Uhr, Eintritt 6 Lv.

Orešak

7 km östlich von Trojan (Троян) besitzt das Dorf **Orešak** (Орешак) ein **Museum von nationaler Bedeutung.** Die Ausstellung „Traditionelles Kunsthandwerk" südlich des Dorfes und 500 m vor dem Trojan-Kloster liegt in einem Park von 50 ha und gibt auf 4200 m² Fläche eine Komplettübersicht der bulgarischen Handwerkskunst – aus allen Metiers, aus allen Regionen, von allen Ethnien. Erklärtes Ziel ist, nicht nur Museum zu

sein, sondern auch **Ausbildungsstätte** und Träger der Traditionsbewahrung durch **Vermittlung von handwerklichen Fertigkeiten an Besucher** – durch Schauwerkstätten mit Teilnahmemöglichkeit, Sonderausstellungen, internationale Teilnahmen und den Verkauf des Kunsthandwerks.

■ **Nacionalnoto Izloženiena Hudožestvenite Zanajati** (Националното Изложениена Художествените Занаяти), Ul. Stara Planina (Ул. Стара планина) 256, Tel. 0888-008411, www.fairoreshakbg.com, geöffnet Mo–Fr 9–17.30, Sa/So 10–18, Winter bis 17/17.30 Uhr, Eintritt 10 Lv.

Kloster von Trojan

Das Kloster 3 km südlich von Orešak (Орешак) ist – nach Rila und Bačkovo – das **drittgrößte Kloster Bulgariens.** Mit Blick auf die grünen Hügel des Balkans betritt man den nach außen wie eine Festung wirkenden Komplex durch ein vergleichsweise kleines steinernes Tor. Innen zeigen sich die Bauten hingegen freundlich mit hölzernen Umgängen und Erkern.

Das Kloster wurde im 17. Jh. gegründet, aber erst Mitte des 19. Jh. ausgestaltet und erweitert. Die Kreuzkuppelkirche von 1837 statteten Meister ihres Faches aus. *Zahari Zograf* malte die Fresken, sein Bruder *Dimităr* schuf die Ikonen, und *Petăr Resbar* und *Nikola Mateev* aus Gabrovo waren für die Ikonostase verantwortlich. In der vierten Etage des ersten Hofes ist im Zimmer von *Vasil Levski* – der hier untergeschlüpft war

↘ Das im 17. Jh. gegründete Kloster von Trojan

279bu sk

und die Mönche zur Revolution anleitete – ein kleines Museum eingerichtet; es zeigt seine Bettstatt und Ikonen. Im zweiten Hof stammt das Fresko links mit Elefant und Löwe von *Zograf.* Die Tiere sind Symbole der bulgarischen Tugenden Geduld und Stärke. Der **Klosterladen** verkauft Devotionalien und Souvenirs, in **Gästezimmern** kann übernachtet werden.

■ **Trojanski Manastir** (Троянски Манастир), Tel. 0876-156500, www.troyanmonastery.com, geöffnet 7.30–19, Winter 8–17 Uhr, Museum 9–17 Uhr, Doppelzimmer mit Bad ab 50 Lv.

Černi Osăm

2,5 km südlich vom Trojan-Kloster, im Dorf Černi Osăm (Черни Осъм), stellt das **Naturgeschichtliche Museum** in drei Sälen die Bälger von über 700 Tieren aus, von großen Säugetieren wie Rehen, Rotwild, Damwild, Bären und kleineren wie Schakalen, Wildschweinen, Wölfen und Wildkatzen. Weitere Sammlungen umfassen Insekten und 120 Vogelarten, die in der Region vorkommen.

■ **Prirodonaučen Muzej** (Природонаучен Музей), Ул. Стара Планина (Ул. Стара Планина) 132,

280bu sk

Das Kloster von Gloženе schwebt über dem Abgrund

Tel. 069-622371, https://en.nsmus.com, geöffnet tgl. 8–17 Uhr, Eintritt 5 Lv.

Teteven

65 km westlich von Trojan liegt Teteven (Тетевен). Inmitten des zentralen Balkan-Gebirges entpuppt sich das Städtchen mit 9000 Einwohnern nach einem ersten (wegen seiner Zementindustrie enttäuschenden) Blick als **gute Basis für Ausflüge in die Umgebung und Wanderungen in den Bergen.** Lebhaft geht es in der Fußgängerzone am Hauptplatz zu. Die Stadt ist Standort einer der bedeutendsten **Forstschulen** des Landes, wo die Schüler alles über die Forstwirtschaft lernen, aber auch über die Schnitzkunst und die Tierwelt in den Wäldern. Das kleine, aber wohlorganisierte **Historische Museum** besitzt eine archäologische und eine ethnografische Sammlung mit schönen Trachten – und widmet sich natürlich auch dem Befreiungskampf.

■ **Istoričeski Muzej** (Исторически Музей), Pl. Sava Mladenov (Пл. Сава Младенов), geöffnet Mai–Nov. Mo–Fr 9–12, 13–17, Sa/So ab 10 Uhr (Winter Sa/So geschl.), Eintritt 3 Lv.

Westlich von Loveč

Kloster von Gloženе

15 km im Nordwesten von Teteven liegt das Kloster hoch über dem Tal. Wie ein Adlernest blinkt es zwischen dem Blätterwerk der Bäume hervor, und wer es besuchen will, nimmt mit dem Auto oder zu Fuß das 8 km lange, schmale Asphaltsträßlein, das kurz vor dem wehrhaft auf einem Felsen stehendem Kloster endet.

Seine Ursprünge gehen auf das 13. Jh. zurück, gegründet von *Glož,* einem Fürsten aus Kiew auf der Flucht, der aus

Wanderung auf den Botev

Die Wanderung auf den **höchsten Gipfel des Balkans,** den **Vrah Botev** (Връх Ботев), ist schwer, anstrengend und lang **(An- und Abstieg 15 km, 1400 Höhenmeter, 8 Std.).** Beginn der Wanderung ist der Parkplatz auf 1000 m Höhe am Ende der 12,5 km langen Strecke von Aprilci (Априлци).

Die Asphaltstraße schlängelt sich entlang des Tals der Vidima (Видима) hoch, passiert nach gut 8 km ein E-Werk und endet am Parkplatz beim Lastenaufzug unterhalb der Hütte/Hiša Pleven (Хиша Плевен), wo man einen kleinen Obolus fürs Parken entrichtet. Man folgt für 300 m dem Weg nach Süden und biegt dann rechts ab den Hang hoch. Zur Hütte sind es 400 Höhenmeter und eine gute Stunde in Serpentinen den steilen Hang hoch, erst durch den dichten Buchenwald entlang der Holzgeländer, dann parallel zur Trasse der Seilbahn hoch zum Kamm mit den Gebäuden. In der Mitte der Almwiesen leicht unterhalb und südwestlich der Hütte zweigt an der Kreuzung der Weg ab nach Südwesten die breite Lichtung bergan, man achte auf die grünen Markierungen. Es wird schnell steil, und es geht wieder in den Wald. Nach 40 Min. ist wieder eine Lichtung erreicht, und linker Hand tauchen abfallende Felsformationen auf. An ihnen entlang und auf 1800 m Höhe wendet sich der Weg nach Südosten und verläuft nun mehr oder weniger flach und schattenlos. Man kreuzt nach 20 Min. den direkten Aufstiegsweg vom Parkplatz und nach weiteren aussichtsreichen gut 10 Min. mit Blicken nach Norden und die winzigkleine Pleven-Hütte kann man – wenn der Weg nach Süden dreht – einen kurzen **Abstecher** zu einem Aussichtspunkt unternehmen. Knapp 10 Min. nach dem Abstecher gelangt man an einen Wasserfall. Hier wendet sich der Pfad nach Osten, und der letzte immer steiler werdende Anstieg beginnt. 90 Min. sollte man für die 550 Höhenmeter rechnen.

Schließlich steht man am **Gipfel des Botev auf 2376 m** – ein Plateau mit Berghütte, Meteorologischer Station und Radiostation.

Dankbarkeit für die Unterstützung der hiesigen Bevölkerung das Kloster stiftete. An diese Zeit erinnert eine Ikone, die der Fürst auf seiner Flucht mit sich führte. Im 18. Jh. wählte man als neuen Standort den solitären Felsen hoch über dem Tal. Im Jahr 1913 beschädigte ein Erdbeben das Kloster, die Kirche wurde dabei zerstört und musste neu erbaut werden. Im Kloster gibt es Unterkunft in einfachen Zimmern (kein Essen).

■ **Gloženskija Manastir** (Гложенския Манастир), geöffnet 8–19 Uhr, Zimmer 30 Lv/Person.

Höhle Săeva Dupka

Die in 520 m Höhe liegende Höhle Săeva Dupka befindet sich beim Ort **Brestnica** (Брестница), 25 km nördlich von Teteven (3 km Abzweig). Die Temperatur beträgt 8 °C, und der Rundgang von 500 m dauert eine knappe Stunde.

Bekannt ist die 3,5 Mio. Jahre alte Höhle für ihre beeindruckenden **klingenden Tropfsteine,** auf denen sich sogar das Glockenspiel der Kathedrale Aleksandăr Nevski von Sofija nachempfinden lässt. Weiter gibt es – einzigartig für Bulgarien – **Helektiten** zu sehen. Ein Helektit wächst unbeeindruckt von der Schwerkraft seitlich, teilweise sogar schräg nach oben. Die Entstehung dieser Sonderform von Stalagtiten ist wissenschaftlich nicht eindeutig erklärbar. Wenn die Helektiten im Vergleich zu anderen Tropfsteinformationen auch winzig sind, erscheinen sie dennoch als Wunder der Natur.

■ **Peštera Săeva Dupka** (Пещера Съева Дупка), Tel. 0886-756933, geöffnet April–Sept. tgl. 9–18.30 Uhr, sonst 9–16.30 Uhr, Eintritt 10 Lv.

Höhle Prohodna

Den Höhlen-Korridor (25 km nördlich der Höhle Săeva Dupka) nennt der Volksmund – wegen der beiden Deckendurchbrüche mit fast identischer Größe und Form – die **„Augen Gottes"** (Očite na Boga/Очите на Бога). Der 365 m lange und bis zu 56 m hohe Tunnel liegt 1000 m nördlich des Dorfs **Karlukovo** (Карлуково), und die Straße vom 12 km entfernten Lukovit (Луковит) verläuft direkt über ihr. In die Höhle kommt von beiden Seiten wenig Licht, sodass der Löwenanteil aus den „Augen" die Tiefe durchdringt – ein ausgeprochen eindrückliches Erlebnis. Kletterer lieben die Wände, sodass hier immer viel los ist. 800 m nördlich der Höhle steht das **Infozentrum** (mit Restaurant und Unterkunft) am Steilufer der Iskar (Искар) und informiert über Exkursionen zu vielen weiteren Höhlen in der Umgebung.

■ **Peštera Prohodna** (Пещера Проходна), 150 m Fußweg vom Parkplatz (GPS N 43.17556, E 24.07600), derzeit frei zugänglich.

■ **Infozentrum Peštera Dom Petăr Tranteev** (Пещерен Дом Петър Трантеев), www.lukovit.bg/bg/peshteren-dom.

Ribarica

Ribarica (Рибарица), ein beschauliches Dorf für den Winter- und Sommerurlaub, besitzt ein außergewöhnliches Merkmal: Es ist **12 km lang.** Eine Gondelbahn führt hinauf ins Gebirge, Sommerfrischler wandern oder sind mit dem Mountainbike unterwegs.

Messe im Trojan-Kloster

282bu sk

Reservat Caričina

Das Caričina Rezervat (Царичина Резерват) gehört seit 1949 zum **Nationalpark Zentralbalkan,** ist eines der neun ausgewiesenen **Schutzgebiete** im Park und mit 34 km² das drittgrößte. Seine Nordgrenze stößt an das Dorf **Ribarica** (Рибарица). Die Hänge sind mit Buchen, Föhren und Pinien bis in mittlere Lagen bewaldet. Braunbären, Wölfe, Rotwild und Wildkatzen leben hier. Mit einem Aufforstungsprogramm soll der ursprüngliche Zustand wieder hergestellt werden, sodass der Wald bald erneut an die Felsspitzen heranreicht. Ein Wanderweg führt zwischen den beiden **Berghütten Vejen** und **Ečo** mitten durch das Schutzgebiet.

Praktische Tipps

Information

- **TIC Loveč,** Ul. Mostova (Ул. Мостова) 2, auf der Brücke, Tel. 068-601362, https://tourism.lovech.bg, geöffnet Mo–Do 8–12, 13–17, Fr–So 9–13, 14–18 Uhr.
- **TIC Teteven,** Ul. Petko Milev Strašinja (Ул. Петко Милев Страшиня) 2, beim Bushof, Tel. 0882-431058, www.teteven.bg, geöffnet Mo–Fr 8–12, 13–17, April–Sept. auch Sa/So 9–17 Uhr.

Unterkunft

- **Family Hotel Varosha**①-②, Pl. Todor Kirov (Пл. Тодор Киров) 3/Loveč, Tel. 068-603377, www.hotelvarosha.com. Zweckmäßig-elegant eingerichtete Zimmer am Rand des Wiedergeburtsviertels bei der bedachten Brücke; beste Kochkunst der Stadt im Restaurant Drakata mit Flussterrasse.
- **Hotel Presidivm Palace**②-③, Ul. Targovska (Ул. Тарговска) 53/Loveč, Tel. 068-687501, www.presidivm.com. Fast ein Luxushotel, modern-gediegener Komfort im Geschäftszentrum von Loveč, 53 Zimmer und Apartments, Terrasse, Restaurant, Fitness und Sauna.
- **Troyan Plaza**②, Ul. Slavejkov (Ул. Славейков) 54/Trojan, Tel. 0670-64399, www.troyanplaza.com. Im Zentrum, 55 luxuriös eingerichtete Zimmer und Apartments, Fitness-Zentrum mit Saunen und Jacuzzi, Restaurant mit internationaler Küche und Taverne mit bulgarischen Spezialitäten.
- **Teteven Hotel**②, Ul. Ivan Vasov (Ул. Иван Васов) 91/Teteven, Tel. 067-852482, www.hoteltete ven.com. Modernes Hotel mit 16 Zimmern in zentraler Lage, Restaurant, Freisitz.
- **Ongal Guesthouse**②, Ul. Hristo Karpačev (Ул. Христо Карпачев) 9/Karpačevo (Карпачево), Tel. 0887-700753, www.ongal.bg. Eines der schönsten und geschmackvollsten Gästehäuser der Landes mit 15 Zimmern, nahe dem Krušuna-Wasserfall.

Berghütten

- **Hiža Pleven** (Хижа Плевен) auf 1384 m, Tel. 0988-777701, Berghütte am Nordhang des Vrah Botev, 100 Schlafplätze und Doppel- und Mehrbettzimmer, Restaurant.
- **Hiža Vrăh Botev** (Хижа Връх Ботев) auf 2376 m, Tel. 0877-273547, Berghütte am Gipfel des Botev, 18 Schlafplätze in Schlafsälen, Kantine.

Essen und Trinken

- **Mehana Varoša,** Ul. Poplukanov (Ул. Поплуканов) 6, Loveč, Tel. 068-600150, geöffnet tgl. 10–24 Uhr. Trotz der Größe nette Mehana mit vielen Sitzplätzen im Hof, in den Nischen oder auf der Galerie; Standards der bulgarischen Küche.
- **Macchiato,** Ul. Văzraždane (Пл. Възраждане), Trojan, Tel. 067-052233, www.facebook.com/MacchiatoTroyan, geöffnet So–Di 7.30–16, Mi–Sa 7.30–24 Uhr. Bar, Lounge und Restaurant am

Hauptplatz in fein saniertem Wiedergeburtshaus und mit engagiertem und aufmerksamem Personal.

■ **Vodenicata,** Skribatna (Скрибътна), Teteven (5 km östlich), Tel. 088-6005499, www.facebook.com/vodenitzata.teteven, geöffnet tgl. 9–24 Uhr. Die Wassermühle am Wegesrand ist urgemütlich; serviert werden Grillgerichte sowie frische Forellen.

■ **Mehana Stara Ribarica,** Ul. Georgi Benkovski (Ул. Георги Бенковски) 436, Ribarica, Tel. 0888-295450, www.facebook.com/mehana.stara.ribaritsa, geöffnet tgl. 7–22 Uhr. Der „Alte Fischer" ist eine schöne und liebevoll konzipierte moderne Anlage im Stil der Wiedergeburt mit bester bulgarischer Küche.

Veranstaltungen

■ **Pflaumenfest** (Festival na Slivata/Фестивал на Сливата) in Trojan, an jedem letzten Samstag im September wird der regionale Schnaps Trojanska Rakija mit viel „Nazdrave!" gefeiert; www.festivalnaslivata.com.

Verkehr

■ **Bahnhof Loveč,** Pl. Garata (Пл. Гарата),1 km nördlich der bedachten Brücke, Tel. 0884-405743; Verbindungen nach Levski (Левски) an der Hauptstrecke zwischen Pleven (Плевен) und Veliko Tărnovo (Велико Търново).

■ **Bushof Loveč,** beim Bahnhof, Tel. 0670-62172, www.avtogaralovech.alle.bg; lokale Verbindungen (Trojan/Троян) und nach Levski (Левски).

■ **Bushof Trojan,** Ul. Dimităr Ikonomov (Ул. Димитър Икономов) 21, Tel. 067-062172, www.avtogara-troyan.com; Verbindungen nach Loveč und Teteven (Тетевен).

■ **Bushof Teteven,** Ul. 3 Mart (Ул. 3 Март), Tel. 0884-669850; Verbindungen nach Loveč, Sofija (София) und Pleven (Плевен).

Das Zentrum von Teteven

281bu sk

Veliko Tărnovo (Велико Търново)

Die **touristische Perle** des Zentralbalkans (70.000 Ew.) besticht durch die schöne Lage zwischen Hügeln und zahlreiche Monumente. Klöster, die zu den schönsten des Landes gehören, liegen in nächster Umgebung. In den Schleifen des mäandernden **Flusses Jantra** (Янтра) breiten sich die geschichtsträchtigen **Hügel Sveta Gora** (Света Гора, „Heiliger Wald"), **Carevec** (Царевец, „Zarenhügel") und **Trapezica** (Трапезица) aus.

So attraktiv ist es hier, dass sich schon vor 5000 Jahren die Menschen ansiedelten und sich seitdem den schönen **Künsten** widmen – die Stadt ist heute noch eines der Zentren für Kunsthandwerk, und zahlreiche Meister haben sich niedergelassen und malen, schnitzen und bildhauern. Und sie war auch **politisch** ein Schwergewicht – als Hauptstadt des Zweiten Bulgarischen Reiches (1187–1393), als Entstehungsort der ersten Verfassung des neuen Bulgarien 1879 und als Versammlungsort des ersten Parlamentes im gleichen Jahr.

Eine **Übernachtung** sollte auf alle Fälle eingeplant sein – sonst entgeht einem das nächtliche, fantastische Spektakel, wenn Scheinwerfer und Laserkanonen die Burg auf dem Zarenhügel beleuchten und Musik dazu erklingt.

Geschichte

Grabungen auf dem Trapezica-Hügel brachten Funde aus dem 3. Jt. v. Chr. zutage; über den Carevez-Hügel breitete sich vom 13. bis zum 1. Jh. v. Chr. eine **thrakische Siedlung** aus. Dann brechen die Funde der Zeugen aus der Vergangenheit ab. Aus römischer Zeit ist nichts bekannt. Erst aus dem **5. Jh.** fand man wieder Artefakte, eine Zeit, als **Byzanz** eine befestigte Stadt unterhielt. Auf deren Fundamenten siedelten ab dem 7. Jh. die **Slawen** und machten Veliko Tărnovo zu einem **Handelszentrum.**

Bei Anbruch des 2. Jt. war der Carevec-Hügel dicht besiedelt, und im 12. Jh. errichtete man eine Festung. 1187 brach ein Aufstand gegen Byzanz los, angeführt von den Brüdern *Ivan* und *Petăr Asen,* das **Goldene Zeitalter** Bulgariens begann – mit Veliko Tărnovo als Mittelpunkt. Auf dem Trapezica-Hügel bauten sich die Adligen, die Bojaren, ihre Paläste, gegenüber auf dem Carevec entstand die namensgebende Zarenresidenz. Beide Hügel befestigte man mit damals uneinnehmbaren Mauern.

Bis zum 13. Juni 1393 hatte die Stadt wirtschaftlich und politisch in Europa ein gewichtiges Wort mitzureden, die Kunst war erblüht, Malschulen bildeten die besten Meister aus, und Gelehrte fanden ein reges, befruchtendes kulturelles Leben vor. Dann standen die **Türken** vor den Toren. Sie brandschatzten nach drei Monaten Belagerung die Stadt, und die lange und für die Bulgaren teils sehr dunkle Zeit des Jochs begann. Die vielen **Aufstände** (1598, 1686, 1700, 1835 und 1856) konnten die Fremdherrschaft nicht brechen, ließen sie aber auch nicht vergessen. Erst mit dem das ganze

Land überziehenden **Aprilaufstand** im Jahr 1876 war das Ende der osmanischen Herrschaft eingeleitet.

Drei Jahre später trafen sich die politischen und geistigen Größen und schufen die **gesetzlichen Grundlagen** für das Bulgarien der Neuzeit.

Sehenswertes

Wer in Veliko Tărnovo einfährt, wird mit der **Straßenführung** im Talgrund seine Probleme haben: Wie die Jantra schlängelt sich die Straße durch Tunnel und über Brücken hoch zur Neustadt. Dort sollte man an der den Fluss in beträchtlicher Höhe überspannenden Brücke beim Hotel Veliko Tărnovo **parken** und **zu Fuß** weitergehen.

Einige Schritte auf die **Stambol-Brücke** (Stambolijski Most/Стамболийски Мост) werden mit dem fantastischen Panorama der sich die Hügel hinaufziehenden Wiedergeburtshäuser belohnt. Auch gewinnt man einen ersten Überblick über die Stadtanlage.

An der Jantra

Asen-Denkmal

Geht man über die Brücke zur Landzunge hinüber, gelangt man zur Bildergalerie, dessen Betonfassade ein nicht weniger wuchtiges Denkmal links neben dem Bau ergänzt – das **Asen-Denkmal** (Pamtenik na Asenevci/Памтеник на Асеневци). Auf dem Quader unter einem Obelisk bäumen sich die Bronzepferde, die Reiter sind kampfbereit. Das Monument ist den Asen gewidmet, den Herrschern des Zweiten Bulgarischen Reiches: *Ivan I., Petăr, Kalojan* und *Ivan II.* Aufgestellt wurde es 1985 zum 800-jährigen Jubiläum der Reichserklärung, geschaffen von Krum *Damianov.*

Bildergalerie

Die 1934 begründete Bildergalerie zog 1985 in das Gebäude, das nicht weiß, welcher Stilrichtung es angehören soll. Es zeigt **Malerei, Grafik und Skulpturenkunst** von bulgarischen Meistern aus der Wiedergeburtszeit bis zur Moderne. Eine eigene Abteilung widmet sich der

037bu sk

Denkmal für die Asen – Wegbereiter für das Goldene Zeitalter Bulgariens

Veliko Tărnovo

Übernachtung		**Essen und Trinken**
2 Anhea	**16** Hostel Mostel	**4** Ethno
6 Varusha	**17** Spa Kompleks Elena, Jovcevata Kašta, Camping Veliko Tărnovo	**5** Štastliveca
7 Comfort	**19** Camping Kapinovski Manastir, Kilifarevski Manasti	**10** Šekerdžijnica, Vinen Degustacionen Centăr
8 Jantra		**13** Klub na Arhitekta
11 Stambolov		**14** Green Restaurant
12 Gurko		
15 Studio Hotel		

künstlerischen Darstellung der Stadt. Vom Terrassen-Café genießt man ein schönes Panorama.

■ **Hudožestvena Galerija** (Художествена Галерия), Ul. Aleksandăr Stambolijski (Ул. Александър Стамболийски), Tel. 062-638961, www.vtbdenevgallery.wixsite.com/gallery-vt, geöffnet Di–So 10–18 Uhr, Eintritt 8 Lv.

Im Stadtviertel Varuša

Zurück am Parkplatz geht man hoch zur Ul. Hristo Botev (Ул. Христо Ботев), an der Informationsstelle vorbei und in den kleinen Park mit dem **Denkmal Mutter Bulgarien** (Паметник Майка България/Pametnik Majka Bălgarija). Auf dem hohen Sockel kniet sie seit 1935 be-

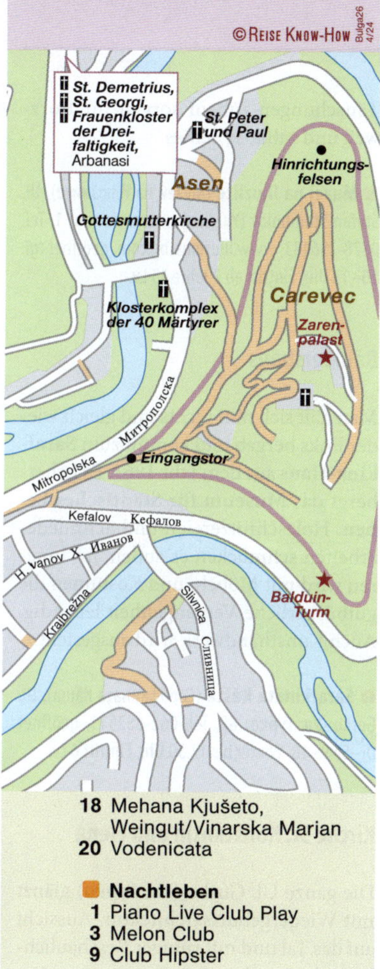

18 Mehana Kjušeto, Weingut/Vinarska Marjan
20 Vodenicata

Nachtleben
1 Piano Live Club Play
3 Melon Club
9 Club Hipster

krönt, die Landesfahne haltend und von Soldaten bewacht.

Über die Ul. Nezavisimost (Ул. Независимост) nach Norden gelangt man zum Platz mit dem **Denkmal der Gehängten** (Pametnik na Obesenite/Паметник на Обесените), eine Steinpyramide, die an 1876 von den Türken exekutierte Aufständische erinnert.

Hinter dem Denkmal geht es hoch und hinein ins Varuša-Viertel mit Häusern aus der Zeit der Wiedergeburt und vielen Kirchen. Nördlich der Ul. Stambolov steht die **Kirche Sv. Kiril i Metodij** (Кирче Св. Кирил и Методий) mit Garten an der gleichnamigen Straße. *Koljo Fičeto* errichtete sie 1861. Sehenswert ist die reich dekorierte Ikonostase.

An derselben Straße 200 m östlich ist das Innere der **Kirche Sv. Nikolaj** (Св. Николай) wegen des Halbdunkels leider nur schwer zu würdigen. Das Gebäude entwarf *Fičeto* im Jahr 1840, die Ikonostase und der Bischofsthron stammen vom Meister *Jonko Pop Vitanov* aus der berühmten Schule von Trjavna.

Man sollte sich in den Gassen auch selbst auf Entdeckungsreise begeben: Gerade die architektonischen Details machen den Charme der Stadt aus – etwa ein Äffchen am Gebäude eines Kaufmanns in der Ul. Mednikarska (Ул. Медникарска) – das Haus des Affen (Kăštata săs Kajmunkata/Къщата със Каймунката) stammt ebenfalls von *Fičeto.*

Der malerischste Bereich des Viertels ist die Ul. Rakovski (Ул. Раковски) mit zahlreichen **Wiedergeburtshäusern,** die heute Galerien, Ateliers, Souvenirläden und Werkstätten von Kunsthandwerkern beherbergen – der **Ethnografische Komplex Samovodska Čaršija** (Самоводска Чаршия).

Dort hat 1858 *Fičeto* an der Basarstraße das **Haus des Hadži Nikoli** für den reichen Kaufmann zwischen zwei Straßen auf abfallendem Terrain geplant; so ist eine Fassade nur ein-, die andere aber dreistöckig. Beide umschließen einen Innenhof mit Galerien und Arkaden – das Gebäude wurde als Herberge und Handelshof genutzt. Heute residiert darin ein Gourmet-Restaurant mit Weinkeller. Im Komplex finden sich auch eine Galerie für zeitgenössische Kunst und ein historisches Museum, das jährlich die Ausstellung wechselt.

■ **Muzej Han Hadži Nikoli** (Музей Хан Хаджи Николи) Ul. Rakovski (Ул. Раковски) 19, geöffnet Di–So 10–19 Uhr, Eintritt 5 Lv.

Die Velčov-Verschwörung

Am Ende der Ul. Rakovski steht ein weißer **Marmorobelisk** auf der Pl. Velčova Zavera (Пл. Велчова завера). Das Denkmal erinnert an den Kaufman *Velčo Atanasov*, der 1835 einen Aufstand gegen die Türken angezettelt hatte. Er und seine Mitstreiter wurden bei einem Gefecht rund um das Plakovo-Kloster (beim Kăpinovo-Kloster, → S. 237) besiegt und endeten am Galgen.

Museum der Illusionen

Dem Obelisken schräg gegenüber ist in einem modernen Gebäude das besonders für Familien mit Kindern interessante Museum untergebracht. Optische Täuschungen zuhauf sorgen für Kurzweil und zahllose Selfies.

■ **Muzej na Iljuziite** (Музей на Илюзиите), Ul. Stefan Stambolov (Ул. Стефан Стамболов) 1, Tel. 0878-256183, www.illusions-bg.com, geöffnet tgl. 10–18 Uhr, Eintritt ab 7 Jahre 15 Lv.

Sammelticket

Die Städtischen Museen und Ausgrabungsstätten schlagen einzeln mit je 6 Lv Eintritt zu Buche. **Das Ticket für zehn Museen kostet 30 Lv, ist zwei Tage gültig** und normalerweise an allen Museumskassen erhältlich, mit Sicherheit aber an der Kasse der Carevec-Festung. Die ausgezeichnete Website (auch engl.) **www.museumvt.com** informiert über die Museen.

Bankiershaus

Man hält sich nun rechts und gleich wieder links bergab und kommt zum **Sarafkina-Haus** aus dem Jahr 1861. Es beherbergt das **Museum für Städtisches Leben.** Holzschnitzereien und Schmiedearbeiten schmücken es außen, im Inneren wird mit Möbeln und Kostümen die gutbürgerliche Vergangenheit lebendig. Auch Kunsthandwerk wird ausgestellt.

■ **Sarafkinata Kăšta** (Сарафкината Къща), Ul. Gurko (Ул. Гурко) 88, Tel. 062-682511, geöffnet Di–Sa 9–18, Winter bis 17.30 Uhr, Eintritt 6 Lv.

Kirche St. Konstantin und Elena

Die ganze Ul. Gurko (Ул. Гурко) glänzt mit Wiedergeburtsarchitektur, Aussicht auf das Tal und mit ruhiger Beschaulichkeit abseits des Touristenstroms. Die Kirche **Sv. Konstantin i Elena** (Св. Константин и Елена) in der Ul. Ivanka Boteva (Ул. Иванка Ботева) gleich nebenan stammt wieder einmal von *Koljo Fičeto*, ihr Baujahr war 1873. Das Zentralschiff mit seinen Bögen und Gewölben besitzt in seiner architektonischen Ausführung eine schlichte Würde.

> Die malerische Altstadt von Veliko Tărnovo

Museum der Wiedergeburt und Gründungsversammlung

Weiter südlich, in Richtung Festung, zentrieren sich die drei wichtigsten Museen der Stadt. Das Museum der Wiedergeburt hatte *Nikola Fičeto* 1872 als **Konak** (Verwaltungssitz des türkischen Bürgermeisters) errichtet. Wegen seiner Hanglage ist das Gebäude zur einen Seite hin zwei-, zur anderen vierstöckig. 1879 tagte hier die erste Nationalversammlung im Hauptsaal, den man besichtigen kann.

■ **Muzej Văzraždane i Učreditelno Săbranie** (Музей Възраждане и Учредително Събрание), Pl. Săedinenie (Пл. Съединение) 1, Tel. 062-682 511, geöffnet Mi–Mo 9–18, Di 12–18, Winter bis 17.30 Uhr, Eintritt 6 Lv.

Archäologisches Museum

Das Museum spannt den Bogen vom Neolithikum bis zum Zweiten Bulgarischen Reich. Ausgestellt sind auch Funde aus Nikopolis ad Istrum vor den Toren der Stadt. Bedeutendste Sammlungsstücke sind die Teile des **Goldschatzes von Hotnica** – 6000 Jahre alt und zu den ältesten goldenen Artefakten der Erde gehörend: Ringe, Broschen und eine Spirale aus fast reinem Gold (950).

■ **Arheologičeski Muzej** (Археологически Музей), Ul. Ivan Vazov (Ул. Иван Вазов) 29, Tel. 062-634946, geöffnet im Sommer Di–So 9–18, Mo 12–18, Winter bis 17.30 Uhr, Eintritt 6 Lv.

Historisches Museum

Im Historischen Museum auf der Rückseite des Archäologischen Museums ist die **jüngere Geschichte** des bulgarischen Staates dokumentiert. Es zeigt die Erfolge der ersten Jahre bis zum Ersten Weltkrieg.

■ **Istoričeski Muzej** (Исторически Музей), Ul. Ivan Vazov (Ул. Иван Вазов), Tel. 062-682511, geöffnet Di–Sa 9–17.30, Eintritt 6 Lv.

283bu sk

Gefängnismuseum

In den ehemaligen türkischen Gefängnisräumen gleich nebenan zeigt das Gefängnismuseum eine bedrückende Ausstellung zum **Leben der Gefangenen.** Auf Pritschen haben sie geschlafen, sie wurden an Wände gekettet oder in Karzern eingesperrt. Hier wartete auch der Befreiungskämpfer *Vasil Levski* auf seinen Prozess.

■ **Muzej Zatvor** (Музей Затвор), Ul. Silvestăr Penov (Ул. Силвестър Пенов), Tel. 062-682511, geöffnet Di–Sa 9–17.30 Uhr, Eintritt 6 Lv.

Blick auf das Viertel Carevec

284bu sk

Kathedrale Mariae Geburt

Die **Kathedrale** (Katedralen Roždestvo Bogorodično/Катедрален Рождество Богородично) steht unübersehrbar in der Ul. Nikolai Pikolo (Ул. Никола Пиколо) 350 m östlich der Pl. Velčova Zavera (Пл. Велчова завера). Auch sie geht auf *Fičeto* zurück. 1913 zerstörte ein Erdbeben die Kirche vollständig, bis 1934 wurde sie nach den Originalplänen neu errichtet. Die Fresken, teils mit historischen Geschehnissen, entstanden bis 1954.

Wachsfigurenmuseum

Gleich nebenan stellen in diesem Museum 30 lebensgroße Wachskopien bedeutender Bulgaren wichtige Momente der Geschichte, aber auch Szenen des alltäglichen Lebens nach.

■ **Muzej na Vosăčnite Figuri** (Музей на восъчните фигури), Ul. Nikolai Pikolo (Ул. Никола Пиколо), Tel. 062-638841, geöffnet Mo 12.30–18.30, Di–So 9.30–18.30 Uhr, Eintritt 10 Lv.

Die Festungen

Archäologische Stätte Carevec

Der **Höhepunkt der Besichtigung** ist sicherlich das stadtbeherrschende Viertel Carevec auf dem gegenüberliegenden Hügel. Der Eingang befindet sich 250 m östlich der Kathedrale (keine Parkmöglichkeit). Durch das doppelte Stadttor geht es auf die steinerne Brücke mit einem fantastischen Blick auf die **Festung des Zaren.** 10 ha umfasste die bis zu 3 m starke und 12 m hohe, mit Türmen befestigte Wehrmauer, die den Palast schützte. Von den drei mit Zugbrücken gesicherten Zugängen ist nur noch einer erhalten. Die Bauwerke in der Festung waren zusätzlich mit eigenen Mauerringen ausgestattet.

Die Mutter aller Kirchen Bulgariens, die **Patriarchenkirche,** existiert nicht mehr. Sie stand an höchster Stelle des Hügels in einer eigenen Festung von 3000 m² und wurde 1981, zur 1300-Jahr-Feier der Gründung Bulgariens, durch ein **modernes Bauwerk** ersetzt, dessen Fresken die mittelalterliche Geschichte des Landes erzählen. Nördlich der Kirche sind die Fundamente des **Zarenpalastes** zu sehen, Türme, Wirtschafts- und Wohngebäude, eine eigene Kirche und Wasserspeicher machten den Palast auf 5000 m² unabhängig für den Fall einer Belagerung. Tritt man an das nördliche Ende der Festung, befindet man sich an der Richtstätte. Die Delinquenten wurden der Einfachheit halber über den Fels in die Tiefe gestoßen – allerdings nur bei Verbrechen gegen den Staat.

Der **Balduin-Turm** am entgegengesetzten Ende soll einst errichtet worden sein, um die Quelle des Hügels zu schützen. In die Annalen gelangte er aber als Gefängnis für *Balduin I. von Flandern.* Der Herrscher über das Lateinische Kaiserreich von Konstantinopel geriet bei der Schlacht von Adrianopel am 14.4.1205 in einen Hinterhalt und in Gefangenschaft. Der Car ließ ihn blenden und in den Turm werfen, wo er noch im selben Jahr starb.

■ **Krepost Carevec** (Крепост Царевец), Tel. 062-682511, geöffnet tgl. 8–19, Winter bis 17 Uhr, Eintritt 10 Lv.

Archäologische Stätte Trapezica

Das Gegenstück zu Carevec ist die **Festung Trapezica** auf dem nördlichen Hügel. Um hinzugelangen, muss man um den Hügel herum zum Bahnhof, wo die Standseilbahn die Besucher hochbringt. Alternativ läuft man von der Talstation in 15 Min. hoch. Vom Kloster der 40 Märtyrer (→ unten) sind es über die Jantra-Brücke und nördlich um den Hügel herum 1 km bis zur Talstation. Auf dem 80 ha großen Areal standen einst 21 Kirchen und – vielleicht – auch der erste Asen-Palast. Heute sind einige Gebäudeteile rekonstruiert, ein **Zentrum** erzählt die Geschichte der Stadt **multimedial und interaktiv,** und wie beim Nachbarn ist die Sicht fantastisch.

■ **Krepost Trapezica** (Крепост Трапезица), Tel. 0885-105282, geöffnet April–Okt. tgl. 9–18 Uhr, Seilbahn Mo geschl., Eintritt mit Seilbahn Auf- und Abfahrt 16 Lv.

Im Asen-Viertel

Unterhalb des Zarenhügels erstreckt sich nach Nordwesten das Asen-Viertel, das man bei der Ausfahrt Richtung Arbanasi vom Parkplatz am Eingang zum Zarenhügel aus durchquert. Es entstand im Zweiten Reich, war durch Wehrmauern geschützt und das **Wohnviertel der Arbeiter und Handwerker.** Hier gilt es eine ganze Reihe an Kirchen zu besuchen.

Kirche der 40 Märtyrer

Die erste links gelegene Kirche gehört zum **Klosterkomplex der 40 Märtyrer**

Säuleninschrift für Ivan Asen II.

„Im Jahre 1230 ließ ich, Ivan Asen, der in Christus dem Herrn fromme Car und Beherrscher der Bulgaren, Sohn des Alten Asen, diese allerheiligste Kirche von den Grundmauern aus aufbauen und mit Malereien schmücken zu Ehren der Heiligen Vierzig Märtyrer, mit deren Hilfe ich im 12. Jahr meiner Regierung in den Kampf in Thrakien zog, das griechische Heer schlug und den griechischen Car Teodoros Komnenos mit allen seinen Fürsten gefangen nahm. Ich eroberte alle Länder von Adrianopel bis Durazzo – das griechische, albanische und serbische Land. Die Franken behielten nur die Städte um Konstantinopel und diese Stadt selbst, fügten sich der Obrigkeit meiner Macht, da sie selbst keinen anderen Caren außer mir hatten, und Dank mir ihre Tage verbrachten, denn so befahl es Gott, weil ohne Ihn weder ein Wort noch eine Tat vollbracht wird. Ihm sei Ehre in aller Ewigkeit! Amen."

(Sv. 40 Măčenici/Св. 40 Мъченици). Car *Asen II.* stiftete die Kirche 1230 und dankte damit für seinen Sieg über den Despoten von Epirus, *Theodorus Komnenos,* Herrscher über einen der griechischen Nachfolgestaaten des byzantinischen Reichs. Auch wenn die Kirche von den Osmanen in ein Kloster der Sufi-Sekte verwandelt wurde, sind einige Ausstattungsstücke aus der Bauzeit erhalten. Die dreischiffige Säulenbasilika war mit einer nicht mehr erhaltenen Kuppel bekrönt. Im Inneren sind zwei **Säulen** für die Kulturgeschichte Bulgariens von höchstem Wert. Die Gedenksäule für Car **Ivan Asen II.** zeigt auf Altbulgarisch Inschriften, die seine militärischen Siege zum Thema haben (→ Kasten); die griechische Inschrift der Gedenksäule für Kan *Omurtag,* der im 9. Jh. herrschte, beschreibt sein Wirken als Bauherr. Auf einer dritten Säule wird das Leben seines Vaters Kan *Krum* geschildert.

■ **Kirche Sv. 40 Măčenici** (Църква Св. 40 Мъченици), geöffnet Mo 12–18, Di–So 9–18, Winter bis 17 Uhr, Eintritt 6 Lv.

Gottesmutterkirche

Folgt man hinter der Kirche nicht der Hauptstraße, sondern hält sich geradeaus, passiert man die kleine **Gottesmutterkirche** (Sv. Bogorodica/Св. Богородица) mit beachtenswerter Ikonostase.

Kirche Peter und Paul

Etwa 300 m weiter folgt auf der rechten Seite die **Kirche St. Peter und Paul** (Sv. Petăr i Pavel/Св. Петер и Павел). Sie wurde im 13. Jh. als Kreuzkuppelkirche mit vier frei stehenden Säulen, Blendbögen und Keramikschmuck an der Fassade errichtet. Auch wenn im 16. Jh. Umbauten stattfanden, als sie Metropolitenkirche wurde, und zu Beginn des 20. Jh. ein Erdbeben Schaden anrichtete, Peter und Paul gehört zu einem der ersten Zeugnisse des **Goldenen Zeitalters.** Die meisten Fresken im Inneren stammen aus der Zeit nach dem Umbau im 16. Jh., doch im Ostteil und im Kuppelraum sind noch einige Fragmente aus der Zeit der Ersterbauung erhalten.

■ **Sv. Petăr i Pavel** (Св. Петер и Павел), geöffnet April–Okt. Do–Di 9–18, Mi 12–18 Uhr, Eintritt 6 Lv.

Kirche St. Georg/Asen-Viertel

Zurück auf dem Hauptweg nach Arbanasi, folgt man diesem 400 m und sieht rechter Hand die weinumrankte, einschiffige, mit gewölbter Vorhalle und halbrunder Apsis ausgestattete **Kirche St. Georgi** (Sv. Georgi/Св. Георги). Sie entstand im 17. Jh. Die nach dem Erdbeben von 1913 noch erhaltenen Freskenfragmente sind im asketischen Stil dieser Zeit entworfen, darunter das Bildnis des heiligen Johannes von Antiochien in der biblischen Szene des Brotteilens an der Ostwand.

■ **Sv. Georgi** (Св. Георги), geöffnet April–Okt. Do–Di 9–18, Mi 12–18 Uhr, Eintritt 6 Lv.

Kirche St. Demetrius

Letzte Station im Asen-Viertel ist die **Kirche St. Demetrius** (Sv. Dimităr/Св. Димитри) 200 m weiter. 1185 einschiffig mit einem massigen Turm über der Vorhalle und einem über der Kuppel errichtet, wirkt sie wuchtig und kopflastig. Blendbögen und Keramik schmücken das Äußere, die Ausmalungen stammen aus dem 12. und dem 16. Jh. In der ältesten erhaltenen Kirche der Stadt rief Car *Ivan Asen* den Aufstand gegen Byzanz aus.

■ **Sv. Dimitri** (Св. Димитри), geöffnet April–Okt. Do–Di 9–18, Mi 12–18 Uhr, Eintritt 6 Lv.

Arbanasi (Арбанаси)

Das Dorf Arbanasi, 4 km nordöstlich von Veliko Tărnovo, ist ein weiteres Highlight zu Füßen des Zentralbalkans – Sommerresidenz der Zaren und der kommunistischen Herrscher wie *Todor Živkov*. Das Architektur-Ensemble breitet sich in der glühenden Sommerhitze weit in die Hügelwelt aus, Handelshöfe, Klöster und Kirchen stehen unter Denkmalschutz und lassen Jahrhunderte bulgarischer Geschichte auferstehen. Zahlreiche Hotels und Restaurants halten ihre Tore für die Touristen geöffnet, und viele Bulgaren, die es sich leisten können, kaufen eine Immobilie. Wie Festungen wirken die Gebäude von gestern und von heute: kleine vergitterte Fenster, dicke Mauern und massive Umfriedungen.

Die **Gründung** liegt im Dunklen, man nimmt aber an, dass sich albanische und griechische Kaufleute hier im 15. Jh. niedergelassen haben und dass sich die Adligen des Zweiten Bulgarischen Reiches nach seinem Niedergang wegen der türkischen Eroberung hierher flüchteten. Die Pferdekarawanen der **Händler** Arbanasis sollen nicht nur durch ganz Osteuropa gezogen sein, bis zum indischen Subkontinent transportierten sie die Waren – vornehmlich Ledererzeugnisse. Die Kirchen und Klöster entstanden im 16. und 17. Jh.

Hausmuseum Konstancaliev

Im Hausmuseum aus dem 17. Jh. erhält man einen Eindruck des **luxuriösen Lebens** zur Zeit der bulgarischen Wiedergeburt. Es ist mit originalen Möbeln und mit beeindruckenden Holzschnitzereien ausgestattet. Im Parterre aus Hausteinen lebten das Vieh und die Bediensteten, das Hauptgeschoss in Fachwerkausführung war den Besitzern vorbehalten. Von außen wirkt es wie eine Burg, ein Zeichen, dass man den ruhigen Zeiten noch nicht so recht traute.

■ **Konstancalieva Kăšta** (Констанцалиева Къща), Tel. 0885-105254 , geöffnet April–Okt. Di–So 9–17, Mo 12–17 Uhr, Eintritt 10 Lv.

Kirche Christi Geburt

Die Kirche Roždestvo Hristovo (Рождество Христово) ist heute ein Museum und eines der ältesten der einst über 90 Gotteshäuser von Arbanasi. Der kleine, einschiffige Bau geht auf das 15. Jh. zurück. Die Fresken wurden restauriert und glänzen wie neu. Jeder Fleck der verwinkelt angelegten Räume ist mit **Malereien** bedeckt, und es dauert Stunden, alle zu betrachten und ihre Themen zu entdecken. Sie entstanden im 16. und 17. Jh. im Zuge der Erweiterung des Baus und zeigen über 3500 Abbildungen, deren Programm sich traditionsverpflichtet, in der Ausführung aber mit folkloristischen Details zeigt. Besonders beachtenswert sind die „Wurzel Jesse" mit griechischen Philosophen wie *Homer*, die ökumenischen Konzile und der Apostelzyklus.

■ **Roždestvo Hristovo** (Рождество Христово), Tel. 0885-105282, geöffnet April–Okt. Mo, Mi–Fr 9–18, Sa/So 10–16, Di 12–18 Uhr, Eintritt 10 Lv.

285bu sk

Kirche Erzengel Michael und Gabriel

Auch diese Kirche ist heute ein Museum; sie wurde im frühen 17. Jh. gebaut und um 1760 bei Anbauten ausgemalt. Die einschiffige Kirche mit Blindkuppel zeigt Fresken mit naturalistischen Tendenzen, die Heiligenporträts sind aber weniger in einen folkloristischen Zusammenhang eingebunden, sondern stärker als Porträts ausgeführt.

■ **Sv. Arhangeli Mihail i Gavrail** (Св. Архангели Михаил и Гавраил), geöffnet April–Okt. Di–So 9–18, Mo 12–18 Uhr, Eintritt 10 Lv.

Kloster der Heiligen Jungfrau

Das Kloster aus dem 17. Jh. sollte man wegen der ganz **besonderen Stimmung** im Kircheninneren aufsuchen: Die Fres-

◁ Wer alle Malereien in der Kirche Christi Geburt in Augenschein nehmen will, hat einige Stunden lang zu tun

ken sind unter dem Kerzenruß der Jahrhunderte fast nicht mehr zu erkennen, nur die goldenen Heiligenscheine blinken hell in die Dunkelheit und erinnern vage an die einstige Pracht.

Die Nonnen verweigern bislang eine Restaurierung, da sie Besucherströme wie in der Kirche Christi Geburt fürchten, für ein aktives Kloster durchaus verständlich.

■ **Sv. Uspenie Bogorodično** (Св. Успение Богородично), geöffnet tgl. 8–17 Uhr, Eintritt frei.

Kirche St. Georg

Die einschiffige 20 mal 10 m große Kirche im **Nordwesten von Arbanasi** entstand um 1700 unter Nutzung eines um 1550 errichteten Vorgängerbaus. Die Fresken zeigen unter anderem die Passion Christi. Die Ikonostase stammt wohl aus dem Vorgängerbau, in Teilen ist sie auf 1568 und 1616 datiert. Im 19. Jh. wurden die Ikonen von Meistern aus Trjavna übermalt.

■ **Sv. Georgi** (Св. Георги), geöffnet April–Okt. Mi–So 9–18, Eintritt 6 Lv.

Unterkunft

1 **Boliarska Kăšta**①-②, **Arbanasi,** Tel. 0878-676973. Acht Komfortzimmer in traditionellem Haus mitten im Dorf; schöner Garten, Restaurant.

2 **Park Hotel Sevastokrator**②, **Arbanasi,** Tel. 0885-869961, www.sevastokrator.com. Schöne Lage am Ortsrand mit Panoramablick. Komfortable Zimmer, kleines Spa, Pool und Restaurant.

Veliko Tărnovo Umgebung

Im Norden

Frauenkloster der Dreifaltigkeit

Das Kloster liegt an einem Hang des Jantra-Tals, die Anfahrt erfolgt über die Straße nach Arbanasi. Am Stadtausgang von Veliko Tărnovo weist links ein kleines Schild in die enge Serpentinenstraße den Berg hinauf, 5 km fährt man von dort noch.

Das Kloster wurde im 10. Jh. gegründet und war im 14. Jh. unter dem späteren Patriarchen *Euthymios* eine der wichtigsten bulgarischen **Lehranstalten für Literatur.** Ein Besuch lohnt sich aufgrund der Lage an einer Felswand mit **Blick über das gesamte Tal,** und auch die weiß gekalkten Gebäude mit blaugestrichenen Fenstern und Türen inmitten einer blühenden Gartenanlage sind ein schöner Anblick.

■ **Sv. Troica Manastir** (Св. Троица Манастир), geöffnet tgl. 9–16 Uhr, Eintritt frei.

Kloster der Verklärung

Auch wenn das Kloster der Verklärung, ein noch aktives Männerkloster, dem Kloster der Dreifaltigkeit gegenüberliegt und dessen Panoramablick mitgestaltet, die **Anfahrt** erfolgt über die Straße nach **Ruse** (Русе). Es liegt 6 km außerhalb von Veliko Tărnovo im Norden, 2 km davon Stichstraße; an deren Beginn liegt auch die Haltestelle für den Bus vom Zentrum Nr. 10. Von dort sind es noch 15 Min. Fußmarsch hoch. Das Kloster im Tal der Jantra am westlichen Hang geht auf den Beginn des 14. Jh. zurück, wurde aber bereits Ende des 14. Jh. wieder verlassen. In dieser Zeit war es das größte Kloster in der Gegend. Zu Beginn des 19. Jh. wurde die Anlage wiedererrichtet. *Koljo Fičeto* entwarf die Pläne für Rekonstruktionsarbeiten um 1850.

Die **Hauptkirche** ist mit einem beeindruckenden Turm versehen und im Zuge der Rekonstruktion innen und außen von *Zahari Zograf* bemalt. Man achte u.a. auf das „Jüngste Gericht“ und das „Rad des Lebens“. Die Ikonostase im Halbdunkel des Inneren stammt aus der Schule von Trjavna.

■ **Preobraženski Manastir** (Преображенски Манастир), geöffnet tgl. 7–19 Uhr.

Nikopolis ad Istrum

Die **altrömische Grabungsstätte** von Veliko Tărnovo liegt 15 km nördlich an der Straße nach Ruse. Man fährt 5,5 km hinter dem Dorf Polikraište (Поликраище) und nach Überquerung des Flüsschens Rosica nach links und Westen bis zum Dorf Nikjup (Никюп); ein Schild weist den Weg.

Das alte Nikopolis entstand unter **Kaiser Trajan** im Jahr 107. Ein Jahr zuvor hatte er die Daker besiegt, die auf dem Gebiet des heutigen Rumäniens siedelten, und schuf die römische Provinz Dakien, die nun durch befestigte Städte gesichert wurde. Mehrere hundert Menschen lebten luxuriös innerhalb der Wehrmauern, ausgestattet mit allem, was eine römische Stadt der damaligen Zeit benötigte, vom Forum bis zu den Bädern. Die Awaren zerstörten die Siedlung im 7. Jh.

Heute sind noch zahlreiche Grundmauern zu sehen, Bögen und Säulen. Hinein führt eine lange, gepflasterte Straße. Ein kleines **Museum** zeigt Fundstücke.

■ **Nikopolis ad Istrum** (Никополис ад Иструм), geöffnet April–Sept. 9–18, Okt./Nov. bis 16 Uhr, frei zugänglich, Eintritt 6 Lv.

Im Süden

Kloster Kăpinovo und Kloster Plakovo

Das **Kloster Kăpinovo** (Kăpinovski Manastir/Къпиновски Манастир) liegt 21 km im Südosten von Veliko Tărnovo. Bei Debelec (Дебелец) biegt man an der Straße nach Gabrovo (Габрово) gen Osten ab, in Richtung Plačkovo (Плачково).

Das 1272 gegründete Kloster mit seinem idyllischen Hof gehört zu den **größten des Landes.** Die heutigen Gebäude stammen von 1825, die Hauptkirche wurde zehn Jahre später errichtet und bemalt. Augenfällig ist das riesige Gemälde „Das Jüngste Gericht". Im Inneren sollte man auf die Flügeltüren der Ikonostase achten, die aus der weit älteren, ursprünglichen Klosterkirche stammen.

In unmittelbarer Nähe befinden sich die schön über dem Fluss gelegene Mehana Vodenicata und ein toller Campingplatz.

Das touristisch weniger interessante **Kloster Plakovo** (Plakovski Manastir/Плаковски Манастир) liegt westlich und nur 2,5 km vom Kăpinovo-Kloster. Es war 1835 Schauplatz eines Gefechts, bei dem die Türken Aufständische festnahmen und nach einem Prozess hängten – erst 1878 wurde Veliko Tărnovo vom Joch befreit.

Kloster/Geschichtsmuseum Kilifarevo

Das **Kloster Kilifarevo** (Kilifarevski Manastir/Килифаревски Манастир) liegt rund 10 km südlich von Veliko Tărnovo; von der Straße nach Gabrovo (Габрово) biegt man bei Debelec (Дебелец) in Richtung Kilifarevo (Килифарево) ab und folgt 1,5 km der Stichstraße.

Im Kloster war *Koljo Fičeto* 1830 als Baumeister tätig, als es nach diversen Brandschatzungen ein neues Leben erhielt. Das Gründungsdatum liegt im **14. Jh.,** gestiftet von Car *Ivan Alexander.* Das Kloster war zu dieser Zeit ein von *Theodosius von Tărnovo* aufgebautes **hesychastisches Bildungszentrum** mit über 400 Studenten, die nach dem Studium an die Schaltstellen der Macht kamen. Hier studierte der spätere Patriarch *Euthymius,* der im Kloster der Dreieinigkeit (→ oben) seine eigene Lehranstalt gründete.

Das Katholikon (Hauptkirche) ist die dreischiffige **Kuppelbasilika Sv. Dimităr** mit vier Altären und der Ikonostase, wichtigstes Bauwerk des Komplexes. Das Kloster bietet mehrere Unterkunftsmöglichkeiten (→ unten).

Das **Geschichtsmuseum** im Saralieva-Haus im Ort Kilifarevo 5 km nördlich ist nur interessant, wenn man in die Geschichte des Städtchens eintauchen will.

■ **Istoričeski Muzej** (Исторически Музей), Ul. Petko Ahčiev (Ул. Петко Ахчиев) 11, Tel. Tel. 062-682511, geöffnet Mo–Fr 9–17.30 Uhr nach tel. Voranmeldung, Eintritt 6 Lv.

Republik-Pass

Von Kilifarevo zog 1877 die russische Armee unter General *Gurko* über den heutigen Prohod na Republikata (Проход на Републиката) in den Süden, um Bulgarien südlich des Balkangebirges vom Türkischen Joch zu befreien. Der Pass wurde dann 1946 von der kommunistischen Jugendbewegung ausgebaut. Fast 20.000 Jugendliche gruben dabei ohne schweres Gerät die 32 km lange Straße in die Bergflanken. Heute ist die in den 2000er Jahren weiter verbesserte **Pass-Straße,** die von 300 m üNN auf 700 m üNN ansteigt, die **beste und schnellste Verbindung** über den Balkan.

Im Südosten – Elena

Die malerische Stadt Elena (Елена, 8500 Einwohner) im Südosten von Veliko Tărnovo (40 km) ist eine der Fluchtgründungen im Bulgarien des 15. Jh. Immer wieder nutzten es im 19. Jh. Revolutionäre im Kampf gegen die türkische Herrschaft als Unterschlupf, unterstützt u.a. vom Geistlichen *Ilarion Makariopolski,* der als Aktivist für die Unabhängigkeit der bulgarisch-orthodoxen Kirche und die Nation kämpfte. 1878 war Elena dann Schauplatz dreier Schlachten zwischen Russen und Türken. Zahlreiche Bauwerke sind erhalten und stehen heute unter **Denkmalschutz,** ein Pfund, mit dem Elena wuchern kann – neben der **klaren und trockenen Luft** am Fuß des Balkans.

› „Antiquitäten" sind in Bulgarien nicht unbedingt teuer

Makariopolski-Haus

Das Geburtshaus des Metropoliten *Makariopolski* (1812–1875) aus dem Jahr 1715 steht um die Ecke der Touristeninformation und zeigt heute als liebevoll eingerichtetes **Hausmuseum,** wie die Familie lebte. Im Erdgeschoss lagen die gemauerten Lagerräume und darüber – aus Holz und mit einer großzügigen, luftigen Veranda – die Wohnräume.

■ **Kăšta-Muzej Ilarion Makariopolski** (Къща-Музей Иларион Макариополски), Ul. Dojno Gramatik (Ул. Дойно Граматик) 2, www.museum.elena.bg, geöffnet Mo–Fr 8.30–17.30, Sa 9.30–16.30, So 9.30–13.30 Uhr, Eintritt 3 Lv.

Razsukanov-Häuser

Geht man vom Makariopolski-Haus nach Norden und die erste Straße links, steht an der nächsten Ecke (Ul. Krajbrežna/Ул. Крайбрежна) der **Komplex aus fünf Einzelhäusern** im schönsten Wiedergeburtsstil: **Pette Razsukanovi Kăšti** (Петте Разсуканови Къщи). Ein fürsorglicher Vater ließ sie Ende des 18. Jh. für seine fünf Söhne errichten – mit einem Laden für jeden und individueller Fassadengestaltung.

Daskalolivnica Komplex

Ein kurzer Spaziergang nach Süden an der Kirche Mariä Geburt mit ihrem separaten Glockenturm vorbei, hinter der Brücke am Platz die Treppen hoch und dahinter nach rechts endet beim **archäologisch-historischen Gebäudeensemble** (dabei passiert man den Uhrenturm

287bu sk

– Časovnikovata Kula/Часовниковата Кула) von 1812. Der Komplex besteht aus drei Museen. Die 1843 gegründete **Schule Daskalolivnica** war die erste Bulgariens, die Lehrer ausbildete. Die Ausstellung zeigt „Elena während der Wiedergeburt“ und Sakralkunst des 19. Jh. Die **Kirche Sv. Nikola** (1804 auf den Ruinen des abgebrannten Vorgängerbaus errichtet) ist eine typische Vertreterin ihrer Zeit, und die ehemalige **Mehana Kamburov** ist als ethnografisches Museum eingerichet, welches das bäuerliche Leben beschreibt.

■ **Kompleks Daskalolivnica** (Комплекс Даскаловивница), Ul. Cărkovna (Ул. Църковна) 1, geöffnet Mo–Fr 8.30–17.30, Sa 9.30–16.30, So 9–13.30 Uhr, Eintritt je Museum 3 Lv.

Paläontologisches Museum

Im Popnikolova-Haus gleich westlich ist das kleine **Fossilienmuseum** untergebracht. Das Gebäude stammt aus dem Jahr 1830, die Sammlung ist Teil der Uni von Sofija.

■ **Muzej po Paleontologija** (Музей по палеонтология), Ul. Kăršovska (Ул. Кършовска) 6, geöffnet Mi–Sa 9–12, 13–17, So 9–13 Uhr, Eintritt 3 Lv.

Praktische Tipps

Information

■ **TIC Veliko Tărnovo,** Ul. Hristo Botev (Ул. Христо Ботев) 5, Tel. 062-622148, www.velikoturnovo.info, geöffnet tgl. 9–12, 13–18, Sa/So bis 17 Uhr.

■ **TIC Elena,** Ul. Makariopolski (Ул. Макариополски) 4, Tel. 0879-910622, https://visit.elena.bg, geöffnet tgl. 9–12, 13–18 Uhr.

Unterkunft

15 **Studio Hotel**③, Ul. Todor Lefterov (Ул. Тодор Лефтеров) 4, Tel. 0895-715577, www.studiohotel-

vt.com. Boutique-Hotel mitten in der Altstadt auf der Seite des Carevec-Hügels. Terrasse mit Blick auf die Festung. Elegant eingerichtete Lobby und 13 Zimmer.

8 **Hotel Jantra**③, Ul. Opalčenska (Ул. Опалченска) 2, Tel. 062-600607, www.yantrabg.com. Luxushotel am Eingang zur Altstadt mit 70 Zimmern und Blick auf die Festung.

UNSER TIPP 12 **Hotel Gurko**③, Ul. Gurko (Ул. Гурко) 33, Tel. 0887-858965. Mitten in der Altstadt gelegen, 21 komfortable und individuell eingerichtete Zimmer in einem Gebäude aus der Wiedergeburtszeit, seit langer Zeit eine der beliebtesten Adressen.

7 **Hotel Comfort**②, Ul. Tipografov (Ул. Типографов) 5, Tel. 0887-777265, www.hotelcomfortbg.com. Kleines Familienhotel im Zentrum mit Blick über die Festung.

11 **Hotel Stambolov**②, Ul. Stambolov (Ул. Стамболов) 25, Tel. 0878-270551, www.hotel-stambolov.com. In einem renovierten Haus aus dem 19. Jh. mitten in der Altstadt, sechs komfortable Zimmer.

6 **Hotel Varusha**①-②, Ul. Vastaničeska (Ул. Вастаническа) 6, Tel. 0887-248498, www.hotelvarusha.com. Familiäres Hotel mit 16 Zimmern, zentral am Eingang zum Viertel der Wiedergeburt, modern eingerichtet, eigenes Bad.

2 **Anhea Hotel**②, Ul. Necavisimost (Ул. Нецависимост) 32, Tel. 062-577713, www.anheabg.com. Mitten in der Altstadt in einem Bürgerhaus gelegenes, gemütliches und familiäres Hotel mit 10 Zimmern und schönem Garten.

16 **Hostel Mostel**②, Ul. Jordan Indšeto (Ул. Йордан Индшето) 10, Tel. 0897-859359, www.hostelmostel.com, ab 20 Lv pro Person im Schlafsaal, DZ mit Bad. Hat alles, was ein Hostel braucht, Küche, Waschmaschine, abschließbare Spinde und ein Frühstück vom Buffet.

Unterkunft außerhalb

19 **Kilifarevski Manastir**②, Kilifarevski, Tel. 061-142480, DZ mit Bad.

17 **Spa Kompleks Elena**③, Elena, Ul. Makariopolski (Ул. Макариополски) 1, Tel. 0878-911211, www.spacomplex.bg, geöffnet tgl. 7–19 Uhr. 52 Zimmer und Suiten im Zentrum, topmodern, mit allem Komfort, großzügigem Spa-Zentrum, Restaurant und Mehana.

UNSER TIPP 17 **Jovčevata Kăšta,** Elena/Kilažovci (Килазовци), Ul. Kilăževci (Ул. Килъжевци) 10, 3 km außerhalb von Elena im Osten gelegen, www.facebook.com/Yovchevatakashta. Weiler mit über mehrere Wiedergeburtshäuser verteilter Pension und Restaurant – gemütlich, charmant, sympathisch.

Camping

17 **Camping Veliko Tărnovo,** 13 km östlich von Veliko Tărnovo bei Dragiževo (Драгижево), Tel. 0886-877244, https://campingvelikotarnovo.com. Toller Platz auf dem Land mit Stellflächen und Glamping-Angeboten, riesigem Pool und Coffeeshop.

UNSER TIPP 19 **Camping Kapinovski Manastir,** direkt beim Kloster Kăpinovo (→ oben), Tel. 0888-363621, www.kapinovski.bg. Wunderschöner Zeltplatz, bestens organisiert, Küche, Waschmaschinen, auch Bungalowvermietung und gutes Restaurant, Riesenpool.

Essen und Trinken

13 **Klub na Arhitekta,** Ul. Velco Džamdžijata (Ул. Велцо Джамджията) 14, Tel. 062-631259, geöffnet tgl. 11–22.30 Uhr. Im „Klub der Architekten“ sitzt man unter Einheimischen auf langen Bänken und an langen Tischen, trinkt Craft-Bier und isst die bulgarischen Spezialitäten in lockerer Atmosphäre auf der bedachten Terrasse oder drinnen neben Fels und Mauerwerk.

4 **Ethno,** Ul. Nezavisimost (Ул. Независимост) 3, Tel. 0885-705015, geöffnet 10–2 Uhr. Internationa-

les und Sushi in eleganter Atmosphäre mit Blick auf das Tal; große Weinauswahl der Kellereien des Landes.

14 Green Restaurant, Ul. Nikolai Pikolo (Ул. Никола Пиколо) 29, Tel. 062-624177, geöffnet Mo–Sa 10–14 Uhr. Nur einige Bänke auf der Straße, dafür sitzt man im urgemütlichen Gastraum im Omastil bei der Festung. Serviert wird internationale und bulgarische Küche.

5 Štastliveca, Ul. Stefan Stambolov (Ул. Стефан Стамболов) 79, Tel. 062-600656, www.shtastliveca.com, ab 12 Uhr. Internationale Küche mit Kick abseits der Hauptstraße im Stil der 1930er; Blick auf Schlucht und Asen-Denkmal.

10 Šekerdžijnica (Шекерджийница), Ul. Kapitan Georgi Mamarčev (Ул. Капитан Георги Мамарчев) 13, geöffnet tgl. 9–30–17 Uhr. Türkischer Kaffee im Messingkännchen stilvoll auf Sand sacht zur Perfektion gebracht, dazu zuckersüße und kunterbunte Naschereien oder auch „nur" ein Baiser – Pause wie ein Pascha.

Essen und Trinken außerhalb

UNSER TIPP: **20 Vodenicata,** direkt beim Kloster Kăpinovo (→ oben), Tel. 0888-363621, nur im Sommer Di–So 13–14 Uhr. Die Mühle serviert in schöner Lage über dem Flüsschen mit Wasserfall und Bademöglichkeit beste bulgarische Küche; Terrasse und anheimelnder Gastraum.

18 Mehana Kjušeto, Elena, Ul. Karšovska (Ул. Каршовска), Mo–Sa 7–22 Uhr. Dem Paläontologischen Museum gegenüber gelegen, winzige, charmante Terrasse und ein wenig größerer, urgemütlicher Gastraum – lokale Hausmannskost in guten Portionen.

Weinprobe

10 Vinen Degustacionen Centăr (Винен Дегустационен Център), Ul. Kapitan Georgi Mamarčev (Ул. Капитан Георги Мамарчев) 14, Tel. 0882-900661, www.winetastingcentre.business.site, geöffnet tgl. 11–20.30 Uhr. Eine Auswahl der besten bulgarischen Tropfen.

18 Weingut/Vinarska Marjan (Винарска Марян), Elena/Marjan (Елена/Марян), 8 km östlich von Elena, Tel. 0888-794449, www.maryanwinery.com, geöffnet Mo–Fr 10–18 Uhr. Verkostung nach Voranmeldung, Führung mit drei Weinen 15 Lv, mit fünf Weinen 20 Lv.

Nachtleben

9 Club Hipster, Ul. Pop Matej Preobraženski (Ул. Поп Матей Преображенски) 4, Tel. 0988-894000, www.facebook.com/HipsterArtBar, geöffnet Mo–Do 16–24, Fr 16–3, Sa 12–3, So 12–24 Uhr. Party in Wohnzimmer-Atmosphäre oder davor im Freien.

1 Piano Live Club Play, Ul. Rafael Mihajlov (Ул. Рафаел Михайлов) 2, Tel. 0885-248760, www.liveclubplay.com, geöffnet Mi–Sa 22–4 Uhr. DJs und Livemusik mit Anspruch – nicht zum Tanzen, sondern zum cool Zuhören.

3 Melon Club, Ul. Nezavisimost (Ул. Независимост) 21, Tel. 0895-424427, www.facebook.com/

Marjan Winery

- **Marjan** – 45 km südöstlich von Veliko Tărnovo (9 km östlich von Elena), Tel. 0888-794449, www.maryanwinery.com.
- **Weinregion Donauebene,** Rebfläche in Pacht, Kellermeister *Stefan Čoranov.*
- **Rote Rebsorten:** Cab. Franc, Cab. Sauvignon, Merlot, Mavrud.
- **Weiße Rebsorten:** Dimiat, Chardonnay, Sauvignon Blanc, Viognier.
- **Herausragende Weine:** Ivan Alexander Grande Cuvée rot, Maryan Reserve Cuvée rot, Dimiat Sense of Tears, Chardonnay Kera Tamara.
- **Touristisches Angebot:** Führung und Weinverkostung werktags nach Voranmeldung 10–17 Uhr; 3 Weine/20 Lv, 5 Weine/30 Lv jeweils mit Führung und Delikatessen aus Elena.

MelonLiveClub, geöffnet Di–Sa 18–4 Uhr. Jazz, Rock und Ska für das jüngere Publikum.

Veranstaltungen

- **Light and Sound** – täglich wird am frühen Abend (je nach Jahreszeit zwischen 18 und 22 Uhr) die Festung auf dem Carevec-Hügel samt einem Licht- und Tonspektakel für 20 Min. illuminiert und dafür Eintritt verlangt, Reservierung Tel. 0885-080 865, www.soundandlight.bg, normalerweise für Gruppen aufgeführt, können Einzelpersonen für 30 Lv (Kind 15 Lv) teilnehmen.
- **Balkan Folk** – im Mai kommen Chöre, Tanzgruppen und Orchester aus der ganzen Balkanregion in die Stadt – 10.000 Teilnehmer küren ihre Besten; https://eaff.eu/en.
- **Arbanassi Summer** – Ende Juli gibt's eine Woche klassische Kammermusik in den Museumskirchen von Arbanasi, www.arbanassisummermusic.com.

Wanderungen

- **Nach Arbanasi:** Auf der Wanderung umrundet man unterhalb des Balduin-Turms den Carevec-Hügel östlich, nimmt die Fußgängerbrücke über die Jantra, hält sich gleich rechts und bei der nächsten Gelegenheit bei den Fabrikgebäuden links Richtung Ksilifor Park. Linker Hand weist bei einigen Stufen ein Schild nach Arbanasi (4,5 km, 75 Min.), das man auf einem Pfad durch den Wald erreicht. Für den Rückweg kann man hinunter zum Kloster St. Nikola gehen und an ihm vorbei nach Westen. 275 m hinter seinem Eingang zweigt links ein Pfad nach Süden ab, auf dem man bis auf das letzte Serpentinenstück schattenlos wieder hinunter zur Asphaltstraße bei Veliko Tărnovo und zurück zur Fußgängerbrücke kommt.
- **Zum Kloster Preobaženski:** Man nimmt nördlich der Kirche Sv. Kiril i Metodij die Ul. Pobornićeska (Ул. Поборническа) nach Osten und die Ul. Bratja Miladinovi (Ул. Братя Миладинови) nach Norden bis zu deren Ende, wo der rot markierte Wanderweg beginnt (7 km, etwa 2 Std.).

Verkehr

- **Bahnhof,** 1 km außerhalb im Süden (zu erreichen mit Stadtbussen Nr. 4, 5, 13 und 70), Tel. 0885-397701; das eigentliche Eisenbahnkreuz der Nord-Süd- und Ost-West-Verbindung ist Gorna Orjahovica (Горна Оряховица) 10 km nordöstlich mit zahlreichen Verbindungen ins ganze Land.
- **Bushof Süd** (Avtogara Jug/Автогара Юг), Ul. Hristo Botev (Ул. Христо Ботев) 74, 1 km südlich des Stadtzentrums, Tel. 062-620014, www.avtogaratarnovo.eu. Busse nach Sofija (София) und Varna (Варна). Tel. 062-630111.
- **Bushof West** (Avtogara Zapad/Автогара Запад), Bul. Nikola Grabovski (Бул. Никола Грабовски) 74, 3 km vom Zentrum, Tel. 062-640908. Busse u.a. nach Ruse (Русе), Plovdiv (Пловдив), Stara Zagora (Стара Загора) und Kazanlăk (Казанлък).
- **Arbanasi,** Stadtbus Nr. 12 vom Centralen Pazar (Централен Пазар).

Gesundheit

- **Hospital** (Bolnica/Болница), Ul. Marno Pole (Ул. Марно Поле) 21, südlich des Zentrums und des Parks Marno Pole, Tel. 062-600161.

Trjavna (Трявна)

In Trjavna (9500 Einw.) – 40 km südlich von Veliko Tărnovo (Велико Търново) und 20 km östlich von Gabrovo (Габрово) – befindet man sich im Herzen der bulgarischen **Holzschnitzkunst** und **Ikonenmalerei.** Die Schule von Trjavna beeinflusste die gesamte kirchliche Kunst der orthodoxen Glaubensrichtung, und ihre Schüler waren im ganzen Land tätig.

Die Stadt im Gebirge erstreckt sich beidseits des **Flusses Drjanovo,** die Altstadt ist eines der schönsten Beispiele für die Architektur der **bulgarischen Renaissance.** Über 140 Häuser dieser Zeit, großteils saniert, bilden ein stimmiges Ensemble.

Geschichte

Die Stadt wurde unter den **Asen** gegründet, und während der türkischen Herrschaft ging es den Bewohnern nicht schlecht. An einem der Hauptübergänge des Balkans gelegen, genossen sie für die Pflicht der Bewachung **Privilegien,** die andere Städte nicht besaßen. So konnte etwa die **Mal- und Schnitzschule** von Trjavna ihren ganz eigenen Stil entwickeln und ab dem 17. Jh. – besonders aber während der Renaissance Bulgariens – die Kunst des ganzen Landes prägen. Die Handwerker hatten sich nicht in Zünften organisiert. Die Familien Trjavnas waren das Herz der Ikonenmalerei und des Holzschnitzens, bewahrten die Techniken in engem Kreis als Geheimnis. Bis zu 50 Künstler kamen aus einigen Familienverbünden der Stadt, 20 und mehr landesweit anerkannte Meister aus nur einer Familie waren keine Seltenheit. Die Künstler reisten durchs ganze Land und schmückten Kirchen und die Häuser reicher Kaufmänner. Aber auch in ihrer Heimatstadt waren sie tätig, und einige der schönsten Beispiele des Innenausbaus finden sich heute in Trjavna und sind zu besichtigen.

Sehenswertes

Platz Kapitan Djado Nikola

Das Zentrum der Altstadt, der Platz Kapitan Djado Nikola (Пл. Капитан Дядо Никола) gibt einen ersten und beispielhaften Einblick in das Schaffen der Künstler Trjavnas – der Platz gilt als **bedeutendstes Bauensemble der Renaissance.** Dominiert wird er vom **Uhrenturm,** 1814 errichtet mit einem quadratischen Fundament, oktagonalem Aufbau in Fachwerkausführung und einem hölzernen Glockentürmchen. Die steinerne **Brücke,** 1844 von *Dimităr Sergeev* gebaut, gibt der ganzen Anlage mit ihren zweigeschossigen Bürgerhäusern einen Anflug von Idylle.

Die Häuser sind vom Handwerk geprägt, das im Erdgeschoss ausgeübt wurde, während man in der durch eine Außentreppe von der Gartenseite zugänglichen ersten Etage wohnte.

Kirche Erzengel Michael

An der Nordostseite des Platzes steht die Kirche **Archangeli Sv. Michail** (Арцхангели Св. Мицхаил). Der von außen

flach und unscheinbar wirkende Bau entstand nach einer Brandschatzung der Türken 1819 an der Stelle des Vorgängerbaus und zu einer Zeit, als die Kunst der Meister Trjavnas auf ihrem Höhepunkt war. Den dreischiffigen Hallenbau, eines der ersten gewölbten Gotteshäuser der Renaissance, betritt man durch einige Treppen abwärts, da sie abgesenkt geplant werden musste. Die herrliche **Ikonostase** stammt aus der Hand von *Papa Vitan* (d.J.) – reich geschnitzt und geschmückt mit Ikonen Heiliger. Weitere Ikonen der Schule Trjavnas hängen an den Seitenwänden. Der Bischofsstuhl von *Koljo Vitanov* ist ein herausragendes Beispiel für die Verwendung floraler Muster in der Schnitzerei.

Alte Schule

In der Alten Schule gegenüber der Kirche ist die Ausstellung – wen wundert es – der **Handwerkskunst** vorbehalten. In einem Flügel des flachen, langgestreckten Gebäudes haben Holzschnitzer ihre Werkstätten, vom bepflanzten Innenhof geht es zur ständigen Sammlung und zu Galerien mit temporären Ausstellungen.

■ **Staroto Školo** (Старото Школо), geöffnet tgl. 9–18 Uhr, im Winter bis 17 Uhr, Eintritt 5 Lv.

Hausmuseum Rajkov

Verlässt man den Platz auf der Ul. Penčo-Rajkov (Ул. Пенчо Райков) zwischen Schule und Kirche, gelangt man nach wenigen Schritten zum Hausmuseum Rajkov. Das Geburtshaus des **ersten bulgarischen Biochemikers** errichtete man 1844–1846 am Ufer des Flusses, ohne einen einzigen Nagel zu verwenden. Durch den schattigen Garten gelangt man zur **ethnografischen Ausstellung** im Haus.

■ **Rajkovata Kăšta** (Райковата Къщта), geöffnet Mi–So 9–13.30, 14–18, im Winter 10–16 Uhr, Eintritt 5 Lv.

◁ In Trjavna wurde die Kunst des Schnitzens vervollkommnet, hier ein Beispiel aus der Kirche Erzengel Michael

Museum für Kunst aus Afrika und Asien

Am Ende der Straße kann man **Kunst anderer Kontinente** bewundern. Durch die Spende eines in die USA ausgewanderten Künstlers ist Trjavna in Besitz von 200 wertvollen Exponaten aus zwei Jahrtausenden Afrikas und Asiens.

■ **Muzej Aziatsko i Afrikansko Izkustvo** (Музей Азиатско и Африканско Изкуство), Ul. Ivan Slavejko (Ул. Иван Славейко) 1, geöffnet Mi–So 9–17 Uhr, Eintritt 5 Lv.

Hausmuseum Daskalov

Über die Brücke erreicht man die lange, gepflasterte **Ul. Petko-Slavejkov** mit den wie Perlen beidseitig der Gasse angeordneten Wiedergeburtshäusern. Restaurants, Mehanas, Bars, Boutiquen, Galerien und Werkstätten zeugen vom regen touristischen Zulauf.

Im Hausmuseum mit seinem bunten Blumengarten haben sich 1808 zwei Meister der Stadt (*Dimităr Ošaneca* und *Ivan Bučukoveca*) einen Wettkampf geliefert, wer denn nun die schönere **Holzdecke** schnitzen könne. Nach sechs Monaten Arbeit konnte der Rosenölhändler *Daskalov* sein Haus beziehen, das nun zwei der schönsten Holzdecken Bulgariens im Obergeschoss schmückten, „Mai-Sonne" und „Juli-Sonne".

Im Erdgeschoss zeigt eine **Ausstellung** Holzskulpturen, viele davon vom Meister *Koljo Vitanov.*

■ **Daskalova Kăšta** (Даскалова Къщта), Ul. Petko Slavejkov (Ул. Петко Славейков) 27A, geöffnet tgl. 9–18, im Winter bis 17 Uhr, Eintritt 5 Lv.

Hausmuseum Slavejkov

Das Museum gleich westlich und gegenüber zeigt eine Ausstellung zum Leben des **Dichters Penčo Slavejkov** (1866–1911), der neben eigener Dichtung besonders für Übersetzungen bekannt wurde (u.a. *Goethe* und *Puschkin*). Er wurde für den Literaturnobelpreis nominiert. Auch sein Vater *Petko* (1827–1895) war Poet.

■ **Dom Slavejkov** (Дом Славейков), Ul. Petko Slavejkov (Ул. Петко Славейков) 50, geöffnet Mi–So 9.30–13.30, 14–18 Uhr, im Winter 9–17 Uhr, Eintritt 5 Lv.

Museum der Ikonenschule

Ein **Highlight** ist das Museum der Ikonenschule von Trjavna. Sie liegt außerhalb der Altstadt auf einem Hügel. Man folgt der Ul. Slavejkov weiter über die Bahnlinie, dahinter geht es an einem Abhang nach links und bei den letzten Häusern eine Treppe hoch durch den Wald.

Das Museum ist in der **Zarenkapelle** (von der Carin *Johanna* 1944 für ein Sanatorium gestiftet) untergebracht. Hier erhält man mit 160 Werken einen vollständigen **Überblick über die Ikonenkunst Trjavnas** vom 17. bis zum 19. Jh.

Sammelticket

Der Einzelpreis der Museen in Trjavna beträgt 5 Lv, das Ticket für drei Museen 12 Lv, für sechs Museen 22 Lv; es ist an den Kassen erhältlich; www.tryavana-museum.eu.

Herausragend sind die Ikonen „Christus Pantokrator“, „Adam und Eva“ sowie das Triptychon des heiligen Georg.

Zu sehen sind außerdem die **Werkzeuge** zur Herstellung der Bilder.

■ **Trevnenska Ikonopisna Škola** (Тревненска Иконописна Школа), Ul. Bresa (Ул. Бреса) 1, geöffnet Mi–So 9–18 Uhr, Winter Fr–So 9–16.30 Uhr, Eintritt 5 Lv.

Trjavna Umgebung

Vonešta Voda

Das Örtchen Vonešta Voda (Вонеща Вода) – übersetzt „Stinkendes Wasser“ – 20 km östlich von Trjavna an der E85 von Veliko Tărnovo (Велико Търново) nach Gurkovo (Гурково) ist für seine **Mineralquellen** bekannt. Sie sind so schwefelhaltig, dass sogar ein Streichholz genügt, um die Ausdünstungen zu entzünden. Die **Kurhotels** und ein **Sanatorium** nutzen die Heilkraft des Wassers (das so ziemlich gegen alle Krankheiten helfen soll).

Boženci

Boženci (Боженци) mit rund 100 ständigen Bewohnern liegt 25 km Fahrstraße (5 km Luftlinie) im Westen von Trjavna. Das **Museumsdorf** in einem Tal, am Ende der Sackstraße unter Schatten spendenden Bäumen, ist für einen erholsamen Tagesausflug hervorragend geeignet. Man spaziert über die Kopfsteinwege vorbei an den Wiedergeburtshäusern, die links und rechts über kurze, steile Pfade und Treppen zu erreichen sind. Lokale und Pensionen bieten ihre Dienste an, in kleinen Läden gibt es die Köstlichkeiten einer unverdorbenen Natur zu kaufen: Honig und Joghurt. Vor den Mehanas brutzelt Fleisch auf dem Grill, der würzige Duft von Holzfeuern schwebt zwischen den Bäumen dahin. Die zweistöckigen Häuser inmitten großer, umfriedeter Gärten erzählen vom Reichtum der Bewohner im 19. Jh. Diese gingen in die ganze Welt hinaus und verkauften das, was zu Hause hergestellt wurde: Bienenwachs, Leder, Pelze und Wolle. Über 120 Einzelbauwerke aus dem 18. und 19. Jh. sind in Boženci versammelt.

Im **Hausmuseum Dončo Popa** (Къща Музей Дончо Попа) ist das Leben eines reichen Händlers nachgestellt. Das **Hausmuseum Baba Raina** (Къща Музей Баба Раина) gehört zu den ältesten Gebäuden (Ende 18. Jh) und zeigt eine ethnografische Sammlung aus jener Zeit. Dritte im Bunde ist die **Alte Schule** (Старото Школо), die Wechselausstellungen beherbergt. Schließlich kann man sich im **Mengema** (Менгема) – der Wachsreinigungswerkstatt des 19. Jh. – über die Verarbeitung von Bienenwachs informieren. Falls die Museen geschlossen sind: Die Verwaltung befindet sich am Dorfeingang und vermittelt auch Unterkünfte (→ unten).

■ **Muzej Boženci** (Музей Боженци), Tel. 066-990950, www.bojentsi.com, geöffnet tgl. 8.30–17.15 Uhr, Eintritt je Museum 8 Lv.

⊡ Frisches Gemüse in Trjavna

□ Übersichtskarte S. 180

287 bu sk

Praktische Tipps

Information

- **TIC,** Ul. Angel Kănčev (Ул. Ангел Кънчев) 33, Tel. 067-762247, www.tryavna-museum.eu, geöffnet Mo–Fr 9–12, 14–18 Uhr.

Unterkunft

- **Trjavna**①-②, Ul. Angel Kunčev (Ул. Ангел Кунчев) 46, Tel. 067-763448, http://complex.tryavna.biz. Hergerichtetes Komforthotel aus der Vorwendezeit, Restaurant mit Terrasse, zentrale Lage an der Fußgängerzone ggü. dem Rathaus.
- **Hotel Compliment**①-②, Ul. Petko Slavejkov (Ул. Петко Славейков) 30A, Tel. 067-762034, www.hotelcompliment.com. Familiäres Hotel im ruhigen Teil der Altstadt (dafür etwas hellhörig) mit 18 Zimmern, allem Komfort und modern-frischer Einrichtung; Frühstück in einem Nachbargebäude.
- **Gästehäuser Boženci** (Къща за Гости Боженци), im Museumsdorf (→ oben), Tel. 066-990950, www.bojentsi.com, Haus mit 4 Betten ab 90 Lv, DZ ab 40 Lv. Wunderschön und in perfekter abendlicher Ruhe unter den Bäumen des Museumsdorfes wohnt man in geschmackvoll und rustikal möblierten Wiedergeburtshäuschen.

Essen und Trinken

- **Kalinčeva Kăšta,** Ul. Petko Slaveikov (Ул. Петко Славейков) 45, Tel. 0899-852345, www.kalincheva-house.tryavna.biz, geöffnet 8.30–24 Uhr. Spezialitäten aus der Region unter geschnitzten Holzdecken oder im wohl schönsten Garten der Stadt; rund um die großzügige Rasenfläche sitzt es sich nach einem heißen Tag besonders schön.
- **Starata Kăšta,** Ul. Angel Kunčev (Ул. Ангел Кунчев) 62, Tel. 067-763731, www.ramona.tryavna.biz, geöffnet 10–24 Uhr. Im Innenhof sitzen tagsüber meist die Touristen bei einem Salat, abends kommen auch die Einheimischen zum Essen; ab und an Livemusik.

Wanderung

- Die **leichte Wanderung nach Boženci** (90–120 Min., 6 km, 250 Höhenmeter) beginnt beim Hotel Kalina Palas (Калина Палас) an der Ul. Panorama (Ул. Панорама) nördlich der Altstadt am Stadtrand (über die Altstadtbrücke und die Bahn, dann auf der Ul. Černeva Poljana/Ул. Чернева Поляна nach Norden). Man folgt der blauen Markierung über die schattenlosen Wiesen und Felder, fast unmerklich Höhe gewinnend, und wandert ab dem Scheitel in den schattigen Wald nach rechts und nordwestlich abbiegend wieder abwärts – im letzten Stück etwas steiler – zum Dorfplatz von Boženci.

Verkehr

- **Bahnhof,** Ul. Stara Planina (Ул. Стара Планина) 2, 500 m nördlich der Altstadt, Tel. 0884-405976. An der Bahnlinie von Veliko Tărnovo (Велико Търново) nach Stara Zagora (Стара Загора).
- **Bushof,** am Bahnhof, Tel. 067-763413. Verbindungen n. Gabrovo (Габрово) und Sofija (София).

Gesundheit

- **Hospital/Bolnica** (Болница), Ul. Ljaskov Djal (Ул. Лясков Дял) 1, Tel. 067-762167, www.hospital-tryavna.com.

Gabrovo (Габрово)

In der **geografischen Mitte** des Landes und an einem der wichtigsten Pässe über den Balkan gelegen, wurde die Stadt nach der Befreiung von den Türken zu einem bedeutenden **Textilzentrum** und erhielt den Beinamen „Manchester Bulgariens“. Im engen Tal der Jantra (Янтра) bleibt der Stadt mit 57.000 Einwohnern nur 1 km, um sich seitlich auszubreiten. Die Folge: Gabrovo zieht sich endlos in die Länge.

Das **Stadtbild** ist im Vergleich zu den Kleinoden der Umgebung eher enttäuschend, doch wer Humor zeigt, fühlt sich auch in Gabrovo wohl, gelten doch die Bewohner als die fröhlichsten des Balkans. Diesem Wesenszug ist auch gedankt, dass sie ihrem Charakter mit dem **Museum für Humor** ein Denkmal setzten.

Einer ganz besonderen Form der Satire huldigte der berühmteste Sohn der Stadt: *Hristo Vladimirov Javacheff* (*13. Juni 1935, †31. Mai 2020). Er reiste durch die Welt mit einer Menge Stoff im Gepäck und verhüllte, was ihm groß genug erschien, darunter Küsten, Brücken und der Berliner Reichstag. Bekannt wurde er unter dem Namen **Christo.**

Doch die Grabovoer gelten nicht nur als humorig, sondern auch als ausgesprochen begabt im Erlangen materieller Güter.

Geschichte

Gabrovo, in strategisch günstiger Lage am Šipka-Pass über den Balkan gelegen, wurde im 12. Jh. von einem Schmied gegründet; es entwickelte sich in der Folge zu einem Zentrum der Waffenproduktion. An der Igoto-Brücke erinnert ein Denkmal an den Stadtgründer *Račko.*

1430 taucht der Name als Gabruva erstmals in den Annalen auf. Während der türkischen Besatzung prosperierte Gabrovo als **Handelszentrum,** die eigentliche Industrialisierung fand ab 1860 statt. Textilfabriken entstanden, man war im Maschinenbau führend, und im 20. Jh. kam die Elektroindustrie hinzu.

Sehenswertes

Museum für Humor und Satire

Das Museum, in einem modernen Betonquader untergebracht, öffnete seine Tore zum ersten Mal am 1. April 1972. Mit Zeichnungen, Fotografien, Malereien und Skulpturen auf vier Etagen wird dem **Humor** auf der ganzen Welt Tribut gezollt, und dafür hat man zu tun (für den Besuch sollte man 1 Std. Minimum kalkulieren). Doch Humor ist eine ernste Sache, und so verstehe man die Ausstellung nicht nur als Museum, der Anspruch ist darüber hinaus, **Kunstgalerie** zu sein – denn gut vorgebrachte Witze sind eine Kunst, egal ob mündlich, schriftlich oder als gegenständliches Artefakt. So hat der Leipziger *Stefan Klein* die gesammelten Amazon-Rücksendebelege des immer wieder retournierten und neu bestellten Buches „Mikroökonomie" selbst zu einem Buch gebunden. Auf allen Kontinenten wurde und wird gesammelt, aber Gabrovo und seine Anekdoten sind immer das Herz des Museums.

■ **Dom na Humora i Satirata** (Дом на Хумора и Сатирата), Ul. Brjanska (Ул. Брянска) 8, Tel. 066-807229, www.humorhouse.bg, geöffnet tgl. (Winter Di–So) 9–18 Uhr, Eintritt 6 Lv.

Historisches Museum Dečkova Kăšta

Das Museum beim Uhrenturm von 1835 zeigt das städtische Leben einer **Großbürgerfamilie** mit entsprechender Einrichtung. Der Hausbesitzer war ein Händler, der sich das Gebäude in der ersten Hälfte des 19. Jh. errichten ließ. Später wurde es als Schule und als Hospital für verwundete russische Soldaten genutzt.

■ **Dečkova Kăšta** (Дечкова Къща), Ul. 10-ti Juli (Ул. 10-ти Юли) 2, Tel. 066-806905, geöffnet Mo–Fr 9–17.30, Sa/So 9–12.30, 13–18 Uhr (im Winter Sa/So geschl.), Eintritt 3 Lv.

Historisches Museum

Das Museum beschäftigt sich mit der **Stadtgeschichte,** beginnend mit dem Paläolithikum über die Spätantike, das Erste und Zweite Bulgarische Reich und das Türkische Joch bis hin zur Neuzeit.

■ **Istoričeski Muzej** (Исторически Музей), Ul. Nikolaevska (Ул. Николаевска) 10, Tel. 066-809 767, www.h-museum-gabrovo.bg, geöffnet Mo–Fr 9–17.30, Sa/So 9–12.30, 13–18 Uhr (Winter Sa/So geschl.), Eintritt 3 Lv.

Interaktives Industriemuseum

Das Interaktive Industriemuseum, nur wenige Schritte vom Historischen Museum entfernt, widmet sich ebenso der Geschichte, hat seinen Schwerpunkt aber auf der Zeit vom **Ende des 19. Jh. bis 1945.** Die Ausstellung des 2014 eröffneten Museums ist nach neuesten Erkenntnissen konzipiert, spannend und fordert

Der echte Gabrovoer

Ein rechter Gabrovoer schneidet seiner Katze den Schwanz ab, sodass nicht zuviel Wärme durch die Türe verloren geht, wenn er sie hereinlässt. Gästen gibt man angewärmte Messer, damit sie keine Butter auf die Stulle bekommen. Nachts werden die Uhren abgestellt, um das Räderwerk zu schonen. Oder man verhüllt Dinge, die eigentlich unverhüllt ganz schön sind – und lebt davon!

Gabrovo ©Reise Know-How 0 100 m Bulga33 4/24

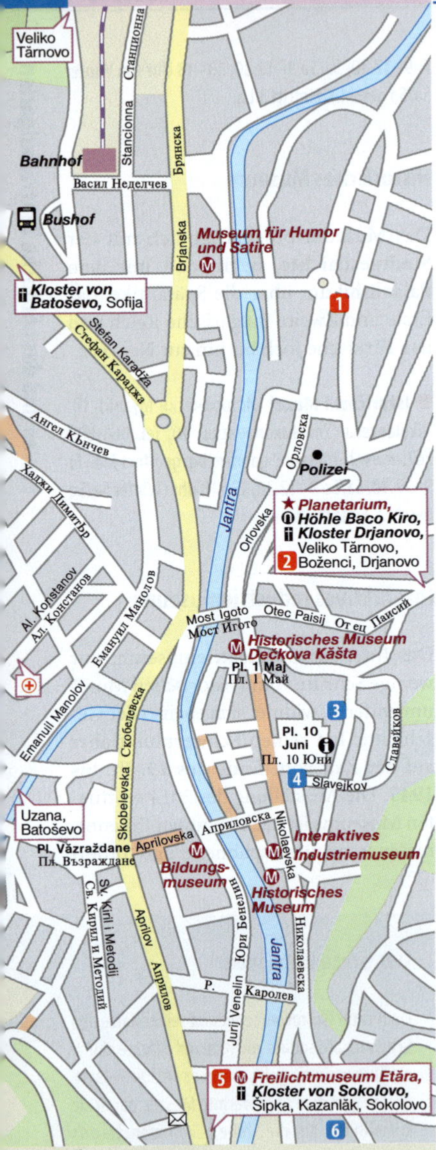

Übernachtung
1 Hotel Orlovec
2 Kamping Strinava
5 Gabrovo

Essen und Trinken
3 Strannopriemnica/Gabrovo
4 Tempo
6 Almanah

immer wieder zum Mitmachen auf; so wird ein Besuch überaus kurzweilig und ist für die gesamte Familie geeignet.

■ **Interaktiven Muzej na Industrijata,** (Интерактивен Музей на Индустрията), Ul. Nikolaevska (Ул. Николаевска) 3, Tel. 0878-683395, http://imi.gabrovo.bg, geöffnet Di–So 9.30–19, Winter 9–18.30 Uhr, Eintritt 6 Lv.

Bildungsmuseum

Das Museum ist das einzige seiner Art im Land und beschreibt das **Schulwesen** aus nationalbulgarischem Blickwinkel, mit einem Schwergewicht auf den Leistungen *Vasil Aprilovs* (1789–1847), der als Mitbegründer des Schulwesens im Lande gilt.

■ **Nacionalen Muzej na Obrazovanieto** (Национален Музей на Образованието), Ul. Aprilovska (Ул. Априловска) 15, Tel. 066-806461, www.nmogabrovo.com, geöffnet Mo–Sa 9–18, Winter Mo–Fr 8–17 Uhr, Eintritt 3 Lv.

Planetarium

Im Planetarium kann man die Sternenwelt entdecken und darf bei Vorausbuchung durch das Fernrohr (Schmidt-Cassegrain Celestron 14") gucken.

■ **Planetarium** (Планетариум), Kvartir Petkova Niva (Квартир Петкова Нивам), Tel. 066-808234, www.planetarium-gb.eu; Teleskop nach Voranmeldungen bei klarem Himmel, Eintritt 2 Lv, Planetarium Mo–Fr 13 Uhr, Eintritt 4 Lv.

Gabrovo Umgebung

Freilichtmuseum Etăra

Zum **Museumsdorf** fährt man vom Zentrum 8 km nach Süden Richtung Kazanlăk, dann biegt man links in eine schmale Straße ab und folgt dieser noch 3 km. 50 Häuser des Dorfes sind seit 1964 als ethnografisches Museumsensemble mit Steinbrücken und Brunnen hergerichtet. Die Gebäude sind nicht original, sondern wurden als **Kopien von Wohnhäusern und Werkstätten** aus dem ganzen Land erbaut, um die Sitten und Bräuche zu wahren und sie als Lehrbeispiel den zukünftigen Generationen vorzuführen.

Etăra ist ein lebendes Museum, und es macht Spaß, den Handwerkern bei ihrer Tätigkeit zuzusehen. In 19 der 25 Werkstätten wird **gearbeitet:** Messer werden geschmiedet und geschliffen, Tonwaren gedreht oder Kupfertöpfe gehämmert – und verkauft. Wer sich nicht losreißen kann, nächtigt im angeschlossenen Hotelkomplex.

■ **Etăra Muzej** (Етъра Музей), Tel. 066-810510, www.etar.bg, geöffnet tgl. 9–19, Winter 9–17 Uhr, Eintritt 10 Lv (Winter 5 Lv), Führung auf Deutsch 20 Lv.

Kloster von Sokolovo

Das Kloster befindet sich etwa 4 km von Etăra entfernt (1 Std. zu Fuß, aber auch per Auto erreichbar) errichteten Bürger aus Gabrovo 1833 mit Spendengeldern um einen hübschen Garten mit einem **Steinbrunnen,** den *Koljo Fičeto* entworfen hat. Mit den acht Wasserspendern symbolisiert er den Tod von acht Freiheitskämpfern, die die Türken in einer kleinen Grotte nahebei gehängt haben. Die Hauptkirche ist mit sehenswerten **Wandmalereien** ausgeschmückt.

■ **Sokolski Manastir** (Соколски Манастир), Tel. 066-801763, geöffnet 8–19.30, Winter bis 17.30 Uhr, Eintritt frei.

Kloster Drjanovo

Drjanovo (Дряново) liegt 20 km nordöstlich von Gabrovo, an der Straße nach Veliko Tărnovo. Auf dem Weg dorthin ist rechter Hand nach 16 km das Kloster unterhalb einer hohen Felswand am Flüsschen Drjanovsla zu besichtigen; an einem schmalen Weg geht es nach rechts in die Schlucht von Anduka, ihm folgt man 2 km. Das Kloster geht auf das 12. Jh. zurück, wurde aber an der heutigen Stelle 1845 neu erbaut (die Ruinen des Vorgängerbaus liegen 2 km nördlich). Das Kloster war einst ein **Zentrum des Hesychasmus,** und 1876 im **Unabhängigkeitskampf** Schauplatz von erbitterten Kämpfen; nachdem man von ihm aus schon über längere Zeit die Rebellen mit Waffen versorgt und sogar Munition hergestellt hatte, kam eine türkische Armee, belagerte das Kloster und zerstörte es schließlich nach neun Tagen. Die 220 Freiheitskämpfer mussten dabei ihr Leben lassen. Das **Museum** am Eingang zeigt Archäologie und eine Ausstellung zu den Befreiungskriegen.

■ **Drjanovski Manastir** (Дряновски Манастир), Tel. 0896-6687406, www.facebook.com/Dryanovo.monastery, Museum geöffnet Mo–Fr 9–16.30 Uhr, Sa/So 10–16.30 Uhr, Eintritt 3 Lv.

Höhle Bačo Kiro

Am hinteren Ende des Klosters Drjanovo gelangt man durch eine Eisentüre und über drei Brücken zur Höhle, in der eine Temperatur von 12 °C herrscht. Man darf ohne Führer hinein.

Im großen Saal beeindrucken die erst 1890 entdeckten sogenannten **Schleiertropfsteine** an der hohen Decke. 500 m der insgesamt 6 km Höhlengänge können derzeit besichtigt werden. In ihnen lebten im Paläolithikum Menschen, deren Spuren zu den ältesten auf dem Balkan gehören.

■ **Peštera Bačo Kiro** (Пещера Бачо Киро), Tel. 067-672332, geöffnet tgl. 9–18 Uhr (Winter 10–16 Uhr), Eintritt 8 Lv für die Tour mit 20 Min., 10 Lv für 60 Min.

Drjanovo

In **Drjanovo** (Дряново), dem „Städtchen der Hundertjährigen“ (viele Bewohner sollen dieses Alter erreichen), steht das **Museum Koljo Fičeto** am Hauptplatz, der seinen Namen trägt. Der hier geborene **produktivste Baumeister der bulgarischen Renaissance** lebte 1800–1881, und seine Werke sind u.a. in Veliko Tărnovo und in zahlreichen Klöstern zu bewundern. Fotos, Pläne und Modelle seiner Architektur dokumentieren sein Leben.

Gegenüber steht das **Hausmuseum Lafčievata Kăšta** mit einer Ausstellung zum städtischen Leben im ausgehenden 19. Jh. Die **Kirche Sv. Nikola** (Св. Никола) von 1851, 200 m südlich, ist eines von *Fičetos* Bauwerken – eine Pseudobasilika mit geschweiftem Giebel, deren hölzerner Glockenturm in den Baukörper integriert ist. Die Empore im Inneren ist ebenfalls erstaunlich: mehrfach gerundet und bunt. Am südwestlichen Stadtrand (Ul. Pop Hariton/Ул. Поп Харитон) steht die **Brücke** von *Koljo Fičeto* (Мост на Кольо Фичето), die er 1861 errichtete.

■ **Muzej Kolju Fičeto/Lafčievata Kăšta** (Музей Колю Фичето/Лафчиевата Къща), Pl. Koljo Fičeto (Пл. Колйо Фиçето), Tel. 0676-72097, www.destinationdryanovo.com, geöffnet tgl. 8–12, 13–18, Winter bis 17 Uhr, Eintritt je 3 Lv.

Im Zentrum

Das Dorf **Uzana** (Узана) 22 km südwestlich von Gabrovo darf sich als **geografischer Mittelpunkt Bulgariens** rühmen; exakt 42 Grad 46 Minuten Breite, 25 Grad 14 Minuten Länge – vermessen auf 10 m genau. Daneben ist das Örtchen auch noch Wintersportort.

Kloster von Batoševo

Das Kloster (Batoševski Manastir/Батошевски Манастир) liegt im Westen von Gabrovo; man fährt 10 km Richtung **Sevlievo** (Севлиево), dann über kleine Straßen 15 km bis zum Kloster.

Seinen Ursprung hat es im 13. Jh. als Stiftung des Caren *Michail Asen* genommen. Im 14. Jh. wurde es niedergebrannt und erst 1838 an neuer Stelle errichtet. Die Fresken wurden 1869 angebracht, die Ikonen in der Kirche stammen vom Meistern aus Trjavna, ebenso die Ikonostase.

289bu sk

Praktische Tipps

Information

■ **Touristeninformation,** Ul. Opalčenska (Ул. Опалčенска) 11, 5300 Gabrovo, Tel. 066-818406, www.visit.gabrovo.bg, geöffnet Mo–Fr 9–17.30 Uhr.

Unterkunft

5 **Gabrovo**②, Ul. Hemus (Ул. Хемус) 4, Tel. 0896-771884, www.hotel-gabrovobg.eu. Modernes Hotel mit 20 Zimmern, Restaurant, viele Geschäftsleute steigen hier ab.

1 **Orlovec**②, Ul. Orlovska (Ул. Орловска) 106A, Tel. 066-800061, https://hotel-orlovets.com. Zentral gelegenes und gestyltes Vier-Sterne-Haus mit allen Annehmlichkeiten, Restaurant und Ladestation für E-Autos.

Camping

2 **Kamping Strinava** (Кампинг Стринава), 300 m vom Drjanovo-Kloster, Tel. 0886-099034, geöffnet April–Okt. Stellplätze, einfache Holzbungalows, Grillmöglichkeit und einfache, aber saubere Sanitäreinrichtung.

⌃ Die Brücke von Koljo Fičeto in Drjanovo

Essen und Trinken

3 Strannopriemnica/Gabrovo, Ul. Opalčenska (Ул. Опалченска) 15, Tel. 066-807121, geöffnet 12–24 Uhr. Traditionelles Gartenrestaurant im Zentrum (bei der Touristinfo/am Glockenturm) mit authentischer bulgarischer Küche; zahlreiche Grillgerichte. Am Wochenende finden Folkloreveranstaltungen statt.

4 Tempo, Ul. Penčo Slavejkov (Ул. Пенчо Славейков) 1, Tel. 0879-988019, http://pizzatempo.bg, geöffnet 10–23 Uhr. Moderne Pizzeria im Zentrum, die besonders die Jugendlichen anzieht. Gute Pizzen, aber auch bulgarische Gerichte, mit Freisitz.

UNSER TIPP: **6 Almanah,** Ul. Nikolaevska (Ул. Николаевска) 100, Tel. 0887-760358, www.facebook.com/almanahgabrovo, geöffnet Mo–Sa 18–24 Uhr. Gemütliches Weinlokal in einem Wiedergeburtshaus mit Laubenhof, gutem Essen und feiner Weinauswahl.

Wanderung

- Die **einfache Wanderung** (30–40 Min., 2 km, 150 Höhenmeter) **von Etăra zum Kloster von Sokolovo** (blau-rote Markierung) beginnt dem Museum gegenüber (am Parkplatz des Südeingangs die Straße queren und rechts an der Mehana Etăra vorbei) und führt auf einem Pfad mäßig steil in 15 Min. durch den Wald bergauf zu einem apshaltierten Fahrweg und auf ihm (an der Gabelung links halten) hinüber zum Kloster.

Veranstaltungen

- **Biennale des Humors:** In geraden Jahren ab dem ersten Sonntag nach dem 10. Mai, Theater, Film, Kabarett, Wettbewerbe und Preise, wie den Grand Prix des Humors; www.biennial.humorhouse.bg.
- **Karneval von Gabrovo:** Jedes Jahr im Mai am dritten Samstag; www.carnival.gabrovo.bg.
- **Metal Force HMC/Running Free Festival:** Ende August drei Tage Heavy Metal und viel Bier beim Drjanovo-Kloster; www.metalforcehmc.bigcartel.com.

> Im Museumsdorf Etăra

Verkehr

- **Bahnhof,** Pl. Marsel De Biskop (Пл. Марсел Де Бископ), nördlich des Zentrums am Westufer (10 Gehminuten), Tel. 066-805339. Endbahnhof mit Verbindungen über Drjanovo zum Hauptnetz bei Veliko Tărnovo (Велико Търново).
- **Bushof,** Bul. Stefan Karadža (Бул. Стефан Караджа), südwestlich des Bahnhofes, Tel. 066-805 566. Busse u.a. in den Süden über den Šipka-Pass (Šipkinskij Pereval/Шипкинский Перевал).
- **Bus nach Etăra:** Bus Nr. 7 vom Bahnhof in ca. 30 Min.

Gesundheit

- **Hospital/Bolnica** (Болница), Ul. Dr. Iliev Deckija (Ул. Др. Илиев Децкия) 1, Tel. 066-800243, www.mbalgabrovo.com.

288bu sk

292bu sk

5

Varna und der Nordosten

»Die Region lässt keine Langeweile aufkommen, es gibt viel zu tun, es gibt viel zu sehen. Während der Goldstrand mit seinen Ferienresorts bade- und feierfreudiges Publikum sowie Freunde des Wassersports anzieht, kommen kulturinteressierte Gäste in den Museen von Varna oder beim Besuch der Schlösser von Euxinograd und Balčik auf ihre Kosten.

< Das Monument der Gründer Bulgariens in Šumen

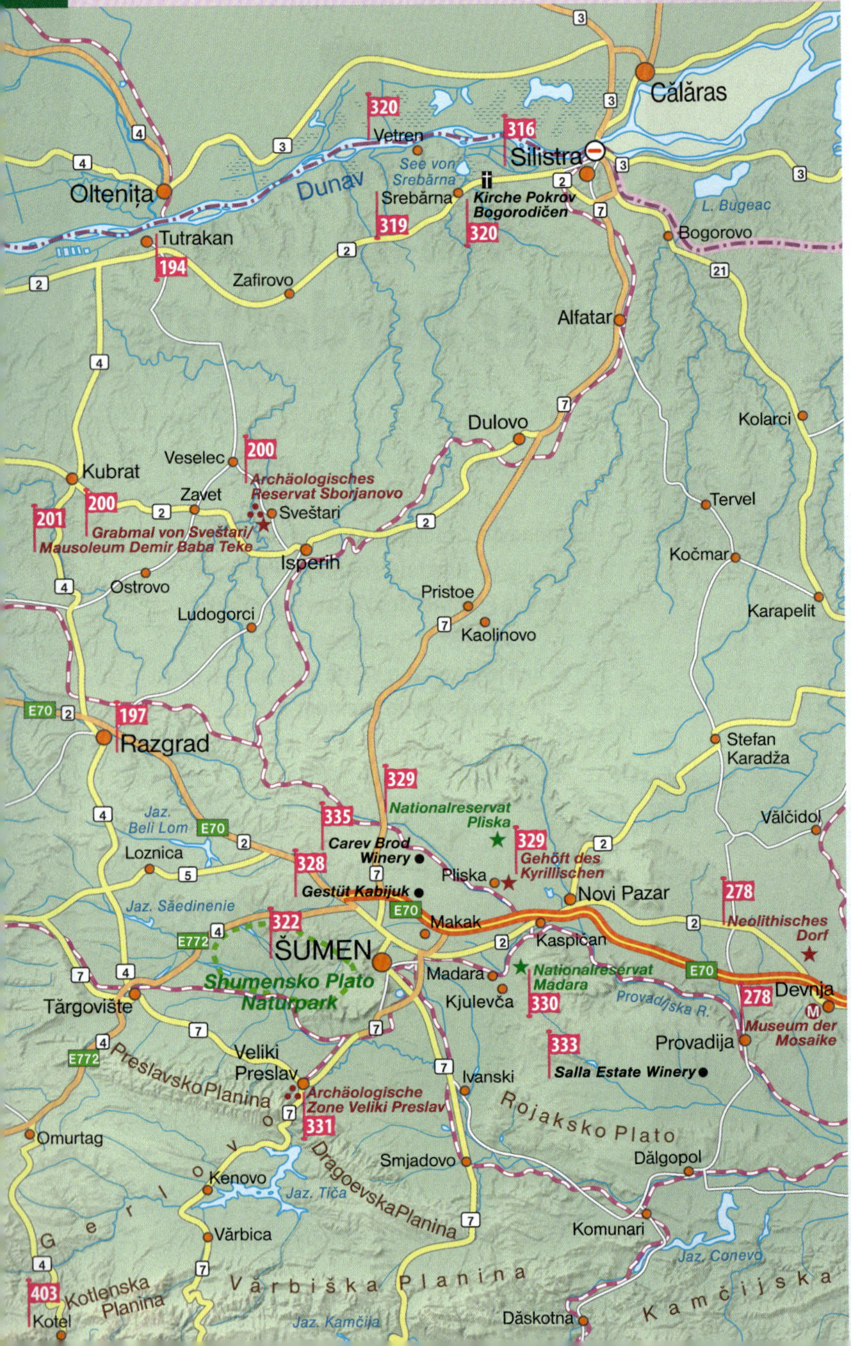
Călăraş
Silistra
Olteniţa
Dunav
Vetren
See von Srebărna
Srebărna
Kirche Pokrov Bogorodičen
L. Bugeac
Bogorovo
Tutrakan
Zafirovo
Alfatar
Dulovo
Kolarci
Veselec
Archäologisches Reservat Sborjanovo
Kubrat
Zavet
Sveštari
Grabmal von Sveštari/ Mausoleum Demir Baba Teke
Isperih
Tervel
Kočmar
Ostrovo
Ludogorci
Pristoe
Kaolinovo
Karapelit
Razgrad
Stefan Karadža
Jaz. Beli Lom
Nationalreservat Pliska
Vălčidol
Loznica
Carev Brod Winery
Gehöft des Kyrillischen
Pliska
Novi Pazar
Gestüt Kabijuk
Neolithisches Dorf
Jaz. Săedinenie
Makak
Kaspičan
ŠUMEN
Nationalreservat Madara
Shumensko Plato Naturpark
Madara
Devnja
Provadijska R.
Tărgovište
Kjulevča
Museum der Mosaike
Provadija
Veliki Preslav
Salla Estate Winery
PreslavskoPlanina
Archäologische Zone Veliki Preslav
Ivanski
Rojaksko Plato
Omurtag
Smjadovo
Dălgopol
Kenovo
Jaz. Tiča
DragoevskaPlanina
Gerlovo
Komunari
Vărbica
Jaz. Conevo
Kotlenska Planina
Vărbiška Planina
Kamčijska
Kotel
Jaz. Kamčija
Dăskotna
320
316
319
320
194
200
200
201
197
329
335
329
328
278
322
330
278
333
331
403

Dunav
L. Oltina
L. Iortmac
Băneasa
Constanta
Marea Neagră
Techirghiol
L. Techirghiol
Eforie Nord
Eforie Süd
Dobrudža
L. Tatlageac
Mangalija
Krušari
Kardam
General Toševo
Preselenci
Konare
310
Durankulak-See
Durankulak
Archäologische Zone 310
Krapec
Ezerec
308
Šabla
Kap Šabla 309
307
Archäologische Schutzzone Jajlata
Rusalka
Reservat Tauk Liman 307
Tauk Liman
311
Dobrič
Senokos
302
Kavarna
298
Balčik
Bălgarevo
304
Kap Kaliakra
Bucht von Bolata 306
295
Ak Jazălă Baba
Obročište
Batova R.
Varna Winery
Albena 295
Naturschutzgebiet Baltata 293
Kranevo 293
Suvorovo
Izvorsko
Frangensko
Naturpark Goldstrand 291
276
276
290
Kloster Aladža
Goldstrand 283
Botanischer Garten/Ekopark
Versteinerter Wald
Residenz Euxinograd/ 275
Kellerei Euxinograd 276
VARNA 262
Varnen
Beloslav
Asparuh-Brücke
Glasmuseum/ U-Boot
Kap Galata 343
Sindel
Momino Plato
343
Happy Land
Kamčija 342
Kamčija
Naturschutzgebiet von Kamčija
SCHWARZES MEER
Dolni Čiflik
Staro Orjahovo
Škorpilovci 343
Planina
Dvojnica
Bjala 344
E81
E87
E675
E87
3
391
392
38
39
9
2
21
7
902

DER NORDOSTEN

Die Schwarzmeerküste nördlich der Ausläufer des Balkan-Gebirges mit dem weltbekannten *Goldstrand* ist das beliebteste Reiseziel der meisten Besucher, die in den Resorts um Varna herum ihren Urlaub verbringen.

293bu sk

Sonnenbaden am Resort Albena

Steilklippen, Sonne und Sand

Weite Sandstrände mit vorzüglicher Infrastruktur und vielen Angeboten für Aktivitäten aller Art locken alljährlich Urlauber aus der ganzen Welt an. Botanische Gärten und Urwald machen die Region zu einer **grünen Oase,** weite Getreidefelder ziehen sich um Dobrič ins Landesinnere und bis zum blauen Band der Donau, nach Norden hin präsentiert sich die Küste steil abfallend – bester Platz für Festungen. Prächtige Schlösser wie Euxinograd und Balčik sowie Ausgrabungsstätten zeugen von langer Geschichte, und die zahlreichen Museen in Varna bieten willkommene Abwechslung vom Strandleben.

NICHT VERPASSEN!

- Die Zeit vergeht wie im Flug im **Archäologischen Museum** von Varna | 270
- Absolut sehenswert: der Palast von Balčik mit seinem **Botanischen Garten** | 299
- Das **Monument der Gründer Bulgariens** auf dem Plateau von Šumen ist das größte Monumentaldenkmal der Balkanhalbinsel | 327
- Seit 1979 Weltkulturerbe: der **Reiter von Madara** | 330

Diese Tipps erkennt man an der gelben Markierung.

Varna (Варна)

Varna (335.000 Ew.) ist die drittgrößte Stadt und der bedeutendste Seehafen des Landes – und war für Luxusreisende des späten 19. Jh. die Endstation des **Orient-Expresses.** Dieser startete in Paris und fuhr über Wien und Budapest nach Varna, wo aufs Schiff umgestiegen werden musste, das die Küste entlang nach Istanbul dampfte.

Heute geht es schneller: Der **Flughafen** von Varna (auf dem schon 1919 das erste Flugzeug landete) ist einer der belebtesten des Landes. Charterflieger schweben wie Perlen einer Kette ein und bringen im Jahr **2,5 Mio. Passagiere** (2019) zu den Stränden am Schwarzen Meer.

Aber auch **kulturell** bietet Varna so Einiges. Der „Varnaer Sommer" existiert seit 1926 und war ursprünglich rein der klassischen Musik gewidmet. Heute kommen auch Jazz- und Rockmusiker, Ballett, Theater und Folklore reichern das Programm an.

Die meisten Events finden unter freiem Himmel in den Spielstätten der großzügigen Grünanlagen am Wasser statt – dem **Meeresgarten** (Primorski Park/ Приморски Парк). Der 80 ha große Grüngürtel trennt Stadt und Wasser, beginnt auf Höhe des Zentrums, zieht sich nach Norden und leitet über zu den Hotelzonen. Es gibt Spielplätze, Freilufttheater, Zoo und Delfinarium. Auf zahllosen Wegen begegnen sich Spaziergänger, Liebespaare und Jogger.

Geschichte

Frühzeit

Besiedelt war die Gegend von Varna von einer Hochkultur bereits vor 7000 Jahren. Einen Blick auf diese Zeit erlauben die Funde thrakischer Nekropolen in unmittelbarer Umgebung der Stadt. Die eigentliche Stadtgeschichte begann aber wohl im 6. Jh. v. Chr., als **Griechen** aus Milet in Kleinasien (etwa 80 km südlich der Stadt Izmir) in der heutigen Hafengegend einen Hafen anlegten, an einem kleinen schützenden Kap, wo bereits thrakische Fischer eine Pfahlsiedlung bewohnt hatten. Sie nannten ihre Kolonie **Odessos** – Stadt am Wasser.

Nur kurz verlief das Leben in ruhigem Fahrwasser, dann begann der Aufstieg, Odessos wurde zum **Handelsplatz** und zur klassischen Polis, zum Stadtstaat. Reichtum lockt, und so stand *Alexander der Große* im 4. Jh. v. Chr. vor den Toren und nahm die Stadt ein.

Erst 281 v. Chr. gewann Odessos seine **Unabhängigkeit** zurück und entwickelte sich zu einem der Haupthäfen des westlichen Schwarzen Meeres. Man prägte eigene Münzen, erst aus Bronze, dann aus Silber und schließlich aus Gold.

Altes Rom

Im 1. Jh. v. Chr. gewann **Rom** endgültig die Vorherrschaft im Mittelmeer, eroberte Odessos mit einem Heer unter dem Feinschmecker *Lucullus* und baute es zur Festung aus (wobei Odessos eine partielle Unabhängigkeit wahren konnte). Im 6. Jh. siedelten slawische Protobulgaren an einem „Varna" genannten Platz in der

Nähe (ab dem 9. Jh. taucht die Siedlung dann unter diesem Namen auf). Byzanz als Teil des verschwundenen römischen Gesamtreiches konnte Odessos noch bis ins 7. Jh. halten, dann übernahmen die Bulgaren.

Türkische Herrschaft

1391 eroberten die **Türken** Varna und schleiften die Festung. Auch die Schlacht von Varna 1444 brachte einen Sieg der Türken über die Kreuzritter. Nun machten die Osmanen die Stadt zu einem Pfeiler ihrer nordöstlichen Befestigungsanlagen.

Erst im **Russisch-Türkischen Krieg** von 1828 konnte das inzwischen stark orientalisch geprägte Varna für kurze Zeit den Türken entrissen werden. Während des Krimkrieges 1853–1856 (der Neunte Russisch-Türkische Krieg) lag in Varna eine englisch-französische Garnison, die als Verbündete an türkischer Seite kämpfte, um russische Gebietsgewinne auf Kosten des zerfallenden osmanischen Reiches zu verhindern. Erst **1878** verließen die Türken Varna.

Bulgarien

Mit dem Ende der Fremdherrschaft war Varna plötzlich **wichtigste Hafenstadt** des neuen Bulgarien, Industrie siedelte sich an, die Eisenbahn erhob die Stadt fast zur europäischen Metropole. Und die Stadt wurde zu einem veritablen Seebad. Der Zweite Weltkrieg an der Seite der Achsenmächte führte zur Okkupation des Landes durch die UdSSR, die Varna einen neuen Namen gab – Stalin. Drei Jahre nach dem Tod des Namensgebers und mit der Gewissheit, dass seine Ideen – vorerst – mit ihm unter der Erde blieben, machte man die Namensgebung rückgängig.

Nachwende

Mit dem **Zerfall des Ostblocks** erlebte die gesamte bulgarische Schwarzmeerküste einen unglaublichen **Bauboom,** der die Seebäder für den Empfang der gut zahlenden Touristen aus dem Westen präparierte. Das Geld dafür – so wird gemunkelt – kam aus dunklen Kanälen, aus Waffen-, Mädchen- und Drogenhandel, und hie und da erlosch noch zu Beginn des dritten Jahrtausends das Leben des einen oder anderen Hotel-Tycoons im Kugelhagel.

In den **Hafen** wird seit der Wende massiv investiert (Passagier-, Container- und Getreideterminal, Modernisierung des Petrohafens), und seit 2023 laufen über ihn auch ukrainische Getreideexporte.

Varna City Card

Je nach Zahl der Museen, die man besuchen will, rechnet sich der Kauf der City Card (1 Tag 24 Lv, 2 Tage 30 Lv, 3 Tage 36 Lv); Verkaufsstellen sind auf der Website gelistet: www.varnacitycard.com.

Übernachtung
- **4** Nomado Hostel
- **7** Yo-Ho Hostel
- **10** Aqua
- **16** Modus
- **18** Graffit Gallery Hotel
- **22** Residenz Euxinograd

Nachtleben
- **9** The Vault Bar
- **14** Summer Cult
- **20** Zahir Bar & Lounge
- **21** Horizont Club
- **23** Porte

Essen und Trinken
- **2** Mehana Vălšeben Izvor
- **3** Di Wine
- **6** The Key Beer Bar
- **8** Čučura
- **11** Mr. Baba
- **12** BM Zaliva
- **13** Stridarium
- **15** Sea Terrace
- **16** Bistro Modus
- **17** La Bocca
- **19** Wineground Bottles & Beans

Einkaufen
- **1** Grand Mall, Bauernmarkt
- **5** Markt

22 Residenz Euxinograd, Kellerei Euxinograd,
Botanischer Garten/Ekopark
Knjaz Boris I
Княз Борис I
Delfinarium
PRIMORSKI PARK
ПРИМОРСКИ ПАРК
21
Naturkunde-museum
Sommertheater
20
SCHWARZES MEER

Slivnica
Flughafen, Sofija
Balčik, Albena
Carevec
Царевец
Vasil Levski
Васил Левски
Сливница
Otec Paisij
Отец Паисий
Vladislav Varnenčik
Владислав Варненчик
8 Приморски Полк
8 Primorski Polk
Goldstrand, Euxinograd, Ekopark
Knjaz Boris I
Княз Борис I
PRIMORSKI PARK
ПРИМОРСКИ ПАРК
Marija Luisa
Мария Луиса
Hristo Botev
Христо Ботев
Приморски
SCHWARZES MEER
Glasmuseum/U-Boot, Burgas
Primorski
Hafen
23
0 500 m

400bg fk

Sehenswertes

Marine-Museum

Das Museum widmet sich seit 1923 der Geschichte der bulgarischen Kriegs- und Handelsmarine und zeigt im ehemaligen italienischen Konsulat von 1890 und einem Nebengebäude die größte bulgarische Sammlung an **Modellschiffen** sowie Navigationsinstrumente, Uniformen und Kartenmaterial. Die Freifläche ist den größeren Exponaten vorbehalten, darunter ein veritables Kampfschiff, Anker, Minen, Kanonen etc. Das Torpedoboot „Drăžki" beschädigte in der Nacht vom 21. auf den 22. November 1912 während des Ersten Balkankrieges am Kap von Kavarna den türkischen Kreuzer „Hamidie" so schwer, dass er nur noch mit Mühe nach Istanbul geschleppt werden konnte – erster und einziger Sieg des Befreiungskampfes der 1879 gegründeten bulgarischen Marine. Sowohl während des Ersten als auch während des Zweiten Weltkrieges kämpften die Seestreitkräfte an der Seite der Achsenmächte – auch diese Zeit ist Thema.

■ **Voennomorski Muzej** (Военноморски Музей), Bul. Primorski (Бул. Приморски) 2, Tel. 052-731 523, www.museummaritime-bg.com, geöffnet Sommer Di–So 10–18, Winter Di–Sa 9.30–17.30 Uhr, Eintritt 8 Lv.

Medizinhistorisches Museum

Gleich südlich des Marinemuseums befindet sich dieses Museum im Gebäude des ersten bulgarischen Krankenhauses. Gezeigt werden medizinische **Instrumente** aus der Vorzeit (Thraker, Griechen, Römer) und der Zeit des Ersten Bulgarischen Reiches. Besonders für Zartbesaitete aufregend sind die Drainagebohrer, die zu Zeiten benutzt wurden, als es noch keine Betäubung gab.

Interessierte können sich auch über die **Kräuterheilkunde** von damals und heute informieren.

Über 4000 Bände umfasst die **Bibliothek,** und die **paläoanthropologische Sammlung** gilt als eine der größten Bulgariens.

■ **Muzej za Istoria na Medicinata** (Музей за Историа на Медицината), Ul. Paraskeva Nikolau (Ул. Параскева Николау) 7, Tel. 052-639729, www.medmuseum.bg, geöffnet Mo–Fr 9–19, Sa 10–18.30 Uhr, Eintritt frei.

Kleine Römische Thermen

Die öffentlichen Bäder gleich südwestlich des Museums stammen aus dem 3./4. Jh. und stehen auf den Fundamenten eines thrakischen Schreins, den die Griechen später zu einem Tempel für ihren Gott Apoll umbauten.

■ **Malik Rimski Termi** (Малки Римски терми), Bul. Primorski (Бул. Приморски) 15, Tel. 052-600 059, geöffnet Juni–Sept. 10–17 Uhr, Eintritt 2 Lv.

Ruinen der Römischen Thermen

Die weiter nördlich gelegenen Ruinen bilden den **größten auf bulgarischem Boden** entdeckten antiken Gebäudekomplex und die **drittgrößte Therme Europas.** Sie steht inmitten von Wohnstraßen – drei Viertel der ursprünglichen Anlage sind freigelegt. Zwischen den heute noch teilweise 22 m hohen Mauern lässt sich mit Fantasie einiges erahnen, und man gewinnt einen Einblick in die Technik der Bäder.

Das System des Hypokaustums funktionierte als Heißluftbodenheizung. Mit einem am Eingang erhältlichen kleinen Plan lassen sich Vestiarium (Umkleide), Frigidarium (Abkühlraum zur Reinigung und Abkühlung), Tepidarium (temperierter Baderaum für die Massage) sowie Caldarium (Warmbad mit etwa 50 °C) lokalisieren. Im 2. Jh. n. Chr. waren die Thermen im damaligen Odessos unter Kaiser *Hadrian* (76–138) fertiggestellt worden; sie sollten in den folgenden 200 Jahren der Sauberkeit und Entspannung dienen.

■ **Rimski Termi** (Римски терми), Ul. San Stefano (Ул. Сан Стефано), Tel. 052-600059, geöffnet tgl. 10–18 Uhr, Winter Di–Sa 10–17 Uhr, Eintritt 5 Lv.

Kirche Sv. Atanas

Gleich östlich der Thermen kann man einen Blick in die Kirche Sv. Atanasij werfen. Außen zeigt sie sich als kuriose Mischung aus Modernem und Althergebrachtem. Beachtenswert sind die **Ikonostase** und der **Altar.** Das Gebäude wurde 1838 errichtet – das **Grab** von Sankt Atanas, dem Schutzheiligen der

294bu sk

☒ Außenbereich des Marine-Museums

☒ Die Römischen Thermen sind die drittgrößten ihrer Art in Europa

Haustiere, befindet sich übrigens im Kloster Arat Teke im Ort Obročište, nördlich von Albena.

■ **Sv. Atanasij** (Св. Атанасий), Ul. Graf Ignatiev (Ул. Граф Игнатиев) 19, geöffnet tgl. 8–18 Uhr, Eintritt frei.

Kirche Mariä Himmelfahrt

Nordwestlich der Thermen steht die Kirche Sv. Bogorodica von 1602 im Boden versenkt. Ihre Ausgestaltung in der heutigen Form fand nach dem Abzug der Türken in der zweiten Hälfte des 19. Jh. statt. Auch der **Turm** stammt aus der Zeit, als die türkischen Restriktionen bei der Bauhöhe Vergangenheit waren. Im Inneren findet sich eine angeblich wundertätige **Ikone** mit dem Abbild der Muttergottes.

■ **Sv. Bogorodica** (Св. Богородица), Ul. Han Krum (Ул. Хан Крум) 19, geöffnet tgl. 8–18 Uhr, Eintritt frei.

Ethnografisches Museum

Das Museum liegt westlich der Thermen in einem der typischen Häuser aus der Wiedergeburtszeit um 1860. Mit Trachten, Haushaltsgegenständen und Werkzeugen wird das Leben und die Arbeit der **Fischer, Weinbauern und Viehzüchter** des 19. Jh. dokumentiert.

Die **Masken des Kukeri-Festes** zu Fastnacht belegen, dass die Riten der slawischen Völker, wenn auch unterschiedlichen Namens, einen gemeinsamen Ursprung haben, der bis tief ins westliche Europa ausstrahlte.

Unter anderem sind auch **Hochzeitsbrote** zu sehen *(sasevski)*, deren Mehl bei einem Ritual vor der Hochzeit gemahlen und zu Fladen mit Verzierungen gebacken wurde. In der obersten Etage ist eine komplett eingerichtete **Wohnung** um die Wende zum 20. Jh. zu sehen.

■ **Etnografski Muzej** (Етнографски Музей), Ul. Panagjurište (Ул. Панагюрище) 22, Tel. 052-630 588, geöffnet tgl. 10–17, Winter Di–Sa 10–17 Uhr, Eintritt 5 Lv.

Museum der Nationalen Wiedergeburt

Gleich westlich liegt das Museum der Nationalen Wiedergeburt. Auch in Varna hält man (seit 1959) mit Manuskripten, Büchern und ausgesuchten Waffen aus dem 18. und 19. Jh. die Erinnerung an die **Staatswerdung** wach. In einem hübschen Gebäude aus dem 19. Jh. im Stil der Wiedergeburt finden sich Exponate über den **Widerstand** während der türkischen Regierung und Interessantes zu den **Befreiungskriegen,** die von bulgarischen Freischärlern, vornehmlich aber von Russen ausgefochten wurden.

Ein Raum zeigt ein typisches **Klassenzimmer** aus der Mitte des 19. Jh. In einer Vitrine ist eine Ausgabe des ersten Schulbuches in bulgarischer Sprache von 1824 zu sehen.

■ **Muzej na Văzraždaneto Varna** (Музей на Възраждането Варна), Ul. Dr. Zamenhoff (Ул. Др. Заменхоф) 21, Tel. 052-658891, www.revival.museumvarna.com, geöffnet Mo–Sa 10–17, Winter Mo–Fr 10–17 Uhr, Eintritt 5 Lv.

Kirche Sv. Sarkis

Folgt man von den römischen Thermen der Ul. Han Krum (Ул. Хан Крум) weiter Richtung Norden, stößt man bei einem Schulhof auf die Kirche Sv. Sarkis aus dem 19. Jh. Eine Stele erinnert an den türkischen Völkermord an den Armeniern von 1915, das Innere ist in naiver Malerei ausgestaltet. Die Gemeinde von etwa 3000 geflüchteten **Armeniern** hatte hier ihre Kirche. Die liturgischen Gesänge zur Sonntagsmesse gelten als besonders anrührend. Sankt Sarkis – ein Heiliger der Apostolischen Kirche Armeniens – lebte im 4. Jh., brachte es bis zum römischen General und verbreitete in dieser Funktion das Christentum.

Weiter Richtung Nordosten gehend, kommt man zum **Platz Ekzarh Josif,** wo sich die Älteren zu einem Plausch treffen und die Anwohner heißes Mineralwasser am Brunnen abfüllen.

■ **Sv. Sarkis** (Св. Саркис), Ul. Han Asparuh (Ул. Хан Аспарух) 15, geöffnet tgl. 9–17 Uhr, Eintritt frei.

Kirche Erzengel Michael

An der vom Platz nach Nordwesten abgehenden Straße war ursprünglich das Museum der Wiedergeburt in einer der ersten bulgarischen Schulen überhaupt untergebracht. Hier fand auch die Kirche Arhangel Mihail Unterschlupf. Als Keimzelle bulgarischer Kultur gab es eine Bibliothek. Heute ist es nur noch eine Kirche. Besonders beachtenswert ist die **Ikonensammlung** aus fünf Jahrhunderten. Der kleine Raum der einfachen, holzgetäfelten Hallenkirche im Parterre strahlt eine Ruhe und Würde aus, die so mancher größere Prunkbau missen lässt.

Im Garten steht ein Denkmal, das an die Befreiung vom Türkischen Joch erinnert – ein Mädchen aus Varna grüßt einen russischen Soldaten.

■ **Arhangel Mihail** (Архангел Михаил), Ul. Dvadeset i Sedmi Juli (Ул. Двадесет и Седми Юли) 9, geöffnet Mo–Fr 9.30–17.390, Sa/So 10–14 Uhr, Eintritt frei.

Kirche Sv. Nikolaj

Die Kirche aus dem Jahr 1870 steht direkt an der Fußgängerzone, ist als Kuppelbau ausgeführt und im Inneren mit symbolistischen Fresken (um 1960) ausgeschmückt. Wer fotografieren will, muss dafür zahlen.

■ **Sv. Nikolaj** (Св. Николай), Ul. Knjaz Boris I. (Ул. Княз Борис I) 35, geöffnet tgl. 8–18 Uhr, Eintritt frei.

Galerie der Schönen Künste Boris Georgiev

Die Galerie zeigt in der unteren Etage temporäre Ausstellungen im monatlichen Wechsel, darüber widmet sich die ständige Ausstellung der westeuropäischen Kunst des 17. Jh., der bulgarischen Malerei ab dem Jahr 1900 und der bulgarischen Moderne. Der Namensgeber der Galerie (1888–1962) gilt als einer der wichtigsten bulgarischen Maler der Neuzeit; er studierte u.a. in München.

■ **Hudožestvena Galerija Boris Georgiev** (Художествена Галерия Борис Георгиев), www.

varnacityartgallery.com, Ul. Ljuben Karavelov (Любен Каравелов) 1, Tel. 052-612363, geöffnet Di–So 10–18, Winter bis 17 Uhr, Eintritt 4 Lv.

Archäologisches Museum

Eine Straße nach Norden und eine nach Westen, gilt der Besuch dem vielleicht **sehenswertesten Museum** der Stadt. Mehrere Stunden sollte man für einen Besuch einplanen und nicht nur die absoluten Highlights wie die Goldschätze bewundern.

Seine Geburtsstunde hatte das Museum etwa im Jahr 1888, als eine Gruppe Lehrer begann, eine Sammlung anzulegen. Einen weiteren Schub erhielt das Museum mit der Gründung einer Vereinigung 1901, die ihre Interessen nicht nur auf die Archäologie der Stadt beschränkt sah, sondern die ganze Region und das nordöstliche Bulgarien ins Blickfeld nahm.

Nach mehreren Umzügen kam das Museum schließlich 1983 in die heutigen Räumlichkeiten, in denen die wichtigsten Stücke des Fundus - ein Zehntel des gesamten Bestandes - ausgestellt sind. Mehr als 100.000 Jahre haben die ältesten Exponate auf dem Buckel - Werkzeug aus der Altsteinzeit. Sie stammen aus der Umgebung von Devnja, 30 km westlich von Varna. Auf halbem Wege dorthin, bei Pobiti Kamăni, fand man Artefakte etwa von 10.000 v. Chr. (Mittlere Steinzeit). Sie gelten als einziger Hinweis überhaupt auf eine Besiedelung des heutigen Bulgarien zu jener Zeit.

Das Museum kann sich der größten archäologischen Sammlung des südöstlichen Europa aus dieser Epoche rühmen. Figurinen und Haushaltsgegenstände wie Töpfe stammen aus der Jungsteinzeit (7.–6. Jt. v. Chr.), sie wurden als Grabbeigaben gefunden. Sie tragen bereits detaillierte Ornamente, und die Werkzeuge aus Stein und Knochen sind fein gearbeitet.

Ab dem Jahr 1972 barg man den ebenfalls als Grabbeilage dienenden, berühmten **Goldschatz von Varna** in einem Gräberfeld mit insgesamt 294 Einzelgräbern aus der Kupferzeit (ab 5. Jt. v. Chr.). Es ist der **weltälteste** bekannte Goldschatz. Das Gräberfeld bestand aus drei Arten von Begräbnisstätten: In der einen waren die Toten auf den Rücken gebettet, in der zweiten lagen sie auf der Seite, und in der dritten gab es keine Skelettfunde - es waren symbolische Grabstätten für Thraker in hoher Stellung, deren sterblichen Überreste nicht in die Heimat gebracht werden konnten, die aber dennoch ihre Beigaben erhielten. Insgesamt 3000 Einzelstücke wurden ausgegraben, 6 kg Gold, herrlich und sehr fein auf hohem Schmiedeniveau bearbeitet.

Weitere Abteilungen beschäftigen sich mit der griechischen Kolonisierung Bulgariens, mit der Römerzeit (ausgezeichnet erhaltene Stelen) und dem Mittelalter. Eine eigene Ausstellung ist natürlich der **Ikonenkunst** gewidmet. Die wertvolle Sammlung zeigt u.a. mehrere Bilder aus dem 16. Jh. und einen St. Georg aus dem 14. Jh. Sie gilt als die zweitwichtigste des Landes (nach dem Ikonenmuseum Sofijas).

Auch die **Münzabteilung** ist beachtenswert, mit Stücken aus ganz Europa und Afrika.

Eine ans Museum angeschlossene **Kinderabteilung** bringt den Kleinen die

295bu sk

Archäologie auf spielerische Weise näher. Hier können sie zum Beispiel auf Töpferscheiben die Artefakte selbst herstellen, die dann vielleicht in zwei Jahrtausenden gefunden werden.

- **Arheologičeski Muzej** (Археологически Музей), Bul. Marija Luiza (Бул. Мария Луиза) 41, Tel. 052-681030, www.archaeo.museumvarna.com, geöffnet tgl. 10–17, Winter Di–Sa 10–17 Uhr, Eintritt 10 Lv.

Retromuseum

UNSER TIPP: Vom Archäologischen Museum über den Bul. Slivnitsa (Бул. Сливниза) nach Nordwesten gehend, gelangt man nach zwei Kilometern zum Einkaufszentrum Grand Mall (unweit des Busbahnhofs) mit dem Retromuseum und kann sich in **Nostalgie** aalen. Auf 4000 m² sind u.a. über 50 **Fahrzeuge** vornehmlich aus sozialistischer Zeit (1943–89) aufgestellt. Außerdem sind **Wachsfiguren** in Lebensgröße von Politikprotagonisten und Revolutionären wie *Leonid Breschnew, Fidel Castro* und *Che Guevara* zu sehen. Und wer natürlich auch nicht fehlt: *Erich Honecker.*

- **Retro Muzej** (Ретро Музей), Ul. Akademik Andrej Saharov (Ул. Академик Андрей Сахаров) 2, Tel. 0886-001070, www.facebook.com/RetroMuseumBg, geöffnet Jan.–März tgl. 10–21, sonst 10–20 Uhr, 15 Lv.

Die Kathedrale Mariä Himmelfahrt (S. 272) ist eines der Wahrzeichen der Stadt

Kathedrale Mariä Himmelfahrt

Hält man sich am Bul. Marija Luiza (Бул. Мария Луиза) nach Westen, kommt man zur Kathedrale – mit ihren vergoldeten Kuppeln eines der **Wahrzeichen** der Stadt. Sie entstand als Kopie der Petersburger Basilika Muttergottes von Kasan mit drei Schiffen in Kreuzkuppelform und erinnert an die **russischen Soldaten,** die an den Unabhängigkeitskämpfen des Landes teilnahmen und darin fielen.

Baubeginn war 1880, die Weihe 1910. Bis Mitte des 20. Jh. wurde weiter gebaut, die neobyzantinische Innenbemalung unter russischer künstlerischer Leitung aber erst 1950 fertiggestellt. Die südlich ausgerichteten bunten Fenster kamen in den 1960er Jahren hinzu. Die zentrale Ikonostase aus dunklem Holz ist ebenso wie der Bischofsstuhl reich geschnitzt und dominiert das großflächig ausgemalte Innere. Beide sind Werke der berühmten makedonischen **Schnitzschule von Debar.** Der südliche Nebenaltar ist Sankt Nikolaus von Myra (einem Bischof, der im 4. Jh. im kleinasiatischen Lykien lebte und heute zum Weihnachtsmann mutiert ist), der nördliche *Aleksandăr Nevski* zugeeignet (der die Ostexpansion der Deutschritter 1242 beendete). In der Hauptkuppel wirkt Christus als Weltenrichter.

Am Sonntag und an Feiertagen tritt in der Kathedrale der **Männerchor** der Gemeinde an und erfüllt den Raum mit seinen Gesängen – ein Erlebnis!

■ **Sv. Uspenie Bogorodično** (Св. Успение Богородично), Pl. Sveti Sveti Kiril I Metodij (Пл. Свети Свети Кирил и Методий) 2, geöffnet tgl. 7–18 Uhr, Eintritt frei.

Puppentheater/Museum

Wenige Schritte von der südlichen Pl. Nezavisimost (Пл. Независимост) sind Puppentheater und das dahinter liegenden Puppenmuseum für Familien fast Pflicht. Auch wenn die Sprachbarriere das Vergnügen der Vorstellungen etwas abschwächt, die 140 bunten und possierliche Puppen im Museum sind jedenfalls ein Erlebnis.

■ **Theater** (Kuklen Teatăr/Куклен Театър), Ul. Dragoman (Ул. Драгоман) 4, https://vnpuppet.com; **Museum** (Kuklen Muzej/Куклен Музей), Ul. Šejnovo (Ул. Шейново) 5, Di–Fr 10–17, Sa 10–12 Uhr, Eintritt 4 Lv.

Stadtpark

Überquert man nun den Pl. Nezavisimost (Пл. Независимост), gelangt man unmittelbar in den **Stadtpark** (Primorski Park/Приморски Парк) mit dem ehemaligen **Stadtbad** (heute das Theater Stefan Bačvarov) und dem neobarocken, tiefroten **Opernhaus** Dramatičen Teatăr (Драматичен Театър).

Mitten im Park steht der von den Varnaer Handwerkszünften gestiftete **Uhrenturm** aus dem Jahr 1888. Er war nicht nur als Zeitmesser gedacht (das Uhrwerk ist übrigens immer noch das originale). Mit 24 m Höhe war er der ideale Punkt für die Feuerwehren, um die Stadt zu überwachen und tagsüber mit Flaggensignalen, des Nachts mit Laternen die Richtung und Entfernung eines Feuers anzuzeigen.

Die den Park durchquerende **Ul. Preslav** (Ул. Преслав) ist als Fußgängerzone ausgebildet und reicht fast bis zu den römische Thermen. Kioske und Straßencafés vermitteln ein großstädtisches Gepränge, Bürgerhäuser aus den 1920er Jahren Reichtum.

Park-Museum Vladislav Varnenčik

Das etwas außerhalb des Zentrums liegende Museum ist nach dem **König von Polen und Ungarn** benannt, der am 10. November 1444 mit einem Kreuzfahrerheer aus Bulgaren, Polen, Ungarn, Tschechen, Bosniern, Kroaten, Rutenen, Rumänen und päpstlichen Rittern bei Varna gegen die Türken unter Sultan *Murad II.* antrat. Die Christen wurden vernichtend geschlagen (wie sie auch vier Jahre später erneut gegen die Türken unter *Murad II.* auf dem Amselfeld im heutigen Staat Bosnien verloren). Das Museum ist als **Gedenkstätte** für die Schlacht konzipiert, in der der König sein Leben verlor, und zeigt zahlreiche Waffen, Hellebarden, Schwerter sowie Rüstungen, Schilder und Ähnliches.

■ **Park-Muzej Vladislav Varnenčik** (Парк-Музей Владислав Варненчик), Bul. Janoš Hunjadi (Бул. Янош Хуняди), Tel. 052-740302, www.varnenchikmuseum.com, geöffnet Di–Sa 10–18, Winter 9.30–17.30 Uhr, Eintritt 8 Lv.

Meerespark

Nach dem Spaziergang durch die Stadt steht nun der **Primorski Park** (Приморски Парк) an. Am besten betritt man ihn am säulenflankierten Haupteingang über die Fußgängerzone des Bul. Slivnica (Бул. Сливница).

Aquarium

Das **Aquarium** liegt rechts vom Eingang, wurde 1911 als Schule der Handelsmarine errichtet und 1932 im Stil eines venezianischen Palastes zum Aquarium umgebaut. Da es eigentlich eine wissenschaftliche Einrichtung ist und dem Studium dient, darf man nicht allzu viel erwarten: Die Auswahl an Meerestieren und -pflanzen (nur aus dem Schwarzen Meer) wirkt etwas angestaubt. An heißen Tagen bringt das Dunkel vor den grünen Scheiben der Tanks aber immerhin ein wenig Abkühlung.

■ **Akvarium** (Аквариум), Tel. 052-632066, www.ifrvarna.com, geöffnet tgl. 9–19, Winter Di–So 9–17 Uhr, Eintritt 5 Lv.

Planetarium

Gleich nördlich des Aquariums kann man im **Himmelsobservatorium** die Sterne begucken und sie im Planetarium virtuell vorbeiziehen lassen. Dazu gibt's Erklärungen auf Bulgarisch.

■ **Narodna Astronomičeska Observatorija** (Народна Астрономическа Обсерватория), Tel. 052-684444, www.astro-varna.com, Vorführungen mit nach Saison häufig wechselnden Tagen und Zeiten, ansonsten Juli/Aug. Mo–Sa 17–19 Uhr, Eintritt 6 Lv.

Naturkundemuseum

Ein ganzes Stück weiter nordöstlich – in einer Villa gegenüber dem Sport- und Kulturpalast – zeigt das Museum eine Ausstellung zur Geologie und zur Flora und Fauna des Schwarzen Meeres. Die Exponate sind in drei Themenkreisen zusammengefasst. Der erste beschäftigt sich mit der **Entstehung der Kontinente** und zeigt unter anderem Versteinerungen aus dem Mesozoikum und dem Tertiär. Die zweite Abteilung umfasst die **küstennahe Vegetation** und die dritte **Tiere** vom Einzeller bis zum Säuger. Zum Fundus gehören **20.000 Exponate,** die nur teilweise ausgestellt sind. Im Besitz des Museums steht beispielsweise die komplette Süßwasser-Ichthyofauna des Landes.

■ **Prirodonaučen Muzej** (Природонаучен Музей), Tel. 052-618011, www.nature.museumvarna.com, geöffnet Di–So, Winter Mo–Fr 10–17 Uhr, Eintritt 5 Lv.

Delfinarium

Der Besuch des **Delfinariums** im Primorski Park mit einer 45-minütigen Show will wohlüberlegt sein. Die Haltung von Delfinen in Gefangenschaft ist umstritten, die Shows gelten inzwischen als Stressfaktor für die Säugetiere. Nach der Aufführung kann man im Café den Tieren unter Wasser zuschauen. Außerdem darf man nach Voranmeldung mit ihnen in einem kleinen Pool schwimmen (je nach Saison 200–300 Lv).

■ **Delfinarium** (Делфинариум), Tel. 052-302199, www.dolphinariumvarna.bg, 2–4 Vorführungen am Tag, Winter nur um 12 Uhr, Eintritt je nach Saison Erw. 15–25 Lv, Kinder 10–20 Lv.

Auch heute noch ein „gastlicher Ort“ für Begüterte: Residenz Euxinograd

071bu sk

Varna Umgebung

Residenz Euxinograd

Nimmt man die Küstenstraße am Meerespark entlang aus dem Zentrum heraus nach Norden, passiert man etwa 6 km vom Zentrum und 1 km vor der Abfahrt zum Resort Sv. Sv. Konstantin i Elena (Св. Св. Константин и Елена) im Vorort **Trakata** (Тракатa) rechter Hand ein massives Absperrgitter mit uniformierter Bewachung – der Eingang zur Residenz Euxinograd.

Im Jahr 1882 schenkte der Metropolit (Oberbischof) der griechischen Diözese das Kloster Sv. Dimităr mit all seinen Gebäuden, Feldern und Weinreben dem Fürsten **Alexander von Battenberg.** Dieser beauftragte umgehend den Wiener Architekten *Viktor Rumpelmayer*, ihm eine standesgemäße Sommerresidenz zu planen, das **Schloss Sandrovo.** Es entstand ursprünglich im von *Rumpelmayer* bevorzugten eklektizistischen Baustil mit neobarocken Einflüssen, wurde dann aber mit Renaissance-Anleihen, die der Schweizer Architekt *Hermann Meier* einbrachte, fertiggestellt. Seinen **Namen** erhielt das Schloss aus der bulgarisierten Form von *Battenbergs* Vornamen („Sandro"). 1894 ließ *Battenberg* den Park anlegen, sein Nachfolger Car *Ferdinand* erweiterte die Park- und Anbaufläche durch Zukauf auf die heutige Größe von 80 ha, seine Frau sorgte für eine Namensänderung: Euxinograd, was nichts anderes als „gastlicher Ort" bedeutet.

Ab 1890 änderte man den Park teilweise vom englischen in französischen Stil, und Car *Ferdinand* suchte selbst die Bäume aus, die gepflanzt werden sollten. Er wurde am Mittelmeer, in Asien und in Südamerika fündig. Zedern aus dem Himalaya und Palmen aus Nordafrika geben sich nun ein Stelldichein – insgesamt um **50.000 Pflanzen** 200 unterschiedlicher Arten.

Während des Sozialismus diente die ganze Anlage exklusiv der durch ihre Arbeit hoch belasteten **politische Führungsriege,** die hier Entspannung finden konnte bei Speis und Trank und beim Baden am Privatstrand mit eigenem Kai und Leuchtturm. Der Staats- und Parteichef *Todor Živkov* bevorzugte für seine Aufenthalte den Sommerbungalow.

Heute ist Euxinograd immer noch als **Staatsresidenz** für Empfänge in Benutzung, doch auch wohlhabende Bürger dürfen hier nächtigen, wenn sie denn bereit sind, die nicht gerade günstigen Preise zu bezahlen (→ unten). Wer dies nicht möchte, kann dennoch – mit Glück – ein Auge auf den Luxus werfen: Für Normalsterbliche ist ein **geführter Kurzbesuch** von Park und Schloss möglich; Voraussetzung ist die Voranmeldung und eine Gruppengröße von mindestens zehn Personen (wenn Gäste da sind, entfallen alle Führungen). An den zahlreichen Pflanzen vorbei wandert man durch die Rebenspaliere und über die Brücken, bei denen man sich schon etwas einfallen ließ: Eine, aus Zement geformt, imitiert z.B. einen Baumstamm. Im Park befinden sich Bronzestatuen, eine Neptunsfigur und ein kleiner See voller Lilien.

■ **Rezidencija Evksinograd** (Резиденция Евксиноград), Trakata (Тракатa), Bus Nr. 9 vom Bahnhof (Haltestelle „Evksinograd", 25 Min.), Anmeldung unter Tel. 052-393150 oder euxinograde@

government.bg, www.euxinograd.bg, Führung nur nach Voranmeldung per E-Mail, 15 Lv/Person.

Kellerei Euxinograd

Die Kellerei von Euxinograd ist für ihre **ausgezeichneten Weine** bekannt, die Rebstöcke soll noch Car *Ferdinand* persönlich ausgesucht haben. Im Nordosten Bulgariens wachsen etwa 30 % der Reben des Landes, und die Tradition des Weinanbaus reicht bei Varna bis zu den Thrakern zurück, die ihre Geheimnisse an die Protobulgaren weitergaben.

Der Küstenstreifen mit seinem Klima und den speziellen Böden bringt vornehmlich herausragende **halbtrockene Weißweine, Dessertweine und Sektsorten** hervor. Die einzige staatliche Kellerei in Bulgarien pflegt die typisch bulgarischen Rebsorten Vrahanski Misket, Dimjat und Muskat Ottonel sowie Traminer, Chardonnay und Rheinriesling. Die Weine lagern in Buchenfässern aus dem Strandža-Gebirge, die bis zu 3000 l fassen. Seit 1935 wird auch ein **Branntwein** hergestellt – Evksignac (in Anlehnung an Cognac). Neben dem schwer bewachten Haupteingang des Schlosses befindet sich der Verkauf der Kellerei.

■ **Vinarna Evskinograd** (Винарна Евксиноград), Ul. Parva (Ул. Парва) 99, Tel. 052-361205, geöffnet Mo–Fr 9–12, 14–18, Sa/So 9–14 Uhr.

Botanischer Garten/Ekopark

1,5 km von Euxinograd Richtung Norden blüht linker Hand der **Botanische Garten.** Die Sofijoter Universität hat ihn 1977 gegründet und auf 36 ha zahlreiche Bäume, Sträucher und Blumen aus Klimazonen der ganzen Welt gepflanzt, darunter der Mammutbaum aus Nord- und Kakteen aus Südamerika. In Treibhäusern gedeihen 600 Pflanzenarten, auf der Freifläche wachsen 300 verschiedene Bäume und Sträucher, und über 80 Rosenarten sind in einem eigenen Garten zu sehen.

Die akkurat gepflegte Anlage ist ein guter **Rückzugsort** vom Trubel am Strand. An mehreren Stellen darf man grillen, und der „Geistersee" ist bestens für eine Meditation geeignet. Außerdem gibt es ein römisches Grab und eine Villa aus dem 4. Jh., ebenso eine Reitmöglichkeit für Kinder und auch einen Pflanzenmarkt.

■ **Botaničeskata Gradina Ekopark** (Ботаническата Градина Екопарк), Bus Nr. 9 vom Bahnhof (Haltestelle „Botanischer Garten", 30 Min.), Tel. 052-361941, www.ubg-bg.com, geöffnet April–Okt je nach Saison 8–17/20 Uhr, Eintritt 5 Lv, Parken 6 Lv.

Versteinerter Wald

Der Versteinerte Wald 18 km westlich von Varna grenzt direkt südlich an die B2 (die Anfahrt erfolgt nicht über die Autobahn, sondern über die parallel verlaufende Landstraße). Dem Boden entwachsen in großer Zahl bizarre **Felsnadeln.** Bis zu 5 m hoch ragen sie in den Himmel, an der Basis messen sie bis zu 3 m – häufig sind sie aber elegant schlank.

Mehr als 15 Theorien über die **Entstehung** der durchweg hohlen Felsgebilde existieren. Die wahrscheinlichste besagt, dass sich vor 15 Mio. Jahren auf dem Boden eines frühzeitlichen Meeres erst Quarzsand und danach Kalk ablagerte. Nach Rückzug des Meeres löste Regenwasser den Kalk der obersten Schicht und sickerte in die darunter liegende Quarzlage ein, wo das Wasser verdunstete und der Kalk zu festem Gestein verklumpte. Wind und Wetter trugen nun nach und nach den losen Quarzsand ab, und allmählich traten die meist hohlen Kalksäulen zutage. Andere Wissenschaftler sprechen von Bäumen, um die herum sich das Kalkgestein nach einem ähnlichen Prinzip ablagerte; das Holz verfaulte und hinterließ einen Hohlraum. Auch gibt es die Theorie, dass die Stelen Überbleibsel von Korallen seien oder einfach Reste erodierter Felsen. Die Idee einiger Forscher aus dem 19. Jh., dass die Säulen ähnelnden Nadeln Überbleibsel griechischer Tempelanlagen seien, ist wohl definitiv widerlegt.

Man kann sich nach Zahlung des Eintrittsgeldes auf dem Gelände frei bewegen oder einen der sich anbietenden Führer nehmen und mit ihm gemeinsam die seltsamsten Skulpturen entdecken.

■ **Pobiti Kamăni** (Побити Камъни), Tel. 052-544506, www.nature.museumvarna.com, geöffnet Di–So, im Winter Di–Sa 10–17 Uhr, Eintritt 5 Lv.

Glasmuseum/U-Boot

Etwa in Höhe des Waldes, aber südlich des Varna-Fjords, 22 km von Varna, stellt in **Beloslav** (Белослав) das **Museum in der ersten Glasfabrik Bulgariens** (1893) die Manufakturproduktion nach. Am Ufer liegt die **„Slav“** als **Museums-**

⊡ Der versteinerte Wald

291bu sk

schiff, eines der vier U-Boote im Besitz der bulgarischen Marine (1959 in der UdSSR gebaut und im Jahr 2010 ausgeflaggt). Auf ihm mussten 54 Mann Besatzung leben.

■ **Muzej na Stăkloto** (Музей на Стъклото), am Hafen, Fr–So 10–14 Uhr, Eintritt 10 Lv.

■ **Muzej Podvodnica Slava** (Музей Подводница Слава), Hafen, Mo–Sa 10–15 Uhr, Eintritt 12 Lv.

Museum der Mosaike in Devnja

30 km von Varna entfernt, westlich von Pobiti Kamăni, zeigt das Museum gut erhaltene **römische und frühbyzantinische Mosaike,** die der Stadt Marcianopolis zugeordnet werden. Der moderne Überbau bedeckt die Fläche einer römischen Insula, wo eine Villa mit Atrium stand. Drei Mosaike wurden an ihrem Platz belassen, die anderen neu zusammengesetzt. Sie sind aus Marmor, Kalkstein, Keramik und Buntglas in 16 Farben hergestellt und zeigen Motive der griechisch-römischen Mythologie, Tiere und florale Muster. Beindruckend ist das Bodenmosaik der **Medusa,** das einst 8 mal 8 m groß war. Es zeigt den Schild der Göttin Pallas Athene mit dem abgeschlagene Gorgonenhaupt.

■ **Muzej na Mozajkite** (Музей на Мозайките), Devnja (Девня), Tel. 0519-34440, geöffnet tgl., Winter nur Mo–Fr 10–16 Uhr, Eintritt 4 Lv.

Eingang zum Abenteuerpark bei Neofit Rilski

296bu sk

Neolithisches Dorf

In **Neofit Rilski** 7 km nördlich von Devnja (Девня) und 40 km von Varna ist 2019 eine neuer **„Abenteuerpark“** entstanden, dessen Kulissen ein neolithisches Dorf, die Kupferzeit und die Epoche der Thraker bilden. Schaukämpfe, „lebensecht“ eingerichtete Häuser und Nachstellungen von Szenen täglicher Verrichtungen mit Figuren und Schauspielern sorgen für Kurzweil. Kinder können Bogenschießen und thrakisches Essen kennenlernen, die Erwachsenen den Ritus des Weintrinkens erlernen. Im Shop gibt’s Nachbildungen thrakischen Goldschmucks.

■ **Neolitno Selište** (Неолитно Селище), Neofit Rilski (Неофит Рилски), Tel. 0887-494144, https://ipark.bg, geöffnet April–Okt. tgl. 9–18 Uhr, Eintritt 50 Lv, Kind 25 Lv.

Praktische Tipps

Information

■ **TIC,** Pl. Sv. Sv. Kiril i Metodij (пл. Св. св. Кирил и Методий), Tel. 052-820690, www.visit.varna.bg, geöffnet tgl. 9–19, Winter Mo–Fr 8.30–17.30 Uhr.

Stadtführungen

■ **Stadtführung** (kostenlos) auf Englisch mit professionellen Guides ab der Touristeninformation im Sommer wochentags 10.30 Uhr (Dauer 3 Std.).

■ **Führungen auf Deutsch:** *Nadia Dičeva* (Union der Touristenführer), Tel. 0878-287988, www.bulguide.bg.

Unterkunft

UNSER TIPP: 16 **Modus**③-⑤, Ul. Stefan Stambolov (Ул. Стефан Стамболов) 46, Tel. 052-660910, www.modushotel.com. Hotel, das Design-Preise gewonnen hat, 50 m vom Übergang der Fußgängerzone zum Meerespark entfernt. 29 Zimmer und sechs Apartments. Alle sind mit viel Gefühl im Sinne eines Boutiquehotels in klaren Linien gehalten; besonderes Augenmerk wurde auf die Bäder gelegt. Die Apartments in den oberen Stockwerken lassen die Sehenswürdigkeiten der Stadt vergessen, lieber nimmt man auf den Teakholzterrassen ein Candlelight-Dinner ein. Mit Garage, kleinem Wellness-Bereich und tollem Restaurant.

10 **Aqua**③, Ul. Devnja (Ул. Девня) 12, Tel. 052-639090, www.aquahotels.com. 80 Zimmer und Suiten in einem Neubau beim Bahnhof, viele Geschäftsleute und Konferenzteilnehmer, alle Annehmlichkeiten, kleines Fitnesscenter, Snackbar.

18 **Graffit Gallery Hotel**④, Bul. Knyaz Boris I. (бул. Княз Борис I) 65, Tel. 052-989900, www.graffithotel.com. Modernes Designhotel mit Restaurant und Spa, Sonderangebote.

7 **Yo-Ho-Hostel**①, Ul. Ruse (Ул. Русе) 23, Tel. 0884-729144, www.yohohostel.com. Zentral gelegenes Hostel mit kleinem Garten, Bar, Internet, Pick-up-Service und Leuten, die gut drauf sind.

4 **Nomado Hostel**①, Ul. Nikola Kanev (Ул. Никола Канев) 7, Tel. 0877-888583, https://nomado-hostel.business.site. Sauberes, hell und freundlich möbliertes Hostel mit zwei Schlafsälen und vier Doppelzimmern in sehr zentraler Lage.

Unterkunft außerhalb

22 **Residenz Euxinograd**⑤, Tel. 02-9403621/9402974, www.travel.government.bg. Luxusherberge mit Restaurant für die Hotelgäste und Privatstrand inmitten des weiten Parks; Unterkunft in zwei Gästehäusern (Zimmer 150–300 Lv), drei Villen (komplett 300–700 Lv) oder im Strandbungalow (160–210 Lv).

Essen und Trinken

16 **Bistro Modus,** Ul. Stefan Stambolov (Ул. Стефан Стамболов) 46, Tel. 052-660910, geöffnet 11–23 Uhr. Stylish designed, mit bester Weltküche; nur je drei Gerichte zur Auswahl für Starter, Salat, Hauptgericht und Dessert, die Vorschläge haben es aber in sich. Ausgezeichnete Weinkarte und Personal, das sich unaufdringlich aufmerksam kümmert – eine Wohltat. Bei vier Gängen schlagen zwei Personen mit Getränken mit etwa 100 Lv zu Buche.

11 **Mr. Baba,** Südstrand an der Mole zum Hafen hin, Tel. 0896-505050, www.mrbaba.net, geöffnet 11–24 Uhr. Fischrestaurant im Karavellenstil, das im Sommer ganz ausgezeichnet ist, wenn Andrang herrscht und der Fisch vom Hafen laufend geliefert wird. Im Winter kommt dann eher Tiefgefrorenes auf den Tisch.

12 **BM Zaliva,** am südlichen Ende des Meeresparks, Tel. 052-614887, geöffnet 11–24 Uhr, www.bmrestaurants.com. Holzterrassen am Strand mit Blick übers Meer. Serviert wird gute Küche mit Meeresgetier, die Vorspeisenteller mit Meeresfrüchten

sind besonders beliebt, der Fisch vom Grill ist dezent gewürzt.

UNSER TIPP: **8 Čučura,** Ul. Dragoman (Ул. Драгоман) 11, Tel. 0876-848918, geöffnet Mo–Sa 10–23 Uhr. Altbulgarisches Lokal mit Folkloreambiente, roten Tischdecken, buntem Steingutgeschirr, dezenter Musik und guter Fleischküche (etwa Spieße und Kebapče), und davor schmeckt ein Šopska-Salat.

3 Di Wine, Ul. Bratya Škorpil (Ул. братя Шкорпил) 2, Tel. 052-606050, www.instagram.com/time_restaurant_bg, geöffnet Mo–Sa 10–24 Uhr. Gilt als eines der besten und elegantesten Lokale von Varna; zu immer noch sehr günstigen Preisen kann man unterm Gewölbe oder im Freien in Fisch schwelgen.

15 Sea Terrace, Krajbrežna Aleja/Kap. Georgi Georgiev/Strandpromenade (Крайбрежна алея/кап. Георги Георгиев), Tel. 0882-505050, www.theseaterrace.bg, geöffnet, tgl. 12–24 Uhr. Mediterrane Edelküche in hypermodernem Ambiente mit Ausblick am Strand für die Reichen und Schönen, ab und an am Wochenende auch mit Jazzbegleitung.

6 The Key Beer Bar, Ul. Ruse (Ул. Русе) 27A, Tel. 0877-555535, https://thekeybeerbar.com, geöffnet tgl. 12–24 Uhr. Entspanntes Personal, Burger allererster Güte, dazu Craft Beer, Vintage-Stil und coole Musik.

17 La Bocca, Bul. Knyaz Boris I. (бул. Княз Борис I) 68, Tel. 0894-418503, www.labocca.bg, geöffnet tgl. 11.30–23 Uhr. Wenn Pizza in Varna, dann im La Bocca, neapolitanisch dünn und knusprig, wie es sich gehört, an den Tischen auf der Straße oder drinnen.

Weinlokale

19 Wine Ground Bottles & Beans, Ul. Dobri Chintulov (Ул. Добри Чинтулов) 18, Tel. 0877-339 818, geöffnet Mo–Fr 10–23, Sa/So 11–23 Uhr. Weinlokal mit großer Auswahl an Tropfen aus dem ganzen Land, guter Beratung und als Grundlage einigen Gerichten auf der Karte.

In den Lokalen im Wiedergeburtsstil sitzt man gemütlich

134bu sk

13 **Stridarium,** Bul. Primorski (бул. Приморск) 53, Tel. 989-451829, https://stridarium.com, geöffnet tgl. 17–23 Uhr. Auch in Bulgarien ist Austernschlürfen kein günstiges Vergnügen; dazu gibt's ausgezeichneten Wein und Käse- oder Schinken-/Wurstplatten.

Essen und Trinken außerhalb

2 **Mehana Välšeben Izvor,** Devnja (nördlich des Mosaikmuseum jenseits der Hauptstraße, → oben), Tel. 0888-088120, www.valshebenizvor.com, geöffnet tgl. 12–23, So bis 18 Uhr. Die „Zauberquelle" ist eine urgemütliche und immer gut besuchte Ausflugsgaststätte mit bulgarischer Küche auf hohem Niveau.

Nachtleben

Mit den im Sommer rappelvollen Resorts in unmittelbarer Stadtnähe ist auch Varnas Nachtleben entsprechend ausgefeilt und umtriebig. Die Partys gehen beim Strandabschnitt unterhalb des Meeresparks, zwischen Marine-Museum und Naturwissenschaftlichem Museum nördlich des Hafens, von Mai bis September etwa ab Mitternacht los. Ansonsten lohnt sich auch ein Besuch der Hafenmole mit Clubs und Restaurants.

21 **Horizont Club,** Primorski Park (Приморски Парк), Tel. 0885-004372, www.facebook.com/Club.Horizont. Restaurant, Lounge, Club. Partyzone, im Sommer ist immer was los; Karibik-Feeling am Schwarzen Meer.

9 **The Vault Bar,** Ul. Musala (Ул. Мусала) 7, Tel. 0899-889091, www.facebook.com/Vaultbarvarna. Bier, Drinks und Fingerfood drinnen und draußen; und wer (am Wochenende) zu späterer Stunde auf Techno, Rap oder Acid steht – hier ist er richtig.

23 **Porte,** Hafen, Tel. 0898-393394, www.facebook.com/club.porte.varne. Die Außenmole des Hafens ist Partylocation und das Porte gehört zu den Platzhirschen: Großbar mit buntem, feierwütigem Publikum.

14 **Summer Cult,** Krajbrežna Aleja (Крайбрежна Алея), an der Strandpromenade, Tel. 0889-110202, www.facebook.com/theCULTCLUB. Bulgarischer Popfolk mit Partystimmung bis in den frühen Morgen.

20 **Zahir Bar & Lounge,** Krajbrežna Aleja (Крайбрежна Алея), an der Strandpromenade, Tel. 0886-765050, www.instagram.com/zahir_varna. Angesagtes Klubleben und tanzen bis 5 Uhr in der Früh.

Einkaufen

1 **Grand Mall:** Varnas größte Shopping Mall liegt 2 km nordwestlich der Kathedrale und hat bis 22 Uhr geöffnet.

5 **Markt,** Ecke Bul. Hristo Botev/Ul.Bačo Kiro (Бул. Христо Ботев/Ул.Бачо Киро) bei der Touristeninformation, geöffnet tgl. 9–18 Uhr. Lebensmittel, Dinge des täglichen Bedarfs und Souvenirs.

1 **Bauernmarkt,** Bul. Vladislav Varnenchik (Бул. Владислав Варненчик) 186, Sa 11–15 Uhr. Bunter Markt mit Lebensmitteln direkt vom Land.

■ **Markenartikel** der bekannten Modefirmen findet man in der Fußgängerzone im Bereich der Ul. Knjaz Boris I. (Ул. Княз Борис I).

Veranstaltungen

■ **Varnaer Sommer,** www.varnasummerfest.org. Seit 1926 wird von Juni bis in den September hinein gefeiert; heutzutage finden Jazz-, Rock-, Ballett-, Theater- und zahlreiche Folkloreveranstaltungen statt, meist unter freiem Himmel in den Spielstätten im Meeresgarten (Primorski Park). Das Programm wird immer erst kurz vor Saisonbeginn herausgegeben.

■ **Internationales Jazzfestival,** www.facebook.com/vsijf, in den Varnaer Sommer eingebunden, Ende Juli mit drei bis vier Abenden mit je bis zu zehn bekannten Jazzformationen.

■ **Marathon,** www.marathonvarna42km.com; im Mai geht es bei der Kathedrale los (42 oder 21 km).

■ **Open Water Marathon Galata,** www.varnamaraton.info; Anfang August, seit 1939 schwimmen die Teilnehmer 5 km übers offene Meer.

Aktivitäten

■ **Strandleben:** Wer baden will, besucht den Zentralstrand von Varna am Meerespark; Schirm nebst zwei Liegen kosten um 20 Lv (in den exklusiveren Abschnitten bis 50 Lv).

Piratenausflug, Tel. 052-606900, https://varnapartyboats.com. Mit einer „Karavelle" geht es vom Hafen (Morska Gara/Морска Гара) von Mai bis Okt. übers Meer nach Euxinograd und zurück; mit „Piraten"-Animation um 30 Lv für 90 Min.

■ **Golfen:** nördlich von Varna (55 km) auf drei Plätzen über dem Meer, die nah beieinander liegen: Lighthouse Golf (www.lighthousegolfresort.com), BlackSeaRama Golf (www.blacksearama.com) und Thracian Golf (www.thraciancliffs.com). Die Green Fees bewegen sich um 150 Lv für 18 Löcher und 100 Lv, wenn man in den Resorts wohnt.

■ **Bungee,** Adrenalin, Tel. 052-606605, www.adrenalin.bg; der Sprung von der 52 m hohen Asparuh-Brücke kostet 60 Lv.

Verkehr

■ **Gepäckaufbewahrung:** Schließfächer findet man im Bahnhof (24 Std.).

297bu sk

■ **Bahnhof,** Pl. Slavejkov (Пл. Славейков) 1, Tel. 052-630414. Verbindungen nach Ruse (Русе), Plovdiv (Пловди) und bis zu fünfmal täglich über Veliko Tărnovo (Велико Търново) nach Sofija (София).

■ **Zentraler Bushof** (Centralna Avtogara/Централна Автогара), Bul. Vladislav Varnenčik (Бул. Владислав Варненчик), Tel. 052-448349, www.centralnaavtogara.bg. 15 Gehminuten vom Zentrum (oder Stadtbuslinien 1, 22 und 41), stündlich via Šumen (Шумен) nach Sofija (София) oder Veliko Tărnovo (Велико Търново), mehrfach tgl. auch nach Dobrič (Добрич), Ruse (Русе) und Plovdiv (Пловдив).

■ **Flughafenbus:** Bus Nr. 409 ins Stadtzentrum (2 Lv für 60, 2,50 Lv für 90 Min., Tagesticket 4 Lv), mit Bus Nr. 31A geht es weiter nach Sv. Sv. Konstantin und Elena, mit Nr. 109 und 409 die Küste entlang bis zum Goldstrand (3 Lv).

■ **Info Stadtbusse:** www.varnatraffic.com, www.gtvarna.com.

■ **Taxis:** Man achte auf die verpflichtend außen am Taxi anzubringende Gebührentabelle; ein Preis von bis zu 2 Lv/km ist noch akzeptabel, alles darüber (legitimer) Betrug.

Konsulat

■ **Deutsches Honorarkosulat,** Bul. 8-mi Primorski Polk (Бул. 8-ми Приморски Полк) 54, Tel. 052-693693, geöffnet Mo–Fr 10–12, 14–17 Uhr.

Gesundheit

■ **Hospital/Bolnica** (Болница) Sv. Klementine, Ul. Sabărni (Ул. Сабърни) 40, Tel. 052-603802, www.dkc1varna.com, hinter der Kathedrale.

☒ Nördlich von Vanra gibt es an der Küste mehrere Golfplätze

Goldstrand und Nachbarstrände

Auch wenn „Goldstrand" (Zlatni Pjasăci/Златни Пясъци) eigentlich nur einen 4 km langen Strandabschnitt nördlich von Varna bezeichnet, für die Touristen, die ihren Urlaub hier verbringen, ist alles, was sich nördlich von Varna an Strand findet, eben der Goldstrand. Tatsächlich reiht sich ein **Ferienresort** an das andere, bis hoch zum Resort Albena, 32 km im Norden von Varna. Hotelburgen stehen tief gestaffelt zwischen dichtem Wald, zwischen den Hügelketten im Westen und dem bis zu 100 m breiten **Sandstrand** feinster Körnung.

Auf ihm und in den Straßen tummeln sich die erlebnishungrigen Massen, und sie bekommen, was sie erwarten. Restaurants, Mehanas, Cafés, Bars, Nachtclubs und Discos sind in der Saison stets proppenvoll, und die mannigfaltigen **Sportangebote** werden ausgiebig genutzt: Tennis und Volleyball auf dem Land, Bananenritte, Wasserski und -scooter auf dem Wasser, Parasailing in der Luft. Und um die vier Elemente zu vervollständigen: Auch auf dem Feuer ist man hier zugange. Abends werden bei Großveranstaltungen die berühmten **Feuertänze** aufgeführt, und wer mutig ist, darf daran teilhaben und auch selbst über glühende Kohlen marschieren. Kurz: Urlaub pur!

Resort der Heiligen Konstantin und Elena

Das Resort Sv. Sv. Konstantin i Elena (Ресорт Св. Св. Константин и Елена) ist die **älteste Feriensiedlung** am Schwarzen Meer; sie entstand im Jahr 1908 als Lungenheilanstalt in den damaligen Wohngebäuden des gleichnamigen Klosters. Es ist, von Varna nach Norden die Küste hinauf, das erste Resort und schließt mehr oder weniger direkt an die Stadt an.

Mehr als 50 Hotels stehen hier, tief gestaffelt und mit Fußwegen verbunden. Zahlreiche Buden, Kioske, Stände und Läden sorgen für die Befriedigung aller Urlaubsbedürfnisse. Souvenirs sind im Angebot, Maler erstellen Porträts, Fotografen Aufnahmen in Kostümen, die man sich aussuchen kann, Scherenschnitter schönen die Profile, Snacks stillen den Hunger zwischendurch. Sollte das Wetter einmal schlecht sein, kann man in den Becken eines kleinen Thermalbades im Norden des Resorts seine Glieder wieder aufwärmen.

Kloster

Das **Kloster** von Sv. Sv. Konstantin i Elena ist die einzige Sehenswürdigkeit des Resorts. Es entstammt dem 16. Jh., brannte 1829 ab, wurde neu errichtet und zeigt sich heute äußerst schlicht.

■ **Manastir** (Манастир Св. Св. Константин и Елена), Tel. 052-359667, geöffnet tgl. 9–17 Uhr, Eintritt frei.

Thermalstrandbad

Auf über einem halben Hektar erstrecken sich die Gebäude sowie vier Pools (In- und Outdoor). Das **46 °C heiße Mineralwasser** sorgt für Gesundheit und ein hervorragend ausgebildetes Personal für das Drumherum mit Treatments, Detox und Spaß. Außerdem: Outdoor-Sauna, Strand mit Schirmen und Liegen, Restaurant mit gesunder Kost und eigenem Bereich für die Kids.

Aqua House, Tel. 052-812812, www.aquahouse.bg, geöffnet tgl. 8.30–20.30 Uhr, Eintritt Mo–Fr 34 Lv, Sa/So 38 Lv (jeweils 3 Std.).

Praktische Tipps

Unterkunft

6 Grand Hotel Varna⑤, Tel. 052-361089, www.grandhotelvarna.com, Wiedereröffnung für 2025 geplant. Großhotel mit 200 Zimmern auf elf Stockwerken, 250 m vom Strand entfernt. Mit Schwimmbädern, mehreren Restaurants und einem Kasino. Spa-Einrichtungen wie Wannenbad mit See- und Thermalwasser, Perl- und galvanische Bäder, Unterwassergymnastik, Aromatherapie, Schlammkuren. Mit fünf Sternen gehört es zur Spitzenklasse der Hotels nördlich von Varna; All-inclusive-Angebote.

2 Sirius Beach③, Tel. 0878-963923, www.siriusbeach.com. Elegantes Hotel direkt am Strand mit 150 Zimmern, Außen- und Innenpool (Mineralwasser); Zimmer mit Minibar, Telefon, Sat-TV und Klimaanlage.

5 Bar Nazdrave②, Mestnost Lozite, 5 km von Sv. Sv. Konstantin i Elena im Landesinneren, Tel. 052-673651, www.barnazdrave.com. Hotel mit gemütlichem typischen Landrestaurant abseits des Strandtrubels.

Essen und Trinken

7 The Bay, Tel. 0887-003003, http://thebay.bg, geöffnet 9–24 Uhr. Mit Blick über den bewirtschafteten Strand und das Wasser und bei eleganter Strandbar-Atmosphäre kommen vornehmlich Meeresfrüchte und Fisch auf den Tisch.

4 Villa Chinka, Tel. 882-002003, https://villachinka.com, geöffnet tgl. 11.30–24 Uhr. Vielleicht ein bisschen zu viel Schlösschen-Schick, aber die Terrassen sind schön, die mediterranen Gerichte gut und die Aussicht super.

1 Sirius Schiffsrestaurant, Tel. 052-361932, https://shipsirius.com, geöffnet ab 10 Uhr. In und auf einer nachgebauten Karavelle direkt am Strand wird beste Fischküche serviert, von der marinierten Vorspeise bis zum Hauptgericht vom Grill.

3 Ivančov Han, Tel. 052-363730, www.hanat-bg.com, geöffnet 12–24 Uhr. Ethno-Restaurant mit Folklorevorführungen (Feuertanz), typische Gerichte in verlässlicher Qualität.

Verkehr

■ **Busse:** Nr. 109 und 409 zur Kathedrale am Ausgang (tagsüber stündliche Frequenz), dort auch Taxis; Nr. 31A fährt direkt aus dem Resortinneren in die Stadt zur Kathedrale und weiter zum Bahnhof.

Schirme und Liegen

Schirme und Liegen werden am Goldstrand von unabhängigen Firmen vermietet und müssen tageweise extra bezahlt werden (Schirme 10–25 Lv, Liege zusätzlich 5–15 Lv).

Resort Sunny Day

Das Resort Slănčev Den (Ресорт Слънчев Ден) schließt an Sv. Sv. Konstantin i Elena an und ist einer der **ruhigeren Plätze** an der Küste. Vier große Hotelbauten stehen direkt an einer tiefsandigen, weiten Bucht von 1 km Länge und 20 bis 80 m Tiefe. Da man alles zu Fuß erledigen kann, ist es ideal für **Familien** mit kleineren Kindern. Die Sonnenschirme und Liegen am Wasser stehen exakt ausgerichtet, und alles ist sehr sauber.

Praktische Tipps

Unterkunft

Auf dem Gelände befinden sich auch zwei Residenzhotels bzw. Apartmenthäuser (**Residence I** und **Residence II**), deren Wohnungen teilweise in Privatbesitz stehen und nicht vermietet werden.

- **Palace**④, Tel. 052-361971, www.sunnydaybg.com, All inclusive. Flaggschiff des Resorts mit 150 Zimmern und Suiten direkt am Strand. Die Ausstattung entspricht der gehobenen Kategorie: Fitnessraum, Läden, Friseur und ein Spa, Außen- und Innenpool mit Thermalwasser.
- **Marina**④, Tel. 052-361973, www.sunnydaybg.com, All inclusive. 200 Zimmer ebenfalls direkt am Meer; mit Spa und mehr auf Animation ausgerichtet als das Palace. Zimmer mit Klimaanlage, Kühlschrank, Sat-TV und Telefon.

Verkehr

- **Bus:** Nr. 109/409 zur Kathedrale am Ausgang (Haltestelle General Zaimov/Генерал Заимов).

Resort Riviera

Unmittelbar vor dem Goldstrand liegt das Resort Riviera (Ресорт Ривиера), einst bevorzugter Platz für die bulgarische Prominenz aus dem kommunistischen Politbüro. Es war die mondänste Ferienoase an der Küste, für diejenigen, die ihren Weg gemacht hatten.

Heute empfangen die Hotels des Riviera Holiday Clubs in einem eigenen, abgegrenzten Bereich Gäste aus aller Welt, die die Größe der anderen Resorts scheuen und es ein wenig ruhiger lieben – was nicht heißt, dass hier nichts los ist.

Praktische Tipps

Unterkunft

Alle fünf mit Pools ausgestatteten Hotels des Resorts gehören zu einer Firma und werden zentral gebucht: Tel. 052-386708, www.rivierabulgaria.com.

- **Imperial**④, 72 Zimmer mit Fünf-Sterne-Luxus direkt am Strand. Zimmer alle zum Meer mit Klimaanlage, Sat-TV, Minibar, Safe und Telefon. Restaurant im Haus und am Strand, Bar und Café. Hallenbad mit 25-Meter-Bahn, Saunen, Dampfbäder, Spa, Fitness.
- **Riviera Beach**④, 300 Zimmer direkt am Strand, das zweite Fünf-Sterne-Hotel im Resort. Zwei Restaurants für die Vollpensionsgäste, zwei À-la-carte-Restaurants, zwei Bars, Spa-Einrichtungen, Läden, Internet-Club. Alle Zimmer bieten Meeresblick.

■ **Oasis⑤**, mit 20 Zimmern ist dies die kleinste Anlage im Riviera Resort. Einige der mit Telefon, Minibar, Klimaanlage und Sat-TV ausgestatteten Zimmer gehen auf den Park hinaus. Das Restaurant besitzt eine Terrasse zum Meer.

■ **Lotos④**, mit Halbpension. 60 Zimmer neben dem Hotel Imperial, etwas vom Strand zurückgesetzt, komfortable Einrichtung, mit Terrassenrestaurant, Bar, Fitnessraum und Sauna.

■ **Nympha④**, All inclusive. Das einfachste Hotel des Resorts, direkt am Strand. 55 zweckmäßig eingerichtete Zimmer. Restaurant, Bar und Fitnessangebote.

Essen und Trinken

■ **Fish Restaurant,** Tel. 052-386797, geöffnet 12–22.30 Uhr. So einfach der Name, so gut der Ruf; es gilt als eines der besten Fischlokale weit und breit; direkt über dem Wasser ist es für die Köche Ehrensache, dass das Meeresgetier frisch ist und sein natürlicher Geschmack erhalten bleibt.

■ **La Terrasse,** Tel. 052-386797, geöffnet 12–22.30 Uhr. Elegantes Lokal im Hotel Oasis mit Gourmet-Anspruch, mediterranem Einschlag und der einen oder anderen Auszeichnung.

Verkehr

■ **Bus:** Nr. 109/4409 zur Kathedrale am Ausgang (Haltestelle Republika/Република).

Strand-Amüsement in Reih und Glied: Resort Sunny Day

136bu sk

Goldstrand/Slatni Pjasăci

Resort Goldstrand

Im Resort Zlatni Pjasăci (Ризорт Златни Пясъци) geht die Post so ab, dass sich manche Gäste dann doch über mangelnde Erholung beklagen müssen. Wer sich nicht dem **Nachtleben** verschrieben hat, sollte sich sein Hotel sehr genau aussuchen, und zwar nicht nur der Lage nach, sondern auch in punkto Preis. Je teurer, desto ruhiger kann man schlafen. Günstige Preise (und dann vielleicht auch noch mit All-inclusive-Leistungen) sind meist ein Garant dafür, tagsüber schlafen zu dürfen – wenn auch die Nachtschwärmer todmüde ins Bett gefallen sind. Und man gebe sich keinen Illusionen hin: Auch **außerhalb der Hochsaison** ist der Teufel los, dann sind es Abiturient:innen und Reisende in Sachen Junggesell:innenabschied, die die Flugzeuge zum Feiern herbeischaufeln.

Auf 1800 ha erstreckt sich das **größte Seebad der Nordküste** zwischen dem waldigen Hinterland und dem goldfarbigen Sand des Schwarzmeerufers. Hohe Bäume und dichte Sträucher flankieren die Straßen und Wege im Resort, das von zwei Seiten angefahren werden kann. Die rund 80 Hotels sind fast alle in der Nachwende saniert worden; das Geld dafür stammte, wie die Wohlmeinenden es formulieren, nicht immer aus sauberen Quellen, Spitzzüngige behaupten, dass es mit Waffenhandel, Drogen und Prostitution verdient wurde. Als Tourist merkt man davon allerdings nicht viel.

Und woher kommt der **Name?** Einer Sage nach haben an der Küste Piraten einen großen Goldschatz vergraben, aber die Natur strafte die Banditen und verwandelte das Gold in wunderbaren Sand.

Freizeitangebote

■ **Schiffsexkursion:** Der Ausflug kostet von Goldstrand aus um 100 Lv pro Person, Abfahrt ist gegen 10 Uhr, Fahrzeit einfach 2–3 Std. je nach Windrichtung, Rückkehr gegen 18 Uhr; im Preis ist ein Barbecue an Bord enthalten.

Piraten-Party: Per Schiff mit Kämpfen, Schatzsuche, Verkleidung und Ausstellen einer Flaschenpost; dauert mit Essen drei Stunden und kostet etwa 100 Lv.

■ **Wasseraktivitäten:** Am Goldstrand sind sechs Zentren für Wassersport verteilt, die als Konzessionäre unter einheitlicher Führung stehen – Parasailing 10 Min. für 100 Lv, für zwei Personen als Tandem für 140 Lv, Banana-Ride 10 Min. für 30 Lv, Jetski 15 Min. 80–100 Lv.

298bu sk

Im Hinterland

Kloster Aladža

Das Kloster befindet sich im Hinterland des Resorts Goldstrand am südlichen Ende des gleichnamigen Naturparks. Vom Resort zum Kloster sind es etwa 4 km oder 1 Std. Fußmarsch, von Varna fährt man etwa 15 km. Man sollte sich aber nicht allzu viel von dem Besuch versprechen, es gibt besser erhaltene Höhlenklöster, in denen auch noch Bilder zu sehen sind. Das Problem von Aladža ist, dass die Felsen, die einst die Außenwand bildeten, irgendwann im 18. Jh. eingestürzt sind. So sieht man nun an der 40 m hohen Kalksteinwand die „Eingeweide" des Klosters, die Räume und Gänge, wie bei einem durchschnittenen Termitenbau. Bis auf minimale, kaum zu erahnende Reste im Bereich der oberen Etage ist von der einst prächtigen Ausmalung (*aladža* bedeutet „bunt") nichts mehr erhalten.

299bu sk

So klettert man auf schmalen Stiegen und Planken die Felswand entlang und muss die einstige Funktion der Räume, wie Andachtsraum, Wohnzellen oder Speisesaal, anhand der Schilder identifizieren.

Durchaus eindrucksvoll aber ist der Eintritt in das **Museumsareal,** wenn aus versteckten Lautsprechern sakrale Gesänge durch den Wald hallen. Auch das Museum zu Füßen des Klosters gibt mit seinen Fresken und einem Klostermodell einen guten Überblick über die Kunst und den Alltag im klösterlichen Leben des Mittelalters und zeigt auch einige archäologische Fundstücke. Immerhin war das im 12. Jh. gegründete und im 18. Jh. aufgegebene Kloster eine der ersten christlichen Stätten auf Bulgariens Boden, wobei Einsiedlermönche wohl schon im 4. Jh. die Wohnhöhlen der Urbevölkerung nutzten und erweiterten.

Ein kurzer Spazierweg führt zu den auf dem Gelände befindlichen **Katakomben,** den frühchristlichen Grabstätten mit einem in Stein geschnittenen Kreuz.

■ **Aladža Manastir** (Аладжа Манастир), Tel. 052-355460, geöffnet tgl. Mai–Okt. Museum 9–17, Kloster 9–21, Winter Mi–So 10–17 Uhr, Eintritt 5 Lv.

Naturpark Goldstrand

Der Naturpark verläuft entlang des Goldstrandes in dessen Hinterland. Er ist seit 1943 **Schutzgebiet** und bedeckt eine Fläche von 1320 ha (etwa 10 km auf 1–1,5 km). Im Sommer bringt er mit seinen hohen Ahornbäumen, Linden und Eichen wohltuenden Schatten und Frische. Bis auf 269 m Höhe steigt das Gelände an (bis zum Gipfel Čiplak) und gehört damit zu den **höchsten Punkten** der bulgarischen Nordküste.

Im Park leben zahlreiche Vogelarten, Frosche und Schildkroten. Auf **fünf markierten Wegen** kann man den Park entdecken, interessant sind drei Touren. Die **Rote Tour** beginnt in Varna an der Endhaltestelle der Buslinie Nr. 31 und fuhrt bis Kranevo (Dauer 4 Std.). Die **Blaue Tour** startet beim Kloster Aladža, endet am Goldstrand (Dauer knappe 1 Std., teils gepflasterter Weg mit Stufen) und führt an einem verlassenen Weiler vorbei. Die **Grüne Tour** beginnt auch beim Kloster und führt an einer Quelle vorbei zur Haltestelle der Busse Nr. 209/409 (Dauer 2 Std.).

- **Zlatni Pjasăci** (Златни пясъци), an der Umgehungsstraße von Goldstrand, Tel. 052-355591, www.parkzlatnipiasaci.com (auch deutsch), Besucherzentrum beim Parkplatz des Aladža-Klosters, geöffnet Mai–Okt. tgl. 9–17 Uhr.

☒ Das Kloster Alad|ža war eine der ersten christlichen Stätten auf bulgarischem Boden

Praktische Tipps

Information

- **www.goldensands.bg**

Unterkunft

Die Hotels lassen sich direkt reservieren, wobei man mit Sicherheit mehr zahlt als bei der Buchung über einen mitteleuropäischen Reiseveranstalter. Einige Hotels sind auch auf Buchungsseiten wie HRS oder Booking.com gelistet.

3 **Hotel Melia Grande Hermitage**④, Tel. 052-333222, www.melia.com, All inclusive. Weit über 300 komfortabel eingerichtete Zimmer und Apartments direkt am Strand, teils mit Meerblick, Sat-TV, Videokanal, Klimaanlage, Telefon und Minibar. Wuchtige, palastähnliche Großanlage (es gibt sogar eine Präsidentensuite). Mehrere Restaurants mit bulgarischer und internationaler Küche (darunter thailändisch und bayrisch). Bar, Strandbar und Nachtclub, Läden und Autovermietung. Spa-Zentrum mit Sauna, Dampfbad etc.

2 **Bolero**④, Tel. 0700-20909, www.grifidhotels.com. 300 Zimmer, vom Strand nur 30 m entfernt. All-inclusive-Anlage; neben dem Hauptrestaurant gibt es ein argentinisches und ein asiatisches Spezialitätenrestaurant. Großzügige Poolanlage, Sportareal mit Tennis, Volley- und Basketball, Hallenbad und Spa-Zentrum, Animation für Erwachsene und Kinder. Zimmer mit Telefon, Sat-TV, Minibar, Klimaanlage und Balkon.

4 **Sunrise**④, www.hotelsunrise-bg.com, im Zentrum des Resorts, 350 m vom Strand. 100 Zimmer, die zweckmäßig eingerichtet sind. All-inclusive-Anlage mit Pool und Animation, häufig von jüngeren Leuten gebucht, die die Nähe zu den Clubs suchen.

Camping

12 **Laguna Village,** zwischen Goldstrand und Albena, Tel. 0898-600403, www.lagunavillageresort.com. Schattige Stellflächen am Meer für Zelte, Caravans und Wohnmobile, gutes Restaurant.

Essen und Trinken

Wer der Halb- oder Vollpension überdrüssig ist, findet zahlreiche Restaurants an den Flanierstrecken. Allerdings sind die meisten eher Schnellimbisse, wenden sich an junges und feierndes Publikum und bieten nicht immer die beste Qualität. Im Gegenzug haben die meisten Hotels ein À-la-carte-Restaurant, das im Vergleich zum Buffeteinerlei gute Küche anbieten sollte.

1 **Magdalena,** Jachthafen, geöffnet tgl. 8–22 Uhr. Fischrestaurant im Stil einer Strandbar am Hafen; gute Gerichte, entspannte Atmosphäre und vernünftige Preise – echte Alternative zu Burger, Wrap und Steak.

Nachtleben

Beim **Pub Crawl** kann man durch den Kauf eines T-Shirts (50 Lv) fünf Diskotheken an einem Abend besuchen und hat dabei fünf Getränke frei.

9 **Arrogance,** Astera Hotel, Tel. 0885-868066, www.facebook.com/ArroganceMusicFactory. Im Zentrum gelegene Disco mit drei Dancefloors; gespielt werden House, R&B, Retro und bulgarischer Folk; mit Chill-out-Area.

6 **PR Club,** Tel. 0895-500500, www.facebook.com/PrClub.bg, beim Hotel Admiral. Ebenfalls ein Dauerbrenner für viele Hundert jeden Abend. Vornehmlich House.

7 **Partystadl,** Tel. 0888-235217, www.partystadl-goldstrand.com. Feierbude der deutschen Jugend, in der gleichsprachige DJs den Plattenteller bedienen und sich alle Welt trifft.

8 **Malibu Beach Club,** Tel. 0885-174734, www.facebook.com/malibu.disco.goldensands. Ein weiterer Club, der fest in deutscher Hand ist.

10 **Ballermann 6 Beach Club,** Tel. 0898-623660, www.facebook.com/BallermannBeachclub. Abiturfahrt auf den Punkt gebracht: größere Mengen Alkohol für kleineres Geld und Veranstaltungen für ein feierwütiges Publikum.

Aktivitäten

Für den Aktivurlaub werden am Goldstrand geboten: zehn Tennisplätze, Bowling-Saal, Volleyball, Basketball, Minigolf, Open-Air-Fitness, Reitbahn (auch Reitunterricht), Radwege (Fahrradverleih), Bogenschießen, Jachthafen (100 Plätze, Segelunterricht), Tauchen, Tischtennis und alle nur erdenklichen Funsportarten auf dem Wasser.

5 **Harrys Diving Center,** Tel. 0893-327744, www.divewithharry.com. Tauchen lernen nach den PADI- und SSI-Richtlinien an zwei Riffen vor dem Goldstrand.

11 **Aquapolis,** an der Umgehungsstraße von Goldstrand, Tel. 052-389999, www.aquapolis.net. Wasserstadt mit Rutschen und anderen adrenalinfördernden Attraktionen, geöffnet Juni bis Mitte Sept. tgl. 10–18/19 Uhr, Eintritt 35 Lv, Kinder 18 Lv.

■ **Karting,** etwas außerhalb zwischen Sv. Sv. Konstantin i Elena und Goldstrand im Viertel Vicina, Tel. 0899-901981, www.varnakarting.com. Gokart-Bahn mit 1000 m und 15 Kurven, geöffnet bei gutem Wetter April–Okt. 10–22 Uhr, ab 40 Lv für 15 Min.

Verkehr

■ **Bus:** Nr. 109/409 zur Kathedrale mit mehreren Haltestellen entlang des Resorts (letzte Haltestelle im Norden Panorama/Панорама).

■ **Taxi:** Mehrere Standplätze (an den Ausgängen und im Resort).

Kranevo (Кранево)

In der Antike stand an der Mündung des Flusses Batova, nördlich von Kranevo, eine römische **Festung** – Kranea (Кранеа). Ihre Ruinen sind noch zu erahnen. Hier zeigt sich die Küste felsiger und höher als nördlich und südlich.

Das 1000-Seelen-Dorf zwischen Goldstrand und Albena war zu kommunistischen Zeiten eines der größten **Kinderferienlager** des Landes. Danach führte es hoch über dem Meer im Trubel der angrenzenden Resorts ein stiefmütterliches Leben und versuchte auf die eine oder andere Art, einige der Gäste in eines seiner Restaurants zu locken. Wer mal ein wenig Ruhe brauchte und authentischeres Essen zu sich nehmen wollte, besuchte Kranevo.

Heute ist das anders. Kranevo wurde Ziel des **Baubooms** an der Küste, und zahlreiche Neubauten sind entstanden, dazwischen gibt es Restaurants, Kneipen, Kebapstände und rotgegrillte Touristen. Dennoch, der **Strand** ist schön, breit, sauber, feinkörnig und mit Infrastruktur ausgestattet.

Naturschutzgebiet Baltata

Das Mündungsgebiet des Flusses **Batova** (Батова) trennt Kranevo vom Resort Albena. Für seine Vegetation sind die vom Schwarzen Meer angespülten Sandbänke verantwortlich. Sie versperrten dem Süßwasser immer wieder den Weg, und dieses musste sich neue suchen. Eine Art **Delta** aus blinden Flussarmen entstand, die für einen üppigen Bewuchs mit hohen Bäumen und Lianen sorgten – **Limanen-Wald** genannt, ein Paradies für Vögel und Kriechtiere.

Der Flusslauf ist im küstennahen Bereich auf einer Fläche von 203 ha zum Naturschutzgebiet (Priroden Rezervat Baltata/Природен Резерват Балтата) erklärt worden: ein undurchdringlicher Urwald aus Feldeichen, Schwarzerlen, Weißweiden, Linden, Birken, Pappeln und Ulmen, bis in die Baumwipfel umgarnt von Efeu und Wildem Wein. Den Boden bedecken Sträucher wie Brombeere, Hagebutte, Weißdorn und Holunder, dazwischen blühen Sumpfschneeglöckchen, Hyazinthen und Schwertlilien. Über die Äste hüpfen Spechte, Ringeltauben und Wiedehopfe, Fasane flattern auf und Rehe, Füchse und Hasen

Varna Winery

- **General Kantardžievo** – 8 km westl. von Kranevo, Tel. 0897-009594, www.varnawinery.eu.
- **Weinregion Schwarzes Meer,** Rebfläche 25 ha, Kellermeister *Canko Stančev* und *Tihomir Trifonov*.
- **Rote Rebsorten:** Pinot Noir, Merlot Cab. Franc, Syrah, Cab. Sauvignon, Sangiovese.
- **Weiße Rebsorten:** Chardonnay, Riesling, Varnenski Misket, Pinot Gris, Sauvignon Blanc, Grüner Veltliner.
- **Herausragende Weine:** Sublima Cuvée rot, Rose Blush Pinot Noir, Riesling, Varnenski Misket.
- **Touristisches Angebot:** Führung und Weinverkostung nach Voranmeldung werktags 9–17 Uhr, drei Weine mit Käse und Führung 15 Lv (90 Min.), fünf Weine (90 Min.) 20 Lv, zusätzlich mit Lunch 45 Lv (120 Min.).

300bu sk

sausen durchs Unterholz. Auf Holzstegen und Plattenwegen lässt sich ein Teil des Reservats durchstreifen.

Praktische Tipps

Unterkunft

■ **Belle View**②, Ul. Briz (Ул. Бриз) 3, Tel. 889-305737, www.hotelbelleview.com. Angenehme, komfortable Zimmer verteilt auf zwei Neubauten, 300 m vom Strand. Komfortable Einrichtung mit TV, Klimaanlage, Telefon und Kühlschrank, Pool und Garage, Restaurant.

■ **Margarita**①-②, Ul. Bjalo More (Ул. Бяло Море) 7, Tel. 0579-66658. Ausgezeichnet geführte, superpropere Pension unter Familienleitung, 200 m vom Strand entfernt. 23 mit Minibar, Sat-TV, Telefon und Klimaanlage ausgestattete Zimmer und Apartments, Pool, Restaurant mit Terrasse. Das Hotel ist eine kleine Oase im sonst recht zerfledderten Ortsbild des Strandviertels.

UNSER TIPP: **Villa Milev**①, Ul. Černomorska (Ул. Черноморска) 27, Tel. 0888-923257, www.milevhotelrestaurant.bg. 12 Zimmer mit TV und Klimaanlage, 500 m zum Strand; modernes Familienhotel im Zentrum der Strandzone mit einem guten Restaurant mit Gerichten vom Grill: Fisch, Fleisch und die Basics der bulgarischen Küche sowie Folklore.

Essen und Trinken

■ **Mehana Kranevo,** Ul. Šipka (Ул. Шипка), Tel. 0877-888388, www.mehana-kranevo.com, geöffnet Apri–Okt. 12–24 Uhr. Bestes Essen kommt auf die Tische, die im weiten, begrünten Innenhof unter einer schattigen Pergola stehen. Das Hauptgebäude mit den Gasträumen ist im Stil der Wiedergeburt gehalten. Abends spielt eine Band, und es wird gesungen.

■ **Morski Dar,** an der Hauptstraße zum Strand, Tel. 0898-730825, www.morskidar.com, geöffnet April–Okt. 10.30–23.30 Uhr. Fischküche, deren Gerichte wie üblich anhand von Fotos in der Speisekarte erläutert werden.

Nachtleben

■ **Beach Bar Mareto,** www.facebook.com/BeachBarMaret, Strand, Jug (юг) 2. Gute Cocktails, Burger, Fingerfood und „Palettensofas" zum Abhängen.

⌃ Kranevo

Resort Albena (Ресорт Албена)

Die **Weißen Pyramiden** – nach oben spitz zulaufende Hotelburgen – bestimmen das Panorama an der Mündung des Flusses Batova (Батова) und sind das Wahrzeichen des Resorts. Seinen Namen verdankt es einer Romanfigur des bulgarischen Schriftstellers *Jordan Jovkov*, Symbol für weibliche Schönheit und seelische Reinheit. Gegründet wurde Albena Ende der 1960er Jahre. Es ist damit eines der jüngeren Resorts der Schwarzmeerküste. Weit über 10.000 Betten finden sich in den rund 30 Hotels, von denen auch viele Zentren für balneologische Therapien und Spas besitzen.

7 km misst der **Sandstrand,** er ist bis zu 150 m breit und mit sehr guter Infrastruktur ausgestattet. Wegen des nur sanft abfallenden Ufers und des normalerweise geringen Wellenganges ist Albena **ideal für kleinere Kinder.** Wird es ihnen am und im Wasser zu langweilig, sind für alle Altersgruppen Freizeitbetätigungen im Angebot. Südlich des Resorts grenzt das Schutzgebiet Baltata an (→„Kranevo“), ein nur teilweise zugängliches Sumpfgebiet.

In der Umgebung

Ak Jazălă Baba

Das ehemalige islamische Kloster liegt an der Durchgangsstraße, mitten in einem kleinen Park des Dorfes **Obročište** (Оброчище) 5 km nördlich von Albena. Der Ort hieß bis 1934 Teke (abgeleitet vom türkischen *tekke* = muslimisches Kloster). Es wurde für den Heiligen Ak Sakkali Baba als **Derwischkloster** im 17. Jh. gegründet.

Sein siebeneckiges **Mausoleum** für den „Weißbärtigen Vater“ geht aufs 14. Jh. zurück und wurde unter Sultan *Suleiman II.* so errichtet, dass es die Zeitläufe überdauern sollte. Heute wäre es Stahlbeton, damals waren es Natursteine, die eine Armierung aus Blei erhielten. Nebenan erinnern der Kamin und die Außenmauern über der ehemaligen Feuerstelle noch an die angeschlossene Herberge *(imaret)*, die bis zu 200 Muslime auf ihrer Pilgerfahrt *(hadj)* nach Mekka bewirten konnte. Maximal drei

☐ Das ehemalige islamische Kloster Ak Jazălă Baba

301bu sk

Tage durften sie hier unentgeltlich rasten. Das Innere des Mausoleums ist mit floralen Ornamenten ausgeschmückt. In der Mitte steht der Sarkophag. Die Bulgaren allerdings glauben, dass er die Gebeine des heiligen **Atanas** enthält, des Beschützers der Haustiere. Das Grabmal schmücken Hunde- und Katzenbesitzer deshalb mit Tüchern und Blumen.

- **Akjazălă Baba** (Ак Язълъ баба), Tel. 057-963193, geöffnet Mi–So 9.30–17 Uhr, Eintritt 5 Lv.

Praktische Tipps

Information

- **www.albena.bg**

Unterkunft

4 **Flamingo Grand**④, Tel. 0700-12110, www.albena.bg, mit Halbpension. 200 m vom Strand entfernt, Aushängeschild des Resorts mit allem erdenklichem Luxus: riesiger Pool, 200 Zimmer, beste Küche und hervorragend ausgebildetes Personal.

11 **Gergana**④, Tel. 0700-12110, www.albena.bg, All inclusive. 300 Zimmer und Apartments auf zehn Stockwerken direkt am Strand, mit Telefon, Rundfunk, Sat-TV, Minibar, Klimaanlage und Balkon ausgestattet. Terrassenrestaurant, großer Pool.

9 **Dobrudža**③, Tel. 0700-12110, www.albena.bg. Kurzentrum, mehrere Restaurants im Zentrum von Albena, Hochhaus mit Pools innen und außen, hat seine besten Jahre weit hinter sich gelassen; 2023 geschlossen.

1 **Magnolia**④, Tel. 0700-12110, www.albena.bg, All inclusive. An einer ruhigen Ecke des Resorts abseits des Strandes im Wald. Sehr große Pool-Landschaft.

7 **Maritim Amelia**⑤, Tel. 057-962942, www.maritim.de. Luxushotel am Strand mit Poollandschaft und allem Komfort, drei Restaurants, drei Bars, Rooftop-Pool; Angebote mit Frühstück, Halbpension oder „Ultra-all-inclusive".

Essen und Trinken

5 **Celebrità,** im Zentrum, Tel. 0885-853248, geöffnet 11–22.30 Uhr. Italienische Küche mit Pasta und Pizza, Steaks, Burgern und Salatbar.

3 **Poco Loco,** beim Hotelkomplex Flamingo, Tel. 0888-421899, geöffnet 10–23.30 Uhr. Hier kann man sich einmal quer durch die Welt futtern: Steakhouse mit Muscheln, Šopska-Salat, Pizza und viel, viel mehr.

6 **Kaliopa,** am Strand, Tel. 0885-853269, geöffnet 10–24 Uhr. Italienische Küche mit Pasta (in kleinen Portionen) und Pizzen, Steaks, Burgern und Salaten; nichts Besonderes, aber dafür direkt am Strand.

8 **Montgolfier,** im Hotel Paradise Blue, Tel. 057-962840, geöffnet tgl. 18–23 Uhr. Wer es feiner liebt, geht ins bulgaro-französische Restaurant im Maritim und speist elegant bei dezenter Musik und aufmerksamem Service.

Nachtleben

10 **Ganvie Beach Club,** am Strand, Tel. 0885-853267. Karaoke und Drinks zum Vorglühen.

2 **Nomad Beach Club,** am nördlichen Strand, Tel. 0887-623197, geöffnet 8–24 Uhr. Strandbar mit Restaurantbetrieb und Lounge-Bereich für den abendlichen Cocktail.

Veranstaltungen

- **World Star Salsa Festival:** 3 Tage im April trifft sich die Salsa-Szene; www.varnasalsafestival.com.
- **Reiturniere:** Auf der Reitsportbahn finden immer wieder internationale Turniere statt.

Aktivitäten

- **Reitschule:** Tel. 0895-975491, geöffnet Sommer tgl. 9–12, 16–21 Uhr, professionelle Reitschule mit Kursen und Ausrittmöglichkeiten.
- **Tennis:** Hallentennis, drei beleuchtete und klimatisierte Tennisplätze, dazu 19 ebenfalls beleuchtete Open-Air-Plätze.
- **Wassersport:** Banana-Riding, Parasailing, Jetski, Wasserski und Surfen möglich.
- **Aquapark Aquamania,** Wasserrutschen und -landschaft, Essmöglichkeit, geöffnet Anf. Juni–Mitte Sept. tgl. 10–18/19 Uhr, Eintritt 39 Lv, Kind 18 Lv.

Verkehr

- **Busse:** Haltestelle der Busse nach Balčik an den Ausgängen von Albena.

Balčik (Балчик)

Nördlich von Albena zeigt sich die Küste zunehmend felsig, und die Landschaft ist mit den bis zu 70 m hohen, weißen Felsen richtig malerisch. In die Hügel gestaffelt, thront Balčik (11.000 Einwohner) hoch über dem Meer. Bei so viel Schönheit ist es nicht verwunderlich, dass sich hier einst gekrönte Häupter niederließen.

Balčiks Charme machen der **Hafen** und die **Marina** mit der Uferpromenade und ihren vielen Restaurants aus, im Hintergrund die grünen Hügel und am Meer die hohen, weißen Felsen – ein Bild, das sich so an der Schwarzmeerküste sonst nicht findet.

Geschichte

Die Gegend war ab dem 5. Jh. v. Chr. von den **Ioniern** besiedelt, die den Ort Krunj nannten, altgriechisch für „Quelle“. Tatsächlich entspringen rund um die Stadt mehrere Karstquellen mit heilsamem **Mineralwasser.** Später erhielt die Stadt den Namen Dionysopolis, da der Sage nach das Meer eine Statue des Gottes am Strand anspülte.

Während der römischen Herrschaft erlebte die Siedlung ihren Niedergang. Erst das Zweite Bulgarische Reich machte sie wieder zu einem befestigten Ort. In diese Zeit fällt auch die heutige **Namensgebung,** die auf den Feudalherren *Balik* zurückgeht.

Während des Türkischen Jochs konnte Balčik nicht mit Varna mithalten, doch mit dem Krimkrieg gewann es erneut an Bedeutung und entwickelte sich zu einem **Handelszentrum** für landwirtschaftliche Güter.

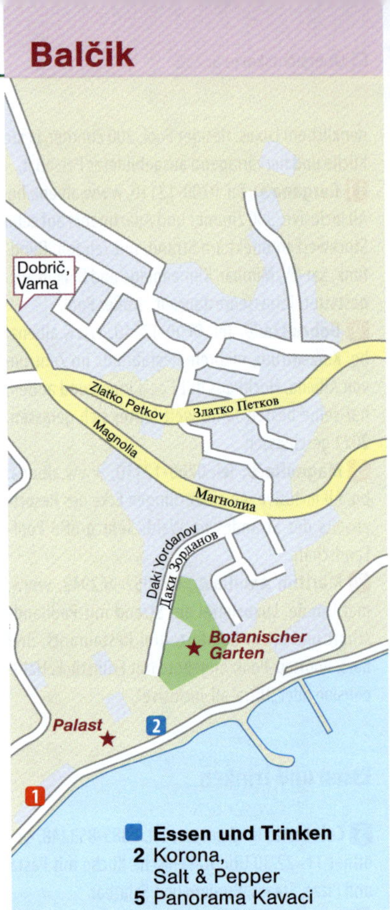

Nach dem Ende des Balkankrieges von 1913 sprach man die Stadt **Rumänien** zu, und die rumänische Königin baute sich ihr Schloss in hängende Gärten über dem Meer, ein Pfund, mit dem die Stadt heute wuchern kann. 1940 gelangte Balčik endgültig zu Bulgarien.

Sehenswertes

Palast von Balčik

Wichtigste Sehenswürdigkeit ist das **Schloss,** der Palast von Balčik, mit dem **Botanischen Garten.** Die rumänische Königin *Maria* ließ die Anlage in sieben Jahren ab 1924 nach Plänen der beiden italienischen Architekten *Augustino* und *Amerigo* sowie des Schweizer Landschaftsgärtners *Jules Jany* erbauen. Herausgekommen ist eine Form von Eklektizismus, der altbulgarische Stilelemente mit maurischen Einflüssen verband und obendrauf noch einen Klecks Gotik bekam. Verwinkelte Pfade, Brücken, Durchgänge wie Grotten, zahlreiche kleine Gärten auf unterschiedlichen Ebenen, Rosenhecken, hohe Bäume und Beete verbinden sich heute zu einer ausgedehnten Oase, in der man Stunden verbringen kann, immer wieder Neues entdeckt und in der man von überall ei-

302bu sk

Das Palastgebäude selbst erhielt den Namen **„Stilles Nest“**, das **Minarett** entstand laut der Legende nach dem Tod des Königs, als sich *Maria* in einen Orientalen verliebte und es ihm zu Ehren errichten ließ. 1938 starb sie, ihr Herz fand in einer **Urne** einen Platz in der kleinen Kirche. Zwei Jahre später, als Balčik an Bulgarien fiel, nahm der rumänische Staat die Urne an sich.

Die **kleineren Gebäude** im Park waren teils Gästehäuser der Königin, teils Werkstätten oder Lagerräume. Heute sind sie hergerichtet, elegant ausgestattet und stehen Touristen als Unterkunft zur Verfügung. Da sich Kulturministerium und Universität über die Adminstration streiten, haben Park und Schloss jeweils eine eigene Kasse für die Eintrittskarte.

■ **Dvorečăt v Balčik** (Дворецът Балчик), Tel. 057-972559, Gebäude: www.dvoreca.com, Park: www.ubg-bg.com, geöffnet im Sommer tgl. 8–20, sonst 9–17 Uhr, Eintritt Gebäude u. Park je 15 Lv, Parken 6 Lv.

nen Blick auf das Meer genießt. Nicht umsonst gehört die Anlage zum Nationalen Botanischen Institut, sie ist die größte ihrer Art auf dem Balkan. Mehr als **3000 Pflanzenarten** aus 800 Gattungen und 85 Familien sind kultiviert, aus allen Erdteilen zum Gefallen der Königin ans Schwarze Meer gebracht.

Historisches Museum

Das Museum am Hauptplatz im Zentrum zeigt die wechselvolle Stadtgeschichte mit Exponaten aus thrakischer und römischer Zeit und aus der Epoche des Zweiten Bulgarischen Reiches. Auch dem Widerstand gegen die rumänische Fremdherrschaft ist eine Abteilung gewidmet.

■ **Istoričeski Muzej** (Исторически Музей), Pl. 21-vi Septemvri (Пл. 21-ви Септември) 1, Tel. 057-972177, https://balchikmuseum.bg, geöffnet Mo–Sa 9–13, 13.30–17, Winter 8–12, 12.30–16.30 Uhr, Eintritt 5 Lv.

⌃ Im sehr gepflegten Botanischen Garten

Ethnografisches Museum

Das Museum gleich gegenüber dokumentiert das Stadtleben von Balčik und das Leben auf dem Lande mit Kostümen, Schmuck, Werkzeugen und Erzeugnissen hiesiger Kunsthandwerker.

■ **Etnografski Muzej** (Етнографски Музей), Ul. Dimităr Šelev (Ул. Димитър Шелев) 3, Tel. 057-972177, https://balchikmuseum.bg, geöffnet Mo–Sa 9–13, 13.30–17, Winter 8–12, 12.30–16.30 Uhr, Eintritt 5 Lv.

Praktische Tipps

Unterkunft

1 Dvorecăt v Balčik②, im Botanischen Garten am Meer, Tel. 0579-76854, www.dvoreca.com. In der Palastanlage auf dem Gebiet des Botanischen Gartens werden Unterkünfte unterschiedlicher Kategorie vermietet. Man schläft in der Villa von Prinz *Nikolai*, in der ehemaligen Kaserne der Wachmannschaft, in der Villa Gutman, im einstigen Kino, dem Postgebäude oder in der alten Wassermühle. Zum Komplex gehören zwei Restaurants und ein Weinkeller, wo vorzügliche bulgarische Weine zu verkosten sind. Die gesamte Anlage ist vom staatlichen Kulturinstitut verwaltet.

4 Antik Hotel③, Ul. Primorska (Ул. Приморска) 14, Tel. 0888-205020, www.hotelantik.eu. Neues Hotel an der Uferpromenade in elegantem, leichten Stil mit zwei empfehlenswerten Restaurants (Fish und Mikado).

6 Sea Square④, Ul. Primorska (Ул. Приморска) 27, Tel. 0888-510530, www.balchikirish.com. An der Uferpromenade hinter den Silos, 50 m vom Meer und 100 m vom Zentralstrand entfernt. Komfortable Zimmer mit in die Jahre gekommenen Sanitäreinrichtungen, Telefon, Sat-TV, Klimaanlage und Terrasse, WLAN und Restaurant.

3 Lotos①, Ul. Primorska (Ул. Приморска) 12, Tel. 0885-706711, www.lotosbalchik.com. Einfaches und sehr günstiges Hotel direkt an der Marina; Entfernung zum Kunststrand mit Pool 50 m, zum zentralen Strand 300 m.

Essen und Trinken

2 Korona, unterhalb des Schlossparks, Tel. 0884-356535, geöffnet tgl. 10–24 Uhr. Bulgarische Küche in schöner Lage am Meer mit Terrassen und einem gemütlichen Gastraum mit Kamin.

2 Salt & Pepper, unterhalb des Schlossparks am Wasser, Tel. 0883-489999, geöffnet 9–24 Uhr. Mediterrane Küche und traditionelle Kost von aufmerksamem Personal serviert; gute Aussicht.

UNSER TIPP: **5 Panorama Kavaci,** Ul. Primorska (Ул. Приморска) 22, Tel. 0879-441878, geöffnet 9–24 Uhr. Auf den großen, über das Wasser gebauten Holzterrassen direkt am Hafen speist man ausgezeichnete Fischgerichte, serviert von schnellem Personal, was bei der Zahl der Gäste am Abend ganz wichtig ist; nicht ganz billig.

Camping an der White Lagoon

Die weiße Lagune zwischen Balčik und Kavarna trägt ihren Namen zu Recht. Mehrere **weißsandige Buchten** reihen sich aneinander – wie auch Hotels hinter ihnen. Aber Campingfreunde aufgepasst: Der wohl **schönstgelegene Zeltplatz der bulgarischen Küste** findet sich genau hier und etwas oberhalb eines 1 km langen feinsandigen Strandes. Und versorgt wird er aus einer Mineralquelle! Außerdem: gute Sanitäreinrichtungen, Hotel und Restaurant.

7 Saint George Resort, White Lagoon, Tel. 057-088015, www.saintgeorgesea.com, ganzjährig geöffnet.

303bu sk

Verkehr

- **Bushof** (Avtogara/Автогара), Ul. Dunav (Ул. Дунав) 8, Tel. 0893-590060. Busse tagsüber nach Varna (ein- bis dreimal am Tag auch über Albena, Kranevo und Goldstrand).

Kavarna (Каварна)

Kavarna (11.000 Ew.), ein wenig landeinwärts gelegen, mangelt es an touristischer Präsenz, auch wenn der **Hafen** Anlegestelle u.a. für kleinere Passagierschiffe und die **Bucht** dort zwischen hohen Felsen und mit Sandstrand durchaus reizvoll ist. Der künstlich angelegte Strand und der Hafen schmiegen sich südlich der Stadt in eine von zwei Kaps gerahmte Bucht, Kap/Nos Čirborun (Нос Чирборун) im Osten und Kap/Nos Čirakman (Нос Чиракман) im Westen.

Im Hafen von Balčik

Geschichte

Gegründet haben Kavarna als Bisone im 6. Jh. v. Chr. die Thraker, ihnen folgten erst die Griechen, dann die Römer. Im Meer verbergen sich noch zahlreiche Spuren dieser Vergangenheit. Von den Bulgaren übernommen und von den Tataren zerstört, ließ Fürst *Balik* den Ort wiedererrichten. 1393 gelangte er unter türkische Herrschaft und kurz vor Beginn des Dritten Bulgarischen Reiches zerstörten türkische Freischärler die Stadt und ermordeten 1200 Menschen.

Sehenswertes

Marinemuseum

Fährt man aus der Stadt hinaus und in Richtung Bucht, passiert man das Marinemuseum „Dobrudža und das Meer“ (Dobrudža ist der Name der Landschaft) im Gebäude des früheren türkischen Bades aus dem 15. Jh. Archäologische Funde aus dem Meer werden gezeigt. Eine eigene Abteilung beschäftigt sich mit der Schifffahrt und besitzt einige detailreich gearbeitete Schiffsmodelle.

■ **Muzej Dobrudža i Moreto** (Музей Добруджа и Морето), Ul. Černomorska (Ул. Черноморска) 1b, Tel. 0570-84288, https://imkavarna.com, geöffnet Mo–Fr 8–12, 13–17, Sa 9–12, 13–17 Uhr, Eintritt 3 Lv.

Historisches Museum

Das Museum in den Gebäuden der Bibliothek neben dem Marinemuseum zeigt eine Ausstellung zur tausendjährigen Geschichte der Stadt. Ein Modell stellt eine Höhlenwohnung nach, Waffen erinnern an den Unabhängigkeitskampf, und Trachten illustrieren das tägliche Leben und die Feste.

■ **Istoričeski Muzej** (Исторически Музей), Ul. Černomorska (Ул. Черноморска) 1b, Tel. 0570-82327, https://imkavarna.com, geöffnet Mo–Fr 8–12, 13–17, Sa 9–12, 13–17 Uhr, Eintritt 3 Lv.

Ethnografischer Komplex

In einem Haus eines reichen Kaufmanns aus der Wiedergeburtszeit, inmitten eines Gartens mit bunten Blumen, wird das für die Region Dobrudža typische Leben nachgestellt.

■ **Etnografski Kompleks** (Етнографски Комплекс), Ul. Sava Gančev (Ул. Сава Ганчев) 16, Tel. 0570-85017, https://imkavarna.com, geöffnet Mo–Fr 8–12, 13–17, Sa 9–12, 13–17 Uhr, Eintritt 3 Lv.

Alte Quellen

Wer noch Zeit hat, schaut sich die in Brunnen gefassten Quellen an. Einst entsprangen hier zwölf von ihnen; einige wurden zerstört, den Rest hat man saniert, sodass das Wasser nun wieder einen Bach bildet, der sich ins Meer ergießt. Eine Quelle ist beim Marinemuseum zu sehen, eine auf dem Weg aus der Bucht hinauf und eine unten in der Bucht.

Praktische Tipps

Information

■ **TIC,** Ul. Dončo Stojkov (Ул. Дончо Стойков) 10, Tel. 057-082150, www.kavarna.org, geöffnet Mo–Fr 8–12, 13–17 Uhr (nicht verlässlich).

Unterkunft/Essen und Trinken

■ **Otdih**②-③, Bul. Bălgarija (Бул. България), Tel. 0888-269643, www.otdihkavarna.com. Im Zentrum an einem Park gelegen, 500 m vom Strand entfernt. 60 ruhige Zimmer und Apartments mit Telefon, Sat-TV, Klimaanlage und Minibar, WLAN, Spa, Restaurant.

UNSER TIPP: **Starijat Most,** an der Mole, Tel. 0879-550885, geöffnet tgl. 9–23 Uhr. Fische und

Muscheln direkt von den Schiffen – ein Fischrestaurant, wie es sein soll: viel Glas für den Meerblick an kälteren Tagen und eine Terrasse für die heißen.

■ **Bălgarka,** Tel. 0895-774250, geöffnet 8–2 Uhr, direkt am Strand von Kavarna. Im Gastzimmer oder schattig unter Bäumen direkt am weißen Sandstrand serviert der Platzhirsch mit Tradition Fischküche und Snacks.

Familiäre Hotels in der Bucht von Kavarna

304bu sk

Aktivitäten

■ **Tauchen:** Deep Blue Divers, in Bălgarevo (auf halbem Weg nach Kaliakra), Tel. 0889-416846, www.diving-bg.com. An der Felsküste vom Kap Kaliakra laufen immer wieder Schiffe auf Grund und sinken; das klare Wasser der Küste und die Wracks machen Tauchgänge zum Erlebnis.

Verkehr

■ **Bushof** (Avtogara/Автогара), Tel. 057-082390, www.kavarna.bg/avtogara. Busse mehrmals täglich nach Varna (Варна) und Dobrič (Добрич).

Kap Kaliakra

15 km außerhalb von Kavarna lockt im Südosten das schmale Kap Kaliakra. Es wäre eine der landschaftlich schönsten Stellen an der Schwarzmeerküste, wenn die Flügel des immensen Windparks nicht überall rotierten. Auf alle Fälle ist es ein Ort mit einer traurigen Legende.

Bis zu 70 m türmen sich hier die Felsen auf und ragen 2 km ins Meer hinaus, das **höchste Kap** des Landes. Es ist als **archäologisches Reservat** geschützt mit 250 ha Land und über 400 ha Wasserfläche.

Geschichte

Einst stand an dieser Stelle eine bulgarische **Festung,** und als die Türken sich im 14. Jh. auf ihren Eroberungszug gegen Westen begaben, belagerten sie das Kap und forderten 40 junge **Mädchen** für den **Harem** des Paschas, andernfalls sie angreifen und Festung mit Mann und Maus niedermachten. Die Mädchen wurden ausgesucht, doch als die Türken sie abführen wollten, hatten sie bereits ihre Zöpfe zusammengebunden, liefen zum Klippenrand und stürzten sich in einer langen Reihe hinunter ins Meer. Da das helle Felsgestein von horizontalen roten mineralischen Schichten durchzogen ist, sagt die Legende, dass das Blut der Mädchen diese gefärbt habe. Passend verschwinden diese Einfärbungen nach und nach, je weiter man sich vom Kap entfernt; beim Dorf **Bălgarevo** (Българево) auf halbem Weg nach Kavarna sind die Felsen schließlich schneeweiß.

Unser Tipp: Frische Muscheln

Westlich von Bălgarevo (Българево) führt eine beängstigend steile und schmale Betonstraße 2 km hinab und endet an einem Parkplatz in der winzigen **Bucht von Dălboka.** Im Meer sind die Käfige für die Muschelzucht zu sehen. Das Restaurant Dălboka serviert an seinen die Bucht füllenden Tischen alle erdenklichen Fischgerichte und natürlich Muscheln. Am Wochenende findet man hier fast keinen Platz.

■ **Dălboka,** Tel. 0895-512025, www.dalboka.bg, geöffnet 9–23 Uhr. Ein Teil der Tische unter Markisen steht am Wasser, ein anderer Abschnitt ist etwas eleganter mit Terrassen darüber.

Sehenswertes

Historischer Komplex Ongal

Am Ortsende von Bălgarevo (Българево) Richtung Kap steht linker Hand ein **Holzfort,** so wie es mutmaßlich die Protobulgaren errichtet haben. Im Sommer findet hier eine Geschichtsstunde mit Animation statt.

■ **Istoričeski Kompleks Ongal** (Исторически Комплекс Онгал), Tel. 0888-914116, www.facebook.com/OngalBulgarevo, geöffnet tgl. 8–20 Uhr, Eintritt 6 Lv.

Denkmal/Festung Timum

Ein modernes, als schlanke Säule ausgebildetes **Denkmal** erinnert an die toten Mädchen aus der Legende vom Kap Kaliakra.

Am Kap kann man noch die Ruinen der erst griechischen, dann römischen **Festung Timum** besichtigen, die man auf dem Weg zum Leuchtturm durch ein instandgesetztes großes Wachtor betritt.

Eine weitere **Sage** behauptet, am Kap liege der **Schatz** des *Lysimachos,* Leibgardist und Statthalter *Alexander des Großen.* Nach dem Tod des Königs 323 v. Chr. fiel *Lysimachos* Thrakien zu, das er stetig erweiterte und dabei schier unermessliche Reichtümer anhäufte. Seine Schiffe mit dem Schatz an Bord sollen hier an der Küste zerschellt sein.

Mit etwas Glück kann man am Kap morgens und abends **Delfine** im Meer spielen sehen, seltener sind **Schwarzmeerrobben** zu entdecken, die in Höhlen unterhalb des Kaps hausen.

■ **Nos Kaliakra** (Нос Калиакра), archäologisches Reservat, April–Okt. tgl. 9–19 Uhr, frei zugänglich, 3 Lv.

306bu sk

Museum

Ein kleines **Museum** in den **Höhlen beim Leuchtturm** zeigt unter anderem archäologische Funde, an der Decke schwirren Schwalben. Daneben bewirtet ein Restaurant die zahlreichen Besucher des Kaps.

■ **Muzej Kaliakra** (Музей Калиакра), https://imkavarna.com, geöffnet tgl. 9–21 Uhr, Eintritt frei.

In der Umgebung

Bucht von Bolata

Eine Stichstraße vom Kap Kaliakra nach Norden führt zur wunderschönen Bucht von Bolata (Болата), ein dicht bewachsenes, tiefgrünes **Feuchtgebiet** mit Lagune und einem Strand. Weil dieser aber so klein ist, kämpfen die Besucher im Hochsommer um Parkplätze und ein Fleckchen Sand. Außerhalb der Hochsaison ist es aber ein herrliches Badegebiet – wenn auch die Strandbar geschlossen ist.

Eine Steintreppe führt an der Südseite hoch zum **Leuchtfeuer** mit Aussichten auf Bucht und Küste (auch per Asphaltstraße in einem Bogen erreichbar). Ob es wohl stimmt, dass hier zu Zeiten des Kalten Krieges eine militärische Unterseeleitung, aus der UdSSR kommend, in einem fünf Stockwerke tief in den Boden gegrabenen **Bunker** mündete und Bulgarien mit dem sozialistischen Bruderland abhörsicher verband?

Denkmal/Festung Timum

Reservat Tauk Liman bei Rusalka

Bei Rusalka (Русалка), 15 km östlich von Kavarna, liegt das 120 ha große Feuchtgebiet von Tauk Liman (Таук Лиман/Vogelbucht). Die terrassenförmige Landschaft entstand durch Abrutschen der Steilküste und Ausbildung von kleinen Buchten und einer Lagune. Da die Gegend im Verlauf des **Vogelzugkorridors** Via Pontica liegt, zieht sie zahlreiche gefiederte Tiere für eine mehrtägige Rast auf dem Weg zwischen Sommer- und Winterquartier in die dichten Eichen- und Walnusswälder.

Am Meer wurde noch zu kommunistischen Zeiten ein Club Méditerranée eröffnet – heute das Clubdorf Rusalka.

Archäologische Schutzzone Jajlata

Unmittelbar vor dem mit 100 Einwohnern winzigen und vom Tourismus bislang verschonten Dorf **Kamen Brjag** (Камен Бряг), 20 km von Kavarna entfernt, beginnt östlich die archäologische Schutzzone Jajlata, ein von der schroffen Felsküste bestimmtes Gebiet von 45 ha. Eine 1,5 km lange Teerstraße führt am Hinweisschild „Jaila" ans Meer und zum Kassenhäuschen. Mehr als 40 Höhlen sind an der Wasserlinie zu finden, oben auf dem Plateau stehen die Überreste einer römischen Festung. Auf den schmalen Pfaden lassen sich 100 **thrakische Grabstätten** entdecken, die in die Felsplatten gehauen wurden. Auch ein Opferaltar ist noch zu erkennen. Die ganze Zone ist auch Schutzgebiet für seltene **Pflanzen.**

Eine sehr schöne (aber schattenlose) **Rundwanderung** von 90 Min. führt an der Küste entlang, vorbei an Höhlen, archäologischen Grabungsstellen, Ruinen einer antiken Festung, einer Felskirche und schließlich wieder zurück über die Felder.

■ **Arheologičeski Rezervat Jajlata** (Археологически Резерват Яйлата), Tel. 057-082150, www.kamenbryag.info/yailata, geöffnet tgl. 9–19/21 Uhr, frei zugänglich, Eintritt 3 Lv.

☐ Die Felsküste bei Jajlata ist ein Refugium für seltene Pflanzen

305bu sk

Praktische Tipps

Unterkunft/Essen und Trinken

- **Rusalka Resort**②, Tel. 0893-332001, www.rusalkaresort.com. 350 Villen direkt am Wasser mit allen Einrichtungen, sodass man hier autark mehrere Wochen verbringen kann. Als Clubdorf wird auf Animation großen Wert gelegt. Familiengerechte Einrichtungen, Mountainbike-Verleih, Tennisplätze, Jachtclub, Segel- und Wasserskikurse; Spa-Center mit Mineralwasser und Tauchschule.
- **Castello di Kaliakra,** unterhalb des Leuchtturms, Tel. 0889-777998, www.facebook.com/kaliakrarestaurant, geöffnet tgl. 9–23 Uhr. Höhlenrestaurant mit großen, von Markisen verschatteten Terrassen hoch über dem Meer. Während unten die Jachten ankern und die Leute ins Wasser springen, sitzt man oben und speist bulgarische Küche oder eines der vielen Fischgerichte. Natürlich ist man auf die zahlreichen Gäste der Busreisegruppen eingerichtet.

Vogelbeobachtung am Kap Šabla

Die Seen um Šabla sind Ruhepunkt der Zugvögel an der Flugroute Via Pontica. Im Winter besteht allein die Population der **Rothalsgans** *(Branta ruficollis)* aus 20.000 bis 50.000 Tieren. Weiter sind zu sehen Krauskopfpelikan *(Pelecanus crispus)*, Löffelreiher *(Platalea leucorodia)*, Fischreiherarten, Zwergscharbe *(Phalacrocorax pygmaeus)* und viele andere Arten.

Šabla (Шабла)

Nur 24 km sind es von der verschlafenen Stadt mit ihren 3000 Einwohnern bis zur rumänischen Grenze. Noch haben weder die Bulgaren selbst noch der internationale Tourismus den reizvollen Küstenstrich mit endlos langen, weiten **Sandstränden** im Norden und **felsiger Küste** im Süden für sich entdeckt, sodass man weitgehend allein auf weiter Flur ist. Immer wieder versucht man zwar Projekte für Feriensiedlungen aufzulegen, doch wie eh und je dämmern mehr oder weniger nur einige Campingplätze am Strand vor sich hin, auf denen auch nur wenige Wochen im Jahr Betrieb herrscht.

Aber ab und an schaut ein Birder (Vogelbeobachter) hier vorbei und legt sich an den Seen rund um Šabla mit dem Spektiv auf die Lauer. Schließlich ist die Region ein sehr **bedeutendes Brutgebiet** und **Rastplatz der Vogelfluglinie Via Pontica.** Belohnt werden Geduldige mit Sichtungen einer ganzen Menge seltener und bedrohter **Vogelarten.**

Šabla selbst liegt im Hinterland, 5 km vom Kap Šabla (→ unten) entfernt, dem östlichsten Punkt des Landes.

Geschichte

Die **Geschichte** der Stadt begann mit den **Thrakern,** die sich hier ansiedelten; die Römer nannten ihren Stützpunkt „Karia". Sie bauten einen Hafen, der sich unter Byzanz zu einem regen Handelspunkt entwickelte.

Im Mittelalter verfiel Šabla, und heute ist es ein **Fischereizentrum** und Markt für die umliegende **Landwirtschaft.** Einige Bewohner arbeiten in der kleinen Erdölförderung südlich der Stadt.

Šabla Umgebung

Kap Šabla

Die Kalksteinfelsen des Kap/Nos Šabla (Нос Шабла), 5 km von der Stadt entfernt, erheben sich 10 m aus dem Meer – von Weitem sichtbar markiert mit einem **Leuchtturm,** dem ältesten und höchsten des Landes. Das Leuchtfeuer ist 28 m hoch, wurde während des Krimkrieges errichtet und ist seit 1856 in Betrieb (doch bereits 1780 stand am Kap ein Leuchtturm). Beim Turm wurden auch einige römische Fundamente entdeckt, die als kleine **archäologische Zone** ausgewiesen und mit einigen Säulen aufgerüstet sind.

Östlicher geht es auf dem Festland Bulgariens nicht, nur der vor sich hinrostende, lange Eisenpier brächte einen trockenen Fußes noch weiter, doch er ist gesperrt.

Zwischen Šabla und rumänischer Grenze

Nördlich von Šabla folgt nichts als Strand und Dünen, die weit ins Land hineinreichen. Die Campingplätze haben einen – sagen wir mal – nicht ganz so hohen Standard, kleine Weiler wie **Krapec** und **Durankulak** kündigen sich mit Gänseherden auf der Straße an – fürwahr eine **ländliche Gegend.**

Wo bereits Römer Ausschau hielten: Der Leuchtturm am Kap Šabla

307bu sk

Durankulak-See

Die **Seen Ezerzsko** (Езерзско), **Šablensko** (Шабленско) und **Durankulaško** (Дуранкулашко) sind Schutzgebiete. Das des Sees von Durankulak misst 445 ha, unter der Wasserfläche lebt der Wildkarpfen. Gespeist wird der See von unterirdischen Quellen, ein schmaler Sandstreifen trennt ihn vom Schwarzen Meer. Durch ihn dringt Meerwasser ein und sorgt für hohen Salzgehalt.

Archäologische Zone Durankulak

Am Seeufer beim Restaurant/Hotel Kibela beginnt der 1 km lange Zugangsweg zur **Grabungsstätte** auf einer Halbsinsel im See. Durankulak kann zwar nicht mit einem Goldschatz aufwarten wie die Grabung auf Varnas Stadtgebiet, ist aber deshalb nicht weniger bedeutend (wenn nicht sogar bedeutender). Das Feld aus über 1000 Gräbern wurde über eine Periode von 1000 Jahre benutzt (5.–4. Jt. v. Chr.) und stellt schon so Varna in den Schatten.

Wer hier vorbeischaut, für den ist auch der Besuch des Historischen Museums in Dobrič Pflicht, das die Grabungsfunde ausstellt.

■ **Arheologičeski Kompleks Durankulaško Ezero** (Археологически Комплекс Дуранкулашко Езеро), www.dobrichmuseum.bg, geöffnet tgl. 9–18 Uhr, frei zugänglich, Eintritt 5 Lv.

Praktische Tipps

Unterkunft/Essen und Trinken

■ **Residenz Šabla**③, Tel. 02-9403621, www.travel.government.bg. Gästehaus der Regierung, in dem man bei Leerstand in zwei Häusern unterkommen kann; Dobrundjanski Dvor am Seeufer und Villas Sea am Strand.

■ **Wild Duck Hotel**①-②, bei Ezerec (Езерец) zwischen Šabla und Durankulak, Tel. 0896-788537. 15 moderne, einfachere Zimmern und hübscher, gepflegter Garten mit Pool, Spielplatz und gutem Restaurant.

Unser Tipp: **Restaurant/Hotel Kibela**②, direkt am See von Durankulak, Tel. 0876-616509, www.facebook.com/kibeladurankulak. Familäres Hotel an der Grabungszone mit acht Zimmern, gutem Essen (Fleisch und Fisch) und aufmerksamem Service.

■ **Branta Birding Lodge**②, direkt am See von Durankulak, Tel. 057-439293, www.branta-tours.com, www.birdinglodge.com. Mit Blick auf den See wohnt man in einem der zehn Zimmer mit eigenem Bad und hat als Gastgeber einen der bekanntesten Ornithologen des Landes, der zahlreiche Tipps zur Vogelbeobachtung geben kann und Touren an der Küste und im Landesinneren organisiert.

■ **Janica**①-②, in Krapec (Крапец), Tel. 057-492 324, www.yanitza-hotels.com. Direkt am Wasser im Weiler Krapec gelegen, besteht die Anlage aus zwei Hotelkomplexen mit hübschem Garten und Pool; ins Meer gelangt man allerdings hier nicht, sondern muss ein ganzes Stück zu Fuß gehen oder mit dem Auto fahren – dennoch ist es ein sehr empfehlenswertes Hotel mit guten Zimmern und ebensolchem Restaurant.

Camping

■ **Krapec Beach,** in Krapec (Крапец), Tel. 0886-464664, www.krapecbeach.bg. Stellflächen am

Meer unter Bäumen für Zelte und Wohnmobile, auch Bungalows und Strandbar; saubere Sanitäranlagen.

Aktivitäten

■ **Vogelbeobachtung:** Mit den Seen Durankulaško und Šablensko befindet man sich mitten in einem der besten **Vogelbeobachtungsgebiete** des Landes. Die Branta Birding Lodge (→ „Unterkunft") organisiert zahlreiche Touren und gibt wertvolle Hinweise, um die gerade aktuellen Stellen zur Beobachtung zu finden.

Der Uhrenturm des Ethnografischen Komplexes von Dobrič

Dobrič (Добрич)

Hat man sich ins Zentrum der Stadt (83.000 Ew.) durchgeschlagen (am besten folgt man den Hinweisschildern des Hotels Bălgarija), sollte man seinen Wagen parken. Die meisten Sehenswürdigkeiten befinden sich in der und rund um die Fußgängerzone mit gigantischen Ausmaßen.

Sehenswertes

Kunstgalerie

Die Kunstgalerie bei der Stadtverwaltung 100 m westlich vom Hotel Bălgarija gilt als die **zweitwichtigste Bulgariens** (nach Sofija). Das Haus wurde in den 1930er Jahren als Gerichtsgebäude errichtet und 1982 in eine Galerie umgewandelt.

3078u sk

Sie zeigt auf zwei Etagen u.a. einige der wichtigsten Werke von *Vladimir Dimitrov-Majstora* („Meister"). Sein Thema war vornehmlich der Mensch in einer ländlichen Umgebung, und man versucht diesem Thema auch bei der Auswahl der Werke der anderen Künstler wie *Zlatju Bojadžiev, Dečko Uzonov, Benčo Obreškov* oder *Dimităr Kazakov* zu folgen. Insgesamt ist es ein kompletter Überblick bulgarischen Kunstschaffens des 20. Jh. aus den Bereichen Malerei, Skulpturen und Grafik. Ebenso sind Ikonen ausgestellt.

■ **Hudožestvena Galerija** (Художествена Галерия), Ul. Bălgarija (Ул. България) 14, Tel. 058-602 215, www.dobrichgallery.org, geöffnet Sommer Mo–Sa, Winter Mo–Fr 9–12.30, 13.30–18 Uhr, Eintritt 3 Lv.

Ethnografischer Komplex

Der Etnografski Kompleks (Етнографски Комплекс) liegt versteckt im Norden des Hauptplatzes von Dobrič hinter der Wand aus Hochhäusern. Man befindet sich urplötzlich in einer anderen Welt aus ein- und zweistöckigen Häusern des späten 19. und frühen 20. Jh. mit Läden, Werkstätten, Restaurants und einem Hotel – eine Oase in der hektischen Stadt.

Historisches Museum

Ein Uhrenturm jüngeren Datums überragt den Komplex, in dem sich auch das Archäologische Museum befindet. Mit der Lage an einem Kreuzweg von Nord nach Süd und Ost nach West besitzt die

Dobrič

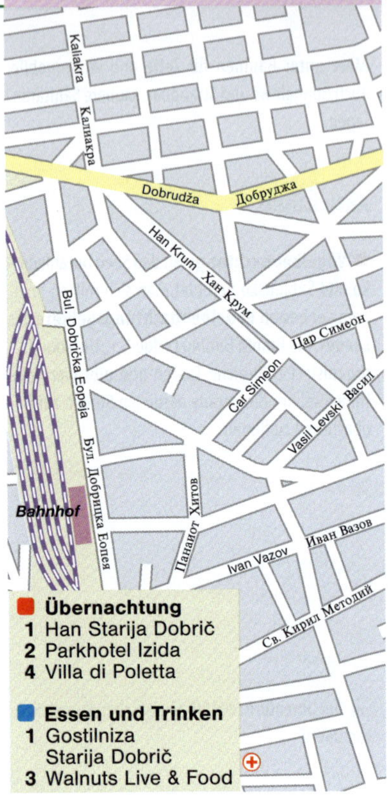

Stadt eine **lange Siedlungsgeschichte** und kann dementsprechend Funde aus allen Perioden nachweisen: von den Thrakern über Griechen und Römer zu den Slawen und Protobulgaren ist alles vertreten. Die Sammlung ist zudem vorbildlich gestaltet.

Besonderes Augenmerk sollte man auf die **Funde des Gräberfeldes am Durankulak-See** legen, vor allem eine Miniaturarbeit aus Elfenbein: Eine winzige Hand hält eine noch winzigere Nussschale, und in dieser ist – unglaublich und einzigartig – ein thrakischer Reiter herausgeschnitzt.

■ **Istoričeski Muzej** (Исторически Музей), Ul. Konstantin Stoilov (Ул. Константин Стоилов) 18, Tel. 058-602642, www.dobrichmuseum.bg, geöffnet Mo–Sa 9–13, 14–18, Winter Mo–Fr 8.30–12.30, 13.30–17.30 Uhr, Eintritt 4 Lv.

Ethnografisches Haus

Südlich des Platzes – über den Bul. 25-ti Septemvri (Бул. 25-ти Септември) zu erreichen – steht dieses Haus, das 1860 für einen reichen Getreidehändler errichtet wurde. Es zeigt die Traditionen und den Lebensstil in der Stadt.

■ **Etnografska Kăšta** (Етнографска Къща), Ul. Alen Mak (Ул. Ален Мак) 5, Tel. 058-604717, geöffnet Mo–Sa 9–13, 14–18, Winter Mo–Fr 8.30–12.30, 13.30–17.30, Eintritt 4 Lv.

Kirche St. Georgi

Hier findet sich die Kirche Sv. Georgi (Св. Георги) von 1864. Auffällig ist der Schwung des Daches über der Hauptfassade. Das Innere zeigt Schnitzwerk aus Trjavna und Fresken. Die Kirche war ursprünglich 1843 erbaut, aber während des Krimkrieges zerstört worden.

053bu sk

Museum Jordan Jovkov

Noch ein Stück weiter südlich widmet sich dieses Museum dem Leben des **Schriftstellers** (1880–1937), der durch seine Novellen und Kurzgeschichten berühmt wurde. Eines seiner Werke, „Die Sünde des Ivan Belin", wurde von *Thomas Mann* in dessen Anthologie der besten Kurzgeschichten aufgenommen.

■ **Muzej Jordan Jovkov** (Музей Йордан Йовков), Ul. General Gurko (Ул. Генерал Гурко) 4, Tel. 058-602213, geöffnet Mo–Sa 9–13, 14–18, Winter Mo–Fr 8.30–12.30, 13.30–17.30 Uhr, Eintritt 4 Lv.

Naturkundemuseum

Das Museum, westlich des Museums Jordan Jovkov in einem Park, illustriert mit ausgestopften Tieren, die in ihrem natürlichen Habitat arrangiert wurden, den Naturreichtum der Dobrudža-Region. Außerdem: die neuere Geschichte von Stadt und Umland.

■ **Muzej Prirodata na Dobrudža** (Музей Природата на Добруджа), Bul. Treti Mart (Бул. Трети Март) 1, Tel. 058-604381, geöffnet Mo–Sa 9–13, 14–18, Winter Mo–Fr 8.30–12.30, 13.30–17.30 Uhr, Eintritt 4 Lv.

Militärfriedhof

Fährt man auf dem Bul. 25-ti Septemvri (Бул. 25-ти Септември) vom Zentrum nach Norden, liegt etwa in Höhe des Stadions linker Hand der Militärfriedhof (Voenno Grobište/Военно Гробище),

Gänseaufmarsch bei Dobrič

der größte des Landes aus dem **Ersten Weltkrieg.** 3000 Soldaten aus sechs Nationen und mit vier Religionszugehörigkeiten haben auf ihm ihre letzte Ruhestätte gefunden, nachdem sie bei einer Schlacht 1916 gefallen waren. Eine Flaggenallee und das Ewige Feuer erinnern daran; die kleine Kapelle wurde 1921 errichtet.

■ **Voenno Grobište** (Военно Гробище), Bul. 25-ti Septemvri (Бул. 25-ти Септември) 53, geöffnet Mo–Sa 9–13, 14–18, Winter Mo–Fr 8.30–12.30, 13.30–17.30 Uhr, Eintritt 4 Lv.

Praktische Tipps

Unterkunft

2 Parkhotel Izida②, Gradski Park Sveti Georgi (Градски Парк Свети Георги), Tel. 058-600656, https://hotelizida.com. 2009 gebautes Haus im Stadtpark mit Tennisplätzen und weiteren Sportmöglichkeiten, Zimmern, Apartments und Hostelabteilung, Restaurant, Bar und Pool.

4 Villa di Poletta②, Ul. Hristo Botev (Ул. Христо Ботев) 1, Tel. 058-849000, www.villadipoletta.com. Modernes Familienhotel im Zentrum (an einer etwas lauten Kreuzung) mit gutem Restaurant. Elegante, aber ein bisschen in die Jahre gekommene Einrichtung.

1 Han Starija Dobrič②, im Ethnografischen Komplex, Tel. 058-690200, www.facebook.com/gostilnitsa. In einem Haus der Wiedergeburt wird man in alte Zeiten zurückversetzt. Zwölf Zimmer mit Bad sind einfach, aber angenehm eingerichtet und das Personal sehr zuvorkommend. Für die Unterkunft in Dobrič die erste Adresse, wenn man auch einmal etwas anderes als Drei-Sterne-Hotels ausprobieren will.

Essen und Trinken

UNSER TIPP: **1 Gostilniza Starija Dobrič,** gegenüber dem Hotel im Ethnografischen Komplex, Tel. 0888-131244, geöffnet 8–24 Uhr. Man sitzt draußen auf Holzbänken an der belebten Gasse, nach hinten raus ruhiger und im Winter im Gastraum. Serviert werden schmackhafte bulgarische Speisen vom Grill; das Personal ist allerdings zuweilen etwas unbeholfen.

UNSER TIPP: **3 Walnuts Live & Food,** Ul. Lozjata I-vi Pat (Ул. Лозята I-ви Пат) 9, Tel. 0877-700057, www.facebook.com/walnutsdobrich, geöffnet Di–So 10–24 Uhr. Stylisch und bunt mit mediterranen Kochideen auf hohem Niveau am Stadtpark; Terrasse ins Grün.

Verkehr

■ **Bahnhof,** Bul. Dobrička Eopeja (Бул. Добричка Еопея), 500 m westlich des Zentrums, Tel. 058-603078. Züge Richtung Sofija (София) und Varna (Варна).

■ **Bushof,** Ul. Rusija (Ул. Русия) 59, 500 m östlich des Zentrums, Tel. 058-690120, www.avtogara dobrich.com, Verbindungen u.a. nach Varna, Balčik, Albena, Silistra, Šumen (Варна, Балчик, Албена, Силистра, Шумен).

Gesundheit

■ **Hospital/Bolnica** (Болница), Ul. Panajot Hitov (Ул. Панайот Хитов) 24, Tel. 058-600488, www.mbal-dobrich.com.

Kombiticket Museen

Das Kombiticket für alle Museen der Stadt kostet 6 Lv (ohne Galerie).

Silistra (Силистра)

Die Stadt (45.000 Ew.) in einem Halbbogen der **Donau** mit zwei Fährverbindungen nach Rumänien besitzt nur wenig historische Bausubstanz. Plattenbauten umranden sie, und die Vororte ziehen sich am Ufer weit nach Westen. Silistra ist die östlichste bulgarische Stadt an der Donau, die sich an dieser Stelle von der Grenze löst und auf Rumäniens Boden in Richtung Schwarzes Meer fließt.

Wie üblich, prägt das Zentrum eine **Fußgängerzone,** deren Hauptachse in Silistra hohe Platanen schmücken. Am schönsten ist es an der dem Meer zugewandten Seite des Hauptplatzes mit Stadtpark, Uferpromenade, Spielplatz und frei zugänglichen Fundamenten aus dem Mittelalter.

309bu sk

Geschichte

Die Siedlungsgeschichte begann mit den Thrakern. Der römische Kaiser *Trajan* ließ im 1. Jh. die **Festung Durostorum** („Starke Burg“) errichten. Im Jahr 169 erklärte sie *Marc Aurel* zur Stadt.

Als sich das **Christentum** im Alten Rom breitmachte, sah Durostorum die letzten Versuche der Römer, dies zu verhindern. 303 ließ man den zum Christentum konvertierten Soldaten *Dasius* köpfen und den Bürger *Emilian* öffentlich verbrennen. Beide sprach der Papst heilig.

390 erblickte im inzwischen Bischofssitz gewordenen Durostorum **Aetius** das Licht der Welt, der zum erfolgreichen Feldherren heranwuchs und bei der Schlacht auf den Katalaunischen Feldern im heutigen Frankreich 451 das Vordringen der Hunnen beendete.

Im 6. Jh., unter byzantinischer Herrschaft, trug der Ort den Namen Dorostol und unter den Bulgaren den Namen **Drastar;** es entwickelte sich zum **reli-**

Überall, wo Baugruben ausgehoben werden, tritt die Vergangenheit ans Tageslicht

giösen Zentrum des Ersten Bulgarischen Reiches, als dieses das Christentum zur Staatsreligion erhob.

1413 eroberten die **Türken** die Stadt, und sie erhielt den heutigen Namen. Das osmanische Reich machte Silistra zu einem Eckpfeiler seiner militärischen Sicherung im Festungsviereck, neben Varna, Šumen und Rustšuk. In den Russisch-Türkischen Kriegen zwischen 1769 und 1830 sah sie deshalb mehrere wichtige Schlachten, was zu einer engen **Bindung an Russland** führte (eine ganze Anzahl der Einwohner wanderte nach Südrussland aus).

1913 fiel die Stadt an Rumänien, wurde 1916 von der Bulgaren zurückerobert und ging 1919 mit den Pariser Vorortverträgen wieder an das Nachbarland. 1940 kam sie endgültig zu Bulgarien.

Sehenswertes

Archäologisches Museum

Das Museum an der Verlängerung der Fußgängerzone nach Osten residiert in einem repräsentativen Gebäude aus dem beginnenden 20. Jh. und dokumentiert auf 400 m² die **Prähistorie, Antike und Mittelalter.** Zu sehen sind u.a. thrakischer Goldschmuck, eine römische Sonnenuhr aus Stein, Helme, Totenmasken und die Replika eines Reisewagens.

Die Sammlung an **Kreuzen** aus dem 10. bis 13 Jh. gilt als einzigartig.

■ **Arheologičeski Muzej** (Археологически Музей), Bul. Car Simeon Veliki (Бул. Цар Симеон Велики) 72, Tel. 086-822075, https://museumsilistra.com, geöffnet Sommer Mi–So, Winter Mo–Fr 9.30–12, 12.30–17 Uhr, Eintritt 2 Lv.

Ethnografisches Museum

In diesem Museum, vom Archäologischen Museum über die Ul. Dobrič (Ул. Добрич) nach Süden zugänglich, sind Gegenstände der **Region Dobrudža** in einem Wiedergeburtshaus aus der Mitte des 19. Jh. ausgestellt: Arbeitsgeräte, Trachten der Volksgruppe der Grebenci und Kukeri-Masken.

■ **Etnografska Ekspozicija** (Етнографска Експозиция), Ul. Otec Paisij (Ул. Отец Паисий) 37, Tel. 086-831142, https://museumsilistra.com, geöffnet Sommer Mi–So, Winter Mo–Fr 9.30–12, 12.30–17 Uhr, Eintritt 2 Lv.

Kunstgalerie

Die Galerie, gleich nördlich der Fußgängerzone gegenüber dem Theater, befindet sich in einem Gebäude im Sezessionsstil und legt ihren Schwerpunkt auf die **klassische bulgarische Malerei** mit Werken u.a. von *Vladimir Dimitrov* und *Zlatju Bojadžiev.* Auch zeitgenössische Kunst ist zu sehen.

■ **Hudožestvena Galerija** (Художествена Галерия), Bul. Car Simeon Veliki (Бул. Цар Симеон Велики) 35, Tel. 086-822039, geöffnet Mo–Fr 9–12.30, 13–17 Uhr, Eintritt 2 Lv.

Römisches Grab

Am südöstlichen Stadtrand Silistras ist das ausgezeichnet erhaltene **spätrömische Grab** aus dem 4. Jh. zu besichtigen. Es entstand für einen vermögenden heidnischen Patrizier mit vollflächiger Ausmalung, die einerseits geometrische

und pflanzliche Muster zeigt, andererseits aber auch Tiere und Menschen. Auf dem Hauptfresko ist der Verstorbene als römischer Kommandant in Prachtkleidung festgehalten.

■ **Rimska Grobnica** (Римска Гробница), Ul. 7-mi Septemvri (Ул. 7-ми Септември), Tel. 086-822075, geöffnet Mai–Sept. n. Voranmeldung, Eintritt 10 Lv.

Türkisches Sperrfort

Ein Spaziergang (25 Min., 80 Höhenmeter) führt südlich des Zentrums hinauf zum Fernsehturm, wo man das gut erhaltene **Türkische Sperrfort Abdul Medžidi** besichtigen kann. Dazu geht man vom Zentrum auf der Ul. Doktor Anastas Jankov (Ул. Доктор Анастас

Янков) nach Süden und nach gut 10 Min. an der Kreuzung mit dem Bul. Veliko Tărnovo (Бул. Велико Търново) die Treppen hoch Richtung Fernsehturm. Alternativ fährt man mit dem Wagen an die Westseite des Hügels und folgt den Schildern hoch (4 km). Das Fort wurde 1848 errichtet und gehörte zu einem Festungsgürtel aus sechs Forts, die im Russisch-Türkischen Krieg eine bedeutende Rolle spielten. 8 m hoch ragen die Mauern empor und bilden ein Hexagon.

Das Befestigungswerk geht auf den deutschen Militäringenieur **Helmuth von Moltke** zurück, der die Idee bei einem Besuch Silistras im Jahr 1837 entwickelte. Später wurde er Chef des preußischen Generalstabes und im Deutsch-Französischen Krieg von 1870/71 zum „Sieger von Sedan". Seinen **Namen** erhielt das Fort nach dem Besuch des Sultans *Abdulmecid* 1847.

Mit der **Schlacht von Silistra,** dem Beginn des Krimkrieges, erhielt die Festung 1853 ihre Feuertaufe; an der Schlacht nahm auch *Leo Tolstoj* teil. Die Legende besagt, dass man – um die Geheimnisse der Anlage zu wahren – die 300 bulgarischen Bauarbeiter nach Fertigstellung ins Exil zwang und den türkischen Chefingenieur *Ali Pascha* in Istanbul hängte.

■ **Krepost Abdul Medžidi Tabija** (Крепост Абдул Меджиди Табия), südl. Stadthügel, Tel. 086-822154, geöffnet April–Okt. 10–17.30 Uhr, Eintritt 5 Lv.

Silistra Umgebung

Srebărna

Srebărna (Сребърна), 18 km westlich von Silistra am Donauufer, ist mit seinem riedbestandenem, von der Donau gespeisten und von ihr nur durch einem Damm getrennten See eines der wichtigsten Rückzugsgebiete für **Pelikane.** Seit 1942 sind der See und seine Umgebung auf einer Fläche von 750 ha als Vogelbrutgebiet geschützt, das Fischen wurde dort verboten. 1983 wurde der See in die Liste des **Weltnaturerbes** aufgenommen, und seitdem gibt es auch ein Museum am Ufer. Heute umfasst das Schutzgebiet die Marsch und die angrenzenden Wälder mit ihren Eichen.

Neben Amphibien und Fischen leben hier über **220 Vogelarten** (54 nutzen den See als Brutgebiet). Zwei von ihnen stehen auf der Liste der bedrohten Arten: der Dalmatinische Pelikan *(Pelecanus crispus)* und der Silberreiher *(Egretta alba)*. Der See ist auch das wichtigste Rückzugsgebiet für die Zwergscharbe *(Phalacrocorax pygmeus)* und die Moorente *(Aythya nyroca)*. Die Rothalsgans *(Brantha ruficollis)* nutzt die Gegend als Überwinterungsplatz.

Wanderung um den See

Mit dem Fernglas bewaffnet, kann man den See zu Fuß umrunden. An der westlichen Seite stehen zwei **Beobachtungsplattformen,** von denen man aus 5 m Höhe einen guten Blick auf den riedumstandenen See hat, an einer gefassten Quelle kann man seinen Durst löschen. An der östlichen Seite stehen Bänke. Die flache und in weiten Abschitten schattenlose Wanderung über 15 km dauert

3–4 Std. (und man muss an der Südseite des Sees 45 Min. entlang der Hauptstraße nach Silistra laufen). Die beste Zeit für Birder sind die Monate Mai und Juni.

Museum für Naturgeschichte

Eine weitere Beobachtungsmöglichkeit bietet das **Naturgeschichtliche Museum** von Srebărna. Es zeigt die Fauna des Sees mit ausgestopften und in Vitrinen arrangierten Tieren. In der oberen Etage stehen den Besuchern Spektive zur Verfügung. Wenn nicht viel los ist, kann man fragen, ob man auf die Dachterrasse darf, von der aus man einen noch besseren Blick hat.

■ **Prirodonaučen Muzej** (Природонаучен Музей), Tel. 086-772469, www.facebook.com/museumsrebarna, geöffnet April–Sept. tgl. 8–18, Okt.–März Mo–Fr 8–16 Uhr, Eintritt 5 Lv.

Vetren

In dem kleinen Dorf Vetren (Ветрен), 6 km von Silistra Richtung Westen an der Donau, kann man **im Fluss baden,** und eine schön am Ufer gelegene Fischtaverne (Kraj Rekata, Sommer 10–24 Uhr) serviert Snacks.

■ **Riboloven Muzej** (Риболовен Музей), Anmeldung werktags unter Tel. 0889-441074, Eintritt frei.

Kirche Pokrov Bogorodičen

4 km von Srebărna Richtung Silistra führt eine 1 km lange Stichstraße zum Kirchlein der schützenden Muttergottes (Покров Богородичен), das nichts Besonderes ist, aber mit hübscher Dekoration ländliche Atmosphäre verströmt.

310bu sk

Praktische Tipps

Unterkunft/Essen und Trinken

3 Danube②, Pl. Svoboda (Пл. Свобода) 1, Tel. 086-877700, https://danube-hotel.com. Komforthotel mitten in der Stadt am Hauptplatz; 80 elegant eingerichtete Zimmer, zwei Restaurants mit Donaufisch auf der Karte, Spa-Zentrum unter ärztlicher Aufsicht mit Hallenbad, Business Center.

1 Nikulden, Ul. Pristaništna (Ул. Пристанищна) 2, Tel. 086-822214, geöffnet 10–24 Uhr. Direkt am kleinen Hafen speist man bulgarische Küche in einer gemütlich eingerichteten Holzkonstruktion. Auf der Karte stehen selbstverständlich Fische aus der Donau; schöne Aussicht.

2 Restaurant Istăr, Ul. Kapitan Krastev (Ул. Капитан Кръстев), Tel. 877-101880, www.restaurantistar.bg, geöffnet 8–24 Uhr. Restaurant am Ufer mit ausgezeichneter Küche und vornehmlich Fluss- und Meeresgetier (auch Sushi-Angebote).

Unterkunft/Essen und Trinken außerhalb

4 Pelican Birding Lodge②, Ul. Dunav (Ул. Дунав) 16, Vetren, Tel. 0889-427656, www.pelican-birding-lodge.com. Sieben komfortable Zimmer mit Klimaanlage in einem Weiler an der Donau; spezialisiert auf Fotoausflüge (von Schmetterlingen bis zum Schakal).

5 Diva, Ul. Dunav (Ул. Дунав) 19, Srebărna, 2, Tel. 0898-751418, geöffnet 6.30–23 Uhr. Das Restaurant mit kleiner Karte liegt am Ortseingang, bei gutem Wetter sitzt man auf der Terrasse; Lebensmittelgeschäft und Zimmervermietung (DZ ab 40 Lv) sind angeschlossen.

401bg fk

Verkehr

- **Bahnhof,** Pl. Albena (Пл. Албена), im Südwesten des Zentrums, Tel. 086-821802. Züge nach Kaspičan und weiter nach Varna bzw. Ruse und Sofija.
- **Bushof,** beim Bahnhof, Tel. 086-820280. Busse nach Tutrakan, Razgrad, Šumen und Dobrič.
- **Hafen,** Fährverbindungen nach Calarasi/Rumänien, Tel. Rumänien 0040-734-990011, www.ferryboatdanube.ro, Überfahrten finden im Sommer alle 30 Min. statt, Pkw 10 €, Motorrad 5 €.

Gesundheit

- **Hospital/Bolnica** (Болница), Ul. Petăr Mutafčiev (Ул. Петър Мутафчиев) 80, Tel. 086-818446, www.new.mbal-silistra.bg.

Šumen (Шумен)

Schon von Weitem sieht man die Stadt (75.000 Ew.) am Ufer des kleinen Flusses Poroina unterhalb eines hohen Felsplateaus, von dem weiß-grau die größte Denkmalanlage des Landes blinkt: das Monument der Gründer Bulgariens. Fährt man dann in die Stadt ein, gelangt man auf breite Boulevards mit ihren Grünflächen, die das Zentrum einrahmen.

Šumen hat im Vergleich zu den anderen Städten im Landesinneren einen unschätzbaren Vorteil: Es liegt nur 90 km von der **Küste** entfernt und ist mit Varna durch eine Autobahn verbunden. Auf diese Weise profitiert Šumen sehr stark vom Schwarzmeertourismus.

Doch davon abgesehen, hat die umtriebige Stadt einige der wichtigsten **Denkmäler** im Bestand, und in ihrer Nähe liegen die beiden Hauptstädte des Ersten Bulgarischen Reiches und der Reiter von Madara, der zum Weltkulturerbe gehört. Eine Visite ist schon deshalb unbedingt angesagt.

Aber auch die Atmosphäre, die **fast orientalische Atmosphäre** macht Šumen besuchenswert. Mehr als ein Drittel der Bewohner ist türkischstämmig, was das Flair in den Straßen und auf den Plätzen stark beeinflusst.

Die Festung von Šumen

311bu sk

Geschichte

Den Grundstein der Stadt legten die **Thraker,** die auf dem Plateau von Šumen eine Siedlung errichteten – sie folgten Bewohnern aus der Kupferzeit nach, die die Höhlenwelt der Hochebene bewohnten. Die **Römer** nutzten, ebenso wie die Thraker, den für die Verteidigung so ausgezeichneten Platz und errichteten eine Festung.

Ab dem 10. Jh. bauten die **Altbulgaren** Šumen zur Feudalstadt aus, Handwerk und Handel florierten, und der arabische Reisende *Idriss* beschrieb den Ort mit dem damaligen Namen Simeonis (eine Reminiszenz an Car *Simeon*) im Jahr 1153 als „uneinnehmbare Festung".

1388 konnten die **Türken** unter *Murad I.* dennoch die Stadt einnehmen. Nach dem Kreuzzug von 1444, bei dem das christliche Heer unter dem polnischen König *Vladislav Varnenčik* bei Varna geschlagen wurde, zerstörten die Osmanen die Stadt auf dem Plateau und begannen an dessen Flanke den Neubau. Und Šumen sollte bis 1878 in ihrem Besitz bleiben. Mehrfach griffen **russische Armeen** erfolglos die Stadt an (1774, 1810 und 1828). Die Türken nannten sie daraufhin Gazi – „Siegreiche". Auch 1878 konnte die Stadt nicht im direkten Angriff gestürmt werden, sondern kapitulierte schließlich nach einer Belagerung.

Sehenswertes

Historisches Museum

UNSER TIPP: Das Historische Museum, wenige Schritte östlich von der Touristeninformation, zeigt mit seiner Sammlung im Kleinen, was das Denkmal über der Stadt im Großen ausdrückt: Die Geschichte Bulgariens über die Jahrtausende – eine der wichtigsten Sammlungen des Landes. Die Ausstellung in dem modernen Gebäude gliedert sich in Prähistorie, Antiquitäten, Mittelalter, Geschichte vom 15. bis zum 19. Jh., Wiedergeburt, Christliche Kultur und Schatzkammer. Abgedeckt werden damit sieben Jahrtausende Vergangenheit.

Beachtenswert sind insbesondere die Knochenschnitzereien aus dem 4. Jt. v. Chr., das thrakische Grabmal, ein thrakischer Streitwagen sowie die mittelalterlichen Funde aus Preslav und Pliska und aus den archäologischen Zonen von Madara. In der Schatzkammer befinden sich auch Waffen und Münzen und die bedeutendste Siegelsammlung aus dem südosteuropäischen Mittelalter.

■ **Istoričeski Muzej** (Исторически Музей), Bul. Slavjanski (Бул. Славянски) 21, Tel. 054-875487, www.museum-shumen.eu, geöffnet April–Okt. 10–18 Uhr, Nov.–März Di–Sa 9–17 Uhr, Eintritt 5 Lv, geführte Tour auf Englisch 15 Lv, Kombiticket mit städtischen Museen, Pliska, Madara und Festung 15 Lv (3 Tage gültig).

Hausmuseum Pančo Vladigerov

Um die Hausmuseen der Stadt zu besuchen, geht man am besten vom Historischen Museum nach Westen, bis rechter Hand die Ul. Car Osvoboditel (Ул. Цар Освободител) abgeht. An ihr steht das Hausmuseum Pančo Vladigerov. Der Namensgeber (1899–1978) war Komponist, Dirigent und Pädagoge. Er studierte in Berlin und hatte internationale Enga-

Šumen

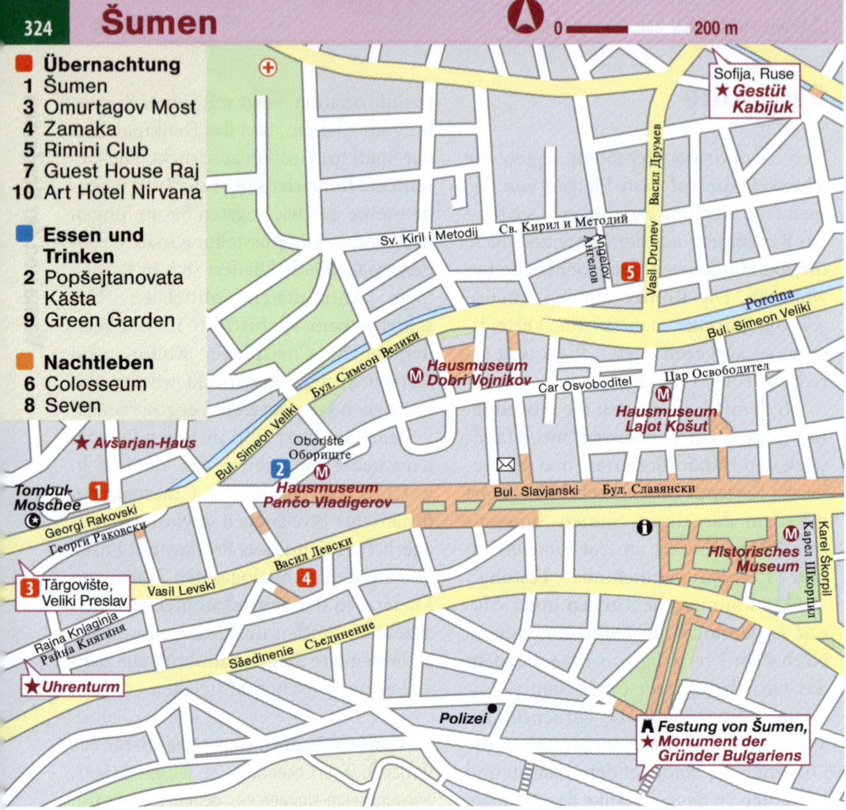

gements, u.a. in den 1920ern bei *Max Reinhardt* am Deutschen Theater. Seine Symphonien und Kammermusikwerke genießen weltweite Reputation. Im Musiksaal des Museums finden Aufführungen seiner Werke statt.

Kăšta-Muzej Pančo Vladigerov (Къща-Музей Панчо Владигеров), Ul. Car Osvoboditel (Ул. Цар Освободител) 136, Tel. 054-872123, geöffnet April bis Okt. Di–So 9–12, 13–18, Nov. bis März Mo–Fr 9–17 Uhr, Eintritt 3 Lv (Kombiticket 15 Lv).

Hausmuseum Dobri Vojnikov

Wenige Schritte führen zum Fluss, dem man nach rechts folgt. Nach einigen Metern gelangt man zum Hausmuseum Dobri Vojnikov. In dem Vorgängerbau wurde im Jahr 1833 der **Komponist, Dirigent und Dichter** geboren, Urheber des ersten bulgarischen Dramas, „Stojan Voivoda“. Mit Dokumenten, Fotos und persönlichen Gegenständen ist sein Leben nachgestellt. Auch das Gebäude ist als typische Wiedergeburtsarchitektur sehenswert.

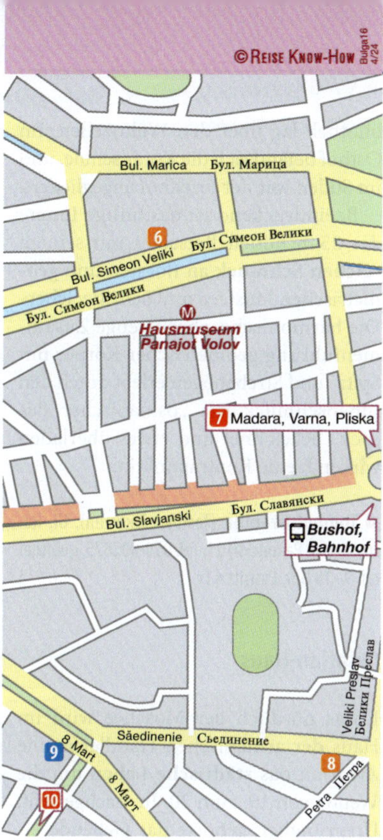

■ **Kăšta-Muzej Dobri Vojnikov** (Къща-Музей Добри Войников), Ul. Car Osvoboditel (Ул. Цар Освободител) 157, Tel. 054-876897, geöffnet April–Okt. Di–So 9–12, 13–18 Uhr, Nov.–März Mo–Fr 9–17 Uhr, Eintritt 3 Lv (Kombiticket 15 Lv).

Hausmuseum Lajot Košut

Die nächste Station ist das Hausmuseum Lajot Košut. Die Inneneinrichtung entspricht dem typischen **Mobiliar** einer reichen **Kaufmannsfamilie** aus der Mitte des 19. Jh. Tatsächlich gehörte das Haus dem Händler *Dimitraki Hadžipanev.* In ihm lebte während der ungarischen Aufstände in den 1840er Jahren der **ungarische Revolutionär** *Košut* im Exil. Das Museum ist eine obligatorische Pilgerstätte für die ungarischen Touristen im Lande.

■ **Kăšta-Muzej Lajoš Košut** (Къща-Музей Лайош Кошут), Ul. Car Osvoboditel (Ул. Цар Освободител) 115, Tel. 054-877209, geöffnet April–Okt. Di–So 9–12, 13–18, Nov.–März Mo–Fr 9–17 Uhr, Eintritt 3 Lv (Kombiticket 15 Lv).

Hausmuseum Panajot Volov

Der Straße weiter folgend, gelangt man schließlich zu diesem Hausmuseum, das einem der Helden des **Aprilaufstandes** gewidmet ist. *Volov* starb 1876 im Alter von 26 Jahren in den Fluten der Jantra bei Bjala, als er versuchte, den Türken zu entkommen. Er gilt als einer Lichtgestalten der Wiedergeburt, und das Stadion von Šumen ist nach ihm benannt.

■ **Kăšta-Muzej Panajot Volov** (Къща-Музей Панайот Волов), Ul. Car Osvoboditel (Ул. Цар Освободител) 16, Tel. 054-863429, geöffnet April–Okt. Di–So 9–12, 13–18, Nov.–März Mo–Fr 9–17 Uhr, Eintritt 3 Lv (Kombiticket 15 Lv).

Tombul-Moschee

Westlich des Hausmuseums Pančo Vladigerov steht die Tombul-Moschee. Sie entstand zwischen 1740 und 1744 und ist nicht säkularisiert. Das mit offiziellem Namen **Šerif-Halil-Paša-Moschee** genannte islamische Gotteshaus gilt als zweitgrößtes des Balkans und als größtes

082bu sk

Bulgariens, eines der schönsten ist es sicherlich. Das Bauwerk mit seinem 40 m hohen Minarett und einer Fläche von 1730 m² ist von Weitem sichtbar. „Tombul“ leitet sich aus dem Türkischen ab und bezeichnet die **bauchige Form** der das Gebäude dominierenden Kuppel über dem Hauptsaal. Um den Betsaal sind mehrere Gebäude mit Höfen gruppiert, die **Medrese** (religiöse Universität) und die **Koranschule.** Die **Bibliothek** des Komplexes besaß einst einen Bücherbestand von über 5000 Manuskripten. Im Zentrum des Haupthofes steht das **Brunnenhaus** für die vorgebetlichen rituellen Waschungen.

Man betritt dem Komplex durch den Vorhof und gelangt von diesem entweder in die Moschee oder in den zweiten Hof mit der Medrese und ihren Wohnzellen hinter den drei Arkaden. Die Bibliothek lag über den Wohnzellen. Im Osthof befand sich die Koranschule, und im Süden war der Friedhof angegliedert.

Beeindruckend ist das luftige Innere des 25 m hohen Betsaales mit seinem **reichen Schmuck** an floralen und geometrischen Mustern und Schriftzeichen. Die harmonische, aber strenge Zusammenführung geometrischer Körper mit Spitz- und Strebebögen erlebt durch den Innenschmuck, als „osmanischer Barock“ bezeichnet und etwas überladen wirkend, eine Kontrapunktion.

■ **Tombul Džamija** (Томбул Джамия), Ul. Rakovski (Ул. Раковски) 21, Tel. 054-802875, geöffnet tgl. 9–18 Uhr, Eintritt 4 Lv.

Avšarjan-Haus

Etwas nördlich der Moschee wird im Haus der armenischen Händlerfamilie *Avšarjan* das **städtische Leben** um die Wende von 19. zum 20. Jh. nachgestellt. Ursprünglich gehörte das Gebäude einem türkischen Adligen.

■ **Kompleks Avšarjan** (Комплекс Авшарян), Ul. Stara Planina (Ул. Стара Планина) 14, geöffnet April–Okt. Di–So 9–12, 13–18 Uhr, Nov.–März Mo–Fr 9–17 Uhr, Eintritt 2 Lv (Kombiticket 15 Lv).

◁ Der Haupthof der Tombul-Moschee

▷ Hier ist alles vertreten, was in der bulgarischen Geschichte Rang und Namen hat: das Gründerdenkmal in Šumen

Uhrenturm

Am anderen Ufer des Flusses steht seit 1740 der Uhrenturm. Sein Uhrwerk wird jeden zweiten Tag gespannt, jede Stunde schlägt die Glocke. Dem Turm ist verblüffenderweise ein Brunnen verpasst worden.

■ **Časovnikova Kula** (Часовникова Кула), Ul. Car Samuil (Ул. Цар Самуил).

Monument der Gründer Bulgariens

Das **Monument** schwebt hoch über Šumen am Rande des Plateaus. Bei gutem Wetter ist das Bauwerk schon aus 30 km Entfernung zu sehen. Man fährt entweder auf breiter Straße in einer weiten Kurve hinauf oder nimmt die **1300 Stufen** in Angriff (Symbol für 1300 Jahre Bulgarien). Die Treppe beginnt hinter dem Historischen Museum, wo auch die Fahrstraße ihren Ausgang hat. 50.000 m³ Beton, 2400 t Armierung und 2600 m³ Granit wurden bis 1981 verbaut. Es entstand das **größte Monumentaldenkmal der Balkanhalbinsel.**

Zwei massive, verwinkelt zueinander stehende Bauteile bilden mehrere Plätze. An ihnen sind in Gruppen die **Prinzen und Könige** des Landes zu sehen. Ein Löwe schließt das Monument in 50 m Höhe ab. Verewigt sind Kan *Asparuh,* der Staatsgründer, der sein Schwert in den Boden schlug, Symbol für die Landnahme. Die drei Kans *Tervel,* der Diplomat, *Krum,* der Gesetzesschmied, und *Omurtag,* der Erbauer, sind zu einer Gruppe zusammengefasst. *Boris I.,* der das Christentum zur Staatsreligion machte, ist in kreuzförmiger Gestalt zu sehen. Car *Simeon I.,* Begründer des Goldenen Zeitalters, wird von Literaten, Priestern und Kriegern flankiert.

Ein Monumentalmosaik referiert die drei Phasen der **bulgarischen Schrift,** die Runen der Protobulgaren, die Glagolica und schließlich das Kyrillische.

312bu sk

■ **Kompleks Suzdateli na Bălgarskata Dăržava** (Комплекс Създатели на Българската Държава), Tel. 054-872107, tgl. 9–19 Uhr, 4 Lv.

Die Festung von Šumen

Die Festung liegt ebenfalls am Rand des Plateaus westlich der Stadt. 5 km durch dichten Wald auf einer asphaltierten Straße führen zu ihr hoch. Zur Stadt hin wurden die Mauern und Befestigungswerke teilweise rekonstruiert und geben nun einen Eindruck von der Größe der Anlage.

Auf dem Gebiet der Festung konnten **Siedlungsnachweise** geführt werden, die in die neuere Steinzeit (3500 v. Chr.) verweisen. Auch aus der frühen Eisenzeit (11. Jh. v. Chr.) wurden Artefakte gefunden. Zeugnisse von Thrakern und Römern sind ja in Bulgarien schon selbstverständlich. Die Festung spielte während des Ersten und des Zweiten Reiches eine bedeutende Rolle.

Man achte auf den inneren **Verteidigungsring,** der den Palast des Gouverneurs sicherte. Neben den Fundamenten der Wohngebäude sind auch die typischen Fundamente der **Kirchen** mit ihren Apsiden zu sehen.

■ **Šumenska Krepost** (Шуменска Крепост), Tel. 054-800381, geöffnet April–Okt. tgl. 9–19, Nov.–März tgl. 9–17 Uhr, Eintritt 4 Lv (Kombiticket 15 Lv).

Šumen Umgebung

Gestüt Kabijuk

Erstes Ziel ist das für die Zucht von Edelpferden **älteste Gestüt** des Landes. Es liegt nordöstlich von Šumen. 2,5 km auf der Fernstraße Richtung **Carev Brod** (Царев Брод), biegt man gleich hinter dem Dorf Makak (Макак) nach Westen Richtung Konyovec (Коньовец) auf eine 5 km lange Stichstraße ab. Hier hatte sich Fürst *Battenberg* 1882 eine kleine Sommerresidenz errichten lassen.

Eine kleine **Kirche** zeigt eine Ikonenausstellung, die **Residenz** selbst wird nicht gerne präsentiert, da sie stark **renovierungsbedürftig** ist. Das riesige Gestüt liegt inmitten eines von weiten Feldern umgebenen Parks und weckt seit Jahren den „Appetit" von einigen schnell zu Geld gekommenen Bulgaren, die auf dem Weg der „Privatisierung" – um es freundlich auszudrücken – an Latifundien gelangen wollen. Da aber auch Politiker an der Zuchtanstalt verdienen, ist es zu einer Pattsituation gekommen, und so wird, wie häufig, nicht investiert, sondern von der Substanz gelebt.

In dem Gebäude, in dem die Soldaten wohnten, die man zur Versorgung der Pferde abkommandiert hatte, ist heute das **Pferdemuseum** untergebracht. Es stellt die Kutschen von *Battenberg* und all die Preise aus, welche die im Gestüt geborenen arabischen und bulgarischen Rassepferde gewonnen haben.

■ **Muzej na Konja** (Музей на Коня), Kabijuk (Кабиюк), Tel. 054-801050, www.kabiuk.net, geöffnet Mo–Fr 9–16 Uhr, Eintritt frei.

Nationalreservat Pliska

Pliska, die **Hauptstadt des Ersten Bulgarischen Reiches,** liegt 25 km nordöstlich von Šumen beim heutigen Dorf Pliska (Плиска). Bei Kaspičan (Каспичан) verlässt man die Hauptstraße Richtung Varna (Варна) und fährt 5 km nach Norden; in Pliska folgt eine Stichstraße, der man 3 km nach Nordosten folgt. Sie endet am Nationalreservat.

Für die **Besichtigung** sollte man 1 bis 2 Std. einkalkulieren, am besten morgens oder in den späten Nachmittagsstunden.

Von 681 bis 893 war Pliska das Zentrum des Ersten Bulgarischen Reiches. Gegen Ende seiner Blütezeit bedeckte die Stadt eine Fläche von 23 km². **Drei konzentrische Festungsgürtel** beschützten sie. Der äußere Verteidigungsring bestand aus einem Graben mit Wall, die Innenstadt hatte Trapezform und wurde von 2,60 m dicken Mauern geschützt, die bis 12 m aufragten und an den Ecken mit 14 m hohen Rundtürmen und an den Seiten mit je zwei mehreckigen Türmen bewehrt waren. An jeder der vier Seiten erlaubte ein zweiflügeliges Tor den Zugang. Eine Leitung von 8 km Länge stellte die Wasserversorgung sicher.

Man betritt vom Parkplatz mit dem Kassenhäuschen durch eines der rekonstruierten Stadttore (Osttor) die innere Stadt und erhält damit als Amuse-Gueule einen ersten Eindruck von der ganzen Anlage. Hinter den Mauern lagen die öffentlichen Bauten, die Paläste und heidnischen Tempel, später wichtige Kirchen.

Man gelangt auf breitem, gepflasterten Weg durch ein Baumspalier zur **Zitadelle.** Der Thronsaal an der Südostecke der Zitadelle war der wichtigste Repräsentationsbau von Kan *Omurtag,* entstanden um 812, als der Vorgängerbau, der Große Palast von Kan *Krum,* abgebrannt war. Der **Thronsaal** maß 52 mal 27 m und war als zweigeschossiger Bau aus Steinquadern und Ziegeln in Form einer dreischiffigen Basilika errichtet worden. Der Thron stand in der Apsis, das „Kirchenschiff" war der Empfangssaal. Dem Thronsaal benachbart standen der sogenannte **Kleine Palast** und die um 865 errichtete **Hofkirche.**

Die zur gleichen Zeit entstandene **Erzbischofbasilika** an der südwestlichen Ecke der Zitadelle war der bedeutendste Kirchenbau. Das gewaltige Bauwerk, dreischiffig und eine Fläche von 29,50 mal 99 m bedeckend, galt als prächtigste Kirche ihrer Zeit und ist noch heute Symbol für die Christianisierung Bulgariens.

■ **Nacionalen Istoriko-Arheologičeski Reservat Pliska** (Национален Историко-Археологически Ресерват Плиска), Tel. 05323-2012, geöffnet tgl. 8.30–19 Uhr, Nov.–März 8.30–17 Uhr, frei zugänglich, Eintritt 5 Lv (Kombiticket 15 Lv).

Das Gehöft des Kyrillischen

Auf der Rückfahrt könnte man nach 4 km im Dorf **Pliska** Station machen und sich das **kyrillische Alphabet** in richtig groß anschauen – wenn auch der Eintritt für das Gebotene doch recht üppig ist. Eine Bildergalerie zeigt die wichtigsten Ereignisse im Zusammenhang mit der Bekehrung der Bulgaren, der Entwicklung des Kyrillischen und seine Verbreitung in der slawischen Welt.

■ **Dvorăt na Kirilicata** (Дворът на Кирилицата), Tel. 0897-949718, www.дворнакирилицата.bg, geöffnet tgl. 9–18 Uhr, Eintritt 10 Lv.

Nationalreservat Madara

Madara liegt 16 km östlich von Šumen und ist auf einem Abstecher von 5 km Länge von der Hauptstraße nach Varna erreichbar. Die Straße führt unterhalb des Reiters vorbei, am Parkplatz erwehren sich Souvenirstände und mehrere Cafés und Lokale des Ansturms der Touristen.

Der **Reiter von Madara** ist seit 1979 Weltkulturerbe, wenn auch schon recht verwittert und bei direkter Sonnenbestrahlung nur schwer zu erkennen (und von unten hinter Baumkronen versteckt überhaupt nicht). Auch von der Aussichtsplattform direkt unter ihm sieht man ihn am besten in den Abendstunden, wenn das in den Fels gehauene Flachrelief von den schräg auftreffenden Strahlen herausgearbeitet wird.

Der Reiter befindet sich an einem Felsplateau von 95 m Höhe, das bereits während des Neolithikums besiedelt war und wo sich ein thrakisches Heiligtum an einer Quelle befand, an der auch die alten Römer dem Nymphenkult huldigten. Eine ausgedehnte Villenanlage aus dieser Zeit und mittelalterliche Ruinen sind ebenfalls in dem Reservat zu finden. Man nehme sich also mindestens 3 Std. Zeit für einen Besuch. Eine kleine Ausstellung am Parkplatz informiert über die gesamte archäologische Zone. Ein markierter **Rundweg** von 4 km passiert alle sehenswerten Stellen.

Über eine Treppenanlage erreicht man nach 226 Stufen die **Aussichtsplattform** unterhalb des in 23 m Höhe aus dem Fels gehauenen Reiters. Im beginnenden 8. Jh. hat sich hier ein **Can** in Lebensgröße für die Nachwelt erhalten, mit Pferd 2,85 m – das einzige Monumentalrelief Europas aus dieser Zeit. Mit einer Lanze erwehrt er sich eines Löwen, sein Hund begleitet ihn. Die genaue Datierung ist nicht möglich, und auch die Identität der dargestellten Person ist umstritten. Man geht davon aus, dass es Kan *Krum* ist, andere Stimmen sprechen von Kan *Tervel.*

Südlich des Reiters und ebenfalls über eine Treppe ereichbar, sind einige der über 150 **Höhlen** an der Felsklippe zu sehen. Die Höhlen waren Wohnort der ersten Siedler und wurden im Mittelalter als Kloster genutzt. Die **Kleine Höhle** war Fundort der ältesten Artefakte in der Zone, die **Große Höhle (der Nymphentempel)** gilt noch heute als magischer Ort, und im Sommer finden in ihr **Konzerte** statt.

Oberhalb an der Klippe (und nach 400 Stufen) stehen die Reste der mittelalterlichen **Festung** Madara, die, ab dem 5. Jh. errichtet, bis ins ins 14. Jh. bestand und schließlich von den Türken erobert wurde.

Die Ruinen der **Römischen Villa** liegen im Westen des Parkplatzes. Das Wohnhaus des ländlichen Gutes besaß 43 um einen Hof angelegte Räume.

Nördlich des Reiters kommt man zu einem **mittelalterlichen Komplex** mit einer **Kirche** protobulgarischen Ursprungs, später mit einer Basilika überbaut und bis zum 14. Jh. von einem Kloster umgeben, und zum **Felsentempel,** einer heidnischen Kultstätte. Der monolithische Felsen ist von einer Mauer umgeben.

Nacionalen Istoriko-Arheologičeski Reservat Madara (Национален Историко-Археологически Ресерват Мадара), Tel. 05313-2095, geöffnet tgl. 8.30–20 Uhr, Nov.–März 8.30–17 Uhr, Eintritt 5 Lv (Kombiticket 15 Lv).

Archäologische Zone Veliki Preslav

Veliki Preslav war nach Pliska die **Residenzstadt** der Bulgaren. Ihre **Ruinen** liegen 17 km südwestlich von Šumen.

080bu sk

3 km hinter dem Abzweig nach Preslav gelangt man an eine Brücke, die man überquert. Nach 1 km (an einem Hotel mit Restaurant vorbei) folgt die Ausgrabungsstätte.

Die archäologische Zone ist recht ausgedehnt und besitzt **zwei Informationszentren,** wo die Eintrittskarte zu lösen ist: bei der Runden Kirche und 400 m weiter beim Palast. Das Museum befindet sich am Ende der Zone 1000 m nördlich des Palastes. Auf dem Weg dorthin passiert man die auffällige **Denkmalkirche Sv. Sv.Kiril i Metodij** (Bauzeit 1897–1918).

⌃ Der Reiter von Madara

Preslav war **ab 893** unter *Simeon I.* offiziell die **Hauptstadt Bulgariens,** obwohl man bereits ab 821 begann, sie hierher zu verlegen. 972 wurde die Stadt durch byzantinische Truppen zerstört, der Regierungssitz bis zum Ende des Reiches nach Ochrid verlegt.

Preslav – mit 3,5 km^2 deutlich kleiner als Pliska – besaß aber eine ähnliche Anlage mit einem äußeren Verteidigungswerk, einer Mauerbefestigung um die Innenstadt und einer Zitadelle. Car *Simeon* machte die Stadt zum politischen und kulturellen Zentrum des Landes, wobei besonders die Verbreitung der slawischen Literatur von Bedeutung war.

Oberhalb des Informationszentrums steht eines der wichtigsten Bauwerke aus dem Mittelalter – die **Runde Kirche** (Krăgla Cărkva/Кръгла Църква), auch „Goldene Kirche“ genannt. Ihr zweiter Name verdankt sich wohl dem reichen Schmuck aus Silber und Gold, den der Schriftsteller *Johannes Exarchos* bereits im 10. Jh. nicht nur für die Kirche, sondern für die ganze Stadt beschrieb. Die blendend weißen Mauerreste der Kirche geben immer noch einen Eindruck von der Pracht und der harmonischen Konstruktion. Die Entstehungszeit ist nicht genau datierbar, lag aber wohl im frühen 10. Jh. Zentrales Bauwerk ist die **Rotunde** mit einem Durchmesser von 11 m und zwölf Pfeilern mit tiefen Nischen, die den oberen, im Durchmesser kleineren Baukörper trugen, der mit einer Kuppel abschloss. Westlich schließt die **Vorhalle** an, der Narthex, rechteckig und mit zwei Säulenpaaren in drei Schiffe gegliedert. Das quadratische **Atrium,** ebenfalls mit tiefen Nischen und vorgesetzten Pfeilern, entstand wohl in einer zweiten Bauphase. Man konnte es durch drei Tore betreten, in seiner Mitte war ein Brunnen eingelassen. Das Innere hatte man mit Keramikplatten und Mosaiken verkleidet.

Die Innenstadtmauern schützten den **Palast** von Car *Simeon,* einen Komplex aus mehreren Gebäuden, darunter der zweigeschossige, rechteckige **Thronsaal** für Repräsentationszwecke. Dieser war im unteren Bereich in drei Längsschiffe geteilt, in der ersten Etage in eine Vorhalle und den eigentlichen Thronsaal. Nördlich daneben stand der **Kleine Palast,** den der Car bewohnte.

Grabungen finden immer noch kontinuierlich statt, es werden immer wieder neue Entdeckungen gemacht. Ein **Spaziergang** über die Hügel ist in den kühleren Abendstunden ein angenehmer Zeitvertreib.

Das **Museum** zeigt in seiner Ausstellung eine Auswahl der Funde in der Archäologischen Zone; viele Stücke wurden auch nach **Sofija** gebracht und sind im dortigen Archäologischen Museum ausgestellt. Zu sehen sind unter anderem die fein gearbeiteten und variantenreichen Gesimsprofile der Bauwerke. Beachtenswert ist auch die Keramik-Ikone aus dem 9. Jh., die den heiligen Teodor darstellt, und die Schatzkammer mit ihrem mittelalterlichen Gold- und Silberschmuck.

■ **Nacionalni Istoriko-Arheologičeski Muzej Veliki Preslav** (Национални Историко-Археологически Музей Велики Преслав), Tel. 053-843243, www.museum-velikipreslav.com, geöffnet im Sommer Mo–Fr 9–18, Sa/So 10–18, Nov. tgl. 9–17, Dez.–März Sa/So 9–17 Uhr, Grabungsstätte frei zugänglich, Eintritt 6 Lv (Museum und Grabungsstätte).

Salla Estate Winery

■ **Blaskovo** – 30 km südöstlich von Madara, Tel. 0879-833366, www.salla.bg.
■ **Weinregion Schwarzes Meer,** Rebfläche 30 ha, Kellermeister *Anelia Hristakieva.*
■ **Rote Rebsorten:** Cabernet Franc, Pinot Noir.
■ **Weiße Rebsorten:** Riesling, Sauvignon Blanc, Traminer, Chardonnay, Vratchanski Misket.
■ **Herausragende Weine:** Salla Estate Cabernet Franc, Salla Estate Riesling, Blaskovo Vineyards Pinot Noir.
■ **Touristisches Angebot:** Führung und Weinverkostung nach Voranmeldung werktags 9–16 Uhr, 3 Weine und Häppchen 20 Lv, Führung mit 3 Weinen und Lunch (Do, Fr, So 13.30 Uhr) 48 Lv, ebenfalls angeboten: Unterkunft und Essen.

313bu sk

Praktische Tipps

Information

- **TIC,** Kiosk am Rathaus, Bul. Slavjanski (Бул. Славянски) 17, 9700 Šumen, Tel. 054-857773, https://visitshumen.bg, geöffnet Mo–Fr 8.30–17.30 Uhr.
- **Museen:** www.museum-shumen.eu.

Unterkunft

1 Šumen②-③, Pl. Oborište (Пл. Оборище) 1, Tel. 0887-166188, www.hotel-shumen.com. Sozialistische Betonburg mit 200 Zimmern, großteils renoviert. Mit Sauna, Hallenbad und mehreren Restaurants; viele Geschäftsleute und Reisegruppen.

10 Art Hotel Nirvana③, Ul. Nezavisimost (Ул. Независимост) 25, Tel. 054-800127, www.hotelnirvana.bg. Elegantes Boutique-Hotel mit nur acht Zimmern in ruhiger Lage in einem Wohnviertel – ausgezeichnetes Restaurant.

5 Rimini Club③, Ul. H. Angelov (Ул. Х. Ангелов) 2, Tel. 0888-266553, www.riminiclub.com. Apartments und Zimmer in einem Haus aus der Gründerzeit im Zentrum, elegant eingerichtet, kleiner Hof und Terrasse, gutes italienisches Restaurant.

4 Zamaka②, Ul. Vasil Levski (Ул. Васил Левски) 17, Tel. 054-800409, www.zamakbg.eu. Zwölf Zimmer und Apartments mit Internet, TV und Minibar im Zentrum, Familienhotel mit Restaurant, Garten.

Unterkunft außerhalb

7 Guest House Raj①-②, Kjulevča (Кюлевча), Ul. Car Simeon (Ул.Цар Симеон) 12, Tel. 0888-474368, www.house-rai.com. Sieben Zimmer mit eigenem Bad in einer netten Anlage, in einem kleinen Dorf, 4 km vom Madara-Reiter entfernt, unterhalb von Felsklippen; sehr ruhig und angenehmes Sitzen im Garten (Abendessen nach Vorbestellung).

3 Omurtagov Most①, am Abzweig von der N7 zur Zone Veliki Preslav, Tel. 053-842112, www.facebook.com/omurtagov.most.hotel.restorant. Einfaches Hotel, acht Zimmer mit Bad und TV, sauber; großes Restaurant mit einem schönen und schattigen Garten an einem Flüsschen.

Essen und Trinken

2 Popšejtanovata Kăšta, Ul. Car Osvoboditel (Ул. Цар Освободител) 158, Tel. 054-802222, www.facebook.com/PopsheytanovaKushta, geöffnet 10.30–23.30 Uhr. In einem hübschen, etwas vom Straßenniveau heruntergesetzten Gebäude im Wiedergeburtsstil mit einer großen Terrasse werden Spezialitäten serviert: Grillspeisen, Lamm und ein ausgezeichneter panierter Käse.

9 Green Garden, Pl. Aleksandăr Stamblijski (Пл. Александър Стамблийски) 20, Tel. 054-992288, www.greengardenmenu.com, geöffnet 12–23 Uhr. Hotel-Restaurant mit Anspruch auf Eleganz, bulgarische und internationale Gerichte.

Carev Brod Winery

■ **Carev Brod** – 10 km nordöstlich von Šumen, Tel. 0889-266897, www.tsarevbrod.com.
■ **Weinregion Donauebene,** Rebfläche 27 ha, Kellermeister *Nikolaj Krastev.*
■ **Rote Rebsorte:** Pinot Noir.
■ **Weiße Rebsorten:** Chardonnay, Gergana, Sauvignon Blanc, Riesling, Traminer.
■ **Herausragende Weine:** Carev Brod Reserve Pinot Noir, Carev Brod Amber Harvest Riesling, Gergana (Dimiat x Muskat Ottonel Kreuzung).
■ **Touristisches Angebot:** Führung und Weinverkostung nach Voranmeldung werktags 9–17 Uhr, keine Weinprobenpakete, Kosten werden individuell bestimmt.

Nachtleben

6 Colosseum, Bul. Simeon Veliki (Бул. Симеон Велики) 38, Tel. 0887-716164, www.facebook.com/ColosseumOficial. Die größte Disco am Ort zieht junges Publikum an; Do–So gibt es House und Techno.
8 Seven, Ul. Petra (Ул. Петра) 1, Tel. 0887-094 066, www.facebook.com/barclubseven. Gemischtes Publikum, bringt Fr und Sa Techno auf den Plattenteller.

Verkehr

■ **Bahnhof,** Bul. Madara (Бул. Мадара), direkt im Osten des Zentrums, Tel. 054-860155. Verbindungen nach Varna (Варна), Sofija (София) und in den Süden (Jambol/Sliven – Ямбол/Сливен).
■ **Bushof,** gegenüber dem Bahnhof, Tel. 054-830890. Busse nach Varna (Варна), Sofija (София), in den Norden und nach Madara.

Gesundheit

■ **Hospital/Bolnica** (Болница), Ul. Vasil Aprilov (Ул. Васил Априлов) 63, Tel. 054-855755, www.mbal-shumen.com.

402bg fk

☐ Eingang zum Archäologischen Museum Veliki Preslav

☐ Statue am Monument der Gründer Bulgariens

335bu sk

6

Burgas und der Südosten

»Zahlreiche Ferienresorts mit feinsandigen Stränden, geschichtsträchtige Städte oder Wanderungen im Strandža-Gebirge – der Vielfalt der Urlaubsgestaltung im Südosten Bulgariens sind keine Grenzen gesetzt, und sie ist insbesondere für Individualisten überaus attraktiv.

‹ Der Badeort Černomorec profitiert von der Nähe zu Sozopol

322 ŠUMEN
Madara
Kjulevča
Tărgovište
Shumensko Plato Naturpark
Stražica
Jaz. Jastrebino
Moravka
Preslavsko Planina
Veliki Preslav
Ivanski
Antonovo
Omurtag
Archäologische Zone Veliki Preslav
331
Smjadovo
Kenovo
Jaz. Tiča
Dragoevska Planina
Stara reka
G e r l o v o
Vărbica
Marjan Winery
Elena
Majsko
Kotlenska Planina
403
Kotel
Vărbiška Planina
Jaz. Kamčija
Luda Kamčija
Razbojna 1128
406
Žeravna
Karnobatska
Slivenska Planina
Gradec
Eleno-Tvărdiška Planina
400
Sinite Kamani Naturpark
Karandila
Ičera
Futula-Wasserfall
Stidovska Planina
Sungurlare
397
Minkov Brothers Wine Cellar
Tvărdica
Šivačevo
396
SLIVEN
Terzijski Bair
Karnobat
Zimnica
Straldža
Jaz. Žrebčevo
Nova Zagora
Kermen
413
410
Archäologischer Park Kabile
Jambol
Bakadžicite
415
Edoardo Miroglio Winery
Tamarino
Draka
Tundža
Novoselec
Jaz. Ovčarica
Radnevo
Skalica
Maca
Manastirski Vǎzv.
Polski gradec
Elhovo
Boljarovo
Jaz. Malko Šarkovo
Mădrec
488
Dolmen von Hljabovo
Knjaževo
Topolovgrad
Sakar
Čerepovo
491
Harmanli
Bratanov Winery
TÜRKEI

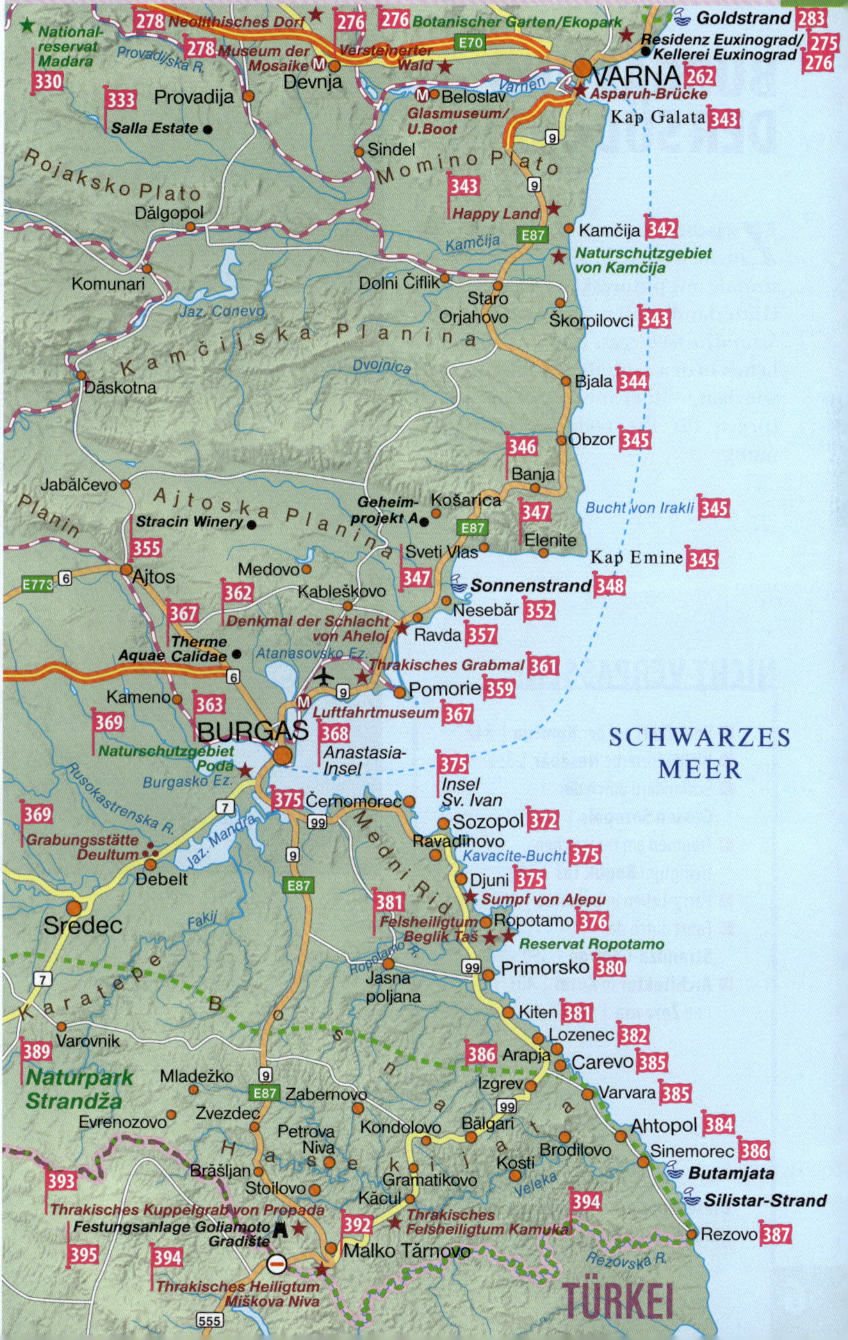
Nationalreservat Madara 330
Provadijska R.
278 Neolithisches Dorf
278 Museum der Mosaike
276 Versteinerter Wald
276 Botanischer Garten/Ekopark
Goldstrand 283
Residenz Euxinograd/ Kellerei Euxinograd 275 276
VARNA 262
Asparuh-Brücke
Varnen
E70
Devnja
333 Provadija
Salla Estate
Beloslav
Glasmuseum/ U.Boot
Kap Galata 343
Sindel
Momino Plato
Rojaksko Plato
343 Happy Land
Dălgopol
Kamčija 342
Kamčija
E87
Naturschutzgebiet von Kamčija
Komunari
Dolni Čiflik
Staro Orjahovo
Škorpilovci 343
Jaz. Conevo
Kamčijska Planina
Dvojnica
Dăskotna
Bjala 344
346
Obzor 345
Banja
Jabălčevo
Ajtoska Planina
Planin
Stracin Winery
Geheim-projekt A
Košarica
347
Elenite
Bucht von Irakli 345
355
Sveti Vlas
347
Kap Emine 345
E773
6
Ajtos
Medovo
362
Kableškovo
Sonnenstrand 348
Nesebăr 352
367
Denkmal der Schlacht von Aheloj
Ravda 357
Therme Aquae Calidae
Atanasovsko Ez.
Thrakisches Grabmal 361
Pomorie 359
Kameno
363
Luftfahrtmuseum 367
369
BURGAS
368 Anastasia-Insel
Naturschutzgebiet Poda
375 Insel Sv. Ivan
SCHWARZES MEER
Burgasko Ez.
Rusokastrenska R.
375 Černomorec
Sozopol 372
369
Grabungsstätte Deultum
Jaz. Mandra
99
Medni Rid
Ravadinovo
Kavacite-Bucht 375
Debelt
E87
Djuni 375
Sumpf von Alepu
381 Felsheiligtum Beglik Taš
Ropotamo 376
Sredec
Fakij
Reservat Ropotamo
Ropotamo R.
Primorsko 380
Jasna poljana
Karatepe
Bosna
Kiten 381
Varovnik
Lozenec 382
389 Naturpark Strandža
386 Arapja
Carevo 385
Mladežko
Zabernovo
Izgrev
Varvara 385
Evrenozovo
Zvezdec
Kondolovo
Bălgari
Ahtopol 384
Petrova Niva
Brodilovo
Sinemorec 386
Hasekija
Kosti
Butamjata
393
Brăšljan
Gramatikovo
Veleka
Silistar-Strand
Stoilovo
Kăcul
394
Thrakisches Kuppelgrab von Propada
Thrakisches Felsheiligtum Kamuka
Festungsanlage Goliamoto Gradište
392
Rezovo 387
395
394
Malko Tărnovo
Rezovska R.
Thrakisches Heiligtum Miškova Niva
TÜRKEI
555

BURGAS UND DER SÜDOSTEN

Zwischen Varna und dem tiefen Süden wechseln sich weite *Sandstrände* mit pittoresken *Dörfern* ab, im Hinterland wellen sich die Hügel des *Strandža-Gebirges,* und das trubelige Leben in den zahlreichen Ferienresorts wie dem weltbekannten Sonnenstrand sorgen für die rechte Urlaubsstimmung.

NICHT VERPASSEN!

Diese Tipps erkennt man an der gelben Markierung.

Die Schwarzmeerküste kann auch mondän sein

315bu sk

Strände und leichtes Leben

Mit Booten geht es auf Flüssen durch dichten **Urwald** in eine verwunschene Welt – Kontrastprogramm zum Strandleben. Wer Lust hat, unternimmt eine Entdeckungsreise in die **spirituelle Welt** der Bulgaren – Feuertänze und Legenden lassen die Vergangenheit auferstehen. Steinerne Zeugen erinnern an die glorreiche Vergangenheit mit Thrakern, Griechen und Römern. Und Städtchen wie Nesebăr und Sozopol laden zu einem Bummel in engen Gassen.

Kamčija (Камчия)

Das **Naturschutzgebiet** von Kamčija (Priroden Rezervat/Природен Резерват) liegt 25 km südlich von Varna, 5 km abseits der Hauptstraße am Mündungsdelta des 244 km langen **Flusses Goljama Kamčija** (Голяма Камчия). Er entspringt bei Veliki Preslav (Велики Преслав), vereinigt sich mit der bei Sliven (Сливен) hochquellenden Luda Kamčija (Луда Камчия) und ist als einziger im Balkan-Gebirge entspringender Fluss nicht nordsüdlich ausgerichtet, sondern läuft Richtung Westen und Schwarzes Meer ab. An dieser Stelle hat während des Zweiten Bulgarischen Reiches die Marine ihre **Schiffe** gebaut, da die Eichen als besonders wohlgewachsen galten.

Das Mündungsgebiet ist auf 40 km Länge und bis zu 5 km Breite seit 1951 als **Biosphärenreservat** geschützt, sein Urwald gilt als bedroht. Besonders in den 1940er Jahren hatte man intensive Waldwirtschaft betrieben und dem Baumbestand nicht unbeträchtlichen Schaden zugefügt.

Als **Longos-Wald** bekannt, besteht die Bepflanzung im Marschland des Deltas aus Eichen, Eschen, Ulmen, Erlen und Ahorn. Die Baumriesen mit bis zu 50 m Höhe sind dicht von Lianen umschlungen und bilden ein fast undurchdringliches Pflanzengewirr. Am Boden wachsen Farne mit fantastischen Blattformen. Otter, Rotwild und Wildkatzen verstecken sich zwischen ihnen, Adler und Falken gehen auf die Jagd. Mehr als 200 Vogelarten, von denen über 50 als bedroht gelten, sind zu beobachten, im von Seerosen bedeckten Wasser schwimmen mehr als 25 Fischarten und Schildkröten. Wegen seines Urwald-Charakters entdeckt man das Schutzgebiet am besten **vom Boot aus.**

316bu sk

Die **Strände** an der Mündung mit bis zu 19 m hohen, bewachsenen Dünen sind ein beliebtes Badeziel der Bulgaren, wenn auch der Fluss viele Sedimentteile anspült und deshalb nicht unbedingt für das klarste Wasser sorgt.

An der **Anlegestelle** gibt's Restaurants, einen Spielplatz und Souvenirstände.

Kamčija Umgebung

Kap Galata

Direkt gegenüber von Varna (Варна) – 25 km nördlich des Abzweigs nach Kamčija – baden Großstädter am schönen **Strand Plaž Asparuhovo** (Плаж Аспарухово) beim Nos Galata (Нос Галата). Restaurants und Liegenverleih sind günstiger als an den Stadtstränden, und es geht auch in der Saison nicht so wild zu.

Happy Land

1,5 km südlich des Abzweigs nach Kamčija wartet das **Märchenland** mit Dinosauriern, Pirateninsel, Lilliputland, Dschungel und Fahrgeschäften auf Familien mit Kindern.

- **Happy Land,** Tel. 052-606084, 2023 wg. hoher Stromkosten geschlossen, Wiedereröffnung 2024 geplant.

◁ Fluss-Safari durch den Longos-Wald: Fahrt auf der Kamčija

Škorpilovci

Zwischen Kamčija und Bjala führt vom Dorf Staro Orjahovo eine 11 km lange, gute Asphaltstraße an die Küste zur **Streusiedlung Škorpilovci** (Шкорпиловци) mit seinem 1,5 km langen Strand. Der nördliche Bereich ist touristisch gut entwickelt und bietet Unterkunft und Restaurants. Wer wilden Strand und Dünen liebt, spaziert in den südlichen Bereich.

Praktische Tipps

Unterkunft/Essen und Trinken

- **Hotel Jordaš**①-②, Škorpilovci, Tel. 0888-989 359, www.jordash2002.com. Saubere und annehmbare Zimmer und Apartments im Hotel und den 45 Bungalows (jeweils mit Bad), Restaurant, Minimarkt, Spielplatz und Planschbecken.
- **Long Beach Resort & Spa**④, Škorpilovci, Tel. 0895-537773, www.longbeachresortvarna.com. Luxuriöses Strandhotel mit Apartments und allen Annehmlichkeiten wie Außen- und Innenpool (Mineralwasser).
- **Bar/Restaurant Robinzon,** am Strand von Kamčija, Tel. 0878-501323, https://restaurantrobinzon.business.site, geöffnet tgl. 9.30–23 Uhr. Fisch vom Grill und Schnellgerichte direkt am Strand.

Camping

- **Kamping Neptun,** Strand von Kamčija, Tel. 0899-310172. Stellplätze und Bungalows 300 m vom Strand, saubere Sanitäranlagen; Lebensmittelgeschäft.

Aktivitäten

■ **Bootsausflug,** Tel. 0899-400413, März–Okt. 8–20 Uhr, pro Person um 12 Lv. Mit kleinen Kuttern schippert man durch den Wald des Reservates – von der Anlegestelle nahe der Mündung der Kamčija geht es erst nach Westen ein Stück in den Urwald hinein, dann zurück und zum Meer; die „Fluss-Safari" dauert eine gute halbe Stunde.

Bjala (Бяла)

Das Städtchen (2300 Einw.) 25 km südlich von Kamčija und vom angrenzenden Obzor nur durch ein breites - mit Apartmentstrukturen im Quaderlook vollgebautem - Tal getrennt, besitzt mit antiken Festungsresten und einem Archäologischen Museum zwei bedeutendere Sehenswürdigkeiten.

Sehenswertes

Festung Sv. Atanas

Die **antike Festung** spätrömischen Ursprungs mit frühmittelalterlicher Überbauung am gleichnamigen Kap südlich des Städtchens über dem Meer (300 m Fußweg vom Parkplatz) ist bestens auf-

Am Hafen von Bjala

317bu sk

bereitet und zeigt die Fundamente einer Basilika mit Baptisterien und eines Bischofspalastes. Dazu gibt es riesige Bildtafeln, die die Antike aufleben lassen. Immerhin 250 m lang war die Wehrmauer und schützte einst 3,5 ha. 615 von Awaren gebrandschatzt, wurde die Stadt nie wieder besiedelt.

■ **Krepost Nos Sv. Atanas** (Крепост на Нос Св. Атанас), Ul. Sv. Atanas (Ул. Св. Атанас) 41, Tel. 052-950078, https://museumbyala.com, geöffnet tgl. 9–20, Winter 9–17 Uhr, Eintritt 5 Lv.

Archäologisches Museum

Das moderne und augenfällig organisierte Archäologische Museum im Ort stellt eine sehenswerte **Sammlung aus römischer und frühchristlicher Zeit** aus, die bei den Grabungen am Kap gefunden wurden.

■ **Arheologičeski Muzej** (Археологически Музей), Ul. Andrej Premjanov (Ул. Андрей Премянов) 14, https://museumbyala.com, geöffnet Mo–Fr 9–12.30, 13.30–18 Uhr, Eintritt 5 Lv.

Bjala Umgebung

Obzor

65 km südlich von Bjala liegt **Obzor** (Обзор) mit 2000 Einwohnern, das als einstige griechische Siedlung den Namen Heliopolis („Sonnenstadt“) trug; die Römer nannten es nach der von ihnen erbauten heiligen Stätte Templum Jovis („Tempel des Jupiter“).

Bis vor Kurzem war Obzor mit seiner Bucht und dem benachbarten Bjala eines der für die Bulgaren traditionsreichen Feriendörfer mit Privatzimmervermietung und Zeltplätzen, heute ist es der Standort von riesigen **Apartmenthäusern** im palastartigen Balkanschick-Stil, die in und rund um Obzor sowie im Tal zwischen dem Ort und Bjala in die Landschaft gekleckst wurden. Denn genau in der Mitte des Weges zwischen Varna und Burgas besitzt das Städtchen wegen seines **Sandstrandes,** dem drittlängsten des Landes (6 km) mit einer vergleichsweise dezenten Brandung, hohes touristisches Potenzial.

Bucht von Irakli und Kap Emine

Weitere 9 km südlich von Obzor geht der Weg ab in die **Bucht von Irakli** (Иракли). Beim gleichnamigen **Dorf** (2 km) mit seinem schönen, sauberen **Strand** (Vaya Beach) und dem vorbildlichen **Campingplatz** hält man sich rechts und gelangt nach 6 km auf grottenschlechter Straße zum **Kap Emine** (Nos Emine/Нос Емине). Auf den fast 45 m hohen Klippen ist seit 1880 der auf einen Hügel gebaute, strahlend weiße **Leuchtturm** aktiv (militärisches Sperrgebiet).

Die Ausläufer des Balkangebirges fallen ins Meer, wild und schroff ist die Landschaft, eine der **windigsten** Gegenden der Schwarzmeerküste. Mit dem 366 m hohen **Berg Sv. Ilia** bäumt sich der Balkan ein letztes Mal auf. Ein rundes Dutzend Menschen lebt ständig im Dorf, doch im Sommer kommt die Hautevolee aus Sofija in ihre abgeschirmten Villen und feiert.

Hier wurde einst der **thrakische König Rhesos** geboren. Er kämpfte auf Seiten Trojas und besaß furchteinflößende

Rösser, die den Feind immer wieder in die Flucht trieben. Wenn diese, so ein Orakelspruch, vom Wasser des Flusses Skamander hätten trinken können, wäre Troja unbesiegbar gewesen. Doch der listige *Odysseus* und *Diomedes* wussten dies zu verhindern, töteten *Rhesos* rechtzeitig und stahlen die Rösser.

An sehr klaren Tagen kann man vom Kap nach Norden bis zu den weißen Felsen beim **Kap Kaliakra** sehen (→ „Varna und der Nordosten").

Bei Emine endet der **längste Wanderweg Bulgariens,** der an der serbische Grenze beim 2016 m hohen Berg Kom südlich von Berkovica beginnt und auf 650 km in 25 bis 30 Tagesetappen bis zum Kap führt. Man kann ihn im Sommer begehen und auf Skiern im Winter. Er ist auch Schauplatz eines Marathons; der schnellste Läufer hat die Strecke bislang in fünf Tagen und 17 Stunden hinter sich gebracht. Kom – Emine ist auch das Ende des **europäischen Fernwanderwegs E3,** der bei Santiago de Compostela in Nordspanien startet.

Die Bucht von Irakli gilt (noch) als „Geheimtipp" für einen **naturbelassenen Strand,** doch Naturschützer und Investoren liefern sich schon ein heißes Gefecht um die Zukunft des Küstenparadieses. Da aber, wie häufig in Bulgarien, die Interessenlagen von Politik und Industrie sehr fest verknotet sind und Politiker auf lokaler und nationaler Ebene als Teilhaber der Firmen meist auch persönlich von den Investitionen profitieren, ist es wohl nur eine Frage der Zeit, bis auch Irakli eine Apartmentburgen-Skyline sein eigen nennen darf.

Banja

Das Straßendorf Banja (Баня), zwischen Obzor (Обзор) und Nesebăr (Несебър) abseits vom Meer gelegen, ist noch ein typisches Beispiel küstennahen, ländlichen Lebens geblieben. Ein Blick auf die Architektur der **Bauernhöfe** lohnt sich also durchaus und gibt den vom weißen Beton an den Stränden ermüdeten Augen neue Kraft.

In Banja arbeitet das einzige **Schildkrötenzentrum** Bulgariens, und es ist bemüht, in der Gegend einen naturverträglichen Tourismus aufzubauen. Bei Interesse werden herpetologische Tagestouren mit dem Schwerpunkt auf Landschildkröten angeboten, auch eine Unterkunftsmöglichkeit besteht (Zweibettzimmer und Zelte).

■ **Tortoise Conservation in Bulgaria,** Ul. Šipka (Ул. Шипка) 10, Tel. 0886-913916, www.geachelonia.org, geöffnet Mai–Okt. nach Voranmeldung.

Geheimprojekt A

In den 1950ern gab *Stalin* den Befehl zum Bau einer **Eisenbahnstrecke** entlang der Küste, die im Falle eines türkischen Angriffs den schnellen Transport russischer Truppen nach Süden sicherstellen sollte. Ungeheure 315 Mio. Lv waren für den (nie vollendeten) Bau vorgesehen. **Reste eines Tunnels** findet man 2 km vom Dorf **Košarica** (Кошарица) entfernt – Abfahrt: südlich des Dorfes (bei GPS N 42.74355, E 27.70418) auf der Piste 2 km nach Norden.

Sveti Vlas und Elenite

Sveti Vlas (Свети Влас) und Elenite (Елените) liegen an der Südseite des Kap Emine und schon zur Bucht von Nesebăr mit dem Sonnenstrand hin. Ein Unterschied zwischen den Siedlungen ist kaum noch auszumachen. Die **Hotelburgen** und Apartmentanlagen beginnen bei Nesebăr und ziehen sich nahtlos über den Sonnenstrand und Sveti Vlas bis zum Endpunkt Elenite. Riesige Gebäude in Weiß oder Pastell, in futuristischem und Wiedergeburtsstil oder als süß-klebrige, zu Stein gewordene Cinderellaträume. Jeder, der ein Grundstück ergattert hat, baut darauf, wie er will.

Sveti Vlas wurde im 2. Jh. v. Chr. als thrakische Siedlung gegründet. Es markiert faktisch den Beginn des Sonnenstrandes, der dann bei Nesebăr endet, und ist **trubelig,** mit einer auf die Besucher ausgelegten Infrastruktur, die beim Sommerurlaub keine Langeweile aufkommen lässt.

Elenite, 3 km östlich, ist die **erste All-inclusive-Anlage Bulgariens** gewesen, eine Kunststadt mit allem, um autark zu sein. Hotels und Villen sind über das große Areal am Meer entlang verteilt.

Praktische Tipps

Unterkunft

- **Laguna**①-②, Ul. Han Asparuh (Ул. Хан Аспарух) 3, Bjala, Tel. 0899-855150, www.hotel-laguna.namore.info. Familienhotel etwas abseits vom Strand mit Pool und Restaurant.
- **Koral**①-②, Ul. Vasil Levski (Ул. Васил Левски) 44, Obzor, Tel. 0887-997206, www.hotel-coral.com. Gästehaus in der Stadt mit zwölf angenehmen Zimmern, ausgestattet mit Terrasse, Klimaanlage, Sat-TV und Kühlschrank.
- **Elenite**④, Elenite, Tel. 055-468811, www.victoriagroup.bg, mit Halbpension. Anlage mit 250 Villen und vier Hotels der Vier- und Fünf-Sterne-Kategorie (Royal Bay, Elenite Spa Villas, Royal Castle, Royal Park) mit allem Komfort und Aquapark, wenn das Meer zu stürmisch wird; teils All inclusive.

Camping

- **Kamping Čaika,** nahe dem Hafen in Bjala (2 km vom Hauptplatz entfernt im Süden gelegen), Tel. 055-632006. Schattiger Platz mit Stellflächen und guten Bungalows.
- **Kamping Irakli,** Bucht von Irakli, Tel. 0896-705545. Toll am Strand gelegener Platz mit sechs Stellplätzen für Caravans und 30 für Zelte; vorbildliche Sanitäranlagen und auch Bungalows, Laden und Restaurant.

Essen und Trinken

- **Košarata,** Ul. Černomorska (Ул. Черноморска), Bjala, Tel. 0876-676057, geöffnet im Sommer 10–1 Uhr. Freiluftlokal mit einer Rundumschlagkarte vom Salattopf über Spieße bis zur Pizza.
- **Morski Briz,** Ul. Černomorska (Ул. Черноморска) 22, Obzor, Tel. 0886-435873, www.morskibriz-obzor.com, geöffnet 9–24 Uhr. In der Seebrise gibt's auf der Terrasse am Meer die traditionellen Gerichte und Snacks.

Nachtleben

- **Vision Beach Bar,** Zentralstrand/Ul. Plažna (Ул. Плажна), Bjala, Tel. 0893-628088, www.instagram.com/vision_beach_bar_byala. Tagsüber Snacks und dann Party bis in den frühen Morgen.

Resort Sonnenstrand (Slănčev Brjag/ Слăнчев Бряг)

150 Hotels und über 100 Restaurants (so genau weiß es niemand) stehen an dem 7 km langen und zwischen 100 und 150 m breiten Strand, und damit bricht der 1958 gegründete Sonnenstrand den **Landesrekord** in Sachen Unterkunftsdichte und Touristenzahlen. Durch die tief gestaffelt gebaute Kunststadt verlaufen die Durchgangsstraßen parallel zum Strand, dicht an dicht stehen die Hotels und Apartmentblöcke, Restaurants, Supermärkte, Boutiquen und Kioske, Pool an Pool, Mauer an Mauer, Fenster gegenüber Fenster, jede Baulücke ist gefüllt, Parkplätze sind rar.

Das Sprachgetümmel ist **international:** Engländer, Deutsche, Niederländer, Franzosen, Italiener, Skandinavier (aber immer weniger Russen) summieren sich im Sommer auf Zehntausende von See-

len. Im Winter (außer Weihnachten) ist man allerdings allein auf weiter Flur.

Da sich die Anlage zwischen Nesebăr und Elenite inzwischen auf **über 15 Kilometern** erstreckt (und neben Hotels und Restaurants über 100.000 Apartments umfasst), kann man zwar zusammen in Urlaub fahren, wenn man aber nicht genau auf die Hotellage geachtet hat, muss man sich nicht begegnen. Zugmaschinen, als Lokomotiven verkleidet, ziehen deshalb Waggons die Hauptstraße entlang, und Busse verkehren vom östlichen Ende bis Nesebăr, um die großen Entfernungen innerhalb des Resorts zu überbrücken. Vor Beginn der Entwicklung des Sonnenstrandes war hier nichts als Sand, eine Einöde, in die sich nur ab und an Bulgaren für ein Picknick verirrten; deren Hinterlassenschaften haben die zahlreichen – einst hier lebenden – **Schlangen** verspeist. Mit den ersten Hotelbauten und der ersten Ladung an Gästen gab es dann ein Problem. Die Brüder und Schwestern des Ostblocks wollten den Strand nicht mit den Reptilien teilen. Als Lösung karrte man Lastwagen voller **Igel** an die Küste, die schnell Dünen und Strand schlangenfrei futterten.

318bu sk

Kaum Wellengang und nur minimale Gezeiten machen heute den Strandaufenthalt zu jeder Stunde des Tages gleichbleibend angenehm, und die vorzügliche **Infrastruktur** ist in den Abendstunden und während der Nacht Garant für einen erlebnisreichen Urlaub.

Praktische Tipps

Unterkunft

2 Imperial Resort/Hi Hotels④, an der Uferpromenade, Tel. 0554-25490, https://imperialsunny beach.com, All inclusive. Mehrere Hundert große Zimmer am Strand (kostenlose Liegen und Schirme), gute Buffet-Küche und großzügige allgemeine Räumlichkeiten.

11 Čaika Beach②, direkt an der Uferpromenade, Tel. 0554-28500, www.victoriagroup.bg. 420 Zimmer und Suiten in der ersten Reihe, die meisten mit Meerblick. Komfortable Ausstattung, elegante und großzügige Einrichtung, drei Restaurants mit internationaler Küche (darunter eine Pizzeria), mehrere Bars, Pool. Das Ganze in einem Stil, der sich griechisch-römisch gibt.

4 Jeravi④, in der ersten Linie am Wasser, Tel. 0554-20300, https://jeravisunnybeach.com, All inclusive. Ansprechender Bau mit 65 Zimmern, Apartments und Familienzimmern mit Klimaanlage, Telefon, Minibar und Sat-TV. Luxuriöse Einrichtung, Restaurant und mehrere Bars, beheizter Pool; kein Halbpensionszwang.

1 Amfibia Beach Kompleks②-③, im südlichen Abschnitt des Sonnenstrandes, Tel. 0554-24004, www.amfibiabeach.com. Der Hotelkomplex mit mehreren Gebäuden steht in der ersten Reihe am Wasser. Alle Zimmer haben Telefon, Kühlschrank und einen Balkon oder eine Terrasse, Klimaanlage haben aber nur die Vier-Sterne-Zimmer. Mehrere Restaurants und Pools.

Fast so viele Urlauber wie Sandkörner: das Resort Sonnenstrand

Essen und Trinken

Das Angebot an Lokalen ist unübersichtlich: zu viele Dönerbuden, Mexikaner, Inder, Chinesen und Bulgaren, die von „Essen wie bei Mutti" bis „Schnitzel mit Schopska, Bier und Schnaps ist nur 7 Lv" alles servieren. Außerdem: Burger King, McDonald's, Kentucky Fried Chicken, Pizza und Kebapče. Schnell wechseln die Besitzer und damit auch die Qualität. Die nächste Saison sieht schon wieder ganz anders aus, was gut war ist schlecht, was unter alle Kanone geschmeckt hat, kann exzellent sein.

14 **Khan's Tent,** am Nordende hoch über dem Strand, Tel. 055-422811, www.hanska-shatra.com, geöffnet ab 19 Uhr. *Der* bulgarische Abend über dem Lichtermeer mit Essen, Folklore, Feuertanz und Varieté (→ Kasten).

7 **Big Boy's Barbecue,** Tel. 0889-929092, geöffnet 11–1 Uhr. Im Sommer durchgehend Partystimmung mit lauter Musik und guten BBQ-Gerichten; Loungebereich.

12 **The Watermill,** Tel. 0888-263053, geöffnet 11–24 Uhr. Eine kulinarische Reise quer durch Europa mit Pasta, Pizza, Steaks und Balkan-Grillküche; nicht schlecht und immer gut besucht – von Wassermühle ist aber nix zu sehen.

9 **Stella di Mare,** Tel. 0885-229404, geöffnet tgl. 12–24 Uhr. Der Italiener am Sonnenstrand mit ernsthafter Küche von Pasta und Pizza über Cozze bis zum Tiramisu – die Strandlage garantiert Urlaubsgefühl, und der Aperol Spritz tut das Seine.

Aktivitäten

Zahlreiche Aktivitäten werden angeboten: Segeln, Surfen, Jetski, Paragliding, Reiten, Tennis, Minigolf, Bogenschießen, Bowling, Radfahren …

13 **Action Aquapark,** Tel. 0554-26235, www.aquapark.bg, geöffnet Juni und Sept. tgl. 10–18 Uhr, Juli/Aug. tgl. 9.30–19 Uhr, Eintritt (online) 44 Lv, Kind 22 Lv. Der Aquapark von Sonnenstrand liegt im nordwestlichen Bereich; ein kostenloser Shuttle-Service fährt den ganzen Goldstrand ab; man beachte, dass viele der Attraktionen ein Mindestalter und eine Mindestgröße erfordern.

■ **Jeepsafari,** Ausflüge auf unwegsamem Gelände mit Verpflegung und Animation um 100 Lv; zu buchen über die Agenturen im Sonnenstrand.

■ **Kamelritte,** www.camelpark.bg. Wenn einem gar nichts mehr einfällt, kann man immer noch eine Reitstunde auf einem Kamel buchen.

Nachtleben

8 **Sunny Beach Take Over,** www.sunnybeachtakeover.com. Die ultimative Zusammenstellung von Lokalen und Events zu einem Package, das kostenfreien Zutritt zu Clubs, Pool Partys, Free Bar Specials etc. gewährt, Package 40–60 € je nach Inhalt.

3 **Lazur,** www.facebook.com/DanceClubLazur, im südlichen Bereich des Sonnenstrandes, in Höhe des Hotels Pomorie zum Strand hin. Zielt ein wenig auf Skandinavier als Kundschaft ab und bringt ge-

Bulgarischer Abend

In **Khan's Tent** nördlich des Sonnenstrandes an der Ausfallstraße nach Obzor hoch über der Bucht gibt's zum Dinner ein buntes Programm, das mit „Varieté" am besten umschrieben ist: Gaukler, Jongleure und Tänzerinnen absolvieren ein abendfüllendes Folkloreprogramm, während die Besucher ihr Dinner zu sich nehmen, um 70 Lv pro Person mit mehrgängigem Menü. Buchung über einen der Reiseveranstalter, Individualtouristen zahlen keinen Eintritt und speisen deshalb à la carte zu recht gepfefferten Preisen (Beginn des Programms 19.30 Uhr).

■ **Hanska Šatra,** Tel. 0554-22811, www.hanska-shatra.com.

mischten Pop und Disco – es kommen aber auch die Deutschen, Engländer und Russen.

5 **Viking Dance Club,** ebenfalls auf skandinavische Gäste zielt am Strand der Klub beim Hotel Alba ab; der Eintritt ist etwas teurer als bei den anderen Clubs, dafür legen hier aber auch bekannte DJs aus ganz Europa auf.

10 **Chill Beach Club,** Tel. 0894-464246. Gute Cocktails direkt am Strand und zur Tiefenentspannung mit Tropic-Feeling Sitzsäcke unter Palmen.

6 **Mania,** www.facebook.com/clubmania.sunnybeach, mit gemischtem Publikum in der Nähe der Post beim Hotel Alba spielt auf dem ersten Floor House und Techno, auf dem zweiten bulgarischer Popfolk.

Verkehr

- **Touristenzug:** Im Sommer ständig Verbindungen zwischen Nesebăr (Несебър) und Sonnenstrand.
- **Linienbus:** Mehrere Haltestellen am Sonnenstrand nach Nesebăr (Несебър).

Gesundheit

- **Kliniken:** Mehrere **Kliniken** sind am Sonnenstrand verteilt und bieten auch Kommunikation in der jeweiligen Heimatsprache an. Weiter haben einige **Hotels** direkt einen **Arzt** in ihrem Komplex. Im Notfall vermittelt die Rezeption die nächstgelegene Klinik.

⊡ Typische Holzarchitektur in Nesebăr

Nesebăr (Несебър)

Die Stadt (13.000 Ew.) profitiert vom Tourismus am nördlich anschließenden Sonnenstrand, so wie dieser von Nesebăr profitiert. Immerhin hat die Stadt eine der schönsten **Bebauungen aus der Wiedergeburtszeit,** eine ausnehmend schöne Lage auf einer Landzunge und zahllose **Baudenkmäler** aus dem Mittelalter – seit 1956 ein archäologisches Reservat von nationaler Bedeutung und seit 1983 **Weltkulturerbe.**

So kann man seinen Urlaub am Sonnenstrand also hervorragend mit Kultur verbinden und durch die Gassen strolchen, shoppen und hervorragend speisen. Kleine, gemütliche Hotels in der Stadt sind von einem ganz anderen Flair umgeben als die Burgen im Norden. Auch **Strand** muss man nicht missen. Im Süden erstreckt sich einer der schönsten Abschnitte an der ganzen Küste in einem nach Südosten ausgerichteten Bogen, an dem sich die Neustadt entlangzieht.

Persönlich und überschaubar drinnen, Trubel und Animation draußen: So steht Nesebăr also für den perfekten **Urlaub zwischen Ruhe und Action.** Davon wollen viele profitieren, und so entstehen auch im Hinterland wie Inseln zwischen Sonnenblumen und Getreidefeldern Apartmentanlagen.

Geschichte

Die Geschichte beginnt mit dem **Thraker** *Menabria,* der sich mit seinem

Stamm hier ansiedelte. Die **Griechen** verdrängten sie im 6. Jh. v. Chr. und gründeten die einzige dorische Kolonie an der Küste (alle anderen waren den Ioniern zugeordnet). Sie gaben ihr den Namen Mesambria. Der Ort wuchs und wurde zu einem Zentrum, das mit der gesamten Ägäis handelte. In diese Zeit fiel der Bau starker Festungsmauern, Kultstätten für Zeus, Apollo, Hera, Asklepios und Dionysos und einer Kanalisation. Man lebte gut und gründete mit Navlochos, dem späteren Heliopolis, eine eigene Kolonie beim heutigen Obzor.

Im 1. Jh. v. Chr. ergab sich Mesambria den römischen Legionen unter *Marcus Lucullus*. Die **Römer** übernahmen die Stadt und ihre Kolonie.

Die zweite Bauwelle fand unter **byzantinischer Herrschaft** vom 4. bis zum 7. Jahrhundert statt. Jetzt entstanden viele Basiliken. Unter bulgarischer Herrschaft wurden weitere Kirche gebaut, sodass sich Nesebăr als die Stadt mit der höchsten Dichte an **Kirchen** in Bulgarien bezeichnen kann. Mit dem **Türkischen Joch** fiel die Stadt in Bedeutungslosigkeit. Mit der **Unabhängigkeit** kam die Renaissance, und die Wiedergeburtshäuser entstanden.

Als **archäologisches Reservat** wurden die meisten Altstadtgebäude saniert, Kirchen wieder hergerichtet, teilweise säkularisiert und einer neuen Funktion zugeführt. Heute zeigt sich Nesebăr proper und adrett, weltoffen und umtriebig.

Sehenswertes

Mit einer Länge von 850 m und einer Breite von 350 m ist Nesebăr sehr gut zu Fuß zu entdecken. Über einen Damm gelangt man zu einer Windmühle und

319bu sk

den griechischen Festungsmauern aus Naturstein und Ziegeln, die den Eingang zur **Altstadt** bilden.

Archäologisches Museum

Durch das Stadttor hindurchgehend, steht gleich rechter Hand das Museum. Es zeigt eine Ausstellung zur griechischen, römischen und byzantinischen Vergangenheit mit Grabstelen, Ankern und Bronzearbeiten. Auch die Zeit des Mittelalters kommt nicht zu kurz. Zu den Exponaten gehören auch schöne Ikonen vom 16. bis zum 19. Jh., u.a. von den Brüdern *Zograf.*

■ **Arheologičeski Muzej** (Археологически Музей), Ul. Mesembrija (Ул. Месембрия) 2, Tel. 055-446019, www.ancient-nessebar.com, geöffnet im Hochsommer tgl. 9–19, sonst bis 17/18 Uhr (je nach Jahreszeit), Eintritt 7 Lv (alle Museen/Kirchen 26 Lv).

Kirche Christus Pantokrator

Nun folgt man der Ul. Mesembrija bis zum Platz, auf dem die mit 16 mal 7 m vergleichsweise kleine Kirche die Mitte einnimmt. Sie entstand im 13. Jh. in der für diese Epoche typischen Form mit zentraler Kuppel und drei Apsiden aus wechselnden Lagen von Naturstein und Ziegeln, die ihr zusammen mit den Blindbögen und glasierter Keramik eine lebhaft gegliederte Außenfassade verleihen. In der Kirche ist eine **Kunstgalerie** untergebracht.

■ **Pantokratorska Cărkva** (Пантократорска Църква), geöffnet Juni–Sept. tgl. 10.30–14, 14.30–18/19 Uhr (sonst nach Voranmeldung), Eintritt 4 Lv (alle Museen/Kirchen 26 Lv).

Kirche Johannes der Täufer

Hält man sich jetzt Richtung Osten, ist gleich die Kirche Sv. Joan aus dem 10. Jh. zu sehen, eine Kreuzkirche aus unverkleidetem Naturstein ohne Vorhalle mit einem stumpfen, zentralen Turm und den Abmessungen von 12 mal 10 m. Im Nordosten der Kirche sind die Ruinen der frühbyzantinischen Thermen zu besichtigen.

■ **Sv. Joan Krăstitel** (Св. Йоан Кръстител), geöffnet Juni–Sept. tgl. 10.30–14, 14.30–18/19 Uhr (sonst nach Voranmeldung), Eintritt 4 Lv (alle Museen/Kirchen 26 Lv).

Kirche St. Spas

Die Ul. Mitropolitska (Ул. Митрополитска) weiter, steht gleich östlich die Kirche Sv. Spas (Св. Спас) aus dem 17. Jh. Sie ist einschiffig mit einer Apsis und abgesenkt gebaut und zeigt in ihrem Inneren einen ganzen gut erhaltenen **Freskenzyklus** aus der Bauzeit, von unbekannten Künstlern ausgeführt. Er thematisiert das Leben Jesu und das der Jungfrau Maria.

■ **Sv. Spas** (Св. Спас), geöffnet Juni–Sept. tgl. 10.30–14, 14.30–18/19 Uhr (sonst nach Voranmeldung), Eintritt 4 Lv (alle Museen/Kirchen 26 Lv).

Ruine der Kirche Erzengel Michael und Gabriel

Nordöstlich liegt die Ruine der Kirche Arhangel Mihail i Gavrail (Архангел Михаил и Гавраил) aus dem 13./14. Jh., ein einschiffiges Haus mit Narthex. Blindnischen strukturieren das Äußere.

Kirche St. Paraškeva

Am Ende der weiter östlich verlaufenden Straße ist dann schon die Kirche aus dem 13. Jh. zu sehen. Man baute im Wechsel von Natur- und Ziegelstein mit Keramikverblendung und einschiffig mit einer Apsis und Vorhalle; das Gewölbe ist nicht erhalten geblieben.

■ **Sv. Paraškeva,** (Св. Парашкева), geöffnet Juni–Sept. tgl. 10.30–14, 14.30–18/19 Uhr (sonst nach Voranmeldung), Eintritt 4 Lv (alle Museen/Kirchen 26 Lv).

Stracin Winery

■ **Stracin** – 30 km nordwestlich von Nesebăr, Tel. 0885-510620, www.stratsinwinery.bg.

■ **Weinregion Schwarzes Meer,** Rebfläche 30 ha, Kellermeisterin *Marina Kostadinova.*

■ **Rote Rebsorten:** Syrah, Grenache, Cabernet Sauvignon.

■ **Weiße Rebsorten:** Chardonnay, Sauvignon Blanc.

■ **Herausragende Weine:** Soulmates Chardonnay, Soulmates Sauvignon Blanc, Soulmates Rose Grenache & Syrah.

■ **Touristisches Angebot:** Führung und Weinverkostung (für Gruppen ab 10 Personen) nach Voranmeldung werktags 9–17 Uhr, 3 Weine, Brot und Häppchen 22 Lv, mit 5 Weinen 22 Lv.

Gottesmutterkirche

Sich durch die Gassen schlagend, gelangt man zur nordöstlich liegenden, großen Kirche Sv. Bogorodica (Св. Богородица) aus dem Jahr 1884. Sie besitzt eine beeindruckende **Ikonostase.**

Ruinen der Basilika der barmherzigen Muttergottes

Vorbei an Wiedergeburtshäusern, die teils als Hotel, teils als Restaurants hergerichtet wurden, erreicht man auf der Uferstraße die **Ruinen** der Basilika Sv. Bogorodica Eleusa (Св. Богородица Елеуса) aus dem 4 Jh.

☑ Nesebärs Wurzeln liegen in der Antike

Ethnografisches Museum

Jetzt geht man durch die Gassen quer über die Halbinsel und steht am anderen Ende vor dem Ethnografischen Museum, das im **Muskojan-Haus** aus der Zeit der Wiedergeburt residiert. Es widmet sich der lokalen Geschichte mit Trachten und einer Ausstellung zur Architektur der Wiedergeburt und der Fischerei.

■ **Etnografski Muzej** (Етнографски Музей), Ul. Mesembrija (Ул. Месембрия) 32, geöffnet Juni–Sept. tgl. 10.30–14, 14.30–18/19 Uhr (sonst nach Voranmeldung), Eintritt 4 Lv (alle Museen/Kirchen 26 Lv).

Alte Metropolitenbasilika

Nördlich der Stelle des heutigen Museums wurde im 5. Jh. die Basilika Starata Mitropolija (Старата Митрополия) ge-

320bu sk

baut. Von ihr stehen nur noch einige Mauern ohne Gewölbe. Ursprünglich maß sie 13 mal 19 m und bestand aus drei Schiffen mit einer großen Apsis am zentralen Raum. Sie ist die größte der mittelalterlichen Kirchen, von denen heute noch etwas zu sehen ist.

Kirche des Ungeweihten Johannes

Man kehrt zur südlichen Uferstraße zurück und folgt dieser nach rechts und Richtung Westen zur Kirche Sv. Joan Aliturgetos (Св. Йоан Алитургетос). Sie stammt aus dem 14. Jh. und wurde nie geweiht, weil während der Errichtung ein Bauarbeiter zu Tode kam und die Gesetze nun eine Verwendung als Kirche nicht mehr erlaubten. Dennoch wurden wohl Messen abgehalten. Ein Erdbeben im Jahr 1913 beschädigte das Gotteshaus schwer. Es gilt mit seinem Wechsel von weißem Kalkstein und roten Ziegeln dennoch als **herausragendes Bauwerk des Mittelalters.** Die Kreuzkirche mit drei Apsiden misst 10 mal 18,50 m.

Kirche St. Stefan

Letzte Station der Besichtigungstour ist die Kirche gegenüber, die neue Metropolitenkirche. Mehrfach umgebaut und erweitert, stammt sie ursprünglich aus dem 11. Jh. Mit den besterhaltenen **Fresken** der Stadt, in der Mehrzahl aus dem Jahr 1599, ist sie eines der wichtigsten Denkmäler in Nesebăr. Mehr als 1000 Figuren sind auf den Fresken zu sehen, zusammengefasst zu 258 Themenbildern. Schön auch die Ikonostase (16. Jh.) und die Bischofsstühle (18. Jh.). Das Gebäude ist als dreischiffige Basilika mit einem Narthex ausgeführt, Letzterer wurde im 18. Jh. bemalt.

■ **Sv. Stefan** (Св. Стефан), geöffnet tgl. 9–17/19 Uhr (je nach Saison), Eintritt 7 Lv (alle Museen/Kirchen 26 Lv).

Nesebăr Umgebung

Ravda

In Ravda (Равда), 4 km im Süden, standen einst die antiken Werften von Nesebăr, heute gehört es zum Nesebăr flankierenden Gürtel aus Hotels und Apartmentblöcken, und sein **Strand** ist, wie die anderen, im Hochsommer voll, in der Nebensaison ganz angenehm.

Praktische Tipps

Information

■ **TIC Nesebăr,** Ul. Mesembrija (Ул. Месембрия) 10, Tel. 055-442611, www.visitnessebar.org.

Unterkunft

6 **Sv. Stefan**③, Ul. Ribarska (Ул. Рибарска) 11, Altstadt, Tel. 055-443603, www.hotelsaintstefan.com. Gegenüber der neuen Metropolitenkirche wohnt man direkt im Zentrum der Altstadt Nesebărs in den 16 netten Doppelzimmern und drei Apartments, ausgestattet mit Telefon und Minibar.

4 **Panorama Blue Hotel**③, Ul. Žana Čimbuleva (Ул. Жана Чимбулева) 4, Tel. 0984-466788, www.panorama-blue.nesebarhotel.com. Kleines Drei-Sterne-Hotel in idealer Lage in der Altstadt mit Zimmern und Apartments.

1 Kompleks Starite Kăšti①-②, im Dorf Medovo (Медово) 17 km von Nesebăr im Landesinneren, Tel. 0883-763000, www.complexstaritekashti.com. In einem Komplex im Wiedergeburtsstil kann man nächtigen und in der Taverne typische Gerichte essen.

5 Hotel Sv. Joan Nesebar②-③, Ul. Mitropolicka (Ул. Митрополицка) 19A, Tel. 055-446490, https://stjohnnesebar.com. Ein weiteres schönes Haus in der Altstadt (direkt bei der Kirche Johannes der Täufer); 37 Zimmer in Vier-Sterne-Haus, Angebote mit Halbpension.

Essen und Trinken

UNSER TIPP: **7 Kapitanska Srešta,** Ul. Mena (Ул. Мена), in der Altstadt, Tel. 0554-42124, www.facebook.com/Kapitanskasreshta, geöffnet 8–24 Uhr. Im alten Kapitänshaus aus dem späten 18. Jh. sitzt man gemütlich auf der Terrasse, blickt über Hafen und die Bucht von Burgas und speist recht teure Fischgerichte – abends ist es dennoch rappelvoll.

8 Plakamoto, Ul. Ivan Aleksandăr (Ул. Иван Александър) 8, in der Altstadt, Tel. 0888-807239, www.facebook.com/Plakamoto, geöffnet 10–24 Uhr. Auf der schattigen Terrasse auf mehreren Niveaus sind besonders die Vorspeisenteller mit Meeresfrüchten anempfohlen sowie die Fische vom Grill. Gemütliche Atmosphäre, auch in der Hochsaison aufmerksames Personal.

10 Tangra, Ul. Neptun (Ул. Нептун) 13, in der Altstadt, Tel. 0898-510151, geöffnet 11–23 Uhr. Am Ende der Halbinsel im Osten; sehr gute Küche und aufmerksames Personal. Die Fischgerichte sind appetitlich angerichtet, auch Fleisch vom Grill.

9 Emona, Ul. Mesembrija (Ул. Месембрия) 41, in der Altstadt, Tel. 055-442022, www.emona-ns.com, geöffnet 10–24 Uhr. Am Ende der Hauptstraße durch den alten Teil der Stadt; Restaurant mit einer großen Terrasse, von der aus der Blick weit übers Meer schweift. Neben Fisch gibt es die traditionellen bulgarischen Gerichte aus Lamm, Schwein und Huhn vom Grill.

3 Dionis, Ul. Krajbrežna (Ул. Крайбрежна) 5, Tel. 0899-876940, www.facebook.com/dionisnesebar, geöffnet 10–24 Uhr. Wegen der vielen Grünpflanzen und Blumen sitzt man recht angenehm, mit Panoramablick über die nördliche Bucht. Fisch und Fleisch, natürlich vom Grill, sind die Spezialität des Hauses.

Aktivitäten

2 Aquapark Nesebăr, Tel. 055-451543, https://aquaparknessebar.bg, geöffnet Juni–Sept. tgl. 10–19 Uhr, Eintritt 68 Lv, Kind 34 Lv. Paradies mit Wasserlandschaft voller Rutschen und Strömungskanäle.

Verkehr

- **Bus:** Haltestelle Stadttor, tagsüber im Sommer halbstündliche Busverbindungen über Pomorie (Поморие) nach Burgas (Бургас) und zum Sonnenstrand, Verbindungen nach Varna (Варна) alle 1–2 Std.
- **Touristenzug:** Vom Stadttor ständig Abfahrten den Sonnenstrand entlang.
- **Bushof,** Tel. 054-442219, www.sbavto.com; mehrmals tgl. Verbindungen in der Neustadt über Plovdiv (Пловдив) nach Sofija (София) und Stara Zagora (Стара Загора) und Sliven (Сливен).
- **Ausflugsschiff:** In der Hochsaison via Pomorie (Поморие) nach Burgas (Бургас) oder zum Sonnenstrand und nach Elenite (Елените).
- **Fast Ferry Nesebăr – Sozopol,** www.fastferry.bg. Im Sommer mit Katamaranen in 45 Min. morgens nach Sozopol (Созопол) und nachmittags zurück, ab 65 Lv.

Pomorie (Поморие)

Pomorie (13.5000 Ew.) liegt ähnlich wie Nesebăr (Несебър) auf einer Landzunge, die weit ins Meer hinausreicht (3,5 km), kann aber auch nicht ansatzweise mit seinem malerischen Konkurrenten mithalten und hat an Sehenswürdigkeiten noch nicht einmal eine Handvoll zu bieten. Das günstigere Preisniveau mit Hotelanlagen, Pensionen und Hausbesitzern, die sich mit der Zimmervermietung während der Saison ein Zubrot verdienen, machen Pomorie aber zur Alternativbasis für einen Besuch Nesebărs, und die großen Hotels mit ihren Therapieeinrichtungen ziehen **Kurgäste** an. Der hohe Salzgehalt der Lagune, die Salinen und der Heilschlamm aus dem dunklen Sand (→ Kasten S. 360) machen Pomorie zu einem recht beliebten Kurort.

Geschichte

Unter dem Namen Anchialo wurde Pomorie von den **Griechen** im 6. Jh. v. Chr. als Kolonie von Sozopol gegründet. Im 1. Jh. n. Chr. bauten dann die **Römer** nach der Übernahme des Ortes Nesebăr die Festung von Anchialo aus.

Im Jahr 740 wurden Festung und Stadt **zerstört** (ihre Ruinen liegen heute unter Wasser) und an der heutigen Stelle neu aufgebaut. Pomorie war im Mittelalter ein wichtiges **Handelszentrum.**

Im August 917 fand beim Dorf **Aheloj** (Ахелой) nördlich von Pomorie eine Schlacht zwischen byzantinischen Truppen statt: 100.000 Mann unter *Joan Bogas* und *Leo Phocas* und 70.000 bulgarischen Soldaten unter Car *Simeon Veliki.* Die Byzantiner unterlagen in dieser letztem Schlacht, und der Car wurde endgültig Herrscher des Balkans.

Die Türken machten Pomorie ab dem 15. Jh. zu einer der wichtigsten **Salinen** ihres Reiches – an der langgestreckten **Lagune von Pomorie** (Pomorijsko Ezero/Поморийско Езеро) wird heute noch Salz geerntet (→ Exkurs S. 362). 1906 brannte die Stadt nieder und musste neu errichtet werden, 1934 erhielt sie ihren aktuellen Namen.

Sehenswertes

Geschichtsmuseum

Das rührige Stadtmuseum zeigt in der ehemaligen Schule Archäologisches mit Funden aus der Antike und dem Mittelalter, in einem eigenen Raum aus dem Meer geborgene Münzen, eine ethnografische Ausstellung u.a. mit Kostümen und eine zur neueren Stadtgeschichte.

■ **Istoričeski Muzej** (Исторически Музей), Ul. Knjaz Boris I. (Ул. Княз Борис I) 33, Tel. 059-632 008, www.pomorie-historical-museum.com, geöffnet Mo–Fr 9–18, Sa/So 10–18 Uhr, Eintritt 4 Lv (mit Salzmuseum und Kuppelgrab 8 Lv.).

Christus-Kirche

Als einziges Gotteshaus aus vergangener Zeit (18. Jh.) steht die Kirche Preobraženie Gospodne (Преображение Господне) im Zentrum; in ihr sind eine se-

Heilender Schlamm

Der Schlamm wird aus den Salinen gebaggert und gilt wegen seiner Zusammensetzung mit hohen Anteilen von Schwefelsäure und Eisen als **einzigartig** für seine Heilkräfte. Therapiert werden mit ihm Erkrankungen des peripheren Nervensystems, traumatologische Erkrankungen, Erkrankungen der Haut, des Skeletts und des urologischen Apparates.

Der Schlamm wird als Packung appliziert oder, mit Meerwasser verdünnt, als Bad genutzt. Maximal 40 °C darf die Temperatur betragen, und die Anwendung ist auf eine Dauer von 20 Minuten pro Sitzung beschränkt.

321bu sk

henswerte Ikonostase und eine Ikonenaustellung zu sehen.

Salzmuseum

In den Salinen, die seit dem 5. Jh. v. Chr. bestehen (Anfahrt am Parkplatz des Balneohotels Pomorie vorbei und immer geradeaus), befindet sich das Salzmuseum. In einer kleinen Halle wird von der **Bedeutung des Salzes für Pomorie** berichtet, in den Salinen der Abbau und ihre Funktion gezeigt. Sie produzieren heute noch genauso wie in der Antike. Und anschließend kann man es den Einheimischen nachmachen und in bestimmten Bereichen der Saline der Haut mit dunklem Salzschlamm Gutes tun.

■ **Muzej na Solta** (Музей на Солта), Tel. 059-625344, geöffnet Mo–Fr 8–18, Sa/So 10–18 Uhr, Winter Mo–Fr 8–16 Uhr, Eintritt 4 Lv (mit Geschichtsmuseum und Kuppelgrab 8 Lv.).

Wanderungen in den Salinen

Die Salinen arbeiten nicht nur in Teilen noch, sie sind auch als **Naturdenkmal** geschützt. Auf zwei Trails (Themen: Ornithologie und Botanik) – teils am Meer entlang und teils auf den Dämmen – lässt sich der Pomorie-See entdecken.

Das Besucherzentrum direkt hinter dem Salzmuseum informiert.

■ **Besucherzentrum/Salinen,** Tel. 0885-108 716, www.facebook.com/GreenBalkansPomorie Lake, geöffnet Mai–Sept. Di–So 9.30–12, 13.30–18.30 Uhr, Eintritt 4 Lv.

Kloster St. Georg

Das Kloster außerhalb der Bebauung auf der Halbinsel am Beginn des Dammes wurde im Jahr 1856 neu errichtet, seine Wurzeln liegen im 12. Jh. Es steht – unüblich für ein bulgarisch-orthodoxes Kloster – in ungeschützter Lage an der Küste. Der Legende nach stiftete es der Türke *Selim Bey*, der durch Quellwasser in Pomorie von einer langen Krankheit genas und daraufhin zum Christentum konvertierte.

Die kleine, mit schmalen Säulen zum dreischiffigen Bau gemachte **Klosterkirche** mit niedriger Decke und einer vergoldeten Ikonostase besitzt eine kleine Ikonensammlung aus dem 18. und 19. Jh. Im Glockenurm ist die Quelle gefasst, die *Selim* geheilt haben soll. Die Klosterbesucher lassen es sich nicht nehmen, ebenfalls davon zu trinken. Im Kloster keltern die Mönche Wein, brennen Schnaps und verkaufen beides.

■ **Manastir Sv. Georgi** (Манастир Св. Георги), Ul. Knjaz Boris I. (Ул. Княз Борис I), Tel. 059-632 017, https://pomoriemonastery.com, geöffnet tgl. 9–18 Uhr, Eintritt frei. Das Kloster bietet auch einfache Unterkünfte an.

323bu sk

⊡ Das außergewöhnlich gestaltete Thrakische Grabmal liegt etwas außerhalb

Pomorie Umgebung

Thrakisches Grabmal

Das **Kuppelgrab** aus dem 2. Jh. v. Chr. 5 km außerhalb an der Straße nach Burgas (Hinweisschilder auf der rechten Seite, Stichstraße 300 m) ist wegen seiner besonderen **Ziegelbauweise** von nationaler Bedeutung. Es liegt unter einem Hügel, in den ein 22 m langer Korridor zu einer von einer mächtigen Säule getragenen Kuppel von 12 m Durchmesser und 5,50 m Höhe führt. In einem eleganten Bogen pilzt die innen hohle Säule aus, sodass der Eindruck eines Rundganges entsteht. Blickt man im Inneren der

Das weiße Gold Pomories

Seit dem Altertum wird in Pomorie **Salz** gewonnen; Schätzungen sprechen vom 5. Jh. v. Chr. Bis in die 1930er Jahre war Pomorie der einzige Ort in Bulgarien, wo Salz hergestellt wurde, erst dann eröffnete man weitere Salinen bei Burgas.

Unter osmanischer Herrschaft bestand ein **staatliches Monopol,** und die Salzmeister von Pomorie waren hoch geachtete Persönlichkeiten, sorgten sie ja für den Wohlstand der Stadt. Salz war in der Welt rar, und wer es herzustellen verstand, konnte sich eine goldene Nase verdienen.

Pomorie gehört heute zu der Handvoll Salinen in der Welt, wo man noch **nach Manufakturenart** Salz gewinnt. Die anderen Salinen sind: Piran/Slowenien, Ston/Kroatien, Cervia/Italien, Figiera da Foz/Portugal und Koukouri/Griechenland.

322bu sk

Säule nach oben, sieht man ein Stückchen blauen Himmel.

■ **Antična Kupolna Grobnica** (Антична Куполна Гробница), Tel. 059-622008, geöffnet Mo–Fr 8–18, Sa/So 10–18 Uhr, Winter Mo–Fr 8–16 Uhr, Eintritt 4 Lv (mit Geschichts- und Salzmuseum 8 Lv.).

Denkmal der Schlacht von Aheloj

Ein Denkmal erinnert an das für die Bulgaren so wichtige Ereignis der mittelalterlichen Schlacht von Aheloj im Jahr 917. Im Dorf Aheloj (Ахелой), gleich nördlich von Pomorje, geht unmittelbar vor der Brücke über den Fluss Aheloj eine Straße auf 200 m ins Landesinnere zum **Schlachtplatz** und dem 2007 aufgestellten **Granitquader.**

Praktische Tipps

Information

■ **www.pomorie.org**

Unterkunft

■ **Grandhotel Pomorie④**, Ul. Stojanov (Ул. Стоянов) 5, Tel. 0889-206666, www.balneohotelpomorie.com. Zwischen Lagune und Meer gelegenes, elegantes und modernes Hotel mit vorzüglichen Spa-, Wellness- und Therapieeinrichtungen. 175 Zimmer und Apartments mit allem Luxus. Mehrere Restaurants und Bars, Freibad.

UNSER TIPP: **Hotel/Restaurant Neptun②**, Ul. Javorov (Ул. Яворов), Tel. 0889-539286, https://hotelneptun-bg.com. Modernes, helles und schönes Hotel im maritimen Stil in der ersten Reihe am Meer; 16 komfortable Zimmer und zwei Suiten, ein empfehlenswertes Restaurant und zuvorkommendes Personal.

■ **Manz 2②**, Ul Knjaz Boris I. (Ул Княз Борис I) 39B, Tel. 0897-711557, www.hotel-manz.com. Mitten in der „Altstadt", 100 m vom Jachthafen entfernt. Modernes Haus mit 13 Suiten, komfortable Zimmer mit Sat-TV, Telefon, Klimaanlage und Balkon. Restaurant im Nebengebäude.

Essen und Trinken

■ **Kozjat Rog,** Ul. Ribarska (Рыбарска) 8, Tel. 0898-445822, geöffnet tgl. 10–23 Uhr. Typisches Familienlokal mit guter bulgarischer Fisch- und Fleischküche, Freisitz und gemütlichen Gasträumen.

■ **Rose Garden,** Ul. Evropa (Ул. Европа), Tel. 0878-317555, www.facebook.com/RoseGardensPomorie, geöffnet 11–24 Uhr. Es gibt Fish and Chips, Muschelplatten und gut zubereiteten frischen Fisch.

Verkehr

■ **Bushof,** in der Neustadt Ecke Ul. Knjaz Boris/Ul. Morska (Ул. Княз Борис/Ул. Морска). Nach Burgas (Бургас) alle 30 Min., dreimal täglich nach Sofija (София) und in die größeren Städte wie Plovdiv (Пловдив), Sliven (Сливен) und Varna (Варна).

Aktivitäten

■ **Salzschlamm:** Die Kurhotels bieten auch Nichtgästen die berühmten Schlammpackungen, die gegen allerlei Beschwerden helfen sollen. Kostenlos erhält man den Schlamm an den Salinen.

■ **Strand:** Gebadet wird am 4 km langen Sandstreifen, der Meer und die Lagune mit ihren Salinen voneinander trennt.

Burgas (Бургас)

Die **zweitgrößte bulgarische Stadt am Schwarzen Meer** (202.000 Ew.) entstand erst zu Beginn des 17. Jh. Zur Zeit der Wiedergeburt Mitte des 19. Jh. betrug die Einwohnerzahl nur 3000 Seelen.

Die Bausubstanz stammt vornehmlich aus dem beginnenden 20. Jh. und aus sozialistischer Zeit. Burgas war, ist und bleibt eine **Handelsstadt,** die hauptsächlich vom **Hafen** lebt, der etwa die Hälfte des bulgarischen Schwarzmeerhandels per Schiff abwickelt. Die Eisenbahnverbindung ins Landesinnere nach Sofija trug zur Entwicklung von Stadt und Handel wesentlich bei.

Auf drei Seiten von Lagunen eingerahmt und nach Osten vom Meer begrenzt, platzt die Stadt aus allen Nähten und wächst in Richtung Landesinneres.

Die schmalen Landkorridore lassen die **Seen Atanasovsko Ezero** (Атанасовско Езеро) im Norden, **Burgasko Ezero** (Бургаско Езеро) im Westen und **Mandra Ezero** (Мандра Езеро) im Süden frei – mit ein Grund, dass auch keine Strände zum Baden einladen, denn wer will schon in der Nähe Petrochemischer Werke oder eines Handelshafens ins Meer springen? Und so kommen zwar viele Touristen am internationalen Flughafen 8 km außerhalb der Stadt im Nordosten am Meer an, besteigen aber unmittelbar danach den Bus und fahren hoch in Richtung Sonnenstrand.

Sehenswertes

Die **Fußgängerzone** in der Stadtmitte beginnt auf dem Bul. Aleksandrovska (Бул. Александровска), der sich vom Bahnhof nach Norden zieht und den die Flaniermeile Bul. Aleko Bogoridi (Бул. Алеко Богориди) am Hauptplatz Pl. Svoboda (Пл. Свобода) kreuzt. Letztere führt direkt zum Meerespark.

Armenische Kirche zum Heiligen Kreuz

Wenige Meter südöstlich der Kreuzung der beiden Fußgängerzonen steht neben dem Hochbau des Hotel Bălgaria die Kirche Armenska Cărkva Sv. Hač (Арменска Църква Св. Хач) aus dem Jahr 1858. Man betritt sie unterhalb ihres Glockenturmes und kann die **Ikonostase** bewundern, die gerade wegen ihrer Einfachheit Würde ausstrahlt. Sie wurde von Gemeindemitgliedern gestiftet, denn nach dem Ersten Weltkrieg besaß Burgas immerhin die größte armenische Gemeinde des Landes.

Archäologisches Museum

An der nächsten Kreuzung Richtung Meerespark steht dieses Museum. Dort sind besonders die **Exponate aus der thrakischen Zeit** beachtenswert, darunter bemalte Vasen und die Statuette eines Mannes, die bei Černomorec gefunden wurde. Außerdem: Stücke aus hellenistischer und römischer Zeit und aus den Bulgarischen Reichen des Mittelalters.

- **Arheologičeski Muzej** (Археологически Музей), Bul. Bogoridi (Бул. Богориди) 21, Tel. 056-843541, geöffnet tgl. 10–19.30, Winter Di–Sa 9–17 Uhr, Eintritt 6 Lv (4 Museen 18 Lv).

Kunstgalerie

Im gleichen Quartier, am südlichen Ende, beherbergt die ehemalige Synagoge von 1909 eine Kunstgalerie. Das Parterre zeigt temporäre Ausstellungen, in den Obergeschossen sind Bilder bulgarischer Meister des 20. Jh. und eine Ikonensammlung mit Werken vom 17. bis zum 19. Jh. zu sehen.

- **Hudožestvena Galerija** (Художествена Галерия), Ul. Mitropolit Simeon (Ул. Митрополит Симеон) 24, Tel. 056-842169, www.burggallery.org, geöffnet Mo–Fr 9–18 Uhr, Eintritt 3 Lv.

▷ In der Fußgängerzone von Burgas

Naturgeschichtliches Museum

Geht man nun nach Norden die Ul. Konstantin Fotinov entlang, gelangt man zum Meeresmuseum mit einer naturkundlichen Ausstellung zur **Geologie, Flora** und **Fauna** der Region. Man lernt etwas über die Insektenwelt, die Fische des Schwarzen Meeres (über 140 Arten) und die Vogelwelt mit über 250 Arten, welche die Via Pontica als Flugschneise benutzen.

■ **Prirodonaučen Muzej** (Природонаучен Музей), Ul. Konstantin Fotinov (Ул. Константин Фотинов) 30, Tel. 056-843239, geöffnet tgl. 10–19.30, Winter Di–Sa 9–17 Uhr, Eintritt 6 Lv (4 Museen 18 Lv).

Historisches Museum

Auf der anderen Seite des Quartiers zur Fußgängerzone hin steht das Historische Museum. In ihm sind die Vorkommnisse in der Stadt während der **Wiedergeburtszeit** aufbereitet.

■ **Istoričeski Muzej** (Исторически Музей), Ul. Lermontov (Ул. Лермонтов) 31, Tel. 056-841815, geöffnet tgl. 10–19.30, Winter Di–Sa 9–17 Uhr, Eintritt 6 Lv (4 Museen 18 Lv).

Ethnografisches Museum

Weiter nördlich befindet sich bei der Kirche der Heiligen Kiril und Metodij das Ethnografische Museum. Im Parterre ist das **städtische Leben** mit Möbeln und Kostümen dokumentiert, in der ersten Etage sind u.a. **Kukeri-Masken** ausgestellt.

■ **Etnografski Muzej** (Етнографски Музей), Ul. Slavjanska (Ул. Славянска) 69, Tel. 056-842587, geöffnet tgl. 10–19.30, Winter Di–Sa 9–17 Uhr, Eintritt 6 Lv (4 Museen 18 Lv).

403bg fk

0 200 m
©Reise Know-How Bulga09 4/24
1 Sofija, Mineralquellen Aquae Calidae
Flughafen, Salinen, Luftfahrtmuseum, Varna
Struga Струга
Ul. Koprivshtitsa
Bul. Demokratsia Демократсия
Bul. Stefan Stambolov С. Стамболов
Ul. Dimitâr Dimov Димитър Димов
Meerespark
Pl. Trapezica Пл. Трапезица
Bushof West, Sozopol
Ul. Odrin Одрин
Bul. San Stefano Сан Стефано
Ul. Hristo Botev Христо Ботев
Цар Симеон
Pantheon
Freilufttheater
Ul. General Gurko Генерал Гурко
Ul. Han Asparuh Хан Аспарух
Ul. Sv. Kiril i Metodij Св. К. и Методий
Демократсия
Ul. Rilska Рилска
Ul. Tsar Simeon Цар Симеон
Pl. Trojkata Пл. Тройката
Pl. Baba Ganka Пл. Баба Ганка
Hausmuseum Petja Dubarova
Ul. Patriarh Evtimii Патриарх Евтимий
Ul. Gladston Гладстон
Pl. Sv. Kiril i Metodij Пл. Св. Кирил и Методий
St. Kiril i Metodij
Ul. Slavyanska Славянска
Ethnografisches Museum
Ul. Aleksandrovska Александровска
Polizei
Historisches Museum
Ul. Slivnitsa Сливница
Pl. Burgaska Komuna Пл. Бургарска Комуна
Bul. A. Bogoridi А. Богориди
Archäologisches Museum
Kunstgalerie
Naturgeschichtliches Museum
Ul. Bulair Булаир
Tsar Petâr Цар Петър
Armenska Cârkva Sv. Hač Арменска Църква Св. Хач
Ul. Filip Kutev Филип Кутев
Bushof Süd
Bul. Ivan Vazov Иван Васов
Ul. Knyaz Aleksandâr Batenberg Княз Александър Батенберг
Bahnhof
Sozopol, Debelt, Naturschutzgebiet Poda, Ausgrabungsstätte Deultum
Abfahrt Anastasia-Insel
Hafen
SCHWARZES MEER
Übernachtung
1 Mirage
6 Bălgarija
10 Luxor
11 Marina
13 Sv. Anastasia
Nachtleben
2 Beach Bar Caribe
8 HashtagPavilion
Essen und Trinken
3 Vodenicata
4 Ethno Restaurant
5 Butler's
7 Teniova Kašta
9 Zlatna Kotva
12 100 Godini Nazad

Kirche der Heiligen Kiril und Metodij

Die Kirche Sv. Sv. Kiril i Metodij (Св. Св. Кирил и Методий) am gleichnamigen Platz wurde 1895 nach Plänen des italienischen Architekten *Ricardo Toscani* mit einer zentralen Kuppel und vier Türmen als dreischiffiges Gotteshaus fertiggestellt. Ausgeschmückt ist sie mit einer schönen Ikonostase und Wandmalereien.

Hausmuseum Petja Dubarova

Etwas abseits im Westen der Museen steht bei einem kleinen Stadtpark das Museum zu Erinnerung an die **Dichterin und Schriftstellerin Dubarova,** die bereits mit 17 Jahren freiwillig aus den Leben schied. Ihre Märchen und Gedichte sind im ganzen Land verbreitet.

■ **Kăšta-Muzej Petja Dubarova** (Къща-Музей Петя Дубарова), Ul. Uiljam Gladston (Ул. Уилям Гладстон) 68, Tel. 056-814110, https://museumdubarova.com, Mo–Fr 9–17 Uhr, Eintritt 3 Lv.

Meerespark

Der Primorski Park (Приморски Парк) zieht sich auf dem östlichen Hochufer entlang des Stadtkernes, er ist die **grüne Lunge** von Burgas. Unterhalb liegt im südlichen Bereich der dunkle **Strand.** Ungeachtet des nahen Hafens wird er von den Bewohnern zum Baden benutzt.

Der Park selbst ist eine beliebte Flanierzone mit zahlreichen Wegen, Beeten und hohen Bäumen. Über 100 Baumarten wachsen in ihm, Büsten und Denkmäler erinnern an verdiente Bulgaren. Im Sommer ist der Park Schauplatz von Konzerten von Klassik bis Rock und Theateraufführungen.

Burgas Umgebung

Luftfahrtmuseum

An der Zufahrt zum Flughafen stehen Maschinen, die zwischen 1960 und 1996 die bulgarische Zivil- und Militärluftfahrt nutzte, hauptsächlich **Maschinen russischen Ursprungs** wie Typen von Tupolev oder Antonov. Um es kurzweiliger zu gestalten, gibt es auch Flugsimulatoren.

■ **Avio Muzej** (Авио Музей), Letište Burgas (Летище Бургас), Tel. 0885-00673, www.avioburgas.bg, geöffnet tgl. 9–19, Winter bis 17 Uhr, Eintritt 6 Lv.

Aquae Calidae

Die Mineralquellen von Burgas, 12 km nordwestlich gelegen, sind seit römischer Zeit für ihre **Heilkräfte** berühmt. Der türkische Sultan *Selim II.* ließ sich hier einen **Palast mit türkischem Bad** bauen. Mit 50 l pro Sekunde und einer Temperatur von 41 °C sprudelt die Quelle, in der bereits *Philipp von Makedonien* ein Bad nahm und die heute – zusammen mit Heilschlamm aus Pomorie – ein Sanatorium nutzt.

Das türkische Bad selbst ist jetzt **Museum mit einer Ton-/Lichtschau,** die den Besuch des prachtvollen Zentralraums zu einem beeindruckenden Erleb-

324bu sk

nis macht. Im Café gibt es Erfrischungen und Souvenirs, im angeschlossenen Mineralbad Aqua Center kann man kuren.

■ **Aquae Calidae** (Аqуа Цалидае), Ul. Prolet (ул. Пролет) 12, Tel. 0882-004126, www.aquae-calidae.com, geöffnet tgl. 9–20, Winter bis 18 Uhr, Eintritt Bad des Pascha 6 Lv, Museumskomplex 16 Lv, Aqua Center 10 Lv/1 Std. 20 Lv/3 Std.

Anastasia-Insel

Die nur 2 ha große **ehemalige Insel der Bolschewiken** (Ostrov Bolševik/Остров Болшевик) liegt 6 km außerhalb in der Bucht von Burgas auf halbem Weg nach Černomorec (Черноморец). Das heute **Insel der Hl. Anastasia** genannte Eiland war bis 1923 – als man es in ein Gefängnis verwandelte – Standort eines Klosters. In den 1920er Jahren hatte man hier die sozialistischen und kommunistischen Aufrührer inhaftiert, in den 1940ern saßen die Faschisten ein. Ihren Namen erhielt die Insel 1925, als 43 Bolschewiki die Flucht in die Sowjetunion gelang. Der 12 m hohe Leuchtturm ersetzte ab 1914 den alten von 1864.

Außerhalb der Saison machen nicht viele Menschen einen Ausflug hierher, sodass man dann die Insel häufig für sich allein hat und die **Stille** mitten auf dem Meer genießen kann. Das **Museum** fächert die Geschichte auf und beginnt in der Zeit, als die Insel Piratennest war. Ein **Restaurant** serviert nicht nur einfache Küche und Snacks – es gilt als gutes Lokal für Fisch; in den ehemaligen Klostergebäuden gibt es fünf **Gästezimmer.**

Im Aquae Calidae badete der türkische Sultan

■ **Ostrov Sv. Anastasia** (Остров Св. Анастасиа), Tel. 0882-004124, www.anastasia-island.com, Abfahrten von „Magazia I" beim Hafen um 10, 13.30 und 17 Uhr (je 30 Min. Fahrt hin und her, 2 Std. Aufenthalt), Fahrt 18 Lv, Eintritt Museum 6 Lv.

Naturschutzgebiet Poda

Das Gebiet Zaštitena Mestnost Poda (Защитена Местност Пода) befindet sich südlich der Stadtgrenze, 5 km Richtung Sozopol (Созопол), an der gleichnamigen Lagune am See von Burgas. Früher ein heillos mit Abwässern und Chemie verdreckter Pfuhl, ist es heute ein wichtiges **Vogelschutzgebiet.**

Auf den seit 1989 geschützten 100 ha wachsen 161 Arten niederer und 231 Arten höherer Pflanzen. Nachgewiesen sind 168 Wirbellose, sechs Frosch-, 15 Reptilien-, 252 Vogel- und 18 Säugetierarten – es gibt also einiges zu sehen. Birder finden Löffler, Sichler, Grau-, Seiden- und Nachtreiher, Rohrweihen, Stelzenläufer, Austernfischer, Regenpfeifer, Kormorane und Flussseeschwalben. Das Besucherzentrum organisiert Führungen ins Schutzgebiet und stellt Ferngläser zur Verfügung.

■ **Visitor Center BSPB Poda,** Anfahrt mit Stadtbus Nr. 17, Tel. 0878-252722, https://bspb.org/en, geöffnet tgl. 9–17 Uhr, Eintritt 6 Lv.

Grabungsstätte Deultum

Beim Dorf Debelt (Дебелт) 17 km südwestlich von Burgas (auf der N79 anzufahren) kommt man zur **Grabungsstätte der römischen Stadt Deultum** mit griechischen Vorsiedlern. Sie erstreckt sich nördlich des Dorfeingangs über die Felder; ein kleines, aber sehr informatives und schön aufgemachtes Museum gibt über die ausgedehnte archäologische Zone Auskunft.

■ **Rimksi Gradec Deultum** (Римкси Градец Деултум), Tel. 0884-544835, www.deultum.eu, geöffnet Mo 10–17, Di–Fr 9–17, Sa/So 9–18 Uhr, Eintritt 6 Lv.

Praktische Tipps

Information

■ **TIC Burgas Zentrum,** Ul. Aleksdandrovska (Ул. Александровска) 26, Tel. 056-825772, www.gotoburgas.com, geöffnet tgl. 9–17.30 Uhr.
■ **Museen:** www.burgasmuseums.bg.

Unterkunft

UNSER TIPP: 13 **Sv. Anastasia Hotel**②, Park Rosenec (Парк Росенец), 20 km vom Zentrum, Tel. 0885-858523, www.stanastasiahotel.com. In toller Lage über dem Meer genau gegenüber von Burgas; Hotel in heiteren Farben und mit schönem Garten, gutem Fischrestaurant und Strand.
6 **Bălgarija**③, Ul. Aleksandrovksa (Ул. Александровска) 21, Tel. 0887-445551, www.bulgariahotel.com. Geschäftshotel in einem modernisierten Hochhaus im Zentrum mit 160 komfortablen Zimmern, Spa- und Wellness-Einrichtungen, Restaurants, Kasino.
1 **Mirage**②, Ul. Slavejkov (Ул. Славейков) 93, Tel. 056-880888, www.hotelmirage.com. Ein Geschäftshotel an der Hauptdurchgangsstraße mit 72 komfortablen Zimmern, mit Blick über die Stadt, Wellness-Bereich und Nachtclub.
10 **Luxor**②, Ul. Bulair (Ул. Булаир) 27, Tel. 056-847670, www.luxor-bs.com. 36 komfortable Zim-

mer in einem Neubau nahe der Fußgängerzone und des Bahnhofs, mit Telefon, Klimaanlage, Kabel-TV, Minibar und WLAN, ein italienisches Restaurant ist angeschlossen und bietet mehr als nur Pizza.

11 **Marina**③, Hafenkomplex, Tel. 056-810010, www.marinaburgas.bg, DZ ab 120 Lv. Tophotel am Hafen mit allem Drum und Dran wie Spa und zwei guten Restaurants; fünf Gehminuten vom Strand.

Essen und Trinken

12 **100 Godini Nazad,** auf der Anastasia-Insel (→ oben), Tel. 0882-004114, geöffnet Mai–Sept. 10–20 Uhr. Gute Fischgerichte im „Vor 100 Jahren" in extravaganter Lage; das letzte Boot legt um 20 Uhr von der Insel ab.

5 **Butler's,** Ul. Lermontov (Ул. Лермонтов) 13, Tel. 0895-788089, www.facebook.com/ButlersCoffeeKitchen, geöffnet tgl. 9–19 Uhr. Frühstück mit Croissant und Baguette oder ein leichter Lunch jenseits der Hackfleischwurst – eine manchmal ersehnte Alternative.

9 **Zlatna Kotva,** Bul. Bogoridi (Бул. Богориди) 64, Tel. 0878-884277, www.facebook.com/zlatnakotva.burgas, geöffnet tgl. 12–24 Uhr. Der „Goldene Anker" serviert Gerichte etwas abseits des Mainstreams – frisch und gesund mit Fisch und Fleisch.

3 **Vodenicata,** im Meerespark, Tel. 0899-174715, geöffnet 11–24 Uhr. Wie es sich gehört, speist man in gemütlicher Atmosphäre oder draußen auf der Terrasse unter den Bäumen des Parks gut zubereitete, traditionelle bulgarische Küche.

4 **Ethno Restaurant,** Ul. Aleksandrovska (Ул. Александровска) 49, Tel. 0877-877966, www.instagram.com/ethnoburgas, geöffnet tgl. 11–23.30 Uhr. Modernes Lokal mit sehr guter Fisch- und Meeresgetierküche und traditionellen Gerichten, schnellem und zuvorkommendem Personal und gutem Preis-Leistungs-Verhältnis, angenehmes Sitzen drinnen und auf der Straße.

7 **Teniova Kašta,** Ul. Petko Slaveikov (Ул. Петко Рачев Славейков), Tel. 0898-8555966, www.facebook.com/tenyovakashta, geöffnet 11–24 Uhr. Bulgarische Standards in guter Qualität und in folkloristischer Atmosphäre, zum Essen gibt's Musik aus Bulgarien und Griechenland, netter Innenhof, etwas abseits gelegen und vornehmlich einheimische Gäste.

Nachtleben

8 **HashtagPavilion,** Nordstrand, Tel. 0876-475 990, www.facebook.com/HashtagPAVILION. Große und knallbunte Freiluft-Disco am Strand mit DJs und Live-Konzerten.

2 **Beach Bar Caribe,** Nordstrand, Tel. 0897-784 1133, www.facebook.com/BeachBarCaribe. Wegen der Latinomusik kommen besonders Chalga-geplagte Frauen.

Veranstaltungen

- **Sandskulpturenfestival,** Juli–Okt. sind die Kreationen anzuschauen, die jedes Jahr unter einem neuen Motto stehen; www.sandfestburgas.com.
- **Internationales Folklorefestival** (Meždunaroden Folkloren Festival/Международен Фолклорен Фестивал), www.facebook.com/InternacionaleFolkloreFest, Ende Aug.
- **Fest der klassischen Musik „Emil Čakarov",** Juli/Aug. unter der Ägide des Opernhauses, www.operabourgas.com.

⊠ Im Meerespark von Burgas

Aktivitäten

■ **Heilschlamm:** Zwischen Meer und Salinen am westlichen Rand des Atansovsko Ezero (Anfahrt nach Norden auf der E87 und Richtung Solinci/Солинци abbiegen) liegen die frei zugänglichen Becken mit schwarzem Heilschlamm und machen schön.

Verkehr

■ **Flughafen,** 8 km außerhalb im Nordosten am Meer, Auskunft Tel. 056-870248, www.burgas-airport.bg. Halbstündlich fahrender Bus Nr. 15 ins Zentrum und zum Busbahnhof Süd; an den Sonnenstrand fahren Charterbusse der Reiseorganisationen und Taxis (ab 70 Lv, www.ekotaxiburgas.com).

■ **Bahnhof,** beim Hafen, Ul. Ivan Vazov (Ул. Иван Вазов), Tel. 056-844501. Mehrmals täglich Züge über Plovdiv (Пловдив) nach Sofija (София) und über Stara Zagora (Стара Загора) nach Norden.

■ **Bushof Süd** (Avtogara Jug/Автогара Юг) beim Bahnhof, Tel. 0884-981220, www.avtogarayug-bs.business.site. Busse die Küste entlang nach Norden und Süden und Fernbusse ins Landesinnere.

■ **Bushof West** (Avtogara Zapad/Автогара Запад), Ul. Marica (Ул. Марица), 3 km vom Zentrum entfernt liegt (Stadtbus Nr. 4), Tel. 0885-754038, www.burgasbus.info. Busse in den Süden nach Malko Tărnovo (Малко Търново).

Gesundheit

■ **Hospital/Bolnica** (Болница), Ul. Zornica (Ул. Зорница) 9, Tel. 056-894729, www.mbalburgas.com, im Norden des Zentrums an der Haupteinfallstraße.

Sozopol (Созопол)

Die Altstadt von Sozopol (4500 Ew.), gut 30 km südlich von Burgas, liegt attraktiv auf einer mit dem Festland durch einen Damm verbundenen Landzunge, ist ein weiteres **touristisches Highlight** und ein beliebter Badeort.

Geschichte

Sozopol wurde 610 v. Chr. als Kolonie **Apollonia Pontika** und erste **griechische** Siedlung an der Westküste des Schwarzen Meeres gegründet und konnte als Stadtstaat über Jahrhunderte bestehen. Die ergiebigen Äcker des thrakischen Hinterlandes sorgten für einen aufblühenden **Kornhandel.** Das Getreide von Apollonia kam per Schiff zu den Stadtstaaten des Peloponnes und bis nach Ägypten. Seinen Reichtum zeigte man mit einer über 13 m hohen **Apollon-Statue** am Hafen, die der Bildhauer *Kalamis* Mitte des 5. Jh. v. Chr. aus Bronze goss.

72 v. Chr. stand *Marcus Lucullus* vor den Toren der Stadt, nahm sie ein, raubte die Bronzestatue und ließ sie auf dem Kapitol in Rom aufstellen; sie wurde später eingeschmolzen. 431 erhielt Sozopol seinen heutigen Namen. Zu Bulgarien gehörig, verlor es seine Bedeutung, und auch unter dem Türkischen Joch konnte nach der Zerstörung durch die Osmanen 1453 an die ehemalige Glanzzeit nicht angeknüpft werden.

Die Stadt dient heute auch als **Marinebasis** der bulgarischen Seestreitkräfte.

Sehenswertes

Die **Neustadt** auf dem Festland ist der Standort der Hotelburgen. Um in die **Altstadt** zu gelangen, geht man über einen breiten, als Park gestalteten Damm. Das heutige Stadtbild entstand in der **Wiedergeburtszeit** und ist das wichtigste touristische Kapital von Sozopol. Die **engen, ansteigenden, kopfsteingepflasterten Gassen** auf der felsigen Halbinsel führen vorbei an meist aus Naturstein mit Holzaufbau zweistöckig errichteten Häusern. Sie locken zahlreiche Gäste aus aller Welt an, die sich zurückversetzen lassen in die gute alte Zeit.

Die **Orientierung** ist einfach. Drei Hauptstraßen durchqueren mehr oder weniger parallel die Altstadt, die westliche **Ul. Ribarska** (Ул. Рибарска), die in der Mitte verlaufende **Ul. Apolonija** (Ул. Аполония) und die östlich verlaufende **Ul. Kiril i Metodij** (Ул. Кирил и Методий). Verwinkelte Gassen verbinden die drei Achsen.

Archäologisches Museum

Das Museum steht rechter Hand am Eingang zur Altstadt widmet sich u.a. dem **Getreidehandel** durch die Schifffahrt des antiken Apollonia. Weitere Ausstellungen: das römische Sozopol, die Zeit der Bulgarischen Reiche des Mittelalters und die türkische Herrschaft.

■ **Arheologičeski Muzej** (Археологически Музей), Ul. Han Krum (Ул. Хан Крум) 2, Tel. 0550-22226, https://sozopol-museums.bg, geöffnet Sommer Mo–Fr 9–18 Uhr, Winter So–Do 8.30–12.45, 13.30–17.15 Uhr, Eintritt 7 Lv.

330bu sk

Ethnografisches Museum

Das Museum zeigt in einem kleinen Saal **Kunsthandwerk** aus der Region und **Trachten.** Das hilfsbereite Personal freut sich über jeden Besucher.

■ **Etnografski Muzej** (Етнографски Музей), Ul. Kiril i Metodij (Ул. Кирил и Методий) 34, Tel. 0550-22748, geöffnet tgl. 9–18, Winter Di–Sa 8.30–12.45, 13.30–17.15 Uhr, Eintritt 4 Lv.

Ausstellung Alt-Sozopol

Im Duvok-Haus (selbst ein Denkmal) ein Stück die Straße hoch ist die Sammlung der Grabungsfunde auf städtischem Gebiet des griechischen Apolonia untergebracht.

■ **Eksposizija Starijat Sozopol** (Експозиция Старият Созопол), Ul. Kiril i Metodij (Ул. Кирил и Методий) 29, Tel. 0550-22748, geöffnet Mo–Fr 9–17, Winter 8.30–12.45, 13.30–17.15 Uhr, Eintritt 3 Lv.

Museum Südliche Festungsmauer und Turm

Geht man vom Ethnografischen Museum hinüber zur Ul. Milet, gelangt man zu diesem Museum. Die hübsch renovierte Festungsanlage über dem Meer mit Räumen für temporäre Ausstellungen vermittelt eine Idee von der **Befestigung** der Stadt.

Unterhalb zieht sich eine ganze Reihe von **Restaurants und Bars** hin, der schönste Platz des Städtchens für eine

⌃ Sozopols touristisches Kapital sind seine schönen Wiedergeburtshäuser

Pause mit Blick auf den Strand oder ein Abendessen.

■ **Južna Krepostna Stena i Kula** (Южна Крепостна Стена и Кула), Ul. Milet (Ул. Милет) 50, Tel. 0550-22267, www.sozopol-foundation.com, Mai–Sept. tgl. 9.30–21.30 Uhr, Eintritt 7 Lv.

Kirche St. Georgi

Die Kirche Sv. Georgi (Св. Георги) steht an der Ul. Apolonija auf den Fundamenten einer Basilika aus dem 15. Jh., die den Angriff der Türken nicht überdauert konnte. Im Inneren der Kirche kann man schöne **Ikonen** anschauen.

Gottesmutterkirche

Die Kirche Sv. Bogorodica (Св. Богородица) in der Ul. Jani Hrisopulos (Ул. Яни Хрисопулос) nördlich vom Postamt der Altstadt wurde im 15. Jh. als in den Boden abgesenktes Gotteshaus gebaut. In einem Garten hinter Mauern versteckt, wirkt sie von außen relativ unscheinbar, doch das Innere glänzt mit einer wunderschönen Ikonostase, die Ikonen wurden im 18. und 19. Jh. gemalt.

Kunstgalerie

Am äußersten nordöstlichen Ende der Halbinsel befindet sich in einer ehemaligen Schule die Galerie mit Werken der Künstler *Aleksandăr Mutafov* und *Jani Hrisopulos,* die sich der **Marinemalerei** verschrieben hatten.

■ **Hudožestvena Galerija** (Художествена Галерия), Ul. Kiril i Metodij (Ул. Кирил и Методий), geöffnet tgl. 9–18 Uhr, Winter So–Do 8.30–12.45, 13.30–17.15 Uhr, Eintritt 3 Lv.

Sozopol Umgebung

Insel Sv. Ivan

1,2 km nördlich von Sozopol liegt die Insel Ostrov Sv. Ivan (Остров Св. Иван) mit ihrem 13 m hohen **Leuchtturm** im Schwarzen Meer. Mit 60 ha ist sie das **größte Eiland Bulgariens.**

Seit 1884 steht auf ihr der Leuchtturm auf den Fundamenten eines Landfeuers des antiken Rom, Ruinen einer **Kirche** von 1263 markieren den Standort eines Klosters aus dem Mittelalter, ansonsten nisten hier nur **Vögel** (72 Spezies, von denen drei akut vom Aussterben bedroht sind). Vom Hafen Sozopols fahren im Sommer Ausflugsboote hinaus (um 50 Lv) – im Frühling ist die Insel wegen der Vogelbrut gesperrt.

Kavacite

Kavacite (Каваците), eine halbmondförmige **Sandbucht,** schließt an Sozopol im Süden an und galt einst als naturbelassener Traumstrand. Heute stehen auch hier Bungalows und Zelte. Beim Zeltplatz Smokinia im Hinterland schützt das Reservat **Pjasačna Lilija** (Пясачна Лилия) die **Sandlilie.**

Černomorec

Das Örtchen Černomorec (Черноморец) 12 km nördlich von Sozopol, jenseits der weiten Bucht mit Apartmentanlagen, besitzt einen Hafen am **Kap/Nos Ativolo** (Нос Ативоло) und Felsen im Wasser, die der Volksmund „Büffel" nennt. Das **Museum Sv. Nikola** zeigt archäologische Funde und eine ethnografische Sammlung.

■ **Muzej Sv. Nikola** (музей св. никола), Ul Bajkal (Ул. Байкал) 6, geöffnet tgl. 10–12, 14–18, Winter Mo–Fr 8.30–12.45, 13.30–17.15 Uhr, Eintritt 4 Lv.

Djuni und Sumpf von Alepu

Bei Djuni (Дюни) im Süden von Sozopol (8 km) beginnt das Sumpfgebiet von Alepu mit seiner Lagune. Djuni selbst besteht aus einer **Ferienkolonie** der gehobenen Klasse mit Vier- und Fünf-Sterne-Unterkünften und All-inclusive-Angebot. Der **Sandstrand** erstreckt sich von Djuni 4 km nach Süden und lässt auch in der Hochsaison den Badenden viel Platz (teilweise felsiger Untergrund im Meer).

Der **Sumpf von Alepu** (Алепу) ist ein **Naturdenkmal** von 167 ha Größe und wichtiges **Vogelbrutgebiet** z.B. für Zwergdommel, Nacht- und Purpurreiher, Höckerschwan, Rohrweihe, die weltweit bedrohte Moorente und den Wachtelkönig. Weiter findet man Zwergkormorane, Seeadler, Pelikane, Reiher und einige Entenarten.

Die vorgelagerten **Sanddünen** sind auf 12 ha ebenfalls geschützt. Auf ihnen wächst eine typische Pflanzenwelt, in der u.a. der Seeregenpfeifer seinen Nistplatz findet.

Wenn der Wasserstand niedrig ist, kann man das Gebiet auf schmalen Pfaden und **Holzsteigen** durchstreifen und sich auf die Fotojagd begeben.

Reservat Ropotamo

Das Reservat/Rezervat Ropotamo (Резерват Ропотамо) liegt 12 km südlich von Sozopol an der Mündung des gleichnamigen Flusses am Kap/Nos Maslen (Нос Маслен) mit hohen Sanddünen und Felsen. 50 km ist der **Ropotamo** nur lang und an seiner bei Fischern beliebten Mündung in guten Regenjahren 4,50 m tief. In ihm schwimmen Karpfen, Zander, Meeräschen und Barben, krabbeln Krebse und Krabben. In den Wäldern lebt Rot- und Schwarzwild, Wölfe und Füchse durchstreifen das Reservat. Der Zugang zu den **Schutzgebieten** ist in Höhe des Hotels Holiday Village Lilies möglich.

In Ropotamo wächst der **Strandbeifuß,** der früher zu medizinischen Zwecken genutzt wurde; ihm ist ein eigener Schutzbereich zugewiesen (Reservat Morski Pelin/Резерват Морски Пелин).

Ein weiteres Reservat liegt auf der 3 km² großen, vorgelagerten und kakteenbewachsenen **Schlangeninsel Sv. Toma** (Zmijski Ostrov/Змийски Остров). Einst stand hier eine Kirche, und die Legende besagt, dass der Seeräuber *Valšan Vojvoda* auf dem Eiland seinen Schatz vergraben hat.

Insgesamt summiert sich die geschützte Fläche auf 1000 ha. Ropotamo war zu kommunistischen Zeiten ein Jagdgebiet der politischen Führung und ihrer Gäste. Auch heute noch wird in der Umgebung auf Pirsch gegangen.

Die **Lagune von Arkutino** (Аркутино), das alte Flussbett des Ropotamo, 2 km nördlich beim See Arkutino, war ebenfalls geschützt, ist aber heute in großen Teilen für die touristische Entwicklung freigegeben. Dennoch kann man in der Marsch im Hinterland zwischen der Wasserlilienpracht noch eine große **Schlangenpopulation** und **Amphibien** entdecken (u.a. Grasschlange, Hornviper und Peitschenschlange). Auch hier nisten zahlreiche **Vogelarten.**

Südlich von Kap Maslen und noch im Bereich des Schutzgebietes wartet das Thrakische Heiligtum **Beglik Taš** auf einen Besuch (→ Primorsko) – von Primorsko aus zu Fuß, per Rad oder auch mit dem Wagen.

[>] Der landschaftlich reizvolle Sumpf von Alepu ist ein wichtiges Vogelbrutgebiet

148bu sk

Praktische Tipps

Unterkunft

3 Diamanti②, Ul. Morski Skali (Ул. Морски Скали), Tel. 055-022640, www.hoteldiamanti.com. In der Altstadt am offenen Meer, 20 komfortable Zimmer und Studios mit Klimaanlage und Sat-TV; Balkons mit Meerblick, kleiner Fitnessraum mit Sauna, Restaurant.

UNSER TIPP: **4 Casa del Mare**②, Ul. Kiril i Metodij (Ул. Кирил и Методий) 36, Tel. 0877-999 913, www.hotelcasadelmare.com. Stylish konzipiertes Hotel in der Altstadt mit Meerblick; 23 luxuriöse und elegant eingerichtete Zimmer und Suiten, teils mit Meerblick und Balkon, gutes Restaurant.

6 YoHo Hostel, Ul. Apolonija (Ул. Аполония) 25, Tel. 0887-933340, www.yohohostel.com, DZ ohne Bad ab 50 Lv. Saubere und moderne Unterkunft mit großzügigen Doppel- und Mehrbettzimmern im Herzen der Altstadt, Kochmöglichkeit.

Unterkunft außerhalb

11 Duni Royal Resort④, Djuni, Tel. 055-022260, www.duni.bg. Meist über Reiseveranstalter gebuchter All-inclusive-Club mit mehreren Hotels unterschiedlicher Klassen, Villen und Animationsprogrammen, Pool Games, Boccia, Amphitheater mit Abendveranstaltungen und Gästeshows, Livemusik, Disco. Mehrere Hundert Zimmer und mehrere Pools. Segel- und Surfangebote.

11 Sv. Toma③, am Kap Humata südlich über der Marsch von Djuni, Tel. 0884-351545, www.saint thomas.bg. Hoch über dem Meer steht das Hotel innerhalb einer immensen und weithin sichtbaren Apartmentanlage im Stil von etwas, was man nur mit gutem Willen als Wiedergeburtsarchitektur bezeichnen kann. Es bietet Pools und auch sonst alles, was fünf Sterne so nötig machen. Bustransfer zu den 2 km entfernten Stränden.

11 Arkutino Family Resort③-④, Arkutino, Tel. 0550-22077, www.arkutinofamilyresort.com, All inclusive. Apartment- und Hotelanlage im Schutzgebiet von Arkutino, mit allen Annehmlichkeiten für einen Familienurlaub.

Camping

10 **Gradina Camping,** 5 km westlich von Sozopol Richtung Černomorec, Tel. 0888-778828, www.campinggradina.com. 2018 zum luxuriösen Platz aufgewerteter Camping mit Laden, Restaurant, Stellplätzen und (supertollen) Bungalows mit Bad und Küche – direkt am Strand und ohne lärmende Animation bestens für Ruhesuchende geeignet.

10 **Golden Fish Royal Camping,** 3 km westlich von Sozopol Richtung Černomorec, Tel. 055-022534, www.zlatna-ribka.com. Strandzeltplatz mit annehmbaren Sanitäreinrichtungen, Restaurant, Stellflächen für Camper und Zelte, Apartments.

Essen und Trinken

2 **Vjatărna Melnica,** Ul. Morski Skali (Ул. Морски Скали) 27, Tel. 0887-270022, www.facebook.com/thewindmillsozopol, geöffnet 10–24 Uhr. Rustikal aus Naturstein gebautes Restaurant mit Blick über das Meer; kleine, blumenbepflanzte Terrasse, Fischküche und bulgarische Gerichte.

8 **Bistro Starijat Sozopol,** Ul. Krajbrežna (Ул. Крайбрежна) 42, Tel. 0884-040491, geöffnet 12–23 Uhr, www.instagram.com/stariqt.sozopol. Im „Alten Sozopol" gibt es Steak und Fisch vom Grill, nationale Gerichte und eine Terrasse mit Blick auf die Vorinsel Kirik.

1 **Neptun,** Ul. Morski Skali (Ул. Морски Скали) 45, Tel. 0886-632500, geöffnet 11–24 Uhr. Direkt am Wasser über den Felsen sitzt man auf den zwei schattigen Terrassen und speist Meeresfrüchte als Vorspeise und Fisch vom Grill als Hauptgericht.

UNSER TIPP: 7 **Urania Bistro,** Ul. Milet (Ул. Милет) 34, Tel. 0876-929599, geöffnet 12.30–23 Uhr. Die Adresse für gepflegtes Essen – auf den beiden oberen Terrassen des Bistros kommt Avantgarde-Küche mit mediterranem Einschlag auf den Tisch, auf der dritten, unteren Terrasse sitzt man im Lounge-Bereich und schlürft die wohl besten Cocktails von Sozopol: Die Margarita sollte man nicht versäumen.

Nachtleben

12 **EXE Beach Bar,** Unnamed Road, 8130 Budzhaka, Tel. 0882-332222, www.facebook.com/exebeachbar. Der Ableger aus Sofija ist die Party-Location am Südstrand.

5 **Michelle Art Klub,** Ul. Apolonija (Ул. Аполония), Tel. 0889-801120. Im Mišel werden auch Jazzfreunde zufriedengestellt.

9 **Malkata Tekila,** Pl. Han Krum (Пл. Хан Крум) 6, Tel. 0878-664065, www.facebook.com/malkatatekila. Das „Kleine Tequila" im Stadtpark am Übergang zur Altstadt ist für Alternative Music bekannt.

Aktivitäten

■ **Strände:** Der kleine Stadtstrand im Osten des Archäologischen Museums ist schnell überfüllt, wenn es zu eng wird, geht man 400 m an der zur Bar umgewidmeten Windmühle vorbei durch die Neustadt zum Südstrand. Beide Strände verlangen Eintritt, der äußerste stadtabgewandte Bereich des Südstrandes ist aber frei und nicht bewirtschaftet. An der Südküste zahlt man für einen Schirm um 10 Lv, für eine Liege ebenfalls um 10 Lv Tagesmiete.

Aquapark Neptun: 4 km südlich von Sozopol, Tel. 0888-262222, www.aquaparkneptun.com. Große Anlage mit drei Wasserlandschaften, Kanälen und Rutschen, dazu Bars und Minimarkt; geöffnet tgl. 10–18 Uhr, Eintritt 52 Lv, Kind 30 Lv.

▷ Blick auf den Südstrand von Sozopol

■ **Strand von Djuni** (→ oben): 4 km langer Sandstrand und gute Alternative für ruhigeres Sonnenbaden.

■ **Bootsfahrt:** Mit Kahn oder Motorponton geht es auf dem Ropotamo flussaufwärts durch das Naturschutzgebiet (→ oben); Parkplatz der Anlegestelle 18 km südlich von Sozopol 300 m hinter der Brücke, Fahrten Juni–Sept. tgl. 9–19 Uhr, Tour mit 45 Min. 15 Lv.

■ **Tauchen:** Diving Center Sozopol, Tel. 0885-245526, www.dive-sozopol.com. Tauchgänge rund um die Inseln St. Stefan, St. Ivan und bei der Schlangeninsel; beim Wracktauchen besucht man die gesunkene „Rodina", das US-amerikanische Dampfschiff „Mopang", den französischen Frachter „Jacques Fressinet", die türkische „Safak" und das deutsche Schiff „Adolf von Bayern" (auch Nachttauchgänge und Einführungskurse).

■ **Castle „In Love with the Wind",** Ravadinovo (Равадиново), Tel. 0700-80058, www.zamaka.bg, geöffnet 8–21, Winter 9–18 Uhr, Eintritt 30 Lv, Kinder 15 Lv. Von Weitem sichtbar türmen sich Rundgiebel aus einem grauen, massigen Baukörper in den Himmel – ein „Schloss"? Viel Geld (mit dem man sonst nichts anzufangen weiß) und Stilsicherheit, die durch Absenz glänzt, haben mit viel Plastik und Gips etwas geschaffen, das Rosabebrillte als Märchenwelt feiern, doch einige als bloße Skurrilität abtun.

Veranstaltungen

■ **Apollonia:** Literatur-, Theater- und Musikfest (von Klassik bis Modern) eine Woche lang Anfang Sept.; www.apollonia.bg.

331bu sk

Verkehr

- **Bushof Neustadt,** Ul. Stara Planina (Ул. Стара Планина) 1A; Verbindungen entlang der Küste und über Šumen (Шумен) nach Sofija (София).
- **Bushof Altstadt,** am Eingang der Altstadt, lokale Verbindungen entlang der Küste.
- **Fast Ferry Sozopol – Nesebăr,** www.fastferry.bg. Im Sommer mit Katamaranen in 45 Min. morgens nach Nesebăr und abends zurück, ab 65 Lv.

Primorsko (Приморско)

Primorsko ist eine der **typischen Feriensiedlungen** der Schwarzmeerküste ohne besonderen Charme. Kein historischer Dorfkern erwartet die Besucher, hingegen ewig lange Strände beidseits des Ortes mit zahlreichen Hotels, Pensionen, Apartmentanlagen, Restaurants und Geschäften. **„The Party never ends"** ist das Motto der besonders von tschechischen Touristen und bulgarischen Jugendlichen wegen des günstigen Preisniveaus besuchten Stadt, und zumindest für die Sommermonate stimmt das, wenn die 6000 Bewohner das Zehnfache an Feriengästen bewältigen müssen.

Das Zentrum der erst 1879 gegründeten Stadt steht auf einer kurzen Landzunge, eingerahmt vom je etwa 4 km langen Nord- und Südstrand. Am nördlichen Ende des Nordstrandes ist es ruhiger, hier hat man auch den Vorteil von Schatten spendenden Bäumen in unmittelbarer Wassernähe.

Das Hinterland des Nordstrandes ist auf 40 ha als **Naturschutzgebiet Stamopolu** (Zaštitena Mestnost Stamopolu/ Защитена Местност Стамополу) wegen seiner fragilen Pflanzenwelt auf den bis zu 19 m hohen Sanddünen geschützt. Von den 80 hier vorkommenden Pflanzenarten stehen 14 auf der Roten Liste. Bei der Erforschung hat man Siedlungsreste aus dem Neolithikum festgestellt. Im **Geschichtsmuseum** erfährt man mehr darüber, sieht aber auch eine nette ethnografische Sammlung.

- **Istoričeski Muzej** (Исторически Музей), Ul. Albatros (Ул. Албатрос) 5, www.museumprimorsko.bg, geöffnet Mo–Fr 8–12, 13–17 Uhr, 6 Lv (mit Beglik Taš 8 Lv).

Die schöne Stana

Eine **Legende** besagt, dass eine wunderschöne Bulgarin namens Stana mit dem Sultan vermählt werden sollte. Doch sie forderte als Gegenleistung, dass er so viel Land, wie sie an einem Tag umreiten könne, für alle Zukunft als **steuerfrei** erklären müsse. Der Sultan sagte zu, Stana stieg frühmorgens aufs Pferd, und abends war sie in der **Bucht von Atliman** angekommen. Ihr Pferd hauchte hier nach dem wilden Ritt sein Leben aus. Der Sultan hielt sein Wort, und die Bucht bekam ihren Namen **„Pferdebucht"**.

⊳ Die genaue Bedeutung des Felsheiligtums von Beglik Taš ist unbekannt

332bu sk

Primorsko Umgebung

Felsheiligtum Beglik Taš

Für die **Anfahrt** nimmt man am Aquapark die Ul. Iglitsa nach Norden und fährt am Strand entlang; an seinem Ende wendet sich die Straße vom Meer ab und führt weiter nordwärts. 3 km hinter dem Strand geht rechts ein guter Feldweg ab, dem man 1,3 km bis zum Parkplatz folgt. Die Strecke bietet sich auch für eine Radtour an.

Jeder mag für sich entscheiden, ob die Felsen **natürlichen Ursprungs** sind oder von **Menschenhand** in die Landschaft gestellt wurden. Die teils gewaltigen Blöcke zu bewegen, muss eine sehr ausgefeilte Technik erfordert haben. Die Archäologen sind sich über die Bedeutung der 2003 untersuchten Anlage nicht im Klaren. War sie eine Opferstätte oder diente sie zur Bestimmung der Sonnenstände? Oder beides? Auf jeden Fall ist gesichert, dass Thraker aus der nahen Stadt Ranuli die natürlich in der Landschaft stehenden Dolmen in der späten Bronzezeit (1200–1000 V. Chr.) bearbeitet haben, und dass sie den Platz für heute unbekannte Riten nutzten.

■ **Beglik Taš** (Беглик Таш), geöffnet 8.30/9–17/20 Uhr, frei zugänglich, Eintritt 4 Lv (mit Geschichtsmuseum 8 Lv).

Kiten

Kiten (Китен) mit seinen 1000 Einwohnern liegt 5 km südlich von Primorsko. Es war – lang ist's her – ein kleines Fischerdorf auf einer Halbinsel zwischen dem **Sandstrand Atliman** (Атлиман) im Norden und **Karaagač** (Караагач) im Süden. Im Hinterland beginnen die dichten Wälder des Strandža-Gebirges. Beim heutigen Kiten stand zu antiken Zeiten die römische Festung Orudiza. Mit der türkischen Herrschaft wurde die Natur sich selbst überlassen, und erst die bulgarische Wiedergeburt sorgte für eine erneute Besiedlung.

1932 flohen viele Griechen aus der Türkei, da man sie mit einem Arbeitsver-

333bu sk

bot belegt hatte, einige von ihnen ließen sich in Kiten nieder. 1970 begann der touristische Ausbau. Heute ist Kiten mit seinen beiden weiten Buchten ein Konvolut aus Bungalows in allen erdenklichen Stadien des Erhaltungszustandes, Hotels, Apartments, Campingplätzen, Läden, Buden und Restaurants. Da man praktisch auf allen Seiten nur auf Wasser stößt, fällt die Orientierung in dem sommerlichen Chaos schwer, und immer wieder sieht man Touristen auf der Suche nach ihrem Haus oder Hotel.

Lozenec

Fährt man die Küste weiter in Richtung Süden entlang, gelangt man durch ein **Weinanbaugebiet** (*loza* = Rebe) nach Lozenec (Лозенец), wo etwa 800 Menschen leben. Erst ab 1924 wurden hier Häuser gebaut, als die Bewohner des Dorfes Velika (Велика) im Inland die Küste für sich entdeckten.

In den letzten Jahren hat sich auch Lozenec **massiv entwickelt.** Bars, Lounges und Discos säumen die Straßenränder, alle adrett und cool, alle voll mit der Jeunesse dorée des Landes. Nicht umsonst erhielt Lozenec den Beinamen „Die Nachbarstadt von Sofija". Im Sommer vermietet hier fast jeder seine Zimmer, und die Hotelbetten sind ausgebucht.

Wegen seiner von guten Winden gesegneten Strände ist Lozenec bei **Surfern** überaus beliebt – womit natürlich auch das Nachtleben ausgeprägt ist.

Praktische Tipps

Unterkunft

Primorsko

- **North Beach**②, am Beginn des Nordstrandes, Tel. 0885-093014, www.northbeach-hotel.bg. Etwas abseits vom Strand in ruhigerer Lage, 30 Zimmer und Apartments mit Telefon, TV und teils mit Terrasse; extravaganter Dachpool.
- **Plamena Palace**②, im nördlichen Primorsko, Tel. 0886-188144, www.plamena-palace.com. 116 Zimmer und Suiten mit allen Annehmlichkeiten, modernes Hotel mit schöner Poolanlage und Restaurant auch mit internationaler Küche.

Kiten

- **Dodo Beach**③, am südlichen Strand, Ul. Urdovica (Ул. Урдовица) 8, Tel. 0550-36294, www.dodo-beach.com. 21 Zimmer mit Telefon, Klimaanlage, Minibar, Sat-TV und Internet, modern, hell und elegant eingerichtet, direkt am Meer. Restaurant mit mediterraner Küche und vielen Fischgerichten.

< Kitesurfen in Lozenec

Lozenec

■ **Morski Briz②**, Ul. Krajmoska (Ул. Крайморска) 25, Tel. 0887-556015, www.morski-briz.com. Im Zentrum und 100 m vom Strand; einfaches, aber ordentliches Gästehaus.

UNSER TIPP: **Starata Kăšta②**, Ul. Georgi Kondolov (Ул. Георги Кондолов) 2, Tel. 0550-57257, www.lozenec-starata-kashta.com. Modernes Haus mit 17 Zimmern und Apartments, ca. 200 m vom Strand entfernt. Angeschlossen ist ein auch bei Einheimischen beliebtes Restaurant (Freisitz) mit bulgarischer Nationalküche.

Camping

■ **Kamping Atliman,** Kiten, am westlichen Ende des Atliman-Strandes, Tel. 0899-195566, www.atliman.bg. Schattiger Platz mit 150 Stellflächen für Camper und Zelte; 2018 sanierte Sanitäreinrichtungen, Lebensmittelladen.

Essen und Trinken

Primorsko

■ **Meze,** am Strand, Tel. 0899-994555. Grillrestaurant mit griechisch ausgerichteter Küche und sehr gutem Fisch (die Dorade z.B. kommt aus der Türkei, ist also wild und nicht gezüchtet, wie sonst am Schwarzen Meer), alles sehr relaxed.

■ **Insolito,** Ul. Krajbrežna (Ул. Крайбрежна) 2, Tel. 08778-992490, www.facebook.com/insolito bts, geöffnet im Sommer tgl. 10–24 Uhr. Mediterrane Fischküche mit leicht griechischem Einschlag auf relativ hohem Niveau – nicht extrem günstig, aber dafür keine Badehosenatmosphäre.

Kiten

UNSER TIPP: **Vodenicata,** Ul. Albatros (Ул. Албатрос) 2, Tel. 0887-192052, http://vodenicata.ikiten.net, tgl. 10–24 Uhr. Haus im Wiedergeburtsstil mit viel Holz, überdachten Terrassen, langen Tischen und Bänken. Gemütliche Atmosphäre im Rahmen eines Großrestaurants mit Traditionsküche, viel Fisch auf der Karte, abends ein wenig Animation.

Lozenec

■ **Vilarte,** im südlichen Bereich 150 m vom Oasis-Strand, Tel. 0899-994555, www.vilartehotel.com, geöffnet im Sommer tgl. 12–22 Uhr. Boutique-Hotel (10 Zimmer, DZ ab 160 Lv) mit gutem, etwas teuren Restaurant mit mediterranen Gerichten und feiner Weinauswahl.

■ **Opera di Mare,** am Strand, Tel. 0877-450079, www.facebook.com/operadimare, geöffnet Sommer 10–24 Uhr. Grillrestaurant direkt am Strand mit guter Fischküche, alles sehr entspannt.

Nachtleben

Primorsko

■ **After Place,** Ul. Stančo Kostadinov (Ул. Станчо Костадинов) 1, Tel. 0876-753116, www.instagram.com/club.after.place.primorsko. Hier wird zu unterschiedlicher Musik getanzt, und am Wochenende zu späterer Stunde geht es hoch her.

Kiten

■ **Zangador,** Tel. 0888-259592, www.facebook.com/ZangadorDanceClub. Der Klub am Altiman-Strand ist bis weit über die Stadtgrenzen bekannt und beliebt, nicht nur wegen seiner Terrassenlage an den Felsen mit der Tanzfläche am Strand, sondern auch wegen der guten und günstigen Drinks.

■ **Kavali Klub,** Ul. Koran (Ул.Корал) 4, Tel. 0878-556503, www.facebook.com/kavaliclubkiten. Lieben Sie Čalga, den Folkpop Bulgariens? Dann sind Sie hier richtig.

Lozenec

■ **By the Way,** Ul. Georgi Kondolov (Ул. Георги Кондолов) 24, Tel. 0886-605203, www.instagram.com/by.the.way.bar. Gute Cocktails und bestens geeignet für den Einstieg in den Abend.

■ **Beach Bar,** in der Mitte des Hauptstrandes, Tel. 0877-615329, geöffnet 9–21 Uhr. Perfekt für den Sundowner auf Sitzsäcken unter Baldachinen.

■ **Hacienda,** in der kleinen, südlich an die Hauptbucht anschließenden Bay, Tel. 0889-822888, www.facebook.com/haciendabeach. Hier wird getanzt, es finden Karaokeparties statt, und man bekommt gute Cocktails.

Aktivitäten

Der ausgezeichnete, beständige Ostsüdostwind macht insbesondere Lozenec zum beliebtesten Surfspot an der Küste. Die Bedingungen sind für Anfänger und Fortgeschrittene gleichermaßen günstig.

Akva Planet Primorsko, Ul. Fregata (Ул. Фрегата) 2, Primorsko, Tel. 055-032174, www.aqua planet.bg. Wasser- und Rutschenlandschaft mitten im Ort, geöffnet Juni–Sept 9–19 Uhr, Eintritt 50 Lv, Kind 25 Lv.

■ **Poseidon Diving,** Ul. 3-ti Mart (Ул. 3-ти Март) 20, Primorsko, Tel. 0888-935124, www.www.posei donbg.com. Tauchgang mit Boot ab 70 Lv, außerdem PADI-Kurse.

■ **Surfschule Instict,** Lozenec, Tel. 0888-594483, www.facebook.com/instinctsurfschool. Jedes Jahr ab Ende Mai bis in den Oktober hinein Kurse für Wind- und Kitesurfer.

Verkehr

■ **Bushof Primorsko,** Ul. Pegun (Ул. Перун), Tel. 055-032341. Zweimal am Tag über Šumen (Шумен) nach Sofija (София), Kleinbusse die Küste entlang.

■ **Bushof Kiten,** Ul. Parvi Maj (Ул. Първи май) 3, Tel. 055-036366.

■ **Bushof Lozenec,** Ul. Strandža (Ул. Странджа) 11A.

Ahtopol (Ахтопол)

Agatopolis – die „Stadt des Glücks“– wurde um 430 v. Chr. von den **Griechen** gegründet, als sie den uralten Siedlungsort der Thraker zur Kolonie machten. Hier soll der hellenische Heerführer *Perikles* auf seinen Eroberungszügen vorbeigekommen sein und einige Zeit verbracht haben. Als die **Römer** die Macht übernahmen, änderten sie den Namen in Peronticus. Ihren **heutigen Namen** erhielt die Stadt vom byzantinischen Herrscher *Agathon,* der sich damit verewigte.

Sehenswertes

In Ahtopol (1500 Ew.) sind fast keine Sehenswürdigkeiten aus der Vergangenheit erhalten geblieben, mehrfach wurde die Stadt von Seeräubern überfallen, die Feuer legten. Der letzte große Brand fand 1918 statt.

Die **Auferstehungskirche** (Cărkva Văzraždane/Църква Възраждане) von 1776 ist eines der wenigen Gebäude, die erhalten geblieben sind.

Aus früheren Zeiten sind auch noch einige **Reste von Festungsmauern** zu sehen, einst 8 m hoch und 3,50 m breit. Sie wurde in gemischter Bauweise aus Naturstein und Ziegel in wechselnden Lagen errichtet.

Am Dorfplatz ist der **Brunnen** mit dem **Steinrelief** eines thrakischen Reiters geschmückt und im Meer werden immer wieder **Artefakte aus der Antike**

334bu sk

gefunden, so etwa steinerne Anker aus thrakischer Zeit, bleierne aus der hellenischen Ära und eiserne, die die Römer hinterlassen haben.

Die Hauptbucht von Ahtopol ist felsig und wird als Hafen genutzt. Wer **baden** will, geht an den nördlich anschließenden Strand mit Infrastruktur (Schirm- und Liegenverleih) und kleinem Wasserpark mit Rutschen.

Ahtopol Umgebung

Varvara

Das Dorf Varvara (Варвара), 3 km im Norden, ist ein beliebter Platz für **Taucher,** sind hier doch Riffe der felsigen Küste vorgelagert.

Carevo

Das Städtchen Carevo (Царево), 13 km nördlich von Ahtopol, hieß zu kommunistischen Zeiten Mičurin, nach einem sowjetischen Botaniker. Die Stadt geht auf die antike griechische Siedlung Vasilikos zurück. Der **Hafen,** der größte südlich von Burgas, hat einen gewissen Charme.

Rund um Carevo sind **16 Buchten** mit feinem Sand zu finden, die insgesamt fast 10 km lang sind. Die Hauptbucht unterhalb der auf dem Hochufer gelegenen Stadt ist felsig, Schiffe dümpeln im Wasser. Der südlich anschließende Badestrand in der nächsten Bucht ist wenig

Je weiter im Süden, desto beschaulicher: Ahtopol

Birding

Die Umgebung von Sinemorec eignet sich hervorragend zur **Vogelbeobachtung.** Auf der **Veleka** fährt man mit dem Boot 6 km flussaufwärts und kann alternativ zu Fuß zurückgehen (bei der Anlegestelle nachfragen). Die **Feuchtzone von Silistar** befindet sich 6 km südlich von Sinemorec und besteht aus drei Seen mit Vogelbrutgebieten. Der **Wald von Butamja** gleich südlich von Sinemorec ist besonders für seine Spechte bekannt.

Beim Rückweg nach Burgas kann man frühmorgens am Mandra-See bei Burgas das Auffliegen der **Pelikane** beobachten. Auf dem Weg dorthin besucht man noch die Marschen von Alepu und Arkutino und unternimmt eine Bootsfahrt auf dem Ropotamo.

attraktiv und mit einer Kette aus Betongebilden ausgestattet. Deshalb sollte man die anderen Buchten aufsuchen.

Da die Stadt 1882 von einem Feuer fast vollständig vernichtet wurde, ist an Sehenswürdigkeiten praktisch nichts vorhanden. Einzig besuchenswert ist die **Kirche Sv. Troica** (Св. Троица) auf der Felsnase, die 1831 von griechischen Gläubigen aus behauenen Steinen errichtet wurde.

Wer aus dem Norden oder dem Süden kommend nach Malko Tărnovo will und nicht bei Burgas ins Landesinnere abgebogen ist, ist gezwungen, über Carevo zu fahren, von hier führt die (nur notdürftig unterhaltene) Hauptstraße von der Küste ins Landesinnere und weiter **Richtung Türkei** und Istanbul.

Arapja

Nochmal 3 km nördlicher rundet sich die **Bucht von Arapja** (Арапя) zum Halbmond. Rundherum stehen Wochenendhäuschen, und es haben sich Dauercamper auf den Zeltplätzen fest eingerichtet – dennoch wegen des schönen, bewirtschafteten **Strandes** eine Empfehlung.

Sinemorec

Sinemorec (Синеморец), 6 km südlich von Ahtopol ist die letzte größere bulgarische Siedlung an der Küste und lag bis vor wenigen Jahren noch in einer Art Dornröschenschlaf – bis die vermögenden Bulgaren es für sich entdeckten. Was bedeutet, dass man hier in erster Linie **Villen** findet, in denen man einen sehr angenehmen, entspannten und ruhigen Sommerurlaub verbringt. Dass die **Strände** der Umgebung herrlich und oft auch menschenleer sind und dass der **Nationalpark Strandža** mit seinen Exkursionsmöglichkeiten gleich um die Ecke liegt, tut dem sicherlich keinen Abbruch.

Der **Fluss Veleka** (Велека) – mit der Möglichkeit Boots- und Kanutouren zu unternehmen– mündet am nördlichen Ortsrand in das Meer, der Sand, den er transportiert schuf eine 1 km lange, breite Bank, die Süß- von Salzwasser trennt und der beliebteste Badestrand der Gegend ist. Südlich erstreckt sich der lange **Strand/Plaš Butamjata** (Плаж Бутамята).

Rezovo/Silistar-Strand

Nur wer die türkischen Posten an der Außengrenze der EU bestaunen will, unternimmt einen Ausflug zum **Grenzdorf Rezovo** (Резово), 11 km südlich von Sinemorec. Am **südöstlichsten Punkt Bulgariens** leben gerade mal 50 Seelen und im Sommer einige Villenbesitzer.

Auf halber Strecke kann man auf einem Feldweg 1 km nach Osten zum **Strand Silistar** (Плаж Силистар) fahren und ins Meer springen – **eine der schönsten Buchten des Landes** (die von Sinemorec auch zu Fuß erreichbar ist). Da es keine Grenzabfertigung gibt, kehrt man auf derselben Strecke zurück.

Praktische Tipps

Unterkunft

Ahtopol

UNSER TIPP: **Šarenata Kăšta**①-②, Ul. Patriarh Evtimij (Ул. Патриарх Евтимий) 1, Tel. 0889-188328, www.moreto.biz. Das „Bunte Haus" verdient seinen Namen, es ist in Pastellfarben gekleidet. 20 komfortable und großzügige Zimmer, die ebenfalls in heiteren Farben gehalten sind.

■ **ATM Rooms**①, Ul. Preobraženska (Ул. Преображенска) 7, Tel. 0889-209556. Neun einfache Zimmer und Apartments in der Stadt mit Klimaanlage, Kühlschrank, Sat-TV, WLAN und Restaurant daneben.

Carevo

■ **The Lodge**②, Ul. Han Asparuh (Ул. Хан Аспарух) 10a, Tel. 0890-166668, https://thelodgehotel.bg. 40 Zimmer und Apartments in einem luftig gebauten Haus mit hellen, freundlichen Zimmern.

UNSER TIPP: **Ribarska Srešta**②, am Hafen, Tel. 0590-52455, www.hotelribarskasreshta.com. Am Hafen und 200 m vom Strand entfernt, 23 Zimmer und Apartments mit Blick über das Wasser; modernes Haus in weiß-blauem Mittelmeerstil unter familiärer Führung und mit einem guten Terrassenrestaurant.

Sinemorec

■ **Hotel Apolonija**②-③, Tel. 0899-332336, http://www.apoloniapalace.net. Vier-Sterne-Apart-Hotel hoch über dem Strand, mit Restaurant.

■ **Casa Domingo**①-②, Tel. 0590-66093, www.casadomingo.info, ohne Frühstück. 200 m vom Strand entfernt. Die Anlage ist mit einem Pool und Restaurant ausgestattet. 45 Zimmer und Suiten mit TV und Kühlschrank, teils mit Terrasse oder Gartenanteil. Restaurant mit Außenterrasse.

UNSER TIPP: **Hotel Atlas**, Tel. 0590-66200, DZ ab 60 Lv je nach Saison. Günstiges Familienhotel im Ort und 350 m vom Strand; sauber und ordentlich.

Essen und Trinken

Ahtopol

■ **Četirimata Kapitani,** Ul. Krajmorska (Ул. Крайморска) 31, Tel. 0896-618566, geöffnet 10–24 Uhr. Bei den „Vier Kapitänen" speist man bulgarische Küche auf der Terrasse über dem Hafen, auch zahlreiche Fischgerichte.

■ **Sv. Georgi,** Ul. Černo More (Ул. Черно Море) 45, Tel. 0898-460340, geöffnet 12–24 Uhr. Auf den Felsen des Nordstrandes sitzt man auf der Panoramaterrasse und genießt ausgezeichnete Fischgerichte oder Fleisch vom Grill, während die Sonne untergeht.

Carevo

■ **La Playa,** am Strand von Nestinarka (Нестинарка) 2 km südlich vom Zentrum, Tel. 0892-212110, geöffnet im Sommer tgl. 8–24 Uhr. Fisch und Fleisch in entspannter Strandatmosphäre – auch mit Badeanzug kein Problem.

Sinemorec

Restorant Zafo, im Ort, Tel. 0888-401916, www.zafosinemorec.com, geöffnet Mai–Sept. 11–24 Uhr. Im Ort mit großem Freisitz; Spezialität des Gartenrestaurants mit angeschlossenem modernen Hotel ist das Barbecue.

Kucata Meduza, am Strand von Butamjata (Бутамята), Tel. 0876-460577, im Sommer tgl. 9–23 Uhr. Die „Lahme Qualle" ist das Strandrestaurant am Ort mit frischem Meeresgetier und Pizzaofen.

Verkehr

Bushof Ahtopol, Ul. Vasil Levski (Ул. Васил Левски) 5, ganzjährig einmal täglich nach Burgas (Бургас), in der Hochsaison dreimal täglich, zweimal täglich nach Sofija (София).

Bushof Carevo, Ul. Mihail Gerdžikov (Ул. Михаил Герджиков) 52, Tel. 055-052078. Verbindungen nach Sinemorec und die Küste entlang nach Norden.

Aktivitäten

Carevo

Eko-Trail Reka Marina (Екопътека Марина Река), markierter Lehrpfad durch den Dschungel des Strandža-Schutzgebietes (45 Min. hin und zurück, 2,5 km, 100 Höhenmeter). Der Startpunkt liegt 12 km von Carevo Richtung Malko Tărnovo an einem kleinen Parkplatz (GPS N 42.11753, E 27. 76742) mit Hinweisschild. Vom Parkplatz geht es entlang der blauen Markierung durch den Wald bergab Richtung Fluss. Nach 15 Min. ist eine Art Lichtung mit den Infotafeln erreicht, die in die Flora einführen. Kurz weiter bergab steht man dann am Bach und kann ihn queren. Wer möchte, geht südlich wieder bergauf und schaut sich um, ansonsten kehrt man auf demselben Weg zurück. Das nur 50 ha große Schutzgebiet gilt als einer der repräsentativsten Bereiche der Strandža-Flora mit Hartwiss-Eiche, Lorbeer und Eiben, mit Alpenveilchen, Elfenblumen, Heidekraut und Primeln – besonders im Frühling herrlich, wenn alles ausschlägt.

Django Surf & Bar, Hafenbucht nördlicher Bereich, Tel. 0887-317030, www.facebook.com/djangobarandsurf. Equipment-Verleih, Unterricht und immer auch Party.

Sinemorec

Veleka River Boat, Tel. 0898-503030, www.veleka.bg. Auf der Veleka, nördlich von Sinemorec, geht es mit dem Boot in das Naturschutzgebiet. Man schippert erst 7–8 km flussaufwärts und besucht dann noch die Mündung (1,5 km); die Tour dauert 1½ Std. und kostet 25 Lv/Person (Kinder 10 Lv), im Sommer geht es tgl. um 10, 12 und 18 Uhr los.

Veleka Kanu-Vermietung, Kanu für zwei Personen 20 Lv/Std.

Wanderung zum Silistar-Strand: Die einfache, aber schattenlose Wanderung (einfache Strecke 7,5 km, 2½ Std., 150 Höhenmeter) startet südlich von Sinemorec am Südende der Bucht von Butamjata. Sie geht vorbei am Lipite-Strand in leichtem Auf und Ab über die Hügel und die Felsen nach Süden zur wunderschönen Bucht von Silistar. 50 m tief und 1000 m lang, ist der beinahe zum einem Halbkreis gebogene Sandstrand mit Sandlilien, Schwarzstörchen und Steinadlern immer noch erfreulich unbekannt. Zwei Strandbars versorgen die Badegäste: Pizza Bar und Morski Dar.

Naturpark Strandža (Странджа)

Der Priroden Park Strandža (Природен Парк Странджа) umfasst 54 km² streng geschützter Fläche in unterschiedlichen, nicht zusammenhängenden Gebieten des Strandža-Gebirges, etwa 5 % der Gesamtfläche der Region. Die geschützten Gebiete unterliegen einem **abgestuften Schutzregime,** einige Gegenden dürfen überhaupt nicht betreten werden, andere wiederum sind als Naturdenkmal, als Reservat oder als historisches Monument geschützt. Informationen zu den **Genehmigungen** erteilt die Touristeninformation von Malko Tărnovo (Малко Търново), die Beschaffung der Permits kann teilweise sehr aufwendig sein.

- 50 ha schützt das **Rezervat Marina Reka** (Резерват Марина Река) bei Carevo (Царево). Es ist ohne Permit zugänglich (→ oben).
- Das 600 ha große **Rezervat Sredoka** (Резерват Средока), das man nur mit einer Sondergenehmigung betreten darf, liegt nördlich von Malko Tărnovo (Малко Търново). Es besteht aus offenen Wiesen und tiefen Einkerbungen und Felsformationen am Lauf des Flusses Aidere mit Wasserfällen und Teichen. Buchen und Eichen herrschen hier vor.
- Das 1100 ha große **Rezervat Vitanovo** (Резерват Витаново) liegt westlich von Malko Tărnovo (Малко Търново) an der türkischen Grenze. Es zeigt sich mit typischem Buchenwald und osteuropäischem Unterholz auf einer mittleren Höhe von 500 m. Auch hierfür benötigt man ein Permit.
- Das **Gebiet Veleka** (Велека) am Oberlauf des gleichnamigen Flusses um die Dörfer Brăšljan (Бръшлян), Zvezdec (Звездец) und Stoilovo (Стоилово) ist wegen seiner Tier- und Pflanzenwelt und der Felsformationen einen Besuch wert. Der jungfräuliche Buchen- und Eichenwald lädt dort zu einer Wanderung ein. Man erreicht das Gebiet von Malko Tărnovo über das Dorf Stoilovo oder über Brăšljan und Zvezdec (von dort nach Südosten).
- Im **Gebiet Parorja** (Пароря) bei den Dörfern Zabernovo (Заберново) und Zvezdec (Звездец) sind im dichten Wald Mammutbäume verborgen, der älteste steht seit 1000 Jahren, und der größte hat einen Stammdurchmesser von 5,50 m.
- Das **Rezervat Tisovica** (Резерват Тисовица) nördlich des Dorfes Bălgari (Българи) erreicht man über die Fernstraße Carevo – Malko Tărnovo (Царево – Малко Търново) auf einer Nebenstraße. Hier wird auf 800 ha die Pflanzenwelt geschützt. Ein Permit ist nötig.
- Das **Rezervat Silkosja** (Резерват Силкося) war das erste bulgarische Schutzgebiet überhaupt, es wurde 1933 eingerichtet. Nördlich des Dorfes Kosti (Кости), von Carevo (Царево) aus über Bălgari (Българи) erreichbar, sind in ihm auf 400 ha über 260 typische Pflanzenarten zu entdecken. Es gehört zur Frühlingsroute Via Pontica der Zugvögel. Im Kommunismus war die ganze Gegend Sperrgebiet, sodass die Vögel außer einer Patrouille ab und an über Jahrzehnte ihren Frieden hatten und immer noch in großer Zahl vorbeischauen. Wanderwege führen hindurch, die nur mit einem Permit begangen werden dürfen.
- Das **Rezervat Uzumbudžak** (Резерват Узумбуджак), auch **Lopušna** (Лопушна) genannt, an der türkischen Grenze südlich des Dorfes Kosti (Кости), von Sinemorec (Синеморец) über das Dorf Brodilovo (Бродилово) erreichbar, ist mit 2500 ha das größte Reservat im Park; es ist ebenfalls nur mit Permit zu besuchen.
- Das **Mündungsgebiet der Veleka** bei Sinemorec (Синеморец) steht wegen seiner Küstenvegetation unter Schutz. Mit dem Boot kann man von Sinemorec den Fluss hinauffahren (→ oben) bis zur **Zarenquelle** (Carsko Kladenče/Царско Кладенче).

Bei der Fahrt sieht man nicht nur einige der geschützten Fischarten, sondern mit Glück auch Rotwild zwischen den Bäumen, auf alle Fälle aber die gelben Tupfer der seltenen Wasserlilie.

■ Das **Rezervat Silistar** (Резерват Силистар), zur türkischen Grenze hin an der Mündung des gleichnamigen Flusses gelegen, ist wegen seiner Felsen, Sandbänke, Vogel- und Pflanzenwelt auf 775 ha geschützt. Die Bucht ist zu Fuß von Sinemorec (Синеморец) oder mit dem Auto erreichbar (→ oben).

Fahrt durch das Strandža-Gebirge

Die Dörfer in den Strandža-Bergen sind noch weitgehend vom internationalen Tourismus unbeleckt, wenngleich auch hier eine Infrastruktur existiert. Kleine, ländliche Pensionen vermieten Zimmer und Ferienhäuschen, fast überall findet man eine Mehana für ein Mittag- oder Abendessen. Die Straße von Carevo nach Westen wird nur notdürftig repariert und hat viele Schlaglöcher (die Straße von Malko Tărnovo/Малко Търново nach Burgas/Бургас ist allerdings in sehr gutem Zustand).

Eine eintägige Tour durch die Berge beginnt man am besten bei **Carevo** (Царево) auf der Straße 99 Richtung Malko Tărnovo (Малко Търново). Die erste Station ist das Dorf Izgrev (Изгрев) 5 km von Carevo entfernt, wo es einem durchaus passieren kann, dass die Polizei das Fahrzeug anhält und freundlich, bestimmt und auf Bulgarisch nach den Autopapieren und den Pässen fragt. Nach weiteren 7 km kann man eine kurze Wanderung in das Reservat Marina Reka unternehmen.

10 km weiter folgt das Dorf **Bălgari** (Българи), eines der Zentren für den **Feuertanz** auf glühenden Kohlen (→ Ex-

kurs rechts). Allerdings muss man dazu schon am 3. Juni, dem Tag der Heiligen Konstantin und Elena, vorbeikommen, denn dies ist hier keine Attraktion für die Touristen, sondern ein althergebrachter Ritus der Einheimischen. Um 11 Uhr tragen sie mit rotem Stoff und Silbermünzen geschmückte Ikonen durch das Dorf, nachmittags schließen Folklorevorführungen an, und wenn es schließlich dunkel geworden ist, beginnen die Tänze.

Ein Abstecher führt nach Süden durch das Silkosja-Reservat ins Dorf **Kosti** (Кости) am Ufer der Veleka (Велека). Wer möchte, verlässt den Wagen und begibt sich auf den Pfaden am Ufer in den Dschungel oder besucht die größte Dorfkirche des Strandža-Gebirges mit einer ausgezeichneten Ikonensammlung.

Kondolovo (Кондолово), 5 km westlich von Bălgari (Българи), zeigt sich mit ländlichen Häuschen aus Naturstein und Holz in unterschiedlichen Verfallsstadien, teils aber auch schon hübsch hergerichtet. Hinter dem Dorf führt ein Weg in das Reservat von Tisovica.

Durch **Gramatikovo** (Граматиково, 9 km weiter) mit einigen Wiedergeburtshäusern hindurch, kommt man bei der Veleka bei **Kačul** zu einem Botanischen Garten mit einheimischer und ausländischer Flora, der auf das Jahr 1959 zurückgeht.

☒ Eine gute Kurvenlage ist auf den Bergstraßen Bulgariens vonnöten

Der Tag des Feuertanzes

Am **3. Juni,** dem Tag der Heiligen Konstantin und Elena, werden in Bălgari die Feuertänze aufgeführt, und jeder, der vorbeikommt, kann zuschauen. Doch am Sonntag davor treffen sich die, die das Wissen in den Dörfern Bălgari, Kosti, Gramatikovo, Kondolovo und Slivarovo über den Feuertanz bewahren, bei der **Großen Heiligen Quelle** (Goljamata Ajasma) südlich von Bălgari am Zufluss des Vlahov Dol in die Veleka und tauschen ihr Geheimwissen aus. Die Quelle ist über den blau-weiß-blau markierten Pfad von Gramatikovo, aber auch von jedem der vier anderen Dörfer erreichbar, von denen am besagten Tag die Prozessionen zur Quelle ziehen.

Fährt man weiter auf der sich zu einem bewaldeten Plateau hochschlängelnden Straße, geht es nach **Malko Tărnovo** (Малко Търново, 18 km weiter, → unten) wieder hinunter.

Nach der Besichtigung fährt man auf der E87 nach Norden und biegt nach 3 km an einer Stichstraße zum Dorf **Stoilovo** (Стоилово) ab, das auf einem Plateau liegt. Von ihm aus erreicht man zu Fuß den Oberlauf der Veleka. Im Dorf selbst kann man die architektonische Entwicklung der **Strandža-Häuser** gut nachvollziehen. Die anfangs einstöckigen, holzgedeckten Anwesen (in denen die Bewohner zusammen mit den Tieren lebten, welche für Wärme sorgten) wurden nach und nach größer, erhielten ein zweites Stockwerk und schließlich noch ein ziegelgedecktes Dach. Auch die Innenausstattung wurde mit Schnitzereien zunehmend ausgefeilter. Auf einer „Eselsafari“ geht es durch das Dorf und in die Umgebung, wo man bis Petrova Niva (Петрова Нива) blickt.

Wieder auf der Hauptstraße, folgt nach 10 km der Abzweig zum Dorf **Brăšljan** (Бръшлян). Auch hier sind die Bauernhäuser im typischen Stil der Stradža-Berge errichtet – Naturstein als Fundament und Holzüberbau; eine außen angebrachte hölzerne Stiege führt in die erste Etage. 1982 wurde das Dorf zum **Architekturreservat** erklärt. Die Gebäude gehören zu den kleinsten Häusern des 18. und 19. Jh. Das **Haus des Balju,** erkennbar an zwei Außentreppen, sah im Aufstand von 1903 den Tod des Vojvoden *Pano Angelo;* ein Gedenkstein erinnert an ihn. Die im Boden versenkt gebaute **Kirche Sv. Dimităr** (Св. Димитър) stammt aus dem 17. Jh. Interessant ist der altgriechische, marmorne Altarstein, der in der Kanzel zu sehen ist. Er stammt aus einem Dionysos-Tempel. Bei Voranmeldung (über die Touristeninformation in Malko Tărnovo) kann man einer **Folkloreveranstaltung** beiwohnen.

Man fährt weiter in Richtung **Zvezdec** (Звездец) und kurz vor dem Dorf nach rechts zur **historischen Landschaft Petrova Niva** (Петрова Нива), einem für das länger als der Rest Bulgariens unter osmanischer Herrschaft stehende bulgarische Mazedonien sehr wichtigen Ort. Hier versammelten sich 1903 die Revolutionäre von Edirne und die Vojvoden, um den **Aufstand gegen die Türken** zu organisieren. Ein Denkmal und eine Kapelle erinnern daran. Von hier gelangt man auch an den Oberlauf der Veleka.

Von Zvezdec (Звездец) sind es etwa 60 km zurück nach Carevo (Царево). Wer will, fährt noch 9 km weiter bis **Evrenozovo** (Евренозово). 1 km vor dem Dorf sind südlich der Straße **Dolmen** zu finden, eine Grabanlage der Thraker an einer Stelle, wo sie Kupfererz gewannen (11.–10. Jh. v. Chr.). Im Ort führt ein Weg nach Nordosten, auf dem man bei einer Wanderung von 90 Min., vorbei an den Ruinen der größten byzantinischen Festung des Gebirges, bis zum Dorf **Mladežko** (Младежко) gelangt. Westlich des Dorfes sind die Quellen des Flüsschens Mladežka zu entdecken, eine verwunschene Landschaft mit Felsen, dichtem Urwald und einer Fledermaushöhle.

Malko Tărnovo (Малко Търново)

9 km von der türkischen Grenze, an der Stelle einer thrakische Siedlung und des römischen Wachhauses Utsurgas, ist die heute ziemlich verschlafene Stadt zu Beginn des 18. Jh. neu gegründet worden. Aus der antiken Vergangenheit sind in der Umgebung noch Zeugnisse erhalten.

Es ist eine ausgesprochen ländliche Gegend, die Menschen leben heute noch von der **Schafzucht,** die Weiterverarbeitung der Wolle zu Tüchern und Decken findet allerdings nicht mehr statt.

In der Stadt mit ihren 2000 Einwohnern sind einige Häuser des speziell im Strandža-Gebirge entwickelten Baustils erhalten geblieben, ansonsten zeigt sie sich im sozialistischen Stil mit Mietskasernen am Stadtrand und öffentlichen Gebäuden aus Beton.

Kirche der Heiligen Jungfrau

In der Kirche Sv. Uspenie Bogorodično (Св. Успение Богородично) von 1830 an der Stelle eines alten Gotteshauses aus dem Jahr 1754 sind **Fresken und Ikonen** aus der Hand des Meisters *Sokrat Georgiev* aus Sozopol zu sehen. Mit 30 mal 15 m Grundfläche und 9 m Höhe hat sie beträchtliche Ausmaße, was daran lag, dass die Garnison russischer Soldaten die Baumaßnahmen unterstützten.

Historisches Museum

Das Museum ist **auf vier Gebäude verteilt** und besitzt Ausstellungen zur Antike (mit Lapidarium), zur Ikonenmalerei (aus lokaler Produktion des 19. Jh. mit den typischen gedämpften Farben), zur Wiedergeburtszeit (Fotos und Waffen), zur Ethnografie (mit einer Schauwerkstatt zur Teppichweberei) und zur Naturkunde der Region (mit Dunkelraum, um sich auf die vorgespielten Tierstimmen konzentrieren zu können).

■ **Istoričeski Muzej** (Исторически Музей), Ul. Konstantin Petkanov (Ул. Константин Петканов) 1a, Tel. 059-523664, www.facebook.com/histmuseum.mt, geöffnet Mo–Fr 8–17, Sa/So 9.30–12, 14–17 Uhr, Winter Mo–Fr 8–12, 13–16 Uhr, Eintritt 6 Lv.

Malko Tărnovo Umgebung

Thrakisches Kuppelgrab von Propada

Das **Grabmal** (Kupolna Grobnica Propada/Куполна Гробница Пропада) befindet sich 3 km außerhalb im Nordwesten auf der Kuppe eines flachen Hügels. Insgesamt 48 thrakische Hügelgräber sind in der Umgebung gefunden worden.

Man fährt mit dem Wagen auf der Straße 9 nach Borden, nimmt 2 km vom Zentrum das Asphaltsträßlein nach links und Westen und kommt nach 2 km zum **Parkplatz.** Den Schildern durch den Wald folgend und leicht bergan kommt man nach 15 Min. zu der Kette an Gräbern. Das letzte ist das Kuppelgrab aus dem 2. Jh. v. Chr. und als Bienenkorb ausgeformt. Es besteht aus exakt behauenen Marmorblöcken, war wohl die letzte Ruhestätte einer hochgestellten Persönlichkeit und der Endpunkt der architektonischen Entwicklung, die mit den Dolmengräbern begann (was sich bei den insgesamt vier Grabbeispielen hier oben gut verfolgen lässt).

Grenzgebiet

Die EU-Außengrenze zur Türkei ist nah, und deshalb finden rund um Malko Tărnovo immer wieder **Fahrzeug- und Personenkontrollen** statt. Auch bei Wanderungen im Schutzgebiet kann es sein, dass man einer Grenzpatrouille begegnet.

151bu sk

Thrakisches Heiligtum Miškova Niva

Im **Heiligtum** (Trakijska Grobnica v Miškova Niva/Тракийска Гробница в Мишкова Нива), ebenfalls nur 3 km von Malko Tărnovo entfernt, wurde im 3. bis 2. Jh. v. Chr. dem Sonnengott gehuldigt, später nutzten die Römer es als Tempel des Apollonius. Von einer hölzernen Plattform hat man den rechten **Überblick.** Ab und an treffen sich hier frühmorgens Sektenmitglieder zu rituellen Tänzen – eine unwirkliche Szenerie.

Die Anlage gehört zu einem ganzen **Komplex** mit Festung und Hügelgräbern. Der Fußmarsch dauert einfach 45 Min., man kann aber auch auf dem Apshaltsträßlein mit dem Auto hinfahren (1,5 km westlich des Zentrums geht es von der Straße 99 für 3 km nach Süden).

Thrakisches Felsheiligtum Kamuka

Der **Spaziergang zum Felsheiligtum** (Trakijsko Svetilište Kamăka/Тракийско Светилище Камъка) beginnt nach 10 km Richtung Carevo (Царево) in der Gegend von Kamenska Barčina (Каменска Барчина) an der Hauptstraße Nr. 99 (Parkplatz GPS N 42.00992, E 27.59358). Gegenüber dem Parkplatz führt der markierte Feldweg nach Süden in den Wald sanft bergan und in 10 Min. zum Heiligtum. Es besteht aus einer **Felsformation aus Konglomeratgestein,** die von den Thrakern für rituelle Zwecke in Zusammenhang mit ihrer Verehrung des Sonnengottes genutzt wurde. In den Fels sind die sogenannten **Sonnenkreise** gehauen, die der Bestimmung des Sonnenstandes dienten. Die enge Spalte zu Füßen des Heiligtums soll der Legende nach für Gesundheit sorgen, wenn man hindurchgeht.

Praktische Tipps

Information

- **TIC Malko Tărnovo,** Blockhaus am Hauptplatz, Tel. 0876-530798, www.facebook.com/mtarnovo, geöffnet tgl. 9–17, Winter Sa/So 9–12.30, 13–16 Uhr.
- **Strandža Information Center,** Ul. Janko Maslikov (Ул. Янко Маслинков) 1, Tel. 059-523635, www.strandja.bg, geöffnet Mi–So 9–12,13–18 Uhr.

Unterkunft/Essen und Trinken

- **Motel Kozijat Rog,** westlich und oberhalb des Zentrums von Malko Tărnovo im Grünen, Tel. 0892-228080, DZ ab 70 Lv. Einfaches Motel mit 60 Zimmern, einem nicht immer geöffneten Restaurant und ohne Alternative vor Ort.
- **Starata Furna**①, Zvezdec (Звездец) 20 km nördlich, Tel. 0888-601264, www.facebook.com/TheOldBakeryGuesthouse. In der „Alten Bäckerei" nächtigt man in komfortablen Zimmern, badet im Gartenpool und kann sich Abendessen vorbestellen.

Verkehr

- **Bushof,** Ul. Knjaz Boris I (Ул. Княз Борис I); Busse nach Burgas (Fahrtdauer 90 Min.).

Wanderung zum höchsten Berg des Strandža-Gebirges

Die **Festungsanlage Goliamoto Gradište** steht auf der höchsten Erhebung des Strandža-Gebirges und erlaubt **schöne Ausblicke.** Die Wanderung (hin und zurück 1 Std., 3 km, 150 Höhenmeter) beginnt 5 km westlich des Zentrums an der Straße 9 (2 km vor dem Grenzübergang). Man parkt an der Hauptstraße, wandert 300 m nach Süden und nimmt dort den Feldweg nach links, südöstlich und bergan auf. Nach knapp 30 Min. durch den Wald steht man oben auf 710 m üNN. Eine kleiner Holzturm hilft bei der **Panoramasicht.** Nach der Inspektion der verbliebenen Festungsreste kann man in die Höhle unterhalb schauen – sie ist heute noch ein Platz der Spiritualität und mit Opfergaben geschmückt.

409bg fk

[>] Kennt man hierzulande vorwiegend aus Blumentöpfen, in Bulgariens Bergwelt wächst das Alpenveilchen wild

[<] Die Architektur in Malko Tărnovo ist hauptsächlich im sozialistischen Beton-Stil gehalten

Sliven (Сливен)

Die Stadt (86.000 Ew.) liegt an der Haupttraße, die von Sofija ans Schwarze Meer bei Burgas führt. Wegen seines **Naturparks Sinite Kamăni** („Blaue Steine") ist es einen Besuch, wenn nicht einen mehrtägigen Aufenthalt wert. Die Gebirgskette des Balkans folgt der Schnellstraße, und kommt man von Osten, sieht man bald die Seilbahn, die in den Nationalpark hochführt. „Stadt der Winde" wird Sliven genannt, wegen der manchmal stürmischen Böen, die vom Norden über die Pässe des Balkans blasen, aber auch „Stadt der Zigani" – Roma machen hier einen nicht unbeträchtlichen Anteil der Bevölkerung aus.

Geschichte

Die Gründungszeit der Stadt fällt ins **7. Jh.,** als man am alten Handelsweg über den Vratnik-Pass (das Eiserne Tor) zwischen Donau und Istanbul **Karawansereien** erbaute.

1388 wurde Sliven von den **Türken** zerstört und entstand, wegen der strategisch günstigen Lage mit gewissen Privilegien ausgestattet, unter osmanischer Herrschaft neu.

Berühmt war Sliven im Mittelalter für seine **Jagdfalkenzucht,** zum Ende des Türkischen Jochs hin entwickelte sich eine **Textilindustrie,** die noch heute viele Arbeitsstellen sichert.

Der Kampf um die Wiedergeburt brachte der Stadt einen weiteren Namen ein: „Stadt der 100 Vojvoden". Aus Sliven kam eben eine ganze Anzahl von Anführern, die mit ihrem Gefolge als irreguläre Truppen gegen die Türken kämpften.

Sehenswertes

Fährt man in die Stadt hinein, ist man erst einmal enttäuscht. Moderne Bauten, die einen besseren Unterhalt verdient hätten, bestimmen das Stadtbild. Der zentrale Platz, Dreh- und Angelpunkt ist der **Pl. Hadži Dimităr** (Пл. Хаджи Димитър) mit einem Denkmal für den namensgebenden Helden (1840–1868). Er thront aus Bronze auf einer schlanken, viereckigen Säule. Hadži *Dimităr* starb mit 57 seiner Männer am 8. Juli 1868 im Balkan beim Kampf gegen eine erdrückende türkische Übermacht.

Gottesmutterkirche

Die Kirche Sv. Bogorodica (Св. Богородица) mit ihrem Holzturm, hinter dem Hotel Sliven in einem netten Park gelegen, beherbergt eine sehenswerte, mit Schnitzwerk versehene Ikonostase.

Historisches Museum

Das Museum zeigt Funde aus der Antike, zurückgehend bis zu den Thrakern (darunter eine Münzsammlung) und eine ethnografische Ausstellung mit Trachten und Kostümen.

■ **Istoričeski Muzej** (Исторически Музей), Bul. Car Osvoboditel (Бул. Цар Освободител) 18, Tel. 044-622495, https://museum.sliven.net, geöffnet tgl. 9–12, 14–18, Winter bis 17 Uhr, Eintritt 4 Lv (alle Museen 10 Lv).

Hausmuseum Mirkovič

Im Parterre finden Wechselausstellungen statt, die erste Etage gewährt mit der Landschaftsmalerei und den Gemälden zum Alltagsleben des Künstlers **Dobro Dobrev** einen Einblick in die Region in den 1930ern – das „Alte Sliven".

■ **Kăšta-Muzej Mirkovič** (Къща-Музей Миркович), Ul. Doktor Mirkovič (Ул. Доктор Миркович) 10, Tel. 044-622796, www.gallerysliven.com, geöffnet Di–Fr 10–12, 13–18, Sa/So 10–12, 13–17 Uhr, Winter So geschl., Eintritt 4 Lv.

Nationalmuseum der Textilindustrie

Das Museum hat seinen Sitz in einer schön renovierten Fabrikhalle. Es vermittelt in der ersten staatlichen Textilfabrik des Landes alles Wissenswerte zur **Stoffherstellung in früheren Zeiten** und zeigt historische Maschinen.

■ **Părvata Dăržavna Tekstilna Fabrika na Balkanite** (Първата Държавна Текстилна Фабрика на Балканите), Pl. Stoil Voijvoda (Пл. Стоил Воийвода), Tel. 044-622137, geöffnet tgl. 9–12, 14–18, Winter nur Mo–Fr und bis 17 Uhr, Eintritt 4 Lv (alle Museen 10 Lv).

Hausmuseum Hadži Dimităr

Das Museum widmet sich dem Leben des hier geborenen **Revolutionärs.** Das unsymmetrische kleine Haus aus der frühen Wiedergeburtszeit ist mit einer hölzernene Veranda ausgestattet, in seinem Inneren sind u.a. das Gästezimmer, die Küche und ein Weinkeller original hergerichtet worden.

■ **Kăšta-Muzej Hadži Dimităr** (Къща-Музей Хаджи Димитър), Ul. Asenova (Ул. Асенова) 2, Tel. 044-622496, geöffnet tgl. 9–12, 14–18, Winter Mo–Fr u. bis 17 Uhr, Eintritt 4 Lv (alle Museen 10 Lv).

Hausmuseum Dobri Čintulov

Das Hausmuseum, zweistöckig mit gepflastertem Innenhof, stellt das Leben des **Dichters** und **Kirchenmannes** mit u.a. Fotografien, seinen Werken und seiner Bibliothek nach. Am 26. Oktober, dem Feiertag des heiligen Dimităr, wird jedes Jahr ein renommierter Literaturpreis verliehen.

■ **Kăšta-Muzej Dobri Čintulov** (Къща-Музей Добри Чинтулов), Ul. Văzraždane (Ул. Възраждане) 5, Tel. 044-622494, geöffnet tgl. 9–12, 14–18, Winter nur Mo–Fr und bis 17 Uhr, Eintritt 4 Lv (alle Museen 10 Lv).

Minkov Brothers Wine Cellar

■ **Venec** – 40 km östlich von Sliven, Tel. 0882-151500, www.minkovbrothers.bg.

■ **Region Schwarzes Meer,** Rebfläche 460 ha, Kellermeister *Ivan Biandov*.

■ **Rote Rebsorten:** Cabernet Sauvignon, Cab. Franc, Merlot, Syrah, Pinot Noir, Grenache.

■ **Weiße Rebsorten:** Tamianka, Chardonnay, Sauvignon Blanc, Riesling, Pinot Gris, Semillon, Viognier, Traminer.

■ **Herausragende Weine:** Oak Tree Cuvée rot, Enoteca Cabernet Franc & Cabernet Sauvignon, Enoteca Tamianka.

■ **Touristisches Angebot:** Führung und Weinverkostung nach Voranmeldung tgl. 9–17 Juni–Sept 9–19 Uhr, Preise nach Absprache, eigene Museumsräume zur Geschichte des Weinbaus in der Region.

Sliven

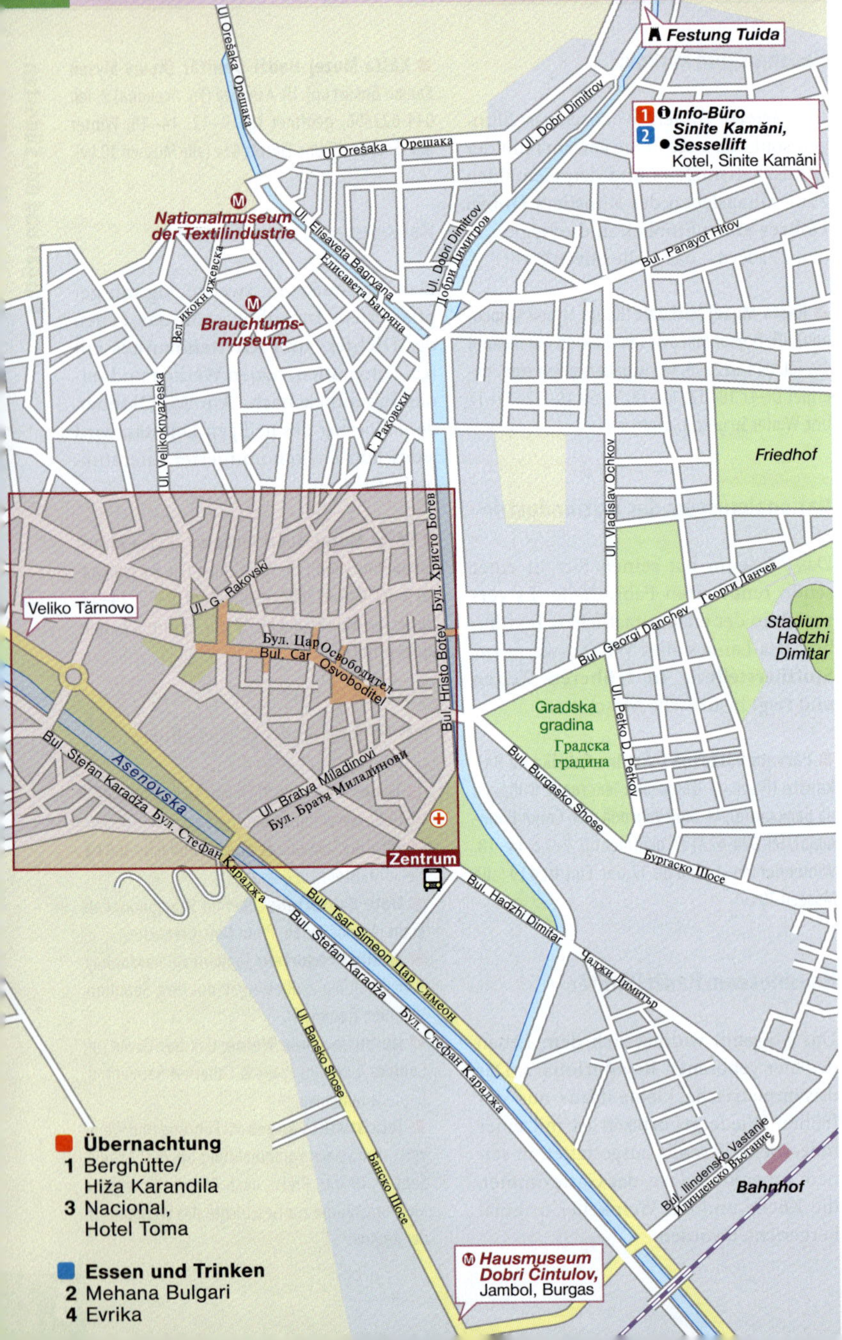

0 200 m
©Reise Know-How
Bulga07 4/24
Festung Tuida
1 Info-Büro
Sinite Kamăni,
2 Sessellift
Kotel, Sinite Kamăni
Ul Orešaka Орешака
Ul Orešaka Орешака
Ul. Dobri Dimitrov
Nationalmuseum der Textilindustrie
Ul. Elisaveta Bagryana Елисавета Багряна
Ul. Dobri Dimitrov Добри Димитров
Bul. Panayot Hitov
Вел икокн яжевска
Brauchtums-museum
Ul. Velikoknyažeska
Г. Раковски
Friedhof
Ul. Vladislav Ochkov
Бул. Христо Ботев
Ul. G. Rakovski
Veliko Tărnovo
Бул. Цар Освободител
Bul. Car Osvoboditel
Bul. Hristo Botev
Георги Данчев
Bul. Georgi Danchev
Stadium Hadzhi Dimitar
Gradska gradina
Градска градина
Ul. Petko D. Petkov
Bul. Burgasko Shose
Бургаско Шосе
Asenovska
Bul. Stefan Karadža Бул. Стефан Караджа
Ul. Bratya Miladinovi
Бул. Братя Миладинови
Zentrum
Bul. Hadzhi Dimitar
Чаджи Димитър
Bul. Tsar Simeon Цар Симеон
Bul. Stefan Karadža
Бул. Стефан Караджа
Ul. Bansko Shose
Банско Шосе
Bul. Ilindensko Vastanie
Илинденско Въстание
Bahnhof
Hausmuseum Dobri Čintulov,
Jambol, Burgas
Übernachtung
1 Berghütte/ Hiža Karandila
3 Nacional, Hotel Toma
Essen und Trinken
2 Mehana Bulgari
4 Evrika

Brauchtumsmuseum

Eines der schönsten Beispiele für die frühe Wiedergeburtsarchitektur (1813) ist im Stadtteil Kaftandjiiska zu sehen, der Komplex aus dem Petkoolu- und dem Arnautkina-Haus, in dem sich das Brauchtumsmuseum der Stadt befindet. Es beschäftigt sich mit dem Leben im 19. Jh.

■ **Kăšta-Muzej Slivenski Bit** (Къща-Музей Сливенски Бит), Ul. Simeon Tabakov (Ул. Симеон Табаков) 5, Tel. 044-622494, geöffnet tgl. 9–12, 14–18, Winter Mo–Fr und bis 17 Uhr, Eintritt 4 Lv (alle Museen 10 Lv).

Festung Tuida

Über 4 ha erstreckt sich das fast perfekte Quadrat von Festungsmauern oberhalb von Sliven mit Blick auf die Stadt und die Berge hinter ihr. Die Festung geht auf das 4. Jh. zurück, aber bereits im 5. Jh. machten die Hunnen damit Schluss. Erst im 6. Jh. zog unter dem Kaiser *Anastasius* für 200 Jahre wieder Leben ein. Dann kamen die Awaren, zerstörten alles, und erst im 9. Jh. siedelte *Knjaz Boris Michail* wieder Menschen auf dem Hügel an, die hier bis zum 13. Jh. lebten. Ab da verfiel die Anlage. Ein kleines Museum zeigt **Grabungsfunde,** und immer wieder finden auch **Veranstaltungen** und **Reenactments** statt.

■ **Krepost Tuida** (Крепост Туида), Ul. Argira Žečkova (Ул. Аргира Жечкова), 2 km nordwestlich des Zentrums, Tel. 0895-467289, www.tuidacastle.sliven.bg, geöffnet tgl. 9–18 Uhr, Eintritt 3 Lv.

Sliven Umgebung

Naturpark Sinite Kamăni

Der Naturpark **„Blaue Steine"** (Сините Камъни) bedeckt eine Fläche von 11.380 ha und liegt 600 m über Sliven. Eine halbstündige Autofahrt auf asphaltierter Straße, ein dreistündiger Fußmarsch oder eine 20-minütige Fahrt mit dem Sessellift bringen Besucher hoch nach **Karandila** (987 m), wo man zwischen den bizarren Felsformationen auf mehreren **Wanderwegen** die Natur entdecken und die mit sinnreichen Namen bezeichneten Felsgruppierungen betrachten kann. 25 Min. dauert der Spaziergang von der Bergstation zur **Berghütte Karandila** (→ Unterkunft). Ein dichtes Netz an relativ gut markierten Wanderwegen durchzieht den Park.

Das raue Gebirge ist im nördlichen Teil dicht bewaldet und fast undurchdringlich. Den Süden, nach Sliven hin, charakterisieren tiefe Schluchten, Felsklippen, Wasserfälle, kleine Seen und Bäche. Die Gesteinsformationen wie „Der Ring" (Halkata), „Schornsteine" (Kominite), „Puppen" (Kuklite) oder auch „Enios Braut" (Eniova Bulka) leuchten in der Sonne graublau bis ins Violette hinein, was dem Naturpark seinen Namen verliehen hat. Über **1000 Pflanzenarten** sind im Park zu finden, 5 % von ihnen gelten als gefährdet, sieben als vom Aussterben bedroht, darunter die Urumov-Tulpe *(Tulipa urumoffii)*, eine Königskerzenart *(Verbascum humile)*, Davids Wiesensafran *(Colchicum davidovii)* und das Waldwindröschen *(Anemone sylvestris)*.

240 Wirbeltierarten, darunter Hasen, Wiesel, Wildkatzen und Rotwild, leben im Park, 32 davon sind vom Aussterben bedroht, wie die Äskulap-Natter (auch *Elaphe longissima*), der Fischotter *(Lutra lutra)*, der Uhu *(Bubo bubo)*, der Östliche Kaiseradler *(Aquila heliaca)*, der Wanderfalke *(Falco peregrinus)* sowie der Sperber *(Accipiter nisus)*. Eine weitere bedrohte Tierart hat in den Bergen eine neue Heimat gefunden: Gänsegeier *(Gyps fulvus)* wurden ausgewildert.

Spaziergang zum Futula-Wasserfall

Der **einfache Spaziergang** von 20 Min. (einfache Strecke) beginnt am Parkplatz der Liftstation. Man nimmt den Feldweg, der direkt nach Norden abgeht, und spaziert auf ihm unter den Bäumen durch zu einer Lichtung. Hier hält man sich westlich und gelangt nach wenigen Metern zum Brunnen von Čorbadži. Man wechselt nun zweimal – dem Bach abwärts folgend – die Seite und steht schließlich am oberen Ende des **Wasserfalls Futula** (Vodopad/Водопад Футула). Nochmals wechselt man auf die andere Seite und steigt die zehn Höhenmeter ab zu seinem unteren Ende. Wer möchte, erkundet noch die **Halbhöhle** mit einem Vorhangtropfstein.

⊡ In Slivens Zentrum gibt es grüne Oasen

Praktische Tipps

Informationen

- **TIC Sliven,** Bul. Car Osvoboditel (Бул. Цар Освободител) 1, www.infotourism.sliven.bg, im Rathaus und praktisch nie geöffnet.
- **Visitor Center Sinite Kamăni,** Tel. 044-662 961, www.dppsk.org, Informationskiosk auf dem Weg zur Seilbahn auf der rechten Seite.
- **Museen:** www.museum.sliven.net.

Unterkunft

UNSER TIPP: 3 **Nacional**②-③, Ul. Velikokniaževska (Ул. Великокняжевска) 29, Tel. 044-662929, www.nationalpalace.bg. In einem gepflegten Garten mitten im Zentrum sind die elf luxuriösen Zimmer und Apartments in einem geschmackvollen Neubau mit Anklängen an den Stil der Wiedergeburtszeit untergebracht; ausgezeichnetes Restaurant „The Manufacturer's" im Garten.

3 **Hotel Toma**①, Ul. Velikokniaževska (Ул. Великокняжевска) 27, Tel. 044-623333. Hotel im Wiedergeburtsstil mit einem kleinen Hof mit Restaurant.

1 **Berghütte/Hiža Karandila**①-② (Хижа Карандила), im Naturpark (Auffahrt mit dem Sessellift oder dem Wagen), Tel. 0898-508612, wwww.hijakarandila.com. Sehr sauberer und renovierter Berggasthof, auch mit Doppelzimmern; Restaurant.

Essen und Trinken

2 **Mehana Bulgari,** Ul. Panayot Hitov (Ул. Панаыот Хитов), Tel. 0877-711140, geöffnet 12–23 Uhr. Bulgarische Spezialitäten, aber auch Gebirgsforellen, typische Mehana, in der häufig Familienfeiern stattfinden.

4 **Evrika,** Ul. Rakovski (Ул. Раковски) 48, Tel. 044-622233, www.evrikasliven.com, geöffnet 11.30–24 Uhr. Drinnen und im Garten werden indische Gerichte und Spezialitäten serviert, gemütliche Atmosphäre.

Verkehr

- **Parken:** Die Innenstadt ist parkscheinpflichtig; Tickets verkaufen Gelbwesten tragende Stadtmitarbeiter. Wenn keiner zu sehen ist (z.B. in der Mittagszeit), kann man auf der Fläche vor dem Hotel Sliven parken und an der Rezeption zahlen (2 Lv/Std.).

325bu sk

■ **Bahnhof,** Bul. Ilindensko Văstanie (Бул. Илинденско Въстание), in der Südstadt, Tel. 0884-101923. Züge nach Sofija (София), Varna (Варна) und Burgas (Бургас).

■ **Bushof,** Bul. Hadžij Dimităr (Бул. Хаджий Димитър) 2, 1,5 km nördlich des Bahnhofs, Tel. 044-662629, www.pprevozi-sliven.com. Lokale Verbindungen und Busse an die Küste und nach Westen.

■ **Sessellift,** Ul. Planinska (Ул. Планинска), 4 km nordöstlich des Zentrums, Tel. 044-667646, im Sommer tgl. 8–17.30, Mo ab 12 Uhr, Hin- und Rückfahrt 20 Lv.

Gesundheit

■ **Hospital/Bolnica** (Болница), Bul. Hristo Botev (Бул. Христо Ботев) 2a, südöstlich des Zentrums, Tel. 044-611701, www.mbal.sliven.net.

326bu sk

Weg nach Kotel

Die Fahrt nach **Kotel** (Котел) kann man auf der breiten, gut ausgebauten Gebirgsstraße über einen kleinen Pass (600 m) unternehmen. Auf dem Weg nach Kotel passiert man dann das wegen seiner Ursprünglichkeit sehenswerte **Ičera** (Ичера) mit Wiedergeburtshäusern, die zwar nicht so schön renoviert sind, dafür aber eine ländliche Atmosphäre besitzen und immer noch von Bauern bewohnt werden. Kotel ist schließlich nach 50 km erreicht und zeigt sich als größere Stadt, die zwar nur noch ein Viertel mit 40 Wiedergeburtshäusern besitzt, doch dieses ist – besonders auch wegen des Museums in der Galata-Schule – einen Besuch unbedingt wert.

Wer Zeit hat, nimmt nach Kotel einen längeren Weg, biegt 20 km hinter Sliven nach Westen ab und fährt hoch ins **Schutzgebiet Sinite Kamăni** (Hinweise „Karandila"). Wieder abwärts und über die Orte Rakovo (Раково) und Nejkovo (Нейково) geht es abschließend durch ein herrliches, grünes Tal nach **Žeravna** (Жеравна) – einer der dem Tourismus verschriebenen Wiedergeburtsorte, der sich seinen Charme und Stil vollständig erhalten hat. Über diese Strecke ist Kotel nach 60 km erreicht (wegen der Kurverei dauert das ganze aber mindestens zwei Stunden).

◁ Kirchlein in Nejkovo zwischen Sliven und Kotel

Kotel (Котел)

Kotel (5000 Ew.) am gleichnamigen Pass (Kotlenski Prohod/Котленски Проход, 659 m) liegt mitten im östlichen Balkan-Gebirge in einem malerischen Talkessel. Wer sich hierher auf den Weg macht, möchte zum einen die Gebirgswelt erleben, zum anderen aber etwas über die **Lebensweise der Bergbewohner** erfahren. Im Balkan finden sich einige der schönsten Ensembles an Wiedergeburtshäusern, und Orte wie Kotel und das benachbarte Žeravna zählen dazu.

Geschichte

Kotel wurde im **15. Jh.** von **bulgarischen Flüchtlingen** gegründet, die der türkischen Fremdherrschaft im Gebirge zu entgehen suchten. Sie lebten von der Viehwirtschaft, hauptsächlich der Schafzucht. 450.000 Schafe besaßen die Bewohner von Kotel; die Tiere lebten in den Bergen der Umgebung. Ihre Wolle wurde zu feinen, über die regionalen Grenzen hinaus bekannten **Teppichen** verwoben, eine Kunst, die heute noch präsent ist und von der hier ganze Familien leben. Auch Tuch für die türkische Armee wurde aus der Wolle hergestellt.

Ein weiteres Standbein war der **Militärdienst.** Die Bewohner scheuten sich nicht, in türkischen Diensten den Pass vor ihrer Haustür zu bewachen, und genossen dafür Privilegien wie Steuererleichterungen und eine autarke Verwaltung. Auf der einen Seite arrangierte man sich also mit den Osmanen, auf der anderen Seite war Kotel im 19. Jh. aber auch eines der Zentren der **Wiedergeburt,** und die Gemeinde gründete bulgarische Schulen.

Aus Kotel kamen einige **Persönlichkeiten** von nationalem Rang, wie *Peter Beron* (1800–1871), Begründer des Bildungswesens der Neuzeit in Bulgarien, und *Georgi Sava Rakovski* (1821–1867), ein Dichter und Revolutionär, der im Pantheon der Stadt seine letzte Ruhestätte gefunden hat.

Drei große **Brände** (in den Jahren 1848, 1863 und 1894) zerstörten weite Teile der Stadt, sodass sich nur noch das **Viertel Galata** im Gewand eines stimmigen Ensembles der bulgarischen Wiedergeburtsarchitektur zeigen kann.

Sehenswertes

Schule von Galata

Die Schule inmitten des noch erhaltenen Viertels mit über 100 Beispielen an Wiedergeburtsarchitektur zeigt im Parterre eine Ausstellung zur **Teppichwebkunst** und im ersten Stock aus Garn gewebte Ikonen. Die Besonderheit der Teppiche von Kotel ist die Zweifädigkeit, die für ein besonders klares Farbbild und extreme Haltbarkeit sorgt, wenn die Webart auch etwas lockerere Maschen hervorbringt. Nur mit der Handwebtechnik von Kotel ist es möglich, bis zu 40 unterschiedlich gefärbte Garne zu verarbeiten – industrielle Webstühle können nur maximal 19 Garne verarbeiten. Bis zu 200 Jahre alte Stücke sind ausgestellt, jedes datiert. Leider arbeiten die Kooperativen nur auf **Bestellung,** sodass man nichts vor Ort kaufen kann.

Die gewebten Nachbildungen von **Ikonen** sind einzigartig. Nur fünf Frauen in ganz Bulgarien beherrschen diese Technik, zwei von ihnen leben in Kotel. Bis zu einem halben Jahr dauert die Arbeit an einer 25 mal 25 cm großen Ikone, die Vorlagen sind selbst entworfen, bis zu 100 Farben werden verwendet. Der Preis eines Stückes geht in die Tausende Euro.

UNSER TIPP: **Galatanskoto Učilište** (Галатанското Училище), Ul. Izvorska (Ул. Изворска) 17, Tel. 045-342549, tgl. 8.30–12, 13–17.30 Uhr, 4 Lv.

Galata-Viertel

Die 30 bis 40 Häuser um die Schule im Galata-Viertel vermitteln einen städtischen Charakter. Gebaut sind sie typischerweise mit einem Parterre aus Naturstein und einer oder mehreren Etagen aus Holz. Der auf dem Land als Stallung und Wirtschaftsraum benutzte Unterbau ist hier als Laden oder Werkstatt ausgebildet, die Wohnräume oben sind mit Schnitzereien und Ausmalungen versehen.

Ethnografisches Museum

Nahe der Galata-Schule hat das Museum im Kjorpev-Haus von 1872 seinen Sitz; es wurde nach seinem ehemaligen Besitzer benannt. In ihm sind die Einrichtung eines typischen Wohnhauses und natürlich eine Webstube zu sehen.

- **Etnografski Muzej** (Етнографски Музей), Ul. Stojan (Ул. Стоян) 4, Tel. 045-342315, geöffnet tgl. 8.30–12, 13–17.30 Uhr, Eintritt 4 Lv.

Pantheon der Befreier

Am Stadtplatz steht das Denkmal für die **Revolutionäre,** ein etwas skurril wirkender Bau. Darin befindet sich u.a. der Sarg von *Georgi Rakovski.*

- **Panteon na Văzraždaneto** (Пантеон на Възраждането), Pl. Văzraždane (Пл. Възраждане), Tel. 045-342549, geöffnet tgl. 8.30–12, 13–17.30 Uhr, Eintritt 6 Lv.

Naturkundemuseum

Das Museum im Norden der Stadt besitzt einen Fundus von über **30.000 Stücken,** die auf 1000 m² ausgestellt sind und die Naturvielfalt der Region zeigen. Im Park sorgen drei **Quellen** dafür, dass Kotel nicht an Wassermangel leiden muss.

- **Prirodonaučen Muzej** (Природонаучен Музей), Park Izvorite (Парк Изворите), Tel. 045-342 355, geöffnet tgl. 8.30–12, 13–17.30 Uhr, Eintritt 6 Lv.

Praktische Tipps

Information

- **www.muzeum-kotel.com**

Unterkunft

- **Park Hotel**③, Park Izvorite (Парк Изворите), Tel. 0453-42045, www.parkhotelizvorite.bg. Modernes Haus am Stadtrand beim Park mit 20 Zimmern, Hamam und Restaurant.
- **Karadžejkata**①, 2 km hinter Gradec (Градец), auf dem Weg von Kotel über Ičera (Ичера) nach Sli-

327bu sk

ven (Сливен), Tel. 0878-201448. Neun Zimmer mit Bad um einen hübschen Innenhof bei einem Flüsschen mit Restaurant.

■ **Žekovi Kăšta**①-②, Ičera (Ичера), Tel. 0878-804594, www.facebook.com/jekovikushti. Mitten im Dorf in einem neu errichteten Gebäude, zehn angenehme, supersaubere und liebevoll eingerichtete Zimmer mit eigenem Bad. Im Innenhof lässt sich ein schöner Abend verbringen, nachdem man durch den Ort geschlendert ist und dem Landleben zugeschaut hat.

Essen und Trinken

■ **Starata Vodenica,** im Stadtpark, Tel. 0888-340450, www.facebook.com/VodenicataKotel, geöffnet 11–24 Uhr. Die Mühle in sehr ruhiger Lage bringt Bodenständiges auf den Tisch, die Einrichtung ist volkstümlich, im Garten sitzt man nett; Zimmervermietung① (DZ mit Bad).

Aktivitäten

■ **Volksmusik:** In Kotel steht eine der berühmtesten **Schulen für Volksmusik,** und wer Interesse hat, kann bei eintägiger Vorbestellung über die Galata-Schule eine kleine Vorstellung organisieren lassen (15 Min., 40 Lv).

Verkehr

■ **Bushof,** Ul. Luda Kamčija (Ул. Луда Камчия) 28, Tel. 045-342052, www.kotel.bg/avtogara. Busse nach Plovdiv, Veliki Preslav, Sliven, Jambol, Tărgovište, Žeravna (Пловдив, Велики Преслав, Сливен, Ямбол, Търговище, Жеравна).

⌃ Teppichwebkunst kann man in der Schule von Galata bewundern

155bu sk

Žeravna (Жеравна)

Žeravna gehört zu den schönsten Beispielen an intakter dörflicher **Architektur** aus der **Wiedergeburtszeit** und steht deshalb als Gesamtes unter **Denkmalschutz.** Schon die Fahrt hinauf über die Felder und durch die Hügel ist ein Erlebnis. Eine Übernachtung sollte man sich in einem der Häuschen gönnen, sodass man ohne Zeitdruck durch die Gassen schlendern kann. Drei Museen und die Dorfkirche sind zu besichtigen.

⌃ Žeravna ist mit seinen Wiedergeburtshäusern ein architektonisches Gesamtkunstwerk

Sehenswertes

Hausmuseum Filaretov

Vom Hauptplatz aus erreicht man auf der Hauptgasse zuerst dieses Museum. Es wurde im Jahr 1717 gebaut, und in ihm lebte zeitweise einer der Wegbereiter des nationalbulgarischen Bildungswesens – *Sava Filaretov.*

Es zeigt den **typischen Lebensstil** aus jener Zeit mit Salons in fast orientalischem Stil, kunstvollem Holzschnitzwerk und der sommerlichen Ruhebank auf der Veranda. Der Schreibtisch, an dem der Hausherr arbeitete, ist erhalten.

■ **Kăšta-Muzej Filaretov** (Къща-Музей Филаретов), geöffnet tgl. 8.30–12, 13–17.30 Uhr, Eintritt 4 Lv.

Hausmuseum Čorbadži

Die nächste Station der Besichtigungstour ist dieses Hausmuseum, das die **ethnografische Sammlung** mit Haushaltswaren und Trachten enthält. Das Gebäude stammt aus der ersten Hälfte des 18. Jh.

■ **Kăšta-Muzej Čorbadži** (Къща-Музей Чорбаджи), geöffnet tgl. 8.30–12, 13–17.30 Uhr, Eintritt 4 Lv.

Kirche St. Nikola

Die Kirche betritt man durch ein Torhaus; man befindet sich nach der Gasse plötzlich in einem großzügigen Hof mit Wirtschaftsgebäuden und der kleinen Kirche. Sie wurde 1835 gebaut und geweiht. Bemalt haben sie *Jordan Mihajlovič* aus Elena und die Künstler *Georgi* und *Genčov* aus Trjavna.

In ihr findet sich eine sehenswerte **Ikonenausstellung** mit Werken aus der zweiten Hälfte des 18. und aus dem 19. Jh. Der kleine Betraum strahlt schlichte Würde aus, sakrale Gesänge vom Band laufen dezent im Hintergrund.

■ **Sv. Nikola** (Св. Никола), geöffnet 10–17 Uhr, Eintritt Ausstellung 2 Lv.

Galerie

Wenige Schritte bergauf führen hinter der Kirche zur gut ausgestatteten Galerie in der alten Dorfschule mit 400 Gemälden u.a. von *Mihalis Garudis, Stojan Canev, Lika Janko* und *Nikolina Deleva.* Ein eigener Saal ist *Hristo Todorov* (1935–2015) vorbehalten, der aus Žeravna stammte.

■ **Galerija** (Галерия), geöffnet tgl. 8.30–12, 13–17.30 Uhr, Eintritt 4 Lv.

Praktische Tipps

Information

■ **www.jeravna.com**
■ **www.muzeum-kotel.com**

Unterkunft

■ **Eco-House Jeravna**①, Tel. 0876-767060, www.ecohotel.jeravna.com, ohne Frühstück. Fünf komfortabel eingerichtete Zimmer in einem gemütlichen Wiedergeburtshaus mit schönem Garten (kein Essen, aber eine Küche steht zur freien Verfügung).

■ Im Ort gibt es mehrere **kleine Herbergen** mit immer nur wenigen Zimmern in Häusern im typischen Stil der Wiedergeburt. Sie sind gut renoviert, die Zimmer haben meist ein eigenes Bad, und die Gastgeber pflegen den persönlichen Kontakt: **Kăšta Konsulov**①, Tel. 0878-222412, www.konsulov.jeravna.com, ganzes Haus mit drei Zimmern; **Kăšta Polăh ot Minaloto**②, Tel. 0887-095433, www.bonchovhan.jeravna.com; **Kăštata s Lozincata**①, Tel. 0887-719964, www.thehouse.jeravna.com.

Essen und Trinken

■ **Mehana Starča,** Tel. 0899-928280, www.starcha.jeravna.com, geöffnet 9–24 Uhr. Typisches Haus des Städtchens mit einem geräumigen Innenhof; hier kehren regelmäßig die Reisegruppen ein und essen zu Mittag, abends werden die Gerichte günstiger angeboten.

Bulgarische Trachten

So mannigfaltig die Landschaften, so **verschieden** sind auch die Trachten der Menschen in Bulgarien. Für weitere Unterschiede sorgt die Herkunft der Volksgruppen, stammen sie doch aus gänzlich unterschiedlichen Kulturkreisen wie dem osmanischen Reich oder Mazedonien, oder sie sind beeinflusst von Serbien und Rumänien. Leider verschwindet das Brauchtum der Trachtenherstellung zusehends, und im Allgemeinen wird man sie nur noch bei **festlichen**

002bu sk

Ereignissen oder bei touristischen Veranstaltungen an der Küste zu sehen bekommen.

Früher standen in jedem Dorf Webstühle, und die Bewohner versorgten sich mit ihrer Kleidung selbst, grobe Alltagsgewänder, aber auch fein gewebte Stoffe mit zahlreichen Verzierungen für die Festtage.

Schafwolle war der hauptsächliche Grundstoff, der überall zur Verfügung stand, als **Farben** herrschten Rot und Weiß vor, Bordüren und Schürzen konnten aber auch die Trachten zu einer wahren Farbenorgie werden lassen. Die **Kopfhauben** der Frauen wurden mit hochgesteckten Bändern geschmückt, oder es wurde ein einfaches Kopftuch getragen.

Das **Zwei-Schürzen-Kostüm** besteht, wie der Name vermuten lässt, aus zwei Schürzen, vorne und hinten getragen, die von einem mehrfach um den Körper gebundenen Taillenband gehalten werden. Dazu gehört ein an Ärmeln, Vorder- und Hinterseite reich besticktes Hemd. Es gilt als typisch für die Donauregion.

Das **Sukman-Kleid** mit seinem tunika-artigen Schnitt wurde in fast allen Gegenden getragen. Die Verzierungen mit Stickereien oder aufgenähten Bändern konzentrieren sich im unteren Bereich, an Hals- und Ärmelausschnitt. Im östlichen Bulgarien wurde die Sukman-Bekleidung auch zweigeteilt getragen, als Rock mit einer Weste und einem Taillenband. Immer gehört zum Sukman aber auch die reich verzierte und bunte Schürze.

Die **Saja** besteht aus einer Tunika und einem Rock, der bis zu den Knöcheln oder aber auch nur bis zu den Knien reichen kann. Sie wurde im Süden und Südwesten des Landes bevorzugt. Die Schürze ist meist rot.

Eine vornehmlich in den Rodopen entwickelte Tracht ist das **Ein-Schürzen-Kleid,** nur aus einem langen Hemd und Schürze bestehend, mit nur wenig Schmuck. Es war praktisch und wurde auch während der Arbeit getragen.

Eine Besonderheit sind die Frauentrachten der **Pomaken,** bei denen eine Hose mit Spitzenverzierungen unter dem weiten, bunten Rock nicht unüblich ist. Unterschiede gibt es bei den Frauengewändern auch bezüglich des **Standes,** je nachdem, ob man jungfräulich, verheiratet oder verwitwet ist. Dies können kleine Accessoires sein, eine besondere Bordüre oder auch die Farbwahl.

Die **Männer** zogen sich weniger farbenfroh an, brauner Filzstoff war für die weite Hose und die Jacke üblich. Um den Bauch schlang sich ein breiter Gurt, der nicht nur die stolze Leibesmitte zierte, sondern auch Aufbewahrungsort für allerlei Utensilien war, wie Pfeife, Tabaksbeutel oder auch Geldtasche. Den Kopf bedeckte eine Mütze aus dem Stoff der Leibbinde oder eine hohe Fellmütze. Typischste Bekleidungsformen sind der **Belodrešna** (weiß), die ursprüngliche Tracht, und der **Cernodrešna** (schwarz), der während der Wiedergeburt entstand, als die Männer sich zunehmend dunkel kleideten. Beide bestehen aus einer langen Tunika, einer langen, schmalen, sich unten verengenden Hose oder einer weiten mit kurzen Beinen. Darüber kommt die keilförmig geschnittene Jacke, die teilweise am Revers geschmückt ist. Je mehr die Hose gefaltet und gerüscht ist, als desto reicher gilt ihr Träger.

‹ Zu Festtagen getragen

Jambol (Ямбол)

Jambol (68.000 Ew.) ist eine moderne **Industriestadt** mit Plattenbauvierteln und ausgedehnten Produktionsstätten aus der Schwerindustrie, der chemischen Industrie und der Bekleidungstechnik. Wenn man einmal den wenig reizvollen Gürtel überwunden hat, gibt sich das Zentrum lebhaft und mit seinem Hauptplatz und den Parks auch großstädtisch.

Geschichte

Jambol (eine der ältesten Städte des Landes) wurde **293** von Kaiser *Diokletian* als **Diospolis** („Stadt des Zeus") gegründet – nahe einer viel älteren Siedlung (Kabile), in der die thrakischen Könige *Spartok* und *Skostok* aufwuchsen. Diospolis war bald eines der wichtigsten Militärlager der Römer in Thrakien mit Handelsbeziehungen zur gesamten Ägäis.

Im frühen Mittelalter gehörte es zu den am besten befestigten Orten der Bulgarischen Reiche. 1373 geriet die Stadt nach langer Belagerung dennoch unter türkische Herrschaft. Ihren heutigen Namen erhielt sie zu Beginn des 17. Jh.

Sehenswertes

Vom Hauptplatz mit der Stadtverwaltung geht man 500 m in Richtung Westen zum **Pl. Osvoboždenie** (Пл. Освобождение), an dem sich die wichtigsten Sehenswürdigkeiten der Stadt befinden.

Basar Bezisten

Mitten auf dem zentralen Platz steht das beeindruckendste Gebäude aus der Vergangenheit, der perfekt restaurierte Basar Bezisten (Басар Безистен). In der zweiten Hälfte des 15. Jh. errichtet, ist er einer der wenigen erhaltenen **Basare mit festem Dach** aus türkischer Zeit. In ihm fand der Warenumschlag statt, außerdem diente er als Lagerhaus. Mit einer Grundfläche von 2360 m^2 und seinen Kuppeln über der aus Natur- und Kunststein errichteten Fassade ist er beeindruckend.

Heute beherbergt er neben verschiedenen Läden, gastronomischen Betrieben und der Touristeninformation auch das **Bezistena-Museum** mit einem kleinen Rundumschlag von Trachten (besonders beachtenswert die Kukeri-Kostüme) über Archäologie, Skulpturen- und Gemäldekunst bis zu Stadtleben und Ikonen. Im gut gemachten interaktiven Bereich begibt man sich in einen „Zeittunnel".

■ **Bezistena Muzej** (Безистена Музей), Pl. Osvoboždenie (Пл. Освобождение), Tel. 046-610066, www.bezistena.com, geöffnet April bis Okt. Mo–Sa 9–18 Uhr, Eintritt 5 Lv.

Historisches Museum

Das Museum wenige Schritte östlich des Pl. Osvoboždenie gehört zu den wichtigsten Sammlungen der Region. Die **93.000 Exponate** gliedern sich in die Ausstellungen Prähistorie, Antike, Mittelalter, Numismatik, Wiedergeburt, Ethnografie und Neuere Geschichte. Wenn die Zeit knapp ist, sollte man sich

328bu sk

auf die Münzsammlung (eine der reichhaltigsten des Landes), die ethnografische Abteilung (mit einer schönen Trachtensammlung und Schwergewicht auf Kukeri-Kostümen) und auf die archäologischen Funde konzentrieren.

■ **Istoričeski Muzej** (Исторически Музей), Ul. Bjalo More (Ул. Бяло Море) 2, Tel. 0877-043154, https://yambolmuseum.eu, geöffnet Mo–Fr 9–17 Uhr, Eintritt 5 Lv.

Kukeri-Kostüme im Bezistena-Museum

Kunstgalerie Papazov

Die Galerie liegt südlich des Pl. Osvoboždenie und zeigt die **größte Sammlung an dekorativer Kunst** des Landes. Sehenswert ist hier auch die Ikonenausstellung.

■ **Galerija Papazov** (Галерия Папазов), Ul. Car Samuil (Ул. Цар Самуил) 2, Tel. 046-661010, www.facebook.com/georgepapazov.gallery.yambol, geplante Neueröffnung 2025 nach Renovierung.

Eski-Moschee

Nördlich des Pl. Osvoboždenie ragt das Minarett der Eski Moschee (Eski Džami-

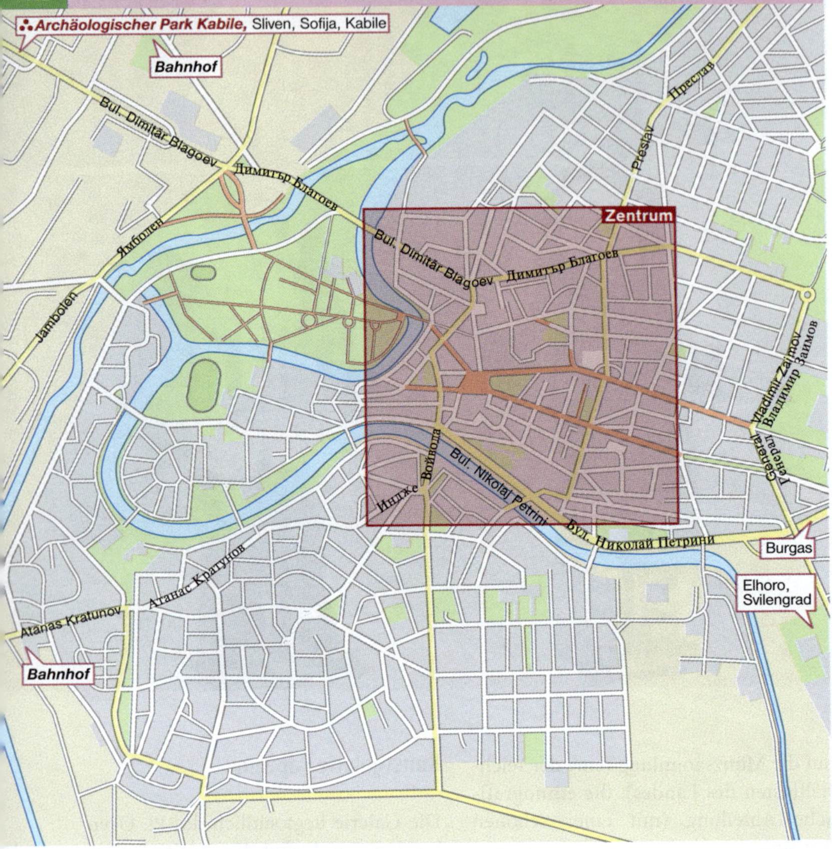

ja/Ески Джамия) auf. Sie wurde im Jahre 1420 errichtet und schön restauriert. Als Besonderheit zeigt sie auf einem Turmfundament mit quadratischem Grundriss einen runden Minarettaufbau in syrisch-ostanatolischem Stil.

Kirche St. Nikola

Nordöstlich der Moschee steht die Kirche Sv. Nikola (Св. Никола), die in den 1890er Jahren nach der Befreiung vom Türkischen Joch russische Soldaten gebaut haben.

Museum der ruhmreichen Schlacht

500 m nördlich des Basars ist das **Waffenmuseum** ein Leckerbissen für militärhistorisch Interessierte. Auf der Freifläche versammeln sich Kampfpanzer des Zweiten Weltkriegs wie Šturmgešuc

III G und Jagdpancer L48, von 1918 die Gebirgskanone Krupp-Gruson und das Modell des Zeppelins LZ59 – immerhin im beachtlichen 1:38 Format. Immer wieder finden auch Reenactments des Ersten und Zweiten Weltkriegs statt.

■ **Muzej na Bojnata Slava** (Музей на Бойната Слава), Ul. Stara Planina (Ул. Стара Планина), Tel. 0897-002845, https://mbs.bg, geöffnet Di–Sa 9–13, 14–18, Winter 8.30–12.30, 13–17 Uhr, Eintritt 3 Lv.

Jambol Umgebung

Archäologischer Park Kabile

Die **thrakische Siedlung** Kabile (Кабиле) liegt 6 km außerhalb von Jambol 1,5 km nördlich des gleichnamigen Dorfes. Der Archäologische Park eröffnete 1972, Ausgrabungen finden fortwährend statt. Kabile war im 4. Jh. v. Chr. eine der wichtigsten Siedlungen der Thraker. Auch die hier stationierten

329bu sk

römischen Kohorten hinterließen ihre Spuren, die Ruinen des Militärlagers der II. Kohorte Lucensium und der I. Kohorte Atoitorium sind noch gut zu erkennen. Das sehenswerte Museum zeigt Grabungsfunde und führt in die Geschichte ein.

Westlich des Museums liegen die Reste eines **Felsheiligtums** von der Wende des 2. zum 1. Jt. v. Chr. Nach dem Niedergang des römischen Reiches ließen sich im Befestigungswerk die Bauern der Umgebung nieder, um gegen die Einfälle der Barbaren geschützt zu sein. Auf sie gehen weitere Schutzwälle zurück.

■ **Arheologičeski Reservat Kabile** (Археологически Резерват Кабиле), Tel. 046-663403, geöffnet April–Okt. tgl. 8–18.30, sonst 9–15.30 Uhr, Eintritt 6 Lv.

Praktische Tipps

Information

■ **TIC Jambol,** Basar Bezisten, Pl. Osvoboždenie (Пл. Освобождение), Tel. 0895-510277, www.tourism-yambol.com, geöffnet Mo–Sa 10–18 Uhr.

Unterkunft/Essen und Trinken

3 **Kabile**②, Ul. Tărgovska (Ул. Търговска) 35, Tel. 046-680000, www.hotelkabile.com. 57 Zimmer und Apartments in einem modernen Hotel in der Stadtmitte. Spa-Einrichtungen, Restaurant mit internationaler Küche und bulgarischen Spezialitäten.

2 **Milenium,** Ul. Han Tervel (Ул. Хан Тервел) 29, Tel. 046-627598, geöffnet 16.30–23 Uhr. Das kleine Hotelrestaurant mit Garten serviert internationale und bulgarische Küche.

UNSER TIPP: **1** **Kăštata,** Ul. Petăr Parčevič (Ул. Петър Парчевич) 6, Tel. 046-663292, geöffnet 10–2 Uhr. So wie es sich gehört, ist die Taverne um einen Feuerplatz eingerichtet, im Sommer sitzt man im Garten und isst bulgarische Küche auch vom Grill.

Veranstaltungen

■ **Kukerlandia:** Einmal im Jahr, Ende Februar/Anfang März, treffen sich die Kukeri mit ihren teils schreckeinflößenden Kostümen aus dem ganzen Land in Jambol, www.kukerlandia.com.

Aktivitäten

■ Der **Fluss Tundža** (Тунджа) südlich der Stadt ist hervorragend für **Kanutouren** geeignet. Vom Dorf Tenevo (Тенево) kann man in mehreren Tagesetappen (insgesamt etwa 25 Std. Fahrzeit) bis fast an die türkische Grenze rudern.

Eingang zum Archäologischen Park Kabile

Verkehr

■ **Bahnhof,** Ul. Železinčarska (Ул. Железинчарска) 11, 2 km nordwestlich des Zentrums, Tel. 046-662646.

■ **Bushof,** Ul. Garabči Voijvoda (Ул. Гарабчи Воийвода), südlich des Zentrums am anderen Ufer der Tundža, Tel. 046-661917.

Gesundheit

■ **Hospital/Bolnica** (Болница), Ul. Panajot Hitov (Ул. Панайот Хитов) 30, Tel. 046-682268, www.mbal-yambol.net.

Edoardo Miroglio Wine Cellar

■ **Elenovo** – 35 km westlich von Jambol, Tel. 0889-066330, www.emiroglio-wine.com.

■ **Weinregion Thrakia-Tal,** Rebfläche 150 ha, Kellermeister *Desislava Baičeva.*

■ **Rote Rebsorten:** Cab. Sauvignon, Cab. Franc, Merlot, Syrah, Pinot Noir, Mavrud, Bouquet, Rubin, Melnik 55.

■ **Weiße Rebsorten:** Chardonnay, Sauvignon Blanc, Muskat Ottonel, Traminer, Viognier.

■ **Herausragende Weine:** Soli Invicto Cuvée rot, Pinot Noir Elenovo Reserve, Rubin Elenovo Reserve.

■ **Touristisches Angebot:** Führung und Weinverkostung nach Absprache und im Rahmen der Unterkunft im angeschlossenen Hotel Soli Invicto (DZ ab 140 Lv); auch ausgezeichnetes Restaurant.

338bu sk

7

Plovdiv und das südliche Zentralbulgarien

» Idyllische Gebirgswelt, fantastische Ausblicke, spannende Höhlen, üppige Natur – die Landschaft zwischen Balkan und Rhodopen eignet sich hervorragend für Wanderungen. Und auf keinen Fall sollte man einen Besuch des Ortes mit der prächtigsten Wiedergeburtsarchitektur Bulgariens verpassen: Plovdiv!

< Die Festung der Asen

Plovdiv und das südliche

Tvărdica
Šivačevo
396
SLIVEN
Terzijski Bair
Gurkovo
E773
Nikolaevo
Măgliž
Jaz. Žrebčevo
Zimnica
Tundža
413
Archäologischer Park Kabile
E85
Nova Zagora
Kermen
457
Mineralbad
452
STARA ZAGORA
410
Jambol
E773
415
Edoardo Miroglio Winery
454
Four Friends Winery
Sazlijka
Novoselec
Jaz. Ovčarica
Radnevo
Skalica
Sredec
Maca
Manastirski Văzv.
Polski gradec
Elhovo
Meričleri
Gălăbovo
Mădrec
488
Knjaževo
Dolmen von Hljabovo
Topolovgrad
Dimitrovgrad
Simeonovgrad
490
Grabmal von Aleksandrovo
Sakar
Čerepovo
491
Bratanov Winery
Haskovo
E80
E85
Harmanli
Haskovska R.
Ivanovo
Manastir
Lyubimets
495
Steinerne Pilze von Beli Plast
Goljam izvor
Biser
488
Svilengrad
TÜRKEI
493
Festungsanlage Perperikon
489
488
Festungsruine Mezek
Mezek
Cromlech Dolni Glavanak
489
Geierzentrum von Madžarovo
Grabhügel Maltepe
Edirne
Jaz. Studen kladenec
Arda
Madžarovo
Jaz. Ivajlovgrad
488
494
Festung Monjak
496
Steinerner Wald/Gurgulica
Lambuk
Arda
495
Heiligtum Tatul
Krumovica
Ivajlovgrad
490
GRIECHENLAND
Zvezdel
Belopolci
Römische Villa
Krumovgrad
Kavak
Erithropotamos
Bjala R.
Didimótiho

PLOVDIV UND DAS SÜDLICHE ZENTRAL-BULGARIEN

Zwischen Balkan und Rhodopen gerät man in eine *Gebirgswelt* mit Höhlen, wunderschönen Dörfern, lieblichen Tälern, *Rosen- und Lavendelfeldern.* Enge Bergstraßen kosten Fahrzeit, aber die Ausblicke sind fantastisch. Wer das Auto verlässt, kann sich auf eine der zahlreichen *Wanderungen* begeben, die in die unberührte Natur führen. Und *Plovdiv!* Wer die Stadt mit der schönsten Wiedergeburtsarchitektur nicht gesehen hat, kennt Bulgarien nicht.

Lavendelfeld bei Šušmanec

339bu sk

Kazanlăk (Казанлък)

Die Stadt (45.000 Ew.) liegt am Eingang zum sich nach Westen hin erstreckenden **Rosental** zwischen dem Balkan im Norden und dem Gebirge Sredna Gora im Süden am Fluss Tundža (Тунджа). Kazanlăk ist eine betriebsame Industriesiedlung, besitzt aber mehrere hübsche Stellen, die einen Besuch wert sind. Und ein Weltkulturerbe – Thrakische Grabmäler.

Geschichte

Besiedelt war die Gegend bereits im **Neolithikum** vor etwa 10.000 Jahren, auch in der Kupfersteinzeit und Bronzezeit lebten Menschen im Tal.

Als feste Ortschaft entstand in **thrakischer** Zeit die Siedlung **Seuthopolis** im 5. Jh. v. Chr. Sie war Residenz von *Seuthos III.*, Herrscher über den thrakischen Staat. Die Ruinen Seuthopolis' liegen heute unter der Oberfläche des Stausees bei den Ortsausläufern im Westen (→ Exkurs „Archäologie in Bulgarien", S. 426).

Mit dem Niedergang der Thraker verschwand die Stadt, und erst im 16. Jh.

NICHT VERPASSEN!

- Die schönsten thrakischen Malereien im **Grabmal von Kazanlăk** | 422
- Ein Städtchen wie im Bilderbuch: **Koprivštica** | 446
- **Altstadt** von Plovdiv | 468
- Ein Nationalheiligtum: das **Bačkovo-Kloster** | 483
- Einst 12.000 m² groß: die **Festung Perperikon** | 493
- *Orpheus'* letzte Ruhestätte? **Kultstätte von Tatul** | 495
- Eine der größten des Landes: **Höhle bei Jagodina** | 507

Diese Tipps erkennt man an der gelben Markierung.

siedelten sich unter den **Türken** wieder Menschen an – Kazanlăk war entstanden. Als **Zentrum der Rosenölproduktion** häufte man Reichtum an, Hauptabnehmer war das Osmanische Reich, dessen eigene Produktion nicht ausreichte, die Märkte zu befriedigen. Mit der Befreiung und dem Wegbrechen der türkischen Märkte war man gezwungen, andere Industrien aufzubauen.

Sehenswertes

Thrakisches Grabmal

Das Grabmal wurde 1944 entdeckt und kam in den 1970er Jahren auf die Liste des **Weltkulturerbes.** Es befindet sich auf dem Hügel des Tjulbeto Parks (Тюлбето Парк) nördlich des Zentrums.

Der unterirdische Bau besitzt die schönsten **thrakischen Malereien** des Landes, und sie sind bis heute im Original erhalten. Da die **Konservierung** ein gleichbleibendes Raumklima erfordert und die Körperfeuchtigkeit über kurz oder lang die Bilder in Mitleidenschaft zieht, dürfen Touristen die kleine Kuppel nicht betreten, haben aber vor Ort eine exakte Kopie als Alternative.

Man betritt das **Replikat** über einen Vorhof. Durch einen 1,95 m langen und 1,20 m breiten Gang gelangt man in die bienenkorbförmige Kammer mit einem Durchmesser von 2,65 m und einer Höhe von 3,25 m. Unter die reich und bunt bemalte Kuppel wurden Ende des 4. Jh. v. Chr. die Gebeine des thrakischen Fürsten gebettet. Diese und die Beilagen haben Grabräuber im Altertum entfernt, die Malereien aber nicht beschädigt. Der

Gang ist mit Kriegsszenen aus dem Leben des Herrschers geschmückt, die Grabkammer zeigt in der Kuppel ihn und seine Gattin in jungen Jahren beim Totenmahl, als sie Abschied voneinander nehmen; Diener stellen die Grabbeilagen bereit, und ein Wagenrennen symbolisiert die entschwindende Zeit.

Ursprünglich bestand das Original nur aus gebrannten Ziegeln, ummantelt mit Bruchsteinen und einer Lehmschicht. Der Schutzbau entstand 1946, wurde in den 1970er Jahren aber erneuert.

■ **Kazanlăškata Trakijska Grobnica** (Казанлъшката Тракийска Гробница), Tjulbeto Park (Тюлбето Парк), Tel. 043-164750, geöffnet Mai–Nov. tgl. 9–17 Uhr, Eintritt 6 Lv (Replikat).

☑ Welterbe: das Kuppelgrab von Kazanlăk

337bu sk

Mausoleum des Lala Šahin Paša

Auf Treppen gelangt man im Tjulbeto Park hoch zur Ruine des Grabmals von *Lala Šahin* Paša, der im 14. Jh. Bulgarien eroberte und zum Beylerbey (Gouverneur) der osmanischen Provinz Rumelien ernannt wurde – von der einstigen Türbe (dem turmförmigen Grabbau) stehen noch vier Ziegelsäulen, die die Kuppelreste tragen.

Ethnografischer Komplex Kulata

Der Komplex besteht aus zwei **Wiedergeburtshäusern,** deren hübsche Gartenanlagen miteinander verbunden sind. Sie stammen aus dem frühen 19. Jh. und zeigen die typische asymmetrische Architektur des Trjavna-Stiles, die Wohnungen zeigen Einrichtungsgegenstände einer Bauernfamilie und einer mittelständischen Stadtfamilie aus dem frühen 20. Jh. Nach der Besichtigung darf man Rosenlikör und -marmelade verkosten.

■ **Etnografski Kompleks Kulata** (Етнографски Комплекс Кулата), Ul. Nikola Petkov (Ул. Никола Петков), Tel. 043-164247, geöffnet Mitte April–Okt. tgl. 9–17-30 Uhr (Winter nur nach Voranmeldung), Eintritt 6 Lv.

Hausmuseum Čudomir

Das Museum ist **Dimităr Hristov Čorbadjiev** (1890–1967) – genannt „Čudomir" – gewidmet, einem **Schriftsteller** und begnadeten **Porträtisten,** der die Gesichtszüge der einfachen Menschen auf dem Land mit seinem karikaturhaften Malstil voller Zuneigung festhielt.

Kazanlăk

Wegen dieser Bilder ist ein Besuch der Erinnerungsstätte angeraten, in der er 13 Jahre lang als Lehrer arbeitete.

■ **Kăšta-Muzej Čudomir** (Къща-Музей Чудомир), Ul. Trapezica (Ул. Трапезица) 6, Tel. 043-164 419, www.chudomir.eu, geöffnet April–Sept. Mo–Fr 9–17.30, Sa/So 9.30–17.30 Uhr, Eintritt 4 Lv.

Geschichtsmuseum Iskra/ Gemäldegalerie

Zu sehen sind in dem modernen Betonbau mit mehreren Ebenen geschickt arrangierte Funde aus der Zeit der ersten Besiedlung, römische Stelen und eine ethnografische Sammlung mit Kostümen und Hausrat. Neben der großen Sammlung an Sicheln aus Knochen ist wohl die **Schatzkammer** mit Gold und Silber aus thrakischer Vergangenheit mehr als einen Blick wert. Das Gebäude wird auch als **Galerie** genutzt und zeigt neben modernen und zeitgenössischen Gemälde u.a. Ikonen wie eine Mater Dolorosa von *Stančo Lisičev* vom Beginn des 19. Jh.

■ **Istoričeski Muzej Iskra/Galerija** (Исторически Музей Искра/Галерия), Ul. Spavejkov (Ул. Спавейков) 8, Tel. 043-162755, Museum geöffnet tgl. 9–17.30 Uhr, Galerie Di–So 10–12.30, 13–18 Uhr, Eintritt Museum 8 Lv, Galerie 4 Lv.

Rosenmuseum

Das städtische Rosenmuseum am Rand des Parks Rosarium (Парк Розариум) führt in die Welt der **Rosenölproduktion und -vermarktung** ein. Die lichte und didaktisch sehr gut konzipierte Ausstellung erlaubt mit originalen Instrumenten und vielen Bildern einen anschaulichen Blick auf das Leben rund um die Rose.

■ **Muzej na Rosata** (Музей на Росата), Ul. Vojniška (Ул. Войнишка), Tel. 043-164057, geöffnet tgl. 9–17.30 Uhr, Eintritt 6 Lv.

Hausmuseum Petko Stajnov

Das Hausmuseum südlich des Zentrums beschreibt in zwei Ausstellungsräumen Leben und Wirken von *Petko Stajnov* (1896–1977), **Pianist** und **Komponist** von Liedern, Suiten und Symphonien. Der Sohn der Stadt erblindete im Alter von elf Jahren. Sein bekanntestes Werk sind die „Thrakischen Tänze".

■ **Kăšta-Muzej Petko Stajnov** (Къща-Музей Петко Стайнов), Ul. Petko Stajnov (Ул. Петко Стайнов) 8, Tel. 043-163741, www.staynov.net, geöffnet Di–Do/Sa 9–12, Mi–Sa auch 13–18 Uhr, Eintritt 3 Lv.

Roseninstitut

Auch im Museum des 1907 gegründeten Instituts am Stadtrand Richtung Šipka-Pass erfährt man alles Wissenswerte über die Geschichte und die Technik der Produktion von Rosenwasser und -öl. An der Theke kann man mit der Nase gustieren und in Flakons unterschiedlicher Größe Öl und aromatisiertes Wasser erstehen.

■ **Institut po Rozata** (Институт по Розата), Bul. Osvoboždenje (Бул. Освобожденэ) 49, Tel. 043-162039, www.eomuseum.com, geöffnet tgl. 9–19 Uhr, Eintritt 6 Lv.

Kazanlăk Umgebung

Šipka

Der kleine Ort Šipka (Шипка), 12 km auf dem Weg von Kazanlăk nach Gabrovo, kündigt sich schon von der Haupt-

Thrakische Grabmäler

Rund um Šipka liegen zahlreiche weitere **Thrakische Grabmäler,** von denen derzeit fünf öffentlich zugänglich sind.

Archäologie in Bulgarien

Die Archäologen Bulgariens stemmen sich schon immer gegen die Zeit und die Zerstörung durch die Moderne. Nicht immer war ihnen Erfolg beschieden, doch ab und an gelingt wieder ein Fund oder wird ein Projekt aufgelegt, das durch die Weltpresse geht – Goldschätze aus thrakischer Zeit, Grabmäler, Fundamente.

Nun soll eine ganze Stadt wieder an die Oberfläche gebracht werden – **Seuthopolis** bei Kazanlăk, im 5. Jh. v. Chr. von *Seuthes III.* gegründet. Seit 1954 in einem Stausee versunken, soll es nun mittels eines 20 m hohen Betonrings mit einem Durchmesser von 420 m trockengelegt und zum Forschungsobjekt und Touristenziel werden. Eine echte Jahrhundertaufgabe, die das kleine Land nicht alleine stemmen kann, es ist dafür auf die finanzielle Hilfe der Europäischen Union angewiesen.

Liegt das Schwergewicht der Forschung bei den Grabungen aus **thrakischer Zeit** – vielleicht auch, weil damit international Meriten zu gewinnen sind –, ist aber immer wieder auch das **Mittelalter** im Fokus. Erst 2009 wurde mitten in der Altstadt von Veliko Tărnovo die Kirche entdeckt, in der der Einsiedler und Begründer des Rila-Klosters, *Ivan Rilski*, begraben war, bevor seine Gebeine im 15. Jh. ins Kloster verbracht wurden. Zu groß war die Gefahr, dass die türkische Regierung die Kirche in der damaligen Hauptstadt zerstören würde – was sie schließlich auch tat. Doch es geht nicht immer um spirituelle oder kulturelle Werte, Archäologie in

041bu fk

Bulgarien war in den letzten Jahren immer auch **Big Business** – zu zahlreich sind die thrakischen Gräber mit massiven Goldmasken und Edelmetallschmuck. Ganze Felder wurden im Geheimen durchpflügt, zerstört und das Gold herausgesiebt, das dann in dunklen Kanälen verschwand. Niemand weiß, wie viel in der Nachwende-Ära an bulgarischem Erbe verloren ging. Heute hat sich die Situation konsolidiert, und die Wissenschaft hat sich wieder auf die Grabungsfelder begeben.

Die Archäologie in Bulgarien wurde bis zur Wiedergeburt von **Forschern aus dem Ausland** (Reisende, Diplomaten) bestimmt, die sich um die Antike bemühten, wie der italienische Graf *Marsigli* (1658–1729). Mit der Wiedergeburt gründete man in Veliko Tărnovo eine **Archäologische Gesellschaft,** 1892 das Archäologische Museum von Sofija. Nikopolis ad Istrum wurde erforscht, bulgarische Forscher, hauptsächlich in Deutschland ausgebildet, nahmen das Heft in die Hand, darunter **Bogdan Filov** (1883–1945), der zur Lichtgestalt der bulgarischen Archäologie avancierte. Zahlreiche Plätze wurden nun erforscht, ein Lehrstuhl für Archäologie in Sofija begründet. Mit dem Ende des Zweiten Weltkriegs **zentralisierte man die Forschung,** und der eigentliche Boom bei den Grabungen begann. Der Staat stellte viel Geld zum Erhalt der Stätten bereit, eine intensive **internationale Zusammenarbeit** entstand, Ostdeutschland und Polen waren besonders stark engagiert. Der gute Ruf der bulgarischen Wissenschaftler führte sie auch ins Ausland; so waren sie an Grabungen in Karthago/Tunesien beteiligt.

Ausgrabungen bei Arbanasi

straße aus an. Weiße Gesimse und goldene Kuppeln des **Klosters von Šipka** – wenige Hundert Meter vom Dorf im Norden – blinken den Besuchern entgegen. Die **Gedächtniskirche** des Klosters ist den Gefallenen der Schlacht am Šipka-Pass (→ S. 429) gewidmet. Russische und italienische Baumeister errichteten sie 1897–1902 im Stil einer russischen Kirche mit einem hohen, an eine Pyramide erinnernden Überbau. Das mit Fresken ausgemalte Innere dominiert die in Moskau geschnitzte und vergoldete **Ikonostase**. Die Fresken entstanden im Kloster Athos in Griechenland.

■ **Šipčenski Manastir** (Шипченски Манастир), geöffnet tgl. 8.30–17 Uhr.

Grabmal von Kosmatka

Etwa 200 m von Šipka in Richtung Kazanlăk geht rechts eine Stichstraße zum weithin sichtbaren Grabhügel ab. Das Grabmal betritt man durch einen Vorbau, über ihn gelangt man in den 13 m langen Korridor, der in drei hintereinanderliegende, großzügige Kammern mündet. Die erste Kammer ist rechteckig mit bogenförmigem Satteldach. In ihr fand ein Pferdeopfer statt. Die zweite, runde Kammer ist mit einer Kuppel ausgestattet. Die dritte Kammer ist die eindrucksvollste, da sie aus einem massiven **Granitblock** gehauen wurde. In ihr befindet sich das Leichenbett. Bevor die Anlage im 3. Jh. v. Chr. in das Grabmal des thrakischen Herrschers *Seuthes III.* verwandelt wurde, war sie ein Tempel.

■ **Goljama Kosmatka** (Голяма Косматка), Tel. 043-126055, geöffnet tgl. 9–17 Uhr, Eintritt 6 Lv.

Tempel im Grabhügel Goljama Arsenalka

1 km südwestlich von Šipka gelegen datiert der **Tempel aus dem 5. Jh. v. Chr.** Er zeichnet sich durch eine repräsentative Fassade aus, hinter der sich ein kleiner Vorraum und eine Kuppelkammer verbergen. In Letzterer umringen drei Steingürtel einen schweren Granitblock, wahrscheinlich eine Kultfeuerstätte. Bei der Grabung entdeckte man im Vorraum Pferdeknochen, Reste eines Brustschutzes und Schmuck.

■ **Hram v Mogila Goljama Arsenalka** (Храм в Могила Голяма Арсеналка), derzeit nicht zugänglich.

Tempelanlage von Ostruša

Einige Hundert Meter weiter geht es nach rechts zur Tempelanlage von Ostruša ab. Sie gilt als eine der größten Anlagen ihrer Art. Auf 100 m² befinden sich sechs Räume. Wie auch bei Kosmatka, ist die zentrale Kammer aus einem **Granitblock** gehauen. Er wiegt über 60 t. Zahlreiche **Gemälde** schmücken die Dachunterseite: Porträts und Tierkämpfe wechseln sich mit Ornamenten mit floralen und geometrischen Mustern ab.

■ **Hram v Mogula Ostruša** (Храм в Могула Оструша), Tel. 043-126055, geöffnet tgl. 9–17 Uhr, Eintritt 6 Lv.

⊡ Der Šipka-Pass ist für die bulgarische Geschichte von zentraler Bedeutung

Tempel von Šušmanec

2 km östlich von Šipka liegt die 1996 entdeckte Tempelanlage mit breitem Korridor, Vorraum und einer weißglänzend verputzten Kuppelkammer. Den Vorraum schmückt eine ionische, die Kammer eine massive dorische Säule. Das bereits in der Antike geplünderte Grabmal aus dem 4. Jh. v. Chr. gehört zu den **repräsentativsten Anlagen der Thraker.**

■ **Hram v Mogila Šušmanec** (Храм в могила Шушманец), geöffnet tgl. 9–17 Uhr, Eintritt 6 Lv.

Tempel von Helvecia

An der Zufahrt zum Šušmanec-Tempel geht es links ab zu zwei weiteren, direkt nebeneinander liegenden Anlagen. Helvecia geht auf die Mitte des 4. Jh. v. Chr. zurück. Über einen langen und breiten Korridor gelangt man erst in die Vor- und dann in die Hauptkammer, die zwei massive Steintüren sichern. Die Grabräuber des Mittelalters ließen nur ein **Pferdeskelett** zurück.

■ **Hram v Mogila Helvecija** (Храм в Могила Хелвеция), geöffnet tgl. 9–17 Uhr, Eintritt 6 Lv.

Grifonite-Tempel

Direkt daneben besticht das Grab mit einem **repräsentativen Eingang.** Nach einem langen Gang gelangt man in einen **Kuppeldom** aus perfekt und bündig gehauenen Steinen. Auch dieses Grab sicherten zwei Steintore, was die Räuber nicht abhielt. Nur zwei Goldperlen ließen sie übrig.

■ **Hram v Mogila Grifonite** (Храм в Могила Грифоните), geöffnet tgl. 9–17 Uhr, Eintritt 6 Lv.

Šipka-Pass und Denkmal von Šipka

Folgt man von Šipka der Hauptstraße weiter Richtung Gabrovo, gelangt man zum **Šipka-Pass** (Šipčenski Prohod/ Шипченски Проход). 50 km sind es **von Kazanlăk nach Gabrovo** (Габрово), doch wegen der zahlreichen Kurven dauert die Fahrt 2 Std. Der Pass verbindet mit engen Serpentinen Gabrovo auf 400 m Höhe mit Kazanlăk auf 350 m. Oben am Pass stehen auf 1200 m einige Häuschen, Kioske und Restaurant. 900 Stufen sind es von hier hoch zum **Denkmal** von Šipka. Allerdings windet sich auch eine schmale Fahrstraße zum Parkplatz unterhalb des Monuments. Von ihm sind es immer noch 201 Stufen zu seiner Basis auf 1329 m.

Im Russisch-Türkischen Krieg 1877/78 haben hier 5500 Mann unter General *Stoletov* über fünf Monate 27.000 türkischen Soldaten widerstanden, welche die bei Pleven in Bedrängnis geratene osmanische Streitkraft ersetzen sollten. Damit war der Krieg zugunsten Russlands und des danach gegründeten Bulgarischen Reiches entschieden. Kanonen sind um das 31,50 m hohe steinerne **Denkmal der Befreiung** auf dem Gipfel drapiert, das 1934 der Öffentlichkeit übergeben wurde. In der untersten Etage steht ein Steinsarkophag mit sterblichen Überresten von Soldaten, in den Etagen darüber sind Reliquien wie Truppenfahnen untergebracht. Der gewaltige Bronzelöwe vor dem Eingang blickt nach Süden. Jedes Jahr am Nationalfeiertag am 3. März und am 23. August, als die Schlacht hier oben am schlimmsten tobte, finden **Feierlichkeiten** zu deren Gedenken statt. Von der Aussichtsplattform des Monu-

340bu sk

Das Tal der Rosen

Von **Rozino** (Розино), 25 km westlich von Karlovo (Карлово), bis **Măgliž** (Мъглиж), 15 km östlich von Kazanlăk (Казанлък), zieht sich auf 90 km das Rosental zwischen dem Balkan und dem Gebirge Sredna Gora (Средна Гора) von West nach Ost.

Die beste Zeit für einen Besuch sind die Monate Juni und Juli. Frühmorgens, wenn die Sonne noch nicht über den Horizont gekrochen ist, schwärmen die Menschen in der **Erntezeit der Rosen** aus und zupfen auf den Feldern die kostbaren Blätter. Schon die ersten Sonnenstrahlen würden den Tau auf den Rosen trocknen und die ätherischen Öle verdampfen lassen.

Erst in die Schürzen gepflückt, dann in Körben und Säcken gesammelt, kommen die noch nicht geöffneten Blüten zu den **Destillationsapparaten.** 3 Std. lang werden ihnen dann bei 120 °C das Wasser und die Öle entzogen.

Vor 300 Jahren hat man die **Rosensorte Damascena** aus dem Nahen Osten importiert und die für ihren hohen Ölgehalt bekannte Sorte hier in dem mit Regen und Wärme gesegneten Tal kultiviert. Seitdem gehört Bulgarien zu den größten **Rosenöl-Exporteuren** der Welt – heute nach der Türkei an zweiter Stelle.

Doch insgesamt sind es nur **eineinhalb Tonnen Öl,** die in einem guten Jahr produziert werden. Und dafür sind **5 Mio. kg Rosenblüten** zu sammeln. Zehn Tage lang arbeitet eine Pflückerin, am Ende tropft gerade mal ein Wasserglas Öl aus den Kupferrohren des Destillationsgerätes.

In **17 Destillen** wird produziert, 12.000 Menschen sind mit dem Anbau und der Produktion dauerhaft beschäftigt.

Hart ist die Arbeit der Pflückerinnen und Pflücker, doch einmal im Jahr wird richtig gefeiert, und das nicht für die Touristen, auch wenn diese immer zahlreich teilnehmen beim **Rosenfest im Juni.** Gefeiert wird nicht als folkloristisches Event, sondern mit und für die Menschen, die ihr tägliches Brot mit der Rose verdienen müssen. Wer wird Rosenkönigin? Die Hübscheste! Basare verkaufen Speis und Trank und alles, was man aus Rosenöl nur herstellen bzw. damit parfümieren kann. Auf Umzügen, bei Tänzen und Platzkonzerten wird bis tief in die Nacht gefeiert. Und dann beginnt der mühselige Alltag von Neuem.

ments ändert sich der Blickwinkel auf die Umgebung nur unwesentlich.

■ **Pametnik na Svobodata** (Паметник на Свободата), Tel. 043-162495, www.shipkamuseum.org, geöffnet tgl. 9–19, Winter 9–16 Uhr, Eintritt 4 Lv.

Buzludža-Monument

15 km östlich vom Šipka-Pass – und von der Passhöhe auf der Straße 5005 nach kurvenreicher Fahrt erreichbar – steht das Buzludža-Monument (Pametnik na Buzludža/Паметникът на Бузлуджа) – eine ganz eigene **Erinnerung an die sozialistische Zeit:** Das „Denkmalhaus der Kommunistischen Partei Bulgariens“. Als Überbleibsel und *art brut* der Ost-Nomenklatura steht es am Gipfel des Buzludža auf 1410 m Höhe, eine **gigantische Ufo-gleiche Rotunde** mit einem spitzen, in den Himmel stechenden Betonfinger. Errichtet wurde sie 1974–81 für rund 30 Mio. € (nach heutiger Rechnung); 35 t Glassteinchen erzählen als Mosaike die Geschichte der Partei.

1989 wollte dann keiner so recht was damit zu tun haben, und das Denkmal verfiel. Offiziell ist der Zutritt heute wegen Einsturzgefahr verboten (was viele nicht davon abhält, einen Blick zu riskieren); derzeit finden die Planungen zum Erhalt als Museumsruine (unter Mitwirkung der TU München) statt.

Praktische Tipps

Information

- **Tourist Center,** Ul. Iskra (Ул. Искра) 4, Tel. 043-199553, geöffnet Mo–Fr 9–17, Sa/So 9–15 Uhr.
- **Museen:** https://kazanlakmuseum.com

Unterkunft

6 **Rose Kazanlăk**②, Pl. Sevtopolis (Пл. Севтополис) 1, Tel. 0888-671958, www.hotelrozabg.com. 18 komfortabel eingerichtete Zimmer mitten im Zentrum; Familienhotel mit Boutiquecharakter und einer Dachterrasse mit Blick über die Stadt.

4 **Hotel Diamond**②-③, Ul. Šipčenska Epopeja (Ул. Шипченска Епопея) 2, Tel. 043-163192, www.hoteldiamant.bg. 12 Zimmer und Suiten im Zentrum, kein Restaurant.

Unser Tipp: 3 **Čiflika**②, Ul. Knjaz Mirskj (Ул. Княз Мирскй) 38, Tel. 043-181411, www.hotelchiflikakazanlak.bg. Neben dem Ethnografischen Komplex steht das Wiedergeburtshaus mit einem hübschen Innenhof. Es bietet sechs komfortable Zimmer und ein gutes Restaurant (→ unten). Am Wochenende sollte man der Folkloreveranstaltung beiwohnen und erst danach die Nachtruhe suchen.

Camping

11 **Kransko Hanče,** 3 km außerhalb Richtung Šipka, Tel. 043-162319, www.kranskohanche.com. Komplex mit Motel, Restaurant, Bungalows und einigen Stellplätzen. In die Jahre gekommene Anlage, für eine Nacht ok.

Essen und Trinken

7 **Palas,** Ul. Petko Stajnov (Ул. Петко Стайнов) 9, Tel. 043-162311, www.hotel-palas.com, geöffnet 12–23 Uhr. Elegantestes Lokal der Stadt im gleichnamigen Hotel mit internationaler und verfeinerter bulgarischer Küche, ausgewählte Weine; das gehobene Ambiente mag ab und an eine angenehme Abwechslung sein.

3 **Čiflika,** Ul. Knjaz Mirskj (Ул. Княз Мирскй) 38, Tel. 043-181411, geöffnet 10–24 Uhr. Gute bulgarische Küche im blumenbunten Innenhof mit seinen hölzernen Arkaden.

1 **Mehana Magnolia,** Ul. Nikola Petkov (Ул. Никола Петков) 1, Tel. 043-189546, www.magnolia-kazanlak.com, geöffnet ab 18 Uhr. Restaurantkomplex mit Taverne und Sommergarten, bulgarische Küche in gemütlicher Wiedergeburtsatmosphäre.

Wanderung vom Šipka-Pass zur Buzludža

Die **lange Wanderung** (3–4 Std., 10 km, 600 Höhenmeter) beginnt unterhalb des Šipka-Monuments an der Fahrstraße vom Pass hoch zum Monument in einer scharfen Rechtskurve beim Denkmal für die russischen Gefallenen. Da Markierungen fehlen, ist Orientierungsvermögen und der Umgang mit GPS-Systemen bzw. eine App auf einem Smartphone gefordert. Der Wanderweg verläuft abseits der Straße 5005, folgt ihr aber mehr oder weniger und trifft des Öfteren auf sie.

Fast goldig

Der Preis für reines **Rosenöl** variiert immer etwas, abhängig vom saisonalen Angebot, günstig aber ist es nie. 2023 bewegte sich der Preis im Großhandel um stolze 15 € pro Gramm. Verkauf von Rosenöl-Produkten:

10 Roseninstitut (Institut po Rozata), Bul. Osvoboždenje (Бул. Освобожденэ) 49, Tel. 043-162039, www.eomuseum.com. Rosenöl vom 1907 gegründeten Institut.

2 House of Roses, Ul. Nikola Petkov (Ул. Никола Петков) 27, Tel. 0885-070462, Rosenöl und -produkte, außerdem allerlei Souvenirs.

9 Rose Distillers Lema, Südliche Ringstraße, Industriegebiet (GPS N 42.60753, E 25.39698), Tel. 043-199160, www.lemabg.com. Direktverkauf von Rosenöl und Nebenprodukten von der eigenen Plantage.

https://stock.adobe.com © macondos

8 Mehana Čanovete, Ul. Hristo Botev (Ул. Христо Ботев) 14, Tel. 043-165206, geöffnet tgl. 11–23 Uhr. Gemütliche Kneipe und kleiner Innenhof mit bulgarischen Standards auf gutem Niveau.

5 Peter's Coffee Shop, Ul. Hristo Botev (Ул. Христо Ботев) 56A, Tel. 0899-159911, www.facebook.com/coffeeshoppeters, geöffnet tgl. 8–20 Uhr. „best coffee in town" von Illy und vom erfahrenen Barista.

Veranstaltungen

- **Rosenfest** in Kazanlăk und Karlovo mit Basaren, Tanz und Musik alljährlich über mehrere Wochen (Mai/Juni), www.rosefestivalkazanlak.com.

Verkehr

- **Bahnhof,** Ul. Sofronij (Ул. Софроний), 5 Gehminuten südlich vom Zentrum, Tel. 0884-340835. Verbindungen nach Sofija (София), Plovdiv (Пловдив), Varna (Варна) und Burgas (Бургас).
- **Bushof,** beim Bahnhof, Tel. 043-162383, www.avtogarakazanlak.com. Verbindungen u.a. nach Gabrovo (Габрово).

Gesundheit

- **Hospital/Bolnica** (Болница), Ul. Starozagorska (Ул. Старозагорска) 16, Tel. 043-168300, www.mbal-kazanlak.com.

‹ Rosenblütenernte

Kalofer (Калофер)

Zwischen Kazanlăk (Казанлък) und Karlovo (Карлово) liegt zu Füßen des Berges **Botev** (Ботев) - mit 2376 m höchster Gipfel im Zentralbalkan - das Städtchen Kalofer (4000 Ew.), **Ausgangspunkt zahlreicher Wanderungen** ins Gebirge.

Hier wurde **Hristo Botev** geboren, ein Denkmal ihm zu Ehren steht dominant auf einem Hügel. Auf einer Monumentaltreppe gelangt man hoch. Stolz steht der Volksheld, in sozialistischem Realismus für die Ewigkeit aus Granit gehauen, getreu seinen Worten: „Wer für die Freiheit ficht und fällt, der ist unsterblich!"

Sehenswertes

Museum Hristo Botev

Das Museum lehrt revolutionäre Geschichte in einem modernen Bau, nebenan steht das bescheidene Wohnhaus, in dem der Vater des Freiheitskämpfers lebte. Im **Museum der Bildung** gegenüber am Platz, in dem prächtigen Gebäude der alten Schule, hat man dessen Einrichtung rekonstruiert. In ihr unterrichtete einst der Vater von *Hristo Botev.*

■ **Muzej Hristo Botev** (Музей Христо Ботев), Ul. Hristo Botev (Ул. Христо Ботев) 5, Tel. 031-332271, www.muzeibotev.com, geöffnet tgl. 8.30–12, 13–17.30, Winter 8.30–12, 12.30–17 Uhr, Eintritt 4 Lv.

Gottesmutterkirche

Die Kirche Sv. Bogorodica (Св. Богородица) wurde 1848 errichtet. An der Nordfassade fällt die Gliederung mittels Blendnischen und Keramik auf. Das dreischiffige Gebäude mit Tonnengewölbe und einem niedrigen Turm mit Rundkuppel beherbergt einige schöne Ikonen.

Kalofer Umgebung

Tarničeni

16 km östlich von Kalofer liegt das Dorf Tărničeni (Търничени), und an seinem Südende empfängt die **Rosenöl-Destille Enio Bončev** Besucher und führt sie in die Produktion ein. Wer in der Erntesaison kommt (Mitte Mai bis Mitte Juni), hat auch die Möglichkeit, beim Pflücken zuzusehen oder teilzunehmen. Die Destille arbeitet seit 1909 und ist die älteste noch tätige im Land, hat aber heute, wie

Lavendel

Provence? Lavendel? Frankreich war einst der weltweit führende **Produzent von Lavendelöl,** die violetten Felder das Markenzeichen der Provence. Doch in den letzten Jahren hat Bulgarien die Franzosen abgelöst. Es hat zwar schon immer auch Lavendel produziert, doch so auf der Überholspur war es nie. Während Lavendel für die Ernte trockene, sonnige Tage benötigt, muss die Rosenernte bei feuchtem Wetter stattfinden, damit die viel flüchtigeren ätherischen Öle nicht verdampfen. So ergänzen sich Rosen und Lavendel also bestens.

so viele im Tal, auch Lavendelprodukte im Angebot.

- **Enio Bončev** (Енио Бончев), Tel. 0885-640999, www.eniobonchev.com, geöffnet tgl. 9–17 Uhr, Führungen (45–60 Min.) nach Voranmeldung, Eintritt 5 Lv (Fabrik), 8 Lv (mit Rosenernte).

Skobelevo

27 km sind es von Kalofer nach Skobelevo (Скобелево), 14 km von Tărničeni (Търничени). Kurz vor dem Dorf geht es rechts ab zur **Rosenöl-Destille Damascena.** Auch sie empfängt Besucher und zeigt ihnen die Herstellung des Öls – allerdings in einem Touristenkomplex, der mit Rosengarten, Restaurant und Laden keine Wünsche offen lässt.

- **Damascena** (Дамасцена), Tel. 0886-777681, www.damascena.net, geöffnet tgl. 9–19, Winter 9–17 Uhr, Eintritt 6 Lv.

Praktische Tipps

Unterkunft

- **Cucova**②, Ul. Blaskova (Ул. Бласкова) 7, Tel. 0887-804223, www.cucovata.com. Haus im Stil der Wiedergeburt in einem hübschen, gepflegten Garten, fünf geschmackvoll eingerichtete Zimmer. Möglichkeit von Halb- oder Vollpension.
- **Stara Planina**①, Ul. Stara Planina (Ул. Стара Планина) 37, Tel. 0898-746591, www.facebook.com/StaraPlaninaKalofer. Zweckmäßig und gemütlich eingerichtete sieben Zimmer mit Bad in einem kleinen Familienhotel im Zentrum.

Wanderung Ecotrail Bjala Reka

Ecotrail Bjala Reka (Ekopăteka Bjala Reka/ Екопътека Бяла Река): Einfache Wanderung (1½ Std., 3 km, 100 Höhenmeter) in das Tal des „Weißen Flusses"; sie beginnt nördlich von Kalofer hinter dem Männerkloster Kalofer (Kaloferski Manastir/Калоферски Манастир) und führt in die Schlucht hinein. Von Kalofer folgt man den Schildern „Manastira/Манастира" und fährt auf dem Asphaltsträßlein 6 km und am Kloster vorbei bis zum Ende der Straße mit Parkplatz. Über Holzbrücken, Stege und auf Treppen folgt man dem Lauf des Baches in dem schattigen, tiefgrünen Märchenwald. Immer wieder geben Tafeln Auskunft über die Flora, Fauna und Ökologie. Für den Rückweg vom Rastplatz am Endpunkt nimmt man den mehr oder weniger parallel verlaufenden Pfad.

Wanderung auf den Botev

Den Botev zu besteigen, ist eine **Herausforderung.** Er ist der **höchste Gipfel des Balkan-Gebirges** und der dritthöchste Bulgariens. Der Anstieg dauert **6–8 Std. (14 km, 1800 Höhenmeter),** ist in Teilen schattenlos, und immer wieder wird es richtig steil und an zwei (seilgesicherten) Stellen auch sehr ausgesetzt. Wer die Wanderung an einem Tag beenden möchte (was möglich ist), sollte mit 10–12 Std. Wegzeit rechnen und beizeiten losgehen. Alternativ nächtigt man auf der – recht einfach ausgestatteten – Hütte Raj.

Anfahrt

Von der Hauptstraße Nr. 6 nimmt man den westlichen Abzweig nach Kalofer, fährt für 6 km die Asphaltstraße nach Norden Richtung Berge (Straße 607), biegt nach der Gaststätte Kaloferskite

Vojvodi (Калоферските Войводи) links ab und parkt hinter der Brücke. Die Gegend taucht als **Panicite** (Паниците) in den Karten und den Wegweisern auf.

Kalofer – Raj-Hütte

Nach 5 Min. am Ende des Weges beginnt die blau markierte Wanderung nach Westen und vom Bach weg. Der Waldpfad wird gleich richtig steil. Nach 20 Min. ist man oben am Tor des Nationalparks angekommen, und der Weg führt nun über die Wiesen nach Norden, den Gipfel schon im Blick. Nach 90 Min. gemächlichen Anstiegs über die Wiesen geht es nach einem Rastplatz mit Aussicht auf den Botev und den Wasserfall Raisko Praskalo am Hügelkamm von Büschen flankiert auf gutem Weg weiter – teils auch im Schatten der Bäume.

40 Min. später wird der Weg im Wald ruppiger und führt bergab zu einer Brücke über die Malka Băzobica (Малка Бъзобица) und hinüber zum **Bärenbrunnen** (Меча Чешма/Meča Češma), eine mit Steinen gefasste Quelle und schöner, willkommener Rastplatz mit Schatten und Wasser. Weiter geht es am Hang schräg entlang durch den Buchenwald auf nun wieder besserem, aber schmalen Pfad, Höhe haltend und eher ereignisarm.

Hinter einer Furt (20 Min.) steigt der Pfad wieder stärker an. Nochmal 35 Min. später kreuzt man auf einem Steg im Talschluss mit Rastplatz die **Goljama Băzobica** (Голяма Бăзобица); der Weg wendet sich nun kurz nach Süden und beginnt in weiten Serpentinen den Hang hochzuklettern. Nach nochmals 45 Min. tritt man aus dem Wald heraus und spaziert auf der Lichtung in 15 Min. zur **Raj-Hütte** (Hiža Raj/ижа Рай) auf 1430 m üNN, an der man 3½–4½ Std. nach Start ankommt. Weit hinter ihr stürzt das silberne Band des **Rajsko Praskalo** (Paradies-Wasserfall) die Felswand hinab – 124,50 m, der höchste des Balkans. Gut 150 Höhenmeter und 30 Min. sind es hoch zu seinem Fuß – der perfekte Abschluss eines langen Wandertages.

Raj-Hütte – Botev-Gipfel

Hinter der Hütte nimmt man den Weg Richtung Botev auf (man orientiert sich erst noch an den blauen Markierungen, die zur Levski-Hütte weisen, wechselt dann aber auf den rot markierten Weg). An der Kapelle vorbei geht es über die Hangwiesen weit unterhalb des Wasserfalls nach Westen und stetig hoch, bis man nach 45 Min. den Fall aus den Augen verliert und der Pfad sich schließlich nach Norden und dem Felsgetürm entgegenwendet. Den Serpentinenpfad durch die steilen Wiesen befestigen einige Holzbohlen, die bei Feuchtigkeit rutschig sein können, tief unten ist die Raj-Hütte, auf Augenhöhe die Abrisskante des Falls zu sehen.

Schließlich ist man beim Felsband angekommen und passiert es unterhalb. Gut 1½ Std. hinter der Hütte beginnt die **ausgesetzte Umrundung** und der Aufstieg über die Felsen entlang der sichernden Drahtseile. Nach dem ausgesetzten Abschnitt (etwa 15 Min.) wird es wieder angenehmer, die Felslandschaft ist nun mit Matten durchsetzt. Nach 10 Min. beginnt noch einmal ein ausgesetzter und gesicherter Abschnitt. Nach nochmals 10 Min. hat man das Gröbste an Ausgesetztheit hinter sich. Der Blick ist fantastisch und die Pause wohlverdient.

Stangen weisen die Richtung bergan über die Wiesen. Voraus sind die Masten der Funkanklage auf dem Botev zu sehen. Nach 15 Min. zügigen Anstiegs ist man fast oben auf dem – bis auf eine Grasnabe – blankgefegten **Bergrücken** angekommen und wandert auf ihm mit mäßigem Anstieg in etwa 40 Min. hinüber zum **Gipfel des Botev auf 2376 m üNN** – 3–3½ Std. ab der Raj-Hütte.

■ **Raj-Hütte** (Hiža Raj/Хижа Рай), Tel. 0882-966 491, http://rai.hiji.eu, ganzjährig offen, 80 Betten und 35 Pritschen, Restaurant; Juli/August unbedingt reservieren und Bett (Bett 22 Lv, Pritsche 17 Lv) per Banküberweisung vorauszahlen.

Karlovo (Карлово)

Karlovo (21.000 Ew.) am Fluss Stara Reka (Стара Река) ist für seinen vorzüglichen **Weißwein** aus der Muskateller-Traube bekannt, die in Bulgarien Miskat heißt. Wie Kazanlăk (Казанлък) ist Karlovo aber auch ein Zentrum des **Rosenanbaus,** und hat man einmal den Gürtel der Industrieanlagen überwunden, kann man im Zentrum an einigen Stellen den steingewordenen Geist der **Wiedergeburt** entdecken.

Geschichte

Das Tal war bereits im Neolithikum bewohnt, auch die Römer waren zugange, doch keiner der Funde aus früheren Zeiten ist mit Namen und Ereignissen in Zusammenhang zu bringen. So beginnt die Geschichte Karlovos mit der **türkischen Herrschaft,** die eine Textilindustrie aufbauen ließ – ein Hauptlieferant für Uniformstoffe. 1877 zogen marodierende türkische Freischärler durch die Stadt und **brannten sie fast vollständig nieder.** Immerhin noch 115 Häuser sind aber aus der Wiedergeburtszeit erhalten.

Sehenswertes

Nationalmuseum Vasil Levski

Das für die Bulgaren wichtigste Gebäude ist das Geburtshaus des **Freiheitskämpfers** *Vasil Levski* (1837–1873). Das Museum – heute ein ganzer Gebäudekomplex – ist **eine der meistbesuchten Gedenkstätten des Landes.** *Levski* – als „Apostel der bulgarischen Freiheit" bezeichnet – ist allgegenwärtig, nicht nur

342bu sk

in Karlovo, aber hier erst recht. Seit 1937 wird sein Leben und Wirken in Karlovo detailliert beschrieben, und das Museumskirchlein verwahrt als Reliquie eine Haartolle von *Levski*.

■ **Muzej Vasil Levski** (Музей Васил Левски), Ul. General Karcov (Ул. Генерал Карцов) 57, Tel. 033-593489, www.vlevskimuseum-bg.org, geöffnet tgl. 8.30–13.30, 14–17 Uhr, Eintritt 4 Lv.

Levski-Denkmal

Das Denkmal zu Ehren des Freiheitskämpfers steht auf dem nach ihm benannten Platz im Zentrum. Aus Bronze und überlebensgroß, zeigt es *Levski* mit einem Revolver in der Faust und neben einem Löwen, der ihm seinen Decknamen eingebracht hat.

Historisches Museum

Das Museum südlich des Denkmals residiert in einer Schule von 1871 und zeigt archäologische Funde und Kunsthandwerk. Zudem beschreibt es die Entwicklung des Schulwesens der Stadt im Hinblick auch auf den Unabhängigkeitskampf.

■ **Istoričeski Muzej** (Исторически Музей), Ul. Văzroždenska (Ул. Възрожденска), Tel. 033-594 728, geöffnet tgl. 8–12, 13–17 Uhr, Eintritt 5 Lv.

☒ Das Nationalmuseum Vasil Levski

Kirche St. Nikola

Gegenüber steht die Kirche Sv. Nikola (Св. Никола), ein dreischiffiger Hallenbau mit hölzernen Gewölben von 1847. Auf dem Friedhof ist das Grab von *Levskis* Mutter zu finden *(Gina Kunčeva)*.

Mazakov Hausmuseum

Nördlich des Pl. Vasil Levski (Пл. Васил Левски) zeigt das Stadtmuseum seine ethnografische Sammlung mit dem Thema „Städtisches Leben im ausgehenden 19. und beginnenden 20 Jh.".

■ **Mazakovata Kăšta** (Мазаковата Къща), Ul. Evstati Gešev (Ул. Евстати Гешев) 3, Tel. 033-594 728, geöffnet tgl. 8–12, 13–17 Uhr, Eintritt 5 Lv.

Gottesmutterkirche

An der Ul. Vasil Levski (Ул. Васил Левски) atmet das Ensemble aus Wiedergeburtsarchitektur Geschichte, die Gottesmutterkirche Sv. Bogorodica (Св. Богородица) von 1851 erstaunt hier mit einem unüblich blau gestrichenen Glockenturm. In ihr war *Levski* 1859–62 als Diakon tätig. Die **Bürgerhäuser** zeigen den Stil der Gebäude von Plovdiv mit einem symmetrischen Grundriss und großzügigen Innenhöfen.

Moschee

Die mit ihrem Säulenvorbau augenfällige und sehr hübsche Moschee (Kuršum Džamija/Куршум Джамия) am Eingang der Fußgängerzone geht auf das Jahr

341bu sk

1486 zurück und ist das **älteste erhaltene Gebäude der Stadt.** Grabungen haben sogar Artefakte aus dem 4. Jh. v. Chr. zu Tage gebracht. In Zukunft soll die Moschee hergerichtet und als Museum zugänglich gemacht werden.

Sučuruma-Wasserfall

Näher an der Stadt geht fast nicht. Spaziert man von der Moschee durch die Fußgängerzone, die anschließende Straße und schließlich durch den Stadtpark nach Norden, steht man nach 20 Min. – hinter dem Wasserkraftwerk – plötzlich am **8 m hohen Vodopad Sučuruma** (Водопад Сучурум).

Karlovo Umgebung

Banja

Das von Bergen umgebene Städtchen Banja (Баня) mit 4000 Einwohnern liegt 10 km südlich von Karlovo Richtung Plovdiv (Пловдив). Seiner Mineralquellen wegen nennt man den Ort auch **„Mineralquellen von Karlovo"** (Karlovski Mineralni Bani/Карловски Минерални Бани). Hier kommt man her, um Rheuma, Erkrankungen des peripheren Nervensystems, der Nieren, Gastritis, Kolitis oder auch Geschwüre zu heilen. An Medizin Interessierte möchten vielleicht die Sammlung von 10.000 Nierensteinen anschauen, die das Heilbad ausstellt, der größte immerhin ein Pfund schwer.

Praktische Tipps

Information

- **Museen:** www.museumkarlovo.com.

Unterkunft

- **Hanăt**①, Ul. General Karcov (Ул. Генерал Карцов), Tel. 0899-646368, www.facebook.com/hotelhanat. Familienhotel mit zehn Zimmern und Apartments in einem schön hergerichteten Wiedergeburtskomplex mitten im Zentrum. Angeschlossen ist ein angenehmes Gartenrestaurant.

Essen und Trinken

- **Edno Vreme,** Ul. Rakovska (Ул. Раковска) 9, Tel. 0335-95019, www.facebook.com/restaurant.ednovreme, geöffnet 10–24 Uhr. Eins der besten Lokale der Stadt mit nationaler Küche und einem großen, begrünten Innenhof. Es finden auch Folkloreveranstaltungen statt.

UNSER TIPP: **Mehana Vodopad,** Ul. Vodopad (Ул. Водопад) 41, Tel. 0894-478725, geöffnet 12–23 Uhr. Die Mehana mit Garten serviert bulgarische Grillgerichte, beliebter Platz am Wochenende.

Verkauf von Rosenölprodukten

- **Bulgarian Rose,** Industrialna Zona (Индустриална Зона) 1, Tel. 033-595328, www.bulgarianrose.bg. Seit 1948 werden Kosmetikprodukte hergestellt, heute in zahlreichen Linien, denen aber allen das Rosenöl aus der Region gemeinsam ist.

Feste und Veranstaltungen

- **Rosenfest** von Karlovo am ersten Samstag im Juni mit Umzügen, Gesang und Tänzen.
- **Geburtstag von Vasil Levski** am 18. Juli mit einer morgendlichen Dichterlesung in seinem Geburtshaus, Vorstellungen und einer abschließenden festlichen Versammlung vor seinem Denkmal.
- **Fasching:** Am letzten Sonntag vor der Fastenzeit kommen Kukeri-Gruppen aus der ganzen Region und feiern Karneval.

Verkehr

- **Bahnhof,** Bul. Teofan Rajnov (Бул. Теофан Райнов) 2, im Süden des Zentrums (10 Gehminuten bergab), Tel. 0884-281489. Verbindungen an die Küste, nach Sofija (София) und Plovdiv (Пловдив).
- **Bushof,** Ul. Vasil Karaivanov (Ул. Васил Караиванов) 77, 100 m nördlich des Bahnhofs, Tel. 0885-218139. Verbindungen an die Küste, nach Sofija (София) und Plovdiv (Пловдив).

☒ Rosenöl aus der Region bei Bulgarian Rose

Hisarja (Хисаря)

Hisarja (6500 Ew.) – das frühere Dioclecianopolis – liegt an den Südhängen des Gebirges Sredna Gora. Die Stadt ist ganz und gar auf die Kranken und deren **Heilung** fokussiert. Hotels und Sanatorien bestimmen das Stadtbild. **22 Quellen** sprudeln aus dem Boden, zwischen 37 und 52 °C warm. Sie helfen gegen Beschwerden des urologischen Apparates, des Magens, bei Störungen des Nervensystems und des Bewegungsapparates, auch bei Diabetes.

☒ Trinkkur

047bu sk

Geschichte

Die Gegend besiedelten die Thraker im 4. Jh. v. Chr., und bereits unter den **Römern** entwickelte sich der Ort, nun mit dem Namen Augusta, zu einem Thermalbad mit breiten Straßen, Gebäuden aus Marmor und einer starken **Befestigungsmauer,** die die Stadt umgab. Große Teile des im 4. Jh. entstandenen imposanten, insgesamt 2,5 km langen Walls sind heute noch zu sehen. Sie sind verantwortlich für den heutigen Namen: „Chisar" bedeutet auf Türkisch „Festung". Das südliche monumentale Eingangstor heißt wegen der zwei Höcker über dem Bogen „Kamilite", „Kamele". Ursprünglich waren die Mauern mit Zinnen 12 m hoch und durch 43 vorspringende Türme gesichert.

Sehenswertes

Stadtpark

Im **Inneren des Mauerrings** – heute zum großen Teil ein Park mit Akazien und Magnolien – sind diverse römische Fundamente freigelegt: Kasernen, Thermen und ein riesiges Gebäude mit 22 Räumen und einem Innenhof auf 2000 m².

Antike Thermen

Die Römischen Thermen liegen abgesenkt im Stadtpark und bedecken fast 3000 m². Entstanden sind sie – zusammen mit einem Nymphäum – in mehreren Baustufen im 2. Jh. Die ganze Anlage gilt als **einzigartig,** da sich hier der Weg von der Quelle durch die einzelnen Badbereiche bis zum Ablauf aus den Thermen verfolgen lässt.

■ **Rimski Termi** (Римски Терми), geöffnet tgl. 8–12, 13–17.30, Winter Mo–Fr 8–12, 13–16.30 Uhr, Eintritt 5 Lv, mit Museum und Grab 10 Lv.

Archäologisches Museum

Das Archäologische Museum zeigt Funde aus der näheren Umgebung und stellt anhand von Modellen die Stadt in ihren jeweiligen Epoche vor. Außerdem gibt es eine nette Ausstellung zur Ethnografie der Region.

■ **Arheologičeski Muzej** (Археологически Музей), Ul. Stambolijski (Ул. Стамболийски) 8, Tel. 033-762068, https://museum.hisar.bg, geöffnet 8–12, 13–17.30, Winter Mo–Fr 8–12, 13–16.30 Uhr, Eintritt 5 Lv, mit Thermen und Grab 10 Lv.

Kirche Sv. Pantelejmon

Die Kirche Sv. Pantelejmon (Св. Пантелеймон) an der Ul. Ivan Vazov (Ул. Иван Вазов) wurde mit **goldenen Kuppeln** ausgestattet und ist nur eine der insgesamt neun dreischiffigen Basiliken aus dem 5. und 6. Jh., die im Stadtgebiet erhalten blieben. Ebenfalls an der Ul. Vazov darf man sich beim Thermalpavillon seine **Flaschen mit Heilwasser füllen.**

Römisches Grab

Das römische Grab befindet sich außerhalb der Stadtmauern 1 km Richtung Starosel (Старосел). Durch einen schrägen Korridor gelangt man in den Grabraum mit seinen Mosaikböden. An den Wänden sind Fresken zu sehen.

■ **Rimska Grobnica** (Римска Гробница), geöffnet tgl. 8–12, 13–17.30, Winter Mo–Fr 8–12, 13–16.30 Uhr, Eintritt 5 Lv, mit Thermen und Museum 10 Lv.

Hisarja Umgebung

Thrakische Grabanlagen von Starosel

15 km westlich von Hisarja, beim Dorf **Starosel** (Старосел), finden sich ausgedehnte archäologische Grabungsstätten. Immer wieder werden neue Grabanlagen gefunden. Im Dorf folgt man den Schildern zum „Thracian Cult Complex", passiert das Weingut Starosel und gelangt nach 1,5 km zum Parkplatz beim **Tumulus Horizont.** 150 m Fußweg sind es (vorbei an dem Kirchlein Sv. Spas) zum Holzverbau der Anlage. Darin stehen – einzigartig – **dorische Säulen** als Vorbau des Grabes in Reih und Glied. Ursprünglich war es ein Tempel der Thraker, der schließlich als Grablege diente. Es könnte aber auch sein, dass erst das Grab da war und der Tempelvorbau später hinzukam. Über die Stufen hoch betritt man eine Vorkammer und dann die eigentliche Grabkammer. Sie diente wohl einem Krieger, wie die gefundenen Pfeilspitzen aus Bronze nahelegen.

Noch einmal 1,5 km sind es zum Abzweig der zweiten Anlage und dann

343bu sk

500 m zum Parkplatz direkt an dem Grabhügel des **Trakischen Kultkomplexes.** Auch ihn schützt ein Holzvorbau, und auch er hat etwas Einzigartiges zu bieten. Die Grabkuppel ist als **Kragkuppel** ausgeführt, bei der die unteren Steinkreise die – nach und nach – nach innen rückenden tragen, bis schließlich ein Schlussstein gesetzt werden kann. Und dann sind auch noch Halbsäulen dem Grabkammerrund vorgeblendet.

Beide Kultstätten wurden erst im Jahr 2000 entdeckt und haben mit ihren Ausstattungen die Museen in Sofija wesentlich bereichert.

■ **Trakijska Mogila Horizont/Trakijski Kultov Kompleks** (Тракийска Могила Хоризонт/Тракийски Култов Комплекс), https://hisar.bg, Kultkomplex geöffnet tgl. 8.30–16.30 Uhr, Eintritt je 4 Lv, Tumulus Horizont frei zugänglich.

☒ Thrakische Grabanlagen von Starosel

Starosel Winery

- **Starosel,** Tel. 0896-608556, www.starosel.com.
- **Weinregion Rosental,** Rebfläche 37 ha, Kellermeister Team Starosel.
- **Rote Rebsorten:** Cab. Sauvignon, Syrah, Mavrud, Merlot.
- **Weiße Rebsorten:** Muskat Ottonel, Chardonnay, Misket.
- **Herausragende Weine:** Terroir Merlot & Cab. Sauvignon, Milessime Cuvée rot, Starosel Mavrud.
- **Touristisches Angebot:** Führung und Weinverkostung nach Voranmeldung tgl. 9–16 Uhr, Führung 5 Lv, mit 3 Weinen 15 Lv, mit 5 Weinen 19 Lv, mit 7 Weinen 30 Lv, 3 Brandys 15 Lv; auch Hotel und Restaurant, → Unterkunft.

344bu sk

◁ Viel mehr als Wein bietet die Starosel Vinery

Thrakischer Kultkomplex und Museum Strelča

3 km südlich des Städtchens **Strelča** (Стрелча, 5000 Ew.) – 25 km westlich von Starosel (Старосел) – wurde 1976 ein **Thrakischer Kultkomplex** aus dem 5. Jh. v. Chr. freigelegt. Er liegt 500 m von der Straße jenseits der Bahnschienen (davor parken und zu Fuß gehen!) am **Hügel Žaba Mogila** (Жаба Могила) und besteht aus einer Grabstelle mit einem quadratischen Vorhof und einem runden Grabbau, die beide mit einem kurzen Gang verbunden sind. In ihm fand man einen Karren, drei Pferdeskelette und neun tönerne Krüge, die mit der Öffnung nach unten lagen. Der dazugehörige Tempel im Nordwesten umfasst 25 m^2 und hat die Form eines „L".

Das **Historische Museum** in der Stadt zeigt archäologische Funde, Ethnografisches und beleuchtet die Zeit der Wiedergeburt mit Waffen und Dokumenten.

- **Trakijska Grobnica/Istoričeski Muzej** (Тракийска Гробница/Исторически Музей), Kontakt über Historisches Museum, Bul. Bălgarija (бул. България) 80, Tel. 035-323533, www.strelcha.bg, Grab geöffnet April–Okt. Mo–Do 12–19, Fr–So 10–19 Uhr, Museum tgl. 8.30–12, 13–17.30, Winter bis 16.30 Uhr, Eintritt Grab und Museum je 3 Lv.

Praktische Tipps

Informationen

- **https://gotohisarya.com**

Unterkunft/Essen und Trinken

- **Hissar Spa Hotel**③, Ul. General Gurko (Ул. Генерал Гурко) 1, Tel. 033-762783, www.spahotelhisar.com. Gesundheitshotel im Ort mit allen erdenklichen Anwendungen medizinischer Natur und entsprechend ausgebildetem Personal.
- **Vinarska Starosel**③, 1 km nördlich von Starosel, Tel. 0897-870908, www.starosel.com. Großanlage im Stil eines Wiedergeburtsdorfes mit feinen Spa-Einrichtungen, Restaurants und Bars und Weinverkostung von Tropfen des eigenen Gutes.
- **Restaurant Činar,** Ul. Augusta (Ул. Аугуста) 17, Tel. 0889-362145, www.rest-chinar.com, geöffnet tgl. 11–24 Uhr. Bulgarische Küche und internationale Gerichte auf gutem Niveau, gepunktet wird aber auch mit dem überaus gepflegten Garten.

Aktivität/Weinproben

- **Baden/Relaxen:** Akva Termi (Аква Терми), 6 km westlich von Starosel, Tel. 0879-242177, www.akuatermi.com. Saubere, moderne Freibadanlage (Eintritt 15 Lv) mit Thermalwasser, **Hotel**② und Restaurant – bestens für einen Ruhetag.
- **Weinprobe: Vinarska Starosel,** → Kasten S. 442 und „Unterkunft".

Verkehr

- **Bushof,** Ul. Augusta (Ул. Аугуста), im Zentrum, Tel. 0885-855531. Verbindungen nach Karlovo (Карлово) und Plovdiv (Пловдив).

Sopot (Сопот)

Die Geburtsstadt des Dichters **Ivan Vazov** (1850–1921) liegt am westlichen Ende des Rosentals. Die Blume und ihre Weiterverarbeitung bestimmen das Leben der Menschen in der Region unterhalb des mächtigen Massivs des Zentralbalkans. Die Stadt (8000 Ew.), gegründet während der türkischen Herrschaft, ist von **Industrie** geprägt. Hergestellt wurden Wollstoffe und Lederwaren (19. Jh.).

Sehenswertes

Hausmuseum Ivan Vazov

Im Befreiungskampf brannte die Stadt nieder, einige Gebäude hat man originalgetreu rekonstruiert, darunter das Hausmuseum in einem hübschen Garten am Hauptplatz. Auf dem Platz erinnert ein Denkmal an den berühmtesten Sohn der Stadt und wichtigsten Autoren der bulgarischen Neuzeit. Im angebauten Saal des Museums ist das Leben *Vazovs* aufgefächert, in dem Wiedergeburtshaus (1932 rekonstruiert) ist eine ethnografische Ausstellung zu sehen.

- **Kăšta-Muzej Ivan Vazov** (Къщта-Музей Иван Вазов), Pl. Vasil Levski (Пл. Васил Левски), Tel. 031-348650, www.vazovmuseum.com, geöffnet Mo–Sa 9–18, So 9–17 Uhr, Eintritt 3 Lv.

Kirche St. Peter und Paul

Die Kirche Sv. Petăr i Pavel (Св. Петър и Павел), am Ende der Ul. Vasil Levski

(Ул. Васил Левски) nördlich des Hauptplatzes, wurde als dreischiffige Hallenkirche 1846 erbaut. Das große Gebäude wirkt mit seiner stark gegliederten Fassade überhaupt nicht wuchtig. 1877 abgebrannt, rekonstruierte man die Kirche originalgetreu.

Kloster des Eintritts Mariä in den Tempel

Das Frauenkloster Vavedenie Bogorodično (Въведение Богородично) neben der Kirche Peter und Paul aus dem Jahr 1665 wurde ebenfalls gebrandschatzt. Die Kirche im Innenhof stammt aus dem 15. Jh. und ist neben dem Brunnen als einziges Bauwerk vom ursprünglichen Kloster erhalten. Die restlichen Gebäude wurden neu errichtet. Die Stelle, an der sich Vasil Levski auf der Flucht vor den türkischen Machthabern versteckt hielt, ist gekennzeichnet.

Kloster, Kirche und die im Wiedergeburtsstil errichtete Schule mit dem geschwungenen Sims, das die Kirchensilhouette gegenüber aufnimmt, ergänzen sich stimmig zu einem Ensemble des 19. Jh.

Mädchenschule

Die Schule direkt neben der Kirche war eine der ersten Mädchenschulen des Landes (1851). Eines der damaligen Klassenzimmer wurde im Stil der Wiedergeburt rekonstruiert.

■ **Devičeskoto (Девическото),** Ul. Vasil Levski (Ул. Васил Левски), www.radino.vazovmuseum.com, geöffnet Mo–Sa 9–13, 14–18, So 9–13, 14–17 Uhr, Eintritt 4 Lv (Kombiticket 12 Lv).

Ethnografischer Komplex

Das Ethnografie- und Handwerkszentrum 200 m südlich der Kirche fächert die Fähigkeiten der Handwerker-Gilde des Städtchens auf und beschreibt das bürgerlich-städtische Leben des 19. Jh.

■ **Etnografski i Zanajatčijski Centăr (Етнографски и Занаятчийски център),** Ul. Jordan Vojvoda (Ул. Йордан войвода) 4, www.ezc.esnafsopot.com, geöffnet Mo–Sa 9–13, 14–18, So 9–13, 14–17 Uhr, Eintritt 4 Lv (Kombiticket 12 Lv).

Opas Wassermühle

Die als kleines und sympathisches ethnografisches Museum nett hergerichtete historische Mühle 1 km nordwestlich des Zentrums (kurz vor dem Lift) spielte in *Vazovs* Roman „Unter dem Joch" eine wichtige Rolle.

■ **Djadova Stojanova Vodenica (Дядова Стоянова Воденица),** www.vazovmuseum.com, geöffnet Mi–So 9–16 Uhr, Eintritt 3 Lv (Kombiticket 8 Lv).

Spas-Kloster

Das Kloster Sv. Spas (Св. Спас) liegt 400 m nördlich der Mühle in romantisch-ländlicher Umgebung über der Stadt. 1858 legte in ihm *Vasil Levski* sein Mönchsgelübde ab. Auch dieses Frauenkloster wurde 1877 im Russisch-Türkischen Krieg niedergebrannt und zwei Jahre später wieder aufgebaut.

Praktische Tipps

Unterkunft/Essen und Trinken

- **Šterev**②-③, Ul. Ivan Vazov (Ул. Иван Вазов) 2, Tel. 03134-8674, www.shterevhotels.com. Modernes Hotel mit 40 Zimmern im Zentrum von Sopot mit Restaurant und Café.
- **Chateau Copsa**④, Moskovec (Московец), 6 km westlich von Sopot, Tel. 0882-645452, www.copsa.bg. Neun Zimmer in zwei Gebäuden, ein empfehlenswertes Restaurant und eigener Wein.
- **Gelato & Latte,** Talstation Sessellift, Tel. 070-015438, www.gelatoandlatte.com, geöffnet tgl. 9–17 Uhr. Und das in Sopot! Bestes hausgemachtes Eis, Waffeln, Brownies und ein Gedicht von Kaffee.

Weinprobe

- **Chateau Copsa,** → Unterkunft. Weinprobe der fünf besten Tropfen mit Käse- und Wurstbegleitung 42 Lv, drei Weine mit Käse 18 Lv.

Unterkunft/Zelten in den Bergen

- **Dobrila-Hütte** (Hiža Raj/Хижа Добрила), Tel. 0884-102501, www.dobrila.eu, ganzjährig offen. Gut geführte Hütte mit Restaurant und sauberen Lagern und Zimmern (auch DZ mit eigenem Bad); Schlafsaal 33 Lv, DZ mit Bad 100 Lv, Zelten 12 Lv.

Aktivitäten

- **Paragliding:** Die hervorragende Thermik und der Sessellift haben Sopot zum ersten Ziel für die Paraglider und Drachenflieger Bulgariens gemacht – Flüge über 4 Std. sind keine Seltenheit. Tandemflüge für Passagiere führt Sky Camp durch, Tel. 0894-349854, www.sky-camp.com, 10–15 Min./100 Lv, 30–60 Min./180 Lv.
- **Downhill:** Ideal sind die Wege und Wiesen für die MTB-Sportler, die querfeldein abwärts rasen.
- **Wanderungen Sopot:** Bei der Talstation des Sessellifts beginnen die Wanderwege in den Balkan. Wer den langen Anstieg zur Dobrila-Hütte (4–5 Std. von Sopot) scheut, nimmt den Lift, steigt auf 1400 m üNN aus und startet seine Touren hier. In 40 Min. gelangt man zum (geschlossenen) Hotel Nezabravka (Незабравка) und von dort in nordöstlicher Richtung in 60 Min. zur Berghütte Dobrila (→ oben) auf 1800 m üNN am Fernwanderweg zur Küste in Höhe vom Kap Emine. 1½ Std. sind es dann von Dobrila auf den Gipfel des Ambarica (Амбарица), und auf einer Kammwanderung erreicht man in 6 Std. den Gipfel Botev/Ботев (→ bei Kalofer).
- **Wanderung zur Anevo-Festung:** Bei Sopots westlichem Nachbarort Anevo fährt man von der Hauptstraße ab und 3 km durch das Dorf durch nach Norden (im letzten Abschnitt auf einem Feldweg) und parkt (Parkplatz GPS N 42.67547, E 24.73019). Von hier sind es auf teils steilem, aber guten Weg knapp 300 Höhenmeter und 45 Min. hoch zu den Ruinen der mittelalterlichen Festung (Anevsko Kale/Аневско Кале). Hier oben ist man fast immer alleine, und der Blick schweift übers Rosental.
- **Schwimmbad:** Dem Aktivitätszentrum an der Lift-Talstation ist ein vorbildlich unterhaltenes Schwimmbad angeschlossen; tgl. 10–19 Uhr, 20 Lv, Kind 15 Lv.

Verkehr

- **Sessellift:** Nahe dem Spas-Kloster liegt die Talstation des Sessellifts, der von 557 m üNN auf 1389 m üNN fährt, www.lift-sopot.com, geöffnet tgl. 9–17.30, Winter Fr–So 9–16.30/17 Uhr, einfache Fahrt 15 Lv, Kinder 8 Lv, mit Rückfahrt 25/14 Lv.
- **Bushof,** Bul. Ivan Vazov (Бул. Иван Вазов) 75, Busse nach Sofija (София) und an die Küste.
- **Bahnhof,** Tel. 031-342346, 1 km südlich des Zentrums. Verbindungen nach Sofija (София) und Kăzanlak (Казанлак).

Koprivštica (Копривщица)

Nicht umsonst steht das Städtchen, 10 km südlich der Fernstraße von Burgas nach Sofija im Gebirge Sredna Gora (Средна Гора) vollständig unter **Denkmalschutz.** Wie im Bilderbuch sind seine Häuser mit den in fröhlichen Farben bemalten Fassaden in die Gärten gestellt. Koprivštica (2000 Ew.) ist eines der besterhaltenen Dörfer aus der **Wiedergeburtszeit** – ein Freilichtmuseum mit einer heiteren Atmosphäre, das einen längeren Aufenthalt rechtfertigt. Nicht wenige der Häuser wurden in Hotels umgewandelt, andere haben als Museen ihre Tore geöffnet oder sind Restaurants.

Geschichte

Die Gründung der Stadt liegt im Dunklen. Am wahrscheinlichsten ist, dass mit dem Aufkommen der türkischen Herrschaft sich hier im Gebirge **Flüchtlinge** ansiedelten, die wegen des fruchtbaren Bodens im Tal der Topolnica (Тополница) mit ihren zahlreichen Zuflüssen an Wohlstand gewannen und sich alsbald mit den Verwaltern des osmanischen Reiches arrangierten. Dennoch wurde die Stadt mehrfach **niedergebrannt,** nicht von regulären türkischen Truppen, sondern von Freischärlern, die raubend durch die Gegend zogen: 1793, 1804 und 1809. Am 20. April 1876 fiel in Koprivštica der erste Schuss im finalen **Befreiungskampf.** Dass die Türken beim Gegenschlag die Stadt nicht wie so viele andere brandschatzten, lag einfach daran, dass die Kaufleute sich wie solche verhielten. Sie boten den Türken eine **hohe Summe,** und diese akzeptierten – Koprivštica war für die Nachwelt gerettet. Damit war aber auch der Reichtum dahin, denn die Märkte im osmanischen Imperium waren nicht mehr zugänglich; viele Bewohner zogen weg, von 12.000 Einwohnern verblieb nur ein Viertel.

Heute jedoch spült der **Tourismus** wieder Geld in die Kassen, die Häuser sind renoviert, und die Stadt empfängt die Touristen mit Charme und Hilfsbereitschaft.

Museumsbesuch

Am Hauptplatz mit seinen alten Häusern am Ufer des Flüsschens befindet sich die Museumsverwaltung. Hier erhält man die **Eintrittskarte für die Museen** (Sammelkarte 15 Lv). Die Museen kosten ansonsten einzeln jeweils 5 Lv. Die Fotoerlaubnis pro Museum (2 Lv) geht extra. Das private Oslekov-Haus ist nicht enthalten (5 Lv extra).

Sehenswertes

Die **Hausmuseen** stehen alle im Zentrum nahe des weiten **PL. 20-ti April** (ПЛ. 20-ти Април), auf den man unweigerlich bei der Einfahrt stößt. Sie sind durchweg auf einem kleinen Spaziergang durch die mit Kopfsteinpflaster bedeckten Gassen erreichbar.

Mausoleum

Am Platz wurde 1928 **das Denkmal für den Aprilaufstand 1876** (Mavzolejat Aprici/Мавзолеят Априци) errichtet – ein Mausoleum, dessen Fundament die sterblichen Überreste von Freiheitskämpfern birgt. Auf dem steinernen Sockel wurde eine kleine Kapelle erbaut.

Hausmuseum von Oslekov

Westlich des Platzes gelangt man über die Ul. Generiloto (Ул. Генерилото) zu diesem Museum. Es entstand 1856 für einen **reichen Kaufmann,** der im Aprilaufstand umkam. Der zweigeschossige Bau besitzt einen mit einem Wohnraum überbauten Portikus mit vier hölzernen Säulen zum kopfsteingepflasterten Hof hin, ins erste Stockwerk gelangt man über eine Außentreppe. Das Innere ist mit floralen Motiven und Miniaturen ausgemalt und reich mit Schnitzereien ausgestattet, die fast orientalische Einrichtung illustriert das Leben einer wohlhabenden Familie. Die Küche ist mit ihrer Feuerstelle typisch für Bulgarien.

■ **Oslekova Kăšta-Muzej** (Ослекова Къща-Музей), Ul. Generiloto (Ул. Генерилото) 4, geöffnet tgl. 9.30–17.30, Winter 9–17 Uhr, Eintritt 5 Lv.

Hausmuseum Dimčo Debeljanov

Geht man in die Ul. Dimčo Debeljanov (Ул. Димчо Дебелянов) rechts hinein, steht nach wenigen Metern linker Hand das Museum, 1830 für die Familie *Debeljanov* erbaut. Durch das Holztor betritt

■ **Übernachtung**
1 Astra
3 Baština Kăšta
4 Kalina
6 Bobi Kăšta
7 Panorama

■ **Essen und Trinken**
2 Bălgarija
5 Pod Starata Kruša

man den Hof mit Pinien und Kirschbäumen und steht vor dem kleinen Gebäude aus Holz und gemauertem, lichtblau gestrichenen Erdgeschoss. Hier wurde der namensgebende **Dichter** 1877 geboren (er starb 1916 als Soldat im heutigen Mazedonien). Im Hof sitzt seine Mutter, in Stein gehauen, sinnend auf einem Hocker. Gegenstände aus seinem Leben, Fotos, Dokumente und Erstausgaben seiner Bücher sind ausgestellt.

■ **Kăšta-Muzej Dimčo Debeljanov** (Къща-Музей Димчо Дебелянов), Ul. Dimčo Debeljanov (Ул. Димчо Дебелянов) 6, geöffnet Di–So 9.30–17.30, Winter 9–17 Uhr, Eintritt 5 Lv.

Galerie Palaveevi

Im Wohnhaus des Stadtmäzens *Palaveevi*, der – als Kaufmann reich geworden – der Stadt Schulen und Kirchen stiftete, ist eine **Gemäldegalerie** untergebracht, in der jede Saison eine neue Ausstellung mit Bildern bulgarischer Künstler zusammengeführt wird.

■ **Galerija Palaveevi Kăšti** (Галерия Палавееви Къщи), Ul. Najden Gerov (Ул. Найден Геров), geöffnet Di–So 9.30–17.30, Winter 9–17 Uhr, Eintritt 2 Lv.

Gottesmutterkirche

Nun nimmt man die Ul. Dimčo Debeljanov in die entgegengesetzte Richtung bis zur tiefblau gestrichenen Kirche Sv. Bogorodica (Св. Богородица) in der Mitte eines großzügigen Friedhofgartens (indem u.a. *Debeljanov* liegt), 1817 gebaut und vier Jahre später mit der Ikonostase ausgestattet, an der *Zahari Zograf* mitwirkte. Der Turm wurde Ende des 19. Jh. angefügt, ebenso die Vorhalle. Die Gewölbe der drei Schiffe tragen sechs Säulenpaaren aus Holz.

346bu sk

Hausmuseum Todor Kableškov

Am südlichen Ende des Friedhofgartens zeigt das Museum auf der Gassenseite seine mit großen Fenstern versehenen Erker. Die sehenswerte Prachtfassade ist zur Gartenseite gerichtet. 1845 wurde das Haus für eine Kaufmannsfamilie vom Meister *Mladenov* gebaut und im Jahr 1954 in ein Museum umgewandelt, das sich das Leben des **Revolutionärs** *Kableškov* zum Thema nahm. Die fast symmetrische Anlage mit neun tiefgestaffelten Räumen in jeder der zwei Etagen spricht für den Reichtum des Bauherren, auch die Innenausstattung zeigt, dass man nicht bei Müllers um die Ecke ist.

■ **Kăšta-Muzej Todor Kableškov** (Къща-Музей Тодор Каблешков), Ul. Todor Kableškov (Ул. Тодор Каблешков) 8, geöffnet Di–So 9.30–17.30, Winter 9–17 Uhr, Eintritt 5 Lv.

Brücke des Ersten Schusses

Nun geht es nach Süden zum Pl. Părva Puška (Пл. Първа Пушка) und dem Nebenarm der Topolnica (Тополница). An der Brücke des Ersten Schusses (Most Părvata Puška/Мост Първата Пушка) begann seinerzeit der **Aprilaufstand.** Am 20. April 1876 erschoss der Aufständische *Georgi Tičanek* hier den osmanischen Polizisten *Kara Hiusein.* Dessen Blut wurde für die Unterschrift unter den sogenannten „Blutbrief" benutzt, den *Todor Kableškov* (→ oben) aufsetzte, um das Revolutionskomitee in der Distriktshauptstadt über den Beginn der Revolution zu informieren.

Hausmuseum Ljutov

Über die Brücke und weiter nach Osten gehend, gelangt man an der Ul. Nikola (Ул. Никола) schließlich zum Hausmuseum Ljutov. Es entstand 1854 für einen **Kaufmann,** der seinen Reichtum in Ägypten erwirtschaftete, als einstöckiges Gebäude mit einem Blindgeschoss als Fundament und einem bizarr wirkenden Portikus, der die Linien der Architektur sprengt. Beachtenswert ist auch das Vestibül mit seinem Schnitzwerk und den exotischen Malereien.

■ **Kăšta-Muzej Ljutova** (Къща-Музей Лютова), Ul. Nikola (Ул. Никола) 2, geöffnet Di–So 9.30–17.30, Winter 9–17 Uhr, Eintritt 5 Lv.

Lebendiges Museum

Nun geht man direkt hinunter zum Fluss und schaut in das Museum, das u.a. mit **Webstühlen** die Kunst des Webens, mit **Nähmaschinen** die des Nähens begreiflich macht – ein Kulturzentrum für Schüler und Touristen gleichermaßen.

■ **Živ Muzej** (Жив Музей), Ul. Palaveev (Ул. Палавеев), Tel. 0884-913643, geöffnet tgl. 9–17 Uhr, Eintritt frei.

◁ Koprivštica steht komplett unter Denkmalschutz

Hausmuseum Georgi Benkovski

Für die weitere Besichtigung muss man ans andere Ufer der Topolnica und dann nach Süden bis zur Ul. Benkovski (Ул. Бенковски) und dort links nach Osten. Das Hausmuseum war der Geburtsort des gleichnamigen Revolutionärs. Das bescheidene Haus entstand 1831 und ist vollständig aus Holz errichtet. Benkovski wurde 1843 als Havril Chilatev geboren, nahm aber als Pseudonym den Namen an, unter dem er heute bekannt ist. Er gilt als einer der Planer des Aprilaufstandes. Über dem Museum erinnert ein **monumentales Reiterdenkmal** im sozialistischen Stealth-Bomber-Stil an ihn: keine Rundungen, nur Kanten.

- **Kăšta-Muzej Georgi Benkovski** (Къща-Музей Георги Бенковски), Ul. Benkovski (Ул. Бенковски) 5, geöffnet Mi–Mo 9.30–17.30, Winter 9–17 Uhr, Eintritt 5 Lv.

Hausmuseum Ljuben Karavelov

Nun wandert man durch die Gassen Richtung Norden zum Ufer des Flusses und an ihm entlang über den Pl. 20. Avril am anderen Ufer hinaus zu diesem Museum. Geboren wurde hier ebenfalls ein **Revolutionär,** 1834. *Karavelovs* Bruder **Petko** brachte es bis zum Finanz- und dann Premierminister Bulgariens. Der Komplex besteht aus drei Häusern: Winterhaus (1810), Lager (1820) und Sommerhaus (1835). Auf der ausgestellten **Druckmaschine** wurden die Kampfschriften des Aufstandes gedruckt.

- **Kăšta-Muzej Ljuben Karavelov** (Къща-Музей Любен Каравелов), Ul. Čaži Genčo (Ул. Чажи Генчо), geöffnet Mi–Mo 9.30–17.30, Winter 9–17 Uhr, Eintritt 5 Lv.

Kirche St. Nikola

Die Kirche Sv. Nikola (Св. Никола) befindet sich südlich des Zentrums; man geht am orografisch linken Ufer der Topolnica entlang bis zur Ul. Salčo Vasilev (Ул. Салчо Василев), dort bleibt man rechts am diesseitigen Ufer des Nebenarmes. Die Kirche entstand in den Jahren 1842–1844 in einem schattigen Garten hinter hohen Klostermauern in einem eklektizistischen Stil, der **Renaissance mit türkischen Einflüssen** verbindet. Die Ikonostase besticht mit ihren lichtblauen Rahmen, die Bilder stammen aus der Hand der Meister *Joan Popovic, Aleksandăr Dimitrov* und *Hristo Enčev.* Der Bischofsthron wurde in Samokov geschnitzt.

Praktische Tipps

Information

- **TIC Koprivštica,** Pl. 20-ti April (Пл. 20-ти Април) 6, Tel. 071-842180, Mi–So 9.30–17.30 Uhr.
- **www.koprivshtitsa-bg.com**
- **www.direkciamuzei.com**

Unterkunft

7 **Panorama**②, Ul. Benkovski (Ул. Бенковски) 40, Tel. 0888-531441, www.panoramata.com. 20 moderne Zimmer mit allem Komfort in neuem Gebäude mit Taverne, im Obergeschoss sind einige Zimmer traditionell eingerichtet.

4 Kalina②, Bul. Palaveev (Бул. Палавеев) 35, Tel. 0888-224788, www.semeenhotel-kalina.com. Hübsche Hotelanlage in Orange mit sechs geschmackvoll eingerichteten Zimmern, ausgestattet mit Bad, Telefon, TV und Minibar. Großzügiger, blühender Garten für die Siesta.

1 Astra②, Bul. Palaveev (Бул. Палавеев) 11, Tel. 0889-797628. Familienhotel mit sieben zweckmäßig eingerichteten Zimmern mit Bad in einem hübschen Garten, wo auch das Barbecue bereitet wird.

UNSER TIPP: **3 Baština Kašta**②, Bul. Palaveev (Бул. Палавеев) 32, Tel. 0887-895676, www.fhhotel.info. 14 Zimmer und Apartments in einem neu errichteten Haus im Wiedergeburtsstil.

6 Bobi Kašta①, Ul. Nikola Gerdžikov (Ул. Никола Герджиков) 3, Tel. 0887-562842, www.bobihouse.com. Nur drei Zimmer (mit Bad), dafür familiäre, gemütliche Atmosphäre und ein Garten.

Essen und Trinken

2 Bălgarija, Bul. Palaveev (Бул. Палавеев) 1, Tel. 0887-554579, www.restaurantbulgaria.weebly.com, geöffnet 10–23 Uhr. Am Stadteingang am jenseitigen Ufer gibt es im großen Garten bulgarische, reelle Küche; viele Einheimische essen hier.

5 Pod Starata Kruša, Bul. Palaveev (Бул. Палавеев) 56, Tel. 0887-349901, www.todorinikashti.com, geöffnet 9–24 Uhr. „Unter dem alten Birnenbaum" im Zentrum sitzt man innen wie außen angenehm und speist bulgarische Küche u.a. vom Grill.

Veranstaltungen

■ **Feier zum Aprilaufstand:** Am 1./2. Mai wird der Aprilaufstand mit historischen Kostümen nachgestellt und mit Tänzen und Liedern gefeiert.

■ **Nationales Folklorefest,** alle fünf Jahre im August (das nächste Mal 2025) mit zahlreichen Tanzgruppen aus dem ganzen Land – eine dreitägige Mischung aus Popfestival und mittelalterlicher Messe mit Tausenden von Teilnehmern und ebenso vielen Touristen.

Wanderungen

Koprivštica ist ein guter Ausgangspunkt für Tageswanderungen.

■ **Bogdan-Hütte/Bogdan** (Hiža Bogdan/Хижа Богдан): Wanderung auf Fahrwegen in 3 Std. hoch zur Hütte (1550 m üNN, nicht bewirtschaftet), von der aus es dann zum Bogdan weitergeht, dem höchsten Gipfel des Gebirges Sredna Gora (1604 m üNN, 45 Min.). Start ist das Viertel Topolnica (Тополница) am südöstlichen Stadtrand.

■ **Deliradev-Hütte** (Hiža Deliradev/Хижа Делирадев): Wanderung auf Fahrwegen in 3½ Std. zur Deliradev-Hütte (1380 m üNN, 2024 u.U. geschl. (im TIC nachfragen). Beginn ist am südwestlichen Stadtrand an der Ul. Toromanova (Ул. Тодомарова).

■ **Vežen-Hütte** (Hiža Vežen/Хижа Вежен): Am Bahnhof beginnt eine (gelb markierte) anstrengende Wanderung in den Norden jenseits der Hauptstraße hoch in den Zentralbalkan auf die Hütte Vežen (1622 m üNN, 6½ Std., Tel. 0882-966227, 80 Schlafplätze, Restaurant).

Verkehr

■ **Bushof,** Bul. Palavveva (Бул. Палавеева), 200 m südlich vom Hauptplatz, Tel. 071-843044. Verbindungen nach Sofija (София) und Plovdiv (Пловдив).

■ **Bahnhof,** 8 km außerhalb im Norden; Busverbindungen in die Stadt sind auf die Züge abgestimmt. Züge nach Sofija (София) und an die Küste.

Stara Zagora (Стара Загора)

Die sechstgrößte Stadt des Landes (156.000 Ew.) in der thrakischen Tiefebene und südlich des Gebirges Sredna Gora ist wie ein **Schachbrett** angelegt. Es dominieren Betonbauten, und es gehört Wohlwollen und Zeit dazu, sich Stara Zagora zu erschließen, auch, wenn man sich in den rechten Winkeln nicht verlaufen kann: Ganz unüblich sind alle Straßennamen in Kyrillisch und Latein verfasst.

Geschichte

Im 6. Jh. v. Chr. haben die **Thraker** hier in zentraler Lage die Siedlung Beroe gegründet. Die **Römer** folgten ihnen und nannten die Stadt Augusta Trajana zu Ehren des Kaisers *Trajan*. Sie entwickelte sich zu einer der größten Siedlungen der Provinz Thrakien.

Im 6. Jh. wurde die Stadt zerstört, **Slawen** siedelten sich an und nannten ihre Siedlung Verea. Ein weiteres Mal erhielt die Stara Zagora einen neuen Namen, diesmal durch die **Byzantiner,** die ihre Königin *Irina* verewigten – Irinopolis. Unter den Bulgaren wurde es Boruj, unter den Türken erst Eksi Hissar und schließlich Eksi Saara. Im 19. Jh. wurde der Stadt ihr heutiger Name verliehen. Damit hat sie wahrscheinlich die Ehre, die Stadt Bulgariens mit dem **häufigsten Namenswechsel** zu sein.

Das 19. Jh. sorgte auch für das heutige **Stadtbild.** Bei den Kämpfen zwischen

Stadtführung

Das **Historische Museum** bietet im Sommer eine tägliche Führung auf Englisch an, die alle wichtigen Orte der Stadt besucht. Die Tickets für 15 Lv gibt's an der Museumskasse.

den Türken und Russen wurde die Stadt **vollständig zerstört** – es war Platz geschaffen für die Anlage mit klaren Linien, die der tschechische Baumeister *Luber Baier* entwickelte.

Mit noch einem Pfund wuchert Stara Zagora: Sie gilt als Stadt der **Dichter,** da in ihr die Schöngeister *Kyrill Hristov, Nikolai Liliev* und *Veselin Hančev* ihre Gedanken in Versform fassten.

Sehenswertes

Stadtpark

Das Zentrum gruppiert sich um einen Park, an dem die **Ul. Car Simeon Veliki** (Ул. Цар Симеон Велики) entlangläuft, die Fußgängerzone. Hier steht das, was von der **Moschee Eski Džamija** (Ески Джамия) übriggeblieben ist. Sie stammt aus dem Jahr 1409, ihr Minarett hatten die Kommunisten entfernt, da es nicht die Silhouette der Protzbauten des Zentrums beeinträchtigen sollte. Die Moschee ist nur von außen zu besichtigen.

Historisches Museum

Das 1907 von Bürgern der Stadt gegründete Museum an der östlichen Längsseite des Stadtparks zeigt eine sehr gute **prähistorische Sammlung** mit neolithischen Bronzen und Glasarbeiten, eine Münzsammlung und Grabungsfunde wie thrakische Wagen und Goldschmuck. Weiter wird das Stadtleben seit der Befreiung vom türkischen Joch dokumentiert. In der unteren Etage sieht man, dass das Gebäude als Museum errichtet wurde. Es schützt einen Abschnitt des römischen Cardo maximus.

■ **Istoričeski Muzej** (Исторически Музей), Bul. Ruski (Бул. Руски) 42, Tel. 042-919206, www.rimstz.eu, Di–So 10–18 Uhr, Eintritt 7 Lv (Kombiticket 20 Lv).

Forum

Vom Museum etwas nordwestlich erstrecken sich die Reste der römischen Stadt nach Westen und enden mit dem **Forum Augusta Trajana** (Форум Аугуста Траяна). Die fast 1 ha große Fläche ist als **Teil des Stadtparks** ein beliebter Treffpunkt der Einwohner, die zwischen den antiken Fundamenten sitzen und die abendlichen Aufführungen besuchen.

Four Friends Winery

■ **Gorno Botevo** – 15 km östl. von Stara Zagora, Tel. 0893-391616, www.fourfriends.bg.
■ **Weinregion Thrakia-Tal,** Rebfläche 40 ha, Kellermeister *Petăr Iliev* u. *Veneta Bakardjieva.*
■ **Rote Rebsorten:** Mourvedre, Grenache, Merlot, Cab. Sauvignon, Cabernet Franc, Petit Verdot, Syrah.
■ **Weiße Rebsorten:** Viognier, Chardonnay, Sauvignon Blanc, Traminer.
■ **Herausragende Weine:** Zitara Premium Cuvee rot, Black Shadow Cuvee rot, Zitara Cabernet Franc.
■ **Touristisches Angebot:** Führung und Weinverkostung nach Voranmeldung werktags 9–17 Uhr (Minimum 4 Personen), Führung, Käse, Wein, Brot mit 4 Weinen (30 Min.) 40 Lv, mit 5 Premium-Weinen 50 Lv.

Römisches Mosaik I

Nördlich des Forums und hinter der Staatsoper sind die **Mosaike einer römischen Villa** aus dem 4. Jh. erhalten.

■ **Mosajki** (Мосайки), Bul. General Stoletov (Бул. Генерал Столетов) 117, Tel. 042-919214, nach Voranmeldung Di–Sa 9.30–12.30, 13–18 Uhr, Eintritt 4 Lv (Kombiticket 20 Lv).

Galerie der Schönen Künste

Südlich des Forums und als Riegel im Stadtpark gibt die Galerie einen guten Überblick über das **zeitgenössische Kunstschaffen** Bulgariens und die **Ikonenkunst.** Im Parterre ist die **Touristeninformation** untergebracht.

☐ Übersichtskarte S. 418, Stadtplan S. 452

■ **Hudožestvena Galerija** (Художествена Галерия), Bul. Ruski (Бул. Руски) 27, Tel. 042-622843, www.artgallerystz.com, geöffnet Di–So 10–18 Uhr, Eintritt 2 Lv.

Museum für Stadtleben

Nun geht man in die Ul. Sv. Knjaz Boris (Ул. Св. Княз Борис) hinein und kommt zum Museum für Stadtleben im Hadšiangelovata Kušta, nach dem Namen des Besitzers. Das Gebäude entstand 1883 und zeigt Kostüme, Fotos und Gegenstände des täglichen Lebens. Beeinträchtigt wird die schöne Fassade durch die gesichtslose Umgebung.

■ **Muzej Gradski Bit XIX b.** (Музей Градски Бит XIX б.), Ul. Dimităr Naumov (Ул. Димитър Наумов) 68, Tel. 042-919214, nach telefonischer Voranmeldung oder Vorsprache im Religionsmuseum, Eintritt 4 Lv (Kombiticket 20 Lv).

Römisches Mosaik II

Im nächsten Block der Ul. Sv. Knjaz Boris (Ул. Св. Княз Борис) betritt man, einem Schild („Muzej“) folgend, die **Postbank.** Im Halbschatten erahnt man die geometrischen Muster und floralen und tierischen Motive eines antiken Mosaiks aus dem 4. Jh., das die vier Jahreszeiten darstellt – die Empfangshalle eines öffentlichen Gebäudes.

■ **Mosajki** (Мосайки), Ul. Sv. Knjaz Boris (Ул. Св. Княз Борис) 81, geöffnet Mo–Fr 8.30–17 Uhr, Eintritt frei.

347bu sk

Religionsmuseum

Über die Ul. Car Šišman nach Süden gelangt man bei der Fußgängerzone zum Komplex des Religionsmuseums – **das einzige auf dem Balkan.** Der Platz war bereits zur Eisenzeit eine Kultstätte, und daran änderte sich nichts. Die Thraker nutzten ihn, die frühen Christen, und schließlich errichteten die Türken die prächtige Moschee.

☐ Das Historische Museum

■ **Muzej na Religiite** (Музей на Религиите), Bul. Car Simeon Veliki (Бул. Цар Симеон Велики) 115, Tel. 042-600299, geöffnet Di–So 10–18 Uhr, Eintritt 4 Lv (Kombiticket 20 Lv).

Hausmuseum Geo-Milev

Im Süden des Zentrums, vom Bul. Ruski (Бул. Руски) in die Ul. Hristo Botev (Ул. Христо Ботев) nach links, steht an der 7. Straße das Hausmuseum in einem hübschen, blumengeschmücktem Garten. Hier wohnte der **Dichter** *Georgi Milev Kasabov*, der 1925 dreißigjährig wegen der Unterstützung einer Revolte ins Gefängnis gesteckt wurde und nie wieder auftauchte.

■ **Kăšta Muzej Geo-Milev** (Къща Музей Гео-Милев), Ul. Geo-Milev (Ул. Гео-Милев) 37, Tel. 042-623450, www.geomilev.com, geöffnet Di–So 9–18, Winter Di–Sa 8.30–17.30 Uhr, Eintritt 5 Lv (kein Kombiticket).

Neolithische Wohnstätten

Wichtigste Sehenswürdigkeit der Stadt sind die Behausungen aus dem Neolithikum auf dem Gelände des Krankenhauses im Westen des Zentrums, erreichbar über die Ul. General Stoletov (Ул. Генерал Столетов) in ungefähr 15 Gehminuten. Man betritt die Grabungsstätte über den Haupteingang des Krankenhauses und geht weiter auf der Hauptallee bis zu einem Flachbau, der die Wohnstätten schützt. Die hier gefundenen **Artefakte** sind ausgestellt und stellen die eigentliche Attraktion dar. Die Stätte ist die größte ihrer Art in Bulgarien.

■ **Neolitni Žilišta** (Неолитни Жилища), Ul. Armejska (Ул. Армейска) 20, Tel. 042-622109, www.museum.starazagora.net, geöffnet Di–Sa 10–12.30, 13–18 Uhr, Eintritt 4 Lv (Kombiticket 20 Lv).

Biermuseum

In der Brauerei Zagorka kann man sich im einzigen Biermuseum des Landes informieren, und natürlich ist auch eine Verkostung möglich. Die Besichtigung dauert 90 Min., und Kinder unter 12 Jahren sind nicht zugelassen.

■ **Muzej na Birata Svetăt na Zagorka** (Музей на бирата Светът на Загорка), Ul. Han Asparuh (Ул Хан Аспарух) 41, geöffnet Fr–So 12–16.30 Uhr, Eintritt 8 Lv.

348bu sk

Stara Zagora Umgebung

Mineralbad

15 km nordwestlich von Stara Zagora, in einem Tal der Sredna-Gora-Berge, verstecken sich die **Starozagorski Mineralni Bani** (Старозагорски Минерални Бани), die schon die alten Römer nutzten. Erhalten sind Ruinen aus dem 2. und 1. Jh. v. Chr. Hier finden sich auch die ältesten bekannten **Kupferminen** Europas. Mehrere Hotels und Pensionen bieten ihre Dienste an.

Das Forum Augusta Trajana

Praktische Tipps

Information

- **TIC,** Bul. Ruski (Бул. Руски) 27, Tel. 042-627098, www.starazagora.love, Mo–Fr 9–18, Sa 10–16 Uhr.
- **Museen:** www.rimstz.eu.

Unterkunft

1 Forum③, Ul. Asenov (Ул. Асенов) 94, Tel. 042-631616, http://hotelforum.bg. In unmittelbarer Nähe des Stadtplatzes in einem denkmalgeschützten Haus, 25 elegant eingerichtete Zimmer, angeschlossenes Restaurant mit Weinkeller (→ unten).

4 Elegance②, Ul. Slavejkov (Ул. Славейков) 54, Tel. 042-636606, www.hotel-restaurantelegance.eu. 24 Zimmer und Apartments südöstlich des

Stadtplatzes in einem modernen Gebäudekomplex, viele Geschäftsleute, mit Restaurant.

Unterkunft außerhalb

5 **Spa Hotel Izvor**③, Starozagorski Mineralni Bani (Старозагорски Минерални Бани), Tel. 041-112214, www.izvor-hotel.com, Spa-Zugang inklusive. 18 luxuriöse Zimmer, Hallenbad, Sauna, Türkisches Bad und viele therapeutische Anwendungen.

Essen und Trinken

2 **Viento Bar & Dinner,** Ul. Car Simeon Veliki (Ул. Цар Симеон Велики) 105A, Tel. 0883-306080, www.facebook.com/VientoBarDinner, geöffnet tgl. 12–24 Uhr. Bulgarische Bistro-Küche und immer wieder auch Extras wie Sushi, dazu am Wochenende Live-Musik (bulgarischer Folkpop).

1 **Restaurant Hotel Forum,** Ul. Asenov (Ул. Асенов) 94, Tel. 042-631616, geöffnet 12–24 Uhr. Elegante Adresse und eine der besten Küchen in der Stadt; große Weinauswahl.

3 **Čevermeto,** Ul. Mitropolit Kusev (Ул. Митрополит Кусев), Ecke Ul. Bratja Žekovi (Ул. Братя Жекови), Tel. 042-630331, www.chevermetosz.com, geöffnet 12–23 Uhr. Bulgarisches Traditionslokal mit Garten in einem Park. Ein Teil der Tische befindet sich hübsch auf einer kleinen Insel des Sees.

Verkehr

- **Bahnhof,** Ul. Gerasim Papazčev (Ул. Герасим Папазчев), 1 km südlich des Zentrums, Tel. 042-622724.
- **Bushof,** 100 m östlich des Bahnhofs, Tel. 042-605349, https://avtogara.starazagora.bg.

Gesundheit

- **Hospital/Bolnica** (Болница), Ul. General Stoletov (Ул. Генерал Столетов) 25, westlich des Zentrums, Tel. 042-698210, https://umbal-kirkovich.bg.

Midalidare Wine Estate

- **Mogilovo** – 35 km westlich von Stara Zagora, Tel. 0894-321282, www.midalidare.bg.
- **Weinregion Thrakia-Tal,** Rebfläche 165 ha, Kellermeister *Alexander Alexiev* und *Nikolaj Katerov.*
- **Rote Rebsorten:** Merlot, Cab. Franc, Cab. Sauvignon, Syrah, Petit Verdot, Malbec, Mourvedre, Pinot Noir, Pinot Meunier.
- **Weiße Rebsorten:** Chardonnay, Sauvignon Blanc, Pinot Gris, Gewürztraminer, Viognier, Sauvignon Gris, Muskat Ottonel, Semillon.
- **Herausragende Weine:** Midalidare Grand Vintage Cab. Franc, Mogilovo Village Cuvée rot, Nota Bene Cuvée rot.
- **Touristisches Angebot:** Führung tgl. 11, 13 und 15 Uhr mit Verkostung von 8 Weinen für 20 Lv; auch Hotel und Restaurant.

Blick über Plovdiv

Plovdiv (Пловдив)

„Die schönste Stadt Thrakiens", schrieb der griechische Dichter *Lukian* im 2. Jh. über Plovdiv, und wenn er auch vornehmlich als Satiriker in der antiken Welt Berühmtheit erlangte – diesmal meinte er es ernst. Und wirklich: Die alten Viertel der zweitgrößten Stadt Bulgariens (345.000 Ew.) liegen an prominenter und exklusiver Stelle über drei Hügel verteilt. War also Plovdiv schon immer ein Juwel in der Krone Bulgariens, funkelt es doch, seit es **2019 Kulturhauptstadt Europas** war, nun noch ein wenig heller.

In der Stadt geben sich heute altrömische Bauwerke, osmanische Gebäude und gewundene Gassen mit Häusern der bulgarischen Renaissance ein stimmiges Stelldichein, führen in die Vergangenheit, lassen vor den Augen der Besucher aber auch die charmante Gegenwart der Universitätsstadt mit ihren fünf Hochschulen aufleben.

Geschichte

An der Hauptstrecke zwischen Istanbul und Sofija gelegen, war Plovdiv bereits im Mittelalter ein wichtiges **Handelszentrum,** doch seine Geschichte weist viel weiter in die Vergangenheit zurück. Athen wurde später gegründet, Karthago, Rom und Konstantinopel sind junge Spunde gegen Plovdiv, das die trojanischen Kriege gesehen hat, den Niedergang der griechischen Antike, das Erstarken Roms, die Auflösung des byzantinischen Reiches und den Rückzug der Osmanen.

349bu sk

Plovdiv, Übersicht

0 400 m ©Reise Know-How Bulga41 4/24

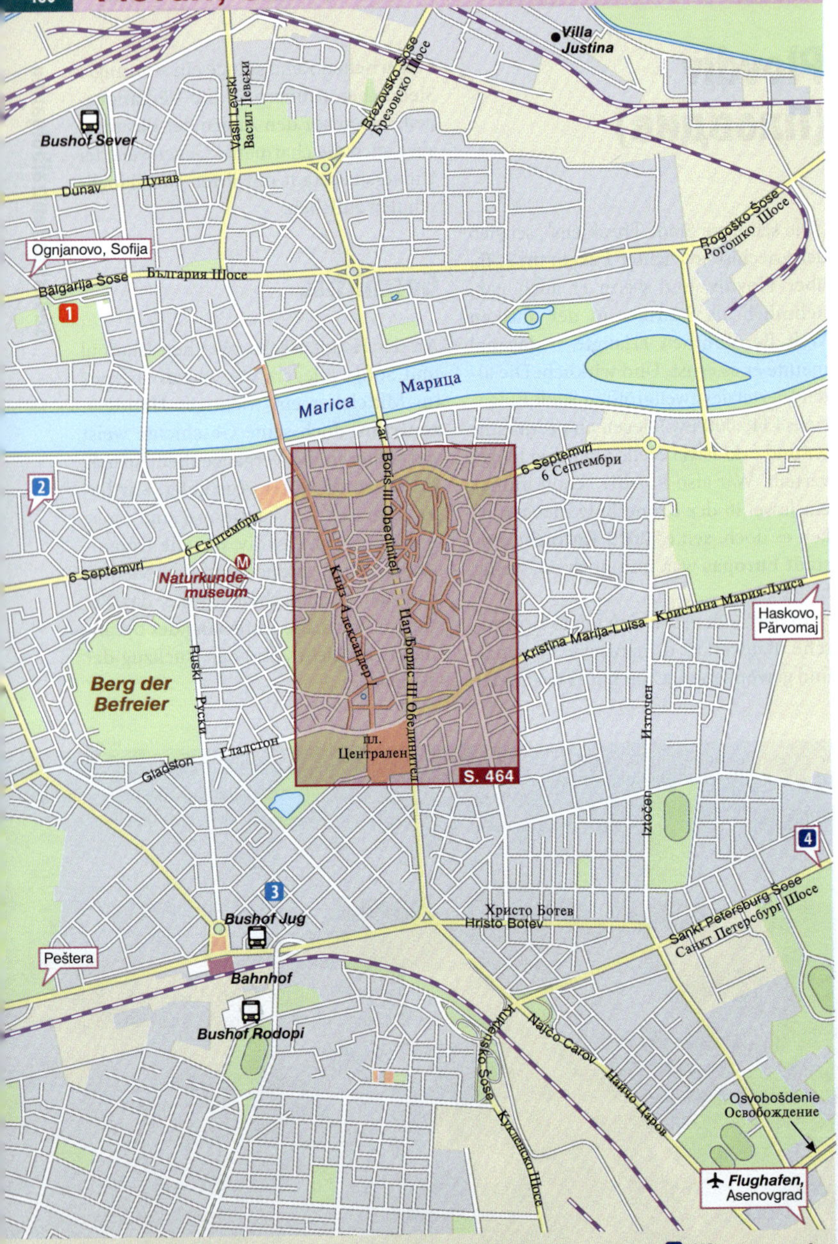

Übernachtung
1 Hotel St. Petersburg

Essen und Trinken
2 Le Petit Paris
3 Megdana

Wassersport
4 Aqualand

Frühzeit

Auf eine Epoche vor **8000 Jahren** verweisen die Artefakte aus der Jungsteinzeit. Im 1. Jt. v. Chr. nutzten die **Thraker** den natürlichen Schutz der drei Hügel am Ufer der Marica für eine Ansiedlung. Sie erhielt den Namen Eumolpias. 342 eroberte **Philip II. von Makedonien,** Vater von *Alexander dem Großen,* ganz Thrakien, Plovdiv wurde umbenannt und hieß nun Philippopolis.

Rom

Noch einmal geriet Plovdiv als Pulpudeva in thrakische Hände, dann aber kamen im 1. Jh. die **Römer** und eroberten die Stadt: Thrimonzium („Stadt der drei Hügel"). *Marcus Aurelius* übte sich in Festungsbaukunst rund um die Eroberung, doch im Zentrum lebte es sich römisch-leicht, und man genoss die Privilegien am Hauptverwaltungssitz der Provinz Thrakien. Theater, Spiele und das Recht, Münzen zu prägen, zogen die Elite an und sorgten für großen Reichtum.

Mit dem Zerfall des Römischen Reiches gelangte Thrimonzium im Jahr 395 zu **Byzanz.** 447 kamen die **Hunnen** und zerstörten die Stadt.

Bulgarisches Reich

Erst im 6. Jh. siedelten sich wieder Menschen an, **Slawen,** die den Ort nun Pulden und schließlich Plundiv nannten. 815 fiel er in die Hände von Han *Krum* und war das erste Mal dem bulgarischen Reich zugehörig. Mehrfach jedoch kam es wieder zu Byzanz und wurde zurückerobert. **Kreuzfahrer** auf ihren Kriegszügen nach Mekka schauten auch immer wieder vorbei und ließen nur Trümmer zurück.

Türkische Herrschaft

Ruhe kehrte erst mit der **osmanischen Eroberung** 1364 ein. Als Hauptstadt Rumeliens hieß es nun Filibe, und der türkische Reisende *Evlya Chelebi* konnte 1651 vermelden: „Filibe ist die größte Stadt im europäischen Teil des Reiches und wird jeden Tag wohlhabender."

Renaissance

Das Erstarken der **Widerstandsbewegung** in Bulgarien sorgte ab Mitte des 19. Jh. auch in Plovdiv für Unruhe. *Vasil Levski* initiierte 1855 das Revolutionäre Komitee der Stadt, und zwei Jahre darauf gründete *Christo Danov* den ersten bulgarischsprachigen Verlag. Am 19. Januar 1878 war Plodiv vom Türkischen Joch befreit. Der Berliner Kongress im selben Jahr sorgte jedoch dafür, dass Plovdiv nicht in die Grenzen des nun geschaffenen Bulgarien fiel, sondern Hauptstadt der autonomen Region **Ostrumelien** wurde. Doch am 6. September 1885 war es dann so weit: Bulgarien war endgültig vereint.

Sehenswertes

Die drei **Hügel der Altstadt,** Nebet, Džambas und Taksim, liegen mitten im Zentrum, umgeben von den modernen

Vierteln nördlich des Ufers der Marica und von den Neubauvierteln südlich des Bahnhofs. Die Einfahrt in die Altstadt erfolgt von der südlichen Seite des Tunnels, indem man vor dem Tunnel rechts abbiegt und die erste Straße links nimmt; man befindet sich nun in der Ul. Săborna.

Eine **Parkmöglichkeit** besteht im Parkhaus am Zentralplatz Ploštad Centralen beim Römischen Forum nördlich des Bahnhofs.

Um alles Sehenswerte anzuschauen, werden **mindestens drei Übernachtungen** benötigt. Keinesfalls versäumen sollte man den Besuch des lebendigen **Studenten-, Künstler und Ausgehviertels Kapana.**

Südlich der Altstadt

Platz Centralen/Forum

Den **großräumigen Platz** (Ploštad/Площад Централен) umrahmt moderne Architektur, darunter Hotel, Konzertsaal und Hauptpost. Einige Kioske und Stände verkaufen Souvenirs, Bücher und Erfrischungen. Das **Römische Forum** südlich und östlich der Post und unterhalb des Platzniveaus zeigt sich blankgeputzt mit Säulen und Fundamenten; von den Aussichtstellen lassen sich Cardo und Decumanus gut erkennen.

Schuhwahl

Wegen des wirklich **holprigen Kopfsteinpflasters** in der Altstadt sollte man in **Sneakers** schlüpfen und so verstauchte Gelenke vermeiden.

Park Car Simeon

Westlich des Platzes breitet sich der grüne Park Car Simeon Gradina (Цар Симеон Градина) aus, 1892 vom Schweizer Gartenarchitekten *Lucien Chevalas* entworfen. Hohe Bäume spenden Schatten, Blumenbeete steuern die Farbe bei und Fontänen sprudeln. Auf Parkbänken träumen Verliebte von der Zukunft und alte Menschen von der Vergangenheit, an den Ufern des Sees im Südwesten bräunen die Schönen, Kindern tollen auf den Spielplätzen herum – ein perfekter Ort für eine Rast.

Platz Stefan Stambolov

Am belebten Pl. Stefan Stambolov (Пл. Стефан Стамболов) steht das **Denkmal** für ebendiesen (als Bronzegesicht an einer Stele). *Stambolov* war 1887 bis 1894 Premierminister des Landes. Das neobarocke Gebäude in lichtem Grün im Hintergrund ist das 1914 fertiggestellte **Rathaus** (Obština/Община).

Vom Hauptplatz führt die **Ul. Knjaz Aleksandăr Batenberg** (Ул. Княз Александър Батенберг) als Fußgängerzone in die Altstadt zwischen und auf den drei Hügeln. In den Cafés sitzen die Menschen und schauen dem bunten Treiben der Studenten und Straßenmusikanten zu. Die Fußgängerzone ist die **Haupteinkaufsstraße** der Stadt mit zahlreichen Boutiquen, die den letzten Schrei aus den europäischen Modemetropolen und China in ihren Auslagen drapieren.

350bu sk

Odeon

Vom Platz führt die Ul. General Gurko (Ул. Генерал Гурко) nach wenigen Schritten zum römischen Odeon – einst das **mit einem Dach versehene Theater** der römischen Stadt aus dem 4. Jh. mit 350 Sitzplätzen. Heute finden hier immer wieder Konzerte statt.

- **Odeon** (Одеон), frei zugänglich.

Katholische Kirche

Weiter im Osten und jenseits des Bul. Car Boris III. (Бул. Цар Борис III) sieht man linker Hand die katholische Kathedrale **St. Ludwig** (Katoličeski Hram Sv. Ludvig/Католически Храм Св. Лудвиг) mit ihrem barock geschwungenen Schaugiebel.

Bischofsbasilika

Der Fassade der katholischen Kirche gegenüber stand im beginnenden 4. Jh. – als eines der ersten Gotteshäuser im Römischen Reich (das gerade den christlichen Glauben legalisiert hatte) – die Bischofsbasilika in **beeindruckender Größe** auf einer Fläche von 30 auf 90 m. Die erhaltenen **Mosaike** sind im Museums-

Plovdiv, Zentrum

0 100 m ©Reise Know-How Bulga40 4/24

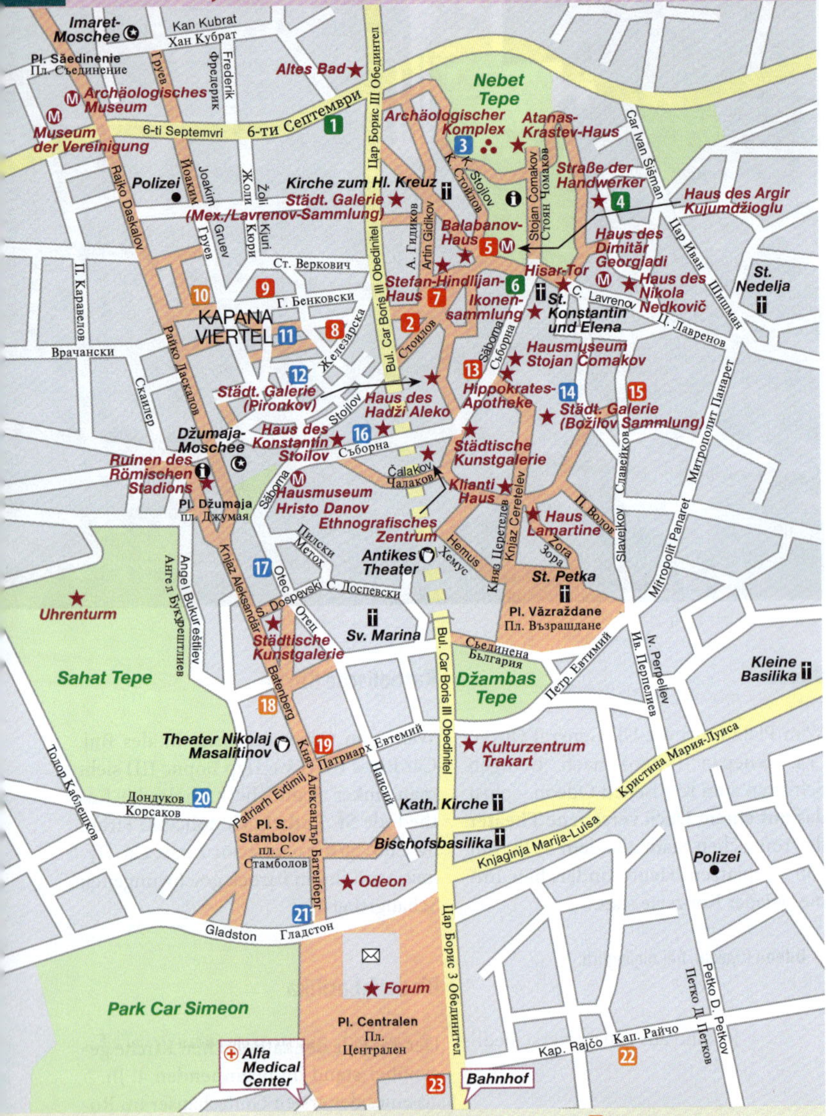

Übernachtung
- 2 Evmolpia
- 5 Boutique Hostel Old Plovdiv
- 7 Hebros
- 8 Boutique Guesthouse Cocó
- 9 Old Plovdiv House
- 13 Hiker's Hostel
- 15 Belle Ville
- 19 Stay Hotel
- 23 Ramada Trimontium Princess

Essen und Trinken
- 3 Rahat Tepe
- 11 Tams House
- 12 Aylyakria
- 14 Alafrangite
- 16 Filipopolis
- 17 Smokini
- 20 Dajana
- 21 Afreddo Gelateria

Nachtleben
- 10 Art Club Nylon
- 18 Teatra
- 22 Pasha

Einkaufen/Sonstiges
- 1 Bike Rent
- 4 Straße der Handwerker
- 6 Agora

gebäude konserviert: 2000 m² Bildfläche aus dem 4.–6. Jh. mit über 100 Vogel-Medaillons. Da es zwei Mosaiklagen gab, schuf man einen Überbau für die obere Lage, die untere ist in situ zu sehen. Für die erst 1982 entdeckten Fundamente ist Welterbestatus beantragt.

■ **Episkopskata Bazilika** (Епископската Базилика), Bul. Knjaginja Marija Luiza (Бул. Княгиня Мария Луиза) 3, www.plovdivmosaics.org, geöffnet tgl. 9–17 Uhr, Eintritt 12 Lv, mit kleiner Basilika 15 Lv.

Trakart-Mosaike

100 m nördlich kann man im **Kulturzentrum Tarkart** weitere (wenn auch nicht so perfekt erhaltene) Mosaike bewundern und sich zudem über Glaskunst der Antike und die protothrakische Zeit informieren.

■ **Kulturen Centăr Trakart** (Кулурен Център Тракарт), Bul. Car Boris III. (Бул. Цар Борис III) 89, www.trakart.org, geöffnet tgl. 9–19, Winter 10–18 Uhr, Eintritt 8 Lv.

Kleine Basilika

500 m östlich der katholischen Kirche steht die Basilika mit einer Grundfläche von 13 auf 20 m. Ihre **Mosaike** aus dem 5. und 6. Jh. sind aus ganz unterschiedlichen Materialien: Marmor, Glas, Kiesel und Keramik. Sie zeigen vor allem geometrische Muster, die in jener Zeit für große Flächen bevorzugt wurden.

■ **Malka Bazilika** (Малка Базилика), Bul. Knjaginja Marija Luiza (Бул. Княгиня Мария Луиза) 31A, Tel. 0876-662882, geöffnet tgl. 9–18 Uhr, Eintritt 12 Lv, mit Bischofsbasilika 15 Lv.

Theater Nikolaj Masalitinov

Zurück am Pl. Stambolov und nach Norden gegangen, steht linker Hand das **Dramatičen Teatăr Nikolaj Masalitinov** (Драматичен Театър Николай Масалитинов), 1901 vom böhmischen Architekten *Josef Schnitter* geplant und 1935 renoviert.

Kirche Sv. Marina

Zwei Straßen weiter führt ein Abstecher nach rechts in die Ul. Stanislav Dospevski (Ул. Станислав Доспевски) und die Ul. Otec Paisij (Ул. Отец Паисий) wieder rechts hinauf zur Kirche Sv. Marina. Im Jahr 1836 erbaut, ist sie von drei Seiten mit einer bemalten Galerie umgeben, geschmückt wird sie von einem

Museumseintritt

Der Besuch der insgesamt elf städtischen Museen und Ausstellungen kostet jeweils 6 Lv Eintritt. Für 19 Lv gibt es ein **Kombiticket** für fünf Museen zur freien Auswahl (inkl. 3D-Film des römischen Stadions). Die Basiliken fallen allerdings nicht darunter. Eine **Führung** zu fünf Sehenswürdigkeiten (über die Touristeninformation zu buchen) kostet 100 Lv (zuzüglich Eintritt), die Fotogenehmigung für Amateure 6 Lv pro Sehenswürdigkeit. Das Kombiticket für die Ausstellungen der Städtischen Galerie ist für 8 Lv zu haben. Die Kombitickets sind in den Museen und Galerien erhältlich.

351bu sk

17 m hohen, sechsetagigen hölzernen Glockenturm, der allerdings erst nach der Befreiung vom Türkischen Joch angefügt wurde. Man sollte unbedingt hineingehen, die **Ikonostase** im würdigen Halbdunkel ist ein Meisterwerk aus den Jahren 1821–1825. Ausgeführt wurde sie von *Zahari Zograf, Stanislav Dospevski, Dimităr Stanišev* und *Nikola Odrinčanin*. Die Fresken stammen aus dem Jahr 1932.

■ **Hram Sveta Marina** (Храм Света Марина), Ul. Doktor Georgi Vălkovič (Ул. Доктор Георги Вълкович) 7, geöffnet tgl. 7.30–18 Uhr, Eintritt frei.

Westlich der Altstadt

Sonderausstellungen der Städtischen Kunstgalerie

Wieder zurück am der Ul. Knjaz Aleksandăr Batenberg, zeigt im südöstlichen Eckgebäude die Galerie **temporäre Ausstellungen** der städtischen Sammlungen, die aus insgesamt sieben über die Stadt verteilten Ausstellungen besteht.

■ **Vremenna Ekspozicija** (Временна Експозиция), Ul. Knjaz Aleksandăr Batenberg (Ул. Княз Александър Батенберг) 15, Tel. 032-624221, geöffnet Mo–Fr 9–17.30, Sa/So 10–17.30 Uhr, Eintritt je nach Ausstellung.

Džumaja-Moschee

Die nächste Station ist der **Džumaja-Platz,** benannt nach der Moschee in dessen Mitte, eine der größten, die die Türken in Bulgarien jemals errichtet haben. Sie entstand wohl im 15. Jh. (andere sagen, während der Herrschaft von *Murad II.* im 14. Jh.) unter Verwendung von Naturstein und Ziegeln im harmonischen Wechsel. Sie ist eines der wenigen erhaltenen muslimischen Bethäuser von einst 50 in der Stadt. Bleikuppeln ducken sich unter das zierliche Minarett, der große Saal ist komplett mit Teppichen bedeckt, in seiner Mitte steht ein Springbrunnen.

■ **Džumaja Džamija** (Джумая Джамия), ein Besuch außerhalb der Gebetszeiten ist möglich (5–23.30 Uhr), Schuhe vor Betreten ausziehen.

Ruinen des Römischen Stadions

Am südwestlichen Ende des Platzes, unterhalb des Straßenniveaus, ist ein Teil des Stadions freigelegt, das unter *Marc Aurel* um 170 n. Chr. entstand. Einst war das Stadion 190 m lang und 30 m breit, in ihm saßen 30.000 Zuschauer. Nur ein Bruchteil ist heute zu sehen, der Rest ist überbaut. Wer die ursprüngliche Größe ermessen will, kann an der 3D-Projektion in der unterirdischen Halle am Platz teilhaben.

■ **Ceni za Kinoprozhecki na Rimski Stadion** (Цени за Кинопрожецки на Римски Стадион), www.ancient-stadium-plovdiv.eu, etwa 10 mal tgl. Vorführung 9.30–18 (Winter 9–17.30) Uhr, Eintritt 6 Lv oder Kombiticket.

352bu sk

[>] Sitzreihen des Römischen Stadions

[<] Die Džumaja-Moschee gehört zu den größten des Landes

Sahat Tepe/Uhrenturm

Ein Abstecher führt vom Platz nach Südwesten zu den Hügeln von Sahat Tepe über eine große Freitreppe hinauf und in

5 Min. zum **Turm Časovnikova Kula** (Часовникова Кула) mit einem steinernen Korpus und einem eleganten Holztürmchen obenauf. Er wurde von den Türken zu Beginn des 17. Jh. gebaut und steht auf dem niedrigeren der beiden Hügel.

In der Altstadt

Hausmuseum Hristo Danov

Nun hält man sich östlich und folgt der Ul. Săborna (Ул. Съборна) in die Gassenwelt der Altstadt. Als erstes Gebäude steht rechter Hand das Danov-Haus, heute das **Museum zum Buchverlagswesen in Bulgarien.** Mitte des 19. Jh. gebaut, ist es ein erstes herrliches Beispiel für die Wiedergeburtsarchitektur.

Städtische Galerien

In **sieben Ausstellungen** zeigt die Städtische Galerie ihren Fundus. Neben der **Temporären Ausstellung** und der **Ständigen Ausstellung** und der **Ikonensammlung** (→ S. 470) sind dies die Sammlung zu **Canko Lavrenov** (1896–1978) mit seinen vom Symbolismus beeinflussten Werken und die Ausstellung **Mexikanischer Grafiken** – beide in der Ul. Artin Gidikov (Ул. Артин Гидиков) 11. Die sechste Sammlung besteht aus 45 impressionistischen Werken von **Enčo Pironkov** (*1932) in der Ul. Vasil Kunčev (Ул. Васил Кунчев) 1. Die siebte Ausstellung widmet sich in der Ul. Knjaz Ceretelev (Ул. Княз Церетелев) 1 rein dem Künstler **Georgi Božilov** (1935–2001), einem Sohn der Stadt Plovdiv. Der Eintritt beträgt jeweils 6 Lv, https://galleryplovdiv.com.

■ **Kăšta-Muzej Hristo Danov** (Къща-Музей Христо Данов), Ul. Mitropolit Paisij (Ул. Митрополит Паисий) 1, Tel. 032-629405, https://rimplovdiv.wordpress.com, geöffnet Mo–Sa 9.30–18 Uhr, Eintritt 4 Lv.

Haus des Konstantin Stoilov

Als zweites Gebäude fällt die **Kăšta Konstantin Stoilov** (Къща Константин Стоилов) ins Auge (Ul. Săborna 21); das 1850 entstandene Haus duckt sich zwischen die Nachbarbebauung. Man kann aber nicht mehr als die Fassade des einstöckigen Häuschens bewundern.

Haus des Hadži Aleko/ Philippopolis-Galerie

Die nächste Station darf man betreten. Das Haus des Hadži *Aleko* wurde 1865 errichtet und ist eines der ältesten Vertreter des Wiedergeburtsstiles in der Stadt. Heute arbeitet in ihm die **Kunstgalerie Philippolis**, die Werke zeitgenössischer Maler ausstellt.

In der ersten Etage ist ein **Museum** mit Gemälden und Möbeln untergebracht. Beachtenswert ist der ovale Salon mit einer schönen Holzdecke.

Auf der Terrasse hinter dem Haus kann man im Café eine Rast einlegen.

■ **Kăšta Hadži Aleko** (Къща Хаджи Алеко), Ul. Săborna (Ул. Съборна) 29, Tel. 032-624851, www.philippopolis.com, geöffnet 10–18/19 Uhr, Eintritt Galerie frei, Museum 6 Lv.

☒ Souvenir aus Plovdivs Straße der Handwerker

Ethnografisches Zentrum

An der Ecke zur Ul. Čalakov (Ул. Чалъков) verkauft das privatwirtschaftliche Zentrum **Kunsthandwerk** und serviert im Innenhof Essen und Erfrischungen.

■ **Etnografski Centăr Văzraždane** (Етнографски Център Възраждане), Ul. Stojan Čalăkov (Ул. Стоян Чалъков) 1, Tel. 032-635339, www.vazrazdane-gallery.com, geöffnet Mo–Fr 10–18.30, Sa 11–17.30 Uhr.

Städtische Kunstgalerie

Die Galerie – über eine Treppe erreichbar – zeigt ihre ständige Ausstellung in einer ehemaligen Schule aus dem auslaufenden 19. Jh., vom Architekten *Josef Schnitter* im Neoklassizismus geplant. Die Sammlung umfasst **moderne** und **zeitgenössische Malerei.**

■ **Hudožestvena Galerija** (Художествена Галерия), Ul. Săborna (Ул. Съборна) 14A, www.galleryplovdiv.com, geöffnet Mo-Fr 9–17.30, Sa 10–17.30 Uhr, Eintritt 6 Lv.

Hippokrates-Apotheke

An der Ecke zur Ul. Knjaz Certelev steht die Apotheke. Ein Blick hinein lässt das 19. Jh. auferstehen, die Inneneinrichtung ist noch im Original erhalten.

■ **Hipocrati Apteka** (Хипоцрати Аптека), Ul. Săborna (Ул. Съборна)/Ul. Knjaz Ceretelev (Ул. Княз Церетелев), geöffnet tgl. 9–18, Winter bis 17.30 Uhr, Eintritt 5 Lv oder Kombiticket.

Hausmuseum Stojan Čomakov/ Zlatju Bojadžiev

Nach wenigen Schritten erreicht man dieses Museum, auch „Haus des Zlatju Bojadžiev" genannt. Mehrere Hundert Werke des in Plovdiv geborenen **Malers** (1903–1976) sind ausgestellt, viele haben das Leben einfacher Menschen aus den ländlichen Gebieten zum Thema.

■ **Kăšta Stojan Čomakov** (Къща Стоян Чомаков), Ul. Săborna (Ул. Съборна) 18, Tel. 032-621040, geöffnet tgl. 9–18, Winter bis 17.30 Uhr, Eintritt 6 Lv oder Kombiticket.

353bu sk

Kirche St. Konstantin und Elena

Auf der gleichen Straßenseite folgt die Kirche Sv. Konstantin i Elena (Св. Константин и Елена), ein Schmuckstück der bulgarischen Renaissance. Schon von außen zeigt sich die Kirche mit ihre Fresken und dem Gärtchen als **Meisterwerk.** Sie wurde 1832 an der Stelle eines Vorgängerbaus fertiggestellt, am Inneren arbeitete *Zahari Zograf* mit.

Die drei Schiffe werden von einer Doppelreihe Holzsäulen getragen, die reiches Schnitzwerk zeigen. Die Ikonostase ist polychrom ausgeführt, die Wände tragen wunderschöne Fresken, beachtenswert insbesondere die Arche Noah links vom Eingang.

355bu sk

Ikonenausstellung

Die **Ikonensammlung** der Städtischen Galerien in einem Nebengebäude der Kirche zeigt die schönsten Gemälde des Fundus vom 15. bis zum 19. Jh.

■ **Sbirka Ikoni** (Сбирка Икони), Ul. Săborna (Ул. Съборна) 22, geöffnet Mo–Fr 9–17.30, Sa 10–17.30 Uhr, Eintritt 6 Lv.

Weitere Orientierung

Von der Kreuzung vor der Kirche geht es nach links und Westen zu mehreren Wiedergeburtshäusern, geradeaus zum Archäologischen Komplex und dem Ethnografischen Museum auf dem Nebet Tepe, der Zitadelle, und nach rechts und Osten zu weiteren Gebäuden der Renaissance, Kirchen und dem **Hisar-Tor,** Teil der Befestigung der Zitadelle, das man im 16. Jh. rekonstruiert hat.

Balabanov-Haus

Geht man nun links in die Ul. Canko Lavrenov (Ул. Цанко Лавренов), stößt man direkt auf das Balabanov-Haus, das zu Beginn des 19. Jh. für einen **Bankier** errichtet wurde. Zur Straße zeigt es sich mit einem weit ausladenden Erker, zur Hofseite hin mit einem Garten. Das Haus wird als Ausstellungsort für zeitge-

[>] Im Atanas-Krastev-Haus

[<] In der Ikonenausstellung

nössische **Kunst** genutzt, und in der ersten Etage sind **Möbel** unterschiedlicher Stilepochen zu sehen. Man erhält einen guten Eindruck vom großbürgerlichen Leben vor 200 Jahren.

■ **Balabanova Kăšta** (Балабанова Къща), Ul. Stamat Matanov (Ул. Стамат Матанов) 51, Tel. 032-627082, geöffnet tgl. 9–18, Winter bis 17.30 Uhr, Eintritt 6 Lv oder Kombiticket.

Stefan-Hindlijan-Haus

Der Garten des Balabanov-Hauses schließt an den des Stefan-Hindlijan-Hauses an. Von der Straßenseite hinter hohen Mauern verborgen, zeigt sich das für einen **armenischen Händler** gebaute Haus in lichtem Blau mit weißer Stuckatur zur Hofseite hin. Im Inneren sind fein gearbeitete Holzschnitzereien und zahlreiche Wandgemälde zu sehen, die Landschaften und Ornamente zum Thema haben.

■ **Kăšta Stefan Hindlijan** (Къща Стефан Хиндлиян), Ul. Artin Gidikov (Ул. Артин Гидиков) 4, geöffnet tgl. 9–18, Winter bis 17.30 Uhr, Eintritt 6 Lv oder Kombiticket.

Atanas-Krastev-Haus

Geht man hinter dem Balanov-Haus weiter nach Norden in das Sträßlein, stößt man auf das Haus, das sich dem Leben und Werk des Stadtarchitekten *Atanas Krastev* widmet, der „Nacho Kulturata“ genannt wurde. Ihm ist es zu danken, dass Plovdivs Altstadt so gut erhalten ist. Im Gebäude sieht man ein herrliches Beispiel des Wohnstils des 19. und 20. Jh. Im Hof ist die „Red Pony Galerie“ die einzige **Freiluftausstellung** für Gemälde in Plovdiv (April bis Nov.).

■ **Kăšta Atanas Krastev** (Къща Атанас Крастев), Ul. Čomakov (Ул. Чомаков) 5A, Tel. 032-625 792, tgl. 10–19 Uhr, Eintritt 6 Lv.

Kirche zum Heiligen Kreuz

Geht man die Ul. Artin Gidikov (Ул. Артин Гидиков) weiter nach Norden, gelangt man an der nächsten Kreuzung zur Kirche Sv. Kevork (Св. Кеворк), ein **armenisches Gotteshaus** mit drei Schiffen auf Steinsäulen und einer geschnitzten Ikonostase. Die armenische Gemeinde

355bu sk

war im 19. Jh. recht klein, mit dem Genozid der Türken an den Armeniern 1915 wuchs sie aber durch die armenische Fluchtbewegung sehr an.

Haus des Argir Kujumdžioglu/ Ethnografisches Museum

Zurück an der Kreuzung bei der Kirche Sv. Konstantin i Elena geht man in das **Ethnografische Museum** im grün gestrichenen Haus des *Argir Kujumdžioglu*. Die prächtige Villa entstand 1847 für einen Kaufmann, der **schönste Palast** der Stadt aus der **Wiedergeburtszeit.** Die Hauptfassade zur Gartenseite wurde im Stil der Zeit symmetrisch komponiert, mit zwei Flügeln und einem zentralen Portikus mit vier Säulen und einem elegant geschwungenen Dach. Die Straßenseite zur Ul. Stramna im Osten hin zeigt sich dagegen nicht in aller Pracht, eher gedeckt und unregelmäßig.

Die Räumlichkeiten, welche der Hauptfassade in nichts nachstehen, vermitteln den **aufwendigen Lebensstil** des bulgarischen Großbürgertums in Empfangssälen und Wohnräumen. Besonders beeindruckend ist der zentrale **Saal** in der ersten Etage mit seiner holzgeschnitzten Decke, die die thrakische Sonne wiedergibt. Um ihn herum sind die Zimmer symmetrisch angeordnet, ausgestattet mit reicher Freskenmalerei. In den Räumen ist **Volkskunst** ausgestellt.

357bu sk

■ **Kăšta na Argir Kujumžioglu** (Къща на Аргир Куюмжиоглу), Ul. Stojan Čomakov (Ул. Стоян Чомаков) 2, Tel. 032-624261, https://ethnograph.info, geöffnet Di–So 9–18, Winter bis 17 Uhr, Eintritt 6 Lv.

Archäologischer Komplex

Der etwas großspurig „Arheologičeski Kompleks" (Археологически Комплекс) genannte **wilde, frei zugängliche Garten** auf dem Nebet Tepe, auf dem die Zitadelle stand – und davor im 2. Jh. v. Chr. die thrakische Siedlung Eumolpia – ist wegen des schönen Blicks über die Stadt einen Besuch wert.

◁ Haus des Argir Kujumdžioglu/ Ethnografisches Museum

Hisar Kapija

Das **Hisar-Tor** (Hisar Kapija/Хисар Капия) ist **eines der Wahrzeichen Plovdivs.** Das ehemalige Tor der Festungsanlage steht auf Fundamenten eines römischen Tores aus dem 2. Jh. und markiert einen der drei Eingänge zur antiken Akropolis. Im 6. Jh. wurde es verstärkt, das heutige Aussehen erhielt es im 11. Jh.

Straße der Handwerker

Geht man durch das Tor und hinunter, kommt man in die Straße der Handwerker (Ul. na Zanjatite/Ул. на Занятите). In der Ul. Stamna (Ул. Стамна) haben sich in vielen kleinen Studios **Kunsthandwerker und Handwerker** niedergelassen. Hier wird geschneidert und gebatikt, geschreinert und gemalt – die Frauen und Männer empfangen hier begeistert die Kunden und erklären ihre Arbeit.

Haus des Dimităr Georgiadi/ Renaissance-Museum

Nun geht man wieder zum Tor zurück, auf der Ul. Canko Lavrenov (Ул. Цанко Лавренов) nach Osten hinein und stößt unmittelbar auf das rotbraune Haus des *Dimităr Georgiadi,* in dem sich das **Museum der Nationalen Wiedergeburt** findet. Auch dieses Gebäude von 1848 ist symmetrisch entworfen. Man betritt es durch seinen konvexen Eingangsbereich. Anhand von Dokumenten wird der Befreiungskampf vom 17. Jh. bis zum Beginn des 20. Jh. dargestellt.

■ **Kăšta na Georgiadi** (Къща на Георгиади), Ul. Canko Lavrenov (Ул. Цанко Лавренов) 1, Tel. 032-623378, www.historymuseumplovdiv.org, geöffnet Mo–Fr 9–18 Uhr, Sa/So 9–17 Uhr, Eintritt 4 Lv.

Haus des Nikola Nedkovič

An das Georgiadi-Haus schließt das Haus des Nikola Nedkovič an. Nach der Mitte des 19. Jh. erbaut, zeigt es sich bereits in **anderem Stil,** die weichen, kurvigen Linien wurden durch gerade, klassische ersetzt. Im Inneren ist die Einrichtung des 19. Jh. zu sehen, ornamental bemalte Wände, Holzdecken und Möbel.

■ **Kăšta na Nedkovič** (Къща на Недкович), Ul. Canko Lavrenov (Ул. Цанко Лавренов) 3, geöffnet Mo–Fr 9–18 Uhr, Eintritt 6 Lv oder Kombiticket.

Kirche St. Nedelja

Die Straße weiter steht die Kirche Sv. Nedelja (Св. Неделя) mit einer schönen Ikonostase und Wandmalereien von *Dimităr Zograf, dem* Bruder *Zahari Zografs.*

Kirche St. Petka

Nun geht man, über die Ul. Petko Slavejkov nach Süden und rechts in die Ul. Zora, vorbei an der Kirche Sv. Petka (Св. Петка) von 1830, die die Einheimischen die „Alte Kirche" nennen. Ihr Glockenturm steht beiseite, der kleine Betraum zeigt Schnitzwerk.

Haus Lamartine

Am Ende der Straße steht das Haus Lamartine. Für einen griechischen Kaufmann 1830 errichtet, sah es drei Jahre später den französischen **Dichter** *Alphonse Lamartine* als Gast, der auf Orientreise war. Das Haus ist derzeit nicht zugänglich und wird zu einem Museum umgewandelt.

Haus des Klianti

Dem Lamartine-Haus schräg gegenüber, gehört das Haus des Kaufmanns *Klianti* mit seiner wertvollen Innenausstattung (Wandmalereien und bunte Decken) zu den **prächtigsten Gebäuden der Stadt.** *Klianti* hatte häufig weitgereiste Händler zu Gast, um Geschäfte anzubahnen. Dafür hatte er extra die Gästezimmer höher legen und darunter niedrige Kammern einbauen lassen. So konnte er die Gespräche seiner Konkurrenten über die Geschäftstaktik belauschen und sich entsprechend verhalten – sagen die einen; vielleicht waren die Kammern aber auch nur Lagerräume für die mitgeführten Waren.

■ **Kăšta Klianti** (Къща Клианти), Ul. Todor Samodumov (Ул. Тодор Самодумов) 3A, Tel. 032-660160, www.oldplovdiv.com, geöffnet tgl. 9–18, Winter bis 17.30 Uhr, Eintritt 6 Lv oder Kombiticket.

☒ Im Antiken Theater, wo sich einst die alten Römer vergnügten, finden heute noch regelmäßig im Sommer Veranstaltungen statt

Antikes Theater

Hinter dem Haus führt die Ul. Knjaz Ceretelev zum Antiken Theater. Es wurde im **2. Jh.** unter dem Kaiser *Marcus Aurelius* erbaut und bot auf den 28 Rängen Platz für 3000 Zuschauer. Erst 1972 wurde das Theater ausgegraben. Heute schaut man auf das dreistöckige Bühnenbauwerk und weit über die Neustadt. Regelmäßig finden im Sommer **Veranstaltungen** (Theaterstücke, Opern) statt. Am Eingang laden die Tische des Cafés Arena zu einer Pause ein.

■ **Antičen Teatăr** (Античен Театър), geöffnet tgl. 9–18, Winter bis 17 Uhr, Eintritt 5 Lv oder Kombiticket.

354bu sk

Im Norden der Altstadt

Imaret-Moschee

Nun kehrt man wieder zum Pl. Džumaja (Пл. Джумая) zurück und folgt der Ul. Rajko Daskalov (Ул. Райко Даскалов) ein ganzes Stück nach Norden fast bis zur Brücke über die Marica (Марица). Linker Hand liegen zwei Museen, rechts steht die zweite **sehenswerte Moschee** der Stadt mit ihrem zickzackgemusterten Minarett. Auch hier ist der Brunnen zentral unter der Hauptkuppel angeordnet.

■ **Imaret Džamija** (Имарет Джамия), Besuch nur außerhalb der Betzeiten (Schuhe ausziehen), Eintritt frei.

Archäologisches Museum

Schräg gegenüber ist der Besuch dieses Museums mit seinen großzügigen und modernen Glasanbauten **Pflicht.** Eine große Sammlung an byzantinischen Münzen ist zu sehen. Zum Fundus gehört auch der **Goldschatz von Panagjurište** – überaus fein gearbeitete Schalen in Form von Tieren oder reich mit Reliefs verziert. Er wiegt insgesamt 6100 g, wurde 1949 entdeckt und ist auf das 4. Jh. v. Chr. datiert. Weitere Exponate: Statuen, Mosaike sowie Lampen aus römischer und byzantinischer Zeit.

■ **Arheologičeski Muzej** (Археологически Музей), Pl. Săedinenie (Пл. Съединение) 1, Tel. 032-

624339, www.archaeologicalmuseumplovdiv.org, geöffnet Di–So 10–18, Winter Di–Sa 9.30–17 Uhr, Eintritt 6 Lv.

Museum der Vereinigung von Rumelien mit Bulgarien

Das Museum erinnert im ehemaligen Parlamentsgebäude (1885) von Ost-Rumelien mit Fotos, Uniformen, Waffen und Fahnen an die Vereinigung Ostrumeliens mit Bulgarien im Jahre 1885.

■ **Muzej na Săedinenieto na Knjažestvo Bălgarija i Iztočna Rumelija** (Музей на Съединението на Княжество България и Източна Румелия), Pl. Săedinenie (Пл. Съединение) 1, Tel. 032-629409, www.historymuseumplovdiv.org, geöffnet Mo–Sa 9.30–17 Uhr, Eintritt 4 Lv.

Villa Justina

■ **Ustina** – nordöstlich von Plovdiv, Tel. 0882-626668, www.villayustina.com.

■ **Weinregion Thrakia-Tal,** Rebfläche 40 ha, Kellermeister *Vassil Stojanov* und *Kostadinka Rahova.*

■ **Rote Rebsorten:** Merlot, Mavrud, Cabernet Franc, Pinot Noir, Rubin, Cab. Sauvignon, Syrah.

■ **Weiße Rebsorten:** Chardonnay, Semillon, Sauvignon Blanc, Aligote, Gewürztraminer.

■ **Herausragende Weine:** Special Reserve Villa Justina Cuvée rot, Monogramm Chardonnay, Monogramm Mavrud & Rubin.

■ **Touristisches Angebot:** Führung und Weinverkostung nach Voranmeldung tgl. 10–16 Uhr, Führung, Käse, Wurst, Brot und 3 Weine 17 Lv, mit 5 Weinen 22 Lv, mit 4 Premium-Weinen 45 Lv; auch Restaurant und Unterkunft in 10 luxuriösen Zimmern.

Altes Bad

Folgt man dem Bul. 6-ti Septemvri (Бул. 6-ти Септември) nach Osten, gelangt man am Pl. Hebros (Пл. Хеброс) unterhalb des Nebet Tepe zu den **ehemaligen Türkischen Bädern.** Heute werden sie für temporäre Ausstellungen genutzt. Beim Gang durch die alten Gemäuer erschließt sich den Besuchern die Anlage eines typischen türkischen Bades aus vergangenen Zeiten.

■ **Banja Starinja** (Баня Стариня), Ul. Četvarti Januari (Ул. Четварти Януари), www.arttoday.org, bei Drucklegung wg. Renovierung geschlossen.

Naturkundemuseum

Geht man den Bul. 6-ti Septemvri (Бул. 6-ти Септември) nach Westen, gelangt man am westlichen Rand des Donukov Parks (Dondukova Gradina/ Дондукова Градина) zum Naturkundemuseum. Es bietet quasi einen „Rundumschlag“ über alle Bereiche dieses Wissensgebietes, von Mineralien über Versteinerungen, Säugetiere, Vögel, Reptilien, Schmetterlinge und Meeresgetier. Dazu gibts ein Planetarium.

■ **Prirodonaucen Muzej** (Природонаучен Музей), Ul. Hristo G. Danov (Ул. Христо Г. Данов) 34, www.rnhm.org, geöffnet Mo–Fr 8.30–17, Sa/So 9–17 Uhr, Eintritt 8 Lv, Tropenhalle zusätzlich 5 Lv, Planetarium in 2-D 10 Lv, in 3-D 11 Lv.

Kapana-Viertel

Für den **Rückweg in die Stadt** wählt man die Gassen des Kapana-Viertels. Ein Lokal steht neben dem nächsten, Klubs, Lounges und Bars haben Tische auf die Straße gestellt, dazwischen gibt es Galerien und Läden. In den verwinkelten Straßen ist eigentlich **immer viel Betrieb,** aber am Abend scheint sich halb Plovdiv hier zu treffen.

Praktische Tipps

Information

- **TIC Römisches Stadion,** Ul. Rajkov Daskalov (Ул. Райков Даскалов) 1, Tel. 032-620229, geöffnet tgl. 9–19, Winter bis 18 Uhr.
- **TIC Altstadt,** Ul. Dr. Stojan Čomakov (Ул. Др. Стоян Чомаков) 1, geöffnet tgl. 9–18, Winter bis 17.30 Uhr.
- **Stadtführungen:** Deutschsprachige Führungen mit *Albena Borisova,* Tel. 0886-614475 oder 032-692843, albena_dob@abv.bg.
- **www.visitplovdiv.com**

Unterkunft

Altstadt

7 **Hebros**③, Ul. Stojlov (Ул. Стойлов) 51, Tel. 032-260180, www.hebros-hotel.com. Zehn Zimmer in einem Haus aus der Wiedergeburtszeit in der Altstadt, elegante Atmosphäre, gutes Restaurant mit internationaler Küche.

UNSER TIPP: 2 **Evmolpia**③, Ul. Pernik (Ул. Перник) 4, Tel. 032-957795, www.hotelevmolpia.com. Schönes, sehr gut zwischen Altstadt und dem Kapana-Viertel, dennoch ruhig gelegenes Boutique-Hotel mit neun Zimmern und eleganter, an den Beginn des 20. Jh. erinnernder Einrichtung.

13 **Hiker's Hostel**①, Ul. Săborna (Ул. Съборна) 53, Tel. 0896-764854, www.facebook.com/hikers.hostel. Sehr angenehmes Hostel mit Garten und ausgezeichneten Tipps für die Stadt.

5 **Boutique Hostel Old Plovdiv**②, Ul. Četvarti Januari (Ул. Четварти Януари) 3, Tel. 032-260925, www.hosteloldplovdiv.com, DZ mit Gemeinschaftsbad, Schlafsaal. Toll eingerichtetes Hostel mit sympathischem Personal mitten in der Altstadt, Innenhof, Parkplatz.

Unterkunft Kapana-Viertel

8 **Boutique Guesthouse Cocó**④, Ul. Hristo Djukmedžiev (Ул. Христо Дюкмеджиев) 32, Tel. 0878-801883, www.coco-plovdiv.com. Inmitten des Ausgehviertels schläft man ausgesprochen luxuriös und vergleichsweise teuer in einem der acht Zimmer.

9 **Old Plovdiv House**①, Ul. Georgi Benkovski (Ул. Георги Бенковски) 15, Tel. 032-629032, www.oldplovdivbg.com. Neun Apartments mit Balkon und Küche für urbane Reisende; Fitnesscenter und Restaurant.

Unterkunft Neustadt

23 **Ramada Trimontium Princess**④, Ul. Kapitan Rajčo (Ул. Капитан Райчо) 2, Tel. 032-605000, www.wyndhamhotels.com. Flaggschiff der Hotellerie von Plovdiv am Zentralplatz mit 125 Zimmern, zwei Restaurants, Sauna, Fitnesseinrichtungen und einem Kasino mit Nachtklub.

19 **Stay Hotel**③, Ul. Patriarh Evtimij (Ул. Патриарх Евтимий) 13, Tel. 032-633599, www.thestayhotelplovdiv.com. Von außen mit einer Beton-/Glasfassade wenig einladend, zeigt sich das Haus innen mit Marmor und Holz elegant. Zentral gelegenes Businesshotel mit entsprechendem Komfort.

15 **Belle Ville**②-③, Ul. Slavejkov (Ул. Славейков) 24–26, Tel. 032-623931. Haus am östlichen Rand der Altstadt mit acht komfortablen, mit Stilmöbeln eingerichteten Zimmern.

Übersichtskarte Plodiv S. 460

1 **Sankt Petersburg**③, Bul. Bălgarija (Бул. България) 97, Tel. 032-904255, www.sphotel.net. Hochhaus etwas außerhalb des Zentrums im Nordwesten, saniertes Hotel mit über 200 Zimmern. Ein beliebter Aquapark ist angeschlossen.

Essen und Trinken

UNSER TIPP **11** **Tams House,** Ul. Zagreb (Ул. Загреб) 4, Карана-Viertel, Tel. 0887-242727, www.facebook.com/TamssHouse, geöffnet Di–So 12–23 Uhr. Ein weiteres Highlight der jungen Wilden in der Küche, die auf Althergebrachtes pfeifen und die Zunge kitzeln wollen – entspanntes Essen unter Freunden.

UNSER TIPP **12** **Aylyakria,** Ul. Kožuharska (Ул. Кожухарска) 3, Карана-Viertel, Tel. 0899-824878, https://aylyakria.com, geöffnet Mi–Mo 12–23 Uhr. Über drei überschaubar große Etagen verteilt gibt es bulgarische Gerichte mit einem Kick und modern interpretiert – überaus zuvorkommender Service und beste Beratung beim Essen und beim Wein; Fazit: Engagierter und besser geht es nicht.

14 **Alafrangite,** Ul. Kiril Nektariev (Ул. Кирил Нектариев) 17, Altstadt, Tel. 032-269595, www.alafrangite.eu, geöffnet 10–24 Uhr. In einem Wiedergeburtshaus wird bulgarische und internationale Küche serviert, man sitzt drinnen oder im Garten, am Wochenende spielt ein Kammerorchester auf.

16 **Filipopolis,** Ul. Săborna (Ул. Съборна) 29, Altstadt, Tel. 032-624851, www.philippopolis.com, geöffnet 12–24 Uhr. Nahe der Kunstgalerie speist man gehobene Küche nationaler und internationaler Herkunft auf der Terrasse; einige Stufen führen hinunter in den eleganten, mit Holz getäfelten Gastraum.

3 **Rahat Tepe,** Nebet Tepe (Небет Тепе) 3, Altstadt (am Zugang zur Arch. Zone), Tel. 0878-450 259, www.rahattepe.com, geöffnet tgl. 10–24 Uhr. Das Bierhaus „Zum Gemütlichen Hügel" lädt ein mit luftigem, schattigen Freisitz, gutem Essen und Weitsicht auf den Nebet Tepe.

20 **Dajana,** Ul. Dondukov (Ул. Дондуков) 3, Neustadt, Tel. 032-623027, www.dayanabg.com, geöffnet ab 11 Uhr. Spezialitätenlokal mit Grillgerichten und einem großen und sehr schönen Biergarten. Die Bedienungen servieren in Tracht, und die Preise sind sehr günstig.

UNSER TIPP **17** **Smokini,** Ul. Otec Paisij (Ул. Отец Паисий) 12, Neustadt, Tel. 0999-000996, www.smokini.bg, geöffnet tgl. 11.30–23.30 Uhr. Industrie und Vintage und dazu leichte Kost aus der Region (und da gibt es eben keinen Lachs) – jung und frisch und angesagt.

Kaffee und Eis

21 **Afreddo Gelateria,** Ul. Gladston (Ул. Гладстон) 2, Neustadt, Tel. 0887-699977, geöffnet tgl. 8–22 Uhr. Viele sagen: das beste Eis der Stadt.

Dragomir Winery Estate

- **Brestnik** – 10 km südlich von Plovdiv, Tel. 0888-325830, www.dragomir.bg.
- **Weinregion Thrakia-Tal,** Rebfläche 39 ha, Kellermeister *Natalia Gadjeva* und *Konstantin Stoev*.
- **Rote Rebsorten:** Rubin, Cab. Sauvignon, Merlot, Syrah, Petit Verdot, Marselan, Cabernet Franc, Mavrud.
- **Weiße Rebsorten:** Chardonnay, Dimiat, Sauvignon Blanc.
- **Herausragende Weine:** Dragomir Reserve Cabernet Franc, Dragomir Reserve Rubin, Pitos Reserve Cuvee rot.
- **Touristisches Angebot:** Führung und Weinverkostung nach Voranmeldung werktags 9–16 Uhr, Führung, Käse, Wurst, Brot und 4 Weine 50 Lv, mit 4 Premium-Weinen 70 Lv, mit mit vier der besten Weine 120 Lv.

Übersichtskarte Plodiv S. 460

3 Megdana, Ul. Odrin (Ул. Одрин) 11, Neustadt-Tel. 032-624694, www.facebook.com/restaurantmegdana, geöffnet Mo–Sa 17–24 Uhr. In dem an einem Kanal gelegenen Lokal kommen im gemütlichen Innenhof traditionelle Gerichte auf den Tisch, im Innenraum gibt es bulgarische Tänze; man bekommt gute, verlässliche Qualität zu günstigen Preisen.

2 Le Petit Paris, Ul. Mladeška (Ул. Младежка) 28, Neustadt, Tel. 0889-666555, www.lepetitparis.bg, geöffnet 8–23 Uhr. Restaurant in französischem Bistrostil (ganz „typisch" mit Glaskasten an der Straße und einem Eiffelturm). Gute Küche v.a. mit Fleischgerichten und wunderbaren Desserts.

Nachtleben

10 Art Club Nylon, Ul. Georgi Benkovski (Ул. Георги Бенковски) 8, Tel. 0893-708116, www.facebook.com/clubnylon, geöffnet tgl. ab 18 Uhr. Blanke Holztische und Dunkelheit sorgen für das rechte existenzialistische Feeling: Kunst und Künstler, Musik und Musiker.

18 Teatra, Ul. Knjaz Aleksandăr I. (Ул. Княз Александър I) 38, Tel. 0894-698517, www.facebook.com/theater.plovdiv, geöffnet 9–23 Uhr. Schönes Diner mit Anspruch und Bar sowie Lounge mit Kaffee, Kuchen und Drinks für den entspannten Abend.

22 Pasha, Ul. Kapitan Raičo Nikolov (Ул. Капитан Раичо Николов) 52, Tel. 0887-660666, www.facebook.com/ClubPashaPlovdiv, geöffnet 23–5 Uhr. Nicht die größte Disco der Stadt, aber sicherlich die beliebteste.

Einkaufen

4 Straße der Handwerker: Der Besuch der kleinen Lädchen in der Ul. Strumna (Ул. Стръмна) unterhalb des Hisar Kapija ist Pflicht. *Spaska Geogakeva* (www.facebook.com/ascensionfelt) näht und färbt Kaschmir, Kamelhaar, Alpaka und Seide zu modischen Accessoires. *Konstantin Devedžiev* (www.new.vlashev.com) schnitzt Figuren und Gebrauchsgegenstände aus Holz. *Ivan Tonev* (ivantonex_1968@abv.bg) ist ein Künstler der Näh- und Sticknadel und verkauft traditionelle Trachten mit feinen Stickereien für Männer. Nette Souvenirs sind die Puppen in tradionellen Kostümen von *Silvia Georgieva* (www.facebook.com/beautiful.bg.dolls).

6 Agora – Center for Arts and Crafts, Ul. Săborna (Ул. Съборна) 61, Tel. 0878-451910. Keramik, Schnitzwerk, Stoffe, Taschen und Tücher – alle möglichen Souvenirs des Kunsthandwerks auf hohem Niveau.

404bg fk

> Im Kapana-Viertel

358bu sk

Veranstaltungen

■ **Orpheus' Talents:** Im März treffen sich an einem Wochenende über 5000 Kinder und Jugendliche und lassen ihre Folkloredarbietungen bewerten; www.facebook.com/orfeevitalanti.

■ **Plovdiver Sommer:** Im antiken Theater Aufführungen unterschiedlichster Art – von der Oper *(Verdi, Puccini)* und philharmonischen Konzerten über Rockkonzerte bis zum bulgarischen Ballett.

■ **Kulturcenter Trakart,** Ul. Evtimij (Ул. Евтимий), in der Unterführung, Tel. 032-631303, www.trakart.org: drei- bis viermal pro Monat Ausstellungen, Lesungen, Chormusik oder auch Jazz.

■ **Puppentheater-Festival:** Plovdiv lässt in geraden Jahren im September die Puppen tanzen, internationale Künstler begeistern Jung und Alt.

■ **Jazz Fest,** an einem Wochenende Ende Oktober, https://plovdivjazzfest.com.

Aktivitäten

1 **Radverleih:** Plovdiv Bike Rent, Ul. 6-ti Septemvri (Ул. 6-ти Септември) 160, Tel. 0884-391 411, Stadtrad 8 Std./20 Lv, 2 Tage 35 Lv.

4 **Aqualand** (Karte S. 460), www.aqualand.bg, im Südosten im Viertel Trakija (Тракия), geöffnet im Sommer 9–19.30 Uhr, Eintritt 35 Lv. Rutschen und Wasserlandschaft auf 15.000 m^2.

Verkehr

■ **Bahnhof,** Ul. Hristo Botev (Ул. Христо Ботев) 47, 15 Gehminuten vom Zentrum im Südwesten, Tel. 0882-988460. Verbindungen an die Küste nach Sofija (София) und in den Norden.

■ **Bushof Jug** (Автогара Юг), an der nördlichen Bahnhofseite, Tel. 032-626937, www.hebrosbus.com. Verbindungen nach Bansko, Burgas, Varna, Sofija, Sliven, Svilengrad (Банско, Бургас, Варна, София, Сливен, Свиленград).

■ **Bushof Rodopi** (Автогара Родопи), Bul. Macedonia (Бул. Македониа) 1, an der südlichen Bahnhofseite durch eine Unterführung erreichbar, Tel. 032-657828, www.hebrosbus.com. Busse nach Bansko, Blagoevgrad, Dimitrovgrad, Kazanlăk, Smoljan, Haskovo, Šumen (Банско, Благоевград, Димитровград, Казанлък, Смолян, Хасково, Шумен) und über Asenovgrad (Асеновград) zum Kloster Bačkovo (Bačkovski Manastir/Бачковски Манастир, einfache Fahrt 7 Lv).

■ **Bushof Sever** (Автогара Север), Bul. Dimităr Stambolov (Бул. Димитър Стамболов) 2, 25 Gehminuten vom Zentrum im Norden, Tel. 032-953705, www.hebrosbus.com. Nach Veliko Tărnovo, Koprivštica, Pleven, Ruse, Starosel (Велико Търново, Копривщица, Плевен, Русе, Старосел).

■ **Flughafen,** Tel. 032-601127, www.plovdivairport.com, 12 km südöstlich der Stadt, Shuttle vom/zum Bushof Jug (Haltestelle gegenüber dem Haupteingang des Bushofs), Abfahrt 30 Min. vor jeweiligem Check in-Beginn, 10 Lv; Taxifahrt um 25 Lv.

Gesundheit

■ **Alfa Medical Center,** Ul. Veliko Tărnovo (Ул. Велико Търново) 21, 5 Gehminuten südwestlich des Hauptplatzes, Tel. 032-634463, www.medicusalpha.com.

◁ Souvenir aus Plovdivs Straße der Handwerker

Asenovgrad (Асеновград)

15 km südlich vom „großen Bruder" Plovdiv am Ende der thrakischen Tiefebene und zu Füßen der Rhodopen ist die „Stadt der Asen" schon fast ein Vorort von Plovdiv. Die Stadt mit 49.000 Einwohnern zeigt sich mit viel Grün am Ufer des **Flusses Čepelarska Reka** (Чепеларска Река), der mitten durch das Zentrum fließt.

Hier ist eines der bulgarischen **Zentren der Tabak- und Weinproduktion.** Wein kultivierten einst schon die Griechen, die sich in großer Zahl ansiedelten und Asenovgrad ganz heimatlich gesinnt **Stanimaka** – griechisch für „Marktflecken" – nannten, ein Name, der sich bis heute parallel erhalten hat. Die bekannteste Weinsorte ist der **Mavrud,** der im ganzen Land gerne getrunken wird. Mehr über ihn erfährt man im Ethnografischen Haus (→ unten).

Im 12. Jh. war Asenovgrad ein Bestandteil der gewaltigen **Festung Asenova Krepost,** die südlich der Stadt zu besichtigen ist.

Sehenswertes

Historisches Museum

In der Fußgängerzone findet sich dieses Museum mit Funden von den über 80 Siedlungshügeln in der Umgebung, die ab der Jungsteinzeit bewohnt waren. Das Schwergewicht liegt auf dem **Neolithikum** und der **Bronzezeit.** Ein weitere Abteilung widmet sich der **Ethnologie** der Region mit Kostümen und Gegenständen des täglichen Bedarfs. Schließlich mangelt es auch nicht eines Saales, der sich mit der **Wiedergeburt** auseinandersetzt.

■ **Istoričeski Muzej** (Исторически Музей), Pl. Akad. N. Hajtov (Пл. Акад. Н. Хайтов) 1, Tel. 033-162250, https://asmuseum.com, geöffnet Mo–Fr 8.30–12.30, 13–17, Sa/So 10–16 Uhr, Eintritt 1,50 Lv.

Ethnografisches Haus

Das Haus gehörte einst einem reichen griechischen Handelsmann, wurde zu Beginn des 20. Jh. als Schule genutzt und schließlich zum Museum. Mit einer originalen Möblierung (Esszimmer, Schlafzimmer, Salons) zeigt es das **Leben im 19. Jh.**

Auch die Geschichte der Weinproduktion in der Antike und heute wird dargestellt. Das **Haus mit den Fässern** (Kăštata s Linovete/Къщата с Линовете) gehört zum ethnografischen Komplex der Stadt und ist ein typisches Beispiel für Holzrahmenkonstruktionen des 19. Jh. In ihm wurde Wein gekeltert und gelagert. In der ersten Etage standen Fässer und Kessel, in denen die Trauben gepresst wurden. Im Erdgeschoss sieht man längliche Kessel, „Mandeln" genannt, in denen der Rebensaft dann gelagert wurde. Immerhin 50.000 l fasste die Anlage, die in die Kellerwände eingebaut ist.

■ **Etnografskata Kăšta** (Етнографската Къща), Ul. Stanimaka (Ул. Станимака) 34, Tel. 033-162250, geöffnet Mo–Fr 8.30–12, 13–17 Uhr, Eintritt 3 Lv.

Paläontologisches Museum

Das Museum besitzt die **größte Sammlung an Wirbeltieren** Bulgariens aus dem Zeitalter des Miozän (5–23 Mio. Jahre). Darunter ist ein 4,50 m messendes Skelett eines Deinotheriums; dieser Verwandte der heutigen Elefanten gehörte zu seiner Zeit zu den größten Landlebewesen.

■ **Paleontologičen Muzej** (Палеонтологичен Музей), Kv. Badelama (Кв. Баделама), Tel. 033-162250, geöffnet Di–Fr 9–17, Sa 9–16 Uhr, Eintritt 6 Lv.

359bu sk

Asenovgrad – Smoljan

Die gut ausgebaute Straße von Asenovgrad durch das Tal des Čepelarska Reka (Чепеларска Река) in den Süden nach Smoljan ist **eine der schönsten Gebirgsstrecken des ganzen Landes.**

Asenovgrad Umgebung

Festung der Asen

Die Festung liegt 2 km südlich von Asenovgrad wie ein Adlernest 100 m über der Straße nach Smoljan (Смолян). Ein schmaler, asphaltierter Weg führt 2 km hinauf, dann kann man auf einem mit blankgelaufenen Felsen „gepflasterten" Weg die Ruinen der Festungsmauern besteigen und sich wie **Car Asen II.** fühlen, der die Befestigung im Jahr 1230 mit der Schlacht von Klokotnica eroberte. Erbaut haben sie **Byzantiner** im 11. Jh. *Asen II.* erweiterte das Befestigungswerk, sodass es sich schließlich über vier Terrassen erstreckte.

Erhalten geblieben und saniert ist die kleine **Kirche Hl. Gottesmutter von Petrič** (Sv. Bogorodica Petrička/Св. Богородица Петричка) mit Unter- und Oberschiff. Reste von Fresken sind im Inneren noch zu sehen. Das Abbild der Kirche findet sich übrigens in den Supermärkten des ganzen Landes, es ist das Erkennungszeichen auf den **Etiketten der Weinflaschen** aus der Region.

[<] Die Kirche der Asen-Festung

■ **Asenova Krepost** (Асенова Крепост), www.asenova-krepost.eu, geöffnet Sommer tgl. So–Do 9–20, Fr/Sa 9–22, Winter bis 18 Uhr, Eintritt 4 Lv.

Kloster Bačkovo

Das Kloster (Bačkovski Manastir/Бачковски Манастир), 8 km von Asenovgrad an derselben Straße nach Smoljan, ist beim gleichnamigen Dorf linker Hand im Osten zu finden. Das **zweitgrößte Kloster des Landes** und Nationalheiligtum ist ein Muss für jeden Besucher Bulgariens – und für die Einheimischen. Die zahlreichen Stände an der Straße zum Eingang zeugen davon. Souvenirs und allerlei Sakrales sind im Angebot und finden ihre Käufer. Mit all den Händlern hat man eher den Eindruck, auf einer Dult zu sein denn am Tor eines Tempels. Sobald man jedoch durch das von Wasserspeiern flankierte Haupttor hinter den Mauern der weiten Klosteranlage verschwunden ist, stellt sich Ruhe ein, und die Stille der Höfe sorgt für Klärung des Kopfes.

Das Kloster geht auf das Jahr **1083** zurück, als es die Brüder *Grigori* und *Abasi Bakuriani,* aus Georgien kommend, gründeten. Sie waren von **hohem Adel,** *Grigori* auch Heerführer, sodass man die rechten Kontakte besaß und bald ausgedehnte Ländereien bewirtschaften konnte. Bis nach Thessaloniki in Griechenland reichte der Besitz; entsprechend hatte man gebaut.

Doch mehrere **Brände** – hier einmal nicht von den Türken verursacht – legten das Kloster in Schutt und Asche, und heute ist vom Original aus der Gründungszeit nur noch die außerhalb des Haupthofes stehende **Grabeskirche** erhalten. Dennoch atmen die Galeriegebäude um den Haupthof aus dem 16./17. Jh. eine Besinnlichkeit und Würde, wie man sie auch im Kloster von Rila nicht findet.

Im nördlichen Haupthof fällt der Blick auf die in der Mitte stehende Kirche; tatsächlich sind es zwei aneinandergebaute Gotteshäuser. Die östlich ausgerichtete **Gottesmutterkirche** (Sv. Bogorodica/Св. Богородица) ist die Hauptkirche des Klosters. Sie entstand 1604 an der Stelle des um 1450 durch Feuer zerstörten Vorgängerbaus als für die damalige Zeit übergroße Kreuzkuppelkirche. Durch die Mauerdurchbrüche der Kuppel wird der Betraum mit ausreichend Licht versorgt. Der Narthex ist mit **Fresken** ausgestaltet, in deren Szenen man insgesamt über 1000 Einzelgestalten zählen kann. Zu sehen sind Geschichten aus dem Alten Testament, Heilige, Szenen aus den Verfolgungen in der Frühzeit des Christentums (wobei man die römischen Häscher gerne auch durch mit Krummsäbeln bewaffnete Türken ersetzte), Porträts von den Spendern und viele andere. Man kann Stunden vor den Bildern verbringen und wird immer neue Details entdecken.

Achten sollte man auf die **Ikone der Gottesmutter** rechts vom Eingang. Sie kam im Jahr 1310 aus Georgien hierher und ist der bedeutendste Besitz des Klosters. Der Sage nach war sie über 150 Jahre verschwunden. 1450 stürmten Räuber das Kloster und zündeten die Hauptkirche an. Die Ikone soll dabei ein Opfer des Feuers geworden sein. Doch im Jahr 1604 suchte ein Schäfer Zuflucht in einer der Höhlen der Umgebung, und ein Sonnenstrahl blitzte am Silberrahmen der Ikone auf. Seitdem wird sie bei ei-

360bu sk

nem großen Fest an jedem Ostermontag auf einer Prozession in die Höhle gebracht und verbleibt dort bis zum Abend, während die Menschen feiern, grillen, tanzen, singen und die Humpen heben.

Der Anbau im Westen, die **Erzengelkirche** (Sv. Arhangeli/Св. Архангели), entstand im 18. Jh. und geht auf eine Kirche aus dem 12. Jh. zurück. Der einschiffige Kuppelbau, ebenfalls mit Fenstern im Überbau, wurde 1841 von *Zahari Zograf* in heiteren Farben ausgemalt, die Szenen aus dem Evangelium zeigen Anspielungen auf die damalige Lebenssituation.

Der Südhof wird durch einen **Gebäuderiegel** vom Haupthof abgetrennt. Der westliche Teil des Riegels beherbergt das **Refektorium,** seine nördliche Außenwand trägt das **größte Fresko des Balkans.** 1846 schuf *Aleksi Atanasov* ein Panorama vom Kloster und seiner Umgebung an einem Ostermontag, auch die Asen-Festung ist zu sehen. Zahlreiche Menschen bevölkern das als naive Malerei ausgeführte Bild mit eher ethnografischem denn künstlerischem Wert.

Im Refektorium allerdings entwickelt sich ein ganzes Feuerwerk an künstlerisch hochwertigen **Gemälden.** Auch historisch sind die Fresken von Bedeutung, wird in ihnen das Themenrepertoire der orthodoxen Kirche doch beträchtlich erweitert. Mit der Darstellung der bedeutendsten **griechischen Philosophen** dokumentierten die unbekannten Künstler nicht nur ihr tiefes Wissen von der antiken Welt, sondern legten auch eine Latte an den hohen intellektuellen Anspruch, als Kloster auch geistiges Zentrum Bulgariens zu sein. Doch auch das orthodoxe Bildprogramm, wie die Wurzel Jesse, ist zu sehen.

Im Südhof steht schließlich das dritte Gotteshaus, die **Kirche Sv. Nikola** (Св. Никола). Auch in ihr war *Zahari Zograf* zugange. Mit über 600 Personen bevölkerte er das Innere. Kulturhistorisch sind die **Fresken** von Bedeutung, weil er ihnen einmal mehr zeitgenössische Inhalte gab. Im Vorraum ist der Plovdiver Adel auf seinem Weg in die Hölle zu sehen, Mahnung, dass ausschweifendes Leben seine Konsequenzen hat. Erstmals sind auch nackte Körper zu sehen, wenn auch in dezenter Ausführung: Teufel treiben einer Gruppe Frauen die Fleischeslust aus, indem sie sie ins Feuer treiben. Ebenfalls in der Vorhalle sieht man ein Selbstbildnis des Künstlers mit einer Gruppe von Spendern, die Signatur des Gesamtkunstwerkes.

Ebenfalls im Südhof befindet sich das **Klostermuseum** mit Sakralgegenständen, die nicht mehr in Benutzung sind, sowie einigen wunderschönen Ikonen.

Die **Grabeskirche** (auch Beinhaus), die älteste Kirche des Klosters (1083), liegt 300 m außerhalb der Mauern im Osten. Der einschiffige, an der Außenwand mit Blendbögen strukturierte Betraum gründet sich auf einer Gruft. Der Narthex der Oberkirche wurde 1084 vom Georgier *Joan Iveropulec* ausgemalt, und seine Arbeit gilt trotz der starken Beeinträchtigungen durch den Zahn der Zeit als herausragendes Beispiel orthodoxen mittelalterlichen Kunstschaffens.

■ **Bačkovski Manastir** (Бачковски Манастир), www.bachkovskimanastir.com, Kloster geöffnet 7–20, Winter bis 19 Uhr, Museum/Refektorium/Beinhaus 9–18, Winter bis 17 Uhr, Eintritt Kloster 1 Lv, Museum 3 Lv, Refektorium 6 Lv, Beinhaus 6 Lv, Parken 2 Lv.

Bačkovo Prozessionsweg

Jeden **Ostermontag** macht sich morgens die Prozession auf den Weg zum Fundort der legendären Madonnenikone des Klosters. Die schöne Wanderung **(Hinweg 1 Std., 2,5 km, 200 Höhenmeter)** führt vorbei an der Grabeskirche und im Wald zügig bergan. Nach 10 Min. kann man nach links gehen und erreicht in 5 Min. den Bačkovo Wasserfall (Bačkovski Vodopad/Бачковски Водопад), der malerisch in mehreren Kaskaden und Strömen aus 15 m Höhe herabstürzt. Von ihm aus führt der Pfad weiter ge-

361bu sk

▷ Die wertvollen Fresken im Refektorium

◁ Das Kloster Bačkovo

362bu sk

radeaus zurück zum Hauptweg, über eine Brücke und in 30 Min. zur Heiligen Quelle (an der bei der Prozession Priester die Ikone reinigen). An ihr führen Stufen hoch zu der Höhle, in denen Mönche im 15. Jh. die Ikone vor den Türken versteckten und Hirten sie im 17. Jh. wiederfanden – heute eine Felsenkapelle.

Zagreus Bio-Kellerei

- **Pärvomaj** – 30 km östlich von Asenovgrad, Tel. 0883-568278, www.zagreus.org.
- **Weinregion Thrakia-Tal,** Rebfläche 120 ha, Kellermeister *Tatjana Stefanova* und *Dimitär Ivanov.*
- **Rote Rebsorten:** Mavrud, Cab. Sauvignon, Syrah, Merlot, Pamid.
- **Weiße Rebsorten:** Dimiat, Kokorko.
- **Herausragende Weine:** Vinica Mavrud BIO, Kotkini Mogili Syrah BIO, Mavrud Noble.
- **Touristisches Angebot:** Führung und Weinverkostung nach Voranmeldung werktags 9–17 Uhr, Führung, Käse, Brot und 5 Weine 28 Lv (90 Min.), mit drei Weinen 18 Lv (40 Min.).

Praktische Tipps

Information

- **TIC Asenovgrad,** Asenova Krepost (Асенова Крепост), Tel. 0887-226333, geöffnet tgl. 9–18 Uhr.

Bäckerei in Asenovgrad

Unterkunft/Essen und Trinken

■ **Hotel Color**②, Ul. Oborište (Ул. Оборище) 15, Asenovgrad, Tel. 033-164878. Im Zentrum gelegenes Hotel, das seinen Namen zu Recht trägt. Komfortable Zimmer mit Klimaanlage, TV und Minibar, Restaurant.

■ **Restaurant Salaša,** an der Stichstraße 1 km vor der Asen-Festung, Tel. 0899-757272, www.salasha.com, geöffnet Di–So 11–24 Uhr. Beliebte Ausflugsgaststätte mit Garten und Fleischgerichten vom Holzkohlegrill.

■ **Bačkovski Manastir,** Tel. 0877-838068, www.bachkovskimanastir.com, Pilgerzimmer (1-/2-/3-Bett-Zimmer mit Bad) 50 Lv/Person; Anreise spätestens 17.30 Uhr, im Kloster herrscht striktes Alkoholverbot.

■ **Restaurant/Hotel Djamura**②, dem Bačkovo-Kloster direkt gegenüber, Tel. 0888-692977, www.djamura.com, geöffnet tgl. 10–22 Uhr. Nettes Restaurant mit Terrasse über dem Fluss und Zimmervermietung.

Verkehr

■ **Bahnhof,** Ul. Vasil Levski (Ул. Васил Левски), 10 Gehminuten westlich des Zentrums, Tel. 0884-259468. Verbindungen zur Hauptstrecke bei Plovdiv (Пловдив).

■ **Bushof,** am Ostende des Bahnhofs, Tel. 033-164 071, www.avtogara-asenovgrad.com. Busse nach Plovdiv (Пловдив) und in die Region.

Das Rhodopen-Gebirge

Im Südosten Bulgariens breiten sich die Rodopi (Родопи) aus, mit 240 km Länge und 100 bis 120 km Breite flächenmäßig das **größte Gebirge des Balkans.** Bis nach Griechenland hinein zieht es sich mit etwa einem Fünftel seiner Fläche. Wenn es auch in weiten Teilen eine von bewaldeten Hügeln geprägte Landschaft mit einer Durchschnittshöhe von 785 m ist, besitzt es dennoch auch beeindruckende **Gipfel** wie den Goljam Perelik (Голям Перелик, 2191 m), Goljam Sjutkja (Голям Сютકя, 2186 m), Goljam Persenik (Голям Персеник, 2090 m) oder den Bataški Snežnik (Баташки Снежник, 2082 m), die sich im westlichen Bereich finden.

Dort ist der **Wald** von Nadelbäumen beherrscht, während im flacheren östlichen Teil Eichen- und Buchenwälder wachsen. Die relativ leicht verwitternden Karstgesteine führten zu **phänomenalen Felsformationen** wie den Wunderbrücken südwestlich von Asenovgrad, es entstanden tiefe Schluchten und zahlreiche Höhlen. Die Menschen wohnen noch in **abgeschiedenen Dörfern,** die nur auf schmalen, sich windenden Wegen erreichbar sind, sodass sich an ihrem Leben nicht viel geändert hat. Hinaufzufahren zu ihnen ist immer ein **Abenteuer,** und abseits der Hauptstrecken unterwegs zu sein, konfrontiert Besucher mit unvergesslichen Landschaften und entführt ins Mittelalter.

Natürlich sind die Bergwelten **legendenumrankt.** Die thrakische Königin Rodope wurde wegen ihrer Unbotmäßigkeit von Zeus in das Gebirge verwandelt, hier ward Orpheus geboren und sein Weib Eurydike, man pflegte über Jahrhunderte den Dionysos-Kult.

Die Rhodopen sind auch ein Dorado für **Aktivsportler,** die sich mit Wandern, Rafting, Kayaking, Felsklettern und Skifahren beschäftigen.

Svilengrad (Свиленград)

Auf dem Weg in die Türkei oder nach Griechenland sausen die Reisenden auf der Autobahn zumeist an der Stadt (17.000 Ew.) im **Dreiländereck** vorbei. Dabei hat die Umgebung rund um diesen strategisch wichtigen Platz einiges an Interessantem zu bieten.

Geschichte

Bereits die **Thraker** lebten hier, die Bulgaren unter *Kalojan* bereiteten den Kreuzrittern unter *Balduin I. von Flandern* 1204 bei Edirne, dem früheren Adrianopel, die entscheidende Niederlage, und unter dem Türkischen Joch war hier die **wichtigste Straße in den Balkan,** mit einer unter *Mustafa* Pascha 1529 erbauten Brücke über den Fluss Marica.

Sehenswertes

Mustafa-Pascha-Brücke

Die Alte Brücke (Starijat Most/Старият Мост), wie sie auch genannt wird, wurde vom Türken *Mimar Sinan* als steinernes Bauwerk mit 20 Bögen und einer Länge von 300 m und 6 m Breite entworfen. Der weiteste Bogen überspannt 18 m. Mit ihrer Fertigstellung wuchs Svilengrad zunehmend, besonders die **Seidenraupenzucht** (*svila* = Seide) und Seidenverarbeitung erstarkte.

Svilengrad Umgebung

Dolmen von Hljabovo

45 km nördlich von Svilengrad, 2,5 km vor dem Dorf Hljabovo (Хлябово), steht 100 m von der Straße die außerordentliche **Dolmenansammlung Načovi Čairi** (Начови Чаири). Die Steinblöcke bilden drei Kammern und stammen vermutlich aus dem 12. Jh. v. Chr. Genutzt wurde sie bis ins 6. Jh. v. Chr.

Festungsruine bei Mezek

Die Festung 10 km liegt südwestlich von Svilengrad beim Dorf **Mezek** (Мезек). Über dem Dorf (beim Ortseingang einfach geradeaus durchfahren) thront die relativ gut erhaltene Ruine aus dem 11./12. Jh., ein ungleichmäßiges **Vieleck byzantinischen Ursprungs, Neutsikon** genannt. Eine Straße führt hinauf. Die Ruine ist ein beliebter Picknickplatz der Einheimischen, und immer wieder finden auch Reenactments statt.

■ **Krepost Neutzikon** (Крепост Неутзикон), geöffnet tgl. 9.30–18, Winter 10–17 Uhr, Eintritt 5 Lv, mit Grabhügel 8 Lv.

Thrakischer Grabhügel Maltepe

Der Grabhügel befindet sich 1 km von **Mezek** (am Dorfeingang auf die Stichstraße nach Südosten zum Parkplatz fahren). Es ist das **größte thrakische Grabmal** des Landes. In dem Bau aus behauenen Steinen wurde zwischen dem 6. und 4. Jh. v. Chr. ein lokaler Herrscher beigesetzt. Ein 20,65 m langer Gang führt zu zwei rechteckigen Vorkammern und schließlich zu einem bienenkorbförmigen Grabraum (4,30 m hoch, 3,30 m Durchmesser) mit einem eingelassenen, von zwei Urnen flankiertem, steinernen Bett, die Gesamtlänge beträgt 32 m.

Ursprünglich war die Grabkammer mit einer zweiflügeligen, mit Löwenköpfen (in Vitrinen ausgestellt) verzierten **Bronzetüre** verschlossen, die erste Vorkammer war mit einer weiteren Türe, die zweite mit einer Steinplatte gesichert.

■ **Trakijska Grobnica** (Тракийска Гробница), geöffnet tgl. 9.30–18, Winter 10–17 Uhr, Eintritt 5 Lv, mit Festung 8 Lv.

366bu sk

Cromlech von Dolni Glavanak

Über Land und durch kleine Dörfer führt der 45 km lange Weg von Svilengrad nach Dolni Glavanak (Долни Главанак). Man verlässt das Dorf Richtung Westen, parkt nach 1,2 km beim unbesetzten Informationszentrum (GPS N 41.68428, E 25.80769), geht über die kleine Brücke auf die andere Seite und auf dem steingefassten Weg leicht hoch durch den Wald (50 Höhenmeter). Nach 15 Min. ist der **Steinkreis** erreicht. Ehemals bildeten 15 **Megalithen** ein Rund mit 10 m Durchmesser. Südlich und in 20 m Abstand hat man zwei weitere Steinkreise gefunden (mit 3 und 5 m Durchmesser), die ebenfalls zum **Kultareal** aus dem 8.–6. Jh. v. Chr. gehören. Lange galten die drei als einzige Cromlechs, doch hat man bei den Dolmen von Hljabovo (Хлябово) einen weiteren entdeckt (der aber noch nicht erforscht ist).

Geierzentrum von Madžarovo

Ans Ende der Welt gelangt man bei Madžarovo (Маджарово) tief in den Ostrhodopen, 11 km südwestlich von Dolni Glavanak (Долни Главанак). Dass die Menschen im Tal nicht viel für die sozialistische Betonbauweise übrig haben, sieht man den Häusern an – sie verfallen zusehends. Und auch so scheint man in einer **gottverlassenen Gegend** zu sein. Der Grund fürs Kommen? Das Geierzentrum, das nach Voranmeldung **Touren zur Vogelbeobachtung** organisiert. Dafür gibt es in den Bergen einen Hide (in dem man auch übernachten kann). Das kleine Museum führt in die Materie ein, im Restaurant kann man essen, und Gästezimmer gibt es auch.

Das Zentrum informiert auch über Möglichkeiten für Rafting, Kayaktouren, Reiten und Wandern.

■ **Centăra na Lešojadite** (Центъра на Лешоядите), Tel. 0878-252720, www.bspb.org/madjarovo, geöffnet April–Sept. tgl. 9–17 Uhr, Eintritt 6 Lv.

Cromlech von Dolni Glavanak

Römische Villa Armira bei Ivajlovgrad

Von Madžarovo (Маджарово) fährt man in weitem Bogen 55 km nach Ivajlovgrad (Ивайловград). Durch den Ort durch und 4 km nach Süden sind es dann noch zur römischen Villa Armira – ein **Schmuckstück aus der Antike** mit bestens erhaltenen **Mosaikböden.** Im Stil des 1. Jh. sind sie vornehmlich in Schwarzweiß gehalten und zeigen rahmende geometrische Muster und Medaillons mit Porträts und Jünglingen, Szenen der Jahreszeiten oder der Jagd. Durch vorsichtige Rekonstruktion hat man in Teilen eine Situation geschaffen, die das Leben eines begüterten Händlers auf dem Land vor den Augen der Besucher erstehen lässt.

■ **Vila Armira** (Вила Армира), Tel. 036-616026, geöffnet tgl. 9–17 Uhr, Eintritt 6 Lv.

Thrakisches Grab von Aleksandrovo

Erst über die Autobahn und ab Harmanli (Харманли) über Landstraße gelangt man von Svilengrad nach 55 km nach Aleksandrovo (Александрово) und zu einem der **schönsten erhaltenen thrakischen Grabmale.** Das Original ist aus konservatorischen Gründen nicht zugänglich, sodass man sich mit der **Replik** begnügen muss. Sie ist im modernen Museumsgebäude bis ins kleinste Detail nachgebaut worden – inlusive aller Beschädigungen.

Das fein gearbeitete Freskoband in der Kuppelkammer ist also wie im Original in bestem Zustand und zeigt vier Reiter auf der Jagd. Als einzigartig gilt die Darstellung eines nackten, axttragen-

Ivajlovgrad – Tatul

Wer von Ivajlovgrad (Ивайловград) direkt nach Tatul (Татул) will, sollte nicht durch Momčilgrad (Момчилград) fahren, sondern vorher beim Dorf Zvezdel (Звездел) nach Norden abbiegen und auf 15 km das **ländliche, türkische Südbulgarien** mit winzigen Dörfern in sanfthügeliger Landschaft, Pferdeherden und spitzen Minaretten kennenlernen. Die Straße ist zwar schmal, aber gut.

den Jägers zu Fuß, der zusammen mit seinen Hunden einem Eber nachstellt. Bislang ist kein weiteres Bild eines Nackten gefunden worden.

- **Aleksandrovska Grobnica** (Александровска Гробница), Tel. 038-666444, www.alexandrovo.com, geöffnet Di–So 9–18, Winter bis 17 Uhr, Eintritt 4 Lv.

Praktische Tipps

Information

- **http://visitsvilengrad.com**

Unterkunft/Essen und Trinken

- **Hotel George**②, Ul. Septemvriec (Ул. Септемвриец) 2, Svilengrad, Tel. 037-971797, www.hotelgeorge.net. 20 komfortable Zimmer mit europäischem Drei-Sterne-Standard im Zentrum; Restaurant mit Garten.
- **Hotel Armira**②, Ul. Bor (Ул. Бор) 2, Ivajlovgrad, Tel. 0888-581139, www.hotelarmira.info. Modernes Hotel mit großzügigen Zimmern und einem guten Restaurant mittten im Ort; wenn am Wochenende eine Gesellschaft zu Gast ist, kann es laut werden.
- **Hotel Konak**①-②, Ul. Car Stafano (Ул. Сан Стефано) 1, Momčilgrad, Tel. 0888-217424, www.konak.bg. Fast luxuriöses und modernes Hotel mit einem großzügigen Pool in Aussichtslage sowie einem beliebten Restaurant.

Camping

- **Sakar Hills,** Biser (Бисер), 25 km nordwestlich von Svilengrad, Tel. 0887-221380, www.sakarhills.com, geöffnet April–Sept. Empfehlenswerter Platz mit modernen, sauberen Sanitäreinrichtungen, Lädchen, Waschmaschine, auch Apartments.

Verkehr

- **Bushof,** Ul. Šišmanov (Ул. Шишманов), zentrumsnah im Nordosten, Tel. 037-971309. Verbindung nach Plovdiv (Пловдив).

Bratanov Winery

- **Harmanli** (Industrial Zone) – 35 km nordwestlich von Svilengrad, Tel. 0889-008860, www.bratanov.wine.
- **Weinregion Thrakia-Tal,** Rebfläche 26 ha, Kellermeisterin *Marija Stoeva.*
- **Rote Rebsorten:** Merlot, Syrah, Cabernet Franc, Rubin, Mavrud.
- **Weiße Rebsorten:** Chardonnay, Tamianka, Viognier.
- **Herausragende Weine:** Cabernet Franc Private Reserve, Syrah Elica, Tamianka Single Vinyard Bratanov.
- **Touristisches Angebot:** Führung und Weinverkostung tgl. nach einwöchiger Voranmeldung, Kosten nach Absprache.

Kărdžali (Кърджали)

Das industrielle Zentrum der östlichen Rhodopen (69.000 Ew.) ist nicht unbedingt ein für Touristen zwingendes Ziel, und auch der bulgarische Reiseverkehr lässt es auf seinem Weg in die Türkei rechts liegen. Doch gibt es in der **Umgebung** einiges zu sehen, und so ist, wenn man Zeit hat, ein Besuch durchaus lohnenswert.

Geschichte

Die Stadt geht der Legende nach auf den türkischen Heerführer **Kirdzah Ali** zurück, der unter Sultan *Murad I.* (1360–1389) die Rhodopen eroberte und bei den Kämpfen fiel. Ihm zu Ehren – seine Soldaten verehrten ihn über alles – benannte man die neu gegründete Stadt.

Die Stadt blieb weit über die Gründung des Dritten Bulgarischen Reiches hinaus in türkischer Hand. Erst **1913** kam sie zu **Bulgarien** – ein Grund, warum heute noch der überwiegende Teil der Stadtbevölkerung türkischen Ursprungs ist.

Während des Kommunismus siedelte man **Industrie** an, um die Türken durch Privilegien für die Stadt verstärkt zu integrieren. Besonders die Verarbeitung des in der Region angebauten Tabaks wurde forciert.

Die Gegend war aber schon vor den Türken besiedelt. In der **Bronzezeit** und der frühen **Eisenzeit** (11.–6. Jh. v. Chr.) wurde der Grundstein für die **Festung Perperikon** gelegt, die größte Anlage ihrer Art auf dem Balkan (→ „Kărdžali Umgebung“).

Sehenswertes

Basilika Sv. Joan Predteča

Die Basilika Sv. Joan Predteča (Св. Йоан Предтеча) war Teil eines mittelalterlichen Klosterkomplexes und ist die **älteste nicht säkularisierte Kirche** Bulgariens. Wenn man von Westen kommend in die Stadt einfährt, steht sie noch vor der Kreuzung, an der man über die Brücke in das Zentrum abbiegt.

Das Kloster wurde im **10. Jh.** gegründet, die Kirche geht wohl auf das 14. Jh. zurück. Wie eine Festung wirkt der quadratische Bau innerhalb einer Festungsmauer mit fünf Türmen. Die Kirche wurde einschiffig mit zwei Flügeln konstruiert, besitzt drei Apsiden und ist mit einer Kreuzkuppel bekrönt. Im Inneren sind noch Teile der Bemalung aus der Entstehungszeit zu sehen. Im Narthex entdeckte man bei Restaurierungsarbeiten 1998 das Grab eines Metropoliten, dessen Gebeine mit einem golddurchwirkten Gewand geschmückt waren.

Historisches Museum

Das Museum im Zentrum gilt als eines der **größten und schönsten** seiner Art im ganzen Land. Aus über 25.000 Exponaten besteht der Fundus, nur ein Bruchteil sind auf fast 2000 m² in einem erhöht errichteten, palastähnlichen Gebäudekomplex von 1930 ausgestellt.

Das Museum ist in **vier Abteilungen** aufgeteilt: Archäologie, Ethnologie, Ikonenausstellung und Naturkunde. Im **Parterre** werden die Funde aus dem Neolithikum bis zum Mittelalter gezeigt. Werkzeuge und Plastiken aus der Prähistorie, thrakische Kunst und Haushaltsgegenstände und Schauplatten z.B. mit einem Reiter sind zu sehen. Eine prähistorische Wohnstätte wurde rekonstruiert. Mit Waffen und Fresken ist das Mittelalter dokumentiert. Beachtenswert sind eine **Svestika,** ein hakenkreuzförmiger Vierwirbel aus Nephrit aus dem 6. Jh. v. Chr., und eine steinerne Kanzel aus Perperikon (→ „Kărdžali Umgebung“).

Im **ersten Stock** zeigt die Naturkundeabteilung ausgestopfte Tiere aus den Rhodopen, Mineralienfunde und Halbedelsteine. Man erfährt, wie die fantastischen Gesteinsformationen in der Region entstanden.

Die **zweite Etage** ist der Ethnografie und den ostrhodopischen Ikonen aus dem 16. bis 18. Jh. vorbehalten (Letztere sind wegen ihrer Bedeutung des Öfteren als Leihgaben in anderen Museen zu sehen). Mit Bildern, Trachten, Webwaren, einer Schusterwerkstatt, Erklärungen zum Tabakanbau und anderem wird das tägliche Leben vom Ende des 19. Jh. bis in die 1950er Jahre geschildert.

■ **Istoričeski Muzej** (Исторически Музей), Ul. Republikanska (Ул. Републиканска) 4, Tel. 036-163580, www.rim-kardzhali.org, geöffnet Di–So 9–18, Winter Di–Sa 9–17 Uhr, Eintritt 7 Lv.

Kărdžali Umgebung

Festungsanlage Perperikon

Die Festung liegt beim Dorf Gorna Krepost (Горна Крепост), 19 km nordöstlich der Stadt. Die Anfahrt erfolgt über die Straße Nr. 507 nach Haskovo (Хасково), nach 12 km biegt man beim Dorf Černoočene (Черноочене) nach Osten ab, und nach weiteren 5 km folgt man einer 2 km langen Stichstraße links hoch zum Parkplatz mit Souvenirständen und einem Brunnen, an dem die Einheimischen ihren Durst stillen. 15 Min. dauert der Aufstieg auf das Felsplateau der Ausgrabungsstelle (erst 500 m auf gutem Weg hoch, dann über Steinstufen). Der Ausblick über die grünen Hügel ist fantastisch.

Am „Berg der Geister“ entstand Perperikon ab dem 6. Jh. an der Stelle einer thrakischen Siedlung – die vielleicht die Heilige Stadt der Thraker war. Auf alle Fälle finden sich **Reste eines Schloss-Heiligtums** aus dem 5. Jh. v. Chr. von beeindruckender Größe, vier Etagen hoch und mit 40 Zimmern ausgestattet. Zur Zeit seiner größten Ausdehnung bedeckte Perperikon eine Fläche von 12.000 m².

Doch noch davor war Perperikon ein sakraler Ort, vor 8000 Jahren stand hier ein **Felsheiligtum** der Steinzeitmenschen.

Hoch auf einem Hügel in einem 4 km breiten Tal wachen die Grundmauern über die Zeit. Im Fluss wurde einst Gold gewaschen. Perperikon war auch der Platz, wo – neben dem Orakel von Delphi – der wichtigste Tempel für **Weissagungen** stand, der **Dionysios-Tempel,** in dem der Legende nach *Alexander der*

Große vor seinem Zug nach Kleinasien die Götter befragte, ob er erfolgreich sein würde.

■ **Perperikon** (Перперикон), Tel. 0895-567186, www.rim-kardzhali.org, geöffnet tgl. 8–19, Winter bis 17 Uhr, frei zugänglich, Parken 2 Lv, Eintritt 6 Lv.

Festung Monjak

Biegt man auf dem Weg von Perperikon auf der Straße 507, 8 km vor Kărdžali und am nördlichen Ufer des Stausees Studen Kladenec, an einem Parkplatz kurz nach dem Abzeig nach Široko Pole (Широко Поле) links ab, kann man 1 km bis zur Infotafel fahren (mit 4x4 auch weiter). Dann geht es auf einem Fahrweg zu Fuß in einer guten Stunde (4 km, 200 Höhenmeter) hoch zu den Ruinen der **mittelalterlichen Festung** Monjak.

Die **Krepost Monjak** (Крепост Моняк) entstand zwischen dem 11. und 14. Jh. Heute sind auf einem Felsen noch Fundamente und ein weitgehend erhaltener Abschnitt der Festungsmauern mit insgesamt 273 m Länge und 5 m Höhe zu sehen. Einst bedeckte die Anlage eine Fläche von fast 2 ha, die Zitadelle stand an der höchsten Stelle, die Fundamente zeigen ihre ursprüngliche Grundfläche (350 m²).

367bu sk

Steinerne Pilze bei Beli Plast

Biegt man im Dorf Stremci (Стремци) nach Norden ab, kommt man beim Dorf **Beli Plast** (Бели Пласт) direkt neben der Straße 509 zu den Steinernen Pilzen (Kamennite Găbi/Каменните Гъби), einer **Gesteinsformation** auf 3 ha – 20 km nördlich von Kărdžali. Die pilzförmigen Felsen entstanden durch Verwitterung vulkanischen Gesteins. Deren Gehalt an Metalloxiden färben sie gelb, grün und rosa, und so bieten sie besonders morgens und abends ein sehr hübsches Bild.

Die Festungsanlage Perperikon steht in prominenter Lage

Pyramiden von Zimzelen

Die Pyramiden (Piramidite kraj Zimzelen/Пирамидите край Зимзелен), auch **„Felsenhochzeit"** genannt, sind ähnlich entstanden wie die Steinernen Pilze. Auch sie sind wegen der Einschlüsse aus Mangan, Eisen und weiteren Metallen gefärbt. Sie befinden sich beim Dorf **Zimzelen** (Зимзелен) 4 km nordöstlich von Kărdžali und bedecken eine Fläche von 5 ha. Man parkt am Straßenrand, steigt etwas ab, kreuzt das Bachbett und geht wieder hoch (10 Min.).

Thrakisches Heiligtum Tatul

30 km südöstlich von Kărdžali liegt das Heiligtum. Man fährt durch die Stadt Momčilgrad (Момчилград) hindurch, am Ortsausgang links und nach 12 km im Dorf **Tatul** (Татул) die 500 m lange Stichstraße nach rechts zum Parkplatz.

Auf einem 400 m langen, vorzüglich hergerichteten Fußweg abwärts gehend (Kassenhäuschen nach 150 m), gelangt man zum Hügel mit der Anlage.

Tatul steht dem Komplex von Perperikon nur wenig nach. Hier soll das **Grab des Orpheus** liegen, auf alle Fälle wird einer der beiden in den Fels gemeißelten Sarkophage als seine letzte Ruhestätte verehrt und ist immer noch Platz für Reinigungsrituale. Das zweite Grab war wohl eine Ruhestätte für einen thrakischen König.

Antike Quellen sprechen nur selten von oberirdischen **Begräbnisritualen** an exponierter Stelle, für hohe Würdenträger sind nur zwei Beschreibungen bekannt, wo die Bestattungszeremonie an solchen Orten vorkam, tatsächlich für

368bu sk

Orpheus und dann für den thrakischen König *Rhesos,* der in *Homers* „Ilias" hilft, Troja zu verteidigen.

Lehmaltäre aus der Zeit vom 19. bis zum 12. Jh. v. Chr. zeigen eine **kontinuierliche Nutzung** des Heiligtums. In einem Grab wurde im Jahr 2000 die Wurzel einer Weinrebe gefunden, die 3000 Jahre alt ist.

Erdbeben im 12. und 14. Jh. zerstörten die Anlage weitgehend, die Bewohner der Umgebung taten das Ihrige und besorgten sich Baumaterial von dem Areal, das sie aus den Felsen sprengten. Dennoch ist Tatul immer noch ein Ort, an dem die Fantasie in die Vergangenheit fliegt.

■ **Trakijsko Svetilište Tatul** (Тракийско Светилище Татул), geöffnet April–Okt. tgl. 8–21, Winter bis 17 Uhr, frei zugänglich, Eintritt 3 Lv.

Steinerner Wald

Wenn man schon einmal in Tatul ist, kann man nördlich davon, beim Dorf **Gurgulica,** einen Abstecher zum Steinernen Wald (Kamennata Gora/Каменната Гора) machen, einer weiteren „zerzausten" Felsformation.

⌃ Thrakisches Heiligtum Tatul: Orpheus' Grab

› Teufelsbrücke

Utroba-Höhle

Fährt man von Kărdžali 22 km nach Nordwesten auf dem schmalen, aber guten Sträßlein am Seeufer entlang, gelangt man zu einem weiteren **thrakischen Heiligtum.** Vom Parkplatz am Straßenrand (GPS N 41.69872, E 25.23636) sind es auf dem blau markierten Pfad 60 Min. (2 km, 350 Höhenmeter) zur **Peštera Utroba** (Пещера Утроба).

Vor Tausenden von Jahren kamen die Frauen hierher und hofften, die Götter würden sie **fruchtbar machen.** Tatsächlich ähnelt die 1000 v. Chr. von Menschenhand erweiterte und in die rechte Form gebrachte 22 m tiefe Höhle frappant einem weiblichen Geschlechtsteil, und durch die „Vaginalöffnung" dringt der Sonnenstrahl bei der Tagundnachtgleiche im Frühling genau mittags bis an das Ende der Höhle vor. Noch heute kommen Besucherinnen und erhoffen sich ein Kind – kurioserweise behaupten die Einheimischen, der Aufenthalt in der Höhle habe genau den gegenteiligen Effekt.

Teufelsbrücke

Ein längerer Ausflug führt zur berühmten Teufelsbrücke beim Städtchen **Ardino** (Ардино), 40 km westlich von Kărdžali. Sie liegt 11 km im Norden von Ardino und ist auf einer schmalen Straße (die letzten Kilometer guter Feldweg) erreichbar. Die **Wanderung** von Ardino zur Brücke dauert etwa 2 Std. Über sie ging der Verkehr von der Ägäis in die Thrakische Tiefebene. Die Schätzungen zur Zeit ihrer Errichtung variieren und nennen das 14., aber auch das 17. Jh. Mit zwei kleineren und einem großen, in der Mitte angeordneten Bogen überspannt sie 56 m über einem Zufluss der Arda

369bu sk

und ist an der höchsten Stelle 11,50 m hoch. Ihre Breite beträgt 3,50 m, die Randsteine sind 12 cm hoch.

■ **Djavolskijat Most** (Дяволският Мост), geöffnet tgl. 10–18 Uhr, Eintritt 5 Lv.

Adlerfelsen

Den Fußweg zur Felsformation **Orlovite Skali** (Орловите Скали) erreicht man vom Regionalmuseum im Zentrum von **Ardino** auf der Ul. Čipar (Ул. Чипар) 1,5 km nach Süden. Vom Parkplatz sind es knapp 10 Min. zu der außergewöhnlichen **Felswand mit ihren fast 100 künstlichen Nischen.** Welchem Zweck sie den Thrakern dienten, ist nicht gesichert, am wahrscheinlichsten gilt die Verwendung als Urnenbegräbnisplatz.

370bu sk

■ **Orlovite Skali** (Орловите Скали), geöffnet tgl. 10–18 Uhr, Eintritt 5 Lv.

Zlatograd

Zlatograd (Златоград), die **südlichste Stadt Bulgariens,** liegt am Fluss **Vărbica** (Върбица) südlich von Ardino. 8 km westlich von Ardino biegt man beim Dorf Bjal Izvor (Бял Извор) nach Süden Richtung Nedelino (Неделино) ab, durchquert den Ort und biegt nach weiteren 5 km links ab, von hier sind es noch 5 km bis Zlatograd.

Die Ortseinfahrt gibt sich wenig attraktiv, doch wenn man ins Zentrum vorgestoßen ist, befindet man sich in einem wunderschönen **Wiedergeburtshäuserkomplex** mit Werkstätten, Restaurants und Cafés. Man kann einem Schuster über die Schulter schauen, der die für die Rhodopen typischen Schuhe herstellt, ein Meister macht Schmuck, ein weiterer drechselt, wieder ein anderer töpfert, und noch einer ist Büchsenmacher. Auch eine Weberei ist eingerichtet.

Praktische Tipps

Information

■ **TIC,** Park Prosto (Парк Просто), Tel. 0361-227 19, https://kardjali-tourism.info, geöffnet Mo–Fr 8–17 Uhr.

Unterkunft/Essen und Trinken

■ **Hotel Perperikon**③, Ul. Volga (Ул. Волга) 3, Kărdžali, Tel. 036-167140, www.perperikonbg.com. 26 komfortable Zimmer in einem modernen Hotel in der Stadt, mit Pool und einem guten Restaurant, das neben bulgarischer Küche mit asiatischen Gerichten Abwechslung bietet.

UNSER TIPP: **Hotel Behi**③, Ul. Georgi Kondolov (Ул. Георги Кондолов) 12, Kărdžali, Tel. 036-188288, www.hotelbehi.com. Sehr angenehmes Boutique-Hotel in der Stadt mit einem Restaurant, das ausgezeichnete türkische Küche serviert.

■ **Restaurant Starijata Kăšta,** Ul. Georgi Benkovski (Ул. Георги Бенковски) 2, Kărdžali, Tel. 036-162884, geöffnet tgl. 8–24 Uhr. Gemütliches Speiselokal mit schönem Innenhof und guten bulgarischen Gerichten.

Außerhalb

■ **Restaurant Mobi Dik,** 6 km westlich von Kărdžali am Ufer des Stausees, Tel. 036-163606, geöffnet tgl. 9–24 Uhr. Ein Ponton auf dem Wasser direkt an der Fischzucht, elegantes Ambiente und ausgezeichnete frittierte oder gegrillte Karpfen und Waller (Wels).

■ **Hotel Glavatarski Han**③, 8 km westlich von Kărdžali am Ufer des Stausees, Tel. 0877-804848, www.glavatarski-han.com, DZ ab 100 Lv. Feriengroßanlage mit mehreren Pools und Restaurants.

■ **Alexandrov's House Spa Komplex**②, Etnografski Kompleks (Етнографски Комплекс), Zlatograd, Tel. 0888-595159, www.eac-zlatograd.com. 17 komfortabel eingerichtete Doppelzimmer mit Bad; angeschlossenes Restaurant, Spa und Pool.

Verkehr

■ **Bahnhof,** Bul. Bălgarija (Бул. България) 94/98, östlich des Zentrums, Tel. 0884-257832. Züge über Haskovo (Хасково) nach Plovdiv (Пловдив).

■ **Bushof,** beim Bahnhof, Tel. 036-166741, neben Lokalbussen fahren Fernbusse nach Plovdiv (Пловдив), Haskovo (Хасково), Ardino (Ардино) und Smoljan (Смолян).

◁ Töpfer in Zlatograd

Smoljan (Смолян)

Mitten in den Rhodopen und von den meisten Besuchern nach einer kurvenreichen Fahrt durch die Berge von Plovdiv (Пловдив) aus erreicht, zeigt sich die Stadt (27.000 Ew.) in **ganz unterschiedlichen Gewändern** – das Ergebnis ihrer neueren Geschichte. Um ein veritables Zentrum in den Rhodopen zu schaffen, haben die kommunistischen Machthaber 1960 kurzerhand die drei Dörfer Smoljan, Rajkovo und Ustovo zur Stadt erklärt und in der Mitte im Niemandsland ein Zentrum im gängigen sozialistischen Stil errichtet – Beton allüberall. Wer es gemütlicher will, fährt einfach wenige Kilometer z.B. in das Viertel Ezerovo und befindet sich plötzlich in einer ländlichen Umgebung mit Seen und vielen kleinen Privatpensionen.

Geschichte

Wie überall in Südwestbulgarien, haben die **Thraker** ihre Spuren hinterlassen. Nach ihrem Verschwinden gründeten die **Slawen** des Stammes der Smoljani eine Siedlung und bauten eine Festung, nannten sie aber Ezerovo. Die **Türken** zerstörten die Stadt, sie wurde als Pašmakli neu gebaut. Seit 1934 trägt sie den Namen ihrer slawischen Begründer.

Sehenswertes

Herz der Stadt ist die **Fußgängerzone** am Pl. Bălgarija (Пл. България). Hier steht auch das Historische Museum.

371bu sk

Historisches Museum

Es gehört zu den **besten Museen des Landes** in puncto Aufbereitung, Darstellung und Beschriftung (auch auf Englisch) und ist die älteste und größte der Zentralrhodopen. Die archäologische Abteilung im Parterre zeigt Funde u.a. aus der Tropfsteinhöhle von Jagodina, wie ein polychromes Kultgefäß aus dem Äneolithikum, und Metallwerkzeug. Die dichte thrakische Besiedelung und die reichen Grabungsfunde erlaubten eine großzügige Ausstellung zu diesem Thema, darunter ein Helm aus Bronze und eine Öllampe.

Die **ethnografische Abteilung** widmet sich dem Kunsthandwerk der Rhodopen: Arbeiten aus Holz, Eisen und Kupfer sind ausgestellt, Kostüme, Trachten und Weberzeugnisse.

■ **Istoričeski Muzej** (Исторически Музей), Pl. Bălgarija (Пл. България) 3, Tel. 030-162727, www.museumsmolyan.eu, geöffnet Di–So 9–12, 13–17 Uhr, Eintritt 5 Lv.

Planetarium

Das Planetarium stellt mit einer Zeiss-Optik den Sternenhimmel nach, man sitzt in einem der 150 bequemen Sessel und guckt auf die Projektionsfläche. Jeden Mittwoch darf man nachts die Sterne durch ein Teleskop in natura betrachten.

■ **Planetarium** (Планетариум), Bul. Bălgarija (Пл. България) 20, Tel. 030-183074, www.planetarium-sm.org, 2023 in Renovierung, Wiedereröffnung für 2024 geplant.

⌃ Smoljan ist eine moderne Stadt

Hausmuseum Hadjiconeva

Ein Museum im Aufbau und in privater Hand, das sich den politischen und kulturellen **Traditionen der Rhodopen** verpflichtet fühlt.

■ **Hadžičonevata Kăšta-Muzej** (Хаджичоневата Къща-Музей), Ul. Momčil Junak (Ул. Момчил Юнак) 6, www.facebook.com/hadzichonevatakyshta, geöffnet Sa/So 10–15 Uhr, Eintritt frei.

Hausmuseum Laslo Nagi

In dem Wiedergeburtshaus aus dem 19. Jh. wird des **ungarischen Dichters und Übersetzers Laslo Nagi** (1925–78) gedacht, der bulgarische Lieder, Prosa und Lyrik ins Ungarische übersetzte und so eine Brücke für die beiden Völker schlug.

■ **Kăšta Muzej Laslo Nagi** (Къща Музей Ласло Наги), Ul. Češitska (Ул. Чешитска) 3, Tel. 0879-111926, www.facebook.com/Laslo.Nagy.Smolyan, geöffnet Di–Sa 10–18 Uhr, Winter bis 17 Uhr, Eintritt 3 Lv.

Smoljan Umgebung

Seen von Smoljan

Nächstgelegenes Ausflugsziel sind die Seen im Norden der Stadt. Zwischen den sieben Seen stehen zahlreiche Häuschen, als Wochenenddomizile und Pensionen genutzt. Dennoch wirken sie durchaus idyllisch. Hier beginnt eines der **Wanderparadiese** der Rhodopen. Der nahe Gipfel Snežanka (Снежанка, 1925 m) ist mit den Seen über einen Lift verbunden.

Im Süden Smoljans

Haus des Aguš

Nach **Mogilica** (Могилица) sind es über Smiljan (Смилян) 30 km in den Süden. Hier steht nahe der Quelle des Flusses Arda (Арда) ein **gigantischer Hauskomplex: Aguševi Konaci,** das Haus eines islamisierten Bulgaren, der sich nicht scheute, seinen Reichtum zu zeigen. Die der Straße zugewandte Gebäuderückseite ist wenig interessant – die Prachtfassade richtet sich nach Süden. 78 Räume standen ab 1843 ihm und seiner Entourage zur Verfügung; begonnen wurde der Bau 1820. In Teilen ist er heute als Museum zugänglich, und die prachtvollen Räume mit ihren geschnitzten Holzdecken sprechen für sich.

■ **Aguševite Konaci** (Агушевите Конаци), Mogilica (Могилица), Tel. 0878-588491, www.agushevitekonaci.com, geöffnet tgl. 9.30–13, 13.30–18, Winter nur Di–Sa, Eintritt 8 Lv.

Höhle von Uhlovica

3 km vor Mogilica passiert man diese Höhle. Vom Parkplatz sind es knapp 30 Min. (150 Höhenmeter) in Serpentinen durch den Wald und im letzten Stück auf einer Eisentreppe hoch zum Eingang. Die für herrliche **Tropfsteingebilde** bekannte Höhle ist 440 m lang, davon sind drei Viertel begehbar. Die Temperatur in der Höhle beträgt etwa 11 °C.

■ **Peštera Uhlovica** (Пещера Ухловица), Tel. 0878-588490, https://uhlovica.com, geöffnet Sommer tgl., Winter Mi–So 10–17 Uhr (letzte Führung 16 Uhr), Eintritt 8 Lv.

Im Osten Smoljans

Festung Momčil

Im Osten von Smoljan in Richtung Kărdžali (Кърджали) gelangt man nach 14 km (1 km hinter Podvis/Подвис) zu einem Abzweig mit Schild zur Festung. Nimmt man den Asphaltweg hoch, kommt man nach 2 km an einen Abzweig, dem man für weitere 5 km folgt, dann wird der Wagen geparkt, und es sind 15 Min. Fußmarsch (100 Höhenmeter) hoch zu den Ruinen der Festung.

Hier oben auf 1215 m war im 5. Jh. v. Chr. ein thrakisches Heiligtum, eine erste Festung entstand 1000 Jahre später. Der Herrscher über die Rhodopen – *Momčil* – ließ im 14. Jh. die Festung erneuern, die Türken brannten sie dann nieder. Heute findet im Sommer bei gutem Wetter samstags eine eindrückliche Light-and-Sound-Veranstaltung statt, inklusive eines 30-minütigen, auf die Felsen projizierten Films über das Leben von *Momčil*.

■ **Krepost Momčil** (Крепост Момчил), http://momchilovakrepost.bg, Light & Sound Juni–Mitte Sept. Sa nach Einbruch der Dunkelheit, Eintritt 5 Lv.

Im Norden Smoljans

Pamporovo

Pamporovo (Пампорово) liegt 16 km nördlich von Smoljan auf 1650 m und ist einer der bekanntesten **Wintersportorte** des Landes. Allerdings sollte man kein Gebirgsdörfchen erwarten. Der Ort besteht vornehmlich aus großen, mit breiten Straßen verbundenen, modernen **Hotelbauten und Apartmentanlagen,** in denen die Gäste den Abend auf den nächsten Tag wartend verbringen, wenn die Schlepp- und Sessellifte an den Hängen des Snežnik wieder anlaufen.

Es gibt also nur einen Grund, hochzufahren: um Plovdiv auf der anderen Seite der Berge zu erreichen. Dabei allerdings kann man die Fahrt durch das **Tal der Jugovska Reka** (Юговска Река) genießen, das erst dicht bewaldet ist und sich gegen Ende zu Asenovgrad hin immer enger und zunehmend felsig zeigt.

Pantalaimon-Kloster

Auf dem Weg von Smoljan hoch nach Pamporovo (Пампорово) 4 km nach dem Abzweig zum Skiort steht das **Kloster Manastir Sveti Velikomăčenik Pantelejmon** (Манастир Свети Великомъченик Пантелеймон). 1988 gegründet, war die Kirche 1998 fertiggebaut. Weiß gekalkt, Blumentöpfe überall, Bänke und Tische – hier sind Besucher gerne gesehen, und man kann sich tatsächlich richtig wohlfühlen, ein heiterer Ort.

Široka Lăka

15 km nordwestlich von Smoljan – auf schöner, kurvenreicher Fahrt durch die Nadelwälder am Prevala-Pass erreichbar – ist Široka Lăka (Широка Лъка) mit seinen 400 Einwohnern von ganz anderem Kaliber als die größere Stadt. Berühmt für seine **Architektur,** die idyllische Lage in einem engen Tal am **Flüsschen Širokolăska Reka** (Широколъска Река) mit kleinen Brücken, für seine **Musik** und seine **Webwaren,** lädt es zum

Verweilen ein und dazu, die Seele baumeln zu lassen. Große Teile des Ortes stehen unter Denkmalschutz. Man sollte sich **zu Fuß** auf Entdeckungstour durch das Freilichtmuseum machen, das das Dorf darstellt.

Široka Lăka war eine **christliche Enklave** in der ansonsten muslimisch dominierten Region, seine Bewohner entwickelten einen für die Rhodopen ganz typischen **Baustil.** Die Häuser sind von dicken weißen Mauern geschützt. Im Hof steht meist ein Brunnen. Die zweistöckigen, gemauerten Gebäude mit hohen Schornsteinen und Erkern besitzen eine vorzügliche Inneneinrichtung aus Holz, mit Einbauschränken und schmalen Treppen. Fast immer sind sie unterkellert und dort mit einem Versteck für die Familie versehen, wenn die Zeiten wieder einmal unruhig wurden. Bis zum Bau der Dorfkirche besaß auch jedes Haus eine Gebetsecke.

1834 beschloss der Dorfrat, die türkische Verwaltung um die Errichtung einer Kirche zu bitten. Es wurde ihm zugestanden, doch an die Bedingung geknüpft, dass das Gotteshaus innerhalb von 40 Tagen fertigzustellen sei, anderweitig man den Bau umgehend dem Erdboden gleich machen werde. Mit einer beispiellosen Aktion der Dorfgemeinschaft wurde der Zeitplan eingehalten (mit zwei Tagen sogar unterboten), Alte, Frauen, Kinder und Männer schufteten gleichermaßen Tag und Nacht. Die Brüder *Zograf* malten das Gotteshaus schließlich aus. Die **Kirche Mariä Himmelfahrt** (Sv. Uspenie Bogorodično/Св. Успение Богородично) steht bis heute.

In Široka Lăka wurde mit der *kaba gaida* auch ein ganz eigenes **Musikinstrument** entwickelt, ein Dudelsack. Mit ihm, ihrem Gesang und einer Musikschule halten die Dorfbewohner die Tra-

☑ Široka Lăka in idyllischer Tallage

372bu sk

Südliches Zentralbulgarien

dition aufrecht, und einige der berühmtesten **Sänger** des Landes stammen von hier. Das **Ethnografische Museum** des Dorfes ist sehr klein – ein Blick genügt.

■ **Etnografski Muzej** (Етнографски Музей), Tel. 030-302222, geöffnet 20. Juni–Anfang Sept. Mo–Fr 10–11, 14–17 Uhr, Eintritt 3 Lv.

Kirchenruine von Gela

7,5 km sind es von Široka Lăka (Широка Лъка) nach **Gela** (Гела) auf 1500 m üNN. Man folgt im Dorf den Schildern zum Panorama-Gästehaus, parkt kurz dahinter an der Kirche und geht kurz den Hügel hoch. Die Fundamente der **frühchristlichen Basilika** (Rannohristijanska Bazilika/Раннохристиянска Базилика) stammen aus dem 5. Jh., als die thrakische Bevölkerung der Region zum Christentum bekehrt wurde, und waren Teil eines größeren Kirchenkomplexes. Er bestand allerdings nicht lange: Bereits im 6. Jh. machten ihn Slawen und Awaren dem Erdboden gleich.

373bu sk

< Čepelare – die höchstgelegene Stadt Bulgariens

Čepelare

Čepelare (Чепеларе) mit 4800 Einwohnern liegt 10 km nördlich von Pamporovo (Пампорово) in einem Talkessel, ist mit 1150 m die **höchstgelegene Stadt Bulgariens** und wie Pamporovo ein **Wintersportort.** Doch beschränkt sich die Zahl der Pisten auf zwei, und die Unterkünfte sind nicht so glänzend wie im anderen Ort, dafür günstiger.

Das kleine **Skimuseum** entstand dann 1998, nachdem *Ekateria Dafovska* bei den Olympischen Winterspielen von Nagano die Goldmedaille im Biathlon heim nach Čepelare gebracht hatte.

Das 2019 völlig überarbeitete und neu eröffnete **Höhlenmuseum** dokumentiert mit interessanten Exponaten spannend die Geologie, Archäologie, Mineralogie und Fauna der bulgarischen Unterwelt in den Rhodopen mit z.B. Fledermäusen und dem echten Skelett eines Ursus spelaeus – des vor 30.000 Jahren ausgestorbenen Höhlenbären.

■ **Muzej na Skite i Ski Sporta** (Музей на Ските и Ски Спорта), Tel. 030-518137, geöffnet Di–Sa 9–12.30 und 13.30–17.30 Uhr, Eintritt 2 Lv.

■ **Muzej na Rodopskija Karst** (Музей на Родопския Карст), Tel. 030-518137, geöffnet tgl. 9–12, 13.30–17.30 Uhr, Eintritt 5 Lv.

Wunderbrücken

Das **Naturphänomen** Wunderbrücken sind zwei Felsbrücken, die sich durch den Kollaps einer vom Fluss ausgespülten Höhle gebildet haben. Um sie zu erreichen, fährt man von Čepelare 14 km nach Norden und biegt ins Gebirge Richtung Zabărdo (Забърдо) ab. Nach 9 km gelangt man an eine Gabelung und nimmt die rechte Straße, nach 7 km folgt der Parkplatz beim Bergchalet Hiža Čudnite Mostove (Хижа Чудните Мостове). Von ihm sind es gut 5 Min zu Fuß die Treppen hinunter und wieder hoch zu den Aussichtspunkten oberhalb der Felsbrücken auf 1450 m Höhe.

Die beiden Bögen bestehen aus **Marmor**, die obere Brücke ist 12 bis 14 m breit und überspannt eine Höhlung von 45 m Breite und 43 m Höhe. Die weiter unten liegende Brücke zeigt sich als 60 m langer Tunnel, der sich stark verengt. Hinter ihr verschwindet der Fluss im Boden und kommt erst nach 1,5 km wieder an die Oberfläche.

Wanderungen führen von den Felsbrücken auf den Gipfel des Persenk (2 Std.) und zum Chalet Hiža Persenk (3½ Std.).

■ **Čudnite Mostove** (Чудните Мостове), Tel. 0899-807671, www.chudnite-mostove.com, frei zugänglich.

Trigard-Schlucht/ Jagodina-Tal

Teufelsschlund und Teufelshöhle

40 km sind es von Smoljan nach Westen bis zur Gabelung am Fluss **Vača Reka** (Вача Река) 4 km südlich von Devin (Девин) mit seinen Komforthotels. Von hier folgt man den Schildern Richtung Dospat (Доспат) und biegt beim Dorf Tešel (Тешел) in das **Trigard-Tal** ab. Die Fahrt durch die **Schlucht** ist beeindruckend, bis zu 300 m ragen die Felswände auf, in die sich die **Trigradska Reka** (Триградска Река) eingegraben hat.

Den Teufelsschlund erreicht man nach 9 km, knapp 2 km vor dem Dorf **Trigrad** (Триград). Ein Parkplatz mit Souvenirständen, eine Bar mit Snackangebot und eine kurze Zipline liegen an der Höhle. In dieser verschwindet der Fluss lärmend mit einem 42 m hohen **Wasserfall** und gewinnt nach 600 m als Karstquelle neues Leben. **Ein Drittel der Gesamtlänge von 2,5 km sind zu be-**

Als Orpheus unartig war

Als *Orpheus* seine *Eurydike* heiraten wollte, wurde sie von einer giftigen Schlange gebissen, und die Geliebte starb. Er wollte sie zurückholen, machte sich auf den Weg zur **Teufelshöhle** und stieg in die Finsternis, den Gott der Unterwelt und dessen Gemahlin – *Hades* und *Persephone* – mit seinem Gesang zu betören und ihr Einverständnis zu erhalten. Es gelang, doch beide knüpften eine Bedingung an ihre Zustimmung: Keinesfalls dürfe er sich auf dem Rückweg umdrehen und *Eurydike* anschauen. Der Rest ist Oper.

sichtigen (eine halbe Stunde, Temperatur 8 °C). Man betritt die Höhle durch einen 150 m langen künstlichen Tunnel und gelangt in die gigantische Haupthalle. Steil geht es von ihr hinunter in die Donnerhalle, den natürlichen Eingang des Flusses mit dem Wasserfall und natürlich einem Sprühnebel. Nach stärkerem Regen kann der Nebel allerdings so dicht sein, dass man nur wenig sieht. Die Höhle ist im Winter auch ein wichtiger Rückzugsort für etwa 50.000 Langflügelfledermäuse. Zum Ausgang gelangt man über 288 Stufen – keinesfalls umdrehen!

■ **Djavolskoto Gărlo** (Дяволското Гърло), Tel. 0890-222515, geöffnet 9–17, im Winter 10–16 Uhr, Eintritt 6 Lv.

Bärenmuseum

Von der Teufelshöhle sind es 600 m Richtung Trigrad zum privaten Bärenmuseum in einem Häuschen bei einem Bistro. Interessant ist es als Anlaufpunkt für eine **geführte Wanderung** in die Umgebung auf den Spuren der Bären. Mit Glück hat man Sichtungen – garantiert ist es aber nicht.

■ **Muzej na Mečkata** (Музей на Мечката), Tel. 0878-959661, geöffnet tgl. 9–18 Uhr, Eintritt 2 Lv.

Trigard-Schlucht/Jagodina-Tal

374bu sk

Höhle von Jagodina

Um zur Höhle zu gelangen, kehrt man zur Hauptstraße zurück, fährt Richtung Dospat (Доспат) und biegt 1 km hinter dem Dorf Tešel (Тешел) nach Süden ins Jagodina-Tal ab. 6 km Fahrt sind es auf enger Straße zur Höhle (vorbei am Abzweig zum Dorf Jagodina).

Mit einer Gesamtlänge von 8500 m gehört sie zu den **größten des Landes**, 1100 m sind für die Besucher bei einer **Führung** zugänglich. Am Höhleneingang wurden Keramik und Reste von Brennöfen gefunden, die 4000 Jahre alt sind, Hinweis auf eine Werkstatt.

Die **Tropfsteine** von Jagodina gehören zu den schönsten überhaupt, Stalagtiten, Stalagmiten und Stalaktate in allen nur erdenklichen Formen und Größen regen die Fantasie an: die Jungfrau Maria mit dem Kinde, das Krokodil, der Nikolaus, der Elefant und Schneewittchen sind zu erkennen. Eine knappe Stunde dauert die Führung in der 6 bis 10 °C kalten Höhle.

- **Jagodinskata Peštera** (Ягодинската Пещера), Tel. 0889-903642, www.yagodinska-peshtera.com, geöffnet 9–12, 13–16.15, Winter ab 10 Uhr, Eintritt 10 Lv, mit Führung auf Englisch 25 Lv.

Praktische Tipps

Information

- **TIC Smoljan,** Mladeški Dom (Младешки Дом), Bul. Bălgarija (Пл. България) 5, Tel. 030-162530, https://visitsmolyan.bg, geöffnet tgl. 8.30–12, 12.30–17 Uhr.
- **TIC Široka Lăka,** am Hauptplatz, Tel. 030-302222, geöffnet Sommer tgl. 9–12, 13–17 Uhr.
- **TIC Čepelare,** Ul. Dičo Petrov (Ул. Дико Петров) 1, Tel. 0882-362547, www.visitchepelare.bg, geöffnet Mo–Fr 8.30–17.30 Uhr.

Unterkunft

- **Kiparis**②, Bul. Bălgarija (Бул. България) 1a, Tel. 030-164040, www.hotelkiparis.eu. Direkt neben der Touristeninformation; modernes Hotel mit 58 hell und komfortabel eingerichteten Zimmern, freundlichem Personal, Restaurant und kleinem Spa-Zentrum.
- **Luxor**②, Bul. Bălgarija (Бул. България) 80, Tel. 0988-909119, www.luxor-bg.com. Elegantes Hotel in einem modernen Bau mit komfortabler Einrichtung und gutem Preis-Leistungs-Verhältnis.

■ **Izvorat**②, in Arda (Арда) 4 km südlich von Mogilica, Tel. 0879-295960, www.izvoratarda.com. 17 Zimmer in einer Villa mit engagierten Gastgebern und einem Restaurant, das vom eigenen Bauernhof versorgt wird.

Unterkunft in Široka Lăka

■ **Široka Lăka**③, Ul. Čukata (Ул. Чуката) 1, Tel. 030-302121, www.shirokalaka.bg. Luxushotel in einem nachgebauten Renaissance-Komplex mit Taverne, Restaurant, Garten und einem Wellness-Zentrum.

■ **Kalina**①, Ul. Kapitan Petko Vojvoda (Ул. Капитан Петко Войвода) 63, Tel. 0879-977994, www.shirokaluka-kalina.com. Familienhotel mit zehn modernen Zimmern und Apartments im Ort, angenehme Atmosphäre, Taverne.

■ **Panorama Guesthouse**③, in Gela (Гела) 7 km von Široka Lăka in den Bergen, Tel. 0896-620046, www.gosti-gela.com. In Panoramalage hoch über dem Tal, Zimmer und Apartments in mehreren Gebäuden, Essen bei Vorbestellung.

Unterkunft in Trigrad

UNSER TIPP: **Arkan Han**②, 2 km von Trigard ins Tal, Tel. 0886-908912, https://arkanhan.com. Hotel und Restaurant mit Reitstall tief im Tal und in absoluter Ruhe, aufmerksames Personal und viele Tipps für Aktivitäten; Fazit: Ferien unter Freunden.

Essen und Trinken

■ **Petko Takovata Kăšta,** Ul. Momčil Junak (Ул. Момчил Юнак) 10, Smoljan, im Stadtteil Ustovo, Tel. 0885-335255, geöffnet 10–24 Uhr. Elegantere Taverne mit gemütlicher Atmosphäre und ausgezeichneter bulgarischer Küche. Es werden auch geschmackvoll eingerichtete Zimmer vermietet (DZ ab 40 Lv).

Aktivitäten

■ **Höhlenerkundung:** Im Karst rund um Smoljan liegen Höhlen – so viele, dass sie ungezählt sind. Mehrere Dutzend hat der Speläologische Klub von Smoljan begangen, und einige können auch von Touristen in Begleitung besucht werden. Für Kontakt zu den Höhlenforschern sorgen die Touristeninformationen.

■ **Zipline Čepelare,** 3 km nördlich von Čepelare, Tel. 0896-856887, www.zipline.4epelare.com, tgl. 10–17 Uhr. 165 m lange Zipline mit 30 m Höhe und Vmax von 60 km/h; eine Fahrt 15 Lv. Außerdem: Via Ferrata (15 Lv), Sky Bike (200 m am Drahtseil im Käfig in 60 m Höhe radeln) 40 Lv.

■ **Wanderungen am Perelik:** Von Široka Lăka (Широка Лъка) erreicht man auf einer Wanderung in 3½ Std. die in 1960 m Höhe gelegene Hütte Hiža Perelik, die höchstgelegene der Rhodopen. Wer nicht die ganze Strecke gehen möchte, fährt bis zum Dorf Solišta (Солища) und lässt seinen Wagen dort stehen. Dann sind es nur noch 2½ Std. Den Gipfel Goljam Perelik (Голям Перелик) selbst darf man nicht besteigen. Von der Hütte kann man in 4½ Std. die Hiža Lednicata auf 1680 m Höhe erreichen. Der Abstieg von hier nach Široka Lăka dauert 3 Std. Die Hiža Smoljanski Ezera liegt in 1512 m Höhe am südlichen Hang des Gipfels Snežnik (Снежник), 10 Minuten Fußmarsch von der Liftstation. Von ihr geht es in 2½ Std. zur Hiža Studenec auf 1646 m. Zur Hiža Perelik sind es dann noch etwa 4½ Std.

Hütten

■ **Hiža Perelik** (Хижа Перелик), 1969 m üNN, Tel. 0886-752111, 35 Schlafplätze, Kantine.

■ **Hiža Lednicata** (Хижа Ледницата), 1680 m üNN, Tel. 0886-038503, 72 Schlafplätze, Kantine.

■ **Hiža Smoljanski Ezera** (Хижа Смолянски Езера), 1512 m üNN, Tel. 0889-906595, www.ezerata.net, 77 Schlafplätze, Restaurant.

Wanderung zum Praskalo-Wasserfall

Auf dem Weg zur Jagodina-Höhle kann man einen **Abstecher** ins Kurstädtchen **Devin** (Девин) machen, durch es hindurchfahren und eine kurze Wanderung (Hinweg 30 Min., 70 Höhenmeter) zum **Vodopad Samodisko Prasakal** (Водопад Самодивско Пръскало) unternehmen.

Von Devin fährt man dafür 3 km ins Tal der Devinska Reka (Девинска Река) hinein und parkt kurz vor dem Schwimmbad. Man folgt dem Flüsschen für 15 Min. weiter ins Tal hinein bis zu einem Pavillon. Hier steigt man mäßig steil auf schmalem, teilweise mit Bohlen befestigten Pfad in 15 Min. zum Wasserfall hoch. Auf 45 m Höhe fließt er in Kaskaden herab und läuft die schrägen Felsen entlang.

Wanderung zum Adlerauge

Die Wanderung auf einem **steilen Serpentinenpfad** (Aufstieg 1–1½ Std., 350 Höhenmeter) zum Adlerauge (Orlovo Oko/Орлово Око) – eine **über dem Abgrund schwebende Plattform** hoch über dem Tal – beginnt 700 m westlich des Dorfes Jagodina (Ягодина) kurz vor dem Hotel Mursal. Es geht in kurzen Schwüngen die Diretissima entlang steil und ehrlich zum **Gipfel des Sv. Ilija** (Св. Илия) auf 1508 m üNN. Verlaufen kann man sich nicht, und die rote Markierung ist eigentlich unnötig. Selbstredend ist der Blick fantastisch und **nichts für Schwindelgeplagte.**

Zurück nimmt man denselben Weg oder geht in einem weiten, östlichen Bogen auf der ruppigen Fahrstraße über 5 km zum Startpunkt zurück (75 Min.) – oder man setzt sich in einen der oben wartenden Geländewagen, die einen für einen überschaubaren Betrag ins Dorf hinunterbringen.

Wer den Aufstieg scheut: Im Tal stehen an mehreren Stellen **Geländewagen** bereit, die einen Kurzausflug hoch anbieten. Er dauert 90 Min. und kostet um 50 Lv.

Wanderung von Trigard nach Jagodina

In **Trigard** beginnt die **einfache Wanderung** (2–2½ Std., 6,5 km, Anstieg 150, Abstieg 250 Höhenmeter) beim Hotel Deni. Man geht rechts an ihm vorbei direkt nach Westen, biegt nach 20 m rechts ab und wandert knapp 1 km nach Norden aus dem Ort hinaus. Der Weg gabelt sich schließlich, man orientiert sich nach rechts und folgt dem grün markierten Fahrweg nach Nordosten. Für weitere 15 Min. hält man etwa die Höhe, dann steigt der Weg an, und man erreicht nach weiteren 15 Min. das Plateau und eine Wiese. Wenige Meter Richtung Osten bringen einen zum Abbruch und dem Aussichtspunkt mit Blick auf das Trigard-Tal, von dem man sich nun verabschiedet.

Weiter führt der gute Weg – nun rot und grün markiert – nach Norden über Wiesen und entlang einer Waldschneise. Nach 20 Min. sehr sanften Ansteigens hat man den **Scheitelpunkt** der Wanderung auf 1350 m üNN erreicht.

Von nun an geht's bergab durch den Wald. Nach einer guten halben Stunde tritt man unter den Bäumen hervor, blickt über die grünen Weiden und sieht unten das Dorf **Jagodina.** Der Wiesenpfad mündet an einem Picknickplatz in den Fahrweg ein, der einen ins Dorf hinunterbringt – 1–1½ Std. ab dem Scheitelpunkt.

■ **Hiža Studenec** (Хижа Студенец) 1646 m üNN, Tel. 0889-736916, https://studenets.eu. Hotel mit komfortablen Zimmern und Restaurant im Skigebiet, ganzjährig.

Veranstaltungen

■ **Meadows in the Mountains:** Jeden Juni findet beim Dorf Polkovnik Serafimovo an der griechischen Grenze das dreitägige Festival statt – fast eine Reminiszenz an die Hippie-Zeit. Gespielt wird von Country und Pop bis zum Swing fast alles, und zu später Stunde traktieren die DJs die Plattenteller; www.meadowsinthemountains.com.

375bu sk

■ **Perelik World Music & Jazz Festival:** Ende Juli Jazz und Ethno am Perelik in den Bergen unter den Sternen, www.facebook.com/perelikecojazz festival.

Verkehr

■ **Bushof Centralen,** Bul. Bălgarija (Бул. България) 85, im Westen des Zentrums, Tel. 030-163104. Verbindungen nach Sofija (София), Plovdiv (Пловдив) und Burgas (Бургас).

■ **Bushof Ustovo,** Stadtviertel Ustovo (Устово), im Osten, Tel. 030-164585. Verbindungen in die östlichen Rhodopen.

Gesundheit

■ **Hospital** (Bolnica/Болница), Bul. Bălgarija (Бул. България) 2, Tel. 030-162666, www.mbal smolyan.com.

Die Höhle von Jagodina ist ein beliebtes Ausflugsziel mit Hotels und Restaurants

Velingrad (Велинград)

Die **Endhaltestelle der Schmalspurbahn von Bansko** (Банско) durch die Berge (→ dort) nennt sich selbst die Kapitale der Kurstädte auf dem Balkan, ist aber auch Zentrum des bulgarischen **Hopfenanbaus**. Fast 50 Hotels und Pensionen mit Kureinrichtungen verteilen sich über die Stadt, die Kategorien reichen vom einfachen Zwei-Sterne-Haus bis zum Fünf-Sterne-Luxustempel. Und wer in der Stadt nichts findet, fährt noch ein Stück weiter in den Norden zur kleinen Schwester **Varvara** (Варвара).

Auch sie hat sich mit Haut und Haaren dem Kurangebot verschrieben. Zwischen Rila-Gebirge und Rhodopen und von hohen Bergen umgeben, findet hier das **Mineralwasser** seinen Weg nach oben. 77 Quellen besitzt die 21.000-Seelen-Stadt, und alle werden für Anwendungen genutzt – abhängig von ihrer jeweiligen Zusammensetzung und Temperatur gegen das eine oder andere.

Geschichte

Geschichtlich hat Velingrad nichts Außerordentliches zu bieten. Es entstand 1948 aus dem Zusammenschluss dreier Dörfer und erhielt seinen Namen von der Partisanin *Vela Peeva,* die sich im Jahr 1943 ihrer Verhaftung durch Selbstmord entzog.

Sehenswertes

Stadtmuseum

Das **vorzüglich gestaltete und geführte Museum** ist eine Wohltat im Einerlei häufig lieblos präsentierter Ausstellungen. Natürlich gibt es auch eine Abteilung zur Unabhängigkeit, aber die ethnografische Sammlung ist informativ, und als Leckerbissen gibt es eine eigene Ausstellung zum **Schmuck der Ostereier,** wie es auch die Sorben Mitteleuropas kennen – das einzige Museum des Landes zu diesem Thema.

■ **Istoričeski Muzej** (Исторически Музей), Ul. Černozemski (Ул. Черноземски) 4, Tel. 035-952 591, www.museum.velingrad.eu, geöffnet tgl., Winter Mo–Sa 9–17.30, Eintritt 4 Lv.

Kleptusa-Quelle

Neben dem Thermalwasser gibt es aber auch noch die **Karstquelle Iztočnik Kleptuza** (Източник Клептуза), die jede Sekunde 270–1020 Liter eiskaltes Wasser (8,1° C) in zwei malerisch in einem Park gelegene kleine Seen speit, die schließlich in den Fluss **Čepinka** (Чепинка Река) abfließen. Die Natur rundherum ist auf über 400 ha geschützt.

Velingrad Umgebung

Cepina-Festung

Die **altbulgarische Festungsruine Cepina** liegt nordöstlich von Velingrad hoch oben und ist – über die Dörfer Kostandovo/Dorkovo (Костандово/Дорково)

376bu sk

– mit dem Wagen zu erreichen (18 km). Vom Parkplatz bei der Hütte sind es 10 Gehminuten hoch. Die Festung bestand bereits im 9. Jh., wurde dann aber nach der Rückeroberung von den Byzantinern durch Car *Kalojan* befreit und an Despot *Slav* übergeben, der sie als Rhodopenherrscher 1207 zu seinem Hauptsitz machte (→ bei Melnik). Die Festungsmauern umgriffen einst 6 ha und schützten die Burg in ihrer Mitte. Heute blickt man über die bewaldeten Hügel der Westrhodopen. Im Museumsgebäude werden die Anlage und die Geschichte erläutert.

■ **Krepost Cepina** (Крепост Цепина), Tel. 0878-527393, geöffnet tgl. 10–18, Winter bis 17 Uhr, Eintritt Museum 5 Lv, Festung frei zugänglich.

Pleistozän-Park

Auf dem Rückweg macht man in **Dorkovo** Station und besucht dort das Paläontologische Museum. Beim Dorf hatte man **Knochen von über 30 Tierarten aus dem Pliozän** entdeckt – die bedeutendste Fundstätte auf dem Balkan. Um das Ganze anschaulich zu gestalten, wurde der Körper eines Rüsseltieres rekonstruiert und ausgestellt: ein mächtiger *Anancus arvernensis*, der vor 2 Mio. Jahren gelebt hat.

■ **Pliocenski Park** (Плиоценски Парк), Dorkovo (Дорково), Tel. 0878-527393, geöffnet tgl. 10–19, Winter bis 17 Uhr, Eintritt 5 Lv.

Batak

In Batak (Батак) leben heute 2800 Einwohner. 1876 waren es 9000 Menschen. Die Stadt hatte sich dem **Aprilaufstand** gegen die osmanische Herrschaft angeschlossen, und die Türken wollten ein Exempel statuieren. Sie marschierten mit 8000 Soldaten und Freischärlern auf Batak und belagerten es. Bataks Bürgermeister verhandelte die Übergabe aller Waffen gegen die Verschonung der Bewohner. Der türkische Befehlshaber *Ah-*

Velingrad ist ein aufgeräumtes Kurstädtchen

met Aga Barun Tan stimmte zu, ließ die Waffen einsammeln und köpfte abschließend den Großteil der Einwohner – auch Frauen und Kinder, die sich in das Kirchlein **Sv. Nedelja** (Св. Неделя) am Hauptplatz geflüchtet hatten.

Im dezent und würdig geschmückten Kirchenschiff sind Gebeine der Opfer zu sehen. Nur 1200 Menschen sollen überlebt haben. Von dem Massaker erzählt das **Geschichtsmuseum** im Ort mit seiner Krypta und auf zwei Etagen.

■ **Istoričeski Muzej** (Исторически Музей), Pl. Osvoboždenie (Пл. Освобождение) 3, Tel. 035-532 026, www.museumbatak.com, geöffnet tgl. 9–18.30, Winter bis 17 Uhr, Eintritt 4 Lv.

Snežanka-Höhle

Die gut ausgebaute Höhle 15 km nördlich von Batak (Батак) ist mit nur 145 m vergleichsweise kurz, dennoch aber ein **Kleinod.** Im Inneren herrschen ganzjährig 9 °C, sodass man eine Jacke dabei haben sollte. Die **Schönheit der Tropfsteine** hat die Menschen schon vor 2500 Jahren beeindruckt. Sie wärmten sich in der Höhle mit Lagerfeuern. Zu sehen sind alle Formen: Stalagmit, Stalaktit, Stalagnat, Vorhänge und Sinterteiche. Die Höhle liegt abseits der Hauptstraße. Auf dem schmalen Asphaltband geht es 3 km hoch zum Parkplatz und von diesem zu Fuß weiter hoch und in knapp 30 Min. (150 Höhenmeter) zum Höhleneingang.

■ **Snežanka Peštera** (Снежанка Пещера), Tel. 0896-715972, https://peshterasnejanka.com, geöffnet 10.15–17.15, Winter bis 15.15 Uhr, Eintritt 7 Lv.

Peštera

Wieder auf der Hauptstraße sind es 2 km in das Örtchen Peštera (Пещера) mit zwei Sehenswürdigkeiten. Die **Festung Peristera** soll aus dem 4. Jh. stammen und an Stelle eines thrakischen Heiligtums errichtet worden sein. Teile der Festungsmauern und die Zitadelle hat man in den 2010er Jahren rekonstruiert. Das Museum zeigt Grabungsfunde. Im **Automuseum** stehen die Fahrzeuge, die im Sozialismus für Mobilität sorgten: von Trabant bis zur protzigen Parteibonzenkarosse.

■ **Muzej Krepost Peristera (Музей Крепост Перистера),** Tel. 0894-677706, geöffnet Di–So 9–18.30, Winter bis 17 Uhr, Eintritt 5 Lv.

■ **Muzej Avtomobilite na Socializma (Музей автомобилите на социализма),** Ul. Mihail Takev (Ул. Михаил Такев), Tel. 0896-626264, http://carsofsocialism.com, geöffnet tgl. 10–18 Uhr, Eintritt 7 Lv.

Bessa Valley Winery

■ **Ognjanovo** – 10 km östlich von Pazardžik, Tel. 0889-499992, www.bessavalley.com.

■ **Weinregion Thrakia-Tal,** Rebfläche 250 ha, Kellermeister *Svetlozar Dzurov.*

■ **Rote Rebsorten:** Merlot, Syrah, Petit Verdot, Cabernet Sauvignon.

■ **Weiße Rebsorten:** Viognier, Marsanne, Roussanne.

■ **Herausragende Weine:** Bessa Valley Grande Cuvée, Petite Syrah, Enira Reserve.

■ **Touristisches Angebot:** Führung und Weinverkostung nach Voranmeldung tgl. 9–17 Uhr (Minimum 10 Personen), Führung mit Häppchen und 3 Weinen 50 Lv, mit 5 Weinen 70 Lv, mit 7 Weinen (für kleinere Gruppen) 100 Lv.

377bu sk

Pazardžik

Pazardžik (Пазарджик) mit 68.000 Einwohnern 40 km nordöstlich von Velingrad könnte – bis auf einige wenige Bauwerke – gesichtslos sein, ist es aber nicht. Der Bul. Knjaginja Maria Luiza (Бул. Княгиня Мариа Луиза) durchzieht die Stadt in ganzer Länge, und ihn begleitet ein **Kanal,** der eine fast mediterrane Stimmung entstehen lässt. Immer verbinden ihn auch Seitenarme mit der **Marica** (Марица), die am südlichen Stadtrand fließt. Zwei schlanke Türme sind im Zentrum zu sehen. Der **Uhrenturm** (Sahat Kula/Сахат Кула) an der Pl. Saedinenie (Пл. Саединение) stammt von 1741.

Die **Kuršum-Moschee** (Куршум Джамия/Džamija) mit ihrem Minarett steht am Bul. General Gurko (Бул. Генерал Гурко) und trägt ihren Namen wegen des Bleidaches (*kuršum* bedeutet „Projektil"). Sie wurde 1667 errichtet.

Das **Geschichtsmuseum** ist über drei Gebäude verteilt. Das Hauptgebäude umfasst das Lapidarium mit Altrömischem, die Archäologie mit bis zu 6000 Jahre alten Artefakten, die osmanische Zeit und den Befreiungskampf und schließlich die Moderne. Die ethnografische Abteilung ist im schönsten Haus der Stadt untergebracht. Es war bereits 1850 das repräsentativste Gebäude. Die

Batak – Dospat

Die schöne, 50 km lange Fahrstrecke von Batak (Батак) in den Süden nach Dospat (Доспат) führt durch die dichten Nadelwälder und Forste, vorbei an malerisch gelegenen Seen.

⌃ Batak war der Schauplatz eines üblen Massakers

Themen sind Kleidung, Handwerk, Kunst und kulturelle Traditionen. Das Hausmuseum widmet sich dem in der Wiedergeburtszeit bedeutendsten Sohn der Stadt – *Veličkov* war Revolutionär und später Politiker.

- **Istoričeski Muzej** (Исторически Музей), Tel. 034-443108, www.museum-pz.com; Hauptgebäude Ul. Konstantini Veličkov (Ул. Константин Величков) 15, Ethnografie Otec Paisij (Отец Паисий) 8, Hausmuseum Veličkov Ul. Teodor Trajanov (Ул. Теодор Траянов) 6, geöffnet Mo-Fr 9–17, Sa 10–17, So 10–14 Uhr, Eintritt je 3 Lv, 3 Museen 6 Lv.

Praktische Tipps

Information

- **TIC Velingrad,** Pl. Svoboda (Пл. Свобода) 2, www.tic.velingrad.bg, geöffnet Mo–Fr 8–18, Sa 10–16 Uhr.

Unterkunft

- **Spa Hotel Dvoreca**④, Ul. Tošo Staikov (Ул. Тошо Стайков), Velingrad, Tel. 035-956200, www.dvoretsa.com. High-End Hotel der Stadt in Panoramalage mit allem erdenklichen Luxus, für mitteleuropäische Verhältnisse überaus erträglichen Preisen und allerlei Drumherum wie Poollandschaft mit Rutschen, Fitness und Tennis.
- **Grand Hotel Hebar**②, Ul. Tošo Staikov (Ул. Тошо Стайков), Pazardžik, Tel. 034-990000, www.grandhotelhebar.net. Modernes Komfort- und Geschäftshotel im Zentrum der Stadt mit 56 Zimmern und Suiten; Restaurant mit internationaler Küche.
- **Hotel Spa Hebar**③, an der Nordseite des Stausees von Batak (Батак), Tel. 0896-666633, www.spahotelhebar.com. Ferienhotel in ruhiger Lage am Seeufer mit Wellness-Angeboten und Restaurant.

Camping

- **Eco Camping Batak,** von Velingrad kommend 7,5 km vor Batak (1,5 km abseits der Straße), Tel. 0894-209911, www.campingbatak.com, geöffnet Mai–Sept. Schöner Campingplatz am Seeufer mit guten Sanitäreinrichtungen und einem breiten Aktivitätsangebot von Kayak über MTB bis Reiten.

Aktivitäten

- **Aquapark Varvara,** Varvara (Варвара), Tel. 0885-635291, www.aquapark-varvara.com, geöffnet 10–20 Uhr, Eintritt 15 Lv, Wochenende 20 Lv. Die zweitheißeste Quelle des Landes wird von ihren 92 °C auf erträgliche Temperaturen gebracht und in die Poollandschaft geleitet; Spa- und Wellness-Angebote, Unterkunft und Restaurant.

Manastira Winery

- **Lesičvo** – 30 km nordwestlich von Pazardžik, Tel. 0887-065635, www.manastirawinery.com.
- **Weinregion Thrakia-Tal,** Rebfläche 30 ha, Kellermeister *Georgi Kuzmov.*
- **Rote Rebsorten:** Mavrud, Cabernet Sauvignon, Syrah, Merlot.
- **Weiße Rebsorten:** Chardonnay, Sauvignon Blanc, Muskat Ottonel.
- **Herausragende Weine:** Middle Forest Syrah, Ilaia Mavrud Premium Reserve, Riverside Cabernet Sauvignon.
- **Touristisches Angebot:** Führung und Weinverkostung nach Voranmeldung werktags 9–17 Uhr, Kosten für Führung und Weinprobe nach Absprache.

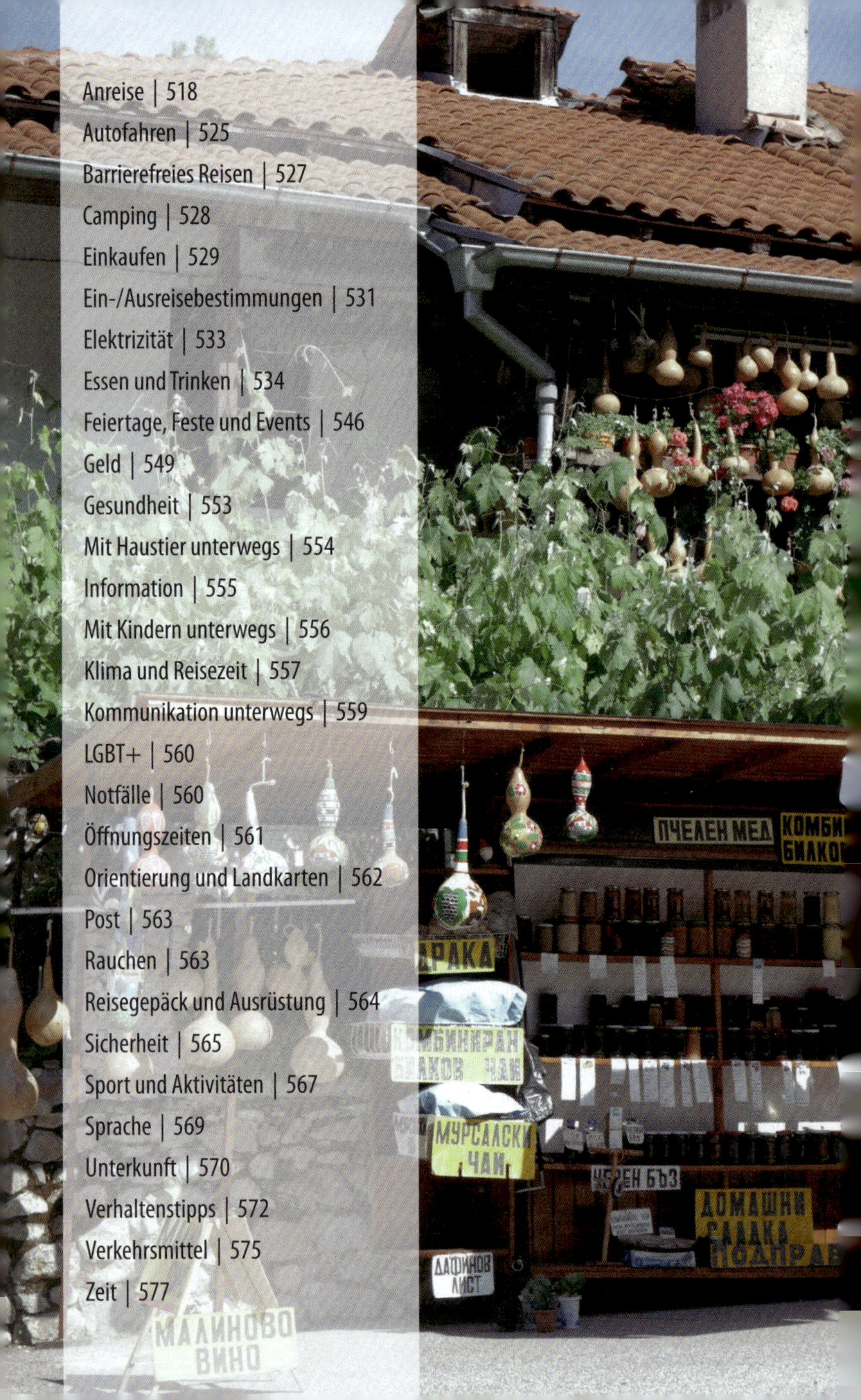
ПЧЕЛЕН МЕД
МУРСАЛСКИ ЧАЙ
ДАФИНОВ ЛИСТ
МАЛИНОВО ВИНО

385bu sk

8 Praktische Reisetipps A–Z

Straßenstand in Rožen bei Melnik

Anreise

→ Autofahren
→ Verkehrsmittel

1200 km Luftlinie ist **München** von **Sofija** entfernt, 1400 km Luftlinie sind es bis **Varna.** Nur für diejenigen, die länger bleiben und nicht nur an der Küste ankern wollen, ist es sinnvoll, mit dem **eigenen Fahrzeug** zu fahren.

Das Gros der Besucher kommt mit den **Flugzeugen,** die in der Saison Mitteleuropa täglich mit den beiden Zentren **Burgas** und **Varna** am Schwarzen Meer und mit der Landeshauptstadt **Sofija** verbinden.

Eine **Zugfahrt** nach Sofija dauert 33 Stunden (dreimal umsteigen). Die Fahrt von München nach Sofija mit dem **Reisebus** dauert 28–30 Stunden. Beide Möglichkeiten sind häufig teurer als der Flieger.

Anreise mit dem eigenen Fahrzeug

Wegen der großen Entfernung sollte man ab München und Wien mindestens eine **Übernachtung** einplanen, ab dem nördlichen Mitteleuropa mindestens zwei. Am Wegesrand finden sich gute Hotels und Pensionen.

In allen Transitländern ist das **Tankstellennetz** gut ausgebaut und bleifreies Benzin erhältlich.

Anreise über Österreich, Ungarn und Rumänien

Auf der Straße sind es von **München** über **Wien, Budapest und Bukarest** nach **Varna** 1750 km (reine Fahrtzeit rund 18 Std., Treibstoff ist etwas günstiger als in Deutschland). Die Strecke von München bis 80 km vor Bukarest ist durchgängig gut befahrbare Autobahn, dann sollte man auf Landstraßen ausweichen, um nicht durch Bukarest fahren zu müssen. Die Straßen von Ruse bis Šumen sind gut, ab Šumen fährt man wieder auf einer Autobahn nach Varna.

■ Die **Mautgebühr** beträgt in **Österreich** für eine Tagesvignette 8,60 € (Motorrad 4,30 €), in **Ungarn** für eine Monatsvignette (Pkw und Motorrad) ca. 15 €. Eine Straßennutzungsgebühr für Pkw erheben auch **Rumänien** (Tagesvignette 3 €, Motorrad frei) und **Bulgarien** (1 Monat 27 Lv, Motorrad frei). **Wohnmobile** bis 3,5 t werden in Österreich, Ungarn und Bulgarien wie Pkw berechnet, in Rumänien kostet die 30-Tage-Vignette 16 €. Die Überfahrt über die **Donaubrücke** zwischen Rumänien und Bulgarien kostet pro Pkw/Wohnmobil 7 € (Motorrad frei).

Anreise über Österreich, Slowenien, Kroatien und Serbien

Von **München** über **Zagreb** und **Belgrad** nach **Varna** sind es 1800 km (Fahrtdauer 20 Std., Treibstoff ist etwas günstiger als in Deutschland). Die Strecke von München bis **Niš** ist durchweg exzellente Autobahn (durch Belgrad fährt man auf einer häufig verstopften Stadtautobahn). Von Niš nach **Sofija** geht es auf 150 km Landstraße, nach Sofija folgen 100 km Autobahn und dann

bis **Varna** noch 350 km Landstraße (letztes Stück auf Autobahn). Die Strecke auf bulgarischem Boden wird kontinuierlich zur Autobahn ausgebaut.

■ Die **Mautgebühr** für die Strecke beträgt pro Pkw/Wohnmobil in **Österreich** (Tagesvignette, Tauern- und Karawankentunnel) insgesamt rund 40 € (Motorrad rund 30 €), in **Slowenien** Pkw/Wohnmobil für einen Monat 32 € (für Motorräder nur 7-Tage-Vignette für 8 € verfügbar), in **Kroatien** an mehreren Mautstationen etwa 25 €, in **Serbien** an mehreren Mautstationen insgesamt etwa 15 €. In **Bulgarien** wird für Pkw und Gespanne eine Straßennutzungsgebühr (Monatsvignette 29 Lv, Motorrad frei) verlangt.

Infos zu den Transitländern

Österreich

■ **Landeswährung** ist der **Euro.**

■ **Kreditkarten** werden an den meisten Tankstellen akzeptiert.

■ **Geschwindigkeitsbeschränkungen:** innerorts 50 km/h, außerorts 100 km/h, Autobahnen 130 km/h (auf einigen Abschnitten wie der Tauernautobahn weniger). Ist eine Geschwindigkeitsbeschränkung mit dem Hinweis „IGI-L" (Immissionsschutzgesetz Luft) versehen beträgt die Strafe für Übertretungen das Doppelte.

■ Die **Promillegrenze** beträgt 0,5 ‰.

■ Bei Verlassen des Fahrzeuges auf offener Strecke ist eine **Warnweste** zu tragen (gilt nicht für Motorradfahrer).

■ 80 m vor und hinter Bahnübergängen darf nicht **überholt** werden; auch Schulbusse mit eingeschalteten Warnleuchten dürfen nicht überholt werden.

■ Auch Kraftradfahrer müssen einen **Verbandskasten** mitführen.

Slowenien

■ **Landeswährung** ist der **Euro.**

■ **Kreditkarten** werden an den meisten Tankstellen akzeptiert.

■ **Geschwindigkeitsbeschränkungen:** innerorts 50 km/h, außerorts 90 km/h, Schnellstraßen 100 km/h, Autobahnen 130 km/h.

■ Die **Promillegrenze** beträgt 0,5 ‰.

■ Alle Fahrzeuge müssen ganzjährig auch tagsüber auf allen Straßen (auch in Städten) das **Abblendlicht** einschalten.

■ Beim Zurücksetzen des Fahrzeuges ist die **Warnblinkanlage** einzuschalten.

■ Bei Überholvorgängen ist bis zum Abschluss der **Blinker** zu betätigen.

■ **Schulbusse** und andere Busse mit Kindern dürfen nicht überholt werden, wenn sie an einer Haltestelle stehen.

■ Bei schwerwiegenderen **Karosserieschäden** ist zur Fahrzeugausfuhr ein polizeiliches Protokoll *(potrdilo)* notwendig.

⊡ Diese Straße führt geradewegs in die türkische Vergangenheit Bulgariens

Kroatien

■ Die **Grüne Versicherungskarte** ist angeraten, aber nicht Pflicht.

■ **Landeswährung** ist der **Euro.**

■ **Kreditkarten** werden an den Mautstationen und an den meisten Tankstellen akzeptiert.

■ **Geschwindigkeitsbeschränkungen:** innerorts 50 km/h, außerorts 90 km/h, Schnellstraßen 110 km/h, Autobahnen 130 km/h.

■ Die **Promillegrenze** beträgt 0,5 ‰, für Fahrer unter 25 Jahre 0,0 ‰.

■ Vom letzten Sonntag im Oktober bis zum letzten Sonntag im März muss tagsüber auf allen Straßen (auch in Städten) das **Abblendlicht** oder das **Tagfahrlicht** engeschaltet sein.

■ Bei Verlassen des Fahrzeuges auf offener Strecke muss jeder Fahrzeuginsasse (auch Motorradfahrer) eine **Warnweste** tragen.

■ Befüllte **Reservekanister** dürfen weder ein- noch ausgeführt werden.

■ Bei **Überholvorgängen** ist bis zum Abschluss der Blinker zu betätigen.

■ **Busse mit Kindern** dürfen nicht überholt werden, wenn sie an einer Haltestelle stehen.

■ Bei **Unfällen** ist ein polizeiliches Protokoll einzuholen.

Serbien

■ Einreisende müssen einen mindestens noch drei Monate gültigen **Reisepass** mit sich führen. Die mitgeführte **Grüne Versicherungskarte** muss für Serbien gültig geschrieben sein und das **neue Länderkürzel „SRB"** (Serbien) ausweisen, das alte Länderkürzel „SCG" (Serbien/Montenegro) kann zur Nichtanerkennung der Karte führen! Wer keine oder eine ungültige Grüne Versicherungskarte hat, muss sich an der Grenze teuer versichern. Zur Mitnahme des **Auslandsschutzbriefes** eines Automobilklubs wird dringend angeraten.

■ Ausländer müssen innerhalb von 24 Std. nach der Einreise ihren Aufenthaltsort **polizeilich melden** (bei Übernachtung im Hotel wird das von diesem übernommen).

- **Landeswährung** ist der Dinar (RSD).
- **Kreditkarten** werden an den Mautstationen und an großen Tankstellen akzeptiert.
- **Geschwindigkeitsbeschränkungen:** innerorts 50 km/h, außerorts 80 km/h, Schnellstraßen 100 km/h, Autobahnen 120 km/h.
- Die **Promillegrenze** liegt bei 0,3 ‰.
- Alle Fahrzeuge müssen ganzjährig auch tagsüber auf allen Straßen (auch in Städten) das **Abblendlicht** einschalten.
- Mit bis zu 5 l befüllte **Reservekanister** dürfen mitgeführt werden, der Treibstoff ist bei der Einreise zu verzollen.
- Ein vollständiger Satz **Ersatzglühlampen** ist mitzuführen.
- Bei **Überholvorgängen** ist bis zum Abschluss der Blinker zu betätigen.
- Bei **Unfällen** ist ein polizeiliches Protokoll einzuholen.
- **Schulbusse** und Busse mit Kindern dürfen nicht überholt werden, wenn sie an einer Haltestelle stehen.
- Bei **Abschleppvorgängen** muss das abschleppende Fahrzeug vorn, das abgeschleppte hinten mit einem Warndreieck gekennzeichnet sein.

Ungarn

- **Landeswährung** ist der Forint (HUF).
- **Kreditkarten** werden an den Mautstationen und an den großen Tankstellen akzeptiert.
- **Geschwindigkeitsbeschränkungen:** innerorts 50 km/h, außerorts 100 km/h, Schnellstraßen 110 km/h und Autobahnen 130 km/h.
- Es gilt ein absolutes **Alkoholverbot** am Steuer.
- Jeder Verkehrsteilnehmer hat außerorts des Nachts oder bei schlechter Sicht eine **Warnweste** zu tragen; unter die Regelung fallen z.B. alle Fahrzeuginsassen, die den Wagen verlassen, Radfahrer, Motorradfahrer und auch Fußgänger.
- **Kinder** unter 12 Jahren dürfen nur im Fond, unter 1,50 m Körpergröße nur in einem zugelassenen Kindersitz mitfahren.
- Befüllte **Reservekanister** dürfen nicht mitgeführt werden.

175bu sk

Notrufnummern bei der Anreise

- **Deutschland:**
  Polizei, Rettung Tel. 112
  ADAC (www.adac.de) Tel. 089-20204000
- **Österreich:**
  Polizei, Rettung Tel. 112
  ÖAMTC (www.oeamtc.at) Tel. 120
- **Slowenien:**
  Polizei, Rettung Tel. 112
  AutoClub AMZS (www.amzs.si) Tel. 1987
- **Kroatien:**
  Polizei, Rettung Tel. 112
  AutoClub HAK (www.hak.hr) Tel. 1987
- **Serbien:**
  Polizei Tel. 192 oder 112
  Rettung Tel. 194, Umstellung auf 112 geplant
  AutoClub AMSS (www.amss.org.rs) Tel. 1987
- **Ungarn:**
  Polizei, Rettung Tel. 112
  AutoClub MAK (www.autoklub.hu) Tel. 188
- **Rumänien:**
  Polizei, Rettung 112
  AutoClub ACR (www.acr.ro) Tel. 021-222 2222
- **Bulgarien:**
  Polizei, Rettung 112
  AutoClub SBA (www.sba.bg) Tel. 146

Pannenhilfe ist für Mitglieder eines Automobilklubs teilweise kostenlos. Die Notrufnummern der drei größten in Deutschland, Österreich und Schweiz sind:

- **ADAC Schutzbriefhilfe**
  (D-)Tel. 089-222222
- **ÖAMTC Schutzbriefhilfe**
  (A-)Tel. 01-2512000
- **TCS Schutzbriefhilfe**
  (CH-)Tel. 058-8272220

- Außerhalb von Ortschaften und auf Autobahnen muss man auch tagsüber das **Abblendlicht** einschalten.
- Vor **Bahnübergängen** darf innerorts nur 30 km/h, außerorts nur 40 km/h, auf Bahnübergängen nur 5 km/h gefahren werden.
- In Kurven, vor Kreuzungen und Bahnübergängen und vor Fußgängerüberwegen gilt ein generelles **Überholverbot.**
- **Halteverbote** sind u.a. mit gelben Fahrbahnmarkierungen gekennzeichnet.
- Bei **Unfällen** mit Personenschäden muss immer die Polizei gerufen werden, bei schwerwiegenderen Karosserieschäden ist zur Fahrzeugausfuhr ein polizeiliches Protokoll einzuholen.

[>] Straßensperre à la Bulgarien

Rumänien

- **Landeswährung** ist der Lei (RON).
- **Kreditkarten** werden an den Mautstationen und an großen Tankstellen akzeptiert.
- Auch tagsüber ist außerorts und auf Autobahnen das **Abblendlicht** einzuschalten.
- **Geschwindigkeitsbeschränkungen:** innerorts 50 km/h, außerorts sowie auf Schnellstraßen 100 km/h und auf Autobahnen 130 km/h.
- Wer seinen **Führerschein** weniger als ein Jahr besitzt, muss generell 20 km/h langsamer fahren als für die restlichen Verkehrsteilnehmer erlaubt.
- Es gilt ein 100 %iges **Alkoholverbot** am Steuer.
- Befüllte **Reservekanister** dürfen nicht mitgeführt werden.
- Fahrzeugführer müssen beim Verlassen des Fahrzeuges außerorts eine **Warnweste** tragen.
- Auf **Brücken** gilt generell **Überholverbot.**

- Bei **Unfällen** muss immer die Polizei gerufen werden.
- Bei **Polizeikontrollen** sind die Hände am Lenkrad zu lassen, keiner der Insassen darf ohne Aufforderung eine Wagentür öffnen.

Anreise mit dem Bus

Von mehreren deutschen Städten fahren Busgesellschaften wie **Eurolines** (www.eurolines.de) oder **Flixbus** (www.flixbus.de) mehrmals die Woche über Belgrad nach Sofija und über Plovdiv, Stara Zagora und Sliven weiter nach Burgas und Varna. Die einfache und direkte Fahrt ohne Umsteigen kostet 75–100 €, die Fahrtdauer von München bis Varna beträgt ca. 34 Std.

Anreise mit der Bahn

Die Fahrt mit der Bahn dauert etwas länger als mit dem Bus. Von **München nach Varna** fährt man etwa 36 Std. (wenn nicht der eine oder andere unerwartete Halt hinzukommt). Die Schienen für die schnellste Verbindung verlaufen ab München (Morgenzug) über Budapest, Timisoara, Videle und Ruse, wo jeweils umgestiegen werden muss. Die Preise bewegen sich um 200 € für die einfache Fahrt.

Buchungen und **Auskünfte** über Reisebüros oder:

- **Deutsche Bahn AG,** www.bahn.de (Fahrkarte nicht online bestellbar, Info nur über Tel. 030-2970).
- Gleiches gilt für die Österreichische Bundesbahn **ÖBB,** Tel. 05-1717, www.oebb.at, und die Schweizer Bundesbahn **SBB,** Tel. 0848-446688, www.sbb.ch.

410bg fk

Kleines „Flug-Know-how“

Check-In

Nicht vergessen: Ohne einen gültigen **Reisepass** oder **Personalausweis** für EU-Staatsbürger und Schweizer kommt man nicht an Bord. **Kinder** benötigen einen eigenen Reisepass.

Das (Hand-)Gepäck

Man darf pro Person in der Regel ein Handgepäck- und zusätzlich ein Gepäckstück einchecken. Aufgepasst: Informieren Sie sich vor Ihrem Flug bei Ihrer Airline über die konkreten Bestimmungen, da diese mitunter stark voneinander abweichen. Beim Packen des Handgepäcks sollte man darauf achten, dass **Flüssigkeiten** jeder Art nur in geringen Mengen bis zu jeweils 100 ml mit ins Flugzeug dürfen. Diese Substanzen muss man separat in einem durchsichtigen Plastikbeutel (z.B. Gefrierbeutel) transportieren, den man beim Durchleuchten in eine der bereitstehenden Schalen auf das Fließband legen sollte. Auch elektronische Geräte müssen in diese Schale gelegt werden, ebenso Gürtel mit einer Schnalle aus Metall.

Aus Sicherheitsgründen dürfen **scharfe Gegenstände** wie Messer, Nagelfeilen oder Scheren nicht im Handgepäck untergebracht werden. Diese Gegenstände sollte man unbedingt zu Hause lassen oder im aufzugebenden Gepäck verstauen, sonst werden sie bei der Sicherheitskontrolle einfach weggeworfen. Darüber hinaus gilt, dass leicht entzündliche Gase in Sprühdosen (Schuhspray, Campinggas, Feuerzeugfüllung) und Feuerwerkskörper etc. nicht im Koffer oder dem Handgepäck transportiert werden dürfen. Für die **Raucher** unter uns: Ins Handgepäck und auch in den Koffer dürfen bei innereuropäischen Flügen weder Feuerzeug noch Streichhölzer, man darf aber ein Feuerzeug oder eine Streichholzpackung pro Person am Körper mitführen.

Ein kleiner Tipp: Um Stress und Ärger zu vermeiden, packen Sie neben den wichtigsten Dingen auch Utensilien ins **Handgepäck,** die Sie am ersten Tag in Ihrem Urlaub gebrauchen könnten. Wenn es an den Strand geht, packen Sie zum Beispiel direkt die Badekleidung ein. Falls das Gepäck Verspätung hat oder verloren geht, können sie trotzdem schon den ersten Tag genießen und müssen nicht direkt einkaufen gehen.

CO_2-Fußabdruck

Grundsätzlich gilt beim Thema **Umweltschutz:** Vermeiden ist besser als kompensieren. Auch längere Strecken lassen sich oft per Bahn, Bus oder Schiff zurücklegen, die allesamt eine bessere Klimabilanz haben als das Flugzeug. Wer nicht aufs Reisen mit dem Flugzeug verzichten will oder kann, hat die Möglichkeit, zusätzlich Geld für Klimaschutzprojekte auszugeben. Dabei ist jedoch darauf zu achten, in welche Projekte genau das Geld geht oder auch wie viel bei der jeweiligen Organisation für die Verwaltung stecken bleibt. Bisher als gut bewertete Organisationen sind u.a. atmosfair.de, my climate.org sowie goclimate.com.

Anreise mit dem Flugzeug

Wer am Schwarzen Meer bleiben oder von dort nur kurze Ausflüge (mit dem Mietwagen) unternehmen will, ist mit der Anreise per Flug am besten beraten. Die Ferienflüge finden zwischen **Mai** und **Oktober** statt, und alle namhaften Gesellschaften haben die Destinationen Burgas und Varna mit Direktflügen im Programm (ganzjährig gibt es Flüge mit Umsteigen in Sofia). Die Flugzeit beträgt 2 bis 2½ Std. Die Preise variieren je nach Saison und Auslastung der Flugzeuge und beginnen bei einigen Dutzend Euro; teils ist auch die Bahnfahrt zum Startflughafen im Preis enthalten.

Folgende Gesellschaften fliegen von Mitteleuropa nach Bulgarien:

- **Lufthansa,** www.lufthansa.com: Von Frankfurt/Main und München nach Sofija.
- **Austrian Airlines,** www.austrian.com: Von Wien nach Sofija und Varna.
- **Swiss,** www.swiss.com: Von Zürich nach Varna.
- **Bulgaria Air,** www.air.bg: Von Berlin, Zürich, Wien und Frankfurt/Main nach Sofija und weiter nach Varna.
- **Tuifly,** www.tuifly.com: Von diversen Städten nach Varna und Burgas.
- **Eurowings,** www.eurowings.com: Von diversen deutschen Städten nach Sofija und Varna.
- **Ryanair,** www.ryanair.com: Von Wien nach Varna, von Wien und diversen dt. Städten nach Sofija.

Wer in die Region Ruse im Norden Bulgariens reisen möchte, kann auch nach Bukarest fliegen und mit dem Zug die 50 km zur Grenze zurücklegen:

- **Tarom,** www.tarom.ro: Von Hamburg, Frankfurt/Main, München, Wien, Salzburg und Genf nach Bukarest.

Autofahren

→ Anreise
→ Verkehrsmittel

Eigenes Fahrzeug

Für Pkw, Camping- und Kleinbusse herrscht außerhalb der Dörfer und Städte eine **Vignettenpflicht,** mit deren Kauf die Straßenbenutzungsgebühr in Höhe von 50 € (ein Jahr Gültigkeit) oder 15 € (für einen Monat) bezahlt wird. Sie ist an der Windschutzscheibe anzubringen. Motorräder benötigen keine Vignette.

Für Individualreisende mit dem eigenen Kraftfahrzeug ist der Abschluss eines **Auslandsschutzbriefes** sinnvoll. Die Automobilklubs machen hierzu Angebote für Schutzbriefe mit unterschiedlichem Leistungsumfang.

Mietwagen

Ein Mietwagen der kleinsten Kategorie kostet inklusive der – angeratenen – Versicherungen bei Anmietung vor Ort um 120 Lv am Tag, pro Woche etwa 500 Lv. Um sich weitmöglichst abzusichern, sollte man sich bei einer Vertragsunterzeichnung in Bulgarien an einen der **internationalen Vermieter** wie Avis, Budget oder Hertz wenden, zumindest aber einen Vermieter nehmen, der in irgendeiner Art und Weise z.B. mit dem Ferienhotel verbunden ist (Counter im Hotel). Ein vielleicht günstigerer Vermieter ohne Referenzen oder gar mit nur bulgarischsprachigen Mietverträgen ist unter allen Umständen zu vermeiden. Am sichersten (und meist auch nicht teurer)

411bg fk

fährt man mit einem Mietvertrag, der bereits vor Reisebeginn im **Heimatland** abgeschlossen wurde und nach dessen Rechtssystem abgewickelt wird. Eine der Online-Plattfomen für Anbieter ist www.billiger-mietwagen.de, die aus dem Wust der Angebote die besten bezüglich Kosten und Leistung herausfiltern (freie Kilometer, keine Selbstbeteiligung etc.).

Das Mindestalter zur Anmietung eines Fahrzeugs beträgt 21 Jahre, Führerschein und ein Ausweisdokument sind vorzulegen; als Kaution ist eine Kredit-

⌃ Auch mit solchen Gefährten muss man auf Bulgariens Straßen rechnen

karte hilfreich, sonst muss die Sicherheit bar hinterlegt werden. Die Vignette für die Straßenbenutzung sollte bereits im Mietpreis eingeschlossen sein.

Straßennetz

Das enggespannte Straßennetz wurde mit EU-Geldern verbessert, alte Straßen neu asphaltiert, neue Autobahntrassen sind entstanden. Die meisten überregionalen Hauptverbindungsstrecken sind mittlerweile in **relativ guten Zustand.** Dennoch wird es noch lange dauern, bis das marode Netz abseits der Hauptwege vollständig erneuert ist.

Unabhängig davon ist auf Bulgariens Straßen stets **äußerste Vorsicht** geboten, da dort immer wieder auch **Fuhrwerke** unterwegs sind. Von **Nachtfahrten** wird generell abgeraten.

Auch auf erst kürzlich asphaltierten Straßen kann man auf **Schlaglöcher** stoßen. Selbst, wenn normalerweise schnell eine Baukolonne anrückt: Während der Reparaturphase findet praktisch keine Absicherung oder Signalisierung statt, in die Löcher wird bei Arbeitsschluss einfach ein bisschen Erde verfüllt oder auch nur ein Zweig gelegt – und unter Umständen wird die Reparatur nicht schon am nächsten Morgen, sondern erst in ein paar Tagen fortgeführt.

Verhalten im Verkehr

Die meisten bulgarischen Autofahrer gelten als **nicht besonders rücksichtsvoll** gegenüber anderen Verkehrsteilnehmern, insbesondere nicht gegenüber Fußgängern oder Radfahrern.

Fahrer – besonders der nicht wenigen großen und schwarzen Autos mit abgedunkelten Scheiben – rasen über die Landstraßen und überholen, dass einem Angst und Bange werden kann. Wer also in Bulgarien Auto fährt, sollte dies **defensiv** tun und stets alle Eventualitäten bedenken.

Besondere Verkehrsregeln

Pkw und Wohnmobile bis 3,5 t dürfen in geschlossenen Ortschaften 50 km/h fahren, außerorts 90 km/h und auf Autobahnen 130 km/h, für Wohnmobile über 3,5 t gelten die Grenzen 50, 70 und 100 km/h. Im Winterhalbjahr zwischen dem 1. November und dem 31. März muss tagsüber das **Abblendlicht** eingeschaltet sein. Die **Promillegrenze** liegt bei 0,5 ‰, das **Funktelefon** darf während der Fahrt nur mit einer Freisprechanlage benutzt werden.

Barrierefreies Reisen

Bulgarien ist auf barrierefreies Reisen **nicht eingerichtet.** Weder bieten die öffentlichen Verkehrsmittel noch die meisten der Institutionen wie Behörden und Kultureinrichtungen rollstuhlgeeignete Zugänge. Allerdings wurden **einige Hotels der Großresorts** wie Goldstrand oder Sonnenstrand behindertengerecht ausgestattet. Doch nicht nur abseits der Großstädte ist eine Begleitperson unabdinglich.

Camping

Früher war Bulgarien ein Dorado für Camper, heute ist die Anzahl der Zeltplätze stark zurückgegangen. Einige der existierenden Plätze sind jedoch inzwischen auf mitteleuropäischem Niveau und sehr empfehlenswert. Sie werden in den „Praktischen Tipps" der Ortsbeschreibungen aufgeführt.

Generell wird von den Einheimischen und vom deutschen Auswärtigen Amt von **wildem Campen abgeraten.** Außerdem ist es im Landesinneren praktisch nicht möglich, ohne einen Grundstücksbesitzer zu fragen. Am Straßenrand sollte man es aus Sicherheitsgründen nicht tun. An der Küste gibt es Gegenden (vornehmlich an den einsameren Stränden im extremen Norden), wo die Bulgaren selbst ihr Zelt am Strand aufbauen, Infrastruktur ist dort dann aber nicht vorhanden. Für einen Stellplatz muss man zwischen 10 und 20 Lv pro Person rechnen, Fahrzeuge und Zelte gehen teilweise extra.

Man beachte, dass viele Plätze in Bulgarien als Camping firmieren, aber tatsächlich Ferienresorts sind, die nur Bungalows anbieten und keine Stellmöglichkeit besitzen. Die Seite **www.camping.bg** listet Zeltplätze in Bulgarien auf, ebenso **www.camping.info.**

Souvenirs in Melnik

379bu sk

Einkaufen

→ Essen und Trinken
→ Geld
→ Öffnungszeiten

Die **Lebenshaltungskosten** in Bulgarien liegen für im Land hergestellte Produkte deutlich unter denen Mitteleuropas. So kosten Essen und Getränke in Restaurants und die Lebensmittel in den Läden teils nur halb so viel wie hierzulande. Wer **importierte Produkte** kauft, ist aber mit den Herstellungskosten des Auslandes konfrontiert, es wird teuer und ist mit dem sonstigen Preisniveau im Lande nicht mehr vergleichbar.

Die modebewussten Bulgarinnen und Bulgaren kleiden sich gerne nach dem letzten Schrei und müssen dafür einiges hinlegen. Die großen **Modemarken** sind im Preis auf mitteleuropäischem Niveau. Doch Bulgarien ist auch das Land der Konfektionsindustrie; zahlreiche Textilbetriebe schneidern und nähen für ausländische Firmen, und so kommen (verbotenerweise!) ab und an auch Überproduktionen in die kleinen Boutiquen der Nebenstraßen – in hoher Qualität und zu vergleichsweise niedrigen Preisen.

Souvenirs

Wer auf der Suche nach Souvenirs ist, hat es schwer. Was an den Verkaufsständen am Schwarzen Meer angeboten wird, kommt bereits aus Fernost und ist eigentlich generell von minderer Qualität. Dies betrifft beispielsweise auch Lederwaren wie Jacken, Gürtel oder Taschen.

Doch gibt es auch einige durchaus ansehnliche und sogar wertvolle Dinge, die sich zu erwerben lohnen. Als einer der Welthauptproduzenten von **Rosenöl** kann Bulgarien in Qualität und Preis hier mit seinen Pfunden wuchern. Als Rosenwasser oder reines Öl kann man den Duft mit nach Hause nehmen. Seriöse Anbieter werden in den Ortskapiteln dieses Buchs genannt.

Handgewebte Teppiche sind in ausgezeichneter Qualität zu erhalten. Teils schon Kunstwerke, sind sie allerdings nicht billig. Auch hier gilt: Wem am Schwarzen Meer ein „Familienerbstück" als Notverkauf (oder was für Gründe dem Händler sonst noch so einfallen) angeboten wird – mit Sicherheit ist es Industrieware. Wer wirklich interessiert ist, fährt in eines der Dörfer im Landesinneren wie Čiprovci oder Kotel und kauft direkt bei den Webern.

Die klassischen Souvenirs wie **Keramik** und **Holzschnitzereien** sind zu erschwinglichen Preisen überall im Angebot. In den seltensten Fällen wird man allerdings ein Unikat bekommen, sondern eben auch nur Industrieware.

Schließlich bleiben noch die **Ikonen.** Die älteren Malereien stehen generell als Antiquität unter Ausfuhrschutz, und nur in den seltensten Fällen wird man eine offizielle Exportgenehmigung erhalten. Doch mag man das eine oder andere Exemplar in den Läden oder an einem Straßenstand finden, das einen bezaubert. Eine allgemeingültige Regel für die Preise gibt es übrigens hierbei nicht, es gilt also sorgfältig abzuwägen.

Die Geschichte **bulgarischer Musik** beginnt mit den Thrakern – nicht umsonst sind Orpheus' Gesänge in die Geschichte eingegangen. An erster Stelle

Bulgarisches Kunsthandwerk

In vielen Bereichen sind in Bulgarien die Grenzen zwischen **Kunst und Kunsthandwerk** fließend, besonders aber bei der Holzschnitzerei, der Malerei und der Teppichweberei. Da gibt es schnelle Ware, günstig auf dem Markt und als Souvenir auch durchaus achtbar. Doch gibt es auch wahre Kunstwerke, deren Erstellung lange Zeit benötigt hat, die in den besten Traditionen des Landes stehen und die ihren Preis haben.

Eine der berühmten geschnitzten Holzdecken in den prächtigen Bürgerhäusern von Plovdiv oder Trjavna wird man wohl nicht ins Reisegepäck stecken können, doch erhält man von Kunsthandwerkern geschnitzte **Ornamentausschnitte,** die einen guten Eindruck der kunstvollen Nutzung des Werkzeuges geben.

Auf den Märkten, in den Souvenirläden und vor Kirchen stehen häufig **Ikonen** zum Verkauf. Nicht immer sind sie bestens ausgeführt, es heißt die Augen offen halten und vergleichen, dann stößt man schon auf das eine oder andere Stück, das vielleicht nicht unbedingt wertvoll ist, aber doch als schöner Wandschmuck und Erinnerung dienen kann.

Am schwierigsten ist wohl die Wahl eines **Teppichs.** Die Qualitäten sind sehr unterschiedlich, die Herstellung heute bis auf wenige Ausnahmen meist industriell. Wer einen handgewebten Teppich kaufen will, muss auch bei kleineren Stücken größere Summen hinlegen. Stellt man sich vor, dass zwei Meisterinnen einen Monat lang an einem Teppich von 6 m^2 arbeiten, sind die verlangten Preise jedoch nicht zu hoch veranschlagt. Die Frauen sind sich ihrer Fähigkeiten wohl bewusst, und die Kompositionen sind ihre ureigensten Ideen, jeder Teppich ein Unikat. Ganze Gemälde werden „nachgebaut" oder verfremdet, mit herrlichen Ornamenten wird gearbeitet und mit zahlreichen Farben.

Die Hauptzentren der Webkunst sind die Orte Kotel und Čiprovci. Gewebt wird auf vertikalen Webstühlen mit eingefärbter Schafwolle. In **Čiprovci** herrscht das Dreieck als Grundmuster vor, die Farben sind meist ein dominierendes Rot und weiter Gelb, Schwarz, Grün, Ocker und Weiß. In **Kotel** wird mit geometrischen Mustern und Gegenständlichem wie Blumenvasen, Tieren und Pflanzen komponiert, die verwendeten Hauptfarben sind Blau, Grün, Rot, Violett und Ocker. Eine Besonderheit der Teppiche ist, dass sie **zwei „Sonnenseiten"** haben, sie zeigen auf beiden Seiten das gleiche Muster in gleicher Qualität, sodass sie jederzeit gewendet werden können.

Die herrlichen Muster und die hohe Qualität der bulgarischen Webkunst sorgen für **internationalen Erfolg.** So hat sich *Mick Jagger* in Bulgarien 16 Teppiche weben lassen.

Am schönsten sind die Teppiche, wenn für die Färbung der Wolle die traditionellen, **natürlichen Farben** verwendet wurden: Aus Sauerampfer wird rote Farbe, aus Holunder blaue, aus Efeu und Quittenlaub gelbe, aus Zwiebelschalen elfenbeinerne, aus Walnussblüten braune und aus Paprika- und Tomatenstauden erbsengrüne. Sie bleiben über Generationen intensiv leuchtend und gewinnen sogar eine ganz eigene Patina, die den Wert und das ästhetische Erlebnis nicht unbeträchtlich erhöhen.

steht heute die Volksmusik, gespielt mit der Flöte Kaval, der Sackpfeife Gaida und der Kniegeige Gusla. Hierzulande recht bekannt geworden sind die bulgarischen **Frauenchöre** mit ihren flirrend-metallischen Vokalklängen. Aber auch mit modernen Instrumenten vorgetragener **Popfolk** ist im Angebot. In allen größeren Städten kann man sich aus einem reichen Repertoire mit CDs versorgen. Zum Thema → auch Exkurs „Bulgarische Musik“ im Kapitel Land und Leute, S. 607“.

Ein- und Ausreisebestimmungen

→ Autofahren
→ Mit Haustier unterwegs
→ Notfälle/Diplomatische Vertretungen

EU-Bürger benötigen für die Einreise den **Personalausweis** oder **Reisepass,** Schweizer Bürger brauchen ebenfalls nur einen Personalausweis. Eine Visumpflicht besteht bei einem Aufenthalt von bis zu 90 Tagen nicht. Deutsche, österreichische und Schweizer **Kinder** benötigen – unabhängig vom Alter – einen eigenen Lichtbildausweis.

Bei **Visumpflicht** muss der Reisepass noch mindestens sechs Monate über das Ausreisedatum hinaus gültig sein.

Nicht-EU-Bürger müssen bei der Einreise den **Zielort** inklusive Anschrift ih-

⊻ Bulgarische Trachten

413bg fk

411bg fk

res Aufenthalts in Bulgarien sowie den **Reisezweck** angeben (das entsprechende Formular erhält man an den Grenzen bzw. im Flugzeug). EU-Bürger müssen bei der Einreise ihren Aufenthaltsort in Bulgarien nicht angeben, Gastgeber oder Hotel sind jedoch verpflichtet, innerhalb von fünf Tagen bei der für den jeweiligen Ort zuständigen Ausländerbehörde oder Polizeidienststelle eine Anmeldung vorzunehmen.

Einreisende müssen ausreichende **Geldmittel** und ein **Rückflugticket** oder Vergleichbares vorweisen können (die Ein- oder Ausfuhr von Summen über 10.000 € ist beim Zoll zu deklarieren).

⌃ Wer ein Jagdgewehr vom Büchsenmacher in Zlatograd erwerben will, sollte sich vorher über die Exportregeln informieren

Zollbestimmungen

Gegenstände des persönlichen Bedarfes sowie persönlich benötigte Arzneimittel dürfen zollfrei ein- und ausgeführt werden. Jede erwachsene Person kann zu den sonstigen in der EU im privaten Reiseverkehr geltenden Grenzwerten folgende Mengen zollfrei ein- und ausführen:

- 10 l Spirituosen mit einem Alkoholgehalt über 15 % bzw. 20 l alkoholhaltige Süßgetränke und Zwischenerzeugnisse (z.B. Likör).
- 10 kg Kaffee oder Kaffee-Extrakt.

Freimengen für Reisende aus der Schweiz

- **Tabakwaren** (für Pers. ab 17 Jahren): 200 Zigaretten oder 100 Zigarillos oder 50 Zigarren oder 250 g Tabak oder eine anteilige Zusammenstellung dieser Waren.
- **Alkohol** (für Pers. ab 17 Jahren): 1 l Spirituosen (über 22 Vol.-%) oder 2 l Spirituosen (unter 22 Vol.-%) oder eine anteilige Zusammenstellung dieser Waren, 4 l nicht-schäumende Weine, 16 l Bier.
- **Andere Waren:** 10 l Kraftstoff im Benzinkanister; für See- und Flugreisende bis zu einem Warenwert von insgesamt 430 €, über Land Reisende 300 €, Reisende unter 15 Jahren 175 € (bzw. 150 €in Österreich).

Freimengen bei Rückkehr in die Schweiz

- **Tabakwaren** (für Personen ab 17 Jahren): 200 Zigaretten oder 50 Zigarren oder 250 g Schnitttabak oder eine anteilige Zusammenstellung dieser Waren; 200 Stück Zigarettenpapier.
- **Alkohol** (für Personen ab 17 Jahren): 2 l bis 15 Vol.-% und 1 l über 15 Vol.-%.
- **Anderes:** neu angeschaffte Waren für den Privatgebrauch bis zu einem Gesamtwert von 300 sFr. Bei Nahrungsmitteln gibt es innerhalb dieser Wertfreigrenze auch Mengenbeschränkungen.

Hinweis zu Einreisebestimmungen

Da sich die Einreisebestimmungen kurzfristig ändern können, raten wir, sich kurz vor Abreise beim **Auswärtigen Amt** (www.auswaertiges-amt.de bzw. www.bmeia.gv.at oder www.eda.admin.ch) oder bei der jeweiligen **Botschaft** zu informieren.

Nähere Informationen

- **Deutschland:** www.zoll.de oder beim Zoll-Infocenter, Tel. 069-46997600.
- **Österreich:** www.bmf.gv.at oder beim Zollamt Klagenfurt Villach, Tel. 050-233740.
- **Schweiz:** www.ezv.admin.ch oder Tel. 058-467 1515.
- **Bulgarien:** www.customs.bg oder beim bulgarischen Hauptzollamt in englischer oder bulgarischer Sprache, Tel. 02-98594210.

Edelmetalle, -steine und Erzeugnisse aus diesen dürfen ohne Deklaration ein- und ausgeführt werden, wenn sie folgende Grenzen nicht überschreiten:

- 37 g Gold und Platin (unbearbeitet oder als Münzen).
- 60 g Gold- oder Platinschmuck.
- 300 g Silber (unbearbeitet oder als Münzen, Schmuck).

Gegenstände mit **archäologischem** oder **historischem Wert** (wie Antiquitäten) benötigen beim Export eine Ausfuhrbescheinigung des Kulturministeriums. **Barmittel** über einem Nennwert von 10.000 € sind bei Grenzübertritt beim bulgarischen Zoll zu deklarieren.

Elektrizität

Das Stromnetz funktioniert mit einer Spannung von **220 Volt,** und Euro-(Flach-)Stecker können verwendet werden. Wer Schutzkontaktstecker benutzen will, benötigt einen Adapter. Die **Stromversorgung** ist besonders in den Wintermonaten (wenn zusätzliche Stromheizungen eingeschaltet sind) nicht sonderlich stabil, es kommt des Öfteren zu **Ausfällen.** Aber auch im Sommer häufen sich die Störungen im Netz, etwa durch die zunehmende Ausrüstung mit Klimaanlagen. Eine Taschenlampe und für Romantiker Kerzen und Streichhölzer helfen über die dunklen Stunden hinweg.

386bu sk

▷ Mittelalterliche Brücke bei Devin

Essen und Trinken

→ Kleine kulinarische Sprachhilfe, S. 538

Die typischste Vorspeise im Land ist der **Šopska-Salat,** der mit 100 g Rakija (ein Schnaps aus Trauben wie Trester oder auch Pflaumen) auf den Tisch kommt, auf nüchternen Magen eine Kombination, die jeden Holzfäller ins Wanken bringt. Doch ist damit schon viel erklärt. Bulgaren sehen Essen nicht nur als Nahrungsaufnahme, für sie ist es ein **Ereignis,** das man am besten mit der Familie und im Freundeskreis begeht, je größer die Gruppe dabei, desto schöner und ausgelassener wird es. Man speist nicht, man tafelt, und der Tisch sollte sich unter der Last der Gerichte biegen.

Die Speisen Bulgariens entstammen Okzident und Orient, am Scheideweg zwischen Asien und Europa haben die kulinarischen Genüsse beider Hemisphären ihren Niederschlag gefunden. Viel **Öl** (hauptsächlich aus Sonnenblumen) wird bei der Zubereitung verwendet, und die **Gewürze** können ausgesprochen **scharf** sein. In den ersten Tagen der Reise sollte man sich deshalb Beschränkungen auferlegen, bis sich der **Magen** daran gewöhnt hat. Hilfreich dabei ist, dass die Köche auf einen reichen Bestand an frischen Kräutern zurückgreifen können, die auch fette Fleischgerichte bekömmlicher machen. Ebenso unterstützend wirken die Salate und die vielen Gemüsesorten, die den Hauptgang begleiten oder dem Eintopf hinzugefügt werden.

Wer im Hotel **Vollpension** gebucht hat, wird allerdings nicht sehr viel von authentischer bulgarischer Küche mitbekommen. Im Allgemeinen steht dort auf den Buffets Einheitskost, die nur noch dem Namen nach etwas mit Bulgarien zu tun hat. Man sollte schon auch die Hotelzone verlassen und sich in einer Landgaststätte an dem versuchen, was die Einheimischen selbst genießen.

Essen gehen

Eigentlich ist ein **Restaurant** die feine Adresse und die **Mehana** die bäuerliche Taverne, in der man seinen Wein zu sich nimmt. Heute sind die Grenzen verwischt, man kann aber davon ausgehen, dass die Mehana mit viel Holz und allerlei Dekoration an den Wänden wie Wagenräder, Messingkannen etc., das Restaurant etwas eleganter eingerichtet ist. Auch haben Mehanas fast immer einen großzügigen Innenhof mit einer umlaufenden Arkade, unter der die Tische aufgestellt sind; man ist geschützt vor stechender Sonne und auch Regen. Abends spielen besonders an der Küste Musikanten auf oder werden folkloristische Tanzvorführungen gegeben.

Eine **Snek Bar** bietet kleine, schnelle Gerichte, die aber beileibe nicht hingepfuscht sein müssen. Man achte auf den Andrang der Einheimischen um die Mittagszeit und entscheide sich dann. Eine gute Alternative zu Restaurants ist die Kette **Happy Bar & Grill,** deren Lokale man allerorten findet. Wer mehr zu Fischgerichten tendiert, wählt die Kette **Captain Cook.**

In Bulgarien gibt es **keine kurzen Speisekarten.** Die Ingredienzen werden auf verschiedenste Weise zubereitet, und so hat die Karte des Öfteren enzyklopädischen Charakter.

Wer Wert auf die korrekte **Speisenabfolge** legt, sollte auch in gehobeneren Lokalen das Servicepersonal darauf hinweisen, in welcher Reihenfolge man die Gerichte wünscht und dass der nächste Gang erst gebracht werden soll, wenn der vorhergehende abgeräumt werden kann. Fast immer findet man sich sonst vor einer Burg von Tellern mit dampfenden Gerichten wieder, während man noch mit der Vorspeise beschäftigt ist. Die sicherste Lösung für dieses Problem aber ist die Bestellung pro Gang, dann hat man Zeit, sein Essen zu genießen, und das Personal nimmt es im Allgemeinen nicht krumm, wenn ein Gericht nach dem anderen bestellt wird.

Auch, wenn die Einheimischen nicht immer **Trinkgeld** geben: Wenn der Service gut war und das Essen geschmeckt hat, sollte man als Anerkennung 5 bis 10 % der Rechnungssumme auf dem Tisch liegen lassen.

Vorspeisen

Salate

Der **Šopska-Salat** wurde schon erwähnt: Tomaten, Paprika, Gurken und Zwiebeln werden mit Petersilie gewürzt, und obendrauf kommt geriebener Weißkäse aus Schafsmilch, der Sirene.

Gerne wird in Bulgarien auch der **Weiße Salat** *(Miečna Salata)* bestellt, dessen Grundlage aus Gurke mit Quark, Walnusskernen, Knoblauch und Dill verfeinert wird.

100 Jahre dank Joghurt?

Im Jahr 1906 untersuchte ein russischer Wissenschaftler an bulgarischen Bauern – den „Hundertjährigen" –, ob deren regelmäßiger Joghurt-Konsum ein Grund für ihre hohe **Lebenserwartung** sein könnte. Er kam zu einem positiven Ergebnis, und der Joghurt trat seinen Siegeszug um die Welt an.

Eigentlich ist Joghurt (Kiselo Mljako/Кисело Мляко) nichts anderes als bakteriell zersetzte Milch, die aber mit ihrem leicht säuerlichen, frischen Geschmack den Nerv der Zeit traf und trifft. Traditionell wurde in Bulgarien der Joghurt mit dem *lactobacillus bulgaricus* aus Milch gewonnen, heute sind weltweit industriell ganz unterschiedliche Milchsäurebakterien im Einsatz.

Inzwischen ist eigentlich auch klar, dass Joghurt nicht unmittelbar lebensverlängernd wirkt – allerdings kann er positive Auswirkungen auf die **Darmflora** haben und somit einen Beitrag zum Wohlbefinden leisten.

Dessen ungeachtet reisen Touristen besonders aus China einmal im Jahr an einem Wochenende im September in das Rhodopendorf **Momčilovci** (Момчиловци) bei Smoljan (Смолян) zum **Festival des Joghurts.** Warum? Eine Joghurt-Marke in den Supermärkten des Reichs der Mitte trägt den Namen des Dorfes, viele seiner Bewohner sind alt und rüstig, die Kostüme bunt, die Musik ist mitreißend, die Luft sauber und das angesäuerte Milchprodukt laktosefrei (Chinesen sind meist laktoseintolerant!). Um die Gäste gebührend empfangen zu können, verbessern die Dörfler inzwischen übers Jahr bei Sprachkursen ihr Chinesisch.

- **www.momchilovtsifest.bg**

Suppen

Wer eine kräftigende Suppe will, bestellt **Bob,** eine Bohnensuppe, oder die **Bohnensuppe nach Klosterart** *(Manastirska Čorba).* An warmen Abenden bringt die kalt gelöffelte Joghurt-Suppe **Tarator** Erfrischung. Zubereitet ist sie aus geraspelten Gurken, Knoblauch, Dill, Öl und zerkleinerten Walnusskernen.

Käse und Wurst

Kräftiger sind die Vorspeisenplatten mit Wurst und Käse. Unterschieden wird zwischen weißem (frischem) und gelbem (angereiftem) Käse; häufig ist er aus **Schafsmilch,** aber auch Kuhmilchkäse ist im Angebot.

Die Würste haben in Bulgarien eine lange Tradition; wegen der Hitze im Sommer liegen vornehmlich Hartwürste in den Auslagen, beispielsweise **Lukanka.** Diese bekommt man im Lokal unterschiedlich gewürzt, getrocknet und in handfeste Scheiben geschnitten.

Preisangaben für Restaurantbesuche

Auch in besseren Lokalen liegt das Preisniveau nicht wesentlich über dem einfacherer Gaststätten (von den Großstädten abgesehen). Aus diesem Grund wurde auf die Angabe einer Preiskategorie im Reiseteil verzichtet, nur bei außergewöhnlich teuren Lokalen ist ein Hinweis zu finden. **Zwischen 20 und 30 Lv** muss man für eine Person bei einem kompletten Menü mit Bier oder Wasser rechnen. Wer Hauswein bestellt, bleibt in diesem Bereich, bei Flaschenweinen kann es teurer werden.

Hauptgerichte

Fleisch

Die Hauptgerichte sind vornehmlich **Fleischspeisen,** und die Bandbreite reicht vom Spanferkel über Hammel und Rind bis zum Geflügel. Kalbfleischgerichte waren bislang selten, kommen aber verstärkt auf die Karte. Häufig ist das Fleisch **durch den Wolf** getrieben und kommt zu Würstchen *(kebapče)* oder Klößchen *(kjufte)* geformt auf den Tisch. Die Zubereitungsarten sind vielfältig, Grill, offenes Feuer, als Eintopf oder in der Pfanne, je nach Gusto und Jahreszeit. Die Holzkohlegrills sind im Sommer die richtige Wahl, die lange vor sich hinköchelnden Eintöpfe eine Domäne des Winters.

Nur bei festlichen Essen steht **Spanferkel** auf den Karten; Stunden um Stunden muss es sich nachmittags über dem Feuer drehen, abends darf man es dann anschneiden. Das Rösten an sich ist schon ein Ereignis, und Wein und Schnaps begleiten es. Gibt es statt Spanferkel **Lamm,** nennen die Bulgaren das Festessen **Červerme.**

Gjuveč ist ein Eintopf aus Fleisch und Gemüse, zuweilen auch vegetarisch zubereitet. **Kebap** ist im Ofen gebacken, es kann als *Gorski Kebap* mit Lamm, Lauch, Petersilie, Bohnenkraut, Minze, Weißwein und Butter oder als *Šop Kebap* nur mit Lamm, Lauch und Paprikaschoten zubereitet sein; aus Hammel mit Lauch, Minze und Petersilie, Tomate und Paprika heißt es *Ovneško Stomna Kebap.*

383bu sk

Fisch

Im Landesinneren sollte man eine Gelegenheit, **Regenbogenforellen** zu essen, nutzen. Besonders köstlich sind sie vom Grill *(păstărva na skara)*. An der Küste sind die Japanischen Makrelen *(skumrija)* beliebt, aber auch Steinbutt *(kalkan)* und Blaubarsch *(lefer)*. Wer mit mehreren Personen ausgeht, sollte sich die ganze Palette an Fischvorspeisen bestellen und von jedem Teller picken: eingelegte Sardinen, Kalamari, Muschelsalat und Shrimps etc.

⌃ Mehana in Žeravna

Vegetarisches und Veganes

In vielen Regionen ist Bulgarien noch Agrarland, die Versorgung mit Gemüse ist also ausgezeichnet. Wer dem Fleisch entsagen will, kann sich an **Imam Bajalda** versuchen, mit Gemüse gefüllte Auberginen, oder auch an **Paprikaš,** einem Eintopf aus Paprika, Tomaten, grünen Bohnen und Auberginen. Ab und an steht auch **Musaka** als vegetarische Variante auf den Karten, ein Auflauf mit Auberginen, Kartoffeln und Eiern. Herzhaft ist der panierte und gebackene Käse **Kaškaval pane.** Auch der Weißkäse aus Schafmilch, **Sirene,** kommt mit verschiedenen Zutaten auf den Tisch (Tomaten, Paprika, Ei) oder wird einfach in Pergament gewickelt gebacken.

Lokale mit **veganem Angebot** sind dünn gesät und vornehmlich in den großen Städten und nicht auf dem Land zu finden.

Kleine kulinarische Sprachhilfe

- **Restaurant** – Restorant – Ресторант
- **Snack Bar** – Snek Bar – Снек Бар
- **Taverne** – Mehana – Механа
- **Kneipe** – Krăčma – Кръчма
- **Café** – Kafene – Кафене
- **Speisekarte** – Menju/Lista – Меню/Листа
- **Ich bin Vegetarier(in), Veganer(in)! –** Az sam Vegetarianets (Vegetarianka), Vegan!
- **Pfeffer** – Piper
- **Salz** – Sol
- **Essig** – Ocet
- **Guten Appetit!** – Dobăr Apetit!
- **Prost!** – Nazdrave!
- **Bitte die Rechnung!** – Smetkata, molja!

Menüaufteilung

- **Salat** – Salati – Салати
- **Suppen** – Supi – Супи
- **Vorspeisen** – Predjastija – Предястия
- **Fleisch** – Meso – Месо
- **Fisch** – Riba – Риба
- **Gemüse** – Zelenčuci – Зеленчуци
- **Beilagen** – Garnituri – Гарнитури
- **Nachtisch** – Desert – Десерт
- **Obst** – Plodove – Плодове
- **Getränke** – Napitki – Напитки

Salate – Salati – Салати

- **Šopska** – Шопска (Gurken, Tomaten, Zwiebeln, Paprikaschoten, Schafskäse, Petersilie)
- **Grăčka** – Гръчка (Tomaten, Gurken, Paprikaschoten, Peperoni, Oliven, Schafskäse, Olivenöl)
- **Ovčarska** – Овчарска (Gurken, Tomaten, Paprikaschoten, Zwiebeln, Schafskäse)
- **Snežanka** – Снежанка (Joghurt, Gurken, Walnüsse, Knoblauch)
- **Mešana** – Мешана (Tomaten, Gurken, Zwiebeln)

Suppen – Supi – Супи

- **Buljon** – Булйон (Klare Rinderbrühe)
- **Pileška Supa** – Пилешка Супа (Hühnersuppe)
- **Tarator** – Таратор (Kalte Suppe aus Joghurt, Gurke, Knoblauch, Dill und Walnüssen)
- **Postna Supa** – Постна Супа (Gemüsesuppe)
- **Škembe Čorba** – Шкембе Чорба (Fleckensuppe)

Kalte Vorspeisen – Studeni Predjastija – Студени Предястия

- **Kaškaval** – Кашкавал (Gelbkäse)
- **Sirene** – Сирене (Weißer Schafskäse)
- **Lukanka** – Луканка (Hartwurst)
- **Salam** – Салам (Salami)
- **Šunka** – Шунка (Schinken)
- **Ljutenica** – Лютеница (Scharfer Brotaufstrich aus Paprika und Tomaten)
- **Maslini s Luk** – Маслини с Лук (Schwarze Oliven mit Zwiebeln)

Warme Vorspeisen – Topli Predjastija – Топли Предястия

- **Părženi Kartofi/săs Sirene** – Пържени Картофи/със Сирене (Pommes/mit Schafskäse)
- **Drobčeta** – Дробчета (gebratene Leber, meist vom Huhn)
- **Mišmaš** – Мишмаш (gebratene Paprikaschoten, Tomaten, Eier und Käse, kleingehackt und mit Petersilie gewürzt)
- **Paniran Kaškaval** – Паниран Кашкавал (Panierter Gelbkäse)

Fleisch – Meso – Meco

- **Ptici** – Птици (Geflügel)
- **Pileško** – Пилешко (Huhn)
- **Svinsko** – Свинско (Schwein)

- **Teleško** – Телешко (Kalb)
- **Šnicel** – Шницел (Schnitzel)
- **Šišče** – Шишче (Spieß)
- **Šašlik** – Шашлик (Schaschlik)
- **File** – Филе (Filet)
- **Kjufte** – Кюфте (Fleischbällchen)
- **Kebapče** – Кебапче (Hackfleischwürstchen)
- **Nadenički** – Наденички (Grillwürstchen)
- **Kavărma** – Кавърма (Fleisch-/Gemüseeintopf mit Leber, im Tongefäß gegart)
- **Gjuveč** – Гювеч (Fleisch-/Gemüseeintopf meist aus Rind, im Tongefäß gegart)
- **Mešana Skara** – Мешана Скара (Grillplatte)
- **Musaka** – Мусака (Hackfleisch, Kartoffeln und Auberginen in Lagen und mit Milch-/Eiersauce überbacken, auch in vegetarischen Versionen)
- **Sarmi** – Сарми (mit Kraut umhüllte Hackfleischrouladen)

Fisch – Riba – Риба

- **Skrumija** – Скрумия (Makrele)
- **Păstărva** – Пъстърва (Forelle)
- **Kalmari** – Калмари (Tintenfisch)
- **Kalkan** – Калкан (Steinbutt)
- **Lefer** – Лефер (Blaubarsch)

Beilagen/Gemüse – Garnituri/Zelenčuci – Гарнитури/Зеленчуци

- **Kartofi** – Картофи (Kartoffeln)
- **Părženi Kartofi** – Пържени Картофи (Pommes)
- **Oriz** – Ориз (Reis)
- **Karfiol** – Карфиол (Blumenkohl)
- **Sini Domati** – Сини Домати (Auberginen)
- **Spanak** – Спанак (Spinat)
- **Morkovi** – Моркови (Karotten)
- **Domati** – Домати (Tomaten)
- **Čuški** – Чушки (Paprikaschoten)
- **Luk** – Лук (Zwiebeln)

Nachtisch – Desert – Десерт

- **Sladoled** – Сладолед (Eis)
- **Pasta** – Паста (Kuchen)
- **Palačinka s med/Šokolad** – Палачинка с мед/Шоколад (Pfannkuchen mit Honig/Schokolade)

Obst – Plodove – Плодове

- **Plodova Salata** – Плодова Салата (Obstsalat)
- **Papeš** – Пъпеш (Zuckermelone)
- **Dinja** – Диня (Wassermelone)
- **Praskovi** – Праскови (Pfirsich)
- **Jabălki** – Ябълки (Apfel)
- **Portokal** – Портокал (Orange)
- **Grosde** – Гросде (Weintrauben)

Getränke – Napitki – Напитки

- **Kafe** – Кафе (Espresso)
- **Čai** – Чаи (Tee)
- **Mineralna Voda** – Минерална Вода (Mineralwasser)
- **Soda** – Сода (Mineralwasser mit Kohlensäure)
- **Sok** – Сок (Saft)
- **Pivo** – Пиво (Bier)
- **Vino** – Вино (Wein)
- **Beli Vina** – Бели Вина (Weißwein)
- **Červeni Vina** – Червени Вина (Rotwein)
- **Rakija** – Ракия (Schnaps)

Beilagen

Als Beilage *(garnitura)* zum Hauptgericht isst man häufig einen Salat oder nur Brot (→ Kasten unten), doch kann man auch **Pommes Frites** oder angebratene und geschälte rote **Paprika** bestellen. Die Beilage muss immer zusätzlich geordert werden und ist nicht Bestandteil des Hauptgerichtes.

Nachtisch und Snacks

Typischster Nachtisch ist die **Baklava,** ein Blätterteiggebilde mit Schichten von Nüssen, Mohn und Rahm, das sich mit Honig oder Zuckerwasser vollsaugen durfte. Danach geht nichts mehr. Beliebt ist auch in Joghurt eingerührter Honig oder **Palačinka,** süß gefüllte Pfannkuchen (Honig, Schokolade). Wer es leichter liebt, bestellt **Obst:** Zucker- oder Wassermelone, Trauben oder einen Pfirsich.

Wer dann noch einen **Digestif** will (obwohl bei den Bulgaren nicht üblich), bestellt einen langen Kurzen zum Abschluss, Rakija oder Mastika (Anisschnaps) – üblich sind 100 g, wer nur 50 g bestellt, wird amüsiert beguckt.

Wer nach dem Essen noch gemütlich beisammen sitzt, bestellt sich an der Küste zu Bier oder Wein unbehandelt frittierte, stark gesalzene **Sprotten** *(caca).* Die im Ganzen genossenen Fische befeuern den Wunsch nach Flüssigkeit und damit die Stimmung.

Brot

Wer Brot *(hljab*/хляб*)* bestellt, erhält häufig eine Weißbrotscheibe, im schlechtesten Fall sogar ungetoastet serviert. Doch hat Bulgarien Besseres zu bieten – **Pitka** (Питка), ein Fladenbrot, das am besten frisch aus dem Ofen schmeckt, warm und knusprig. Wer will, kann es sich mit Kräutern, Öl und Knoblauch verfeinern lassen.

Frühstück

Außerhalb der Hotels kennt man das Frühstück als eine der Hauptmahlzeiten des Tages nicht. Viele Bulgaren beschränken ihre Morgenmahlzeit auf einen Kaffee mit Zigarette. Üblich sind sonst höchstens ein Kaffee oder Tee und dazu ein Hörnchen, ein Schmalzgebäck

419bg fk

oder eine süß oder mit Frischkäse gefüllte Blätterteigtasche *(banica)*.

Einen Joghurt zum Frühstück zu schlürfen, käme einem Bulgaren nicht in den Sinn.

Getränke

Obwohl auch ausgezeichnetes **Bier** im Angebot ist (die Hauptmarken sind Zagorka und Kamenica), ist Bulgarien **Weinland** mit einer jahrtausendealten Tradition. Im Kommunismus wurden die Weingüter verstaatlicht, und man setzte auf Masse für den Export und nicht auf Qualität, doch produzieren zwischenzeitlich wieder herausragende Weingüter Tropfen edelster Qualität, und auch die Weine in der Preiskategorie des täglichen Verbrauchs lassen sich durchaus trinken (→ Exkurs „Weinland Bulgarien", S. 542).

Berühmt ist Bulgarien auch für seine **Mineralquellen,** deren Wasser nicht nur zur Heilung in den Thermalbädern benutzt, sondern, in Flaschen gefüllt, im ganzen Land als Basisgetränk in den Läden steht. Besonders in der Hochsaison und in den großen Städten sollte man Leitungswasser nicht trinken, sondern auf das spottbillige Mineralwasser zurückgreifen.

Cafés für eine Pause – mit Getränken und Snacks

Weinland Bulgarien

Hinweis: Der Abschnitt über Wein wurde von Bossev Weinmarketing (→ unten) zusammengestellt.

Weingeschichte Bulgariens

Bulgarien gehört zu den Ländern mit der längsten Weinbautradition Europas. Bis ins **Altertum** können die Ursprünge zurückverfolgt werden. Archäologische Funde und überlieferte Texte belegen den Weinanbau bereits vor 5000 Jahren auf dem Territorium des heutigen Bulgarien. Die **Thraker** brachten die ersten Rebstöcke auf die Balkan-Halbinsel. Sie waren eben nicht nur gute Goldschmiede, sondern entwickelten sich auch zu hervorragenden Weinbauern und Winzern. Schon *Homer* hat in der „Odyssee" den thrakischen Rebensaft überschwänglich gelobt.

Römer und Mönche

Als die thrakischen Gebiete an Rom fielen, entwickelten die **Römer** den Weinbau weiter und lieferten ihre Produkte bis nach Griechenland, Sizilien und Ägypten.

Im Mittelalter blieb es wieder den **Klöstern** vorbehalten, die Weinbaukunst zu bewahren, die durch die Regeln des Islam bezüglich des Alkoholkonsums zunehmend bedroht war.

390bu sk

Ein Weingesetz

So wichtig nahmen die Bulgaren ihre Kunst, dass unmittelbar nach Ende der osmanischen Herrschaft und noch vor der Verabschiedung einer Verfassung des Bulgarischen Staates im Jahr **1879 ein Weingesetz** in Kraft trat. In den Jahren des **Kommunismus** wurde die Weinerzeugung industrialisiert. Die besten Qualitäten allerdings blieben nicht im Lande, sondern gingen in den **Export.**

Neuanfang

Die politische Wende hat ein **Umdenken** in der bulgarischen Weinbranche gebracht. Nicht Masse, sondern Qualität steht jetzt im Vordergrund. Es entstanden wieder viele **Familienkellereien,** die verstärkt investieren und eigene Trauben verarbeiten. Die hervorragenden Boden- und Klimaverhältnisse haben außerdem ausländische Investoren nach Bulgarien gelockt. Sie alle sehen die Zukunft des bulgarischen Weinbaus in der guten Pflege der Rebflächen, in der Ertragsreduzierung und in der Erzeugung von handwerklich gemachten Weinen mit einem individuellen Herkunftscharakter. Es entstehen Weine, die aus hochwertigen Trauben in nachweisbaren Terroir-Auflagen mit **sanfter Önologie** gekeltert werden. Dabei werden urwüchsige, regional geprägten Terroir-Weine, besonders aus einheimischen Traubensorten, bevorzugt. 1999 trat ein neues Weingesetz in Kraft, das diesen Zielen Rechnung trug.

Und einiges hatte sich auch unter dem Kommunismus nicht verändert: die geografische Lage, das Klima, die Landschaft und die Bodenbeschaffenheit des Landes, die weiterhin für exzellente Bedingungen im Weinbau sorgen.

Weinregionen

Bulgarien liegt vollständig im **Rebengürtel** der nördlichen Erdhalbkugel, zwischen gemäßigtem kontinentalen und mediterranem Klimagürtel, wie auch Bordeaux und Toskana. Es existiert eine enorme **Bodenvielfalt** – braune, graue und Zimtwaldböden, Schwarzerde, Alluvial- und Schwemmböden etc.

Das Land ist in **fünf** unterschiedlich große **Weinbauregionen** aufgeteilt: die nördliche der Donauebenen, die östliche am Schwarzen Meer, die Subbalkan-Region um das Rosental, die südliche Region in der Thrakischen Tiefebene und die südwestliche im Tal der Struma.

Prädikate

Das Wein- und Spirituosengesetz von 2019 ersetzte die älteren Regelungen für Erzeugung, Kennzeichnung, Handel und Transport von Weinen und Spirituosen und passte die Landesgesetze im Zug der Harmonisierung an die grundlegenden Qualitätsstufen in der EU an:

- **PDO-Weine** (Protected Designation of Origin) – geschützte Ursprungsbezeichnung (in Bulgarien gibt es aktuell etwa 50 Regionen, deren Weine diese Bezeichnung tragen dürfen)
- **PGI-Weine** (Protected Geographical Indication) – geschützte geografische Angabe (in Bulgarien sind dies zwei Regionen – PGI Donauebene (Nordbulgarien) und PGI Thrakiatal (Südbulgarien)
- **Sortenweine ohne PDO/PGI** (rebsortenreine Tafelweine)
- **Weine ohne PDO/PGI** (allgemeine Tafelwein)

In den einzelnen EU-Ländern lassen eigene tradierte Qualitätsbezeichnungen weitere Rückschlüsse zu auf die Reife der Trauben, die Länge der Fass- und Kellerreife und die Vermarktungsmengen. In Bulgarien lauten sie für PDO-Weine Reserve, Special Reserve, Special Selection, Collection, Premium Oak und Butrytis-Traube (Edelfäule), für PGI-Weine Premium, Reserve und Premium Reserve.

Anbauflächen

Bulgarien verfügt über ein Weinbaupotenzial von **79.000 ha,** davon werden 60.000 ha für Weinbau genutzt. 58 % der Fläche entfallen auf rote Traubensorten, 42 % auf weiße.

Rebsorten

- **Mavrud:** alte einheimische Rotweintraube, wächst in der Thrakischen Ebene an den Hängen der Rodopen um Asenovgrad, Brestovica, Pazardjik, Plovdiv bis Stara Zagora und Parvomaj. Kräftige, herbe Weine (nach Pflaume, Kirsche), die am besten nach zwei- bis dreijähriger Reife getrunken werden.
- **Gamza:** alte einheimische rote Rebsorte, zu 90 % in Nordbulgarien vorkommend (Vidin, Novo Selo, Pleven, Suhindol). Durch die zarte Traubenschale sehr leichte, elegante, tanninarme, aber feingliedrige Rotweine mit interessanten Aromen von Kakao oder Zimt.
- **Breiter Melnik** (breitblättrige Melniker Rebe): alte bulgarische, autochtone, rote Sorte, hauptsächlich in der Region um Melnik. Beste Anbaugebiete sind Sandanski, Melnik, Petrič und die Dörfer Harsovo, Vinogradi, Marikostinovo, Locenica und Krapatovo. Saftige, extraktreiche Weine, dominiert von Kirsch- und Waldfruchtaromen, in der Reife interessante Aromanuancen von Tabak und Leder.
- **Pamid:** verbreitete einheimische, rote Tafeltraubensorte aus thrakischer Zeit, hellrote Weine mit wenig Extrakt und Säure.
- **Dimiat:** die meistangebaute einheimische Weißweintraube, verbreitet in der Schwarzmeer-Region (Varna, Šumen), duftige, frische Weine mit bis zu 9 g/l Gesamtsäure. Typisch ist der walnussartige Nachhall. Will jung und kühl getrunken sein.
- **Roter Misket:** alte Sorte, vorherrschend im Sungurlare-Tal, bei Karlovo, Bresovo, Sliven und Stara Zagora, harmonische Weißweine mit typischem Misket-Aroma.
- **Tamianka:** eine der ältesten Rebsorten Bulgariens. Die weiße Rebsorte Tamianka ist seit Jahrhunderten bekannt, wird allerdings nur auf begrenzten Flächen angebaut. Die Weine sind harmonisch, mit einem angenehmen, zarten Muskat-Aroma.

Die autochtonen Rebsorten ergeben Weine mit einem unverwechselbaren Charakter, zu Beginn des 20. Jh. wurde allerdings ein bedeutender Teil der Bestände von der **Reblaus** vernichtet, womit Traubensorten aus anderen Ländern **eingeführt** werden mussten, die unter den günstigen Bedingungen gut gediehen. Auch begann man im vorigen Jahrhundert mit Kreuzungen wie Rubin (Nebbiolo x Syrah), Evmolpia (Mavrud x Merlot) und Ruen (Breiter Melnik x Cabernet Sauvignon).

Kellereien mit Verkostungsangebot

Die Kellereien werden in den jeweiligen Ortskapiteln näher vorgestellt.

- **Borovica,** Borovica bei Belogradčik, Tel. 0887-806200, www.winwines.net, Besuch anmelden.
- **Chateau Burgozone,** Leskovec bei Orjahovo, Tel. 0885-338034, www.burgozone.bg, Besuch anmelden.

■ **Dos Alamos** („Zwei Linden"), Negovanovci bei Vidin, Tel. 0879-611155, www.dosalamos.net, Besuch anmelden.

■ **Marjan,** Marjan bei Elena/Veliko Tărnovo, Tel. 0888-794449, www.maryanwinery.com, werktags 10–17 Uhr oder Besuch anmelden.

■ **Vinprom Svištov,** bei Svištov, Tel. 063-160470, www.svishtov-winery.com, Besuch anmelden.

■ **Salla Estate,** Blaskovo bei Provadia/Varna, Tel. 0879-833366, www.salla.bg, werktags 9–16 Uhr oder Besuch anmelden.

■ **Carev Brod,** Carev Brod bei Šumen, Tel. 0889-266897, www.tsarevbrod.com, Besuch anmelden.

■ **Varna,** General Kantardjievo bei Varna, Tel. 0887-574148, www.varnawinery.eu, werktags 9–17 oder Besuch anmelden.

■ **Stracin,** Stracin bei Pomorie, Tel. 0885-510 620, www.stratsinwinery.bg, Besuch anmelden.

■ **Minkov Brothers,** Venec bei Karnobat/Burgas, Tel. 0882-151500, www.minkovbrothers.bg, werktags 9–19, Winter bis 17.30 Uhr oder Besuch anmelden.

■ **Villa Melnik,** Harsovo bei Sandanski, Tel. 0898-578153, www.villamelnik.com, werktags 10–17.30 Uhr oder Besuch anmelden.

■ **Medi Valley,** Smočevo bei Rila, Tel. 0884-068 660, www.medivalleywinery.com, tgl. 9–17 Uhr oder Besuch anmelden.

■ **Orbelus,** Kromidovo bei Petrič, Tel. 0887-452 214 oder 02-9515441, www.orbelus.bg, Besuch anmelden.

■ **Bessa Valley,** Ognianovo bei Plovdiv, Tel. 0889-499992, www.bessavalley.com, werktags 9–17 Uhr oder Besuch anmelden.

■ **Manastira,** Lesičovo bei Plovdiv, Tel. 0887-065635, www.manastirawinery.com, Besuch anmelden.

■ **Four Friends,** Gorno Botevo bei Stara Zagora, Tel. 0893-391616, www.fourfriends.bg, Besuch anmelden.

■ **Dragomir,** Brestnik bei Plovdiv, Tel. 0888-325 830, www.dragomir.bg, Besuch anmelden.

■ **Starosel,** Starosel bei Hisarja, Tel. 0896-608 556, www.starosel.com, Besuch anmelden.

■ **Zagreus,** Tatarevo bei Parvomaj/Plovdiv, Tel. 0888-390873 oder 033-698091, www.zagreus.org, Besuch anmelden.

■ **Villa Justina,** Ustina bei Plovdiv, Tel. 0882-626668, www.villayustina.com, werktags 10–16 Uhr oder Besuch anmelden.

■ **Starosel,** Starosel bei Hisarja, Tel. 0896-608 556, www.starosel.com, Besuch anmelden.

■ **Edaordo Miroglio,** Elenovo bei Jambol, Tel. 0889-066330, www.emiroglio-wine.com, Besuch anmelden.

■ **Midalidare,** Dorf Mogilovo bei Čirpan/Stara Zagora, Tel. 0894-321282, www.midalidare.bg, werktags 8.30–17 Uhr oder Besuch anmelden.

■ **Bratanov,** Harmanli bei Haskovo, Tel. 0889-008860, www.bratanov.wine, Besuch anmelden.

Bulgarische Weine in Deutschland

Wer bulgarische Qualitätsweine im Urlaub genossen hat, kann sie in Deutschland verkosten und auch bestellen (www.bulgarien-weine.de):

■ **Bossev Weinmarketing Dresden,** *Svetlozar* und *Latchezar Bossev,* Schnorrstr. 70, 01069 Dresden, Tel. 0351-4724663, www.bulgarien-weine.de.

Feiertage, Feste und Events

→ Zu jeder Zeit

Feiertage richten sich nach dem Gregorianischen Kalender, nur das Orthodoxe **Ostern** wird nach dem alten **Julianischen Kalender** berechnet. Zu den offiziellen Feiertagen kommen in den Landesteilen mit muslimischer Bevölkerung noch einige **islamische Feiertage,** besonders das Zuckerfest (Scheker Bayram), mit dem der Fastenmonat Ramadan endet (Fastenbrechen), und das Opferfest (Qurban Bayram).

Landesweite Feiertage

- 1. Jan.: Neujahrstag
- 3. März: Nationalfeiertag (Befreiung vom Türkischen Joch 1878)
- 3. Mai 2024, 18. April 2025, 10. April 2026: Orthodoxer Karfreitag
- 5. Mai 2024, 20. April 2025, 12. April 2026: Orthodoxer Ostersonntag
- 6. Mai 2024, 21. April 2025, 13. April 2026: Orthodoxer Ostermontag
- 1. Mai: Tag der Arbeit
- 6. Mai: Tag der Streitkräfte und Georgstag
- 24. Mai: Tag der bulgarischen Kultur und der slawischen Schrift
- 6. Sept.: Tag der Vereinigung (Anschluss Ostrumeliens 1885)
- 22. Sept.: Unabhängigkeitstag (Unabhängigkeitserklärung 1908)
- 1. Nov.: Gedenktag der Führer der Bulgarischen Renaissance
- 25. und 26. Dez.: Weihnachten
- 31. Dez.: Silvester

Muslimische Feiertage

Die Feiertage werden jedes Jahr neu berechnet, und die Termine können sich noch ändern.

- **Scheker Bayram** (Zuckerfest – Fastenbrechen): 10.–12. April 2024, 30. März.–1. April 2025, 20.–22. März
- **Qurban Bayram** (Opferfest): 16.–18. Juni 2024, 6.–8. Juni 2025, 27.–29. Mai 2026

Brauchtum

Die Bulgaren sind stolz auf ihre Bräuche, und in **sozialistischen Zeiten** gab es viele Feste und Festivals, auf denen man sich mit seinen Kostümen, Tänzen, Gesängen und Musikstücken maß. Aus der ganzen östlichen Hemisphäre reisten Folkloregruppen an und spielten auf. Nach dem **Zusammenbruch des Ostblocks** war für diese pittoresken Veranstaltungen **kein Geld** mehr da, und nur nach und nach erholt sich die Tradition, das Brauchtum festlich zu begehen.

Survakane

Zu den wichtigsten Ereignissen gehört das Survakane, das am 26. Oktober beginnt und sich über die Weihnachtszeit bis Neujahr hinzieht, wo es seinen Höhepunkt findet. Der 26. Oktober ist der **Dimitrov-Tag,** dem Erntedankfest vergleichbar, denn bis zu diesem Termin sollte die Ernte eingebracht sein. An Neujahr wird bei Familientreffen jedem mit geflochtenen und geschmückten **Zweigen der Kornelkirsche** – dem Survački – auf den Rücken geklopft, um ihm Gesundheit und Glück zu wünschen. Die Kornelkirsche ist ein Symbol der guten Mächte der Natur. Die Kinder – **Survakari** genannt – ziehen, die Gesichter hinter Masken verborgen, von Haus zu Haus, berühren die Menschen mit der Rute und wünschen alles Gute. Ein Liedchen wird zum Besten gegeben, und als Gegenleistung erhalten die Kinder Naschereien und Nüsse. Schon Weihnachten – **Koledari** – ist ein Vorbote für diesen Brauch, denn auch da ziehen die Kinder durchs Dorf und klopfen den Erwachsenen auf den Rücken, allerdings nennt man sie dann Koledari.

Karneval

Der Karneval wird, wie in vielen slawischen Ländern, als Fest der **Kukeri** begangen. Die Kuker, Männer mit schrecklichen, unheimlichen Masken und abenteuerlichen Fellkostümen, tanzen durch

Terminprobleme

Im Jahr 1582 fasste sich Papst *Gregor XIII.* ein Herz und verfügte mit einer Bulle den **Wechsel vom Julianischen zum Gregorianischen Kalender.** Grund war die Datumsfindung des **Osterfestes.** Das Datum wurde lange Jahre vom jüdischen Pessachfest abgeleitet, an dem das Letzte Abendmahl stattgefunden haben soll. Am Sonntag darauf war Ostern. Das Pessachfest wiederum fand immer am 14. Tag des jüdischen Frühlingsmonats Nisan statt, dessen Beginn jedes Jahr von den jüdischen Gelehrten durch Naturbeobachtung neu bestimmt wurde. Man versuchte, von den jüdischen Gelehrten unabhängig zu werden, und bestimmte den 21. März generell als Frühlingsanfang. Doch mit den julianischen Jahren (jedes war elf Minuten kürzer als das astronomische Jahr) **verschob sich der Kalender** konstant nach vorne und entfernte sich vom tatsächlichen Frühlingsanfang (der Tag-Nacht-Gleiche) immer weiter. Um dies auszugleichen, verzichtete man im Jahr 1582 auf die Daten 5. bis 14. Oktober, ließ aber die Wochentage fortlaufen. Auf Donnerstag, den 4. Oktober, folgte Freitag, der 15. Oktober. Die Tag-Nacht-Gleiche des Frühlingshalbjahres war wieder am 21. März angekommen, Ungenauigkeiten wurden zukünftig mit einem **Schaltjahr** ausgeglichen. Der Julianische Kalender aber blieb in der orthodoxen Christenwelt erhalten.

Der **islamische Kalender** übrigens richtet sich wieder ganz anders aus. Er ist ans **Mondjahr** gebunden, das dem Sonnenjahr bzw. astronomischen Jahr erheblich vorauseilt. Die Feiertage wandern damit langsam übers ganze Jahr und über jede Jahreszeit. Die islamische Zeitrechnung beginnt mit dem Datum, als der Prophet *Mohammed* von Mekka nach Medina kam, nach gregorianischer Zeitrechnung am 16. Juli 622. Von da an wurde mit Mondmonaten gerechnet und mit der Beobachtung des Mondes die Feiertage bestimmt. Deshalb ist die Voraussage der Feiertage und des Fastenmonats Ramadan über einen längeren Zeitraum nicht exakt möglich.

die Straßen, und ihre umgehängten Glocken und Schellen lärmen fürchterlich.

Das Kukeri-Fest findet traditionell in der Februar-Woche statt, in der der Namenstag Todor liegt und in der vor langer Zeit ein **grausames Ritual** vollzogen wurde. Um sich vor Tollwut zu schützen, fing und erhängte man die streunenden Hunde.

Die Männer tanzen in der Todor-Woche von Haus zu Haus und kommen schließlich zum Dorfplatz, wo sie **symbolisch ein Feld bestellen.** Damit ist der Winter „ausgeläutet". Als besonders gelungen gelten die Kukeri-Feste in der Region um Dobrič und in Jambol.

Marteniza

Die Marteniza ist eigentlich nichts anderes als ein **Fadenbündel** aus Schnürchen und Quasten in den Farben Weiß und Rot. Doch jedes Jahr am **1. März** muss man es tragen, denn nur dann übersteht man das Jahr mit Gesundheit und Glück.

Die **Legende** besagt, dass die Protobulgaren, als sie bei ihrer Wanderung das erste Mal die Donau sahen, an ihrem Ufer ein großes Fest begingen. Doch einer der Clans konnte sich vor Heimweh kaum halten, denn nur in der Heimat gab es ein für die Opfergaben notwendiges Kraut. Da kam ein Vöglein geflogen und setzte sich auf die Schulter des Herrschers, Han *Juvigi,* und bat ihn um ein weißes Bändchen, das dieser dem Tier nicht verweigerte. Es flatterte auf und entschwand in den Lüften, kam aber bald wieder, erschöpft und mit einem Geschenk. Es sei in der Heimat gewesen, und die zu Hause Gebliebenen sandten dem Han Grüße und ein Sträußlein des begehrten Krautes, in dem ein roter Faden eingebunden war. Beide Fäden be-

003bu sk

hielt er, das Kraut gab er den Priestern zur Opferung, und sein Stamm lebte glücklich bis in alle Ewigkeit. Heute trägt man das Fadenbündel, bis die ersten Blüten an den Büschen erscheinen oder man einen Storch oder eine Schwalbe sieht, längstens jedoch bis zum 1. April.

Feuertanz

Der Feuertanz – **Nestinartstvo** – ist weit über die Grenzen Bulgariens hinaus berühmt. Er findet traditionell und authentisch noch im Strandža-Gebirge statt (im Dorf Bălgari am 3. Juni, in den anderen Dörfern jeweils am Namenstag des Dorfheiligen), die Aufführungen an der Küste für die Touristen hingegen sind ein Simulakrum, das nichts mehr mit dem archaischen Brauch zu tun hat.

Die Nestinari, Feuertänzer, tanzen **barfuß auf glühenden Kohlen,** ohne sich zu verletzen oder auch nur die kleinste Brandblase davonzutragen. Nur durch mentale Kraft widerstehen sie der Hitze, die zwischen 400 und 800 °C beträgt. Mit Trommeln, Dudelsäcken und Gesang während des Tages in Trance gebracht, betreten die Tänzer schließlich am Abend die vorbereitete Feuerfläche. In den Händen halten sie die Ikone des Dorfheiligen. Nur wer in die Geheimnisse des Tanzes eingeweiht wurde, meist von Vater und Mutter auf die Kinder weitergegeben, und wer sich auf die Aufgabe durch Fasten und mentale Reinigung vorbereitet hat, darf als Nestari auf die Glut. Wie im Rausch sind auch die Zuschauer dieses uralten Rituals, am Ende fassen sich alle bei den Händen und tanzen einen großen Reigen.

Geld

→ Notfälle

Landeswährung ist der **Lev** (лев), Plural Leva (лева), der in 100 Stotinki (стотинки, Singular Stotinka/стотинка) unterteilt ist. Der **Name** leitet sich von „Löwe" ab; dessen Bild war ursprünglich auf die Münzen geprägt. Der Stotinka erhielt seinen Namen schlicht von der Zahl Sto (Hundert, сто), bedeutet also ein Hundertstel.

Die Abkürzung für den Lev ist national **Lv** (лв) bzw. im internationalen Gebrauch BGN. Mit dem Zusammenbruch des Ostblocks und der Währungsreform 1999 wurde der Lev mit dem Wert 1:1 erst an die D-Mark, dann mit dem Wert 1:1,9558 **an den Euro gebunden,** sodass er keinen Währungsschwankungen zu diesem unterliegt. Erhält man beim Wechseln in Banken und in Wechselstuben also weniger, ist dies allein der Provision für den Service geschuldet.

Die Stückelung der **Münzen** beträgt 1, 2, 5, 10, 20 und 50 Stotinki, dazu gibt es eine Münze mit dem Nennwert von 1 Lev. Die **Banknoten** werden als Scheine mit dem Nennwert 2, 5, 10, 20, 50 und 100 Leva ausgegeben.

[<] Mit der Ikone des Dorfheiligen in Händen gehen die Nestinari übers Feuer

Geldwechsel

Wer mit Euro ins Land reist, muss bei einer der zahlreichen Wechselstuben oder in einer Bank sein Geld eintauschen. In den **Wechselstuben** besteht kein Andrang, und man kommt sehr schnell an bulgarisches Geld. Doch kann es passieren, dass die **Provision** auf den Schautafeln nicht eindeutig ausgewiesen ist und man manchmal nur bass erstaunt über den tatsächlich ausgehändigten Betrag ist. Wer also nicht ganz sicher sein kann, wie viel Geld im Endeffekt in die Hand gezählt wird, sollte die Wechselstuben meiden und in eine **Bank** gehen (→ auch „Sicherheit/Geldwechsel"). Dort ist der Wechselvorgang allerdings sehr bürokratisch, und es kann dauern; auch stehen häufig lange Schlagen an den Schaltern. In den **Hotels** werden teilweise geradezu unanständige Wechselkurse angeboten bzw. sind die Provisionen tränentreibend – doch ist man hier meist eindeutig vorab über die ausgezahlte Summe informiert. Unter Umständen kann es schwierig sein, Devisen aus den Nachbarländern zu wechseln, insbesondere wird die serbische Währung von den Banken nur sehr ungern oder gar nicht eingetauscht.

Geld abheben

Beste Möglichkeit, an die Landeswährung zu kommen, ist die Abhebung an den **Geldautomaten,** die an zahlreichen Stellen (Banken, Tankstellen, in den Touristenzentren) zu finden sind. An ihnen erhält man den offiziellen Kurs, abzüglich einer gesetzlich festgelegten Abhebungsgebühr, mithin ist dies das **günstigste Verfahren.** Zu beachten ist, dass man keinesfalls die Alternative der sofortigen Umrechnung zum tagesaktuellen Kurs wählt. Dieser ist immer ungünstiger (weil von der jeweiligen Bank bestimmt, bei der man abhebt), als wenn es die Hausbank umrechnet. Die täglich abhebbare Summe (Verfügungsrahmen) ist von Bank zu Bank und innerhalb einer Bank von Kunde zu Kunde unterschiedlich. Man erkundige sich bei seinem Kundenberater zu Hause über den Verfügungsrahmen und erhöhe ihn unter Umständen. Die Geldkarte erfordert zur Abhebung die Geheimzahl (PIN). Bei deren Eingabe ist mit entsprechender **Vorsicht** vorzugehen. Die Einleseschlitze der Geräte sind auf etwaige von Kriminellen angebrachte Vorbauten zu untersuchen, die die Daten der Karte auslesen. Bei der Eingabe der PIN sollte das Tastaturfeld mit der Hand abgedeckt werden, sodass keine Kamera die Geheimzahl aufnehmen kann.

Es ist vorgekommen, dass Automaten **ältere Karten** mitunter nicht akzeptieren, man sollte sich also vor der Reise die neueste Version bei seinem Geldinstitut besorgen. **In diesem Zusammenhang wichtig:** Maestro- und VPAY-Standard (zu erkennen am entsprechenden Zeichen auf der Karte), die von den Kreditkartenfirmen Mastercard und Visa angebotenen Systeme, laufen aus und werden durch die neuen Standards Mastercard debit und Visa debit ersetzt. Bankkunden erfahren das in der Regel dadurch, dass sie eine entsprechende neue Karte ausgestellt bekommen. Ob die neuen Karten dann schon überall funktionieren, lässt sich zurzeit noch nicht sagen. Im Zweifel erkundigen Sie sich vor der Reise bei Ihrer Bank.

382bu sk

Bezahlen

Kreditkarten (meist American Express, Mastercard, VISA) werden häufig akzeptiert, das Bezahlen mit Debitkarten ist so gut wie unbekannt.

In Geschäften außerhalb der großen Zentren ist nur mit **Bargeld** zu zahlen. Viele Restaurants akzeptieren Kartenzahlung nicht – auch in Urlauberhochburgen. Bei Tankstellen an den Überlandstrecken ist Kartenzahlung meist möglich (in den angeschlossenen Shops erhält man auch eine ganze Menge Dinge des täglichen Bedarfs), ebenso in den moderneren Hotels des Landesinneren.

Auf alle Fälle ist vor Leistungsnutzung auch bei Geschäften mit entsprechenden Kartenakzeptanzhinweisen **explizit zu fragen,** ob Kreditkarten, und wenn ja, welche, angenommen werden, da schon mal die Lesegeräte ausgefallen sein können. Deshalb sollte man immer so viel Bargeld mitzuführen, dass die Rechnungen unter Umständen ebenso bar beglichen werden können.

Devisenbestimmungen

Die **Ein- und Ausfuhr** von Landes- und Fremdwährung bis zu einer Höhe von 20.000 Lv (bzw. dessen Gegenwert) ist nicht deklarationspflichtig. Liegen der

⌃ In Kotel

Wechselkurs (Stand Januar 2024)

1 Lv = 0,51 €	1 € = 1,96 Lv
1 Lv = 0,49 sFr	1 sFr = 2,04 Lv

Die Geschichte des Lev

Der Lev wurde erstmals bei der Unabhängigkeit Bulgariens **1881** aufgelegt und war stets **an eine Fremdwährung gebunden** – den franz. Franc, dessen Wert er 1:1 besaß. Hohe Inflationsraten sorgten mehrfach für Währungsreformen, so nach dem Ersten Weltkrieg und auch in der sozialistischen Zeit, als 1962 der alte Lev mit einem Kurs von 100:1 zum neuen Lev wurde. Bis **1992** blieb er erhalten, dann wurden neue Münzen und Banknoten ausgegeben, international als BGL (Bulgarian Lev) katalogisiert. Diese Währung wurde nach starker Inflation **1999** mit einem Kurs von 1000:1 zum neuen Lev umgewandelt, der die internationale Bezeichnung BGN (Bulgarian New Lev) erhielt.

Ein- und Ausfuhrbetrag darüber, muss bei der Einfuhr am Zollamt eine schriftliche Deklaration erfolgen; hier ist bei der Ausfuhr auch die Herkunft des Geldes nachzuweisen (Bestätigung der zuständigen Steuerbehörde, dass keine offenen Schulden gegenüber dem bulgarischen Staat bestehen), wenn der Einfuhrbetrag geringer war. Entsprechen sich Ein- und Ausfuhrbetrag bzw. war der Einfuhrbetrag höher als der Ausfuhrbetrag, genügen bei der Ausfuhr die Deklaration und die Vorlage der Einfuhrdeklaration. Werden diese Regelungen nicht beachtet, zieht die Zollbehörde den gesamten Devisen- und Levabetrag entschädigungslos ein und verhängt zusätzlich eine saftige Geldstrafe.

Reisebudget

Trotz der hohen Inflationsrate ist Bulgarien auch heutzutage noch ein **sehr günstiges Reiseland.** Allerdings liegen die Preise von importierten Waren auf mitteleuropäischem Niveau, doch all das, was im Land selbst hergestellt wird (besonders Nahrungsmittel) und Dienstleistungen sind geradezu sensationell billig.

- **Lebens- und Genussmittel:** In den Läden kostet ein Brot 2 Lv, ein Bier 2 Lv, 1 l einheimischer Wodka 10 Lv, eine Packung importierter Zigaretten 6 Lv und eine innerstädtische Busfahrt 1–2 Lv.
- Für eine **Unterkunft** in einem guten und modernen Drei-Sterne-Hotel im Landesinneren muss man für ein Doppelzimmer mit 75–100 Lv rechnen.
- **Essen gehen:** Eine mehrgängige Mahlzeit für zwei Personen sollte mit Getränken nicht mehr als 40–60 Lv kosten. Für einen Snack in der Mittagszeit an einem Stand rechnet man max. 10 Lv pro Person.
- **Eintritt** in die kleineren Museen kostet normalerweise 2 Lv, die großen und wichtigen Museen von nationaler Bedeutung können aber auch 10 Lv verlangen.
- **Verkehrsmittel:** Eine **Taxifahrt** von 5 km Länge schlägt mit etwa 10 Lv zu Buche. Den Taxitarif darf jeder Fahrer selbst festlegen, und wenn er ihn draußen an den Wagen schreibt, gilt dieser Tarif. Allerdings hat der Staat die Tarife gedeckelt! Fahrten mit der **Eisenbahn** und dem **Bus** auf nationalen Strecken sind stets sehr günstig.
- Bei Reisen im Land mit dem eigenen Wagen sind die **Treibstoffkosten** wohl einer der Hauptposten, denn diese liegen nur wenig unter mitteleuropäischem Niveau.

Gesundheit

Impfungen

Der persönliche allgemeine Impfschutz für **Diphtherie, Tetanus** und **Kinderlähmung** sollte überprüft und gegebenenfalls aufgefrischt werden. Ein geringes Risiko für **FSME** (durch Zecken übertragene Hirnhautentzündung) besteht bei Reisen auf einfacherem Niveau oder bei Wanderurlauben. Sinnvoll ist auch der Impfschutz gegen **Hepatitis A und B** sowie **Tollwut.**

Ärztliche Versorgung

In den **Touristenzentren** sind zahlreiche Ärzte zu finden, darunter auch welche, die der Heimatsprache der Touristen mächtig sind. Viele Hotels besitzen Kur- und Wellness-Einrichtungen mit einem eigenen Ärztestab. Ist dies nicht der Fall, wird an der Rezeption ein Arztkontakt hergestellt. **Krankenhäuser** werden in den Praktischen Tipps der Ortskapitel aufgeführt. Nähere Informationen zu Behandlungskosten → „Versicherungen" weiter unten.

Apotheken

Viele der in Deutschland erhältlichen **Medikamente** werden auch in den Apotheken Bulgariens verkauft. Man wird allerdings meist auf **Sprachschwierigkeiten** stoßen und sollte sich Medikamente daher in Absprache mit einem Arzt besorgen, der auch Apotheken empfehlen kann. Sie heißen auf Bulgarisch **Apteka (Аптека)** und sind oft mit einer Äskulap-Schlange gekennzeichnet.

Trinkwasser

Obwohl die Bulgaren überall und immer an den zahlreichen gefassten **Quellen** am Wegesrand ihre Flaschen und Kanister auffüllen – Bulgarien ist für sein Wasser berühmt, und jeder hat seine eigene Favoritenquelle –, sollte man davon Abstand nehmen, wenn man sich nicht genau über die Herkunft des Wassers im Klaren ist.

In jedem Laden und an Kiosken lassen sich konfektionierte Wasserflaschen mit (0,5 bis 1,5 l mit oder ohne Kohlensäure) zu einem geringen Betrag erwerben (→ dazu auch Exkurs „Die Quelle des Wohlbefindens – Bulgariens Heilwasser", S. 568).

Lebensmittel

Wer öfter Magenprobleme hat, sollte unter Umständen auf den Verzehr von **Salaten** verzichten, obwohl die Hygienevorschriften in den Restaurants und Gaststätten fast durchweg penibel eingehalten werden. Alle anderen können unbekümmert losfuttern. **Obst** sollte aber dennoch immer geschält werden.

Toiletten

Öffentliche Toiletten (Toaletni/тоалетни) gibt es in größeren Städten in Parks, an Bus- und Bahnhöfen, und soweit sie bewirtschaftet und gebührenpflichtig sind, werden sie ordentlich sauber gehalten. Mit **50 Stotinki** Eintritt muss man rechnen, in den großen Städten mit touristischem Andrang teils mit **1 Lv.** Für etwas mehr kann man auch einen Espresso in einer Bar trinken und deren Toilette benutzen. In den Restaurants sind die Stillen Örtchen sehr sauber und gepflegt.

- **Männer** = Măže/Мъже
- **Frauen** = Dami/Дами

Eine Sonderstellung nehmen die **Berghütten** ein. Wegen ungeklärter Eigentumsverhältnisse und Zuständigkeitsstreitereien zwischen Gaststättenpächter und Bergvereinen sind viele in einem unbeschreiblichen Zustand und deren Sanitäreinrichtungen quasi nur mit hüfthohen Gummistiefeln zu betreten.

Versicherungen

Bei Abschluss einer **Auslandskrankenversicherung** werden die Behandlungskosten für Krankheiten und Verletzungen, die man sich auf der Reise zugezogen hat, bis zu einem bestimmten Betrag übernommen. Es gibt bestimmte Ausschlussklauseln, die genau studiert werden wollen. Die Kosten müssen **vorgeschossen** werden, bei Rückkehr zahlt die Versicherung gegen Vorlage der Rechnungen. Auch wenn die mitteleuropäischen Krankenversicherungen einen EU-weit gültigen Versicherungsnachweis ausgeben (European Health Insurance Card), wird wohl zurzeit in Bulgarien von Kliniken und Ärzten meist noch eine direkte Bezahlung verlangt.

Bei schweren Krankheiten, die im Reiseland nicht oder nicht ausreichend behandelt werden können, findet ein sehr kostspieliger **Rücktransport** statt. Dies kann u.U. durch eine **Rückholversicherung** abgedeckt werden, allerdings muss die Rückholung „medizinisch sinnvoll und vertretbar" sein. Hat man eine Versicherung, die die Rückholung nur durchführt, wenn sie „medizinisch notwendig" ist, wird man wohl in den meisten Fällen auf die Kompetenz der bulgarischen Ärzte verwiesen und im Urlaubsland behandelt.

Mit Haustier unterwegs

→ Ein- und Ausreisebestimmungen

Hunde und Katzen benötigen einen von einem amtlichen Tierarzt ausgestellten **Haustierausweis** und einen implantierten Mikrochip am Hals. In dem Ausweis muss eine noch wirksame **Tollwutimpfung** eingetragen sein. Es existiert kein Einreiseverbot für bestimmte **Hunderassen.**

Bis auf wenige Ausnahmen halten Bulgaren Hunde nicht als Heim-, sondern als Nutztier abseits der Wohnräumlichkeiten. **Hüte- und Wachhunde** sind auf dem Land durchaus üblich, Hundehaltung in der Stadt eher selten. **Hundefreundliche Unterkünfte** findet man auf speziellen Websites wie www.hundeurlaub.de.

Ein großes Problem sind **wilde Hunde,** die sich zu Rudeln zusammenschließen und immer wieder auch Menschen angreifen. Tierschützer versuchen, diese **Straßenhunde** einzufangen, medizinisch zu versorgen und an Hundehalter (auch im Ausland) zu vermitteln. Allerdings gibt es seit 2018 ein Gesetz, das die Ausfuhr ohne 30-tägige Quarantäne in einem offiziellen Tierheim verbietet, sodass die Adoption eines bulgarischen Hundes oft an Kapazitätsproblemen der Veterinäreinrichtungen scheitert.

Information

Allgemeine Informationen erhält man beim Bulgarischen Fremdenverkehrsamt in Berlin, das das National Tourist Information Center in Sofija betreibt.

- **Bulgarisches Fremdenverkehrsamt,** c/o Bulgarische Botschaft, Mauerstraße 11, Berlin, Herr *Patarinski*, Tel. 030-2010922, geöffnet Mo–Fr 9–12, 14–16.30 Uhr.

Im Internet

Allgemein

- **www.bulgariatravel.org:** offizielle Seite des bulg. Fremdenverkehrsamtes, auch auf Deutsch.
- **www.bulgarien.ahk.de:** Internetportal der Deutsch-Bulgarischen Handelskammer.
- **www.government.bg:** offizielles Portal der bulgarischen Regierung, auf Englisch.

Nachtleben/Ausgehen

- **www.disco.bg:** alles für den passionierten Partygänger, auch auf Deutsch.

Hotelbuchungen

- **www.bghotelite.com:** private Seite (auch auf Deutsch) mit Hotelangeboten sowie Informationen und Sehenswürdigkeiten.
- **www.bgglobe.net:** englische Seite eines Privatanbieters mit Hotelbuchungsmöglichkeit.
- **www.beachbulgaria.com:** private Seite auf Englisch mit Infos über die Küste und Unterkünften.

Transport

- **www.bdz.bg:** Seite der staatlichen Bahngesellschaft, auch auf Englisch.
- **www.moovitapp.com:** Internationale Seite mit recht verlässlichen Angaben zum Busverkehr.
- **www.avtogari.info:** Bulgarische Seite mit Busverbindungen (Eingabe in Lateinisch möglich).

Bergwelt

- **www.planinite.info:** Infos über die bulgarische Bergwelt, auf Englisch.
- **www.tripsjournal.com/marshruti:** Hervorragende Online-Wanderkarten, nur auf Bulgarisch.
- **www.drumivdumi.com:** Zahlreiche Tourenbeschreibung – nur auf Bulgarisch.

Medien

- **www.wirtschaftsblatt.bg:** Artikel der einzigen deutschsprachigen Zeitung Bulgariens.
- **www.sofiaglobe.com:** Englischsprachige Nachrichten einer Online-Zeitung in Sofija.
- **www.novinite.com:** englischsprachige Seite einer bulgarischen Nachrichtenagentur.
- **www.standartnews.com:** englischsprachige Seite mit Nachrichten aus Bulgarien.

Aktuelle Reiseinformationen

Informationen zu den Transitländern sowie Hinweise zur allgemeinen Sicherheitslage erhält man hier:

- **Deutschland:** www.auswaertiges-amt.de (Länder- und Reiseinformationen), Tel. 030-18172000.
- **Österreich:** www.bmeia.gv.at (Bürgerservice), Tel. 050-11503775.
- **Schweiz:** www.eda.admin.ch (Helpline), Tel. 041-800247365.

Informationsstellen in Bulgarien

Es gibt in Bulgarien relativ wenige Informationsstellen für Touristen **(TIC)**, 14 von ihnen sind offiziell durch die Regierung zertifiziert (www.tourism.government.bg/en/tourist-information-centers); weitere werden von den Städten und Gemeinden unterhalten und sind unterschiedlicher Qualität. In den kleineren Orten muss man damit rechnen, dass das Personal keinerlei Fremdsprachen mächtig ist.

Medien

Zeitungen und Zeitschriften

Das in Sofija monatlich erscheinende **Wirtschaftsblatt** (www.wirtschaftsblatt-bg.com) ist die einzige deutschsprachige Zeitung des Landes, mit Artikeln vornehmlich aus der Wirtschaftswelt, aber auch allgemeinen Nachrichten. An der Küste und in den großen Städten erhält man Zeitungen und Zeitschriften aus Mitteleuropa mit meist eintägiger Verspätung.

Radio

Radio Bulgaria (www.bnr.bg) betreibt heute ein deutschsprachiges Online-Radio und stellt die Texte ins Internet.

Mit Kindern unterwegs

Mit diesem **Symbol** sind Sehenswürdigkeiten und Aktivitäten gekennzeichnet, an denen auch kleine Bulgarien-Urlauber ihre Freude haben.

Die Bulgaren sind ausgesprochen kinderfreundlich, nicht nur gegenüber den eigenen – die Kleinen aus dem Ausland werden z.B. in Restaurants meist ebenso bevorzugt behandelt.

Da praktisch jede Stadt Bulgariens eine ausgedehnte **Fußgängerzone** besitzt, in der allerlei Interessantes für Kinder im Angebot ist (Karussells, kleine Elektroautos, Spielplätze, Eisverkäufer, Spielwarenstände etc.), hat man bei Besuchen des Landesinneren keine großen Probleme mit der Beschäftigung seines Nachwuchses.

An den **Stränden** sollte man sowieso nicht auf Schwierigkeiten stoßen, das Aktivitätsangebot ist ausgesprochen reichhaltig, und für die ganz Kleinen sind häufig auch intensivere Betreuungsangebote (wie deutschsprachige Kindergärten) vorgesehen.

Und wessen Kinder **Pommes** als Speisefavoriten im Kopf haben – kein Problem, die erwachsenen Bulgaren verstehen das. Auch sie essen mit Vorliebe fettige Kartoffelstäbchen, garniert mit einigen Flocken Käse und Ketchup.

Wer mit **Kleinkindern** reist, findet in den Supermärkten alles Notwendige zur Versorgung: Windeln, Babynahrung, Bekleidung etc. Allerdings sollte man bedenken, dass der Hochsommer im Landesinneren für Säuglinge wegen der ho-

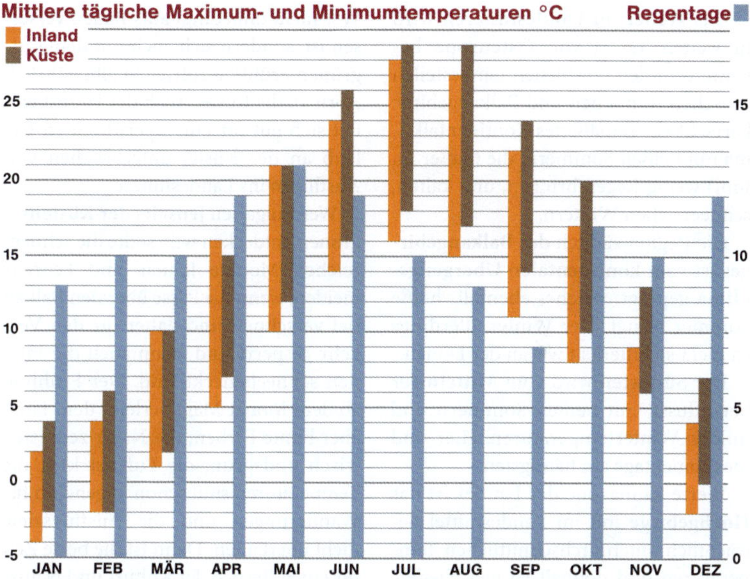

hen Temperaturen, der Winter wegen der eisigen Kälte belastend sein kann, weswegen die Bulgaren die Kleinkinder während des Tages meist im Haus belassen. Erst in den Abendstunden unternimmt die Familie dann einen Spaziergang.

Klima und Reisezeit

→ Reisegepäck und Ausrüstung

„Sonnenstrand" und „Goldstrand", die Namen kommen nicht von ungefähr und stehen seit Jahrzehnten für einen Badeurlaub mit **sicherem Sonnenwetter,** das nur ab und an durch kurze Regengüsse unterbrochen wird. Nicht so heiß wie der Rest des Landes und im Winter nicht so klirrend kalt, zieht es Touristen aus aller Welt jedes Jahr immer wieder in großer Zahl an die feinsandigen Strände.

Temperaturen von -25 °C sind indes im Winter des Landesinneren keine Seltenheit, im Sommer gibt es längere Perioden mit weit über 40 °C, sodass zur Schonung der Asphaltstraßen regelmäßig nachmittags ein Fahrverbot für Lkw verhängt werden muss.

Im Sommerhalbjahr ist besonders der **Mai** von starken **Regenfällen** geprägt, dann beruhigt sich das Wetter, und es folgen ein trockener und heißer Juli und August, in dem ab und an lokale und auch nur kurz dauernde Regengüsse die Natur vor dem Vertrocknen retten.

Das Wetter im **Landesinneren** wird in weiten Teilen von **Osteuropa** bestimmt. In den nördlichen Landesteilen zwischen Rumänien und Balkangebirge herrscht ein gemäßigtes Kontinentalklima mit heißen Sommern, die (außer im Juni) wenig Regen bringen, und kalten, schneereichen Wintern.

Die Region südlich des **Balkangebirges** ist vom **kontinentalen Übergangsklima** geprägt, welches ebenfalls heiße Sommer bringt. Der Winter allerdings ist nicht so bitterkalt wie an der Donau.

Der **Südosten** wird vom **Mittelmeer** beeinflusst, mit heißen Sommern und milden Wintertemperaturen. Hier sind die Sonnentage am häufigsten.

Vierte Klimazone des Landes ist das **Hochgebirge** mit im Landesmittel beträchtlich unterdurchschnittlichen Temperaturen und doppelt so viel Niederschlag wie im übrigen Land. Ergiebige Schneefälle machen besonders die Gebirge Rila und Pirin für den Wintersport interessant.

Am 50 km breiten Streifen entlang des **Schwarzen Meeres** sind in der fünften Klimazone des Landes sowohl Sommer als auch Winter ausgeglichener als im Rest Bulgariens. Kaum, dass hier Schnee fällt, die Sommertemperaturen sind moderat, und zwischendurch bringt Regen Abkühlung. Die Wassertemperaturen des Schwarzen Meeres steigen im Durchschnitt im Hochsommer auf 23 °C, wobei das Wasser der Südküste um etwa 2 °C wärmer ist als im nördlichen Abschnitt.

Wer einen **Badeurlaub am Meer** verbringen will, sollte ab Juni nach Bulgarien reisen, bis Anfang Oktober kann man relativ sicher sein, dass das Meer noch angenehme Temperaturen hat. Wer nicht unbedingt aufs Baden versessen ist, sondern sich auch mit dem sattgrünen Frühling zufrieden gibt, fährt ab April an die Küste. Auch der Herbst eignet sich gut für einen geruhsamen Urlaub an der Küste, unterbrochen von Ausflügen ins Landesinnere.

Wer Bulgarien **jenseits der Küstenregionen** entdecken will, sollte die schneereichen Monate Januar und Februar meiden, wenn die Pässe über den Balkan tief verschneit und daher für den Verkehr gesperrt und wenn auch die Ebenen schneebedeckt sind. Der Frühling ab dem Monat März verleiht dem Land aber bunte Farben, die Natur zeigt sich frisch und grün, die Luft ist klar, die Temperaturen sind schon angenehm für Wanderungen und die Ausflugsziele nicht überlaufen. Dann ist die beste Zeit für einen Besuch der Kultur- und Naturdenkmäler. Im Sommer, besonders in den Monaten Juli und August, kann es sowohl nördlich als auch südlich des Balkans drückend heiß sein, und jeder Schritt ist dann beschwerlich – Zeit für die Küste. September und Oktober eignen sich wieder hervorragend für Fahrten durchs Land, wenn man auch der Natur ansieht, dass wieder einmal ein trockener Sommer hinter ihr liegt. Doch bald färben sich die Blätter der Bäume in allen nur erdenklichen Herbsttönen und machen besonders einen Aufenthalt an und in den Gebirgen reizvoll.

▷ Hochbetrieb am Strand

Kommunikation unterwegs

Vorwahlen

Wer **nach Bulgarien** telefoniert, wählt die Nummer **00359** vor, gefolgt von der Ortsvorwahl ohne die Null und der Teilnehmernummer. Bei Handynummern entfällt die Ortsnetzkennzahl. Die Vorwahl für **Deutschland** lautet 0049, für **Österreich** 0043 und für die **Schweiz** 0041.

Auskunft

Die Auskunft für Nummern von **Privatanschlüssen** erreicht man unter der Nummer 145, für **Firmen** wählt man die 144. Der Operator für **internationale Verbindungen** ist unter der Nummer 0123 erreichbar.

Wo und wie telefonieren?

Telefonieren ist in den **Postgebäuden** möglich. Öffentliche Telefonzellen sind kaum mehr zu finden. Fast jeder in Bulgarien ist in Besitz eines eigenen Mobiltelefons, und immer mehr kleine Firmen verzichten auf einen Festnetzanschluss.

Mobiltelefon

Da die **Netzabdeckung** für Mobilfunk in Bulgarien ganz hervorragend ist, verwendet man nach der Regulierung des europaweiten Marktes (Wegfall der Roaming-Gebühren) das eigene Handy.

Internet

Fast jedes Hotel und viele Lokale haben **WiFi-Zonen.** Wer keinen Laptop mit sich führt, findet in den Hotels oft einen Computer mit Internet-Anschluss, den er (kostenpflichtig) nutzen kann.

414bg fk

LGBT+

Die bulgarische Gesellschaft ist immer noch fest in den **tradierten Vorstellungen** zweigeschlechtlicher Ehen und „heiler Familienwelten“ gefangen und akzeptiert Andersartigkeit jenseits der Heteronormativität praktisch nicht. Auch wenn die in den Nullerjahren üblichen körperlichen Angriffe auf Schwule und Lesben nachgelassen haben: Die Toleranzschwelle in der sich in dieser Hinsicht fast bündlerisch gebenden Männerwelt ist immer noch beängstigend niedrig.

Notfälle

→ Geld
→ Gesundheit
→ Sicherheit

Medizinische Notfallversorgung

Bulgarien hinkte lange Zeit den mitteleuropäischen Standards hinterher, sodass die EU ein knapp 100 Mio. Euro schweres **Programm zur Verbesserung und Modernisierung** der medizinischen Notfallversorgung aufgelegt hat, das bis 2021 abgeschlossen wurde. Neben der Einführung moderner Kommunikationstechnik umfasst es auch 400 Krankentransportwagen mit Notfallausrüstung.

Notrufnummern in Bulgarien

- **Polizei:** 112
- **Rettung:** 112
- **AutoClub:** 02-91146
- **Feuerwehr:** 112
- **Bergrettung:** 02- 9632000, www.pss-bg.bg (englisch)

Weitere Notrufnummern → „Anreise“.

Verlust von Geldkarten

Bei Verlust oder Diebstahl der Geldkarte sollte man diese umgehend sperren lassen. Für deutsche Karten gibt es die einheitliche **Sperrnummer 0049-116116,** im Ausland zusätzlich 0049-30-4050 4050. Für schweizerische und österreicherische Karten gelten die folgenden Nummern:

- **MasterCard:** international Tel. 001-636-7227111.
- **VISA:** Vom bulgarischen Telefonnetz 00-800-0010 wählen, Wählton abwarten, dann 888-557-4446 eingeben.
- **American Express:** (A-)Tel. 0049-69-9797-2000; (CH-)Tel. 0041-44-6596900.
- **Diners Club:** Für alle Karten Tel. (D-)Tel. 0049-69-900-150135.

Diplomatische Vertretungen

Wird beispielsweise der Reisepass oder **Personalausweis** im Ausland **gestohlen,** muss man dies nicht nur bei der örtlichen Polizei melden, sondern sollte sich auch an die nächste Auslandsvertretung seines Landes wenden, damit ein Ersatz-Reiseausweis zur Rückkehr ausgestellt wird (ohne ihn kommt man nicht an Bord eines Flugzeuges!). Auch in **Notlagen medizinischer** oder **recht-**

licher Art, bei der Vermisstensuche, bei Todesfällen o.Ä. sind die Auslandsvertretungen Bulgariens bemüht, zu helfen.

Auch in Deutschland, Österreich oder der Schweiz lebende Nicht-EU-Bürger, die unter Umständen ein **Visum** für Bulgarien benötigen, wenden sich an die zuständige Botschaft.

In Deutschland

- **Botschaft der Republik Bulgarien,** Mauerstraße 11, 10117 Berlin, Tel. 030-2010922/6, www.mfa.bg/de/24, geöffnet Mo–Fr 9–12, 14–16.30 Uhr.
- **Generalkonsulat** Walhallastraße 7, 80639 München, Tel. 089-17117614, geöffnet Mo–Fr 8.30–17.30 Uhr.

In Österreich

- **Botschaft der Republik Bulgarien,** Schwindgasse 8, 1040 Wien, Tel. 01-505 3113, www.mfa.bg/embassies/austria, Mo–Fr 8.30–17.30 Uhr, Konsularabteilung geöffnet Mo–Fr 9–13 Uhr für Publikumsverkehr, 14–16 Uhr für telefonische Auskünfte.

In der Schweiz

- **Botschaft der Republik Bulgarien,** Bernastrasse 2–4, 3005 Bern, Tel. 031-3511455/6, www.mfa.bg, geöffnet Mo–Fr 9–17.30 Uhr, Konsularabteilung geöffnet Mo–Fr 9–12 Uhr für Publikumsverkehr) und 9–12, 14–16 Uhr für telefonische Auskünfte).

In Bulgarien

- **Botschaft der Bundesrepublik Deutschland,** Ul. Frederic-Joliot-Curie (Ул. Фредерик-жолио-Кюри) 25, 1113 Sofija, Tel. 02-9634101, www.sofia.diplo.de, Notruf Tel. 0887-217511.
- **Botschaft der Republik Österreich,** Bul. Car Osvoboditel (Бул. Цар Освободител) 13/Ul. Šipka (Ул. Шипка) 4, 1000 Sofija, Tel. 02-9329032, www.bmeia.gv.at/oeb-sofia, Notruf Tel. 0888-516171.
- **Botschaft der Schweizerischen Eidgenossenschaft,** Ul. Šipka (Ул. Шипка) 33, 1504 Sofija, Tel. 02-9420100, www.eda.admin.ch/sofia.

Über Diplomatische Vertretungen in den **Transitländern** informiert man sich:

- **Deutschland:** www.diplo.de/sicherreisen (Länder- und Reiseinformationen), Tel. 030-18172000 (Bürgerservice).
- **Österreich:** www.bmeia.gv.at (Bürgerservice), Tel. 05-01150-3775.
- **Schweiz:** www.dfae.admin.ch (Reisehinweise).

Öffnungszeiten

In Bulgarien gibt es **keine reglementierten Öffnungszeiten.** Viele kleinere Lebensmittelgeschäfte, Läden, Boutiquen und Märkte haben auch in den Abendstunden (in den Touristenhochburgen teilweise bis Mitternacht) und an Sonn- und Feiertagen geöffnet.

Banken und **Behörden** haben Mo– Fr 9–17 Uhr geöffnet, einige schließen um die Mittagszeit für eine Stunde.

Die **Post** öffnet Mo–Fr 8–18, Sa 8–13 Uhr. Im Postgebäude befindet sich fast immer eine Abteilung für **Telekommunikation,** die Telefonate, Internet und einen Faxdienst anbietet. Deren Öffnungszeit ist länger (teils bis 22 Uhr), und die Dienste werden manchmal auch an Samstagen und Sonntagen angeboten.

Touristische Informationsstellen öffnen normalerweise Mo–Fr um 9/10 Uhr und schließen 16/17 Uhr (plus Mittagspause), nur wenige Büros sind auch am Wochenende geöffnet. Steht man während der Bürozeiten vor verschlossener Türe, ist manchmal auf einem Zettel eine Kontakttelefonnummer angegeben, über die man jemanden ins Büro bitten kann.

Restaurants haben nur selten einen Ruhetag und sind häufig durchgängig und nachts, bis der letzte Gast genug hat, geöffnet.

Museen kennen keine einheitlichen Öffnungszeiten, es gibt welche, die täglich, andere, die nur am Wochenende, wieder andere, die nur unter der Woche zu besuchen sind. Im Reiseteil sind die Öffnungszeiten angegeben.

Orientierung und Landkarten

Bulgarien ist in den Navigationssytemen (in den Ausgaben mit „Südosteuropa") fast v**ollständig digitalisiert,** auch **verlässliches Kartenmaterial** ist erhältlich. Abseits der Hauptstrecken ist die **Beschilderung** allerdings durchwegs auf **Kyrillisch,** sodass man es lesen können sollte. Die Routenvorschläge der Navigationssysteme berücksichtigen nicht den Straßenzustand, sodass man auf dem Land Erkundigungen über die „Schlaglochsituation" einholen sollte.

→ auch Kasten S. 595.

Entfernungsangaben

Die Kilometerangaben im Text dieses Reiseführers beziehen sich auf die tatsächlich zurückzulegenden **Straßenkilometer,** es wird nicht die Luftlinie gemessen. Auf so mancher Gebirgs- oder Küstenstraße mit ihren zahlreichen Serpentinen ist man nämlich deutlich länger unterwegs, als es die Entfernung auf der Karte zunächst vermuten lässt.

In den Resorts am Schwarzen Meer, wo es kaum oder **keine Straßennamen** gibt, haben wir deutlich mehr Hotels in die Pläne eingetragen, als im Text vorgestellt werden, da diese vor Ort als Orientierungsmarken dienen.

Kartenmaterial

Im Reise Know-How Verlag ist eine sehr detaillierte Karte aus wasserfestem und nahezu unverwüstlichem Material, mit Höhenlinien und Höhenschichtenrelief und mit zusätzlicher kyrillischer Beschriftung erhältlich: **Bulgarien** im Maßstab 1:400.000.

Stadtpläne und **Wanderkarten** publiziert die folgende bulgarische Firma (teils auch mit englischer Legende und Straßennamen):

- **Domino,** Stara Zagora, Tel. 00359-42-265183, www.domino.bg. Im bulgarischen Buchhandel erhältlich.

Die bulgarische Post

Post

Postämter erkennt man am **Schild** „Поща“ (Pošta).

Das **Porto** für Briefe und Postkarten ins Ausland beträgt 1,70 Lv (Inland Brief 0,65 Lv, Postkarte 0,40 Lv). Der Versand von Briefen und Karten dauert nach Mitteleuropa mehrere Tage bis eine Woche.

Wer sich **postlagernde Sendungen** schicken lassen will (in jeder größeren Stadt möglich), muss diese generell an die Hauptpost schicken und wie folgt kennzeichnen (Beispiel Sofija):

PISMA DO POISKVANE
CENTRALNA POŠTA
SOFIJA/Bulgarien
Max Mustermann

Wer sich Post nach Bulgarien direkt zusenden lassen will, muss den Absender über die Reihenfolge der Adresszeilen informieren:

BULGARIEN
PLZ Stadt
Straße und Hausnummer
Max Mustermann

Rauchen

Ganz Bulgarien raucht; der **Tabakanbau** hat eine **lange Tradition,** und seine Erzeugnisse sind weltberühmt. Weil jeder raucht und der Tabakkonsum nicht so geächtet ist wie im restlichen Europa, werden die Regelungen für **Rauchverbote** nicht so eng gesehen. Nach dem

378bu sk

Die Tabakernte 1923

Mit den Türken kam im Mittelalter der Tabak nach Bulgarien. Er gehört noch heute zu den begehrtesten Sorten und erinnert im Aroma an die Virginia-Sorten der USA. 1923 wurden **Rekordernten** sowohl in Quantität als auch in Qualität erzielt, große Mengen ins Deutsche Reich exportiert. Dort schuf noch im gleichen Jahr der Reemtsma-Konzern einen neuen Markennamen: **Ernte 23.**

Gesetz ist seit 2007 jede Werbung für Tabak verboten und muss jedes Lokal ausgewiesene Nichtraucher- und Raucherzonen besitzen. Doch weil die Einheimischen sich in großen Gruppen zum Restaurantbesuch verabreden, sind die Grenzlinien oft fließend. Man sollte sich dennoch genau an die Ver- und Gebotsschilder halten und im Zweifelsfalle nachfragen. In gehobenen Restaurants und in den Hotelspeisesälen werden die Regelungen strenger gehandhabt.

Reisegepäck und Ausrüstung

→ Elektrizität
→ Klima und Reisezeit
→ Orientierung und Landkarten

Da Bulgariens Landesinnere im Sommer brütend heiß, im Winter bitterkalt ist und in den Übergangszeiten ein wenig von beidem haben kann, sollte man sich auf **extreme Temperaturen** einstellen. Das Klima an der Schwarzmeerküste ist ausgeglichener, auch hier aber kann es im Sommer bei schlechtem Wetter zu Temperaturstürzen kommen. Badekleidung und Sommersachen sind im Sommerhalbjahr immer angesagt, ein dicker Pullover oder eine Fleece-Jacke gehören aber auch dann auf alle Fälle ins Gepäck, ebenso wie ein Regenschirm. In den Übergangszeiten ist eine warme Mütze des Öfteren hochwillkommen.

Wer in den Städten unterwegs ist, sollte eine **Taschenlampe** mit sich führen. Die Gehsteige sind in einem desolaten Zustand und voller Löcher, mit zerbrochenen Pflastersteinen und ungesicherten Baustellen, sodass nachts ein wegweisender Lichtkegel vor Verstauchungen oder schwereren Verletzungen schützt.

Wegen der starken südlichen Sonneneinstrahlung ist für ausreichenden **Sonnenschutz** zu sorgen und eine Creme oder Öl mit entsprechendem Schutzfaktor (auf alle Fälle über 15) zu kaufen. Sonnenhut und -brille gehören bei Ausflügen ins Handgepäck, eine **Trinkflasche** tut gute Dienste, wenn man auch fast überall einen Kiosk mit Getränken finden wird.

Man bedenke, dass bei Exkursionen häufig längere Fußmärsche durch die Landschaften zu den Sehenswürdigkeiten notwendig werden. Wer sich auf Wanderungen in die Berge begeben will, benötigt **festes Schuhwerk,** einen kleinen Rucksack und für Wetterschläge eine widerstandsfähige Bekleidung. Auch ein teleskopierbarer **Wanderstock** ist nützlich. Bei ausgedehnteren Wanderungen mit Übernachtungen sollte man bedenken, dass die Berghütten nicht dem mitteleuropäischen Standard entsprechen und die Ausrüstung fürs Schlafen darauf ausgerichtet sein muss.

Checkliste Ausrüstung

- Flugticket/Fahrkarten
- Mietwagenvertrag
- Hotelvoucher/Buchungsbestätigungen
- Pass/Personalausweis
- Impfpass (Blutgruppeneintragung etc.)
- Nationaler Führerschein
- Nationale Fahrzeugpapiere (→ „Anreise")
- Auslandsschutzbrief
- Bargeld
- Kreditkarte/Geldkarte
- Brustbeutel/Geldgürtel/Bauchgurt
- Badesachen
- Wanderkleidung
- Festes Schuhwerk
- Kulturbeutel
- Sonnenschutz
- Medikamente
- Tagesrucksack
- Wasserflasche für Wanderungen
- Taschenlampe für Stromausfälle
- Taschenmesser

Die **Fotoausrüstung** des klassischen Urlaubers kann auf die **Digitalkamera** beschränkt werden; wer seine Aufnahmen vor Ort auf Papier ausgeben will, kann auf die Mitnahme eines Fotodruckers verzichten. In den Touristenhochburgen sind fast immer Läden vorhanden, die Ausdrucke vom Speichermedium anbieten. Wer mit Dia oder Film unterwegs ist, wird es schon schwerer haben, in der digitalisierten Welt ein Fachgeschäft zu finden, das ihm gutes Material verkauft.

Sicherheit

→ Geld
→ Notfälle
→ Verhaltenstipps

Bulgarien gilt als **sicheres Reiseland.** Die üblichen Sicherheitsvorkehrungen (keine großen Bargeldbeträge zeigen, keinen wertvollen Schmuck tragen, Handtaschen in dichtem Gewühl nah am Körper tragen etc.) sollten genügen, damit man nicht Opfer krimineller Übergriffe wird.

Geldwechsel

Das Auswärtige Amt rät davon ab, Geld in **Wechselstuben** umzutauschen. Unlautere, aber legale Praktiken führen häufiger dazu, dass die eingetauschte Summe nicht den Vorstellungen entspricht. So kommt es vor, dass der Wechselkurs zum Euro statt der **offiziellen Rate** von 1:1,9558 mit 1:1,19558 gekennzeichnet ist; bei ungenauem Lesen ein

Stolperstein, den auch die bulgarische Polizei oder die Gerichte des Landes nicht aus dem Weg räumen können – die Rate ist beim Tausch unwiderruflich fester Vertragsbestandteil geworden.

Taxifahrten

Auch Taxifahrten sind von diesem unlauteren, aber legalen Vorgehen betroffen. Sobald am Wagen der Kilometerpreis steht, gilt er; allerdings haben die staatlichen Institutionen festgelegt, dass die Kommunen die zulässigen Preise deckeln müssen. Die Gemeinden tun sich, besonders an der Schwarzmeerküste, aber noch recht schwer mit Vorgaben. Man sollte mit 1–2 Lv für den Kilometer rechnen.

Autodiebstahl

Kfz-Diebstähle besonders hochwertiger Pkw mit ausländischer Zulassung kommen nicht mehr so häufig vor wie in den Nullerjahren. Wenn man das Fahrzeug auf **bewachten Parkplätzen** abstellt, übernehmen diese keine Haftung bei Diebstählen oder Autoaufbrüchen.

Wird einem das Fahrzeug gestohlen, benötigt man folgende **Dokumente:**

- **Diebstahlsbericht** der Polizeidienststelle, die dem Tatort am nächsten liegt.
- **Bestätigung** durch die **Staatsanwaltschaft** und den **Generalstaatsanwalt** beim zuständigen Gericht.

[>] Felskletterer bei Vraca

Korruption

Noch immer ist Korruption eines der **Hauptprobleme,** das die EU mit Bulgarien hat. Das bulgarische Innenministerium erklärt explizit, dass **Verkehrspolizisten** verpflichtet sind, reflektierende Schutzwesten zu tragen, einen Dienstausweis mit Lichtbild, Namen und Einheit bei sich zu führen und diesen gegebenenfalls vorzuzeigen. **Geldstrafen** bei Verstößen gegen die Straßenverkehrsordnung sind generell nicht direkt an die kontrollierenden Polizisten zu zahlen – diese dürfen kein Geld entgegennehmen. Verlangen diese dennoch eine Bezahlung (weil sie gewöhnt sind, dass der bulgarische Autofahrer sich freikauft – was billiger ist und Aktenkundigkeit vermeidet), kann man sich die Kennnummer des Polizisten von der Uniform, seinen Namen, Ort und Zeit notieren und bei einer Polizeidienststelle Anzeige erstatten.

Frauen allein unterwegs

Das Alleinereisen für Frauen ist **unproblematisch.** Wohl wird ab und an der eine oder andere Galan versuchen, Kontakt aufzunehmen, doch wird man diese Situation mit einigen klaren, aber freundlichen Worten beenden können. An der Schwarzmeerküste mögen die Versuche der Männerwelt in den Hochzeiten der Saison ggf. etwas häufiger vorkommen. Wer sich normal verhält und die üblichen Vorsichtsmaßnahmen einhält, wird einen wunderbaren Urlaub verbringen.

381bu sk

Sport und Aktivitäten

Neben den Sportmöglichkeiten an der Schwarzmeerküste, die hauptsächlich die Badefreuden und das Golfspielen betreffen, bietet das Landesinnere besonders **Bergsteigern** und **Wanderern** eine ganze Fülle an Betätigungsfeldern. Die Gebirge Pirin, Rila, Stara Planina, Sofijas Hausgebirge Vitoša und die Rodopen sind für ihre vorzüglichen Angebote bekannt. Infos:

- **Bulgarischer Alpin-Klub** (Bălgarska Federacija po Katerene i Alpinizăm/Българска Федерация по Катерене и Алпинизъм), Bul. Vasil Levski (Бул. Васил Левски) 75, 1040 Sofija, Tel. 02-9300532, www.bfka.org.

Für **Felskletterer/Freeclimber/Boulder** sind besonders die Gegenden um Vraca und um Belogradčik einen Besuch wert.

Speläologen kommen ebenso voll auf ihre Kosten – und zwar im gesamten Land. Es gibt quasi keine Region ohne **Höhlen.** Informationen erteilt:

- **Bulgarische Gesellschaft für Speläologie,** (Balkanski Speleoložki Săjuz/Балкански Спелеоложки Съюз), Bul. Černi Vrăh (Бул. Черни Връх) 4, 1021 Sofija, www.balkan-speleo.org (englisch).

Mountainbiking ist mehr oder weniger noch ungezügelt möglich, in den Bergen sind praktisch keine Verbote für bestimmte Wege ausgesprochen. Zunehmend werden aber markierte Wege angeboten, die dann exklusiv den Bergradlern zur Verfügung stehen. In den Rhodopen ist die Organisation **Bike Area** (www.bikearea.org) nicht nur mit der

Quelle des Wohlbefindens – Bulgariens Heilwasser

Schon die Thraker kannten die heilende Wirkung des Mineralwassers, sei es nun innerlich oder äußerlich angewendet. Die alten **Römer** setzten die Tradition mit ihren **Thermen** fort. Die besterhaltene des Landes ist in **Varna** zu sehen, ein beeindruckendes Bauwerk, das die komplizierten Wasserzuführungen und Ableitungen, die unterschiedlichen Reinigungsräume erahnen lässt – und den Stellenwert, den die Körperreinigung bei den Römern einnahm. Nicht nur Sauberkeit war das Ziel, der Besuch einer Therme war immer auch ein **soziales Ereignis.**

Über **800 Mineralquellen** besitzt Bulgarien, im ganzen Land sind sie verteilt, und in **sozialistischen Zeiten** war das Kuren in den Thermalbädern Teil der Erholung von der Arbeitswelt, das auch einfachen Bürgern zugänglich war.

Bis zu **100 °C** heiß strömt das Wasser aus den Felsen (im Süden des Landes sind die heißesten Quellen Europas zu finden), es sprudelt mit 30 °C die Gebirge hinunter, fließt aus den Brunnen von Hisarija oder verbindet sich in breiten Lagunen zu **Heilschlamm** wie in Pomorie und wird von dort direkt zu den zahlreichen Wellness-Hotels gesaugt.

Der Mineralgehalt und die Zusammensetzung sind übers ganze Land gesehen sehr unterschiedlich; man definiert über 200 Quellfelder, die aus einer Tiefe bis zu 2000 m gespeist werden. Damit unterscheiden sich auch die Anwendungen und die **Krankheiten,** gegen die mit der jeweiligen Qualität angegangen wird, von rheumatischen Beschwerden bzw. Krankheiten des Bewegungsapparates über urologische Probleme bis hin zu Erkrankungen der Herz-Kreislauf-Systems.

Neue **Spa-Hotels** sind allerorten entstanden, nicht nur am touristischen Hauptziel an den Küste, auch das Landesinnere profitiert vom Wellness-Boom, so u.a. Bansko, Devin, Sandanski, Velingrad, Hisarja oder Kjustendil. Die Hauptorte für Behandlungen und **Wellness-Urlaub** sind: Albena, Goldstrand, Sv. Sv. Konstantin i Elena und Pomorie. Die als Spa-Hotels ausgewiesenen Unterkünfte besitzen durch die Bank weitläufige Anlagen, in denen die unterschiedlichsten Therapieangebote abrufbar sind. In den meisten Fällen steht ein Check durch einen der Ärzte am Anfang, und dann wird ein individuell zugeschnittenes Programm entwickelt.

Doch auch zur Abfüllung als **Getränk** nur zur Löschung des Durstes sind viele der Quellen geeignet, landesweit bekannt ist der Abfüller Devin, dessen Mineralquellen zu den kohlensäurehaltigsten Europas gehören. Weitere große Anbieter sind Gorna Banja und Bankja.

Aber man muss nicht immer das Wasser in Flaschen kaufen. Im ganzen Land sind am Straßenrand **Brunnen** zu finden, bei denen Einheimische das köstliche Nass in große Kanister plätschern lassen und nach Hause mitnehmen. Sogar in Sofija kann man sich das gesunde Wasser kostenlos holen. Mitten im Zentrum bei der historischen Badeanstalt (Türkisches Bad) sprudelt es warm aus mehr als 20 Hähnen.

Entwicklung des Mountainbikings in ganz Bulgarien befasst, sie hat sich auch den Naturschutz auf die Fahnen geschrieben und Wegekarten herausgebracht (u.a. Region Velingrad, Momčilovci).

Bulgarien ist auch ein Dorado der **Skifahrer** mit ausgezeichneter Infrastruktur in den Hauptzentren Bansko (Pirin), Borovec (Rila) und Pamporovo (Rhodopen).

Vogelbeobachter finden an der Schwarzmeerküste hervorragende Möglichkeiten, in den Schutzgebieten an den Vogelflugrouten (Via Pontica) zahlreiche und seltene Vogelarten zu bewundern, etwa am Kap von Šabla, bei Sinemorec und im Landesinneren am Weltnaturerbe See von Srebărna bei Silistra (→ auch Ortskapitel). Kontaktadressen:

- www.bedandbirding.com (Srebărna, englisch).
- www.branta-tours.com (Šabla, englisch).
- Bulgarische Gesellschaft für Vogelschutz, www.bspb.org (englisch).
- Bulgarische Stiftung für biologische Vielfalt, https://biodiversity.bg (englisch).

Wandern

Bulgarien ist ein **Wanderparadies** mit gänzlich unverbrauchter Gebirgsnatur – im Buch finden Sie **zahlreiche Wandervorschläge.** Die stark begangenen Wege sind **meist gut markiert** und der Pfad eindeutig, abseits der Hauptwege aber kann die Markierung schon mal veraltet oder gänzlich verschwunden sein, die Strecke unwegsam, teils sogar für Ungeübte gefährlich. Im Kapitel „Information" sind Websites mit hervorragendem **Kartenmaterial** gelistet, die Texte sind allerdings nur auf Bulgarisch.

Sprache

→ **Kap. Land und Leute/Sprache und Schrift**
→ **Anhang/Kleine Sprachhilfe Bulgarisch**

Auch, wenn man in touristischen Orten heute neben kyrillischen auch Schilder mit lateinischen Buchstaben findet, man wird nicht umhin kommen, sich ein wenig mit der **kyrillischen Schrift** auseinanderzusetzen. Auch das Lesen der Speisekarte sollte zumindest in Ansätzen möglich sein. Ein kleiner **kulinarischer Sprachführer** findet sich im Kapitel „Praktische Reisetipps A–Z/Essen und Trinken" dieses Buches.

Um die bestmögliche Orientierung vor Ort zu gewährleisten, finden sich die beschriebenen **Sehenswürdigkeiten** in den Überschriften in deutscher Schreibweise, im Text darunter dann in bulgarischer Schreibweise in lateinischen und kyrillischen Buchstaben. So findet man

Verständigung mit Wort und Bild

In der Hochsaison versucht jeder Einheimische, eine Anstellung an der Küste zu finden. Genommen wird, wer wenigstens in Ansätzen eine der Hauptfremdsprachen Englisch, Deutsch oder Russisch spricht, sodass eine **Verständigung** mit dem Servicepersonal **keine Probleme** bereiten sollte.

Hilfreich ist auch, dass die **Speisekarten** vieler Restaurants in den Touristenhochburgen mit **Fotos der Gerichte** bebildert sind – man bekommt, was man sieht.

beispielsweise die Kirche der hl. Muttergottes auch als Sv. Bogorodica und Св. Богородица wieder. Es gibt mehrere Möglichkeiten, kyrillische in **lateinische Schrift** zu übertragen. Ein Ort wie Русе kann als Ruse, Russe oder auch Rousse, Добрич kann als Dobritsch, Dobrich oder Dobrič auftauchen. In diesem Buch wurde, von der lautmalerischen Transkription abweichend, die **wissenschaftliche Transliteration** benutzt, die den Vorteil bietet, dass weitestgehend ein **Buchstabe im Kyrillischen einem Buchstaben im Lateinischen** entspricht. Allerdings gibt es auch hier drei Ausnahmen: щ – Št, ю – Ju und я – Ja.

In Bulgarien selbst orientiert sich die Schreibweise von Straßen-, Hotel- und Restaurantnamen sowie von Internetadressen in lateinischen Buchstaben meist an der **englischen Schreibweise.** Somit kommt es in diesem Buch bei den Praktischen Tipps in den Ortskapiteln auch zuweilen zu unterschiedlichen Schreibweisen innerhalb eines Absatzes.

Preiskategorien im Buch

Die Preisangaben in diesem Buch beziehen sich auf ein **vor Ort gebuchtes Doppelzimmer mit Frühstück.**

① bis 60 Lv
② 60–100 Lv
③ 100–150 Lv
④ 150–250 Lv
⑤ ab 250 Lv

Unterkunft

→ Camping

An der **Schwarzmeerküste** stehen zahlreiche Hotelburgen und Apartmentanlagen. Hier findet der Pauschaltourist alles, was das Herz begehrt, und Unterkünfte sämtlicher Kategorien, wobei inzwischen die Tendenz zum – für bulgarische Verhältnisse – hochpreisigen Segment vorherrscht. Im **Landesinneren** gibt es viele kleine und moderne Hotels, Traditionsunterkünfte sind renoviert und auf modernen Standard gebracht. So kann man heute überaus luxuriös beherbergt durch das gesamte Land reisen.

Hotels

Die Hotels sind nach den internationalen Gepflogenheiten mit **einem bis fünf Stern(en)** klassifiziert, und die Einstufung ist, bezogen auf die Zimmer und die Infrastruktur der Häuser, im Allgemeinen verlässlich.

An der Schwarzmeerküste müssen in den **Hotelrestaurants** Abstriche gemacht werden. Besonders die Buffets

Gastlichkeit in den Rhodopen

entsprechen meist nicht der jeweiligen Hotelkategorie, sondern liegen 1–3 Sterne darunter.

Prinzipiell betragen die **Preise** an der Küste bei einer direkten Einbuchung vor Ort ein Mehrfaches von dem, was man über einen Pauschalreise-Anbieter zu zahlen hat. Auch sind die Hotels in der Hochsaison fast immer **ausgebucht** bzw. die Kontingente vollständig an Reiseveranstalter abgegeben, eine Buchung an der Rezeption ist dann nicht möglich.

Ein Drei-Sterne-Hotel im Landesinneren verlangt für das Doppelzimmer zwischen 100 und 150 Lv mit Frühstück, zwei Sterne sind ab 60 Lv zu haben. Nach oben hin sind dem Luxus keine Grenzen gesetzt, Fünf-Sterne-Hotels kommen auf über 300 Lv. An der Küste in der Hochsaison ist für ein Zwei-Sterne-Haus mit 100 Lv für das Doppelzimmer mit Frühstück zu zahlen, im Drei-Sterne-Haus um 150 Lv, bei vier Sternen bis 250 Lv und im Luxus ab 250 Lv. Viele Hotels der Küste bieten in der Hochsaison prinzipiell nur Halbpension an.

Pensionen

Eine wunderschöne Art der Übernachtung bieten kleine Pensionen auf dem Land und in den denkmalgeschützten Dörfern des Landesinneren. Diese Pensionen kann man am besten mit **Landgasthöfen** vergleichen, die in authentischer Atmosphäre liebevoll eingerichtete Zimmer mit Frühstück und häufig auch mit einem Abendessen anbieten. Die Gastgeber sind fast durchweg äußerst hilfsbereit, und hier lernt man das bulgarische Alltagsleben wohl am besten kennen. Man erkennt die Pensionen häufig an ihrem Namen, der das Wort **Kăšta** (Haus) enthält. Mit 60 Lv für das Doppelzimmer sollte man rechnen.

415bg fk

Privatzimmer

Privatzimmer wurden früher auch von internationalen Touristen genutzt, werden heute aber normalerweise von Gästen aus dem Inland gebucht. Sie sind an der Küste in den kleineren Orten mit gewachsenen Strukturen zu finden sowie im gesamten Landesinneren. Die Atmosphäre ist familiär, die Zimmer sind, teils etwas gewöhnungsbedürftig, mit persönlichem Touch eingerichtet. Der Preis sollte um 40 Lv für das Doppelzimmer mit Frühstück nicht überschreiten.

Verhaltenstipps

→ **Autofahren**
→ **Sicherheit/Frauen allein unterwegs**
→ **Essen und Trinken**
→ **Kapitel „Land und Leute"**

Gestik

Es ist gewöhnungsbedürftig, dass Bulgaren die **Verneinung** *(„ne")* mit einem Kopfnicken bekräftigen, die **Bejahung** *(„da")* mit einem Kopfschütteln kundtun. Das Kopfnicken des Verneinens kann auch mit einer leicht schräg nach unten geführten Kopfbewegung ausgeführt werden.

Umgangsformen

Bei **Begrüßung** und **Abschied** küssen sich Freunde und nähere Bekannte auf beide Wangen bzw. deuten dies an. Der Handschlag hat nicht den Stellenwert wie in Mitteleuropa. Wird man offiziell vorgestellt, reicht man sich die Hand, auch beim Abschied, wenn man sich danach für längere Zeit nicht wiedersieht. Doch im alltäglichen Umgang ist es nicht üblich, sich andauernd die Hände zu schütteln. Wird man nach Hause **eingeladen,** bringt man der Dame des Hauses am besten **Blumen** mit. Man sollte aber darauf achten, dass sie sich zu einer ungeraden Anzahl summieren. Eine gerade Anzahl Blumen ist für Begräbnisse vorgesehen.

Trinkt man gemeinsam oder nimmt man an einem Abendessen teil, **prostet man sich zu** *(„Na zdrave")* und lässt die Gläser klingen, wobei man seinem Gegenüber in die Augen schaut. Jedesmal, wenn eine neue Runde auf den Tisch kommt, ist dieses Ritual zu wiederholen.

Kleiderordnung

Die Kleiderordnung ist **generell leger,** wobei sich Frauen und Männer stark unterscheiden. Viele Frauen pflegen eine Freizeitkleidung nach dem letzten Schrei der Mode, junge Frauen dabei äußerst knapp bekleidet, mit auf den Körper genähten Hosen oder Miniröcken. Viele Männer hingegen fühlen sich außerhalb der Arbeit (und teils auch währenddessen) oft in Trainingsanzügen am wohlsten, im Sommer rollen sie das Unterhemd auch in der Öffentlichkeit gerne hoch und zeigen stolz ihre beträchtliche Bauchwölbung. Sandalen sind in der Hitze des Sommers bei Männer und Frauen das Schuhwerk der Wahl.

Auch bei einem **Kirchenbesuch** zeigen sich Bulgarinnen und Bulgaren gegenüber der Kleiderordnung recht locker. Bedeckte Arme und Beine sind

Überblick Buchungsportale

Als Ergänzung zu den sorgfältig zusammengetragenen Unterkunftsempfehlungen in diesem Buch können Buchungsportale wie Booking.com, hrs.de, Agoda.com oder AirBnB.de dazu genutzt werden, aktuelle **Preise** und die **Bewertungen** anderer Reisender einzusehen sowie **Unterkünfte direkt zu buchen.**

Die Plattformen arbeiten mit Unterkünften aller Art zusammen und machen diese für Reisende leicht auffindbar. **Bewertungen, Fotos und Filtermöglichkeiten** nach zahlreichen Details helfen bei der Auswahl. Auch der **Kontakt** zwischen Vermietenden und Unterkunftssuchenden sowie die **Bezahlung** können über die Plattformen abgewickelt werden.

Eine gewisse **Vorsicht** ist bei der Benutzung dennoch geboten. Wann immer möglich, sollten die Angaben mit zusätzlichen Quellen überprüft werden. Sind die **Bewertungen** wirklich auf allen Plattformen und Suchmaschinen so gut? Sind sie so zahlreich, dass ein Missbrauch unwahrscheinlich ist? Weshalb genau fanden die Bewertenden die Unterkunft gut und stimmt das mit meinen Interessen überein? Häufig hilft die jeweils eigene Website der Unterkunft, Google Street View oder ein Anruf, um genauere Informationen zu bekommen.

Wem **einzelne Aspekte** besonders wichtig sind, der sollte auf jeden Fall **genau prüfen** – z.B. ob der versprochene „geschlossene Parkplatz" wirklich so beschaffen ist, dass man das vollgepackte Auto dort stehenlassen möchte. Auch der angepriesene „Bestpreis" und die durch die Plattformen suggerierte knappe Verfügbarkeit lösen sich bei einem Anruf vielleicht in Luft auf, weil die Vermietenden einen eigenen günstigen Preis bieten, um sich die teure Vermittlungsprovision an die Plattform zu sparen.

Während die Plattformen also eine praktische Hilfe bei der Reiseplanung sein können, empfiehlt sich doch häufig ein kritischer zweiter Blick!

388bu sk

Am Strand bei Černomorec

nicht unbedingt jedermanns Sache. Der Bereich hinter der Ikonostase darf übrigens nicht betreten werden. In **Moscheen** sind immer vor dem Eingang die Schuhe auszuziehen (entsprechende Regale sind im Eingangsbereich meist vorgesehen), Frauen müssen Arme, Beine und Haare bedecken.

Freikörperkultur

FKK ist möglich, doch die Ganzkörpernacktheit ist an Familienstränden verpönt. Dort darf höchstens „oben ohne" gebadet werden. In den Hotelzonen achte man auf die Bereiche, die die FKKler informell mit Beschlag belegt haben, an einsamen Stränden ist es generell kein Problem, die Hüllen fallen zu lassen.

416bg fk

Fotografieren

Auch wenn man bei Reisen durchs Land immer wieder auf extrem pittoreske Szenen trifft, ist es unhöflich, die **Menschen** ohne Erlaubnis abzulichten. Wer fotografieren will, sollte auf die Menschen zugehen und mit einer Geste und einem freundlichen Lächeln andeuten, dass er ein Bild machen will. Meist wird dies gewährt.

In **Kirchen** ist das Fotografieren teilweise verboten, oder es wird ein Obolus verlangt. Während der Messen sollte man vom Fotografieren prinzipiell Abstand nehmen, insbesondere nicht mit dem Blitzlicht die Andacht stören.

Politik und Religion

Wegen der Jahrhunderte dauernden türkischen Besetzung konnten die Bulgaren erst ab Mitte des 19. Jh. ihren **Nationalstolz** offen zeigen. Und dies wird bis heute ungebrochen fortgeführt. Keinesfalls darf man dies in Frage stellen oder sich gar darüber lustig machen, man käme in Teufels Küche.

Die grassierende **Korruption** und das Gangstertum mit mafiösen Strukturen sind keine glücklich gewählten Diskussionsthemen für Landesbesucher. Obwohl

◁ Vierbeinige Kirchenhüter

diese Probleme den Bulgaren nur allzu bewusst sind, möchten sie sie nicht mit Ausländern durchhecheln, sie finden derlei so schon belastend genug und ihrem Nationalethos widersprechend.

Die Klöster und Kirchen waren vor der Unabhängigkeit der einzige Ort für die Bewahrung der bulgarischen Kultur, und auch der Kommunismus hat es nicht geschafft, die **Religiosität** der Bulgaren wesentlich einzuschränken. Angemessenes Verhalten an den religiösen Stätten der bulgarisch-orthodoxen Kirche ist daher unabdingbar.

Radweg „Eiserner Vorhang"

Der **Europäische Fernradweg „Eurovelo 13"** (https://ev13.eu/de) verläuft entlang der ehemaligen Grenze des Ostblocks beginnend im hohen Norden in Finnland und schlängelt sich dann durch Europa nach Süden und schließlich entlang der bulgarisch-griechischen und der bulgarisch-türkischen Grenze. Die Bedingungen: Kein Gefälle über 6 %, nicht mehr als 1000 motorisierte Fahrzeuge am Tag auf der Etappe, 80 % der Strecke versiegelt, Geschäfte alle 30 km und Unterkunft alle 50 km.

Verkehrsmittel

→ **Anreise**
→ **Autofahren**
→ **Sport und Aktivitäten/Wandern**

Fahrrad

Fahrradfahren in den Großstädten ist noch **nicht so üblich** wie in Westeuropa, und die Autofahrer verhalten sich im urbanen Milieu nicht eben rücksichtsvoll gegenüber Radlern. Die Straßen auf dem Land sind sehr schmal, und Abstände beim Überholen werden nicht eingehalten, ausgefranste Bankette und Schlaglöcher sind weitere Erschwernisse.

Motorrad

Bulgaren nutzen Motorräder eher selten, doch hat sich das Land zur beliebten Destination für Biker entwickelt, die es zu zweit oder auch in größeren Gruppen entdecken und die vielen Gebirgsstrecken und den wenigen Verkehr genießen. Fachgeschäfte sind allerdings eher rar. Wer **Ersatzteile** benötigt, wendet sich am besten an eine Hotelrezeption; hier unterstützt man Biker, weil man sie für eine wenn auch verrückte, so doch liebenswerte Spezies hält. Generell herrscht die Meinung vor, dass man nicht aus Spaß fährt, sondern weil es billiger ist als mit dem Auto.

Die **speziellen Geschwindigkeitsbeschränkungen** für Motorräder (innerorts 50 km/h, außerorts 80 km/h, Autobahn 100 km/h) haben ihren Sinn. Unvermutete Schlaglöcher und besonders die von einmündenden Feldwegen herrührenden sandigen Partien, die plötzlich und gemeinerweise oft in Kurven auftauchen, sollten zum besonders vorsichtigen und vorausschauenden Fahren veranlassen. Auch die große Hitze im Sommer lässt manche Asphaltstücke spiegelglatt werden. Autofahrer überholen häufig mit nur minimalem Seitenabstand. Zusätzliche Sicherungsketten und ausreichend Bordwerkzeug sind mitzuführen.

Flugzeug

Bulgaria Air (www.air.bg) fliegt mehrmals täglich von Sofija nach Varna und einmal täglich nach Burgas und zurück. Die Flugzeit beträgt ca. 1 Std. Hin- und Rückflug kosten um 200–400 Lv.

Bahn

Die Bahngesellschaft BDŽ unterhält ein über 4000 km langes Schienennetz. Die west-östlich verlaufenden Hauptstrecken des Landes verbinden **Sofija** mit **Varna** über Pleven und Veliko Tărnovo, **Sofija** mit **Svilengrad** über Plovdiv (Teilstrecke der Verbindung Paris – Ankara), **Sofija** mit **Burgas** über Plovdiv und **Jambol** und **Ruse** mit **Varna** über Razgrad.

Die nord-südlich verlaufenden Strecken verbinden **Sofija** mit **Sandanski** (und weiter nach Griechenland) und **Ruse** mit **Momčilgrad** über Veliko Tărnovo und Stara Zagora.

Es werden Sitzplätze in der 1. und 2. Klasse in Abteilen angeboten, auf den stärker frequentierten Strecken von Sofija nach Varna oder Burgas sind auch Liege- und Schlafwagen verfügbar. Lediglich die Expresszüge besitzen einen mit Mitteleuropa annähernd vergleichbaren Standard und Großraumwagen mit Einzelsitzen. In den Expresszügen herrscht generell Reservierungspflicht. Die Fahrt von Sofija an die Küste (gut 500 km) dauert etwa 8 Std. und kostet in der 2. Klasse um 30 Lv, in der 1. Klasse um 35 Lv (das Rückfahrtticket etwa 50 bzw. 60 Lv). Ein Liegewagenplatz kostet um 15 Lv zusätzlich. Weitere Beispiele: Varna – Burgas (220 km, 4½ Std., 2. Klasse einfach um 20 Lv, 1. Klasse einfach um 25 Lv); Varna – Veliko Tărnovo (260 km, 3 Std., 2. Klasse einfach um 25 Lv, 1. Klasse einfach um 30 Lv); Burgas – Plovdiv (330 km, 5 Std., 2. Klasse einfach um 30 Lv, 1. Klasse einfach um 35 Lv).

- **Bălgarski Dăržavni Železnici** (Български Държавни Железници), Tel. 02-9311111, www.bdz.bg.

Bus

Meist ist die Fahrt mit dem Bus (Avtobus/Автобус) schneller und bequemer als mit der Eisenbahn. Das **Busnetz** ist ausgesprochen **dicht** geknüpft und wird mit relativ hoher Frequenz betrieben. Man achte jedoch darauf, dass die meisten Abfahrten morgens und abends stattfinden, wenn die Menschen zur Arbeit unterwegs sind; entsprechend sind an den Wochenenden die Fahrpläne eingeschränkt.

Am bequemsten sind die Fernstrecken der **privaten Buslinienbetreiber,** die Busse fahren zügig durch. Die Bushöfe (Avtogara/Автогара) sind meist mit Bars, manchmal auch mit Schließfächern ausgerüstet. Die privaten Busgesellschaften haben jeweils ihre eigenen Büros, an denen die nächsten Abfahrten angeschlagen sind und die bis fünf Minuten vor Abfahrt die **Tickets** verkaufen. Bei längeren Strecken sollte man das Ticket ein bis zwei Stunden vorher erwerben. Auf Strecken in abgelegenen Ge-

⊡ Unterwegs auf einem Schienennetz von 4000 Kilometern

genden verkauft der Busfahrer den Fahrschein. Die größten Busverkehrsgesellschaften sind Etap-Grup (www.etapgroup.com) und Biomet (www.biomet.bg). Eine Fahrt von Sofija nach Varna dauert etwa sechs Stunden (460 km) und kostet einfach um 40 Lv. Von Varna nach Veliko Tărnovo dauert die Fahrt etwa drei Stunden (220 km) und kostet einfach um 20 Lv.

Städtische Busse

Der Busverkehr in den Städten (nur Sofija besitzt auch eine Straßenbahn) trägt die Hauptlast des städtischen öffentlichen Verkehrs (auch wenn man in den Staus der Stoßzeiten einen anderen Eindruck gewinnen mag). Die **Tickets** werden an Kiosken verkauft und im Fahrzeug entwertet, ansonsten verkauft sie der Fahrer oder Begleitpersonal; sie kosten 1–2 Lv.

Kleinbusse an der Küste

Der Verkehr entlang der Küste wird von Kleinbussen gestemmt, die meist von den Bushöfen abfahren und die Ferienresorts in kurzer Frequenz untereinander und mit den jeweiligen Städten wie Varna und Burgas verbinden. Die Fahrkarten werden beim Fahrer gekauft, für 20 km Strecke ist mit etwa 5 Lv zu rechnen.

Zeit

Bulgarien hat **Osteuropäische Zeit,** also Mitteleuropäische Zeit **plus eine Stunde** (MEZ+1). Wenn es in Deutschland 18 Uhr ist, ist in Bulgarien 19 Uhr. Da Bulgarien zeitgleich mit Mitteleuropa auf die Sommerzeit umstellt, ändert sich am Verhältnis nichts.

380bu sk

243bu sk

9 Land und Leute

Religion ist fester Bestandteil vieler bulgarischen Familien, hier im Kloster von Trojan

Geografie und Geologie

Im Norden Bulgariens fließen die blauen Wasser der breiten **Donau** behäbig Richtung Meer, an ihrem nördlichen Ufer beginnen die weiten Ebenen **Rumäniens.** Im Osten benetzen die Wellen des **Schwarzen Meeres** (Černo More) die feinsandigen Strände und die bizarren Klippen der Küste, im Süden verläuft die Grenze zur **Türkei** und zu **Griechenland** über die sanften Hügel des **Strandža-Gebirges** und entlang der Berge der **Rhodopen,** im Südwesten schließlich beginnt jenseits des **Pirin-Gebirges Mazedonien,** und nordwestlich erstreckt sich die Gebirgswelt von **Serbien.**

Die Landschaften von Bulgarien sind geprägt von **weiten Ebenen** und **hohen Bergen.** Das Balkan-Gebirge, auch „Altes Gebirge" (Stara Planina) genannt, teilt in der Mitte, auf 500 km von der serbischen Grenze im Westen bis zu den Ufern des Meeres im Osten verlaufend, das Land in zwei Großlandschaften: im Norden das **Donauhügelland** (Nordbulgarische Platte), im Südosten das **thrakische Tiefland** (Marica-Becken), das im Südwesten am Block der Thrakischen Masse mit den Gebirgen Rhodopen, Pirin, Rila und Vitoša endet.

Das Balkan-Gebirge ist die **Wasserscheide** des Landes, nördlich wird es Richtung Donau entwässert, nach Süden zur Ägäis hin. Die **Donau** (→ Exkurs) zieht sich über 520 km entlang der Landesgrenze und ist damit der **längste Fluss** des Landes, die einmündenden Flüsse Iskăr und Jantra verlängern das Flusssystem noch einmal um 370 bzw. 290 km. Die Kamčija mündet nach 180 km im Schwarzen Meer, und Marica, Struma und Mesta (320, 290 und 125 km auf bulgarischem Boden) ergießen sich in die Ägäis.

Das **Donauhügelland** verbreitert sich zunehmend von West nach Ost und endet im Süden am Vorbalkan mit Höhen zwischen 500 und 1000 m, der zum eigentlichen Balkan-Gebirge überleitet. Nach Osten steigt das Hügelland leicht an und fällt dann zum Meer hin ab in eine – **Dobrudža** genannte – Lössebene.

Entstehungsgeschichte

Entstanden ist die Landschaft im **Erdmittelalter** (Mesozoikum, 250–65 Mio. Jahre), als alles vom Südmeer bedeckt war, das nach seinem Verschwinden eine bis zu 1000 m mächtige Kreide- und Sandsteinschicht hinterließ. Durch Hebungen und Senkungen in der frühen Erdneuzeit (Tertiär, ab 65 Mio. Jahre) wurde die Landschaft vertikal gegliedert, und in der Folge fanden weitere Ablagerungen in den tiefer liegenden Bereichen statt. Es entstanden bis zu 1500 m mächtige Schichten. Die Flüsse haben sich tief in diese eingegraben und **Schluchten** wie diejenige südlich von Ruse geschaffen, die heute zu den schönsten Landschaften und Naturparks des Landes zählen.

Während des **Eiszeitalters** (Pleistozän, 1 Mio. Jahre) erfolgte der Aufbau einer bis zu 60 m mächtigen **Lössschicht,** die für die heutige Fruchtbarkeit der Donauhügel verantwortlich ist. Im weichen Gestein sind nicht nur die typischen Schluchten entstanden, das Wasser schuf

Die Donau – eine Ader Europas

Die Wasserader, die sich fast die ganze Nordgrenze Bulgariens entlangzieht, ist *der* europäische Fluss schlechthin – der **zweitlängste Europas** nach der Wolga, 2888 km lang. Aus dem Schwarzwald kommend, verbindet die Donau Deutschland, Österreich, die Slowakei, Ungarn, Kroatien, Serbien, Bulgarien und Rumänien miteinander. An ihren Ufern entstand über Jahrtausende eine **Kulturlandschaft,** sie war Siedlungsgebiet der Altvorderen, Kornkammer und Handelsweg vom Herzen Europas bis zum Schwarzen Meer.

Die wichtigsten **Zuflüsse** sind von Süden kommend Inn, Drau und Save, von Norden kommend March, Theiß, Olt und Pruth aus Moldawien. In der Donau sammelt sich das Wasser von 800.000 km^2, **vier Hauptstädte** durchfließt sie: Wien, Bratislava, Budapest und Belgrad. Europäischer geht es kaum.

700 v. Chr. schifften die **Griechen,** vom Schwarzen Meer kommend, erstmals nach Westen, den **Römern** war die Donau ihr Limes, Grenzwall für die Barbaren im Norden. Erst zu Beginn des 2. Jh. überschritten die Römer die Donau bei Drobeto nördlich des bulgarischen Vidin und machten die Gebiete jenseits zu ihrer Provinz Dakien. Die **Türken** nutzten im 14. Jh. die Donau als Versorgungsweg für ihre Truppen bei der Einnahme Bulgariens.

Während des **Balkankrieges 1999** verlor die Donau für kurze Zeit ihren Status als europäische Wasserader, Nato-Bomber zerstörten Brücken in Serbien und verlegten damit den Schiffen den Weg.

Auch als **Naturraum** ist die Donau von europäischem Format. Entlang ihrer Ufer verläuft eine der wichtigsten **Vogelzugstraßen,** über 300 Vogelarten werden entlang ihres Laufes und im Mündungsdelta in Rumänien gezählt. Der See von Srebärna in Bulgarien zählt ebenso wie das Mündungsdelta als Vogel- und Naturschutzgebiet zum **UNESCO-Welterbe.**

Baumbestandene Ufer, Sumpfgebiete, verästelte Seitenarme: Die Donau ist trotz aller Industrie an ihren Ufern immer noch ein **sauberer Fluss.** In Bulgarien und Rumänien dient er an seinem Unterlauf als Trinkwasserreservoir, die strengen europäischen Umweltauflagen sorgen für weitere Verbesserung der Wasserqualität, und die Angler entdecken wieder Fische, die lange Zeit als verschwunden galten.

Dem europäischen Gedanken verpflichtet sieht sich der Musiker **Hubert von Goisern,** der von 2007 bis zum Sommer 2009 mit einer kleinen Flotte von Passau bis nach Rumänien und zurück schipperte, immer wieder anlegte und mit seiner Band und Gastmusikern aus den jeweiligen Ländern beeindruckende Konzerte gab – alle auf einem zur Bühne umgebauten Lastkahn, das Donau-Ufer als Zuschauertribüne.

Von Passau aus kann man mit dem **Kreuzfahrtschiff** bis ins Schwarze Meer schippern, in den großen Städten wird für Besichtigungen angehalten, das Ambiente ist luxuriös, die Reiseform vielleicht die angenehmste, wenn man Zeit hat, sein Ziel zu erreichen. Anbieter sind die folgenden Gesellschaften:

- **A-ROSA Flussschiff GmbH,** Loggerweg 5, 18055 Rostock, Tel. 0381-2026001, www.a-rosa.de.
- **Viva Flusskreuzfahrten,** Heerdter Sandberg 30, 40549 Düsseldorf, Tel. 0211-27403250, www.viva-cruises.com, www.viking-flusskreuzfahrten.de.

auch eine Unzahl an **Höhlen,** die den frühen Menschen als Behausungen dienten und die heute mit ihren Tropfsteinen zu den unbedingt sehenswerten Orten Bulgariens zählen. Auch die bizarren **Gesteinsformationen** der Berge sind dem weichen Gestein zu verdanken, an dem Wind und Wetter ohne große Schwierigkeiten nagen konnten. Mit zu den schönsten zählen die Felsen bei Belogradčik. Typische Erinnerungen an die Hebungen und Senkungen sind auch die Felsplateaus bei Šumen, die steil aus der Ebene ragen.

Das Balkan-Gebirge

Das Balkan-Gebirge gliedert sich von Nord nach Süd in den **Vorbalkan,** der direkt in den Hauptzug – die Stara Planina – überleitet, und in den **Antibalkan** im Süden mit den Gebirgen Sredna Gora und Sărnena Gora, die vom Hauptrücken durch die subbalkanische Beckenflucht abgegrenzt werden – zu ihr gehört im Westen das Sofijoter Becken und in der Mitte das berühmte Rosental. Entstanden ist das Gebirgssystem vom Ende des Erdmittelalters (65 Mio. Jahre) bis zum Eozän (45 Mio. Jahre) durch Faltungen, wobei der 15 bis 35 km breite, heute aus mehreren Hügelketten bestehende Vorbalkan nur eine geringere Einwirkung erfuhr als der etwa gleich breite Hauptrücken, der weit über 2000 m in den Himmel ragt.

Von **West nach Ost** lässt sich das Balkan-Gebirge in den bis zu 1800 m hohen Westbalkan aus Kalkgestein, den mittleren oder Hohen Balkan mit vorherrschenden Graniten, Dioriten und Gneisen und einer Maximalhöhe von 2376 m (Botev) und den sich zum Meer hin auffächernden Ostbalkan mit Höhen um 1000 m gliedern.

Mehr als zwei Dutzend **Pässe** verbinden Nord- und Südbulgarien, und wie schon zu früheren Zeiten, ist die Überquerung auf den engkurvigen, steilen Pass-Straßen auch heute noch ein Abenteuer.

Das Thrakische Tiefland

Das Thrakische Tiefland zwischen dem Antibalkan im Norden, dem Thrakischen Block im Südwesten und dem Strandža-Gebirge im Südosten (ostrumelisches Hügelland) entstand als Landschaft zur gleichen Zeit wie das Balkan-Gebirge (vor 65–45 Mio. Jahren), als sich hier ein Becken absenkte, in dem ein Meer Kalk und Kreide ablagerte, auf die sich wiederum eine bis zu 600 m dicke Schicht Sande und Tone türmte.

Über die Ebene mäandert der Fluss **Marica,** vorbei an den sattgelben Kornfeldern und an zahlreichen Hügelgräbern der Thraker. Das Tiefland ist eine der **fruchtbarsten Gegenden** des Landes, und so nimmt es nicht wunder, dass sich hier die frühen Kulturen bevorzugt ansiedelten und auch die Türken zum Ende des Osmanischen Reiches nicht von der Region lassen wollten.

Die Rhodopen

Die Massive des **Thrakischen Blocks** im Südwesten Bulgariens werden aus den verschiedensten Gesteinen gebildet, darunter auch solche vulkanischen Ursprungs. Entstanden sind die Gebirge durch Hebungen und Brüche während des Tertiärs und Quartärs, der Erdneuzeit (ab 65 Mio. bis 2 Mio. Jahre). Die größte Masse bildet dabei das Rhodopen-Gebirge, die Heimat von Orpheus, das sich als dicht bewaldete Berglandschaft mit tiefen Tälern und engen Schluchten dem Auge darbietet. Auch hier sind zahlreiche Höhlen zu finden, die das Wasser ins Gestein getrieben hat. Die West-Rhodopen steigen über 2000 m in den Himmel, höchster Gipfel ist der **Goljam Perelik** mit 2191 m. Zum Osten hin fielen die Hebungen geringer aus, hier sind die Rhodopen um 1000 m hoch.

Die Gebirge Rila und Pirin

Im Rila- und Pirin-Gebirge, im Westen an die Rhodopen anschließend, sind die **höchsten Gipfel** des Landes zu finden. Auf knapp 3000 m steigen die Felslandschaften in die Höhe, der Musala mit 2925 m ist der mächtigste unter ihnen. Hochalpin ist die Landschaft hier, Granit und Marmorit wechseln sich mit vulkanischem Gestein ab. Gletscher haben in der Vergangenheit typische Landschaftsformen hervorgebracht.

Beide Massive gehören zu den bevorzugten **Wandergebieten** der Bulgaren, das Rila-Kloster ist die wichtigste Pilgerstätte des Landes.

Vitoša-Gebirge

Das Vitoša-Gebirge schließlich ist der **„Hausberg“ von Sofija.** Sich direkt am südlichen Stadtrand erhebend, ist es mit dem Černi Vrăh, dem „Schwarzen Berg“, 2290 m hoch. Seilbahnen führen hinauf, und am Wochenende sind die Felslandschaften und die bewaldeten, von Flüsschen durchzogenen Flanken beliebter **Picknickplatz** der Sofijoter Familien.

Erdbeben

Die geologische Bildung der Großlandschaft ist in Bulgarien bei Weitem noch nicht abgeschlossen. Immer wieder kommt es in der seismisch gefährdeten Zone zu kleineren und größeren Erdbeben. Besonders betroffen ist die Region **südlich von Sofija.**

Flora und Fauna

Pflanzenwelt

Am Übergang von Mittel- zu Osteuropa gelegen, besitzt Bulgarien mit **über 3600 höheren Arten** eine Flora, die sich sowohl aus Pflanzen des zentral- und osteuropäischen (Steppenbewuchs) als auch des mediterranen Raumes zusammensetzt und in ihrer Vielfalt die Pflanzenwelt der mitteleuropäischen Staaten bei Weitem übertrifft.

Noch vor wenigen Jahrhunderten standen in ganz Bulgarien dichte **Wälder;** Raubbau in der Zeit der Türken und danach sowie im Kommunismus haben davon 75 % zerstört. Besonders die Osmanen haben für die Herstellung von Holzkohle ganze Landstriche abgeholzt. Ihnen folgte die Holzindustrie, welche die verbliebenen Wälder natürlichen Ur-

127bu fk

spungs dezimierte und nur teilweise durch Wiederaufforstung ersetzte.

Doch vornehmlich in den Gebirgsregionen sind die natürlichen **Hochwälder** erhalten, sie bedecken heute etwa 15 % der Landesfläche. Bis in 1500 m Höhe wachsen die Urwälder aus Eiche, Buche, Kastanie und Ahorn, ihnen folgen in den höheren Regionen Nadelwälder aus Kiefern und Fichten und schließlich die Latschenkiefern und Buschwerk.

In den **Niederungen** gedeihen Linden, Walnussbäume, Eschen und Ulmen. An Flüssen und Bächen bilden Erlen, Weiden und Pappeln Auwälder.

Sie alle gehören zum **Atlantischen Vegetationsgürtel.** Die Wälder des Südeuropäischen Vegetationsgürtels der Mittelmeerzone sind nur noch durch einzelne Inseln erhalten.

Heute wird im Thrakischen Tiefland **Landwirtschaft** mit Obst-, Gemüse- und Getreideanbau betrieben, auch Baumwolle und Tabakpflanzen werden kultiviert.

Der Subtropische Vegetationsgürtel der **Schwarzmeerküste** zeigt sich in nicht exponierten Bereichen, vornehmlich den Flussmündungen, in reichem

In den Gebirgsregionen Bulgariens findet sich noch dichter Hochwald

und prächtigem Grün, urwaldartig mit hohen Bäumen, Lianen und anderen Rankpflanzen auf feuchtem Sumpfboden. Fast Mangrovencharakter haben diese **Longos-Wälder** genannten Vegetationsinseln der Küste, und sie sind großteils wegen ihres einzigartigen Bewuchses und wegen der Tiere, die darin leben, als **Naturparks** geschützt.

Das **Donauhügelland** wird der Osteuropäische Steppenvegetationszone zugerechnet; ihre Wälder aus Eichen und Buchen existieren nicht mehr, sie haben die weiten Flächen des Getreideanbaus abgelöst. Eine Besonderheit bildet bei Kazanlăk das **Tal der Rosen,** in dem wegen der passenden klimatischen Bedingungen die Rosensorte Trigintipetala aus der Gruppe der Rosa Damascena seit Jahrhunderten kultiviert wird und Bulgarien nach der Türkei zum zweitgrößten Rosenölexporteur der Welt aufsteigen ließ. Auch ist das Land der weltgrößte Lavendelexporteur.

Die Bulgaren sind Menschen, die sich gerne in der Natur aufhalten, und jedes Wochenende fährt man mit Sack und Pack hinaus in die Wälder, hält ein Picknick ab und geht sammeln. **Heilkräuter** (→ gleichnamiger Exkurs) stehen auf der Liste, und natürlich **Pilze.** Jeder weiß einen geheimen Platz, wo die besten und meisten Pilze wachsen, und noch am gleichen Tag landen sie im Kochtopf. 4900 Pilzarten sind in Bulgarien katalogisiert worden. Und auf dem Weg nach Hause wird fürs Frühstück noch am Straßenrand ein Glas **Honig** aus Wildblüten gekauft. Die Natur Bulgariens gilt abseits der industriellen Zentren eben noch als gänzlich unversehrt und sauber, ihre Pflanzen als **unbelastet** durch Schwermetalle, Pestizide und Dünger.

Heilkräuter

760 Arten von Heilkräutern wachsen auf bulgarischem Boden, die jährliche Ernte an Kräutern und Gewürzen summiert sich auf 71.000 Tonnen (2018), 90 % davon sind für den Export vornehmlich nach Europa bestimmt – Bulgarien ist damit der bedeutendste Produzent in Europa.

Ein nicht unbeträchtlicher Teil des Ertrages ist aber nicht landwirtschaftlich-industriell kultiviert; die Menschen sehen es als Freizeit- und Nebenbeschäftigung, hinaus in die Natur zu gehen und Kräuter zu sammeln. Für einkommensschwache Schichten ist es sogar der einzige Broterwerb. Rund 200.000 Bulgarinnen und Bulgaren verdienen sich damit ein **Zubrot oder den Lebensunterhalt.**

Ihre Körbe leeren sie bei lizenzierten Aufkaufstellen, wo die Kräuter geprüft und klassifiziert werden. Das Kräutersammeln ist streng überwacht, schließlich sind fast ein Viertel der Pflanzen giftig, 10 % stehen unter Naturschutz, und der Staat möchte auch etwas verdienen; so muss jeder Sammler eine Steuer entrichten.

Neben den Standardpflanzen wie Baldrian, Brennnessel, Hagebutte, Hirtentäschel, Huflattich, Johanniskraut, Kamille, Lindenblüte, Minze, Origanum, Ringelblume, Schachtelhalm, Schafgarbe, Spitzwegerich, Thymian und Weißdorn gibt es auch exotischere Kräuter wie den **Mursalski-Tee,** der nur nahe der Rhodopen-Stadt Trigrad gedeiht und dem man Immunstärkung und eine aphrodisierende Wirkung nachsagt.

Jagd

18 Säugetierarten und 20 Vogelarten dürfen in Bulgarien bejagt werden. War dies zu kommunistischen Zeiten das elitäre Freizeitvergnügen der Parteispitze, ihrer Gäste und der Devisenbringer aus dem westlichen Ausland, ist es heute „normales" Geschäft. Zum in Bulgarien jagdbaren Wild gehört u.a. der gefährdete Auerhahn (Abschussgebühr 1000 €), Rot- und Dammwild, Gämsen und Schwarzwild. Die Jagd auf Braunbären ist seit 2012 verboten, und auch Schadbären dürfen nicht mehr bejagt werden.

Tierwelt

Die Fauna des Landes besteht aus immerhin etwa **29.000 Arten.** Auch in Mitteleuropa heimische Arten konzentrieren sich dabei in den Regionen nördlich des Balkan-Gebirges und im Gebirge selbst, im Osten des Landes ist die Tierwelt der Steppe zu finden, Mittelmeerarten leben im Süden. Im Gebirge schleichen Dachs, Iltis, Wildkatze und Fuchs – und auch Wölfe und vereinzelt noch Braunbären (insgesamt etwa 600–800) haben dort ein Rückzugsgebiet gefunden. Wild bevölkert die Wälder: Hirsch, Reh und Wildschwein, dazu kommen Schakal und Marder.

Die **Vogelwelt** Bulgariens (insgesamt nisten 252 Arten) ist in ihrer Vielfältigkeit einzigartig, doch immer nur saisonal zu bewundern. Die Via Pontica – eine der Hauptflugrouten der Zugvögel – und die Via Mediterranea führen über das Land, an den Seen wie Srebărna und den küstennahen Marschgebieten liegen ihre Brut- und Rastgebiete. Von 29 in Europa bedrohten Arten findet man in Bulgarien ganze 16, darunter Pelikan, Meeresadler, Schwarzer Geier, Kaiseradler und Rothalsgans. An der Donau sind Flamingo, Kormoran, Fischadler, Reiher, Schwalbe und Wildgans zu Hause. Am Schwarzen Meer leben Möwe, Silber- und Fischreiher und Großer Rosapelikan, im Gebirge Großtrappe, Felskleiber, Steinadler, Falke, Bartgeier, Auerhahn und Fasan.

Ist das Kräutersammeln ein Nationalsport, das **Angeln** steht ihm in nichts nach, und der Tisch ist mit den Fischen des Süß- und Salzwassers reich gedeckt. Im Schwarzen Meer und seinen Lagunen schwimmen Meeräsche, Makrele, Stöcker, Blau- und Thunfisch. Auch die Gebirgsbäche und -flüsse und ihre aufgestauten Bereiche sind reich an Fischen, darunter Saibling, Forelle, Barbe, Eitel, Zander, Hecht, Wels und Karpfen. In der Donau gibt es Störe (sie dürfen nicht geangelt werden).

Auf dem Boden und im Wasser kreucht und fleucht es allerorten. Besonders die **Schlangen** werden den einen oder anderen Spaziergänger erschrecken. Giftig sind Kreuzotter, Wiesenotter, Aspisviper und die gefährlichste – die Europäische Hornotter. Die zwölf in Bulgarien lebenden Natternarten sind harmlos. Sogar eine Riesenschlangenart wurde dokumentiert, die westliche Sandboa. Allerdings wird sie nur knapp einen Meter lang. Nur 30 cm misst das Blödauge, das den Blindschlangen zugerechnet wird und sich von Ameisen ernährt. Unter den sechs **Schildkrötenarten** sind besonders die Europäische Sumpfschildkröte und die häufig auch als Haustier gehaltene Balkan-Bachschildkröte erwähnenswert. Das Angebot für den Reptilienfreund komplettieren **Schleichen** und **Echsen.** Zurückhaltend gibt sich der selten zu beobachtende Feuersalamander, die zwölf Froscharten des Landes sind hauptsächlich in den küstennahen Marschen heimisch.

Naturschutz

Die Herrn in den schwarzen Autos und die von ihnen „alimentierten“ Gemeinde- und Bezirksvorsteher machen vor nichts halt: Wälder verschwinden, Strände wandeln sich in Mondlandschaften, Bergflanken werden mit Betonbauten zugegossen. Die Mehrzahl der Bulgaren empfindet dies als **Zerstörung ihrer Heimat,** doch die letzten Jahre haben sie gelehrt, dass dagegen nichts auszurichten ist. Nur ab und an steht die Zivilgesellschaft auf. Dann gehen Umweltschutzorganisationen und Vereine gegen die unkontrollierte Zerstörung vor, und manchmal haben sie sogar – zumindest für eine gewisse Zeit – Erfolg.

Zum Beispiel bei der Erhaltung des **Naturparks Strandža** an der südlichen Küste. Der Bauboom hatte auch dort schon begonnen, und die „Bauunternehmer“ und „Hotelbetreiber“ hingen der brillanten Idee an, das Ganze zu legalisieren und der weiteren Entwicklung mit Beherbergungsburgen und Apartmentanlagen einen sauberen, weißen Kragen zu verpassen. Sie legten gegen den Status des Parks beim Bezirksgericht Berufung ein, und drei Richter dieses Gerichtes aberkannten willfährig dem ganzen Gebiet den Naturschutzstatus – sogar gegen das Votum des zuständigen Ministeriums. Aber 30 Nichtregierungsorganisationen, 140 Schriftsteller, Journalisten und Musiker und 50.000 Unterschriften von Betroffenen sorgten für den Erhalt des Naturparks, und das Parlament in Sofija zementierte im Nachhinein dessen Status, indem es einem Vorschlag der Nichtregierungsorganisationen folgte und generell die Berufung gegen den Naturschutzstatus eines Gebietes per Gesetz untersagte.

Auch der **Ausbau der Skigebiete** ist hochumstritten (und umkämpft). Bei Bansko sind bereits breite Schneisen in das Pirin-Schutzgebiet geschlagen, das Gleiche droht dem Rila-Gebirge in der Region um die Sieben Seen.

Ob und inwieweit die im EU-Verbund mit dem Projekt Natura 2000 erklärten Schutzgebiete Bulgariens erhalten werden, steht also in den Sternen. Für den **Tourismus** ist es von zentraler Bedeutung, dass die Regeln eines nachhaltigen Naturschutzes eingehalten werden. Die Regionen der zentralen Küste sind schon weitgehend verloren und mit ihrer Tristesse aus Betonburgen für die zukünftigen Bedürfnisse der Touristen, die einen Urlaub in einer intakten Natur bevorzugen, fast nicht mehr nutzbar. Dabei ist der ökologische Tourismus ein viermal schneller wachsendes Segment als der Badetourismus, dem eine Stagnation und sogar ein Rückgang vorausgesagt wird.

Bevölkerung

Die Bevölkerung des Landes lässt sich in **drei Hauptgruppen** ordnen: Bulgaren (86 %), Türken (9 %) und die Volksgruppe der Roma (4 %). Die restliche Bevölkerung gehört Minderheiten wie Makedoniern, Rumänen und Armeniern an. Die Bevölkerung ist – der Geschichte geschuldet – recht **heterogen.** Die Völkerwanderung spülte neue Gruppen ins Land, die türkische Besatzung hinterließ ihre Spuren, und diese ethnische Vielfalt sieht man den Menschen auf der Straße heute noch an.

Ursprünglich lebten am Balkan-Gebirge die **Thraker,** die sich erst mit **Griechen** vermischten. Dann kamen **Slawen** und schließlich das Turkvolk der **Protobulgaren** hinzu. Die **türkische** Landnahme erweiterte den Genpool, und **Roma** trugen ebenfalls ihren Teil bei.

Auch wenn die Bewohner Bulgariens sich durchaus als eine Nation verstehen und stolz auf ihr Land sind, **kulturelle Unterschiede** sind allerorten augenfällig. So wird heute im Nordosten und in den Rodopen im Alltag noch viel **Türkisch** gesprochen. Ganze Dörfer hatte die osmanische Administration nach Bulgarien verpflanzt; die Nachkommen sind wie eh und je muslimischen Glaubens, und die Minarette stechen blendend weiß in den Himmel.

Angehörige der **Roma,** wirtschaftlich die benachteiligtste Gruppe, leben häufig in armseligen Randvierteln der Städte südlich des Balkans. Im 14. Jh. wanderten sie aus dem Iran, Syrien und Ägypten ein, und erst nach dem Zweiten Weltkrieg unternahm man ernsthaft Anstrengungen, sie in die Gesellschaft zu integrieren. Dies gelang nur teilweise, auch heute noch ziehen viele Familien mit Pferdewagen von Lagerplatz zu Lagerplatz und führen ihr ureigenes Leben.

Was also „der Bulgare“ ist, lässt sich eigentlich nicht so genau sagen. Als Nation einig, als Kulturgruppen so unterschiedlich, wie man nur sein kann, lebt man heute nicht immer zufrieden oder gänzlich **friedlich** miteinander. Mit dem Erstarken rechtsnationaler Gruppierungen im Land in den Nuller-Jahren haben auch die Angriffe gegenüber Nichtbulgaren zugenommen, insbesondere gegenüber den Roma. Ihr gesellschaftlicher Status hat sich auch bis 2024 nicht wesentlich gebessert.

Türken

Mit der osmanischen Eroberung des Zweiten Bulgarischen Reiches Ende des 14. Jh. kamen Hunderttausende Türken ins Land, die in Umsiedlungsaktionen ganze Dörfer neu gründeten oder zerstörte Siedlungen, deren Bewohner vertrieben waren, übernahmen. An den Schaltstellen der Macht entwickelte sich die türkische Volksgruppe zur **privilegierten Schicht.**

Zwar kam es immer wieder zu Übergriffen und zur Niederschlagung von Aufständen, doch die türkische Administration exekutierte im Allgemeinen keine Zwangsbekehrung, sondern ließ den orthodoxen christlichen **Glauben** im Land weiter praktizieren, wenn auch die Dominanz des Islam allgegenwärtig war.

Der **Renaissance des Bulgarentums** im 19. Jh. und der Ausrufung des modernen Bulgarien folgte eine erste Auswanderungs- und Fluchtwelle der Türken in Richtung ihres Ursprungslandes. Dennoch verblieben Hunderttausende von ihnen in Bulgarien.

Nach dem Zweiten Weltkrieg siedelte Bulgarien in Abstimmung mit der Türkei in zwei Wellen (1950 und 1969) 185.000 türkischstämmige Bulgaren aus. Die Kollektivierung der Landwirtschaft spielte dabei eine wesentliche Rolle, da die türkischstämmige Bevölkerung dies als Angriff auf ihre traditionelle bäuerliche Lebensweise sah und Widerstand leistete. Auch zeigte sie sich relativ resistent gegen Integrationsbemühungen.

1984 schließlich begann die Partei mit einer Kampagne zur **kulturellen Bulgarisierung** des Landes, um die wegen der schlechten wirtschaftlichen Situation entstandene Unzufriedenheit in der Bevölkerung durch eine Art Nationalisierung zu übertünchen. Die islamische Bevölkerung wurde u.a. zur Slawisierung ihrer Namen gezwungen, in Schulen und auf den Straßen durfte nicht mehr Türkisch gesprochen werden, ein Kopftuchverbot wurde ausgesprochen und die Religionsfreiheit eingeschränkt. Nach offiziellen Angaben starben während der Bulgarisierung 400 Muslime. In der Folge der Kampagne flüchteten in einem beispiellosen Exodus über 300.000 muslimischer Bulgaren (3 % der Gesamtbevölkerung) in die Türkei. Nach dem Zusammenbruch des Ostblocks kam von ihnen nur etwa ein Drittel zurück.

Demografische Entwicklung

Im Jahr 1989 lebten knapp 9 Mio. Menschen im Land, heute sind es nur noch **6,83 Mio. Einwohner** (Schätzung 2020). Der Zusammenbruch des Ostblocks und die dadurch entstandene unsichere wirtschaftliche Situation führte zu einem Aderlass. Zahlreiche Bulgaren verließen das Land und suchten ihr Glück anderswo, zudem sank die Lebenserwartung nicht unerheblich, und die Geburtenrate ging zurück. Heute hat sich die Situation etwas stabilisiert, doch ein Rückgang von über 20 % auf die Gesamtbevölkerung innerhalb von 30 Jahren – wobei besonders die wirtschaftlich Aktiven das Land verließen – hat das Land in eine demografische Katastrophe gerissen. Die Gesellschaft **überaltert** zusehends, und noch ist die wirtschaftliche Kraft nicht so ausgeprägt, dass man allen älteren Menschen einen würdigen Lebensabend verschaffen kann.

Pomaken

Pomaken sind **islamischen Glaubens,** ethnisch jedoch **bulgarischen Ursprungs.** Entstanden ist diese Bevölkerungsgruppe wohl durch Zwangsislamisierung im 16. Jh. Häufig werden sie demografisch dem türkischstämmigen Anteil zugerechnet, und die türkischen Interessensvertreter reklamieren sie für sich als ethnisch ihnen zugehörig. Viele Pomaken sind blond und blauäugig, weswegen griechische Wissenschaftler sie wiederum als direkte Nachkommen der **thrakischen Urbevölkerung** sehen, die sich im 1. Jt. in die Berge zurückgezogen und sich nicht mit anderen Bevölkerungsteilen durchmischt habe. So zerren also drei Interessengruppen an den etwa 200.000 Pomaken und versuchen so, die eigene Position zu stärken.

Die Pomaken siedeln in den Rhodopen, hauptsächlich um die Stadt **Smoljan.** Da sie während des Russisch-Türkischen Krieges 1877/78 auf der Seite des Osmanischen Reiches kämpften, waren sie in der Folgezeit massiven Repressalien ausgesetzt, die sich bis in die kommunistische Zeit fortsetzten. So gab es zeitweise sogar ein Bauverbot in von Pomaken bewohnten Dörfern.

Roma

Seit dem 14. Jh. leben Roma auf bulgarischem Boden, ursprünglich eingewandert aus dem indischen Raum. Sie sprechen eine dem Sanskrit verwandte **Sprache** – das **Romani** – und sind heute teils christlichen, teils muslimischen Glaubens. Sie nennen sich selbst auch „Cigani", wobei diese Bezeichnung, von Nicht-Roma Bulgariens verwendet, häufig auch eine negative Konnotation besitzt.

In noch stärkerem Maße als Türken und Juden waren die Roma in den 1930er und 1940er Jahren **Repressalien** ausgesetzt: So erhielt etwa ein Bulgare eine Olivenration von 200 g, ein Jude erhielt 100 g und ein Roma nur 50 g.

Im **Kommunismus** slawisierte man im Zuge der Bulgarisierung die Namen

Viele Roma leben auch heute noch in ärmlichen Verhältnissen

009bu fk

der islamischgläubigen Roma, verbannte das Romani aus den Schulen und von den Straßen und verbot die nomadische Lebensweise. Um dem Kinderreichtum der Roma zu begegnen, kürzte man deren Kindergeld.

Heute besuchen 10 % der 8-jährigen Roma-Kinder keine Schule, bei der Altersgruppe der 15-Jährigen steigt die Zahl dann auf etwa ein Drittel. Infolge ihrer Ausbildungsdefizite sind Roma die Bevölkerungsgruppe mit den **schlechtesten wirtschaftlichen Chancen.**

Juden

Bei Beginn des Zweiten Weltkrieges lebten in Bulgarien 63.000 Juden, vereinzelt eingewandert bereits zu Zeiten der Römer. Die jüdischen Gemeinden erfuhren aber erst während der Verfolgungen im Spanien des **15. und 16. Jh.** ihren eigentlich Zuwachs an Mitgliedern. Der Sultan gewährte ihnen Privilegien, und als **Handelsleute** erarbeiteten sie ein beträchtliches Vermögen.

Über lange Zeit sprachen sie **Spaniolisch** – Altspanisch mit hebräischen Lehnwörtern –, in den letzten beiden Jahrhunderten verschwand die Sprache und wurde durch Bulgarisch ersetzt.

Am 21. Januar **1941** erließ die Regierung ein gegen die Juden gerichtetes **Gesetz** zum Schutz der Nation. Der deutschen Reichsregierung gegenüber hatte sich Bulgarien verpflichtet, 20.000 Juden zu **deportieren.** Doch in der Bevölkerung regte sich **Widerstand.** 10.000 Juden wurden aus den kurz zuvor bulgarisch besetzten Gebieten in Makedonien und Thrakien in das Konzentrationslager Treblinka gebracht und ermordet. Doch als weitere 10.000 im Kernland Bulgariens verhaftet werden sollten, war dies nicht mehr durchsetzbar. Das Bürgertum und die bulgarisch-orthodoxe Kirche sorgten für Massenproteste, und schließlich stellte man die Deportationen ein. Damit war Bulgarien neben Dänemark der einzige Staat im deutschen Einflussbereich, dessen Bevölkerung sich erfolgreich gegen die Deportationen zur Wehr setzte.

Nach dem Krieg wurden bis 1950 die jüdischen Gemeinden Bulgariens durch **Auswanderung** um 90 % verkleinert. Bulgarien war zu dieser Zeit das einzige Land des sozialistischen Lagers, das die Ausreise nach Israel erlaubte. Heute leben nach eigenen Angaben etwa 8000 Juden im Land (offizielle Statistik 3500).

Einige berühmte Bulgaren

- **Hristo Botev** (1847–1876): Poet, Revolutionär.
- **Elias Canetti** (1905–1994): Schriftsteller, Nobelpreisträger.
- **Hristo Vladimirov Javacheff,** bekannt als **Christo** (*13. Juni 1935): Verpackungskünstler.
- **Kiril und Metodij** (9. Jh.): Mönche, Erfinder der Glagolica-Schrift, Vorläufer des Kyrillischen.
- **Vasil Levski** (1837–1873): Revolutionär.
- **Ivan Vazov** (1850–1921): Schriftsteller, Revolutionär und Politiker.

Armenier

10.000 bis 20.000 Armenier leben in den Städten im ganzen Land verteilt. Ihre genaue Zahl kennt niemand, da sie sich fast vollständig **assimilierten,** ihre Sprache aufgaben und nur vereinzelt noch der armenischen Kirche angehören.

Ihre Geschichte im Land begann im 5. Jh., als sie als byzantinische Kavallerie nach Bulgarien geschickt wurden und sich niederließen. Wie bei den Juden, entwickelte sich aus den Armeniern ein **Mittelstand** (Ärzte, Händler, Handwerker).

Lebten um 1880 5000 Armenier in Bulgarien, wuchs die Zahl bis zum Vorabend des Ersten Weltkrieges auf 35.000 Menschen, aus der Türkei vertrieben durch die ethnischen Säuberungen der Osmanen. Viele von ihnen wanderten aber wieder aus, große Teile in die Sozialistische Sowjetrepublik Armenien, viele auch nach Westeuropa und in die USA.

Makedonier

Der Nachbar Makedonien war über Jahrhunderte der **Zankapfel** der lokalen Mächte. Bulgarien, Türkei und Griechenland reklamierten das Land immer wieder für sich und waren bereit, dafür die Waffe in die Hand zu nehmen. Insbesondere Bulgarien und Griechenland definierten die Makedonier als ethnisch zu ihnen gehörig. Heute leben etwa 200.000 Makedonier in Bulgarien, meist im Südwesten des Landes zur Grenze des seit dem Auseinanderfall des Tito-Jugoslawien bestehenden unabhängigen Staates Mazedonien.

Kleinere Bevölkerungsgruppen

Alianen

Die türkischsprachigen Alianen (Aliani), vom Typus her blond, sind Angehörige der Glaubensgemeinschaft der **Aleviten,** einer islamisch orientierten Richtung, die sich *Ali,* dem Schwiegersohn des Propheten *Mohammed,* verbunden fühlen und diesen als zentrale Gestalt ihres Glaubens verehren. Während der osmanischen Herrschaft wurden sie als Häretiker von der geistigen Führung verfolgt.

Karakatšanen

Die Karakatšanen sind **griechischsprachig** (mit einem althellenischen Dialekt), wenngleich nicht griechisch, sondern wahrscheinlich **thrakisch** verwurzelt. Als schafzüchtende Nomaden zogen sie früher durchs Land und lebten von der Käseproduktion; heute sind sie bis auf ihre Sprache fast vollständig assimiliert.

Gagausen

Die Gagausen schließlich sind **orthodoxe Christen,** die **Türkisch** sprechen. Sie stammen wahrscheinlich vom Turkvolk der Kumanen ab, und unter türkischer Herrschaft garantierte man ihnen einen Autonomiestatus im Nordosten des Landes. Die überwältigende Mehrheit der Volksgruppe wanderte um 1750 nach Russland aus.

Die Kirche

Etwa 85 % der Gesamtbevölkerung sind **Christen,** davon der Löwenanteil als Mitglied der **Bulgarisch-Orthodoxen Kirche.** Muslimische Gläubige machten etwa 12 % aus. Bereits 893 wurde das Altbulgarische als Liturgiesprache eingeführt (die Westkirchen stellten erst 1962 frei, als Sprache für den Gottesdienst das Lateinische durch die jeweilige Landessprache zu ersetzen). 919 hatte die bulgarische orthodoxe Kirche endgültig ihre Unabhängigkeit von der oströmischen Kirche und dem Patriarchen in Konstantinopel erklärt und ein **eigenes Patriarchat** geschaffen, das, von einigen Perioden der Abhängigkeit abgesehen, bis heute erhalten geblieben ist.

Gegenwärtig hält der Metropolit (Oberbischof) von Ruse, Neofit, als Patriarch von Bulgarien den Vorsitz der Bischofssynode, des obersten kirchlichen Organs der Bulgarisch-Orthodoxen Kirche.

Während der mehrere Hundert Jahre dauernden osmanischen Herrschaft war die Kirche der einzige Fluchtpunkt für ein **bulgarisches Nationalbewusstsein,** ein Phänomen, das noch heute in der starken Stellung der Kirche und der strengen Gläubigkeit des größten Teils der Bevölkerung seinen Ausdruck findet. Im immer wieder aufbrechenden Unabhängigkeitskampf unter dem Türkischen Joch waren die Klöster und Kirchen Brennpunkte des Widerstands, entsprechend oft hat die osmanische Obrigkeit sie zerstört, und genauso oft wurden sie von den Bulgaren wieder aufgebaut. Klöster wie das von Drjanovo sind zum **Sinnbild für den Freiheitskampf** geworden.

Streng **reglementiert** war der **Kirchenneubau:** Einmal durften Kirchen nicht höher als die Moscheen der osmanischen Besatzer sein (sie wurden daher oft unter das Straßenniveau abgesenkt), das andere Mal mussten sie innerhalb kürzester Bauzeit hergestellt werden, um

129bu fk

Farbenfrohe Fresken im Kloster Rila

die Größe und die Prächtigkeit zu beschränken (wie bei der Dorfkirche von Široka Lăka).

Auch während des **Kommunismus** war die Kirche starken Repressalien ausgesetzt, und es wurde versucht, ihren Einfluss zurückzudrängen. Äußerlich mag dies gelungen sein, doch nach dem Ende des Ostblocks kehrten die Bulgaren massenhaft zur Kirche zurück, zahlreiche Erwachsenentaufen fanden statt, und heute gilt es wieder als selbstverständlich, sich kirchlich trauen zu lassen.

Besondere Bedeutung kommt in der orthodoxen Kirche dem **Marienbild** zu. Die Jungfrau Maria ist die am meisten verehrte Gestalt im Heiligenkosmos der bulgarischen Spiritualität. Wer eine Kirche betritt, wird zuerst vor ihrem Bild eine Kerze anzünden und erst dann an die Altarwand, die Ikonostase, treten. Diese Bilder, die **Ikonen,** haben über viele Jahrhunderte auch das Kunstschaffen des Landes getragen (→ gleichnamiger Exkurs S. 604). Die größten Meister haben ihre besten Werke als Kirchenschmuck ausgeführt, doch nicht, um zu brillieren, sondern um die Brücke zu schlagen zwischen dem Diesseits und dem Jenseits, um dem Betenden eine Verbindung zu Gott zu ermöglichen.

Besonders beeindruckend ist der Besuch eines Gotteshauses, wenn **Gesänge** durch den Betraum hallen. Die nur von Männern ohne jede Instrumentenbegleitung vorgebrachten Choräle erfüllen Raum und Herz mit ihrem tiefen, getragenen Ton. Uralt sind die Texte – eines der heute noch gebräuchlichen Gesangbücher entstand im 7. Jh. Und immer sind es **acht Stimmen,** welche die dunkle Würde der Kirchen während der Gottesdienste stärken.

Sprache und Schrift

Das Bulgarische gehört zur **südslawischen Gruppe** im slawischen Zweig der **indogermanischen Sprachenfamilie.** Es ist dem Mazedonischen nahe verwandt, als Besonderheit besitzt die bulgarische Sprache viele **Lehnwörter** aus dem **Türkischen** – das Ergebnis der jahrhundertelangen osmanischen Herrschaft im Land. Auch einige **deutsche Wörter** haben, lautmalerisch transkribiert, Eingang in das Bulgarische gefunden: darunter Auspuff – ауспух, Backenbart – бакенбарди, Feuerwerk – фойерверки, Schiebedach – шибедах oder auch Witz – виц.

Obwohl die Sprachen der benachbarten Länder Albanien und Rumänien nicht slawischen Ursprungs sind, haben alle drei grammatikalische Gemeinsamkeiten, die vom slawischen Zweig abweichen; sie bilden den Sprachenbund der **Balkansprachen,** dessen Ursprung wohl in thrakischer Vergangenheit liegt.

Im Vergleich zu den anderen slawischen Sprachen kennt das Bulgarische **Artikel,** sie werden an das Hauptwort gehängt und verändern dessen Endung. Auch kennen die anderen slawischen Sprachen den **Kasus,** das Bulgarische verwendet ihn nur in sehr eingeschränkter Form. Dennoch fällt es Russen und Bulgaren leicht, sich miteinander zu verständigen, und man wird keinem Bulgaren begegnen, der von sich behaupten würde, er spräche kein Russisch.

Zur Orientierungserleichterung hat der bulgarische Staat auf den Überlandstraßen die Ortsnamen auf den Hinweisschildern in neuerer Zeit auch in **lateinischen Buchstaben** aufgeführt, doch abseits der Rennstrecken ist man immer noch mit Verkehrsschildern auf **Kyrillisch** konfrontiert und wird nicht umhin kommen, sich ein wenig mit diesen Buchstaben auseinanderzusetzen. Auch das Lesen der Speisekarte – will man nicht ins Blaue hinein bestellen und als Nachtisch einen großen Fisch vom Grill vor sich sehen – sollte zumindest in Ansätzen möglich sein.

Um mit einem weit verbreiteten Irrtum aufzuräumen: Die beiden Mönche *Kiril* und *Metodij* haben das Kyrillische nicht erfunden. Sie schufen im 9. Jh. das glagolitische Alphabet – die **Glagolica.** Die kyrillische Schrift wurde im 10. Jh. im bulgarischen Preslav entwickelt, wobei man die meisten Buchstaben aus der griechischen Schrift übernahm; nur dort, wo keine Lautentsprechung gefunden werden konnte, griff man auf die Buchstaben der Glagolica zurück. Damit ist aber die Leistung von *Kiril* und *Metodij* nicht geschmälert, sie waren, sind und bleiben die Ersten, die ein den slawischen Sprachen angepasstes Alphabet und damit die Grundlage für die Übersetzung religiöser Texte ins Slawische schufen.

Das heutige bulgarische Kyrillisch hat dem Leser noch einige Stolpersteine zu bieten. Einfach ist es, wenn man nur die Druckschrift vor Augen hat, doch in der **Schreibschrift** zeigen sich einige Buchstaben in einer ganz neuen Ausformung. Nun mag man sagen, mit der Schreibschrift habe man nichts am Hut – weit gefehlt, sie entspricht dem kursiven Kyrillisch, und viele Wirte benutzen dieses zur Verschönerung ihrer Speisekarten.

Babylon

Es ist ein Kreuz mit den **lateinischen Schreibweisen der kyrillischen Wörter,** jeder hat so seine ganz eigene Umwandlung. Ein Ort wie Русе kann deshalb auf die verschiedensten Weisen in ein lateinisches Gewand schlüpfen: Ruse, Russe oder auch Rousse, Добрич kann als Dobritsch, Dobrich oder Dobrič auftauchen. In diesem Buch wurde, von der lautmalerischen Transkription abweichend, die **wissenschaftliche Transliteration** benutzt, die den Vorteil bietet, dass weitestgehend ein Buchstabe im Kyrillischen einem Buchstaben im Lateinischen entspricht. Allerdings gibt es auch hier drei Ausnahmen: Щ – Št, Ю – Ju und Я – Ja.

Die **Straßenbeschilderung** in Bulgarien in lateinischen Buchstaben orientiert sich meist an der **englischen Schreibweise** der Orte und Straßennamen.

Die Buchstaben der nebenstehenden Tabelle sind betroffen.

Ein kleiner **kulinarischer Sprachführer** für den Restaurantbesuch findet sich im Kapitel „Praktische Reisetipps A–Z, Essen und Trinken“ und eine **allgemeine Sprachhilfe** im Anhang dieses Buches.

Druck	Kursiv	Lateinisch	Druck	Kursiv	Lateinisch
Б	*б*	b	и	*и*	i
в	*в*	v	й	*й*	j
г	*г*	g	т	*т*	t
д	*д*	d			

Architektur

Die architektonischen Denkmäler Bulgariens erlauben einen Einblick in seine mehrtausendjährige, von archaischen, christlichen und islamischen Einflüssen geprägte Geschichte: angefangen bei den Thrakern mit ihren prächtigen Grabmälern über die griechischen und römischen Bauwerke wie Theater und Thermen, Byzanz, die Städte des frühen Mittelalters (Pliska, Veliki Preslav, Veliko Tărnovo), osmanische Baukunst mit Festungswerken und Moscheen bis hin zu den Gebäuden der Rückbesinnung auf die nationalen Werte in der Wiedergeburtszeit (prächtig städtisch und bescheiden ländlich), dem Jugendstil Wiener Prägung (z.B. in Ruse) und schließlich dem sozialistischen Bauwesen.

Heiligtümer mit Aussicht

Tatul und **Perperikon** sind zwei heilige Stätten, die schon in grauer Vorzeit existierten. Die Ahnen der Thraker waren dort bereits zusammengekommen, um ihre Götter anzubeten und ihnen Opfer darzubringen; die Thraker übernahmen diese Sitte. Perperikon wurde im Zweiten Bulgarischen Reich überbaut und war auch in der Folgezeit ein mystischer Platz.

Beiden gemeinsam ist die herrliche, exponierte **Lage** hoch oben in einer Hügelwelt mit Fernsicht über die grünen Hänge und Täler. Auch wenn die Anfahrt auf den schmalen Straßen mühselig ist, beide Grabungsstätten gehören zwingend auf den Merkzettel eines Bulgarienbesuchers. → auch „Plovdiv und südliches Zentralbulgarien/Kărdžali“.

Thrakische Grabmäler

Überall im Land haben die Thraker ihre Grabstätten hinterlassen. Immer neue werden entdeckt, und auch wenn viele im Lauf der Jahrhunderte **geplündert** wurden (davon nicht wenige nach der Wende), sind sie doch so zahlreich, dass die Archäologie aus dem Vollen schöpfen kann. Sie kommt mit der Grabung und Auswertung kaum hinterher und kann nur nach und nach die Grabmäler der Öffentlichkeit zugänglich machen. Überall dort, wo in den Ebenen niedrige Hügel aufragen, besteht die Möglichkeit, dass sich darunter eine Grabstätte verbirgt – **10.000 sollen es sein.** Nicht jede besitzt natürlich die architektonische Vollkommenheit wie die zum **Weltkulturerbe** erklärten Grabmäler von **Kazanlăk** oder **Sveštari,** doch jedes der bereits zugänglichen lohnt allemal einen Blick.

Über die Zeitläufe hat sich die Architektur bei den Thrakern verändert, und so gleicht keines der Grabmäler dem anderen. Der **Grundaufbau** ist aber ähnlich: Ein kurzer Gang führt in den Hügel hinein zur Kammeranlage. Deren Räume können rechteckig oder rund ausgeführt sein oder auch eine Tragsäule in der Mitte besitzen. Zuerst wurden die Kammern als Dolmen errichtet, aus roh zugerichteten Steinplatten zusammengefügte Kammern, die eine Aufschüttung erhielten. Später erst mauerte man, belegte die Wände mit Putz und verzierte mit Malerei und Skulpturen. Der Zugangsflur *(dormos)* wurde länger, mehrere Vorkammern kamen hinzu. Manchmal war die Kammer mit Holzbalken bedacht, manchmal mit Steinplatten. Waren anfangs die Decken als sogenannte falsche Gewölbe (auch Kraggewölbe) ausgebildet (die bedachenden Steinplatten Schicht um Schicht weiter eingerückt, bis sie die Kammer vollständig bedeckten), wurden die späteren Gewölbe als Kuppel, Tonne oder auch in Bienenkorbform gemauert.

■ **Bedeutende Gräber** liegen u.a. in der Stadt Kazanlăk, bei Šipka, Sveštari, Pomorie, Aleksandrovo und Mezek.

Ebenfalls immer einen Abstecher wert sind die **thrakischen Kultstätten,** die sich entweder hoch auf einem Hügel über die Umgebung erheben oder im Wald versteckt sind.

■ **Perperikon, Tatul** und das Fruchtbarkeitsheiligtum **Utroba-Höhle** (alle drei bei Kărdžali).

Griechen und Römer

Von den **Griechen** sind fast keine Bauwerke erhalten geblieben, nur ihre Einflüsse auf die späte thrakische Kultur sind noch in deren Bauwerken zu erahnen. Dass die Griechen nichts hinterließen, liegt an der **Siedlungskontinuität** der griechischen Stadtgründungen. Sie wurden bis heute ständig umgebaut und erweitert; die wichtigsten Orte an der Küste, wie Varna und Burgas, sind griechischen Ursprungs.

■ Eine der Ausnahmen bildet die Grabungsstätte **Herakleia Sintike** bei Sandanski.

Die **Römer** jedoch haben beeindruckende **Mauern** hinterlassen. Dem römischen Baustil entsprechend, sind die Bauten als „gemischtes Mauerwerk“ mit schichtenweise im Wechsel verarbeiteten Ziegeln und Bruchsteinen oder als „Füllmauerwerk“ mit einer verblendeten Stein-Mörtel-Mischung ausgeführt.

■ Die **schönsten Ruinen Roms:** die Thermen von Varna, das Theater von Plovdiv, die Befestigungsanlagen von Hisarja, die Grundmauern der Stadt Nikopolis ad Istrum bei Veliko Tărnovo, Abritus bei Razgrad und Nikopolis ad Nestum bei Goce Delčev.

Byzanz

Mit dem Auseinanderfall des Römischen Reiches in West- und Ostrom gelangte das heutige Bulgarien (mit mehreren Unterbrechungen) unter die Herrschaft von Byzanz. Seine Hinterlassenschaften sind vornehmlich **Sakralbauten** aus dem frühen Christentum. Die relativ einfach konstruierten Basiliken ließen den Gläubigen viel Platz; ausgeführt waren sie anfangs mit einem Haupt- und zwei Nebenschiffen. Später kamen der Narthex, die Vorhalle, und teils Apsis und Querschiff hinzu. Bedeckt waren die Kirchen zunächst mit einer flachen Holzdecke, später ging man zu Tonnengewölben über.

■ Die **schönsten byzantinischen Bauten:** Sv. Sofija in Sofija, die Metropolitenkirche in Nesebăr und die Basiliken von Hisarja. Die Grundmauern typischer Basiliken sieht man auch bei den Grabungsstätten von Pliska bei Šumen und Červen bei Ruse.

Das Mittelalter

681 wurde Bulgarien gegründet, doch erst mit der Einführung der slawischen Schrift Glagolica durch *Kiril* und *Metodij*

konnte sich die bulgarische Kultur von Byzanz lösen und entwickelte eigenständige Baustile, die aber noch auf das Erbe von Byzanz zurückgriffen und dieses weiterentwickelten. Während Ostrom den Bautyp der Basilika aufgab und durch den der Kreuzkuppelkirche ersetzte, blieb Bulgarien beim **Basilikatypus** und entwickelte ihn z.B. mit Blendnischen weiter.

Die erste Hauptstadt, Pliska, und das sie ersetzende Preslav bestachen durch eine rechtwinklige Straßenordnung und **klare Linien.** Geplant wurden sie, in Anlehnung an römische Stadtentwicklungen, als **Festungsstädte** mit einer wehrfähigen doppelten Stadtmauer und fast quadratischem Grundriss. Als Baumaterial nahm man Bruchstein und verblendete ihn mit Steinquadern. Innerhalb der Mauern befanden sich die Paläste, Kirchen und Wohngebäude.

Auch die Entwicklung des **Klosterbaus** geht auf diese Zeit zurück. Die Anlage mit rundum laufenden Wirtschaftsgebäuden und der zentralen Kirche ist ein immer wiederkehrendes Schema. Eines der schönsten Beispiele für die Stadtanlage des Zweiten Bulgarischen Reiches findet sich auf dem **Festungshügel Carevec** von Veliko Tărnovo, der nachts bei einem „Light and Sound"-Spektakel besonders eindrücklich wirkt.

■ Die **schönsten Überreste des Ersten und Zweiten Reiches:** die alten Festungsstädte von Pliska und Preslav, die Grabungsstätte hoch über der Stadt Šumen und Červen bei Ruse, herrlich über einer Flussschleife gelegen, Veliko Tărnovo und Asenovgrad, die Kirche Bojana bei Sofija, die Klos-

391bu sk

terkirche von Zemen – und die Kirchen und Wohngebäude von Arbanasi, die, obwohl später errichtet, doch einen Rückgriff auf die Baukunst des Ersten und Zweiten Reiches erlauben.

Osmanische Einflüsse

Mit den Türken gelangten neue Einflüsse nach Bulgarien. Die islamischen Einwanderer brachten ihre Kultur mit, **zerstörten große Teile des bulgarischen Erbes** (allein im 17. Jh. wurden über 200 Kirchen und über 30 Klöster dem Erdboden gleich gemacht), **Moscheen** und Verwaltungsbauten entstanden.

Während die Türken eine kulturelle Konjunktur erlebten, waren die Bulgaren auf das Lebensnotwendigste zurückgeworfen. Minarette stachen in den Städten in den Himmel, die Kuppeln der Paläste prunkten an den Straßen, doch die Bulgaren hatten sich auf **Wohnbauten** zu beschränken. Nur in den abgelegenen Gegenden im Gebirge konnte die Architektur die glorreiche Vergangenheit in den Klöstern zumindest aufrechterhalten.

In der bulgarischen Wohnarchitektur haben sich die Einflüsse der Osmanen bis heute erhalten. Ganz typisch sind die **Veranden** mit einem erhöhten Sitzplatz, die Dielen und die umlaufenden Sitzflächen in den Wohnstuben.

Mit der Unterdrückung einer ganzen Nation ergab sich für die Türken auch der Zwang zur baulichen Befestigung ihrer Macht. **Festungen** entstanden allerorten. Am besten erhalten sind die Wehrbauten und Zwingburgen von Vidin und Belogradčik.

■ Die **schönste osmanische Architektur:** Die Moscheen von Sofija, Šumen, Plovdiv und Razgrad, der Basar von Jambol, die Festungen von Vidin und Belogradčik, der Konak von Vidin, das Sperrfort von Silistra.

Die Bulgarische Renaissance

In der zweiten Hälfte des 19. Jh. explodierte das bulgarische Bauwesen geradezu. Die türkische Herrschaft war schon seit Längerem geschwächt, die Renaissance kündigte sich mit dem Erstarken des kulturellen Lebens der Bulgaren und der Entwicklung einer ganz eigenständigen Architektur seit Ende des 18. Jh. an und gipfelte schließlich im Jahr **1878** in der **Unabhängigkeit.**

In den Dörfern des Strandža-Gebirges lässt sich die **Entwicklung des Wohnbautenstils** verfolgen, von den einfachen, ebenerdigen Häuschen mit einem Zimmer zu immer größeren, mehrstöckigen Bauten mit zahlreichen Räumen, festgemauertem Erdgeschoss und hölzernem Oberbau.

[<] Bei Isperih

Im ganzen Land entstanden nun prächtige Gebäude, geradezu **Paläste** im Wiedergeburtsstil; **Uhrtürme** wurden errichtet, **Handelshäuser** gebaut. Das Innere war reich mit Schnitzwerk und mit Gemälden verziert, die Schnitzer- und Malerschulen erlebten einen ungeahnten Zulauf, und ihre Meister waren gut beschäftigt. Die schönsten Ensembles reicher Kaufleute stehen in **Plovdiv,** ein gut erhaltenes Straßenbild hat auch das Weltkulturerbe **Nesebăr,** aber im ganzen Land und an der Küste haben die Städte und Dörfer meist ein Quartier, in dem die Baukunst der Renaissance zu bewundern ist.

Im Allgemeinen besitzen die Häuser, unabhängig von der Größe, eine sich ähnelnde **Struktur.** Das Erdgeschoss ist dem Handel oder der Produktion und Lagerung vorbehalten, hier liegen die Läden und die Werkstätten der Handwerker. Das obere Wohngeschoss kann klein sein, mit einem zentralen Wohnraum mit Herd, von dem Schlaf- und Vorratskammer abgehen. Die reichen Händler ließen ihren Häusern zwei Wohngeschosse aufsetzen. Auch diese Geschosse haben einen zentralen Raum (meist auch Treppenhaus), von dem nach allen Seiten Wohn- und Wohnwirtschaftsräume abgehen. Häufig achtete man in den späteren Bauepochen auf genaue Symmetrie. Geschnitzte Holzdecken, Einbauschränke und Malereien an den Wänden gehörten ebenso dazu wie eine prächtige Fassade mit Schatten spendendem, mal geschwungenen, mal rechtwinkligen Dachvorstand, ein Portikus und eine Veranda.

242bu sk

Je nach **Region** unterscheiden sich die Häuser; so ist die Gestaltung der Gebäude an der Küste anders als in Plovdiv oder im Gebirge. Auf dem Land war ein Garten selbstverständlich, in den Städten leisteten sich dies die Wohlhabenderen: hinter hohen Mauern wurden kleine Parks gepflanzt.

■ Die **schönsten Wohnhäuser der Wiedergeburt:** In der Altstadt von Plovdiv kann man sich zwischen den herrschaftlichen Wiedergeburtshäusern verlieren. Nesebăr und Sozopol am Meer und Veliko Tărnovo sind sehr touristisch, ruhiger geht es in den denkmalgeschützten Städten und Dörfern Koprivštica, Kotel, Bošenci, Trjavna, Žeravna und Melnik (mit seinen Häusern reicher Winzer) zu. Das sehenswerte Etăra bei Gabrovo ist ein reines Museumsdorf, in das fast 50 Häuser aus dem ganzen Land versetzt wurden. Arbanasi ist besonders wegen seines Kirchenensembles und der (wenn auch wenigen) erhaltenen Wohnhäuser besuchenswert.

Sezessionsstil, Barock und Co.

Mit der Wiedergeburt erstarkte der Handel, weg vom Orient, hin zum Okzident. **Österreich-Ungarn** war einer der bevorzugten Partner, die Donau Lebensader der Kaufmannschaft. Man verdiente Geld und heuerte Architekten aus Mitteleuropa und Russland an. Neben Wohnhäusern entstanden öffentliche Bauten; Sezessionsstil, Renaissance und Barock sind die beeinflussenden Stile, des Öfteren auch eklektizistisch verbunden.

■ Die **schönsten Wiener Werke:** Ruse besitzt noch ein stimmiges Zentrum im Sezessionsstil, und Balčik mit seinem Botanischen Garten und der Schlossanlage vertritt das, was man machen kann, wenn man von allem etwas will. Schloss Euxinograd bei Varna, das Nationaltheater von Sofija und die dortigen Prachtbauten am Bul. Car Osvoboditel stehen für Staatsbau.

Denkmäler

Der **Kommunismus** der Nachkriegszeit ist heute hauptsächlich noch in seinen Denkmälern präsent – und das immer und überall. Kein Örtchen, kein Plätzchen, kein Wäldchen, wo nicht ein Mahnmal für die großen sozialistischen Errungenschaften steht. Und wenn nicht, dann findet sich mit Sicherheit ein Gedenkstein oder eine Skulptur, die an den Freiheitskampf der Bulgaren erinnert. Sie sind klein und bescheiden oder als Monumentalwerk ausgeführt, in Eisen, Bronze, Messing, aus Stein gehauen oder in Beton gegossen.

Das beeindruckendste Erinnerungswerk an den bulgarischen **Freiheitskampf** steht hoch über **Šumen** – das Monument der Gründer Bulgariens – und ist als Gedenkstätte unzureichend beschrieben: Es ist eine Großanlage, in der sich ein Mensch auf seine Existenz zurückgeworfen fühlt – ganz klein, nackt und allein.

Am **Šipka-Pass** erinnert ein Monumentaldenkmal an die denkwürdige **Schlacht 1877,** als russische Soldaten sich einer erdrückenden türkischen Streitmacht erwehrten. Auf dem Nachbargipfel hat sich die Bulgarische Kummunistische Partei gefeiert und mit einem Monumentalgebäude verewigt.

In **Veliko Tărnovo** steht eine riesige metallene Gestalt für die **Zarendynastie der Asen.**

Auf dem Hauptplatz von **Sofija** wurde die **Stadtheilige** Sofija als Symbol der Weisheit erst 2001 aufgestellt.

Älter ist der zum Weltkulturerbe zählende **Reiter von Madara,** im 1. Jt. in eine Felswand gehauen; er zeigt vermutlich Han *Krum* oder Han *Tervel.*

Zum **Kap Kaliakra** und seinem Denkmal für heldenhafte bulgarische Jungfrauen sollte man wegen der schönen Landschaft fahren.

Auf dem Gipfel **Okolčica** über Vraca starb *Hristo Botev,* die Lichtgestalt des Befreiungskampfes.

Bei **Sandanski/Petrič** erinnert ein Denkmal an eine Schlacht zu Beginn des 2. Jt. zwischen Car *Samuil* und *Basileios.*

[<] Ruse besitzt zahlreiche Gebäude im Sezessionsstil

Malerei

Ikonen

Von dem fast vollständigen **nationalbulgarischen kulturellen Stillstand** unter der osmanischen Besatzung hatte sich als einzige die **Kirche** abgekoppelt. Sie war der Hort, wo künstlerisches Schaffen unvermindert weiterging. Die Fresken und Ikonen aus dieser Zeit gehören zu den nicht nur auf nationaler Ebene wichtigsten Zeugnissen sakraler Kunst. Auch das meisterliche **Schnitzwerk der Ikonostasen,** der Altarwände, ist einzigartig und beweist noch heute die feine Fertigkeit der bulgarischen Künstler der damaligen Zeit.

Ihren Ursprung haben die Ikonen in der **Ostkirche des 4. Jh.** Zu Beginn des christlichen Glaubens waren Abbildungen der spirituellen Welt generell ausgeschlossen, ganz in jüdischer Tradition, die auch vom Islam übernommen wurde und dort bis heute als Bilderverbot präsent ist. Als die ersten Bilder auftauchten, sorgten sie für einen jahrhundertelangen Disput in der christlichen Kirche, der erst im 9. Jh. zuungunsten der Bilderfeinde entschieden wurde.

Die schönste Art, die Ikonenkunst zu entdecken, ist, das Halbdunkel einer Kirche zu betreten und im Flackerschein der Kerzen die Meisterwerke der Ikonostase zu bewundern. Auch wenn in vielen Kirchen die Ikonen nicht Jahrhunderte alt sind, dort sind sie am authentischsten – und wenn dazu die tiefen Stimmen eines Chores durch das Kirchenschiff hallen, ist die Atmosphäre perfekt.

→ auch Exkurs „Ikonen“, S. 604.

■ Die **interessantesten Ikonensammlungen:** Die Ausstellungen in Sofija in der Krypta der Alexander-Nevski-Kathedrale und dem Nationalen Archäologischen Museum, die Sammlungen der Klöster Rila und Bačkovo, das Museum der Malschule von Trjavna, im Archäologischen Museum von Varna und in den Kirchen von Arbanasi.

Fresken

Fresken waren das zweite Standbein der sakralen Bildkunst Bulgariens, und es sind mehrere wunderschöne Beispiele aus vergangenen Jahrhunderten erhalten. Im Gegensatz zu den Ikonen zeigen sich hier **ganze Geschichten,** werden die Gesichter individualisiert, die Personen schon fast in ihrer natürlichen Umgebung dargestellt. Fast jedes Kloster Bulgariens mit der klassischen Anlage eines Gotteshauses im Zentrum des Klosterhofes erhielt im Umgang der Kirche eine umfassende Freskenbemalung. Die Fresken erstrahlen in leuchtenden Farben, und wer sie genauer betrachten will, hat wegen ihrer Reichhaltigkeit viel zu tun.

■ Die **wichtigsten Wandmalereien:** In der Kirche von Bojana bei Sofija (von 1259, sie gehören zum Weltkulturerbe), in der Rotunda Sv. Georgi in Sofija (von 971), im Felskloster Ivanovo bei Ruse (aus dem 13. Jh., Weltkulturerbe), im Kloster von Zemen (14. Jh.), im Beinhaus (1086) und Refektorium (1643) des Bačkovo-Klosters und in den Kirchen von Arbanasi (16./17. Jh.). Wer moderne Fresken sucht, wird z.B. im Baba-Vanga-Komplex bei Sandanski fündig.

Ikonen werden vor einigen Kirchen zum Kauf angeboten

204bu sk

Zeitgenössische Malerei

Während der **sozialistischen Zeit** war Bulgarien vom internationalen Kunstmarkt abgeschlossen, die Malerei eine rein nationale Veranstaltung. **Nach der Wende** begann man aber im Ausland, sich intensiver mit der modernen Malerei des Landes auseinanderzusetzen, und heute sind bulgarische Künstler auch auf internationalen Ausstellungen zu finden, wie etwa der Biennale von Venedig.

Ikonen

Ikone (vom griechischen *ikóna*) bedeutet nichts anderes als **„Abbild“.** Ikonen entstanden als **Kultbilder** in der Tradition der byzantinischen orthodox-christlichen Kirche und folgen einem **vorgegebenen Bilderkanon,** der allerdings im Lauf der Zeit einer gewissen Wandlung unterlag und in Bulgarien um Märtyrer und für das Land wichtige Heilige erweitert wurde.

Die auf Holztafeln gemalten Bilder der Heiligen gelten in der Ostkirche nicht als Kunstgegenstände und dienen im eigentlichen Sinn auch nicht zur Ausschmückung der Kirchen, sondern sollen **Augenhalt für die spirituelle Versenkung** sein, Konzentrationshilfe bei der religiösen Kontaktaufnahme mit dem jeweiligen Heiligen und immer auch mit Gott hinter diesem. Dies bestimmt auch die **Komposition der Bilder,** auf denen die Dargestellten meist frontal, immer aber zum Betrachter ausgerichtet, das Gesicht diesem zuwenden, damit ein direkter Bezug hergestellt werden kann.

Weit über das Mittelalter hinaus waren die Ikonen **flächig komponiert,** häufig wurde auf eine Hintergrunddarstellung gänzlich verzichtet und eine einheitliche Farbe für diesen gewählt; auch Gold und Silber waren beliebt, um den Kopf zu rahmen und den Blick der Betenden auf diesen zu fokussieren.

Sogar die **Herstellung** einer Ikone unterliegt strengen **Regeln.** Auch wenn viele Ikonenmaler keine Mönchen waren, mussten sie dennoch moralischen Ansprüchen genügen, die in Anleitungen festgeschrieben waren. Es war ein meditativer, ja **liturgischer Akt,** bei dem Gott die Hand des Künstlers führte. Vor der Versenkung in die Arbeit hatte man keusch zu bleiben.

In den Anfängen hatte die Ikonenmalerei eine rein statische Wirkung, im 13. Jh. kamen neue Einflüsse und Merkmale hinzu. Die Figuren erlangten eine **weltlich-realere Gestaltung,** und es fand eine **Individualisierung** der Dargestellten statt. Sie wurden fast zu Porträts, die Körperformen plastischer, Licht und Schatten hielten Einzug, die Figuren bekamen einen räumlichen Kontext.

Als Bulgarien unter **türkische Herrschaft** geriet, wandelte sich die Ikonenkunst erneut. Das **erzählende Moment** trat stärker in den Vordergrund, die Ikone wurde Teil ganzer Zyklen wie der „Vertreibung aus dem Paradies“.

Für eine gegenseitige Durchdringung der Malschulen und eine Angleichung des Stils sorgten im Bereich der gesamten Ostkirche die **Handelswege.** Für den Transport wurden auch immer kleinere Ikonen hergestellt, nachgerade Schmuckstücke aus den unterschiedlichsten Materialien. Auch **orientalische Einflüsse** gelangten so in die Bildwerke, die Dargestellten hatten teilweise orientalische Züge, Ornamentik und Kalligrafie kamen als Stilmittel hinzu.

Mit dem 18. Jh. und dem Erstarken des bulgarischen Widerstandes wurden die Ikonenmaler zunehmend **patriotisch,** waren Inschriften bislang mehrsprachig, tauchten nun Werke auf, die nur noch auf Bulgarisch beschriftet waren. Die Ikonen erhielten in dieser Zeit einen Barockrahmen, und man wählte **grellere Farben.**

Die berühmtesten **Malschulen** Bulgariens entstanden in Veliko Tărnovo, Trjavna und in Samokov, wo auch **Zahari Zograf** wirkte, der vielleicht bekannteste Ikonenmaler des Landes, dessen Ikonen und Fresken u.a. die Klöster von Rila, Bačkovo und Trojan schmücken.

In den Kirchen sind die Ikonen zur **Ikonostase** (Altarwand) zusammengefasst, die im Dämmerlicht und durch den Ruß der Kerzen gedunkelt, ruhige Würde ausstrahlt. Auch wenn in den Kirchen die Ikonen immer Holztafeln sind, in der Frühzeit des christlichen Bulgarien wurde auch anderes Material verwendet: Eine der ältesten bekannten Ikonen (9. Jh.) des Landes ist aus **Keramik** und entstand im Kloster Sv. Pantelejmon bei Preslav (dort im Museum zu besichtigen).

Die **Kunstszene ist vielfältig,** und zahlreiche Galerien bilden heute ein Forum im Lande, das etablierte Künstler wie *Svetlin Rusev, Nikola Nikolov, Emil Stoičev oder Stanislav Pamukčiev, Ivailo Mirhev, Ivan Kostelov* und *Kiril Čolakov* zur Ausstellung bringt, aber auch der jungen Garde wie *Ivailo Karapenčev* zu Öffentlichkeit verhilft.

Literatur

Als Zentrum der altbulgarischen Literatur galt **Veliko Tărnovo,** dessen **Literaturschule** im 13./14. Jh. im ganzen Land bekannt war. Mit den Türken wurde die Schreibkunst aber in die abgelegenen Klöster gedrängt, erst im 18. Jh. gewann sie wieder an Bedeutung.

Die Grundlagen für die neubulgarische Literatur legte der in Bansko geborere Mönch **Paisij Hilendarski** (1722–1773), der im griechischen Kloster Athos das Werk „Slawobulgarische Geschichte" schrieb und damit die Wiedergeburt einläutete. In seinem Geburtsort erinnert heute ein Museum an ihn.

Bekanntester Vertreter der bulgarischen Literatur ist der in Ruse als Sohn spanischer Juden geborene Nobelpreisträger **Elias Canetti** (1905–1994), der in Wien, London und Zürich lebte und schrieb. Im ersten Teil seines Autobiografie-Zyklus „Die gerettete Zunge" beschreibt er seine Jugend an der Donau. Den Nobelpreis für Literatur erhielt er für sein Gesamtwerk. Als Mensch war er durchaus umstritten und galt als schwierige Persönlichkeit. Sein Werk ist sehr heterogen, doch immer wiederkehrende Motive sind die Ablehnung abstrakter Denksysteme und die Auseinandersetzung mit dem Tod.

Im 19. Jh. fungierte man als bulgarischer Dichter und Schriftsteller notwendigerweise auch zusätzlich als Revolutionär und Mitstreiter im Befreiungskampf gegen das Türkische Joch. Zu diesen **Dichter-Revolutionären** gehörten insbesondere *Hristo Botev* sowie *Ljuben Karavelov.* Aus der Feder *Botevs* (1848–1876) stammt u.a. das Gedicht „Die Erhängung des Vasil Levski". Im Mai 1876 kaperte er mit einer Gruppe von Freiheitskämpfern den Donaudampfer „Radetzky" und setzte nach Bulgarien über. Am 2. Juni starb er im Kampf. *Karavelov* (1834–1879) gab u.a.

Zeitgenössische bulgarische Schriftsteller

Viktor Paskow hat mit der expressiven Ausdrucksweise in seinem Roman „Viola d'Amore" auch international Anerkennung gefunden. Die Geschichte erzählt von der Freundschaft des jungen Viktor zu einem alten Geigenbauer, der verarmt in einem düsteren Keller in Sofija dahinvegetiert.

Hristo Saprjanov beschreibt im Buch „Der gehäutete Hund" die deprimierende Geschichte eines Lehrers, der zur Finanzierung der Augenoperation seines Sohnes in Russland Straßen baut und immer gefühlloser wird.

Rumjana Zaharieva hat mit „Bärenfell" ein Buch geschrieben, das sich das Migrantenleben zum Thema nimmt und autobiografische Züge trägt. Die Autorin ist 1970 mit 20 Jahren nach Deutschland gekommen, ohne dessen Sprache zu sprechen, und schreibt heute u.a. darin.

mit *Botev* zusammen die Zeitung „Unabhängigkeit" heraus.

Als bulgarischer Klassiker schlechthin gilt **Ivan Vazov** (1850–1921). Er schrieb Gedichte, Poeme, Erzählungen und Romane. Sein berühmtestes Buch ist „Unter dem Joch", das den Kampf gegen die osmanische Besatzung thematisiert.

Penčo Slavejkov (1866–1912) hingegen wand sich aus den Fesseln des Alltäglichen, worunter für ihn auch die politischen Geschehnisse fielen, und vertrat eine Literatur, die sich an den deutschen Idealismus anlehnte. Nicht mehr Nationalpädagogik war nun Anlass, sondern das **Ästhetische** trat in den Vordergrund – unter seinen Werken ist die Gedichtsammlung „Auf der Insel der Seligen".

417bg fk

Ihm folgte auch **Pejo Kračolov Javorov** (1878–1914), der als Lyriker und Dramatiker in seinen Gedichten zuerst noch soziale und revolutionäre Themen aufgriff, später aber die Maxime von *Slavejkov* übernahm und mit ihm zusammen zum Begründer der modernen bulgarischen **Lyrik** wurde.

Musik

Die bulgarische Musik ist **volkstümlich** im besten Sinne. Sie diente unter dem Türkischen Joch der Bewahrung der eigenen kulturellen Identität, hat aber weit frühere Ursprünge – bei den Thrakern.

Die Musik ist charakterisiert durch ein **wechselndes Taktmaß,** das eine ganz eigene Wirkung entfaltet; auch für westliche Ohren so ungewohnte Taktarten wie der Sieben-Achtel-Takt sind häufig vertreten; er wirkt besonders dynamisch.

Auch die **Liturgie** hat einen wesentlichen Anteil am Musikleben. Die **Kirchenchöre** mit ihrem getragenen Gesang gehen auf das alte Byzanz zurück; sie sorgen bei Messen für einen beachtlichen und überaus passenden Effekt im Halbdunkel der Betsäle.

◁ Kunst am Bau

004bu fk

Bulgarische Musik

Das, was man heute unter bulgarischer Musik versteht, basiert auf zwei Traditionssäulen, der **kirchlichen** und der **Volksmusik.** Beide Musikformen trafen bei den großen **Festen** aufeinander, seien es die Rituale, die sich aus den individuellen Lebensabläufen ergaben (wie Geburt oder Hochzeit), oder die gesellschaftlichen Rituale, die an den Ablauf des bäuerlichen Jahres gekoppelt waren, Ostern oder Weihnachten. Während die Kirchenmusik, die sich aus der byzantinischen weiterentwickelt hat, vornehmlich als Gesang ohne Instrumentalbegleitung auftaucht, bilden die Basis der Volksmusik die typischen Instrumente Dudelsack *(gaida)*, Violine *(gadulka)*, Kniegeige *(guzla)* und Flöte *(kaval)*.

Die Volksmusik ist für mitteleuropäische Ohren **gewöhnungsbedürftig,** sie erinnert an orientalische Musik, mit zahlreichen ungleichteiligen Takten. Dennoch hat die Musik in den 1980er Jahren auch Mitteleuropa erreicht. Die bulgarischen **Frauenchöre** griffen die Musiktradition auf und brachten ungewöhnliche Harmonien und rhythmisch sehr freien, gedehnten Gesang erfolgreich Richtung Westen.

Nach der Wende erfuhr die bulgarische Volksmusik eine weitere Transformation – **Calga.** Der **Popfolk** von heute hat sich in vielen Discos des Landes durchgesetzt, nachdem in der ersten Zeit nach dem Zusammenbruch des Ostblocks die Jugend vornehmlich westliche Musik bevorzugte. Balkan-Folklore wurde stark in Richtung **orientalischer Hörgewohnheiten** abgeändert, griechische und türkische Hits wurden bulgarisiert. Heraus kamen leicht bis eindeutig anzügliche Lieder, die vornehmlich von der männlichen Jugend bevorzugt werden, weniger von den Mädchen, die sich eher an ihre Eltern halten und den Calga als „Prollmusik" ablehnen. Schaut man sich die Protagonisten dieser Musikrichtung an, wird einem schnell klar, warum das so ist: Die Sängerinnen fallen immer durch extrem ausgeprägte Geschlechtsmerkmale auf, die Sänger geben sich supercool, mit Sonnenbrillen auch bei finsterster Nacht.

Geschichte

Heute Südosteuropa und etwas ab vom Schuss, lag Bulgarien in der Vergangenheit durchaus im geografisch-kulturellen Zentrum Europas. Es grenzte an die Wiege der modernen Zivilisation: **Griechenland.** Und am Kreuzungspunkt der Wege von der Ägäis nach Norden und von Mitteleuropa nach Asien entwickelten sich bereits im Paläolithikum, der **Altsteinzeit,** Siedlungen. Die entstehenden Kulturen schwangen sich zu ungeahnter Höhe auf. Ihre steinernen und metallenen Zeugen sind auf bulgarischem Boden allerorten zu finden und erinnern an die gloriose Vergangenheit. Aus dem 5. Jt. v. Chr. zum Beispiel stammen die bei Varna in einer chalkolithischen Grabstätte gemachten Funde – unter ihnen der älteste bekannte **Goldschmuck** der Welt, entstanden lange bevor Mesopotamien und Ägypten sich zu Hochkulturen ausbildeten.

Die Thraker

Am Beginn der **Bronzezeit** um 3000 v. Chr., als auch das altägyptische Reich entstand, tauchten die Thraker auf der Bildfläche auf. Sie gelten als die **Urväter des bulgarischen Volksstammes.** Bis ins 1. Jt. v. Chr. lebten sie, in autarken Stammesverbänden organisiert, am Balkangebirge und hinterließen einige der schönsten Kunstwerke der frühantiken Welt. Viele prächtige Grabanlagen ermöglichen einen tiefergehenden Blick in das Leben der von Priesterfürsten geführten Gesellschaften, die von Ackerbau und Viehzucht lebten. Ihr Wein und ihre Pferde waren in der griechischen Welt hochwillkommen und wurden teuer bezahlt.

Als eines der größten Völker der antiken Welt fanden sie auch Eingang in ihre **Literatur.** In der „Odyssee" beschreibt *Homer* sie als Verbündete der Trojaner, *Herodot* bezeichnet sie als großes Volk, das allerdings wegen seiner dauernden Händel untereinander nie zur Größe einer Nation finden könne, *Aischylos* und *Euripides* schrieben ebenfalls über die Thraker. Diese nahmen mit ihren Gestalten wie dem Sänger **Orpheus** – wohl ein Priesterfürst – einen nicht unbeträchtlichen Einfluss auf die **altgriechische Geisteswelt.** Die griechischen Gottheiten Ares, Artemis und Asklepios waren thrakischen Ursprungs und überlebten als die römischen Gottheiten Mars, Diana und Äskulap bis weit nach der Zeitenwende.

Ab dem 7. Jh. v. Chr. setzten sich **griechische Siedler** an der Schwarzmeerküste fest und gründeten Kolonien wie Nesebăr und Varna. *Herodot* zum Trotz schafften es die Thraker schließlich doch, ein umfassendes Staatengebilde zu gründen – das **Odrysenreich,** das im 5. Jh. v. Chr. entstand, allerdings nur von kurzer Dauer war.

Ab 346 v. Chr. eroberte nämlich das antike Makedonien die thrakischen Gebiete. Die **Makedonier** werden nicht den altgriechischen Stadtstaaten zugeordnet, für diese waren die Makedonier, wie auch die Thraker, letztendlich Barbaren, was *Philipp II. von Makedonien* aber nicht daran hinderte, seinen Siegeszug durch die damals bekannte Welt anzutreten, gefolgt von seinem Sohn *Alexander dem Großen,* der das väterliche Erbe noch beträchtlich erweiterte.

Die alten Römer

Mit dem Niedergang des griechischen und dem Erstarken des römischen Imperiums fand auch die Zeit der Thraker ein Ende. Die römischen Legionen marschierten ab 168 v. Chr. los, doch sollte es über zwei Jahrhunderte dauern, bis Thrakien schließlich 45 n. Chr. dem Römischen Reich als die **Provinzen Thracia** (südlich des Balkangebirges) und **Moesia Inferior** (nördlich des Balkangebirges) einverleibt war.

Zahlreiche Kastelle und Handelsstützpunkte entstanden nun, Städte wurden gebaut bzw. die thrakischen und griechischen Stadtgründungen nach römischem Muster umgeplant. Philippopolis (heute Plovdiv), Serdica (Sofija) oder auch Durostorum (Silistra) wurden als moderne Städte mit befestigten Wegen verbunden – Militär- und Handelsstraßen, die jeden Winkel im Land erreichbar machten. Die **Wirtschaft erstarkte,** man leistete sich Kulturbauten wie Theater und großzügige Badeanstalten, deren beeindruckende Überbleibsel heute noch zu bewundern sind.

Im Jahr 330 verlegte Kaiser *Konstantin* die Reichsregierung von Rom nach Byzanz, das den neuen Namen **Konstantinopel** erhielt. Schon zu dieser Zeit kam es wiederholt zu **Barbareneinfällen** in Thracia und Moesia Inferior (wie dem der Goten um 240). Bis 395 trugen weitere Angriffe der Barbaren (Awaren, Hunnen) mit zum Niedergang und zur Teilung des Römischen Reiches bei. Die thrakischen Provinzen wurden Ostrom zugeschlagen. Dieses konnte anfangs noch sein souveränes Gebiet verteidigen, da es seine Militärmacht nun zu konzentrieren in der Lage war; schließlich drangen aber doch mehr und mehr **slawische Stämme** in oströmisches Gebiet vor und stellten Ende des 6. Jh. die zahlenmäßig größte Bevölkerungsgruppe.

Erstes Bulgarisches Reich

Mit den **Protobulgaren** wanderte um 650 ein Turkvolk nach Thrakien ein, das sich mit den bereits festgesetzten **Slawen** gegen Byzanz verbündete. Nach jahrzehntelangen blutigen Kämpfen gründeten sie 681 unter dem Turkfürsten *Asparuh* das Erste Bulgarische Reich, das Konstantinopel gezwungenermaßen anerkennen musste. Zwischen den Slawen und den Protobulgaren war es ein **Zweckbündnis.** Das Völkergemisch auf Bulgariens Boden hatte bei seinen Eroberungen Reichtum und Privilegien erworben, eine Art Adelskaste war entstanden, die ihre Pfründe verteidigt sehen wollte. Als einzelne Stammesverbände war dies nicht möglich, und so schloss man sich zusammen, und da die Protobulgaren die kriegerischste und stärkste Gruppe war, unterstellte man sich ihrem Führer. Erste Hauptstadt wurde Pliska, 893 zog man nach Preslav um. In über drei Jahrhunderten entstand nun das heutige **bulgarische Volk** aus den romanisierten Thrakern als Urbevölkerung und den zugewanderten Slawen und Turkstämmen.

Das vielleicht wichtigste Datum der Geschichte dieses Reiches war die **Konvertierung Han Boris I.** und die Verfügung von 865, nach der das **Christentum** fortan Staatsreligion sei. Er selbst nahm bei seiner Taufe den Namen *Mihail* an und ließ die ersten Klöster und Kirchen errichten. In die Zeit seiner Regentschaft fällt auch die Entwicklung der ersten slawischen Schrift, der Glagolica, durch die Brüder *Kiril* und *Metodij,* aus der schließlich das **kyrillische Alphabet** hervorgegangen ist.

Unter **Car Simeon** erlangte Bulgarien zu Beginn des 10. Jh. seine **größte Macht,** die Grenzen reichten zwischen Schwarzem Meer und Adria bis hoch weit hinter Belgrad. Man teilte sich eine Grenze mit dem deutschen Reich, und die bulgarische Stimme hatte in Europa einiges Gewicht.

Doch das Ende des 10. Jh. brachte die Götterdämmerung für das Erste Bulgarische Reich. Während seiner ganzen Existenz war es immer wieder zu Auseinandersetzungen mit Konstantinopel gekommen. 971 fielen **Russen** und **Normannen** ein, und die **Byzantiner** sahen dies als günstige Gelegenheit, ebenfalls gegen Bulgarien vorzugehen. **1014** kam es zur alles entscheidenden **Schlacht** zwischen den Bulgaren unter Car *Samuil* und den Byzantinern unter **Basileios,** die Letzterer für sich entschied. 15.000 bulgarische Soldaten gerieten in Gefangenschaft, 99 von je 100 ließ *Basileios* beide Augen, jeweils einem nur ein Auge ausstechen, damit dieser seine Kameraden zu Car *Samuil* zurückführen konnte. Die Erinnerung an dieses Ereignis wird mit einem Monumentaldenkmal bei Petrič aufrechterhalten. Vier Jahre nach dieser Bluttat war das Erste Bulgarische Reich Geschichte, über das Land herrschte erneut Konstantinopel.

Zweites Bulgarisches Reich

Fast 170 Jahre sollte es dauern, bis die Bulgaren wieder selbst über ihr Land herrschen durften. Zwar kam es in dieser Zeit immer wieder zu Aufständen, doch die byzantinische Regierung schlug sie mit brachialer Gewalt nieder. 1185 schließlich nahmen die Fürstenbrüder **Ivan Asen** und **Teodor Peter Asen** die Zügel in die Hand und konnten die bulgarischen Kämpfer gegen die Fremdherrschaft zum Sieg führen. 1186 erklärten sie Veliko Tărnovo zur Hauptstadt des Zweiten Bulgarischen Reiches, und ein Jahr später unterschrieb Kaiser *Isaak II. von Byzanz* in Lovеč den Friedensvertrag.

Erneut brach eine Zeit des Wohlstandes, wenn auch nicht des Friedens an. Einen Höhepunkt erreichte die Herrschaft der Asen-Dynastie unter **Car Kalojan** (ein Bruder von *Ivan* und *Teodor Peter Asen*), der von 1197 bis 1207 regierte, mit Feldzügen den Machtbereich Bulgariens beträchtlich erweiterte und nicht vergaß, mit Friedensverträgen seinen Bestand zu sichern. Am 14. April 1204 gelang ihm bei Adrianopel (dem heutigen türkischen Edirne) der Sieg über ein **Kreuzfahrerheer** – ein unerhörtes Ereignis, da die Kreuzritter bis dahin als unbesiegbar galten. Ihr Anführer *Balduin I. von Flandern* kam in Festungshaft nach Veliko Tărnovo.

Eine weitere Lichtgestalt des 13. Jh. in Bulgarien war **Car Ivan Asen II.** (Sohn von Car *Ivan Asen*). Er vergrößerte während seiner Regentschaft von 1218 bis 1241 das Reich fast zu seiner ursprünglichen Ausdehnung unter Car *Simeon.* 1230 sah bei der **Schlacht von Klokotnica** nahe Haskovo einen glänzenden Sieg von *Ivan Asen II.* über seinen westgriechischen Konkurrenten Kaiser *Teodor Komnenos Dukas* um die Macht in Byzanz. Bulgarien war damit der Platzhirsch auf dem Balkan. Das Ereignis ließ *Ivan Asen II.* mit einer Inschrift in der von ihm gestifteten Kirche der 40 Märtyrer in Veliko Tărnovo für die Nachwelt festhalten.

Von da an ging es nur noch bergab. Nach der Regierung *Ivan Asen II.* war die Geschichte von **Machtkämpfen der bulgarischen Fürsten** gekennzeichnet, die Bevölkerung verarmte, und Unruhen brachen aus. Byzanz erstarkte, ebenso das Serbische Reich, die Tataren fielen immer wieder ein, und schließlich brachte ein Aufstand 1277 den Bauernsohn **Ivailo** an die Macht, der den Caren tötete, dessen Frau ehelichte und den Thron bestieg. Während seiner zweijährigen Regierung hatte er gegen alle nur erdenklichen äußeren Feinde zu kämpfen – darunter wieder die **Tataren.** Als sich die Bojaren in Veliko Tărnovo gegen ihn erhoben, sah er keine andere Möglichkeit, als sich zu den Tataren zu flüchten, und wurde 1280 von diesen hingerichtet.

Die ihm nachfolgenden Herrscher hatten mit dem Zerfall des Reiches zu kämpfen, und ihre Fürsten bekriegten sich untereinander, eine Gelegenheit, die sich das **osmanische Reich** nicht entgehen ließ. Immer wieder fiel es ein und knabberte nach und nach das bulgarische Reich klein.

Das Türkische Joch

Im Jahr **1371** waren die Würfel schließlich gefallen. Mit der **Schlacht an der Marica,** die als Gegner ein vereinigtes serbisch-bulgarisches Heer und die Türken unter dem Sultan *Murad I.* und schließlich Letztere als Sieger sah, war der Untergang des Zweiten Bulgarischen Reiches besiegelt. Die in der Geschichte des Abendlandes bekanntere **Schlacht am Amselfeld 1389** machte das osmanische Reich zum Herrscher über den Balkan. 1393 eroberten die Türken dann Veliko Tărnovo, und um alles in trockene Tücher zu bringen, luden sie 120 bulgarische Fürsten auf den Burgberg der Stadt zu Verhandlungen – diese fanden aber nicht statt: Die Türken ermordeten die nach den jahrelangen Kämpfen verbliebene Führungsschicht samt und sonders. Der nach Vidin geflüchtete Car *Ivan Stracimir* konnte noch drei Jahre ein Restreich regieren, dann war Gesamtbulgarien vollständig ins türkische Joch gespannt.

Damit **orientierte** sich der Balkan **nach Osten** und war nicht mehr Teil des zentraleuropäischen Gefüges und dessen Kultur. Wirtschaftlich wurde die Feudalherrschaft der Bojaren durch die Feudalherrschaft türkischer Prägung abgelöst, was an sich noch nicht viel Bedeutung hatte. Doch die muslimische Weltmacht sorgte für eine **kulturelle Reinigung,** die dem bulgarischen Nationalstolz keinen Raum mehr ließ. Die Eroberung Bulgariens hatte zur weitgehenden Zerstörung der Infrastruktur geführt, auch zahlreiche Kirchen und Klöster waren dem Erdboden gleichgemacht. Die verhältnismäßige **Toleranz** der Osmanen **in Glaubensfragen** aber ließ die orthodoxe Kirche weiterbestehen, vorerst nur in den tief in den Bergen verborgenen Klöstern, im Lauf der türkischen Herrschaft aber schließlich auch in den Dörfern und Städten.

So katastrophal die Eroberung für die Bulgaren nationalpolitisch war und auch heute noch ist, **wirtschaftlich** führte die

Die Janitscharen

Als Zehn- bis Zwölfjährige kamen die zum Großteil aus den christlichen Provinzen gepressten Kinder in die **Ausbildung als Soldat.** Streng muslimisch erzogen, sollten sie für mehrere Jahrhunderte zur vertrauenswürdigsten Truppe des Sultans werden, unter dessen Kommando sie standen. Dem **Zölibat** unterworfen, war ihre Loyalität ganz und gar auf die eigene Truppe gerichtet.

Von den türkischstämmigen Soldaten waren sie durch ihren **Bart** unterschieden: Ein Schnurrbart machte sie schon von Weitem als bedingungslos kämpfende Infanterie dem Feind kenntlich. Einen Vollbart zu tragen, war ihnen nicht erlaubt.

Nur der Sultan hatte das Recht, sie in die Schlacht zu führen, und am Ende war ihnen die **Plünderung** gegönnt.

Der Korpsgeist wurde aber immer stärker, die Anführer der Janitscharen nahmen schließlich **Einfluss auf die Politik** und ermordeten sogar einen ihnen missliebigen Sultan. Im Jahr 1826 wurde das Korps mit Waffengewalt von Sultan *Mahmud II.* in seinen Kasernen zersprengt und aufgelöst.

osmanische Provinz kein schlechtes Leben: Der Handel Richtung Osten erstarkte, und die von den Türken eingesetzten Steuereintreiber – geschickterweise aus der Schicht der bulgarischen Grundbesitzer gekürt – wurden so etwas wie ein Mittelstand, da sie die Steuern nicht vollständig ablieferten. Nicht nur mit der Niederschlagung der immer wieder aufflammenden Aufstände sicherte sich das türkische Reich die Macht, die Erteilung von **Privilegien** führte dazu, dass ganze Dörfer ihm den Rücken stärkten. So wurde Steuerfreiheit gewährt für die Bewachung der Gebirgspässe, für die Bereitstellung von Hilfstruppen oder auch, wenn ein Gewerbe für die Ausrüstung der türkischen Armee eine besondere Rolle spielte.

Auf der anderen Seite gab es Institutionen wie die **Blutsteuer,** die die jungen Knaben und Mädchen betraf. Alle fünf Jahre fand die „Knabenlese" statt, jeder zehnte Zehn- bis Zwölfjährige wurde ins türkische Kernland gezwungen und im Sinne des islamischen Glaubens als Soldat erzogen. So rekrutierten sich die berühmt-berüchtigten **Janitscharen** (→ Exkurs), die als Eliteeinheit jeden Gegner in Angst und Schrecken versetzten, auch diejenigen, aus deren Schoß sie eigentlich kamen. Die jungen Mädchen wurden in die Harems der osmanischen Herrscherschicht gepresst.

Die Duldung der Entstehung eines ökonomisch erfolgreichen Mittelstandes und das damit einhergehende Heranwachsen einer **Bildungsschicht** war für die Türken eine zweischneidige Angelegenheit. Bereits zu Beginn des 18. Jh. wurde der „kranke Mann am Bosporus" zunehmend mit einem Wiedererstarken bulgarischen Nationalbewusstseins konfrontiert. Die **Heiducken** spielen im Volksbewusstsein dabei noch heute eine wesentliche Rolle. Ursprünglich Viehtreiber, die sich als Landsknechte verdingten oder als Räuber in den Bergen lebten, begannen sie irgendwann gegen die Türken zu kämpfen – unter der beschworenen Regel, nie von den Armen zu nehmen oder ohne Grund zu töten.

Die Wiedergeburt

1829 musste das geschwächte türkische Reich die Unabhängigkeit Serbiens und Griechenlands anerkennen, ein Ereignis, das die Bulgaren beflügelte. Immer stärker wurde der Druck; in zahlreichen Geheimbünden organisiert, arbeiteten die Bulgaren an ihrer Befreiung. Zeitgleich entstanden zahlreiche **Bauwerke,** deren originärer Stil als Bulgarische Renaissance oder Wiedergeburt in die Annalen einging und in seiner von bäuerlichen Ursprüngen geprägten Bauweise durchaus einzigartig ist.

Schulen wurden gegründet, Bulgarisch als Unterrichtssprache eingeführt, und schließlich mündete die Entwicklung im **Aprilaufstand von 1876.** Am 20. April erhoben sich die Bulgaren und stürmten die türkischen Kasernen. 80.000 türkische Freischärler und 10.000 Mann regulärer Truppen bot das osmanische Reich auf, und mit unglaublicher Brutalität wurde die Revolution niedergeschlagen. Auch das Rodopenstädtchen Batak war Teil der Widerstandsbewegung, und dessen Einnahme durch türkische Freischärler ging als **Massaker von Batak** in die Geschichte ein. Obwohl die Bewohner ihre Siedlung zur offenen Stadt erklärten, ihre Waffen abgaben und die Zusicherung der Verschonung besaßen, wurden am 30. April mehrere Tausend Alte, Frauen und Kinder niedergemetzelt. Am 7. Mai wurde die 200 Mann starke bulgarische Besatzung des Drjanovo-Klosters von 10.000 Türken aufgerieben, am 1. Juni fand **Hristo Botev** – einer der Initiatoren der Revolution, der mit 205 Mann Gefolgschaft auf einem gekaperten Donauschiff nach Bulgarien kam – bei Vraca den Tod. Der Aufstand war zu Ende und Schätzungen nach 30.000 bis 60.000 Menschen tot.

Besonders das Massaker von Batak **empörte die Weltöffentlichkeit** (einer der Hauptankläger war der französische Schriftsteller *Victor Hugo*). *Alexander II. von Russland* nutzte dies aus und erklärte der Türkei am **24. April 1877** den

144bu fk

Die bulgarische Wiedergeburt schuf einen ganz eigenen architektonischen Stil

Krieg, nachdem Verhandlungen u.a. über eine bulgarische Autonomie bei einer internationalen Konferenz in Konstantinopel gescheitert waren. Der **Russisch-Osmanische Krieg** hatte seitens Russland natürlich keinen gänzlich uneigennützigen Hintergrund. Mit ihm wurde der **panslawische Gedanke** vorangetragen, die Idee, dass die slawischen Völker eine Einheit bilden sollten (was sich bis in die jüngste Geschichte der Balkankriege im Serbien der zweiten Jahrtausendwende fortschreibt).

Ein Jahr lang wurde mit wechselndem Kriegsglück gekämpft. Besonders anfangs hatten die Osmanen den Erfolg noch auf ihrer Seite, doch stetig kämpften sich die Russen, von rumänischen und bulgarischen Freiwilligen verstärkt, von Norden kommend zur Donau vor. Mit ihrem Übertritt waren die Türken unter *Osman* Paša endgültig in der Defensive und zogen sich schließlich auf Pleven zurück. General *Skobelev* versuchte ab dem 7. Juli mehrfach, die Stadt zu stürmen, wurde aber immer wieder abgeschlagen. Schließlich verlegte man sich aufs Aushungern, und die **türkische Besatzung kapitulierte** am **10. Dezember.** Am **Šipka-Pass** kam es im August zu einer weiteren denkwürdigen Schlacht, die die Russen für sich entscheiden konnten, obwohl sie mit knapp 10.000 Mann und 25 Kanonen 27.000 Türken mit 60 Kanonen gegenüberstanden. Das Osmanische Reich hatte sich ausgeblutet.

Drittes Bulgarisches Reich

Mit dem **Frieden von San Stefano** am **3. März 1878** sicherte man Bulgarien seine Einheit und jedes Gebiet zu, in dem Bulgaren lebten. Konstantinopel musste auch seinen Provinzen Serbien, Montenegro und Rumänien die Unabhängigkeit garantieren, Russland verleibte die Provinz Kars seinem Staatsgebiet ein (erst nach dem Ersten Weltkrieg ging Kars wieder an die Türkei). Das Dritte Bulgarische Reich war Wirklichkeit geworden – erst einmal aber nur für kurze Zeit.

Der **Berliner Kongress** vom 13. Juni bis 13. Juli 1878 **revidierte** die Festschreibungen des Friedens von San Stefano in weiten Teilen. Um die slawischen Staaten mit Russland an der Spitze nicht zu mächtig werden zu lassen, strich man Bulgarien als Fürstentum auf das Gebiet zwischen Donau und Balkan zusammen und gab ihm eine gewisse Autonomie, die Gebiete südlich des Balkans kamen als Provinz Ostrumelien wieder zum osmanischen Reich, mit einem von Konstantinopel ernannten Gouverneur christlichen Glaubens. Teile des nördlichen Küstenstrichs erhielt **Rumänien** (weshalb dort bei Balčik ein Schloss der rumänischen Königin *Maria* entstehen konnte).

In Veliko Tărnovo erhielt das bulgarische Fürstentum 1879 eine demokratische Verfassung als konstitutionelle **Monarchie** mit Fürst *Alexander von Battenberg* aus dem Haus *Hessen-Darmstadt* an der Spitze, einem Neffen *Alexanders II. von Russland.* 1885 kam es zu einem Aufstand in Ostrumelien, mit dem Ziel des Anschlusses an das nördliche Bulgarien. *Battenberg* erklärte am 6. September desselben Jahres die osmanische Provinz zu Bulgarien gehörig. **Serbien** – beeinflusst von Österreich-Ungarn, das ein zu mächtiges Bulgarien nicht wünschte – zog nun gegen Bulgarien in den Krieg, den *Battenberg* mit dem **Sieg von Slivnica** vom 17. bis 19. November 1885 für sich entschied. Der **Frieden von Bukarest** am **3. März 1886** besiegelte die Vereinigung Bulgariens.

Die Früchte seines Sieges konnte *Battenberg* aber nicht genießen. Durch russische Intrigen wurde er zur Abdankung gezwungen, und 1887 rückte **Prinz Ferdinand** aus dem Haus *Sachsen-Coburg-Gotha* auf den Thron nach. Nur 25 Jahre alt, besaß er allerdings keine echte Macht. Der Ministerpräsident **Stefan Stambolov** war der eigentliche Drahtzieher der Geschicke des Landes. Unter ihm wurden die Bindungen nach Zentraleuropa gestärkt, der Handel erblühte; die nach Westen gerichtete Politik und der Wohlstand drückte sich in zahlreichen Bauwerken im österreichischen Sezessionsstil aus. 1894 trat er zurück, wurde am 3. Juli 1895 bei einem Handgemenge schwer verwundet und starb drei Tage später. *Ferdinand* revidierte die Außenpolitik und orientierte sich nun wieder stärker Richtung Russland.

Bulgarien im frühen 20. Jahrhundert

1908 erklärte *Ferdinand* endgültig die Unabhängigkeit Bulgariens vom Osmanischen Reich, indem er Unruhen in der Türkei ausnutzte, die dort eine Reformbewegung zur Säkularisierung des Reiches initiiert hatte, und er wurde vom Prinzen zu **Car Ferdinand.**

Die Zeit vor dem Ersten Weltkrieg war für Bulgarien von den **Balkankriegen** geprägt. Die wechselnden Koalitionen und Kämpfe brachten ständige Unruhe und schufen in den Köpfen der Mitteleuropäer das Bild vom wilden Balkan. Als Österreich-Ungarn 1908 Bosnien seinem Reich eingliederte, entstand auf russische Initiative ein serbisch-bulgarisches Bündnis, das als Gegengewicht zur Donaumonarchie funktionieren sollte. Mit dem Beitritt Griechenlands und Montenegros zum Bündnis änderte sich aber die Zielrichtung, und nun ging man gegen die Türkei vor. **1912** wurde dem Osmanischen Reich der Krieg erklärt. Die Kampfhandlungen endeten mit einem **Desaster für Konstantinopel.** Mit dem Vertrag von London am 30. Mai 1913 verlor es sämtliche Gebiete auf dem Balkan, die unter den Siegermächten aufgeteilt wurden. Hunderttausende Muslime flüchteten in das Kernreich, Bulgarien erhielt die Dobruždа, Teile Makedoniens und Ostthrakien (die Gebiete um Edirne), die traditionelle muslimische Kleidung wurde im Land verboten, ein Großteil der Moscheen zerstört, säkularisiert oder in Kirchen umgewandelt. Doch Car *Ferdinand* erschienen die territorialen Zugewinne Bulgariens zu gering, und so zog er noch im selben Jahr, am 29. Juni 1913, **erneut in den Krieg.** Diesmal gegen die ehemaligen Bündnispartner **Griechenland** und **Serbien** – und ohne eine Kriegserklärung abgegeben zu haben. Die **Türkei** und **Rumänien** schlossen zu Serbien und Griechenland auf, und die Katastrophe für Bulgarien war unausweichlich. Bereits am 10. August 1913 war der **Zweite Balkankrieg** zu Ende. Beim Friedensschluss von Bukarest musste Bulgarien fast alle im Ersten Balkankrieg hinzugewonnenen Gebiete wieder abtreten.

Erster Weltkrieg

In der Zeit vor dem Ersten Weltkrieg hatte es Europa trotz zahlreicher Kleinkriege nicht geschafft, Ruhe auf dem Balkan zu schaffen. Am Vorabend des Großen Krieges war letztlich jeder unzufrieden und sehnte sich nach Unabhängigkeit oder nach mehr Land. Damit war der Kriegseintritt der Balkanstaaten und seiner Anrainer in das große Gemetzel vorprogrammiert. Bulgarien und das osmanische Reich traten auf Seiten der **Mittelmächte** (Deutschland, Österreich-Ungarn) in den Krieg ein, da deren Diplomatie die **Gebietsansprüche** beider Länder anerkannte und, im Falle des nicht in Frage gestellten Sieges, ihnen stattzugeben versicherte. Am 15. September 1918 war der Durchbruch der Alliierten Streitkräfte durch die bulgarischen Linien in Makedonien der Auslöser für die zwei Wochen später von der deutschen Generalität aufgestellte Forderung nach Waffenstillstandsverhandlungen. Am 11. November 1918 wurde der allgemeine **Waffenstillstand** unterzeichnet – befördert auch durch die Revolutionen in Mitteleuropa.

Zwischen den Weltkriegen

Bei einem der **Pariser Vorortverträge** (Vertrag von Neuilly, 27. November 1919) verzichtete Bulgarien auf die Dobrudža, Makedonien sowie die Edirne-Gebiete mit dem Zugang zur Ägäis, seine Streitkräfte wurden auf 20.000 Mann begrenzt, als Reparation waren 2,2 Milliarden Goldfranc zu zahlen, und Car *Ferdinand* musste zugunsten seines Sohnes *Boris III.* abdanken.

Im selben Jahr gründete *Dimităr Blagoev* die **Kommunistische Partei** als Abspaltung der Sozialisten. Da die bürgerlichen Parteien den Kriegseintritt mitgetragen und sich damit diskreditiert hatten, erstarkte der **Bulgarische Bauernbund,** eine Massenpartei unter *Aleksandăr Stambolijski,* der einen Kriegseintritt auf Seiten der Alliierten propagiert hatte und deswegen im Gefängnis saß. Der Bund vertrat eine Reformpolitik, enteignete Großgrundbesitzer und organisierte die Landwirtschaft neu. Mit seiner Ausgleichspolitik gegenüber Serbien und Griechenland stand er aber gegen die **nationalistischen Kräfte** im Lande, die immer noch von einem Großbulgarien träumten und sich in der **IMRO** zusammengeschlossen hatten. Diese Ende des 19. Jh. gegründete Organisation wollte den Anschluss Makedoniens an Bulgarien erzwingen. Mit den Gebietsabtretungen nach Ende des Krieges trat ihr auch die bulgarische Offizierselite bei. Mit Einverständnis Car *Boris III.* wurde am **9. Juni 1923** gegen die Regierung **geputscht,** *Stambolijski* am 14. Juni füsiliert. Am 12. September ließ die nun streng nationalistisch orientierte Regierung unter **Aleksandăr Cankov** 2500 Kommunisten verhaften. Die Kommunistische Partei rief zur Revolte. Dieser **Septemberaufstand** wurde blutig niedergeschlagen, bis zu 20.000 Teilnehmer fanden den Tod. Einer der Anführer, **Georgi Dimitrov,** wurde in Abwesenheit zum Tode verurteilt, flüchtete über Moskau nach Wien und schließlich nach Berlin – just als der deutsche Reichstag brannte (→ Exkurs „Georgi Dimitrov und der Reichstagsbrand").

Über zehn Jahre war Bulgarien nun wieder von Krisen geschüttelt; wie in

Mitteleuropa schaffte es die zersplitterte Parteienlandschaft mit ihren wechselnden Koalitionen nicht, Ruhe ins Land zu bringen. *Cankov* wurde von **Andrej Ljapčev** abgelöst, der bis 1931 regierte und eine gemäßigtere Politik verfolgte. Dennoch stieg die Staatsverschuldung, und die Stimmung der Bevölkerung wendete sich schließlich immer mehr zum **Nationalsozialismus** hin.

1934 kann es zu einem erneuten Militärputsch, in dessen Gefolge **Car Boris III.** 1935 alle Macht an sich riss und eine absolutistische Monarchie errichtete, die als **monarcho-faschistische Diktatur** in die Geschichtsschreibung einging.

Der Zweite Weltkrieg

Da Deutschland am Vorabend des Zweiten Weltkriegs Bulgarien die im Frieden von San Stefano festgeschriebenen Gebiete zugesichert hatte, trat *Boris III.* am **1. März 1941** an die Seite der Achsenmächte (Deutsches Reich, Italien) und **erklärte Großbritannien** und den **USA den Krieg** – nicht aber Russland. Bulgarien wurde zum Aufmarschgebiet deutscher Truppen für den Balkan-, den Griechenland- und den Russlandfeldzug. 1943 bombardierten alliierte Flugzeuge Sofija. Car *Boris III.* starb nach einem Staatsbesuch in Deutschland am 28. August 1943 an Herzversagen.

Den Thron übernahm sein sechsjähriger Sohn *Simeon II.*, die Geschäfte führte *Simeons* Onkel **Prinz Kiril Preslavski.** Sein Versuch, Bulgarien aus dem inzwischen als verloren geltenden Krieg herauszunehmen, scheiterte. Es gelang ihm noch, am 16. August 1944 eine Neutralitätserklärung zu lancieren, doch ungeachtet dieser Geste erklärte **Russland** drei Wochen später den **Krieg gegen Bulgarien.** Am 8. September überschritten russische Truppen die Donau, *Kiril* wurde verhaftet und am 1. Februar 1945 hingerichtet. Während des Krieges starben – neben 9000 Soldaten der regulären Truppen an der Seite der Achsenmächte – etwa 20.000 Partisanen, und am Ende des Krieges, als Bulgarien an der Seite der Alliierten kämpfte und über Jugoslawien und Ungarn gegen Zentraleuropa vorstieß, nochmals 32.000 Soldaten.

Georgi Dimitrov und der Reichstagsbrand

Eine **kommunistische Verschwörung** habe es gegeben. *Dimitrov,* seine kommunistischen Mitstreiter und ein gewisser *van der Lubbe* hätten den Reichstag angezündet. In Leipzig am Reichsgericht wurde ihnen der **Prozess** gemacht. Weltweite Proteste, die Unmöglichkeit eines Nachweises und die glänzende Rhetorik von *Dimitrov* führten schließlich zu seiner **Freilassung.** Er reiste nach Moskau, wurde dort als „Held von Leipzig" mit offenen Armen empfangen und 1946 **Ministerpräsident Bulgariens.**

Der Holländer *Marinus van der Lubbe,* der behauptete, den Reichstag im Alleingang angezündet zu haben, wurde zum Tod verurteilt und am 10. Januar 1934 hingerichtet. *Hitler* fand nur eine Verurteilung bei fünf Anklagen ungenügend. Umgehend wurde das „Gesetz zur Aburteilung bei Hoch- und Landesverrat" aufgelegt und am 24. April 1934 in Kraft gesetzt. Damit war der **Volksgerichtshof** geschaffen, als erste und letzte Instanz bei Hochverrat. Einziges Rechtsmittel war ein Gnadengesuch – zu richten an den gnadenlosen *Hitler.*

Das kommunistische Bulgarien

Einen Tag nach dem Erscheinen sowjetischer Truppen auf bulgarischem Boden wurde am **9. September 1944** die Kriegsregierung abgesetzt und durch Mitglieder der Kommunistischen Partei ersetzt. Das Datum wurde 45 Jahre lang, bis zum Zusammenbruch des Ostblocks, als Staatsfeiertag begangen.

1946 musste Car *Simeon* das Land verlassen, es wurde die Volksrepublik ausgerufen und der „Held von Leipzig“, **Georgi Dimitrov,** Ministerpräsident und Generalsekretär der Partei (er starb 1949, sein Leichnam kam einbalsamiert in ein Mausoleum in Sofija; erst 1990 hat man ihn bestattet).

Da die Wahlen der kommunistischen Volksfront nur 75 % der Stimmen brachten und der Opposition mit der **Bauernpartei** unter ihrem Führer **Nikola Petkov** den Rest, inszenierten die Kommunisten 1947 einen Schauprozess gegen *Petkov,* verurteilten ihn als Konterrevolutionär und vollstreckten das Urteil am 23. September durch Erhängen. Die Bauernpartei wurde gleichgeschaltet, und wer nicht mitzog, wurde ermordet. 1948 war die **Verstaatlichung** aller wichtigen Industrien und der Handelsinstitutionen vollbracht.

Nach einem stalinistischen Intermezzo mit den dazugehörigen Säuberungen der Reihen unter Ministerpräsident *Červenkov* gelangte **Todor Živkov** an die Macht, erst als Generalsekretär der Partei, schließlich auch als Ministerpräsident, später als Staatsratsvorsitzender. Er sollte am Ende der dienstälteste Führer des Ostblocks sein. Unter ihm machte Bulgarien die typische Karriere eines Staates im Realsozialismus: Mitglied im Warschauer Pakt, die Gesellschaft gleichgeschaltet, die Wirtschaft in Fünfjahrespläne gebunden, Aufmärsche mit Jubelscharen am Straßenrand an der Tagesordnung. Auf der anderen Seite: Wohnung, kein Hunger, eine angemessene medizinische Versorgung, Geborgenheit im Betrieb und Altersversorgung.

244bu sk

Die neue Zeit

Am 10. November **1989** wurde *Živkov* wegen der nur zaghaften Versuche einer Reform von seinen eigenen Leute bei einer Sitzung des Zentralkomitees entmachtet. Deshalb entging er einem Schicksal wie dem seines durchgeknallten rumänischen Nachbarn *Ceauşescu* („Titan der Titanen“, „Sohn der Sonne“ etc.), der bis zuletzt Menschen umbringen ließ. *Živkov* wurde nur wegen Korruption angeklagt und zu sieben Jahren Haft verurteilt, die man aber in Hausarrest umwandelte (er starb 1998 in Sofija).

1990 wurde aus der Verfassung die festgeschriebene Führungsrolle der Kommunistischen Partei getilgt. Diese wandelte sich über Nacht zur **Bulgarischen Sozialistischen Partei** (BSP, Bălgarska Socialističeska Partija). Zeitgleich begab sich die Opposition unter das Dach der bürgerlich-konservativen **Union Demokratischer Kräfte** (SDS, Săjuz na Demokratičnite Sili).

Bei den **Wahlen** vom 10. Juni 1990 gewann die **BSP** mit 211 von 400 Sitzen im Parlament die absolute Mehrheit. Am 12. Juli 1991 erhielt Bulgarien eine **demokratische Verfassung,** und am 13. Oktober 1991 wurden die zweiten freien Wahlen abgehalten, bei denen die SDS 34,4 %, die BSP 33,1 % und die **Bewegung für Bürgerrechte und Freiheiten** (DPS, Dviženie za Prava i Svobodi) der türkischstämmigen Bevölkerung 7,6 % der Stimmen erhielten. SDS und DPS koalierten.

☒ Che in Sofija

Man verfolgte nun einen streng **marktwirtschaftlichen Kurs,** hob die Subventionen für die Dinge des täglichen Bedarfs auf und kreierte so eine im Land nie gekannte **Armut** bei Arbeitern, Angestellten und besonders bei den Alten, da die Löhne und Pensionen eingefroren wurden. 1994 kam daraufhin bei Neuwahlen mit 44 % Stimmenanteil die BSP wieder an die Macht, konnte aber die Situation für weite Teile der Bevölkerung nicht gravierend verbessern. Immer noch hungerten die Alten, die intellektuelle Elite darbte, die Korruption wurde zum landesweiten Phänomen, und deren Protagonisten stellten schamlos ihr Leben zur Schau.

1997 kam es erneut zu vorgezogenen **Wahlen.** Diesmal standen der BSP die Vereinigten Demokratischen Kräfte gegenüber, die hauptsächlich von der SDS gebildet wurden. Die Sozialisten erhielten nur noch 22,1 %, die Demokraten 52,2 %. Auch dieser Regierung gelang es nicht, die drängenden wirtschaftlichen Probleme zu lösen. Allerdings sorgte das niedrige Lohnniveau für ein **größeres Arbeitsangebot,** da Bulgarien seit der Antragsstellung zur Aufnahme in die EU 1995 bereits von Erleichterungen im Handelsverkehr profitieren konnte.

Die **Wahlen 2001** zeigten als Ergebnis nochmals einen Wählerprotest. Es gewann erdrutschartig die **Nationale Bewegung Simeon II.** (NDSV, Nacionalno Dviženie Simeon Vtori), die neu gegründete Partei des früheren Königs. Dieser trat als Bürgerlicher **Simeon Sakskoburggotski** an und erhielt 42,7 % der Stimmen.

Im Großen und Ganzen wurde die **bürgerlich-konservative Politik** der Vorgänger fortgesetzt und der Korruption kein Einhalt geboten. In die Regierungszeit der NDSV fiel die Teilnahme Bulgariens am **Zweiten Irakkrieg** und der Beitritt zur **NATO.**

Die Wahlen von **2005** brachten wieder die sozialistische BSP (31 %) in Koalition mit der DPS (12,7 %) und der NDSV (19,9 %) an die Macht.

Am 1. Januar 2007 wurde Bulgarien **Vollmitglied in der EU** (→ Exkurs „Europäische Integration", S. 625). Der reiche Geldsegen aus Brüssel und der daraus resultierende Wirtschaftsboom ließ die eh schon augenfällige **Korruption** im Lande nachgerade explodieren. Im Sommer 2008 fror die EU daraufhin nach mehrfachen ernsthaften Warnungen Richtung Bulgarien Hunderte von Millionen Euro an Förder- und Transfergeldern ein, da die Regierung in Sofija anscheinend noch nicht einmal den Versuch unternahm, die auf allen Ebenen der Administration stattfindende Korruption einzudämmen.

2009 brachten die Wahlen mit fast 40 % der Stimmen die 2006 gegründete Partei **GERB** an die Macht; die konservative Partei **„Bürger für eine euopäische Entwicklung"** wurde bis 2010 von Rechtskonservativen und der nationalistischen und fremdenfeindlichen **Ataka** unterstützt. 2011 stand Bulgarien im Ranking von Transparency International mit dem Korruptionsindex auf Platz 83. 2019 hat es sich auf Platz 74 „verbessert", schlechter als beispielsweise Südafrika und das mieseste Ergebnis in der EU (wenn auch nur geringfügig unterschiedlich zu Ungarn und Rumänien).

Bei den **Parlamentswahlen von 2013** erreichte die GERB abermals die Mehrheit (allerdings mit nur 30 % der Stimmen), gefolgt von der BSP mit 26 %, DPS (Liberaldemokraten) mit 11 % und Ataka mit 7 %. Wegen des Streits um den Staatsetat zerbrach die Regierung 2014 und es mussten **Neuwahlen** angesetzt werden. Waren 2013 nur vier Parteien im Parlament vertreten (Vier-Prozent-Sperrklausel), waren es ab 2014 acht Parteien. Die Regierungskoalition war nun ein fragiles System mit sehr gegensätzlichen Bündnispartnern. Als **Ende 2016** das Land den erklärten Freund von Putinrussland **Rumen Radew** zum Präsidenten gewählt hatte, trat der europafreundliche Regierungschef *Bojko Borisov* zurück, und **2017** mussten vorgezogene Wahlen stattfinden. Sie bestätigten die Politik der GERB, die 32,65 % der Stimmen erhielt (BSP 27,20 %); *Borisov* war erneut Ministerpräsident, wurde 2022 ab- und 2023 wiedergewählt. Die GERB und ihre Koalitionspartner stehen heute auf Seiten der Ukraine und unterstützen sie mit schwerem Militärgerät.

Zeittafel zur Geschichte

- **100.000–40.000 v. Chr.:** Menschen siedeln im Jungpaläolithikum auf dem Gebiet des heutigen Bulgarien, wie Funde aus den Höhlen Magura und Bačo Kiro beweisen.
- **6.–5. Jt. v. Chr.:** Im Neolithikum streifen Jäger und Sammler durch die thrakische Tiefebene.
- **5000 v. Chr.:** Indoeuropäische Stämme aus Asien und Kelten lassen sich im Schwarzmeerraum als Bauern nieder.
- **5. Jt. v. Chr.:** In der Kupferzeit leben in Bulgarien Menschen, die eine ausgefeilte Metallbearbeitung kennen.

- **Ab 2000 v. Chr.:** Die Thraker siedeln südlich des Balkans, ihre Hinterlassenschaften lassen sie als Hochkultur erscheinen.
- **7. Jh. v. Chr.:** Am Schwarzen Meer entstehen Kolonien der griechischen Stadtstaaten.
- **Ab dem 6. Jh.:** Die Thraker bauen reich geschmückte Grabstellen und statten sie mit Beigaben aus.
- **5. Jh. v. Chr.:** Die Thraker schließen sich im Odrysen-Reich zusammen.
- **341 v. Chr.:** *Philipp II.* und *Alexander der Große* unterwerfen die Thraker, Philippopolis (Plovdiv) wird gegründet.
- **85 v. Chr.:** Der römische Feldherr *Sulla* verwüstet Thrakien und verschleppt die Bevölkerung als Sklaven nach Rom.
- **74 v. Chr.:** Unter dem Thraker *Spartakus* stehen die Sklaven gegen Rom auf.
- **17 n. Chr.:** Roms Kaiser *Tiberius* beginnt mit der dauerhaften Eroberung Thrakiens.
- **46:** Kaiser *Claudius* erobert Philippopolis und vollendet die Eroberung der Gebiete nördlich (Moesia Inferior) und südlich des Balkans (Thracia).
- **395:** Das Römische Imperium zerbricht in Ostrom (Hauptstadt Byzanz/Konstantinopel) und Westrom (Hauptstadt Rom), Moesia Inferior und Thracia gehören nun zu Byzanz.
- **300–600:** Als Folge der Völkerwanderung schwächen zahlreiche Barbareneinfälle in Moesia und Thracia Byzanz: *Attilas* Hunnen, Sarmaten, *Theoderichs* Ostgoten, Alanen, Awaren und schließlich Slawen. Die thrakische Bevölkerung durchmischt sich zunehmend mit den zugewanderten Völkern.
- **650:** Die letzte Zuwanderungsgruppe sind die Altbulgaren, auch Protobulgaren, ein Turkvolk, das im 2. Jh., aus Zentralasien kommend, zwischen Kaspischem und Schwarzem Meer Station macht und sich nun nach Bulgarien hineinkämpft.
- **681:** Unter dem Protobulgaren *Asparuh* entsteht als Zusammenschluss mehrerer slawischer Stämme das Erste Bulgarische Reich, Byzanz zieht sich zurück.
- **700:** Ein Han *(Tervel* oder *Krum)* lässt bei Šumen die Kolossalskulptur des Reiters von Madara in eine Felswand meißeln.
- **803–814:** Han *Krum* kämpft mit Byzanz um die Vorherrschaft auf dem Balkan.
- **816:** Han *Omurtag* schließt mit Byzanz einen 30-jährigen Frieden, die Kans nennen sich nun Car.
- **9. Jh.:** Das Bojarentum entsteht, besitzender Landadel, der mit den Nachbarstaaten handelt.
- **863:** *Kiril* und *Metodij* entwickeln die Glagolica, die Basis für die kyrillische Schrift.
- **865:** Car *Boris I.* erklärt das Christentum zur Staatsreligion.
- **893–927:** Unter Car *Simeon I.* erlangt das Erste Bulgarische Reich seine größte Ausdehnung, Preslav wird zur Hauptstadt.
- **um 900:** Der Mönch *Ivan Rilski* legt mit seiner Klause den Grundstein für das Rila-Kloster.
- **10. Jh.:** Das bulgarische Reich wird durch Eroberungszüge von Usen, Magyaren, Normannen und durch Kreuzzüge geschwächt, die Bojaren bekämpfen sich untereinander.
- **972:** Byzanz erobert Ostbulgarien.
- **1014:** Car *Samuil* verliert gegen den byzantinischen Kaiser *Basileios I.* die Schlacht bei Petrič, 15.000 bulgarische Soldaten werden geblendet.
- **1018:** Byzanz verleibt sich den Rest des Ersten Bulgarischen Reiches ein.
- **1083:** Das Bačkovo-Kloster wird von byzantinischen Generälen gestiftet.
- **1185:** *Ivan Asen* und *Teodor Peter Asen*, zwei Bojarenbrüder, initiieren einen Aufstand gegen das durch innere Unruhen geschwächte Byzanz.
- **1187:** Byzanz erkennt das Zweite Bulgarische Reich mit seiner Hauptstadt Veliko Tărnovo an.
- **1205:** In der Schlacht von Adrianopel besiegt Car *Kalojan Balduin von Flandern.*
- **1208:** Mit der Herrschaft von Car *Ivan Asen II.* beginnt die Eroberung Albaniens und Makedoniens, der Handel blüht, es werden eigene Münzen geprägt.
- **1231:** Die Burg bei Asenovgrad wird errichtet.
- **1241:** Nach dem Tod von *Ivan Asen II.* erobert Byzanz weite Gebiete zurück.

- **1277:** Der Bauernsohn *Ivailo* sorgt als Heerführer noch einmal für kurze Zeit für die Einigung des Landes.
- **14. Jh.:** Unter dem Bojaren *Dobrotica* fällt die Dobrudža von Bulgarien ab, das Restland teilt sich in die Reiche von Veliko Tărnovo und Vidin. Der Zerfall Bulgariens macht es dem Osmanischen Reich leicht, einzufallen.
- **1371:** Die Osmanen besiegen in der Schlacht von Marica das vereinigte Heer aus Bulgaren, Ungarn und Serben.
- **1389:** In der Schlacht auf dem Amselfeld werden Bulgarien und Serbien endgültig besiegt.
- **1396:** Vidin als letzte Bastion wird von den Osmanen übernommen; damit ist das Zweite Bulgarische Reich beendet.
- **1452:** Sultan *Muhammad II.* erklärt Byzanz/Konstantinopel zur Hauptstadt des Osmanischen Reiches.
- **1529:** Vor den Toren Wiens wird die türkische Expansion gestoppt.
- **16./17. Jh.:** Immer wieder kommt es zu Aufständen gegen die Türken, die diese niederschlagen.
- **1806–1812:** Im Russisch-Türkischen Krieg wird das Osmanische Reich entscheidend geschwächt.
- **19. Jh.:** Es finden verstärkt Aufstände gegen das Türkische Joch statt.
- **1873:** Der Freiheitskämpfer *Vasil Levski* wird gefangen genommen und gehängt.
- **1877/1878:** Die russische Armee befreit Bulgarien, im Berliner Vertrag wird der Balkan neu aufgeteilt, nördlich des Balkans entsteht das Fürstentum Bulgarien, die Gebiete südlich verbleiben als Ostrumelien bei der Türkei.
- **1879:** In Veliko Tărnovo erhält das Fürstentum Bulgarien seine Verfassung, *Alexander von Battenberg* wird sein Führer.
- **1886:** Nach dem Bulgarisch-Serbischen Krieg gelangt mit dem Frieden von Bukarest Ostrumelien zu Bulgarien.
- **1887:** Car *Ferdinand I.* wird inthronisiert.
- **1912/1913:** In den Balkankriegen erhält Bulgarien Gebietszugewinne, die es aber wieder verliert.
- **1915/1919:** Bulgarien tritt an der Seite der Mittelmächte in den Krieg, mit dem Vertrag von Neuilly muss es weitere Gebiete abtreten. Car *Ferdinand I.* muss abdanken, *Boris III.* tritt an seine Stelle.
- **1935:** *Boris III.* errichtet eine monarcho-faschistische Diktatur.
- **1941:** Bulgarien erklärt Großbritannien und der USA an der Seite der Achsenmächte den Krieg.
- **1943:** Car *Boris III.* stirbt, ihm folgt der sechsjährige Car *Simeon II.* auf den Thron.
- **1944:** Russische Truppen überqueren die Donau.
- **1946:** Die Monarchie wird abgeschafft und eine kommunistische Herrschaft errichtet, erster Mann im Staat wird *Georgi Dimitrov.*
- **1954:** *Todor Živkov* wird Generalsekretär der Kommunistischen Partei.
- **1962:** *Živkov* wird auch Ministerpräsident.
- **1989:** Die Partei zwingt einen Tag nach dem Fall der Mauer *Živkov* zum Rücktritt.
- **1991:** Nach demokratischen Wahlen verabschiedet das Parlament die neue Verfassung.
- **1995:** Bulgarien beantragt die Mitgliedschaft in der EU.
- **2001:** Der einstige Car *Simeon II.* gewinnt mit seiner bürgerlich-konservativen Partei als *Simeon Sakskoburggotski* die Wahlen.
- **2004:** Bulgarien wird NATO-Mitglied und beteiligt sich an der Koalition der Willigen im Irak.
- **2005:** Neuwahlen bringen die Sozialisten unter *Sergej Stanišev* an die Macht.
- **1. Januar 2007:** Bulgarien wird Vollmitglied der EU.
- **2008:** Die EU sperrt wegen der fortdauernden Korruption 800 Mio. Euro an Förder- und Transfergeldern und fordert eine massive Reformierung des bulgarischen Gerichtswesens.
- **Nov. 2008:** 500 Mio. Euro für das Land vorgesehene EU-Gelder werden wegen der fortdauernden Korruption endgültig gestrichen.
- **2012:** Die chinesische Firma *Great Wall* eröffnet an der Donau ein Automobilwerk. Der geplante Beitritt Bulgariens zum Schengen-Raum wurde verschoben.

- **November 2016:** Die Bulgaren wählen mit *Rumen Radev* einen Präsidenten, der Freundschaft mit Russlands *Putins* pflegt.
- **2017:** Die vorgezogenen Parlamentswahlen gewinnt die europafreundliche GERB.
- **2019:** Auch bei den Europawahlen verweist die GERB die Sozialisten auf den zweiten Platz. Der Sieg stand auf der Kippe, weil im Wahljahr zahlreiche Politker der GERB wegen Korruption zurücktreten mussten (Schützenhilfe beim Wahlkampf bekamen sie dann durch den CSUler und Europaabgeordneten *Manfred Weber*).
- **2023:** Die Parlamentswahlen im April sahen die GERB zwar erneut als Sieger, sie brachte allerdings keine Regierung zustande und koaliert deshalb seit Mai mit dem politischen Gegner: der Reformbewegung aus den Antikorruptionsbündnissen „Wir setzen den Wandel fort" sowie „Demokratisches Bulgarien".

Staatssymbole und Hymne

Die Landesfahne

Die **weiß-grün-rote Fahne** verweist der Legende nach auf die Farbensymbolik der früheren bulgarischen **Armee,** deren Lanzen unterschiedlich gekennzeichnet waren. Der linke Flügel hatte weiße Streifen, der rechte rote, und die in der Mitte stehenden Truppen als Elite trugen an ihren Lanzen grüne Streifen, die traditionelle Farbe des Herrschers. Zum ersten Mal tauchte diese Trikolore bei der Ersten Bulgarischen Legia des Revo-

lutionärs *Georgi Rakovski* 1861 auf. Mit der Verfassung von Veliko Tărnovo 1879 wurden die Landesfarben bestätigt.

Das Landeswappen

Das Wappen zeigt einen **goldenen Löwen mit Krone auf dunkelrotem Grund** und besitzt die Form eines **Schildes.** Der Schild wird oben mit einer Krone abgeschlossen und von zwei goldenen Löwen gehalten. Die Löwen haben zwei Zweige mit Früchten als Basis, die mit einem Trikolorenband verbunden sind; auf ihm steht: „In der Vereinigung liegt die Macht!"

Die Hymne

1964 wurde „Mila Rodino" (Liebe Heimat) zur Nationalhymne der Republik Bulgarien erkoren. Komponiert hat sie *Cvetan Radoslavov* im Jahr 1885.

Die Nationalhymne
Stolz ist der Balkan,
Unweit die blaue Donau,
Über Thrakien scheint die Sonne,
Und glänzt wie Feuer über dem Pirin.
Liebes Vaterland,
Du bist das Himmelreich auf Erden,
Deine Schönheit und dein Reiz
Haben keine Grenzen!

Aktuelle Politik und Verwaltung

Die Republik Bulgarien (Republika Bălgarija) ist seit 1991 eine **parlamentarische Demokratie.** Das Parlament bzw. die Volksversammlung (Narodno Săbranie) besteht aus 240 Sitzen, die bei alle **vier Jahre** stattfindenden **Wahlen** neu besetzt werden. Unter dem Regierungschef hat sie über die Gesetze zu entscheiden (legislative Funktion) und wählt den Ministerpräsidenten, der mit seinem Kabinett für die Exekutive zuständig ist.

Das **Staatsoberhaupt** wird alle fünf Jahre in direkten Wahlen vom Volk bestimmt. Seine **Position** ist **stärker** als z.B. in Deutschland, wo er vornehmlich eine repräsentative Funktion erfüllt. In Bulgarien ist er u.a. oberster Befehlshaber des Militärs, Vorsitzender des Rates für Nationale Sicherheit, und er besitzt die Vollmacht, in Krisenzeiten das Parlament aufzulösen und Neuwahlen zu veranlassen.

Die **Verwaltung** Bulgariens ist zentralistisch organisiert. Es gibt insgesamt **28 Bezirke** *(oblast),* die in insgesamt über 5000 Gemeinden *(obština)* unterteilt sind. Auf Bezirksebene regieren vom Kabinett in Sofija auf fünf Jahre ernannte **Bezirksverwalter** *(oblasten upravitel),* welche die Interessen der Zentralregierung vertreten. Auf Gemeindeebene agieren alle vier Jahre direkt gewählte Bürgermeister *(kmet),* unterstützt von einem Gemeinderat *(obštinski savet).*

Europäische Integration

Die Wege in die EU waren für Bulgarien holprig und mühselig, Währungszusammenbruch, um sich greifende Massenarbeitslosigkeit und Insolvenz der Sozialsysteme die Meilensteine. Dass Bulgarien dennoch als Vollmitglied in den Staatenbund eintreten konnte, lag am unbedingten Willen beider Partner. Die EU konnte sich einen Misserfolg nicht erlauben, die Potenz und die Strategie der Durchsetzung des europäischen Gedankens wäre in Frage gestellt worden. Bulgarien wiederum hatte erkannt, dass einerseits das sozialistische Plansystem keine Zukunft mehr bot, andererseits eine wirkliche und dauerhafte Unabhängigkeit von der UdSSR und später Russland nur als Teil des großen Nachbarn im Westen erreichbar war.

Der Transformationsprozess war auf drei Pfeiler gegründet: **Liberalisierung, Stabilisierung** und **Privatisierung.** Die Gesellschaft musste weg vom Zentralstaat mit seinen Planungsinstitutionen, der tief ins Privatleben hineinregierte, hin zu einer eigenverantwortlich organisierten, liberalem Gedankengut verpflichteten Gesellschaft. Mit dem Wegfall der sozialistischen Administration brach wirtschaftlich und im Nachgang gesellschaftlich das Chaos aus. Nun ging es um die Stabilisierung der eingeleiteten Reformen. Fachpersonal und viel Geld wurden in die Anwärterländer geschickt, neue Institutionen nach westlich-demokratischem Vorbild aufgebaut und die Privatisierung der Wirtschaft eingeleitet.

Die getroffenen Maßnahmen haben im Großen und Ganzen zum **Erfolg** geführt, doch der Transformationsprozess ist noch lange nicht abgeschlossen. Der wirtschaftliche Erfolg Bulgariens im neuen Jahrtausend, der bis 2019 fast zur Vollbeschäftigung führte, steht aber immer noch auf zerbrechlichen Füßen. Viele Menschen, die im europäischen Ausland lukrative Jobs hatten, kehren nun im Zuge der Weltwirtschaftskrise wieder nach Hause zurück und belasten den Arbeitsmarkt und die Sozialsysteme, und Bulgarien hat mit den in den letzten Jahren gestiegenen Löhnen seinen Standortvorteil teilweise abgegeben. Auf der Habenseite steht aber die feste **Währungsparität zum Euro,** sodass die bulgarischen Firmen im Ausland gewährten Kredite kein Währungsrisiko bergen, wie im Nachbarland Rumänien. Dessen Währungsverfall zum Euro führte immer wieder zu drastischer Verteuerung der Auslandskredite und treibt zahlreiche Firmen in die Insolvenz.

Auch **gesellschaftlich** ist der Transformationsprozess noch nicht zu Ende. Zu lange hat der sozialistische Staat die Lebensweise in der Abhängigkeit geprägt, nur langsam werden die Schlüsselstellungen außerhalb der Politik von der Nachfolgegeneration eingenommen, entsteht eine Akzeptanz bei den breiten Bevölkerungsschichten für den demokratischen Gedanken und wie man mit dessen Institutionen umgeht. Zu groß war letztlich der Schritt, zu gewalttätig die Zerschlagung der sozialistischen Gesellschaft, ohne dass, wie z.B. bei Ostdeutschland, ein neues System eins zu eins übertragen werden konnte, ohne Sprachbarriere und mit immensen Summen, die flossen. Was sicherlich mit ein Grund war, dass in Bulgarien eine Art **„Wilder Osten"** entstand, ohne jegliches Korrektiv und mit einer Kultur des organisierten Verbrechens, das dem pervertierten privatwirtschaftlichen Gedanken frönte, sich alles nehmen zu dürfen. Doch auf Druck und mithilfe der EU werden diese Auswüchse zunehmend zurückgedrängt und Bulgarien ist heute, wenn auch noch nicht ökonomisch, so doch gesellschaftlich und politisch auf dem richtigen Weg und (fast) auf Augenhöhe mit den restlichen Ländern der Gemeinschaft.

Parteienlandschaft

Die **BSP (Bălgarska Socialističeska Partija)** entstand aus der kommunistischen Partei (BKP), die von 1948 bis 1989 das Land führte. Die Bewegung für Rechte und Freiheiten **DPS (Dviženie za Prava i Svobodi)** vertritt seit 1989 vornehmlich die Interessen der türkischstämmigen Minderheit (2017 errang sie 9 % der Stimmen). 2001 gründete *Simeon II. von Sachsen-Coburg-Gotha* die rechtsbürgerliche Nationale Bewegung Simeon II. **NSDV (Nacionalno Dviženie Simeon II)** und wurde unter seinem neuen Namen *Simeon Sakskoburggotski* aus dem Stand Regierungschef. Heute spielen er oder seine Partei keine Rolle mehr.

2006 hatte *Bojko Borisov* – ehedem Generalleutnant, Landespolizeichef und Bürgermeister von Sofija – die konservativ-liberale und europafreundliche **GERB (Bürger für eine europäische Entwicklung/Graždani za Evropejsko Razvitie na Bălgarija)** gegründet. Sie war bald die führende politische Kraft im Land. Nur die BSP kann ihr seitdem gefährlich werden und um an der Macht zu bleiben, setzt die GERB auf wechselnde Koalitionspartner, die durchaus auch streng nationalistisch sein können. Eine weitere politische Kraft im Parlament bilden die **Vereinigten Patrioten (OP/Obedineni Patrioti),** fremdenfeindlich und krawallbereit.

2022 gewann die linkspragmatische Partei unter *Kiril Petkov,* konnte aber ein Misstrauensvotum nicht durchstehen. Bei den Wahlen 2023 gewann schließlich wieder die GERB, koaliert aber seitdem mit *Petkovs* Bewegung und einer weiteren Reformpartei.

Wirtschaft

Als Mitglied der RWG, der Wirtschaftsentwicklungsgemeinschaft des Ostblocks, hatte Bulgarien partiell den Sprung vom Agrarstaat zur **modernen Wirtschaftsnation** mit Schwerindustrie geschafft. Die Wende und der Zusammenbruch des Hauptexportmarktes Sowjetunion 1989 mündete in einer wirtschaftlichen **Katastrophe** für Bulgarien: Das Realeinkommen fiel auf 30 % des Ursprungsniveaus, das Sozialsystem mit Rentenversicherungen und Absicherung im Krankheitsfall war 1995 endgültig in sich zusammengefallen. Die Wirtschaft kollabierte, Banken brachen zusammen, und die Inflation galoppierte. Der Weltwährungsfond erzwang eine Währungsreform und die Privatisierung der Wirtschaft.

Seit 1997 befindet sich Bulgarien auf einem relativ erfolgreichen **Konsolidierungskurs,** der ab 2000 zu Wachstumsraten des BIP von 4 bis über 6 % geführt hat. Die Arbeitslosenquote sank erheblich. Dies wurde u.a. mit Beihilfen der EU zur Vorbereitung des Beitrittes erreicht. Die Bankenkrise ab 2008 brachte aber massive Rückschlägen. Bulgarien gehört heute noch wirtschaftsstatistisch zu den **ärmsten Ländern der EU.** Der Staatshaushalt ist stark mit sozialen Transferleistungen belastet, die wegen der Preisanpassungen an den Weltmarkt für Nahrungsmittel, Wohnungswesen und Treibstoff weiter notwendig bleiben. Über 1 Mio. Bulgaren sind noch vom Aufschwung abgekoppelt.

Auf der anderen Seite macht sich ein **Fachkräftemangel** bemerkbar (wegen mangelnder Ausbildung in der Nachwende und den vielen Menschen, die für höhere Löhne im Ausland tätig geworden sind).

Wegen des immer noch sehr **niedrigen Lohnniveaus** kann Bulgarien besonders im Dienstleistungsbereich und in arbeitsintensiven Industrien punkten, wie Textil-, Glas- und Porzellanindustrie, Nahrungsmittelverarbeitung oder Tourismus. Doch auch die Chemische Industrie und der Maschinenbau tragen zu den Steuereinnahmen nicht unbeträchtlich bei. Bergbau und Tabakindustrie sind weitere Standbeine.

Als wesentliches Investitions- und Entwicklungshemmnis gelten weiterhin das **Justizsystem** des Landes, das als ineffizient und korrupt verschrien ist, und die Strukturen des **organisierten Verbrechens,** dessen Einfluss auf kommunaler Ebene sehr weit reicht und auch immer wieder bis in die höchsten Regierungskreise geht.

Bulgarien **exportiert** chemische Produkte, Nahrungs- und Genussmittel, Rohmetall- und Stahlprodukte, Maschinen und Ausrüstungen, Konsumartikel, Textilprodukte und Elektrizität. Rohstoffe, mineralische Produkte und Brennstoffe (insbesondere Öl und Gas aus Russland), Maschinen, Ausrüstungen, chemische Erzeugnisse und Konsumgüter werden importiert. Die Exporte erreichten 2022 rund 45 Milliarden Euro, die Importe etwa 55 Milliarden Euro; dabei ist Deutschland der wichtigste Handelspartner, aus Österreich kommen die meisten Direktinvestitionen.

Wirtschaftliches Ziel ist die Weiterentwicklung des Landes, sodass es möglichst bald die Kriterien des europäischen Währungssystems erfüllt und dem **Euro-Raum** beitreten kann. Dazu muss unter anderem erst eine Annäherung des Lohnniveaus an das der übrigen EU stattfinden.

2022 betrug die **Arbeitslosenquote** 4,3 %, die **Inflationsrate** rund 15 %, und das BIP/Kopf hatte in etwa das Niveau von 2019 (12.000 Euro).

Umweltschutz

Der **Zusammenbruch der Schwerindustrie** sorgte bei der stark belasteten Umwelt für Erleichterung. Die Wasserqualität der Flüsse verbesserte sich ebenso wie die Luftqualität in den Ballungszentren mit ihren industriellen Gürteln. Doch sind die noch notwendigen **Investitionen** in umweltfreundliche Technik und die Reinigung der Abwässer eine große Herausforderung, die jedes Jahr etwa zehn Milliarden Euro erfordert, um die von der EU anvisierten Ziele zu erreichen.

Das Land leidet aber auch stark unter dem **mangelnden Umweltbewusstsein** des Einzelnen. Trotzdem es zu den Ärmsten Europas gehört, liegt die Müllproduktion pro Kopf dreimal höher als in Deutschland. Und der 2020 wegen Missmanagement verhaftete und daraufhin zurückgetretene Umweltminister wollte die Gesetze aushebeln und die Naturschutzzonen-Verwaltung dem „Ermessen des Ministers“ überlassen. Zum Thema → auch „Land und Leute, Naturschutz“.

10

Anhang

Storch in Asenovgrad

Buchtipps

- *Angelika Schrobsdorff*: **Grandhotel Bulgaria** (München 2002, dtv). Im Sofija des Zweiten Weltkriegs aufgewachsen, macht sich die Schriftstellerin 1996 auf Entdeckungsreise in das Bulgarien der Nachwende.
- *Haralampi Oroschakoff*: **Die Battenberg-Affäre** (Berlin 2007, Berlin Verlag). Familiensaga, die parallel zu den großen politischen Ereignissen in der Zeit von 1870 bis zum Vorabend des Ersten Weltkrieges abläuft.
- *Jens Mühling*: **Schwere See** (Hamburg 2020, Rowohlt). Der Hamburger Journalist berichtet amüsant, geistreich und informativ von seiner Reise durch die Länder rund um das Schwarze Meer.
- *Georgi Gospodinov:* **8 Minuten und 19 Sekunden** (Graz 2016, Droschl). Die Erzählungen sind experimentierfreudig und ungewöhnlich, apokalyptisch und humorvoll.
- *Claudio Magris:* **Donau** (München 2007, dtv). Die Reise eines italienischen Autors die Donau entlang und durch das kommunistische Bulgarien.
- *Rumjana Zachaieva:* **Bärenfell** (Bad Honnef 1999, Horlemann Verlag). Die Autorin beschreibt ihren Werdegang zwischen Bulgarien und Deutschland.
- *Dejan Enev*: **Zirkus Bulgarien** (Wien 2008, Zsolnay Verlag). Tragikomische Kurzgeschichten.
- **Bulgarien Prosa** (Klagenfurt 2005, Wieser Verlag). Anthologie des rührigen und ausgezeichneten Verlages *Wieser* mit 56 Erzählungen von 38 bulgarischen Autoren des 19. und 20. Jh., darunter *Ivan Vazov, Elin Pelin, Jordan Jovkov, Georgi Gospodinov und Alek Popv.*
- **Balkanische Alphabete** (Heidelberg 2008, Wunderhorn Verlag). Anthologie bulgarischer Lyrik von jungen Autoren, unter anderem *Plamen Doinov, Boiko Lambovski* und *Galina Nikolova.*
- **Bulgarische Märchen** (Frankfurt 1999, Insel Verlag). Eine Sammlung der schönsten bulgarischen Märchen.
- **Bulgarische Erzählungen des 20. Jh.** (Frankfurt 1999, Insel Verlag). *Angel Karalijcev, Emeljan Stanev* und *Dimităr Korădšiev* entwerfen ein Bild der bulgarischen Erzählkunst des 20. Jh.

Kleine Sprachhilfe Bulgarisch

Ausspracheregeln

Bulgarisch	Deutsch	Englisch	Aussprache
А, а	A, a	A, a	a
Ъ, ъ	B, b	B, b	b
В, в	V, v	V, v	w
Г, г	G, g	G, g	g
Д, д	D, d	D, d	d
Е, е	E, e	E, e	e
Ж, ж	Ž, ž	Zh, zh	sch (weich)
З, з	Z, z	Z, z	s (weich)
И, и	I, i	I, i	i
Й, й	J, j	J, j	j
К, к	K, k	K, k	k
Л, л	L, l	L, l	l
М, м	M, m	M, m	m
Н, н	N, n	N, n	n

- **Buchtipp: Kauderwelsch Bulgarisch,** erschienen im Reise Know-How Verlag.

О, о	O, o	O, o	o
П, п	P, p	P, p	p
Р, р	R, r	R, r	r
С, с	S, s	S, s	ß
Т, т	T, t	T, t	t
У, у	U, u	U, u	u
Ф, ф	F, f	F, f	f
Х, х	H, h	H, h	ch
Ц, ц	C, c	Ts, ts	z
Ч, ч	Č, č	CH, ch	tsch
Ш, ш	Š, š	Sh, sh	sch (hart)
Щ, щ	Št, št	Sht, sht	scht
Ъ, ъ	Ă, ă	A, a	a (dunkel)
Ю, ю	Ju, ju	Yu, yu	ju
Я, я	Ja, ja	Ya, ya	ja

Zahlen

0	nula	нула
1	edno	един
2	dwe	две
3	tri	три
4	tschetiri	четири
5	pet	пет
6	schest	шест
7	ßedem	седем
8	oßem	осем
9	dewet	девет
10	deßet	десет
11	edinadeßet	единадесет
12	dwanadeßet	дванадесет
13	trinadeßet	тринадесет
14	tschetirinadeßet	четиринадесет
15	petnadeßet	петнадесет
20	dwadeßet	двадесет
30	trideßet	тридесет
40	tschetirideßet	четиридесет
50	petdeßet	петдесет
100	ßto	сто
200	dweßta	двеста
300	trißta	триста
400	tschetirißtotin	четиристотин
500	petßtotin	петстотин
1000	chiliada	хиляда

Zeit

Wie spät ist es	kolko e tschaßat	Колко е часът
Uhrzeit	vreme na denja	време на деня
Öffnungszeit	rabotno vreme	работно време
Stunde	tschaß	час
Minute	minuta	минута
Tag	den	ден
Woche	ßedmiza	седмица
Monat	meßez	месец
Jahr	godina	година
Montag	ponedelnik	понеделник
Dienstag	wtornik	вторник
Mittwoch	ßrjada	сряда
Donnerstag	tschetwartak	четвъртък
Freitag	petak	петък
Samstag	ßabota	събота
Sonntag	nedelja	неделя
Januar	januari	януари
Februar	fewruari	февруари
März	mart	март
April	april	април
Mai	maj	май
Juni	juni	юни
Juli	juli	юли
August	awgußt	август
September	ßeptemwri	септември
Oktober	oktomwri	октомври
November	noemwri	ноември
Dezember	dekemwri	декември
Frühling	prolet	пролет
Sommer	ljato	лято
Herbst	eßen	есен
Winter	sima	зима
Weihnachten	koleda	коледа
Ostern	welikden	великден
Pfingsten	petdeßetniza	петдесетница

Grußformeln/Höflichkeit

Herr ...	goßpodine ...	господине
Frau ...	goßposcho ...	госпожо
Guten Morgen	dobro utro	добро утро
Guten Tag	dobar den	добър ден
Guten Abend	dobar wetscher	добър вечер
Gute Nacht	leka noscht	лека нощ
Hallo	sdravejte	Здравейте
Tschüss	tschau	чао
Auf Wiedersehen	dowischdane	довиждане
Prost	nasdrawe	Наздраве
Wie geht es Ihnen	kak ßte	как сте
Wie geht es Dir	kak ßi	как си
Gut	dobre ßam	добре сам
Danke	merßi	мерсі
Bitte	molja	моля
Bitte sehr	sapowjadai	заповядаи
Entschuldigung bitte ...	iswinete	извинете

Richtungen

Norden	ßever	север
Süden	jug	юг
Westen	sapad	запад
Osten	istok	изток
Links	naljawo	наляво
Rechts	nadjaßno	надясно
Geradeaus	naprawo	направо

Suche/Auskunft

Wo ist ...	kade e ...	къде е ...
Straße	uliza	улица
Platz	ploschtad	площад
Dorf	ßelo	село
Stadt	grad	град
Markt	pasar	пазар
Geschäft	magasin	магазин
Supermarkt	ßupermarket	супермаркет
Bäckerei	chlebarniza	хлебарница
Metzgerei	meßarniza	месарница
Buchhandlung	knischarniza	книжарница
Museum	musej	музей
Galerie	galerija	галерия
Festung	krepost	крепост
Kirche	zarkwa	църква
Kloster	manastir	манастир
Moschee	dschamija	джамия
Hotel	chotel	хотел
Schlüssel	kljutsch	ключ
Post	post	пост
Bank	banka	банка
Bahnhof	gara	гара
Busbahnhof	awtogara	автогара
Polizei	polizija	полиция
Werkstatt	rabotilniza	работилница
Apotheke	apteka	аптека
Arzt	lekar	лекар
Zahnarzt	sabolekar	зъболекар
Toilette	toaleta	тоалетна
Männer	masche	мъже
Frauen	scheni	жени
Wie viel kostet ...	kolko struwa ...	колко струва ...
Eintritt	wchodnata takßa	входната такса
Fahrkarte	bilet	билет
Zimmer	ßtaja	стая
Doppelzimmer	dvojna ßtaja	двойна стая
Einzelzimmer	edinitschna ßtaja	единична стая

■ Ein **kleiner kulinarischer Sprachführer** für den Restaurantbesuch findet sich im Kapitel „Praktische Reisetipps A–Z, Essen und Trinken", S. 538.

Glossar

- **Basar:** Markt, Kaufhalle, Straße mit Geschäften oder Gewerbe meist derselben Branche.
- **Basilika:** Kirche mit mehreren, durch Säulenreihen getrennten Längsschiffen.
- **Bojar:** Adliger im slawischen Einflussgebiet.
- **Byzanz:** Konstantinopel, heute Istanbul, Hauptstadt des oströmischen Reiches.
- **Car:** Zar, Herrschertitel, vom römischen Caesar abgeleitet.
- **Ethnografischer Komplex:** Bezeichnet eine Gruppe von Häusern oder ein Viertel im typischen Baustil der Wiedergeburt.
- **Glagolica: Kyrillische Urschrift.**
- **Gregorianischer Kalender:** Löste im 16. Jh. den Julianischen Kalender ab.
- **Hausmuseum:** kleines Museum in einem historischen Gebäude, meist zu Ehren eines berühmten Bewohners desselben, aber auch bekannter Landessöhne und -töchter.
- **Ikone:** Kultbild der orthodoxen Kirche.
- **Janitscharen:** Leibgarde des türkischen Sultans.
- **Julianischer Kalender:** im alten Rom eingeführter Kalender. Das Osterfest wird in Bulgarien heute noch nach ihm berechnet.
- **Kan:** Khan, ursprünglich asiatischer Herrschertitel.
- **Knjaz:** Slawischer Fürstentitel.
- **Konak:** Sitz des türkischen Gouverneurs.
- **Krepost:** Festung.
- **Longos-Wald:** Mangrovenartiger Bewuchs an der Küste.
- **Mehana:** Gaststätte.
- **Metropolit:** Oberbischof der Orthodoxen Kirche, der seinen Sitz in einer Provinzhauptstadt (Metropolis) hatte.
- **Narthex:** schmaler Vorraum in Basiliken.
- **Orografisch:** in Fließrichtung eines Flusses betrachtet.
- **Pantokrator:** Christus als Weltenherrscher, ein häufiges Ikonen-Motiv. Kennzeichnend sind die Blickrichtung, direkt dem Betrachter zugewandt, und die segnende rechte Hand. In der linken hält Christus ein aufgeschlagenes Evangelienbuch.
- **Paša:** im osmanischen Reich ein Titel hoher Beamten und Militärs. Der Titel wurde dem Namen nachgestellt.
- **Pomaken:** Bulgarischstämmige Bewohner mit islamischem Glauben.
- **Reenactment** (englisch für „Wiederaufführung"): die Inszenierung konkreter historischer Ereignisse auf möglichst authentische Art.
- **Renaissance:** Wiedergeburt, in Bulgarien das Erstarken des Nationalgedankens während der türkischen Herrschaft.
- **Sezessionsstil:** Spielart des Jugendstils.
- **Sultan:** Monarchentitel des islamischen Welt.
- **Thrakien:** Siedlungsgebiet des Thraker-Volkes auf dem Boden des heutigen Bulgarien, später als Thracia römische Provinz.
- **Türkisches Joch:** Bezeichnung für die osmanische Besatzung Bulgariens.
- **Wiedergeburt:** Renaissance, in Bulgarien das Erstarken des Nationalgedankens.

REISE KNOW-HOW
@ReiseKnowHow
@reiseknowhowverlag
@Reise_KnowHow
auf www.reise-know-how.de
für den Newsletter anmelden
Zugspitze, Foto: Aneta Niemitz

Register

A

B

K

L

M

N

O

P

Q/R

T

U

V

W

505f sk

Die Autoren

Daniela Schetar, Ethnologin, und **Friedrich Köthe,** Soziologe, leben als freischaffende Reisejournalisten in München. Sie sind Autoren zahlreicher Reisebücher. Bei REISE KNOW-HOW sind von ihnen unter anderem die Reiseführer „Oberbayern", „Allgäu", „Chiemgau, Berchtesgadener Land", „Venetien mit Friaul und Gardasee", „Toskana", „Sizilien" sowie die CityTrips „München", „Ljubljana", „Pisa, Lucca, Livorno", „Verona" und „Florenz" und in der Reihe InselTrip „Liparische Inseln", „Brač/Hvar", „Kvarner Inseln" und „Madeira" erschienen.

Foto: AdobeStock, EVERST

Schreiben Sie uns!

Wir hoffen, dass Ihnen dieser Reiseführer gefällt und er Ihnen ein guter Begleiter auf einer außergewöhnlichen und spannenden Reise ist.

Weil ein Reiseführer von Erfahrungen lebt, sind wir an Ihren Erlebnissen interessiert: Haben Sie in unserem Buch ein Restaurant entdeckt, das es nicht mehr gibt, eine Sehenswürdigkeit, die wir noch nicht aufgeführt haben, oder eine falsche Adresse? Dann schreiben Sie uns! **Wir nehmen jeden Hinweis und jede Kritik ernst und arbeiten kontinuierlich daran, die Bücher aktuell zu halten und immer weiter zu verbessern.** Jede Mail wird gelesen und beantwortet. Auch wenn wir nicht jeden Wunsch erfüllen können, machen wir uns immer Gedanken über Ihre Anmerkungen.

Schreiben Sie uns:
per Mail an info@reise-know-how.de oder an
Reise Know-How Verlag Peter Rump GmbH, Postfach 140666, 33626 Bielefeld

Wenn sich Ihre Infos direkt auf das Buch beziehen, würde uns die Angabe der Seitenzahl und der Auflagenzahl bzw. des Erscheinungsjahres Ihrer Ausgabe die Arbeit sehr erleichtern. Besonders hilfreiche Beiträge und Ergänzungen zu den Büchern belohnen wir mit einem Sprachführer Ihrer Wahl aus der über 240 Bände umfassenden „Kauderwelsch"-Reihe.

Herzlichen Dank und gute Reisen
Ihr Reise Know-How Verlag

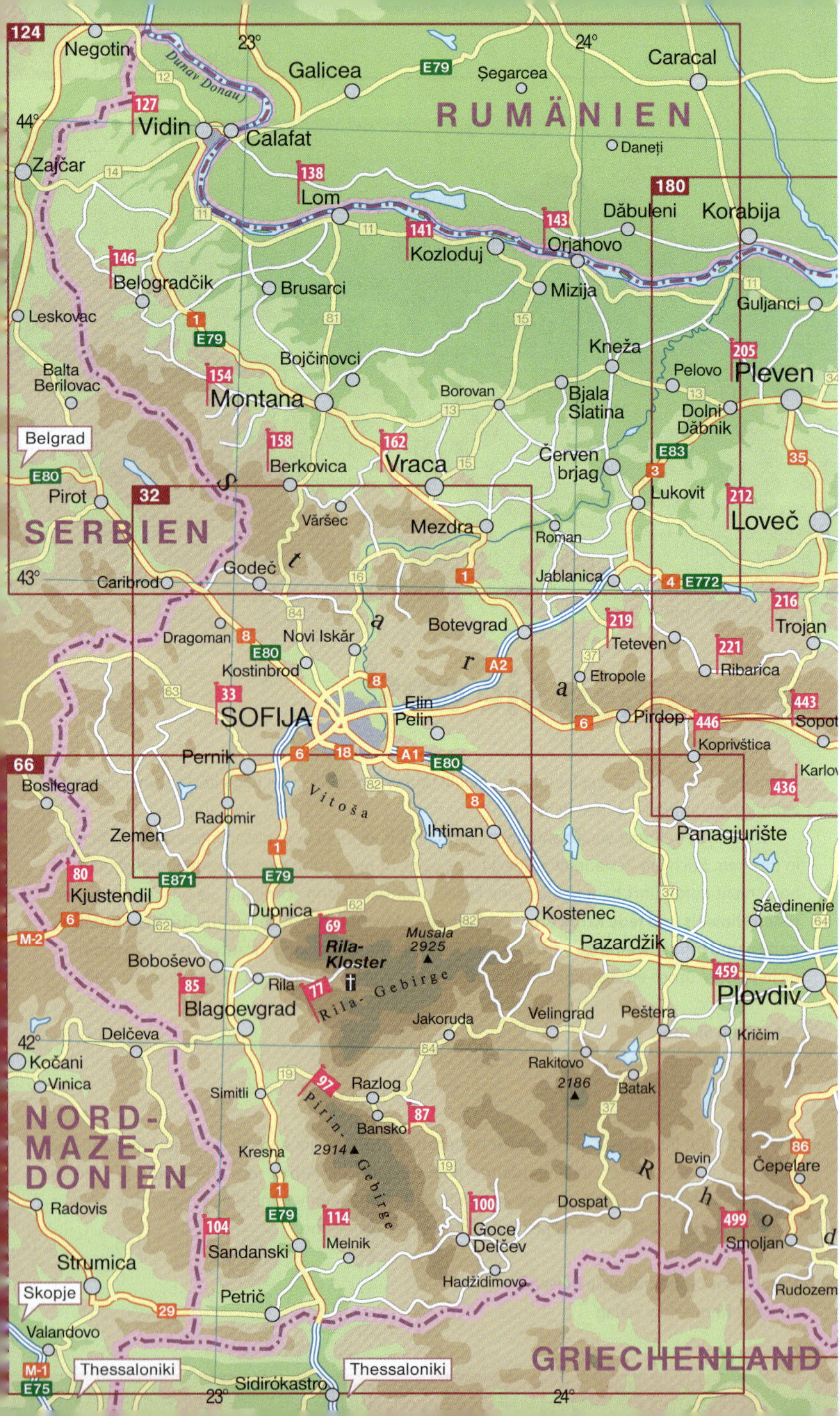

124
Negotin
23°
24°
Galicea
E79
Şegarcea
Caracal
Dunav Donau
RUMÄNIEN
44°
127
Vidin
Calafat
Daneți
Zaječar
14
138
Lom
180
Dăbuleni
Korabija
141
Kozloduj
143
Orjahovo
11
146
Belogradčik
Brusarci
Mizija
Guljanci
Leskovac
1
E79
81
15
Kneža
Bojčinovci
205
Pelovo
Pleven
Balta Berilovac
154
Montana
Borovan
Bjala Slatina
13
Dolni Dăbnik
Belgrad
158
Berkovica
162
Vraca
Červen brjag
E83
35
E80
3
Pirot
32
Lukovit
212
Loveč
SERBIEN
Stara
Văršec
Mezdra
Roman
43°
Caribrod
Godeč
16
Jablanica
4
E772
216
Trojan
Dragoman
8
Novi Iskăr
Botevgrad
219
Teteven
221
Ribarica
E80
Kostinbrod
A2
37
Etropole
planina
63
33
SOFIJA
Elin Pelin
6
Pirdop
443
446
Sopot
Koprivštica
66
Pernik
18
A1
E80
Karlovo
436
Bosilegrad
82
Vitoša
Radomir
Ihtiman
Zemen
Panagjurište
1
80
E871
E79
Kjustendil
Săedinenie
Dupnica
62
Kostenec
6
64
M-2
69
Rila-Kloster
Musala 2925
Pazardžik
Boboševo
Rila
77
Rila-Gebirge
459
Plovdiv
85
Blagoevgrad
Velingrad
Peštera
Jakoruda
Kričim
42°
Delčeva
Kočani
84
Rakitovo
2186
Vinica
19
97
Razlog
Batak
Simitli
NORD-MAZEDONIEN
Pirin-Gebirge
87
Bansko
37
86
Kresna
2914
19
Devin
Čepelare
Rhodopen
1
100
Dospat
Radovis
E79
114
Melnik
104
Goce Delčev
499
Smoljan
Sandanski
Strumica
Hadžidimovo
Rudozem
Skopje
Petrič
29
Valandovo
GRIECHENLAND
M-1
E75
Thessaloniki
Thessaloniki
Sidirókastro
23°
24°